北京市社会科学理论著作出版基金资助

马克思主义与经济学

林 岗 著

经 济 科 学 出 版 社

图书在版编目（CIP）数据

马克思主义与经济学/林岗著．—北京：经济科学出版社，2007.4

ISBN 978-7-5058-6124-4

Ⅰ．马…　Ⅱ．林…　Ⅲ．马克思主义政治经济学-研究　Ⅳ．F0-0

中国版本图书馆 CIP 数据核字（2007）第 021950 号

自　　序

我对经济学发生兴趣，并尝试着做些研究，写点东西在杂志上发表，是在20世纪70年代末、80年代初。当时我还在部队工作，学习经济学只是业余爱好。1990年在中国人民大学取得博士学位之后，离开了部队，留校从事教学和科研工作，经济学才成了专业，兴趣变成了"谋生手段"。从80年代初算起，自己从事经济学研究已经20多年了。最近在北京市社科联的督促之下，搜罗旧文，从中选出了40多篇似乎还看得过去的文章，编成了这本文集。20多年中除了过去出版的几本专著，就这些东西，数量不多，质量也不敢说高，敝帚自珍而已。

根据研究的主题，我将这40多篇文章分成四个部分。第一部分是经济学基础理论研究。这部分集纳的论文都与马克思主义经济学方法论的研究有关。这些论文试图在理解历史唯物主义原理的基础上，对马克思主义经济学的方法论原则进行归纳和阐释，总结出作为指导经济制度分析和经济主体行为分析的总纲领的马克思主义研究范式。第二部分是经济体制改革研究。其中，除了一篇关于价格改革的文章，其余都是研究国有企业改革的。这些文章提出的某些具体的政策主张，有的当时就不合时宜，有的现在看来已经过时，但一些基本的理论观点仍然具有现实意义。第三部分是经济增长和发展的理论与实践研究，其中的文章涉及人口、我国经济增长的条件、最优积累、对外经济关系等问题。第四部分是经济学教学研究，这部分所含的文章主要讨论经济学以致人文社会科学教学改革的问题，在探索马克思主义经济学的现代形式和内容，如何对待西方主流经济学等问题上提出了自己的见解。

在这本文集付梓之际，我要感谢北京市社科联的督促和资助。如果没有北京市社科联的督促和资助，我自己是不会想到出版文集这回事的。同时，我还要感谢中国人民大学经济学院从事马克思主义经济学研究的同事们的帮助。最后，还要感谢同意出版本书的经济科学出版社以及本书的责任编辑吕萍和于海讯同志。

林　岗

2007 年 3 月 14 日

第一部分　经济学基础理论研究

第二部分　经济体制改革研究

第三部分　经济增长和发展的理论与实践问题研究

第四部分　经济学教学研究

第一部分

经济学基础理论研究

政治经济学及其研究对象和任务*

一、什么是政治经济学

（一）政治经济学与经济学

我国古籍中早有“经济”一词。在古汉语中，“经济”一词是“经邦济世”、“经国济民”，即治理国家、拯救庶民的意思，其含义与西方语言中“经济”一词有别。西方语言中的“econom”一词来自希腊语，其中eco的意思是“家务”，而nom的意思是“规则”。oikonomike或economics的传统含义是“家政管理”。早在古希腊时期，思想家色诺芬（约公元前430~354年）在《经济论》一书中，已将奴隶主组织和经营的生产活动概括为“经济”。该书的目的是告诉奴隶主如何管理好自己的财产。在拉丁语中，“oeconomia”一词同样意味着家庭事务管理。这与17世纪之后产生的以社会经济运动和国家经济管理为内容的政治经济学相比，研究范围要狭窄得多。但是，在西方学者编写的经济学词典中，都将色诺芬等古希腊思想家的著作说成是政治经济学的源头。其实，首先从社会和国家范围内对经济问题进行系统探讨的，是我国古代的思想家。其中最早也是最杰出的代表，当推与色诺芬同时期的我国春秋时代齐国的政治家和思想家管仲。他在《管子》一书中，以增加诸侯国赋税来源为宗旨，就古

---

* 本文曾作为《马克思主义经济学的现代阐释》一文的部分内容发表在《政治经济学评论》2004年第3期，收入本文集时作了较大修改。

代农业社会经济发展和政府经济政策提出了一套相当系统的理论。[①]

17 世纪，在亨利四世和黎塞留统治下的法国，随着中央集权国家机构的发展，公共行政管理的范围随之扩大，出现了“政治经济学”一词。通常认为是法国重商主义的代表人物安·德·蒙克莱田在 1615 年出版的《献给国王与王太后的政治经济学》一书中第一次使用了“政治经济学”这个词，目的在于表明它所论述的经济问题已超出家庭或庄园经济范围，涉及的是国家或社会的经济问题。但是，蒙克莱田的著作对政治经济学的发展并没有产生什么影响。真正为政治经济学的产生奠定基础的是 17 世纪的英国学者威廉·配第。在《政治算术》等著作中，他提出了一系列有关商品价值、利润、地租的重要见解。同时期的法国重农学派，也对政治经济学的形成产生了重要的影响。这个学派的代表人物魁奈提出了著名的“经济表”，政治经济学开始用来概括对财富性质、再生产和分配的讨论。在以后的几十年，后一类含义的政治经济学占了主导地位，并逐渐成为一个独立的学科。

到了 18 世纪 70 年代，政治经济学几乎专指与国家资源相联系的财富的生产和分配。詹姆斯·斯图亚特是第一个把“政治经济学”作为自己书名的经济学家。他在这本书的前言中说：政治经济学作为一门学科研究的是“如何保证所有居民得到维持生存的必需资金，消除可能引起生活不稳定的各种因素，提供满足互社会需求的一切必需品以及居民就业，用自然的方式使公民间建立相互依赖的惠关系，以便通过他们各自的利益引导他们相互满足对方的需要。”亚当·斯密的《国家财富的性质和原因研究》一书，虽然未将政治经济学作为书名，但在该书的“序论及全书设计”中谈及“政治经济学的不同学说”，并在第四篇对政治经济学作了如下定义：“作为政治家或立法家的一门科学的政治经济学，提出两个不同的目标：第一，给人民提供充足的收入或生计，或者更确切地说，使人民能给自己提供这样的收入或生计；第二，给国家或社会提供充分的收入，使公务得以进行。总之，其目的在于富国裕民。”[②] 斯密的这一观点被后来的许多经济学家所因袭。萨伊认为，政治经济学是“阐述财富的科学”，它“阐明财富是怎样生产、分配和消费的”，并强调“是我们所能

① 关于《管子》的经济思想的全面介绍，请参见蒋自强等著：《经济思想通史》第 1 卷，浙江大学出版社 2003 年版，第 3 章。

② 亚当·斯密：《国富论》，商务印书馆 1974 年版，第 1 页。

够使用的最好的词语”。[①] 约翰·穆勒在谈到政治经济学“研究的主题”时说，“这个主题就是财富”，“政治经济学家们声称是讲授或研究财富的性质及其生产和分配的规律，包括直接或间接地研究使人类或人类社会顺利地或不顺利地追求人类欲望的这一普遍对象的一切因素所起的作用”。[②] 麦克库洛赫认为，“政治经济学是研究具有交换价值的、并为人所必须、有用或喜爱的物品或产品的生产、分配和消费的规律的科学。”[③]

19 世纪中叶，出现了对政治经济学的上述定义的两种批评：一种批评是针对政治经济学的研究内容的；另一种批评则是针对政治经济学的名称的。古典政治经济学最优秀的代表人物大卫·李嘉图在 1820 年 10 月 9 日致马尔萨斯的一封信里，就曾明确反对把政治经济学说成是研究财富的学问。他这样写道：“你认为政治经济学研究财富的性质和原因。我认为不如说，它研究决定劳动产品在共同生产它的诸阶级之间的分配的规律。不能确定关于数量的规律，但能够相当正确地确定一个关于比例的规律。我日益感到满意，前一种研究是徒劳和虚妄的，后一种研究才是科学的真正的目的”。[④] 李嘉图否定政治经济学是研究财富的学问，意识到它是研究生产过程中人与人的关系或阶级与阶级的关系的科学。马克思和恩格斯肯定了李嘉图的这一观点，他们坚决反对把政治经济学当作研究财富或研究人与物的关系的一门技术性科学，而把政治经济学的研究对象确定为资本主义生产方式以及和它相适应的生产关系和交换关系。另一种批评意见主张改变政治经济学的名称，认为它已经使人们产生了误解，主张将政治经济学改名为财富学或努力满足人类需要的学说。1879 年，杰文斯在《政治经济学原理》再版序言里提出，Political Economy（政治经济学）是一个双名，比较麻烦，应尽早放弃。最好的名称是 Economics（经济学），因为它既与旧名称比较接近，又在形式上与从亚里士多德开始就已通用的 Mathematics（数学）、Ethics（伦理学）Aesthetics（美学）等学科名称类同。[⑤] 在最后一次出版他的经济学著作时，杰文斯把书名改为《经济学原理》。经济学这一名称的广泛使用，一般归因于新古典经济学的代表人物马歇尔。他在 1890 出版的《经济学原理》一书中，对经济学下了这样的定义：“经济学是一门研究在日常生活事务中过活，活动和思考的人们的

① 萨伊：《政治经济学概论》，商务印书馆 1982 年版，第 15 页。
② 约翰·穆勒：《政治经济学原理》，商务印书馆 1997 年版，第 1 页。
③ 图·雷·麦克库洛赫：《政治经济学原理》，商务印书馆 1997 年版，第 3 页。
④ 《李嘉图著作和通讯集》第 7 卷，商务印书馆中译本。
⑤ 斯坦利·杰文斯：《政治经济学理论》，商务印书馆 1997 年版，第 6 页。

学问。但它主要研究在人的日常生活事务方面最有力、最坚定地影响人类行为的那些动机。"[1] "经济学"一词从此开始流行起来。特别是在1932年英国经济学家莱昂内尔·罗宾斯发表了《经济科学的性质和意义》这篇著名的论文之后，经济学这一名称不仅在形式上，而且在内容上，都与古典政治经济学明确区别开来。在这篇论文中，罗宾斯第一次正式地把经济学定义为研究稀缺资源配置的科学，他说："经济学是一门研究作为目的和具有不同用途的稀缺手段之间关系的人类行为的科学"，"愿望和稀缺之间的关系意味着经济学可以代替政治经济学。"罗宾斯的这个定义几十年来被西方国家的经济学界所广泛采用。

但是，罗宾斯的观点也遭受许多批评。从内容上看，一些经济学家批评这样定义的经济学范围太窄，忽视了制度、权力、政治、文化和社会发展等重要因素，不具有普遍意义。事实上，虽然"经济学"一词广泛流行，但"政治经济学"一词也并未完全消失。在许多场合，经济学与政治经济学是被当作相同的概念使用的。例如，马歇尔虽然将其著作称为"经济学原理"，但是该书开宗明义的第一句话却是："政治经济学或经济学是一门研究人类一般生活事务的学问"。在当代西方国家广为流行的萨缪尔森的经济学教科书中，也有"经济学或政治经济学"的提法。正如一本权威的经济学词典所说，"在即将进入21世纪的今天，'政治经济学'和'经济学'这两个名词都还存在。自它们产生以来，含义都有所变化，然而，两者基本上可以看作是同义语，这个术语上的特征反映出它所描述的这门学科的有趣特征。"[2] 在本书中，政治经济学和经济学也是作为同义语来使用的。马克思主义的政治经济学也可以称为马克思主义经济学。但是，马克思主义政治经济学对自己的研究对象和任务的界定，与西方主流经济学所说的"稀缺资源配置的规律"是不同的。对此，我们将在本章第四节加以说明。

（二）经济学与意识形态

政治经济学是一门科学吗？对这一问题历来存在着不同的回答。针对亚当·斯密在《国富论》中把政治经济学的研究对象定义为"富国裕民"这一观点，一般均衡理论的创始人，19世纪末20世纪初最重要的经济学

① 马歇尔：《经济学原理》（上），商务印书馆1983年版，第34页。
② 《新帕尔格雷夫经济学大辞典》第3卷，经济科学出版1992年版，第970页。

家瓦尔拉斯提出了这样一种批评："在我看来，严格地说，这并不是一门科学的目的。实际上，科学的一个主要特征是，在全然不计及成果好坏的情况下，不断追求纯粹的真理"。他认为，把政治经济学的目的说成是"富国裕民"，"就同把几何学的目的说成是为了建筑高楼大厦，把天文学的目的说成是为了要在大海中安全航行一样"。① 当代美国经济学家弗里德曼认为，经济学应当是一门实证科学，它的性质与自然科学完全相同。他这样写道：从原则上说，实证经济学是独立于任何特别的伦理观念或规范判断的；它要解决的是"是什么"而不是"应该是什么"的问题；它的任务是提供一套一般化的理论体系，其正确性可以通过它所取得的预测与实际情况相比的精确度、覆盖率及一致性等指标来加以考察。②

但是，另外一些学者对经济学能否成为一门自然科学意义上的"实证科学"，则持怀疑态度。美国学者艾克纳在《经济学为什么不是科学》一书中说明，目前在西方国家的主流经济学，虽然被弗里德曼之类经济学家标榜为"实证科学"，但其实是由缺少现实基础的理论构成的，根本不成其为科学，而只是一种为资本主义制度辩护的意识形态③。美国著名经济学家熊彼特则认为，经济学是不是科学的问题取决于"科学"一词的含义；"如果我们规定采用与数理物理学相类似的方法才是科学的观点，那么整个经济学就不是一门科学。在这种情况下，经济学中只有一小部分是'科学的'"；"如果我们把科学理解为一种知识，一种寻找事实和解答或者推理的专门技巧，那么，经济学就是一门科学。"④ 应当说，熊彼特的这一看法是比较中肯的，反映了政治经济学作为一门社会科学学科的特点。

事实上，除了语言文字学等少数学科，社会科学中的大多数学科，都具有科学和意识形态这样两重属性。就政治经济学而言，一方面，它是一门科学，它研究现实的社会经济生活，试图揭示经济现象之间的因果联系，其正确与否取决于它是否真实地反映了客观存在的经济运动规律，在这一点上它与自然科学是相同的。另一方面，像绝大多数社会科学学科一样，它又不可避免地具有社会意识形态的含义，总是或明或暗地反映着一定社会集团或阶级的利益要求、价值标准或伦理规范，这一点与自然科学

① 莱昂·瓦尔拉斯：《纯粹经济学要义》，商务印书馆 1997 年版，第 31、32 页。

② 费里德曼：《弗里德曼文萃》，北京经济学院出版社 1991 年版。

③ A. S. 艾克纳主编：《经济学为什么不是科学》，北京大学出版社 1990 年版，第 179 ~ 180 页。

④ 约瑟夫·熊彼特：《经济分析史》第 1 卷，商务印书馆 2001 年版，第 23 ~ 24 页。

明显不同。政治经济学的这种无法否认的意识形态色彩，也为当代的一些西方经济学家所承认。诺贝尔经济学奖获得者、美国经济学家索洛说过这样的话："社会科学家和其他人一样，也具有阶级利益、意识形态的倾向以及一切种类的价值判断。但是，所有的社会科学的研究，和材料力学或化学分子结构的研究不同，都与上述的（阶级）利益、意识形态和价值判断有关。不论社会科学者的意愿如何，不论他是否察觉到这一切，甚至他力图避免它们，他对研究主题的选择，他提出的问题，他没有提出的问题，他的分析框架，他使用的语言，很可能在某种程度上反映了他的阶级利益、意识形态和价值判断。"①

一些西方学者之所以否定经济学的阶级性，往往是为了掩盖其学说的资产阶级性质。例如，我们刚才提到的弗里德曼，就在他自己的著作中将以阶级剥削和压迫为基础的资本主义制度，硬说成是人类自由的保证。与这类自相矛盾的资产阶级经济学者相反，马克思主义经济学毫不掩饰自己对工人阶级和被压迫人民利益的关注，明确宣布自己的经济理论代表的是工人阶级的利益，是工人阶级的意识形态。同时，马克思主义政治经济学又是一门科学，它的首要目的是揭示社会经济发展的客观规律。马克思认为，社会经济形态的发展是一个自然历史过程，经济学的任务在于揭示这一自然过程的内在规律，为社会的改造提供正确的理论指导，以实现代表着社会经济发展必然趋势的先进阶级的利益要求。因此，科学性和阶级性在马克思主义经济学中是统一的。在这二者的统一中，科学性是基础。因为，马克思主义经济学对劳动大众利益的关注，马克思主义经济学者的工人阶级立场，不是像欧文一类空想社会主义者那样，仅仅出于对劳动大众所受苦难的同情，而是基于对社会经济运动规则和客观发展趋势的科学认识。马克思和恩格斯本身并非工人阶级出身，他们之所以将立场转到工人阶级方面来，并且成为世界社会主义运动公认的领袖，正是因为他们通过客观公正的科学研究，发现工人阶级代表着由经济规律决定的社会变革的必然要求。

科学性与阶级性的冲突通常发生在保守阶级的身上。保守阶级的利益与社会进步的要求是矛盾的，出于自身利益的考虑不愿意揭示经济发展的客观趋势，因而作为这类阶级的意识形态的经济学理论往往带有明显的辩护性。经济思想史告诉我们，资产阶级政治经济学说的辩护性，就是随着

① 转引自吴易风：《马克思主义经济学与西方经济学》，经济科学出版社2002年版，第238页。

资产阶级由先进转为保守而日益加重的。英国古典政治经济学产生于封建社会晚期和资本主义初期，当时资产阶级作为先进生产力的代表，承担了推翻封建地主阶级统治的历史任务，无产阶级与资产阶级的对立还处于萌芽状态，公正无私的研究在一定程度上还可以进行。例如，李嘉图有意识地把当时社会的三大阶级（地主、资本家和工人）的利益冲突，包括工资和利润的对立、利润和地租的对立，当作他的研究的出发点。但是，随着资本主义社会的发展，其固有的矛盾日益激化，资产阶级经济学说的科学性就大打折扣，其辩护性则日益凸显。马克思在谈到这一点时指出："法国和英国的资产阶级夺得了政权。从那时起，阶级斗争在实践方面和理论方面采取了日益鲜明的和带有威胁性的形式。它敲响了科学的资产阶级经济学的丧钟。现在的问题不再是这个或那个原理是否正确，而是它对资本有利还是有害，方便还是不方便，违背警章还是不违背警章。不偏不倚的研究让位于豢养的文丐的争斗，公正无私的研究探讨让位于辩护士的坏心恶意。"① 那些作为资产阶级代言人的经济学家，为了维护本阶级的利益，往往牺牲经济学的科学性，竭力掩盖社会经济中的矛盾和冲突，用市场交易当事人的生意经取代对社会经济关系本质的探究。正是从这个意义上，马克思将他那个时代的资产阶级经济学称为"庸俗经济学"。

二、政治经济学理论的演变与发展

（一）古典政治经济学

政治经济学理论是随着资本主义生产方式的产生和发展而成长起来的。对资本主义生产方式最初的理论反映的是重商主义。重商主义是封建时代晚期代表商业资本利益的经济学说，其主要代表人物有：托·孟（英国）、安·塞拉（意大利）、安·孟克列钦（法国）等。重商主义者认为，一国拥有的货币越多，它就越富裕；而对外贸易是获取货币的途径，输出商品与输入商品的价值总额之间的差额越大，一国可以积累的货币就越多；政府应当在严禁货币外流的同时，推行贸易保护政策。这种经

① 《马克思恩格斯全集》第23卷，人民出版社1972年版，第17页。

济学说以粗浅的现实主义，总结了商业资本的实践经验，它“粗野而坦率地吐露了资产阶级生产的秘密：资产阶级生产受交换价值支配”①，第一次把交换价值而不是使用价值宣布为财富，从而为资本的原始积累提供了理论说明。

古典政治经济学是资本主义上升时期代表新兴资产阶级利益和要求的政治经济学。17 世纪中期至 19 世纪初期是古典政治经济学产生、发展和完成的时期。威廉·配第、亚当·斯密、大卫·李嘉图是英国古典政治经济学的主要代表，皮埃尔·布阿吉尔贝尔、弗朗斯瓦·魁奈以及杜尔阁是法国古典政治经济学的主要代表。古典政治经济学将研究由流通深入到资本主义的生产过程，把资本主义生产看作增加国民财富的最有效的源泉，论证了资本主义自由竞争制度相对于封建制度的合理性和优越性，在一定程度上揭示了资本主义生产方式的内部联系。但由于历史和阶级的局限性，它把资本主义当作了自然和永恒的社会制度，不可能正确揭示资本主义社会经济关系及其发展的规律，留下了若干肤浅的见解和错误论点。在这方面，亚当·斯密的巨著《国民财富的性质和原因的研究》（又译《国富论》）是具有代表性的。时至当代，几乎经济学的各种流派，仍然可以在这部著作中找到自己的理论源头和灵感。

19 世纪以来，在古典经济学奠定的基础上，政治经济学形成了两条最主要的发展线索：一条线索是继承了古典经济学的科学精神的马克思主义经济学。一个多世纪以来，马克思主义经济学不仅是世界各国无产阶级和广大劳动群众争取解放的学说，也是社会主义国家经济建设和改革的基本指导思想。另一条线索是在西方主要资本主义国家占主流地位的经济学，即通常所谓“西方经济学”。

（二）马克思主义政治经济学的产生和发展

1. 奠基人马克思和恩格斯。古典政治经济学是马克思主义的重要思想来源。马克思批判地继承了古典经济学的科学成分，克服了它的阶级局限和历史局限，全面深刻地揭示了资本主义生产方式的内在矛盾和发展趋势，完成了政治经济学发展史上的伟大革命。

马克思在大学时候的专业是法律，但他对哲学和历史尤有兴趣，获得

① 《马克思恩格斯全集》第 13 卷，人民出版社 1972 年版，第 149 页。

了柏林大学授予的哲学博士学位。求学时期的马克思，“对政治经济学，还一无所知”①。是什么原因促使马克思跨进政治经济学这座科学的殿堂呢？

首先，他遇到要对物质利益问题发表意见的“难事”。1842 年 10 月到 1843 年 3 月，马克思担任《莱茵报》主编，第一次要对所谓物质利益问题发表意见。当时，莱茵省议会根据资产阶级和贵族议员们的要求通过了所谓的《林木盗窃法》。这项法律把贫民自古以来就有的拾捡枯枝的习惯权利，说成是盗窃行为。马克思从民主主义的立场出发，十分同情广大的贫苦群众，在他担任《莱茵报》主编后的第一个月，就发表了《关于林木盗窃法的辩论》一文。由于他当时对政治经济学还一无所知，因而只能从法学和哲学的角度对法案进行抨击，而提不出有力的经济学论据。同时，他还碰到另一些有关物质利益的问题，例如，摩塞尔地区农民贫困的原因、关于自由贸易和保护关税的辩论等。这些“难事”都促使他下决心去研究政治经济学。恩格斯曾回忆说：“我曾不止一次的听到马克思说，正是他对《林木盗窃法》和摩塞尔河地区农民处境的研究，推动他由纯政治转向研究经济关系，并从而走向社会主义。”②

其次，要对共产主义进行“理论论证”。《莱茵报》在马克思担任主编之前，先后刊登了几篇有关社会主义的论文，报道了法国学者关于社会主义学说的会议。这被奥格斯堡保守派报纸《总汇报》当作借口，指责《莱茵报》是“普鲁士的共产主义者”。作为《莱茵报》主编的马克思，为了驳斥《总汇报》的指责，认为在报刊上讨论共产主义问题是有意义的。同时，他认为当时流行的社会主义、共产主义思潮，在理论上是软弱无力的，在实际上是行不通的，当时最重要的问题，不是按照这些理论去进行“实际实验”，而是对共产主义进行“理论论证”。后来马克思在回忆这段经历时说：“在善良的‘前进’欲望大大超过实际知识的时候，在《莱茵报》上可以听到法国社会主义和共产主义的带着微弱哲学色彩的回声。我曾表示反对这些肤浅言论，但是同时在和奥格斯堡《总汇报》的一次争论中坦率承认，我以往的研究还不容许我对法兰西思潮的内容本身妄加评判。”③

最后，为了解剖“市民社会”即社会经济关系。1843 年 3 月，《莱茵

① 《马克思恩格斯全集》第 38 卷，人民出版社 1972 年版，第 480 页。
② 《马克思恩格斯全集》第 39 卷，人民出版社 1972 年版，第 446 页。
③ 《马克思恩格斯全集》第 13 卷，人民出版社 1972 年版，第 8 页。

报》被普鲁士专制政府查封。马克思也迁居到莱茵省的一个小镇克罗茨纳赫，在这期间马克思深入研究了费尔巴哈和黑格尔的哲学著作，还阅读了大量有关法国、英国和德国历史的著作，写下了《克罗茨纳赫笔记》及《黑格尔法哲学批判》手稿。这部手稿研究的中心问题是国家同市民社会的关系。马克思认为，不是国家决定市民社会，而是市民社会决定国家。后来，马克思在《〈政治经济学批判〉序言》中写道："法的关系正像国家的形式一样，既不能从他们的本身来理解，也不能从所谓人类精神的一般发展来理解，相反，他们根源于物质的生活关系，这种物质的生活关系的总和，黑格尔按照18世纪的英国人和法国人的先例，称之为'市民社会'"①。所谓"市民社会"，在马克思看来，就是"物质的生活关系的总和"，也就是"生产关系的总和"，亦即社会经济制度。

马克思研究政治经济学的动因，正好反映了政治经济学这门科学所具有的理论和现实意义。那就是，"对市民社会的解剖应该到政治经济学中去寻求"②。然而，正如恩格斯所说："关于市民社会的科学，也就是政治经济学，而当时要切实的研究这门科学，在德国是不可能的，只有在英国和法国才有可能。"③

马克思于1843年10月底离开故乡，来到巴黎，开始了对政治经济学的研究，到1845年11月离开巴黎前夕，马克思已写下了7本涉及经济学原理、经济学史和现实经济问题的笔记。这些笔记被称为《巴黎笔记》。马克思在1844年上半年完成的《1844年经济学——哲学手稿》，是他建立政治经济学理论体系的第一次尝试。1845年马克思移居布鲁塞尔后，进一步钻研了大量的关于政治经济学理论和经济史的文献。这一时期，马克思在他写的一系列著作中，都涉及或专门阐述了政治经济学理论问题，其中最重要的著作有《德意志意识形态》（与恩格斯合著）、《哲学的贫困》、《雇佣劳动与资本》、《关于自由贸易的演说》和《共产党宣言》（与恩格斯合著）。

1848年欧洲资产阶级革命失败，马克思被驱逐出德国，以后定居伦敦。从1850年8月开始，马克思利用大不列颠博物馆图书馆收藏的政治经济学著作和资料，研读了可能发现的所有重要的经济学文献，1853年年底，马克思已写下了包括24个笔记本的笔记，这些笔记被称为《伦敦笔记》。

---

①② 《马克思恩格斯全集》第13卷，人民出版社1972年版，第8页。
③ 《马克思恩格斯全集》第16卷，人民出版社1972年版，第409页。

1857～1858 年 5 月马克思写下了一系列经济学手稿，被称为《1857～1858 年经济学手稿》。手稿是马克思自 1843 年以后的 15 年间政治经济学研究的结晶，对政治经济学的研究对象、研究方法以及政治经济学理论体系的结构作了详细的论述，对劳动价值论、货币理论、剩余价值理论和资本主义经济运动趋势作了科学论述，标志着马克思主义政治经济学理论的基本形成。

1859 年 6 月，马克思的《政治经济学批判》第一册公开出版，这是马克思计划出版的政治经济学著作的 6 个分册中第 1 分册的一个部分。1863 年 7 月，马克思完成了一部包括 23 个笔记本的手稿，被称为《1861～1863 年经济学手稿》。在这部手稿中，马克思进一步完善了劳动价值论，周详地阐述了剩余价值理论，并在更深的层次上，对资本主义经济运动趋势作了论述。在写作第 2 分册时，马克思决定将这一册的内容扩展为一部独立著作，题名《资本论》，而把《政治经济学批判》作为副标题。1867 年 9 月 14 日，《资本论》第 1 卷终于在德国汉堡出版，它标志着马克思主义政治经济学的最终形成和科学社会主义理论的最终确立。

恩格斯是马克思主义政治经济学的重要奠基人之人。1843 年恩格斯发表的《国民经济学大纲》，对资产阶级政治经济学的方法和一些主要理论观点，作了严肃的批判，这是无产阶级政治经济学的第一部重要文献。1845 年，恩格斯发表了《英国工人阶级状况》，从政治经济学理论的视角，探讨了工人阶级的贫困化问题。随后，他和马克思一起撰写了《德意志意识形态》、《共产党宣言》等重要著作，为马克思主义政治经济学的形成奠定了理论基础。在马克思创作《资本论》的过程中，恩格斯提出了许多重要的意见，为马克思主义政治经济学的形成做出了重要贡献。《资本论》第 1 卷发表后，恩格斯写了大量的文章，介绍这部巨著的光辉思想和伟大意义。马克思逝世后，恩格斯花了整整 11 年零 9 个月的时间整理出版了《资本论》第 2 卷和第 3 卷。在这一过程中，他还根据理论和实际发展的新情况，对马克思的手稿进行了重要的补充和完善。此外，恩格斯还创作了《反杜林论》、《家庭、私有制和国家的起源》等重要著作，把马克思主义政治经济学的研究，从资本主义生产方式扩展到了人类社会的各种经济形态，为建立广义政治经济学理论奠定了理论基础。

在批判资本主义制度的同时，马克思和恩格斯还对取代资本主义的新社会的基本特征，做过一系列预测性的研究。这方面的论点，散见于以上列出的著作，以及他们与当时欧洲各国工人运动领袖和活动家的大量通信。比较系统地反映他们对未来社会看法的著作有《共产党宣言》（马克思、恩格斯合著）、《哥达纲领批判》（马克思著）、《社会主义从空想到科学的发展》（恩格斯著），等等。马克思和恩格斯的这些预测，对他们身后发生的社会主义革命和建设，发挥了巨大的指导作用。当然，他们不是算命先生，不可能为实践中的社会主义发展提供准确无误的详尽方案，而只是指出了前进的基本方向。

19 世纪末 20 世纪初，资本主义进入了帝国主义阶段。以列宁、卢森堡、希法亭、布哈林等为代表的马克思主义者，分析了当时资本主义经济发展的新变化，提出了帝国主义是垄断资本主义的理论，使马克思主义政治经济学发展到了一个新的阶段。列宁创造性地提出了冲破帝国主义的薄弱环节，首先在一国进行社会主义革命和建设的设想，并将其付诸实践。

2. 马克思主义经济学在社会主义国家的发展。十月革命前后，列宁依据马克思主义的基本理论分析了俄国面临的经济和政治形势，对落后国家从资本主义向社会主义过渡的道路和方法进行了开创性的探索。在十月革命以后的社会主义实践中，以列宁、布哈林、沃兹涅辛斯基、普列奥布拉任斯基等为代表的马克思主义经济学家，还对社会主义条件下政治经济学的对象、商品生产的前途和命运、社会生产两大部类平衡和工业化道路的选择等一系列问题展开了深入的讨论，推动了马克思主义经济学的发展。在列宁以后，斯大林领导苏联人民进行了社会主义经济建设，实现了社会主义工业化，推动了经济的高速增长。1953 年斯大林发表了《苏联社会主义经济问题》，总结了社会主义建设的经验，对社会主义生产资料所有制、社会主义商品生产等一系列重要问题提出了看法。在这个基础上，前苏联经济学家集体编写了《政治经济学》教科书，马克思主义政治经济学中第一次有了一个以实践为基础的“社会主义部分”。此后，随着高度集中的计划经济体制的建立，经济理论的发展受到教条主义的干扰，出现了停滞趋势。这个时期经济学研究方面值得一提的成就，是波兰经济学家卡莱茨基关于社会主义经济增长的研究，以及前苏联经济学家对线性规划方法的发展。直到 20 世纪 50 年代的后半期，随着改革传统计划经济体制要求的提出，这些国家的经济思想才又时断时续地活跃起来。从如何在社会主义经济中发挥利润对企业活力的刺激作用开始，在社会主义经济是否是商品经济，是否应当以及如何将市场机制引入社会主义经济等一系列问题上，展开了较深入的探讨，出现了一大批有创见的论著。此外，南斯拉夫经济学家对“工人自治”的社会主义企业制度的研究，也留下了值得重视的理论成果。但是，20世纪末前苏联和东欧发生的剧变，使这种发展进程戛然而止。

在我国，早在新中国成立之前，就有王亚南、郭大力等经济学家从事《资本论》的翻译和介绍工作。他们还运用马克思主义经济学的方法，对我国的半殖民地半封建经济进行分析，产生了若干像王亚南的《中国经济原论》这样的力作。他们的工作，为马克思主义经济学在中国的发展奠定了基础。新中国成立之后，马克思主义经济学广泛传播。毛泽东等党和国家领导人对如何在一个落后的农业国建立和发展社会主义经济制度，如何实现工业化和现代化，在理论和实践两个方面，进行了开拓性的探索，发表了《论十大关系》等一系列重要的著作。同时，经济学界的研究工作也很活跃。20世纪50年代中后期，马克思主义政治经济学的研究在我国呈现出十分活跃的局面。例如，在如何认识和运用价值规律等问题上，我国经济学家就提出了不少独到的见解，孙冶方的《社会主义经济论稿》是这一时期的代表作。但是，随着极"左"思潮的日渐泛滥，有创见的研究受到压制和批判。直到"文革"结束，马克思主义经济学才迎来了蓬勃发展的春天。从20世纪70年代末关于按劳分配和价值规律的大讨论开始，随着"解放思想、实事求是"的思想路线的贯彻，在改革开放实践的不断深入的推动下，马克思主义政治经济学的研究冲破了教条主义的束缚，出现了百家争鸣的局面。邓小平提出了有中国特色的社会主义的理论和建立社会主义市场经济的构想，极大地丰富和发展了马克思主义经济学界对社会主义经济发展规律的认识。目前，在马克思列宁主义、毛泽东思想、邓小平理论和"三个代表"重要思想的指导下，注重理论创新成为我国马克思主义经济学者的共识。以我们党提出的社会主义初级阶段理论和社会主义市场经济理论为基石，有中国气派的马克思主义政治经济学体系正在形成。随着经济改革和发展实践的深入，政治经济学的研究范围得到拓展，从经济运行的微观基础、产业结构调整、新型工业化和城市化，到经济增长、国际经济和政府的宏观经济调控，出现了一个又一个新的研究领域；以研究从计划经济向社会主义市场经济转型为对象的过渡经济学，总结了我国改革的成功实践，产生了广泛的国际影响；随着对外开放的发展，对经济信息化和全球化的研究不断深入，对国外的各种经济学思潮和流派的研究和借鉴也日益全面。

3. 马克思主义经济学在当代资本主义社会的发展。在西方资本主义国家，从《资本论》问世以来，马克思主义政治经济学就遭到资产阶级主流意识形态的压制。但是，尽管如此，马克思主义经济学的研究也从未中止。例如，英国经济学家莫里斯·多布，就是其中一位杰出的代表，他的大量著作，在基础理论和经济史两个方面，对马克思主义经济学在西方国家的发展做出了贡献。又如，比利时学者恩斯特·曼德尔，在资本主义发展和资本积累现代特征方面，也提出了值得重视的独到见解。在美国，第二次世界大战以后，在"激进经济学派"的旗帜下，聚集了一批马克思主义经济学者。他们用马克思主义的方法分析和批判当代资本主义制度，明确宣称要在西方国家实现社会主义。在这个学派中，有保罗·巴兰、保罗·斯威奇、霍华德·谢尔曼、安瓦尔·谢克、罗伯特·布伦纳等一批重要经济学家。他们在资本主义经济发展、资本主义垄断、停滞膨胀等领域的研究，取得了令主流经济学不敢小视的成绩。以致美国主流经济学的代表保罗·萨缪尔森在他那本广为流行的经济学教科书的序言中承认，"在最近的将来，他们的研究活动将大有成果。"① 在日本，第二次世界大战之后，马克思主义政治经济学则不仅与西方主流经济学分庭抗礼，在大学的讲台占有重要地位，而且还发展出若干学派。其中的宇野学派中，有伊藤诚等重要的经济学家，对劳动价值论和危机理论做出了独到的贡献。在法国20世纪70年代出现的"调节学派"，则将马克思的资本积累理论运用于不同的历史发展阶段，尤其对第二次世界大战后出现的所谓"福特主义积累机制"进行了深入的分析，在国际上产生了广泛影响。针对欠发达国家的资本主义发展所面临的困境，以及资本主义世界体系中的不合理的经济秩序，安得列·根德·弗兰克、萨米尔·阿明、特奥托尼奥·多斯桑托斯、阿尔吉里·艾曼纽尔、伊曼纽尔·沃勒斯坦等马克思主义经济学者，提出了"中心—外围"论、依附论、"不平等的发展"、"世界规模积累"、"资本主义世界体系"等一系列理论。

(三) 西方经济学的主要流派及其演变

马克思主义政治经济学同西方经济学相比较，无论从方法论原则，还是从理论体系和价值取向，都具有实质性的区别。事实上，马克思主义政治经济学从其诞生之日起，就不断遭到西方主流经济学代表人物的非难和攻击。马克思本人及其后继者对这种非难和攻击的反批判，从一定意义上

① 保罗·萨缪尔森：《经济学》第12版，中国发展出版社1992年版。

说，为马克思主义政治经济学的传播和发展，提供了重要的动力。因此，要研究马克思主义政治经济学，也有必要对西方经济学发展的梗概有所了解。

1. 庸俗经济学。马克思把19世纪30年代以后出现的资产阶级经济学称为庸俗经济学。庸俗经济学是在资本主义社会矛盾和阶级斗争发展时期代表资产阶级利益和要求的政治经济学。还在古典经济学完成时期，庸俗经济学就已经产生。萨伊和马尔萨斯庸俗化了斯密的学说，詹姆斯·穆勒、麦克库洛赫庸俗化了李嘉图的经济学说。19世纪30年代和60年代，它的主要代表有英国的西尼尔、美国的凯里、法国的巴斯夏等人。19世纪中叶，英国古典经济学的模仿者约翰·穆勒企图调和不能调和的东西，建立了一个折中主义的经济理论体系。这些学说的共同点是歪曲以致否定劳动价值论，进而否定雇佣劳动制度的剥削性质，掩盖由资本主义生产方式的内在矛盾必然导致的危机和冲突，为资本主义涂上一层玫瑰色。例如，萨伊提出了一个“定理”，即认为由于有市场这只“看不见的手”的自动调节，产品的供给会自动创造自己的需求，从而否认了资本主义经济危机发生的可能性。时至今日，西方资产阶级学者仍然在从庸俗经济学那里发现自己的理论灵感。

古典经济学和庸俗经济学既有联系，又有区别。二者的联系主要在于它们都是资产阶级经济学，都认为资本主义生产方式是符合人的本性的、自然的生产方式，都把这一生产方式特有的经济范畴和经济规律当作永恒的经济范畴和自然法则；二者的联系还在于前者为后者提供了养料，后者从前者的庸俗成分和糟粕中寻觅自己的智慧之源。二者的区别主要在于，前者力求探索资本主义生产方式的内部联系，透过经济现象寻求客观经济规律，后者则满足于描绘资本主义生产方式的外在联系，抓住颠倒地表现出来的现象外表来否认现象背后的客观经济规律；前者从来没有只限于反映资本主义经济关系中生产和经营当事人的观念，而是力图揭示在这种当事人的观念和行为背后起支配作用的经济关系和客观规律，后者则只是限于把资产阶级生产和经营当事人的观念加以系统化和学理化，并且宣布为永恒的真理；前者是批判的经济学，表现出科学上的诚实，敢于说出还具有进步性、革命性的资产阶级想说的话，后者是辩护的经济学，它不是无所畏惧地追求科学真理，而是让科学去迎合和适应资产阶级的私利。

2. “边际革命”与新古典经济学。19世纪70年代是资产阶级经济学史上的又一重要界标。英国的杰文斯、奥地利的门格尔和法国的瓦尔拉斯等人，各自提出了边际效用价值论，并在此基础上建立了自己的经济理论体系。这被西方学者称为“边际革命”。这场边际革命从价值理论开始，然后推进到生产理论和分配理论，最后推广到了经济理论的各个方面，形成了边际主义学派。这一学派的理论核心，在于将价值理论的立脚点，从古典学派所倡导的劳动或生产成本这类客观的要素，转到人的主观欲望及其满足上来，认为商品价值由边际效用（所谓边际效用，是指个人享用最后一单位某种物品所得到的满足感）决定。特别是奥地利学派的庞巴维克，直接将矛头指向了马克思的理论，以边际效用论为武器来反对劳动价值论和剩余价值学说。边际主义学派还认为，商品价值是各种生产要素共同创造的，每种要素在其中起的作用取决于要素的边际生产力，每一要素的报酬都等于该要素的边际生产力。这就否认了剥削的存在，“证明”了资本主义制度的“合理性”。边际主义学派以边际效用论和边际生产力理论为支柱，用商品市场和要素市场的需求和供给的均衡来说明商品和要素的价格决定。边际学派的这些主张，实际上在萨伊等庸俗经济学家的著作中已具雏形。边际学派的“贡献”，主要是用数学的形式化方法将庸俗经济学的论点系统化了。

西方学者称杰文斯、门格尔和瓦尔拉斯等人为边际主义学派的第一代，称以马歇尔为首的剑桥学派为第二代。除马歇尔外，剑桥学派的代表还有庇古、埃奇沃思等。由于马歇尔自诩是古典学派的继承者，因而剑桥学派又被称为新古典学派，这个学派的经济学又被称为新古典经济学。被归入边际主义学派第二代的还有奥地利的维塞尔和庞巴维克、意大利的帕累托、美国的克拉克等人。在现代许多西方经济学论著中，边际主义学派第一代和第二代经常被统称为新古典学派。19 世纪 70 年代至 20 世纪 30 年代西方国家的正统经济学经常被统称为新古典经济学。

马歇尔在 1890 年出版的《经济学原理》中，建立了一个以均衡价格论为核心的完整的折中主义经济理论体系，“把‘旧的’东西和‘新的’东西无生气的结合起来并混合成为一体”。其中，“旧的”东西有庸俗经济学的供求论、生产费用论、节欲论、资本生产力论等。“新的”东西有边际效用论、边际生产力论等。马歇尔以资本主义自由竞争为前提，把垄断视为例外现象。他在理论上信奉“萨伊定理”，政策上主张经济自由主义，认为资本主义经济通过市场调节可以达到充分就业的均衡。这样，他就“为私有制的企业制度提供了一幅安慰人心的图像。”① 他的《经济学原理》被吹捧为“划时代”的著作，从1890～1920年共出8版。直到20世纪30年代，以马歇尔为代表的新古典经济学在西方经济学界仍占正统地位。

在马歇尔奠定的基础上，新古典经济学的不断地为西方经济学家所充实和扩展，形成一个较完整的理论体系。这个体系虽然内容繁杂，但有一个基本的分析范式，即理性人的成本—收益分析。所谓“理性人”，即追求私利的个人。新古典经济学认为，追求私利是人类的不变本性，任何个人凡事都要比较所得的收益（个人的效用）与成本（负效用），以使自己的收益极大化。小到个人的消费品的选择，大到整个国民经济的增长，都必须在这个范式内加以说明。在此基础上，新古典经济学还以高深的数学形式证明了亚当·斯密的一个著名论断，即在资本主义经济中，个人各自谋求私利的活动，通过市场这双“看不见的手”的作用，会自动增进整个社会的福利。从一定意义上说，新古典经济学的全部理论都可以归结为对斯密的这个古旧教义的证明。当然，它同时也证明了诠释这一教义的“萨伊定理”。

3. “凯恩斯革命”与新古典综合。1929年10月由美国开始的经济危机很快席卷各资本主义国家，成为历史上震撼整个资本主义世界的最严重的经济危机。在1929～1933年大危机之后，接着是长期的萧条，然后又爆发了1937～1938年经济危机。西方经济学家把1929年开始的这场持续了10年之久的经济危机叫做“30年代大萧条”。面对着历史上空前严重的经济危机，西方正统经济学在理论上无法解释，在实践上提不出任何对策。英国经济学家琼·罗宾逊说：“那种保持充分就业的均衡的自然趋势的学说，未能经受住20世纪30年代市场经济完全崩溃的考验”，陷入了“可怜而又可笑的混乱状态”。② 大萧条从根本上动摇了以马歇尔为代表的新古典经济学在西方经济学界的正统地位，代之而起的是凯恩斯经济学。1936年，英国经济学家凯恩斯的《就业、利息和货币通论》一书出版，它标志着凯恩斯主义的产生。凯恩斯主义的产生被西方经济学家称为“凯恩斯革命”，它是对“古典”经济学的“革命”，即革了“萨伊定理”的命，推翻了供给自动创造需求因而经济危机不可能发生的教条，建立了一个以通过政府干预克服危机为宗旨的宏观经济理论体系。凯恩斯承认，

① 琼·罗宾逊：《现代经济学导论》，商务印书馆2005年版，第44～57页。
② 琼·罗宾逊：《现代经济学导论》，商务印书馆2005年版，第61页。

自由资本主义是有缺陷的，单凭市场这双“看不见的手”，难以保证资本主义经济的长期正常运行，认为只有政府实行以财政政策和货币政策为主要内容的干预措施，刺激有效需求（商品的购买力）扩张，才能消除失业，实现充分就业。

第二次世界大战后，凯恩斯经济学在资本主义世界广为流行。西方学者觉察到，它的宏观总量分析方法是与新古典经济学的微观个体分析范式相脱节的。以萨缪尔森为首的一些西方经济学家尝试着把新古典经济学和凯恩斯经济学加以综合，组成一个统一的理论体系。1948 年，萨缪尔森的《经济学》出版。这标志着以萨缪尔森为代表的新古典综合派的形成。他们致力于新古典经济学和凯恩斯经济学的综合工作。对此，萨缪尔森在《经济学》第 3 版中说：“近年来，90% 的美国经济学家已经不再是‘凯恩斯主义经济学家’或‘反凯恩斯主义经济学家’。相反，他们一直是在致力于某种综合工作，即把较早的经济学和现代的收入决定论中一切广泛的范围内被所有的（除了大约 5% 的极端左翼和极端右翼）经济学家所接受。”在《经济学》第 8 版中，萨缪尔森自称他的经济学是“后凯恩斯主义经济学”。在《经济学》第 12 版中，萨缪尔森和诺德豪斯又自称他们的经济学是现代理论和凯恩斯宏观经济理论的综合，新古典宏观经济理论和凯恩斯主义经济学的综合，宏观经济学各派理论的综合。第二次世界大战后，特别是 20 世纪 50 年代以来，新古典综合派的经济理论在西方经济学界居于统治地位，它的政策主张成为许多西方国家奉行的基本政策原则。

4. 新自由主义思潮。20 世纪 70 年代，西方国家出现失业和通货膨胀并存的“滞胀”局面，凯恩斯宏观经济政策失效，新古典综合派在西方学术界的主导地位动摇，新自由主义思潮兴起。

以“自由放任”为教条的自由主义经济学，滥觞于亚当·斯密，曾是新兴资产阶级反对封建专制的武器。20 世纪 30 年代以来产生的新自由主义，则是作为对社会主义和凯恩斯主义的反动出现的。但是，在 20 世纪的前期和中期，正是社会主义国家快速发展，凯恩斯主义经济政策在西方国家发挥着积极效应的时期，哈耶克等新自由主义的“先知”曾一度声名狼藉。20 世纪后半期，随着凯恩斯主义政策在西方国家的失效，以及保守主义政党的上台，加上前苏联和东欧社会主义国家的解体，新自由主义又活跃起来，成为保守主义政党提出的反对政府干预、削减社会福以及国有企业私有化的经济政策的理论根据。

以米塞斯、哈耶克为代表的新奥地利学派，以坎南、罗宾斯等为代表的伦敦学派，以弗里德曼等人为代表的芝加哥学派，以科斯、诺思等人为代表的新制度主义，都属于反对政府对经济的计划和干预、倡导自由市场经济的新自由主义。这派学者中的代表人物不但具有毫不隐讳的反共反社会主义的立场，而且或明或暗地具有社会达尔文主义的倾向，崇尚弱肉强食的“丛林法则”。他们几乎反对任何形式的政府干预，把西方发达国家在多次经济危机教训下采取的宏观调控和社会福利政策（例如，由政府向民众提供的失业救济、医疗保险、教育补助等），通通看做是对私有制和个人自由的侵犯，希望恢复19世纪的自由竞争的资本主义。这鲜明地体现了这一学派的资产阶级保守派的政治立场。哈耶克就曾宣称，他对于自由主义这个概念，“都是从该术语的原初含义即它在19世纪的含义上加以使用的。”[①] 一些新制度主义者甚至认为，“我们社会中最令人反感的弊病并不是资本主义制度发展过度造成的，恰恰相反，它与缺乏明确的、专有的、可以转让的产权这一情况有关……西方社会重病缠身……这一切之所以如此，不是因为我们的社会是资本主义，这是因为我们这个社会现在不是，并从来都不曾是真正的资本主义社会。”[②] 一位西方学者一针见血地指出，新自由主义的理论和政策，“代表了极端富裕的投资者和不到1 000家庞大公司的直接利益”，只不过是少数富人为限制民众的权利而斗争的现代称谓而已。[③]

新自由主义者不仅要在西方国家恢复19世纪的资本主义，而且主张将这种制度推行到全世界去。而且，在哈耶克等人看来，非西方的民族国家光是从西方移植资产阶级民主制度是不够的，还应当将西方国家的“未形诸文字的传统和信念”即资本主义的意识形态也移植过去，写进这些国家的宪法[④]。这为西方发达国家的垄断资产阶级推行全球霸权提供了理论根据。在美国政府和国际金融机构的参与下，1990年美国国际经济研究所召开拉美经济调整和改革研讨会，形成了所谓“华盛顿共识”，将新自由主义的理论具体化为体现国际垄断资本集团利益的政策纲领。虽然在这个“共识”中包含有关稳定宏观经济和发挥市场调节作用的合理成分，但其要害是推行国有企业私有化、经济全面自由化和放弃政府对经济

① 冯·哈耶克：《哈耶克论文集》，首都经济贸易大学出版社2001年中译本，第469页。
② 勒帕日：《美国新自由主义经济学》，北京大学出版社1985年中译本，第29~30页。
③ 乔姆斯基：《新自由主义和全球秩序》，江苏人民出版社2000年中译本，第1、6页。
④ 冯·哈耶克：《自由社会的政治秩序》，中国大百科全书出版社2000年中译本，第428~429页。

的必要干预以及对本国产业的必要保护，以便为西方国家的垄断资产阶级的经济掠夺敞开大门。这套经济政策在拉丁美洲、俄罗斯和东欧国家的推行，使这些国家的大量国有企业为外国资本收买，民族企业在国际资本的打压下生存困难，工人大量失业，贫富两极分化加剧，金融危机频频发生。

上面对西方经济学演变历程的简要回顾表明，虽然其中各个学派的理论和政策主张不同，但作为资产阶级的意识形态，它们在维护和巩固资产阶级的统治这一点上是完全一致的。当然，这并不是说一百多年来西方经济学发展没有任何科学意义。现代的资产阶级经济学仍然具有二重性：一方面，它具有不可否认的意识形态色彩，往往体现了资本家阶级特殊的价值观和利益要求；另一方面，它又在许多方面反映了现代化大生产和发达市场经济国家经济运行的一般规律，具有一定的科学性。马克思主义经济学者对现代西方经济学的态度是：以实事求是的科学论证来驳斥资产阶级经济学的某些代表人物对马克思主义经济学方法论原则和基本原理的攻击，摒弃其辩护性的糟粕；同时，将资产阶级经济学包含的科学成分整合到马克思主义政治经济学的框架中，以丰富和发展马克思开创的经济学说。

三、马克思主义政治经济学的研究对象

在马克思主义经济学界，比较普遍的观点认为，政治经济学是关于社会生产关系及其发展规律的科学。也有一些学者认为，马克思主义政治经济学应当研究生产力和资源配置。为了弄清这一问题，让我们首先看一下经典作家的说法。在《〈政治经济学批判〉序言》中，马克思指出，“摆在我们面前的对象，首先是物质生产。”①《资本论》序言这样说：“我在本书研究的，是资本主义生产方式以及和它相适应的生产关系和交换关系……本书的最终目的就是揭示现代社会的经济运动规律。”在《反杜林论》中，恩格斯专门讨论了政治经济学的对象和方法。他这样说：“政治经济学，从最广的意义上说，是研究人类社会中支配物质生活资料生产和交换的规律的科学。”在同一节中，恩格斯还说，政治经济学是“研究人类各

---

① 《马克思恩格斯选集》第2卷，人民出版社1995年版，第86页。

种社会进行生产和交换并相应地进行产品分配的条件和形式的科学"①。

上述论述虽然各有侧重，但是都强调了政治经济学的研究对象首先是物质资料的生产，它包括两个方面的内容：一方面是生产的物质内容，即人类与自然界进行物质变换以生产出满足自身需要的产品的方式，即马克思所说的"生产方式"，亦即恩格斯所说的生产和交换的"条件"；另一方面是生产的社会形式，即人与人在生产资料和物质产品占有、交换和分配等方面形成的社会关系。前一方面的内容可以用生产力这个范畴来概括，后一方面的内容可以用生产关系这个范畴来概括。显然，从马克思主义经典作家的论述来看，政治经济学既要研究生产力，也要研究生产关系，而进行这种研究的目的是揭示经济运动的规律。

按照历史唯物主义的观点，只有把社会关系归结于生产关系，把生产关系归结于生产力的高度，才能正确地揭示一定历史阶段的社会经济形态的运动规律。既然以满足人的需要为目的的生产力发展是人类社会发展的基础，脱离开对生产力的研究，当然不可能科学地认识一定生产关系产生、发展以致灭亡的原因，也无法正确地把握社会经济运动的内在规律。因此，必须将生产力包括到政治经济学的研究对象中来。但是，不能把政治经济学对生产力的研究，等同于对具体的生产技术和工艺的研究。政治经济学研究生产力的着眼点，是在生产技术的一定发展基础上形成的社会生产活动的一般组织形式，亦即人们普遍采用的劳动方式。而之所以要将生产力研究的着眼点放在生产方式或劳动方式上，是因为，只有在正确地把握一定历史发展阶段生产方式和劳动方式的性质的基础上，才能科学地认识作为这种生产方式所采取的社会形式的特定生产关系。这里要强调的是，研究生产力的目的，是要揭示一定社会生产关系形成和发展的根据，说明由这种生产关系决定人们的经济行为方式或经济活动规律，发现社会生产关系变迁的趋向。从这个意义上说，对社会生产关系的研究，是马克思主义政治经济学研究的重点。

目前，在我国学术界关于马克思主义政治经济学的研究对象的讨论中，是否以及如何研究资源配置，还是有一个有争论的问题。所谓资源配置，是指各种有限的经济资源根据社会对不同产品的需要，在不同生产部门之间的分配。马克思主义的经典作家没有使用过"资源配置"这个词。但是，马克思曾明确地指出，社会总劳动在不同生产部门的分配，是在任

① 《马克思恩格斯选集》第3卷，人民出版社1995年版，第489～492页。

何社会都存在的基本经济问题。这实质上就是资源配置问题。人是一切经济活动的主体，任何自然资源都要通过人类劳动，才能够成为对人类有价值的经济资源，因而资源配置归根结底是社会总劳动在不同部门的分配。马克思主义的经典作家还深入地研究了资本主义生产关系条件下不同生产部类的比例问题，揭示了通过经济危机表现出来的比例失调的原因。这实际上也就是对资本主义经济中资源配置失当的研究。可见，马克思主义政治经济学从一开始，就没有将资源配置排斥在自己的研究视野之外。但是，需要说明的是，在对资源配置问题的研究上，马克思主义政治经济学与现代西方经济学的研究相比，是有区别的。许多西方经济学家，具有脱离社会经济关系，将资源配置当作纯技术问题来处理的倾向。马克思主义则认为，不存在脱离一定社会生产关系的资源配置。因为，资源配置的主体是人，而任何人都是处在一定的社会生产关系之中的，资源配置也就总是通过一定的社会生产关系来实现的。所以，在不同的经济关系或经济制度下，资源配置具有不同的社会内容和形式。

四、马克思主义政治经济学的任务

在不同的历史阶段和不同的社会制度下，马克思主义政治经济学承担的任务是不同的。马克思经济学产生于资本主义发展的前期。19 世纪后半期，随着 10 年一次的周期性经济危机的发作，资本主义经济制度对社会生产力发展的桎梏日益凸显，同时前期资本主义剥削那种不加任何克制和掩饰的野蛮性，使得工人阶级与资产阶级的冲突日益激烈。当时，作为代表着生产力发展要求的工人大众自觉阶级意识的马克思主义政治经济学，其主要任务是揭示资本主义生产关系的本质及其内在矛盾，说明生产力的发展必然冲破资本主义的桎梏，为无产阶级革命提供思想武器，并对建立社会主义制度的条件进行初步探索。

由于在马克思主义旗帜下联合起来的国际工人运动艰苦卓绝的长期斗争，西方发达国家的资产阶级不得不放松剥削锁链，在所谓“福利国家”的名义下进行了社会改良。虽然这些国家工人阶级的生活状况因而有所改善，但资本主义的基本矛盾并未因此消除，资本主义社会的阶级鸿沟也并未因此弥平。同时，在世界上许多经济落后的资本主义国家，目前仍在不同程度上重演着发达国家资本主义前期的野蛮戏剧。因此，在当代，揭示资本主义的基本矛盾和阶级对立在新的历史条件下的具体表现形式，探索工人阶级和广大劳动人民争取解放的道路，仍然是马克思主义经济学的一项基本任务。

20 世纪上半叶，世界上第一个社会主义国家在第一次世界大战的炮火硝烟中诞生，第二次世界大战之后又有一批国家冲破世界资本主义的薄弱链条，建立了社会主义制度。这时，马克思主义政治经济学就增加了为实践中的社会主义服务的新任务，即根据不同国家的生产力发展水平和具体历史条件，阐明建立和发展社会主义经济制度的方向、道路和步骤；在总结社会主义建设的经验教训的基础上，为通过改革不断完善社会主义生产关系的具体形式，为国家经济政策的制定、调整和实施，提供经济学理论的支持。马克思主义政治经济学在社会主义条件下的任务，最终归结为探索最有利于生产力发展的社会主义生产关系的具体形式和经济政策，以使社会财富充分涌流，人民群众的福利得到不断增进。

历史唯物主义与马克思主义政治经济学的分析范式*

一、作为一种"经济哲学"的历史唯物主义

恩格斯《在马克思墓前的讲话》中概括了马克思一生的两大发现，首先，"正像达尔文发现有机界的发展规律一样，马克思发现了人类历史的发展规律"，这个发现就是唯物史观。其次，马克思"发现了现代资本主义生产方式和它所产生的资产阶级社会的特殊的运动规律"，这个发现就是剩余价值理论。① 这两个发现是紧密相连的。唯物史观是政治经济学的理论基础和指导思想，政治经济学则是唯物史观的详尽证明和具体运用。在《〈政治经济学批判〉序言》中，马克思把唯物史观当作"我所得到的、并且一经得到就用于指导我的研究工作的总的结果"。② 恩格斯在为马克思《政治经济学批判》所写的序言中明确指出，马克思的经济学在本质上是建立在唯物主义历史观的基础上的。③ 列宁也认为，"自从《资本论》问世以来，唯物主义历史观已经不是假设，而是科学地证明了的原理。"④

在《〈政治经济学批判〉序言》中，马克思对历史唯物主义作了如下经典性的概括：

---

* 本文曾作为《马克思主义经济学的现代阐释》一文的一部分发表在《政治经济学评论》2004 年第 3 期。在作了较大修改后，收入柳欣等主编的文集《论马克思主义经济学的分析范式》（经济科学出版社 2005 年版）。

① 《马克思恩格斯选集》第 3 卷，人民出版社 1972 年版，第 776 页。

② 《马克思恩格斯选集》第 2 卷，人民出版社 1972 年版，第 82 页。

③ 同上，第 116 页。

④ 《列宁选集》第 1 卷，人民出版社 1995 年版，第 10 页。

"人们在自己生活的社会生产中发生一定的必然的、不以他们的意志为转移的关系，即同他们的物质生产力的一定发展阶段相适应的生产关系。这些生产关系的总和构成社会的经济结构，即有法律的和政治的上层建筑竖立其上并有一定的社会意识形式与之相适应的现实基础。物质生活的生产方式制约着整个社会生活、政治生活和精神生活过程。不是人们的意识决定人们的存在，相反，是人们的社会存在决定人们的意识。社会的物质生产力发展到一定阶段，便同它们一直在其中活动的现存生产关系或财产关系（这只是生产关系的法律用语）发生矛盾。于是这些关系便由生产力的发展形式变成生产力的桎梏。那时社会革命的时代就到来了。随着经济基础的变更，全部庞大的上层建筑也或慢或快地发生变革。在考察这些变革时，必须时刻把下面两者区别开来：一种是生产的经济条件方面所发生的物质的、可以用自然科学的精确性指明的变革；一种是人们借以意识到这个冲突并力求将它克服的那些法律的、政治的、宗教的、艺术的或哲学的，简而言之，意识形态的形式。我们判断一个人不能以他对自己的看法为根据，同样我们判断这样一个变革时代也不能以它的意识为根据；相反，这个意识必须从物质生活的矛盾中，从生产力和生产关系之间的现存冲突中去解释。无论哪一个社会形态，在它所能容纳的全部生产力发挥出来以前，是绝不会灭亡的；而新的更高的生产关系，在它存在的物质条件在旧社会的胎胞里成熟以前，是决不会出现的。所以人类始终只提出自己能够解决的任务，因为只要仔细考察就会发现，任务本身，只有在解决它的物质条件已经存在或至少是在形成过程中的时候，才会产生。大体说来，亚细亚的、古代的、封建的和现代资产阶级的生产方式可能看做是社会经济形态演进的几个时代。资产阶级的生产关系是社会生产过程的最后一个对抗形式，这时所说的对抗，不是指个人的对抗，而是指从个人的社会生活条件中生长出来的对抗；但是，资产阶级社会的胎胞里发展的生产力，同时又创造着解决这种对抗的物质条件。因此，人类社会的史前时期就以这种社会形式告终了。"①

唯物史观是马克思主义政治经济学的理论基础，它为人们认识和观察社会经济现象提供了科学的方法论原则，这一原则可以概括为以下三个基本论点：

第一，唯物史观首先强调用唯物论的观点看待社会现象。

---

① 《马克思恩格斯选集》第2卷，人民出版社1972年版，第82、83页。

唯物主义和唯心主义是两种对立的世界观。前者主张物质是第一性的，认为世界是不以个人的主观意志为转移的客观存在；人类的各种精神活动，归根结底是对客观存在的物质运动及其规律性反映和认识，即存在决定意识。后者则主张精神是第一性的，认为意识决定存在。唯心主义又分为客观唯心主义和主观唯心主义两大派别。客观唯心主义强调凌驾于人类之上的外在精神力量（例如，“绝对精神”或上帝）对自然和人类社会的支配作用。主观唯心主义则认为外在世界是个人主观意志的反映。所谓“吾心即是宇宙，宇宙即是吾心”，就是对主观唯心主义的经典表述。西方主流经济学家大都将主观唯心主义当作自己的哲学基础。他们把由个人主观感觉决定的个人行为动机作为思考问题的出发点，认为所有的经济现象最终都可以从个人心理中得到解释。例如，边际学派的代表人物杰文斯就认为政治经济学探讨“以最小痛苦的代价购买快乐，从而使幸福增至最高度”，是一门研究痛苦和快乐等个人主观感觉的学问，因而可以称为“痛苦和快乐的微积分”。① 哈耶克的观点更为极端，认为人的知识、信息和价值都是主观的，特别是在社会领域根本不存在什么客观事实，比如，药是否为药，主要取决于人是否相信它为药，工具、食物、机械、武器、词汇、句子、通讯和生产活动之所以有这些称谓，并不是因为它们具有某些客观性，而是因为人们愿意这样叫它。② 新自由主义的另一个代表人物弗里德曼则宣称自己“是哲学上的自由意志论者。”③

马克思的政治经济学是与这种主观主义截然对立的，它的出发点是这样一个简单而朴素的事实：

“人们首先必须吃、喝、住、穿，然后才能从事科学、艺术、宗教，等等；所以直接的物质生活资料的生产，因而一个民族或一个时代的一定的经济发展阶段，构成了基础，人们的国家设施、法的观点、艺术以致宗教观念，就是从这个基础上发展起来的，因而，也必须由这个基础来解释，而不是像过去那样做得相反。”④

在马克思看来，社会经济形态的发展不是任意的杂乱无章的，而具有自己内在的客观规律，这些规律虽然表现为众多个人之间相互作用的结果，但它不以任何一个人的主观意志和动机为转移，反而制约着人们的思

① 杰文斯：《政治经济学理论》，商务印书馆 1997 年版，第 29、133、207 页。
② 哈耶克：《个人主义与经济秩序》，北京经济学院出版社 1991 年版，第 56、57 页。
③ 弗里德曼：《弗里德曼文萃》（上），首都经济贸易大学出版社 2001 年版，第 62 页。
④ 《马克思恩格斯全集》第 19 卷，人民出版社 1972 年版，第 374 页。

想和行为。社会发展过程的客观性和规律性又是以物质生产为基础的。物质资料的生产是人类社会生存和发展的基础，社会的政治、文化、科学、艺术、宗教等其他所有的活动都是建立在这一客观物质前提之上的。正如恩格斯所说："唯物主义历史观从下述原理出发：生产以及随生产而来的产品交换是一切社会制度的基础；在每个历史地出现的社会中，产品分配以及和它相伴随的社会之划分为阶级或等级，是由生产什么、怎样生产以及怎样交换产品决定的。所以，一切社会变迁和政治变革的终极原因，不应当到有关时代的哲学中去寻找，而应当到有关时代的经济中去找。"① 这一基本观点的确立，为马克思主义政治经济学的建立奠定了颠扑不破的基础。

第二，唯物史观还强调从社会结构的整体制约中分析人类的经济行为。

在西方主流经济学中历来存在一种被称为"方法论个人主义"的传统。按照这种方法论原则，社会整体只不过是个体所做的选择和采取行动的简单加总，所有的社会现象都应当还原为个体行为，都要归结为亘古不变的个人利己动机。例如，哈耶克认为，"我们在理解社会现象时没有任何其他方法，只有通过对那些作用于其他人并且由其预期行为所引导的个人活动的理解来理解社会现象。"② 哈耶克的这种看法并不是什么新东西。其实，从启蒙学派开始，许多西方学者就喜欢从孤立的个人出发来说明人类经济活动的规律，解释社会制度的起源和发展。他们假定，人类社会最初处于某种"自然状态"。在这种状态下，每个人都是绝对独立的，没有国家，也没有法律。无法无天的人们各行其是，冲突和摩擦不断，形成18世纪英国哲学家霍布斯所谓"人与人的战争"状态，最终损害了冲突双方的福利。在多次自尝恶果之后，具有理性的个体之间便在自由交易的基础上缔结社会契约，规定了他们的行为准则，这样便出现了产权、国家、法律、伦理规范等各种各样的制度。这样一种根据方法论个人主义编造出来的故事，与历史的真实相去甚远。大量的考古资料证明，人类从一开始就是群居的社会动物，人们的经济行为总是受到一定社会关系或社会结构的制约；丛林中离群索居的个人根本就不是人类社会发展的起点，因而，脱离社会的纯粹生物学意义上的人类个体及其生理和心理上的本能，也就不是理论分析的正确起点。

① 《马克思恩格斯选集》第3卷，人民出版社1995年版，第740~741页。
② 哈耶克：《个人主义与经济秩序》，北京经济学院出版社1991年版，第6~8页。

马克思不同意对于经济规律和制度起源的上述个人主义的解释。关于这一问题，他曾经这样说："在社会中进行生产的个人，因而，这些个人的一定社会性质的生产，当然是出发点，被斯密和李嘉图当作出发点的单个的孤立的猎人和渔夫，属于18世纪缺乏想像力的虚构。这是鲁滨逊一类的故事……同样，卢梭的通过契约来建立天生独立的主体之间的关系和联系的'社会契约'，……只是大大小小的鲁滨逊一类故事所造成的美学上的假象。"马克思强调人类生产活动的社会性，认为"人是最名副其实的政治动物，而且是只有在社会中才能独立的动物。孤立的个人在社会之外进行生产……就像许多个人不在一起生活和彼此交谈而竟有语言发展一样，是不可思议的。"①

因此，马克思认为，不能撇开社会关系来分析人类行为。在他看来，社会整体与个人行为的关系是辩证的。一方面，社会由个人组成，"历史不过是追求自己的目的的人的活动"，"社会结构和国家总是从一定的个人的生活过程中产生的。"另一方面，马克思又强调，"这里所说的个人不是他们已经或别人想像中的那种个人，而是现实中的个人，也就是说，这些个人是从事活动的，进行物质生产的，因而是在一定的物质的、不受他们任意支配的界限、前提和条件下活动着的。"② 这里所说的界限、前提和条件，是指社会生产发展的一定水平和与之相适应的社会关系，以及人们在一定社会关系中所处的地位。人们的行为，无论从表面上看如何随心所欲，如何出于他的个人自由意志，最终都无法摆脱这种界限、前提和条件的限制和支配。在《资本论》序言中马克思有这样一段名言说明了社会关系对个人的制约性：

"……这里涉及到的人，只是经济范畴的人格化，是一定的阶级的利益的承担者。我的观点是：社会形态的发展是一种自然历史过程。不管个人在主观上怎样超越各种关系，他在社会意义上总是这些关系的产物。"③

既然现实的个人总是生活在一定的社会关系之中，总是一定社会关系的承担者，对于作为经济活动主体的人的行为及其规律的研究，就不能仅仅以抽象掉了社会关系的、纯粹生物学个体意义上的个人为基础，而应当以使个人成为现实的人的社会关系以及这种社会关系由以形成的人类生活的物质条件的分析为基础。只有在这个基础上，才能正确认识经济活动的

---

① 《马克思恩格斯选集》第2卷，人民出版社1995年版，第1~2页。
② 《马克思恩格斯选集》第1卷，人民出版社1995年版，第71~72页。
③ 《资本论》第1卷，人民出版社1975年版，第12页。

规律，科学地解释人的经济行为。

第三，唯物史观还强调用历史的观点看待社会现象。

西方主流经济学家大都自觉不自觉地把资本主义经济制度当作某种先验的、超历史的现象，认为这种制度合乎所谓“自然法则”，因而是永恒的。奥地利学派的代表人物庞巴维克就把作为财富的特定社会形式的资本，定义为“作为财富获取手段的产品总和”，从而认为“在野蛮人用来投掷他所追逐的野兽的第一根棍子上”，“我们就发现了资本的起源”。[①]这样一来，茹毛饮血的原始人就成了资本家，原始社会就是资本主义社会。与这种超历史的经济学观点相反，马克思主义认为，人类的社会经济结构是发展的，不同历史发展阶段的社会结构是不同的，因而各有自己特殊的经济运动规律和经济范畴。马克思在《资本论》中曾指出，“资本不是物，而是一定的、社会的、属于一定历史社会形态的生产关系，它体现在一个物上，并赋予这个物以特有的社会性质。”[②] 马克思对资本范畴的解释，与庞巴维克的超历史的资本范畴根本不同，体现了历史的观点。

由人类社会经济结构的历史发展决定，政治经济学是一门历史的科学。对于政治经济学的历史性质，恩格斯在《反杜林论》中讨论政治经济学的对象与方法时作了明确的阐述，他说：

“人们在生产和交换时所处的条件，各个国家各不相同，而在每一个国家里，各个世代又各不相同。因此，政治经济学不可能对一切国家和一切历史时代都是一样的……谁要想把火地岛的政治经济学和现代英国的政治经济学置于同一规律之下，那么，除了最陈腐的老生常谈以外，他显然不能揭示出任何东西。因此，政治经济学本质上是一门历史的科学……它首先涉及的是历史性的即经常变化的材料；它首先研究生产和交换的每个个别发展阶段的特殊规律，而且只有在完成这种研究以后，它才能确立为数不多的、适用于生产一般和交换一般的、完全普遍的规律。”[③]

马克思主义强调用历史的观点看待社会经济现象，但并不否认，生产的一切时代有某些共同的标志、共同的规定，这就是所谓的生产一般。这个一般本身又是有许多组成部分的、分为不同规定的东西。其中有些属于一切时代，例如，所有的生产都要使用工具，都存在着自然的或社会的分工，都具有节约劳动的倾向，等等，这就是所谓的人类社会共有的经济规

① 庞巴维克：《资本实证论》，商务印书馆 1997 年版。

② 《马克思恩格斯选集》第 23 卷，人民出版社 1975 年版，第 920 页。

③ 《马克思恩格斯选集》第 3 卷，人民出版社 1995 年版，第 776 页。

律。另外一些是几个时代所共的，例如，商品生产和商品交换。因此，一切生产阶段所共有的、被思维当作一般规定而确定下来的规定，是存在的，没有这些一般规定，任何生产都无从设想。但是，所谓的一切生产的一般条件，不过是一些抽象的要素，仅仅用这些要素不可能正确、全面地理解任何一个现实的、历史的生产方式或社会经济形态。每个时代和各种不同的制度具有不同的运动规律，这才是理解问题的关键所在。

历史唯物主义的两个命题，即生产力决定生产关系、经济基础决定上层建筑，就是运用上述基本方法论原则考察社会现象得出的结论。这两个命题又成为马克思主义政治经济学解析社会经济现象、解释经济运动规律所遵循的基本范式。

二、马克思主义政治经济学的分析范式

所谓经济分析的范式，是指研究社会经济现象所使用的由若干相互联系的基本范畴构成的逻辑体系。这样一个逻辑体系提供了研究社会经济现象的基本规范和模式。我们在上面中已经指出，历史唯物主义的两个基本命题，即生产力决定生产关系、经济基础决定上层建筑，构成了马克思主义政治经济学的分析范式。让我们从劳动这个最基本的范畴开始，来展开对马克思主义经济学分析范式的阐述。

（一）人类劳动与生产力的发展

1. 劳动与人类社会。人类社会的产生是从劳动开始的，劳动是人类区别于一切动物的主要标志，也是人类社会存在和发展的基础，因此，马克思主义政治经济学是从劳动这个范畴出发来开始自己逻辑进程的。那么，什么是劳动？人的劳动与其他动物比如大猩猩的活动有什么区别？为什么说劳动是人类社会产生和发展的基础？回答这些问题需要从人类的起源说起。

关于人类的起源，目前还没有一种公认的理论。绝大多数人类学家都认为，人类是从一种古猿发展而来。几百万年以前，由于气候的急剧变化，热带森林消退了，出现了林木稀少的热带草原。或许是由于在高高的草丛中采取直立的姿势更有利于谋生，类似猿类的动物逐步转变成了用两

腿直立行走的动物。两足行走使类人猿的前肢解放出来，变得自由了，不断获得新的技能。这些直立行走的动物逐渐具有了将木棍、石块或动物肢骨等作为工具来使用的能力，从猿到人的转变由此迈出了决定性的一步。尽管如此，这些直立行走的古猿仍然是动物，而不是人。因为使用天然工具的能力并不能算作劳动的标志，也不能作为人与动物相区别的特点。其他灵长类动物，例如，现代黑猩猩和大猩猩，也能做到这一点。真正意义上的劳动是从制造工具开始的。

石器是人类最初的劳动工具。两块石头互相撞击以制造边缘锋利的工具，拉开了人类历史的序幕。已经发现的最早的石器距今约250万年，基本上是打出什么样子就是什么样子，无规律可循。后来，经过上百万年的无数次的反复实践，人类制造石器的能力逐步提高，种类和样式逐步增多。更为重要的是，人们逐步学会了按照某种事先设想的样式制造和使用工具，石器的制造日益成为一种有事先设计的活动。为了制造工具，原始人必须认识石头的属性，在观念上预先形成关于石器的具体模型，制定有效的加工方案。在加工过程中，他要运用和控制自己的情感、意志、思维和身体，并根据情况的变化随时对自己的活动进行选择和调整。通过这种活动，他使自身在自然中沉睡着的潜力发挥出来，并且使这种力的活动受他自己控制，生产出适合他们需要的产品。这是真正意义上的人类的劳动，“人猿相揖别”就是从这里开始的。对此，马克思曾作了这样精辟透彻的说明：

“蜘蛛的活动与织工的活动相似，蜜蜂建筑房屋的本领使人间的许多建筑师感到惭愧。但是，最蹩脚的建筑师从一开始就比最灵的蜜蜂高明的地方，是他在用蜂蜡建筑蜂房以前，已经在自己的头脑中把它建成了。劳动过程结束时得到的结果，在这个过程开始时就已经在劳动者的表象中存在着，即已经观念地存在着。他不仅使自然物发生形式变化，同时他还在自然物中实现自己的目的，这个目的是他所知道的，是作为规律决定着他的活动的方式和方法的，他必须使他的意志服从这个目的。但是这种服从不是孤立的行为。除了从事劳动的那些器官紧张之外，在整个劳动时间内还需要有作为注意力表现出来的有目的的意志，而且，劳动的内容及其方式和方法越是不能吸引劳动者，劳动者越是不能把劳动当作他自己体力和智力的活动来享受，就越需要这种意志。”①

① 《资本论》第1卷，人民出版社1975年版，第202页。

工具的制造和劳动的发生，为人类社会的发展开辟了广阔的道路。工具使用使人类获得了以前所无法获得的食物，大大促进了脑力和体力的发育。随着劳动而开始的人对自然的改造，不断扩大人们的眼界，提高人们的生产经验和技能；劳动的发展促使社会成员更紧密地互相结合起来，并且为语言的产生提成为必要和可能；在劳动和语言的推动下，越来越清楚的意识以及抽象能力，也得到了不断发展；在劳动中形成的人与人之间相互关系的基础上，又生成了各种各样的社会关系、社会组织和社会制度。人类的能力随着劳动实践的发展而不断提高和扩展，人类的需要在劳动中得到日益丰富和满足。总之，劳动是人类所具有的一种特殊的能力，这种能力把人类与动物区别开来，推动着人类社会不断向前发展，使人类社会与动物界的距离越来越远，文明的程度越来越高。因此，恩格斯说“劳动创造了人本身。”① 马克思也说过，“整个所谓世界历史不外是人通过人的劳动而诞生的过程。”②

2. 生产力的发展与人的需要。劳动是人通过自身有目的的活动来引起、调整和控制人和自然之间的物质变换的过程。这一过程如果从结果的角度，即从产品的角度考察，表现为生产过程。也就是说，任何劳动过程的目的都是为了生产出能够满足人们需要的有用物品，人们在劳动过程中形成的与自然界进行物质交换的能力，或生产有用物品的能力，就是生产力。

人类的生产以满足自身需要为目的，而人类的需要的产生首先有它的生物学基础。“全部人类历史的第一个前提无疑是有生命的个人的存在。因此，第一个需要确认的事实就是这些个人的肉体组织以及由此产生的个人对其他自然的关系。”③ 从人的自然属性中产生出的人的需要及其满足，是全部经济和社会活动的基础。人类是一种高级哺乳动物，与别的动物一样，他需要通过与自然界进行物质交换获得能量和养分，维持和延续自己的生命。人类的这种自然需要是由生物学的规律决定的。但是，人类的需要与动物有着根本的不同，动物只是本能地适应自然，它们的需要以及满足需要的能力，基本上是停滞不前的，而人类的需要以及满足需要的能力，却具有无限发展的倾向。为什么会出现这种差异呢？答案包含在人类从事的劳动之中。

---

① 《马克思恩格斯选集》第 4 卷，人民出版社 1995 年版，第 374 页。
② 《马克思恩格斯全集》第 42 卷，人民出版社 1995 年版，第 131 页。
③ 《马克思恩格斯选集》第 1 卷，人民出版社 1995 年版，第 67 页。

由于从事劳动，作为人类生理器官延长的工具从而人类的劳动能力，逐渐得到改进。从粗糙的燧石器到现代的机器人，在几十万年的发展过程中，人类主动地改变自然物质形态以适应自身需要的技术发明不断出现。因此，人类的需要就不像动物那样完全受天然生理器官的局限，始终停滞在某种狭隘的范围之内，而是随着人类劳动能力的增长而不断发展，永无止境。人类不仅有生存需要，而且有享受和发展的需要；不仅有吃、喝、穿、住等物质方面的需要，而且有文化、艺术、教育等精神方面的需要。随着生产的发展，人类的需要也不断发展，如火的发明使人类具有了消费熟食的能力，从而产生了对熟食的需要，汽车的发明使人们产生了对汽车的需要，电脑的发明使人们产生了对电脑的需要。在一种需要满足之后，新的需要就会产生。为满足生活的需要而进行的生产活动本身，又会引起对物质生产要素的需要。例如，使用铁器进行耕作，就会产生对炼铁和铸造的需要，使用汽车作为交通工具，就会产生出对钢铁、汽油和机械设备等生产资料的需要。正因为人类的需要是无限的，因而，满足需要的能力即生产力的发展也就不会停滞不前。如果人们总是安于茹毛饮血，穴居野处，他们就只能永远停留在野蛮状态。

然而，在为满足自身需要而不断发展自己的劳动能力的过程中，人类世世代代始终面临着一个矛盾。这就是劳动时间和劳动能力的有限性与需要不断增长的矛盾。人的生命以及他所拥有的脑力和体力总是有限的。在有限的生命中，人类还要把相当部分时间花在满足睡觉吃饭等纯生理的需要上，在其他的时间内，人们才能从事劳动，生产他们所需要的各种产品，满足生存和发展的需要。因此，劳动时间对人来说永远是稀缺的，这是他们所无法超越和克服的生物学的约束。这样，就产生了一个根本性的矛盾，即人类必须用有限的时间和能力去满足他们不断增长的需要。人类从古至今所面对的一切经济问题，最终都根源于这个矛盾。正是人类为解决这一矛盾所作的持续不懈、世代相继的努力，推动了生产力的不断发展。

3. 生产力发展的自然条件。生产力发展的自然条件，是指可以用于生产满足人类需要的产品以及为人类生存提供良好环境的一切自然资源。自然资源在生产力发展中的主要作用表现为：

（1）为人类的生产和生活提供必要的空间和基地。人类的生产和生活都是在一定的土地上和空间中进行的，它们对人类的生产和生活的容纳能力有一定的限度。

（2）为人类的生产和生活提供必要的物质资源。如矿藏、江河、森林，可以为人们提供能源和原料。这类自然资源大多是不可再生的，破坏性的过量利用，会使它们的供应无以为继。在农业或采矿业中，在生产资料和劳动力的投入相同的条件下，自然资源贫富不等的企业在产量和收益上有很大差别。可见，自然资源的状况对生产活动的持续和效率有着重要的影响。

（3）为生产过程提供必要的环境和生态保障。人类的生产活动不仅消耗自然资源，而且会排放有害的废物。在作为人类生存环境的物质世界中自然形成的某些物理、化学和生命过程，具有消解这些有害排放物、维持环境和生态平衡的作用。但是，如果污染超出了生态环境的承载限度，就会破坏环境和生态平衡，使社会再生产无法正常进行。

总之，自然资源是人类生产力发展的最基本的条件。同时，它又对人类的生产活动的方式构成无法超越的限制。从这个意义上说，在人类生产力的发展与自然资源的承载力之间存在着矛盾。人类解决这个矛盾的办法，只能是以同自然资源的承载力相适应的方式来发展自己的生产力。

4. 生产力的要素。具有劳动能力的人是生产过程的主体，因而劳动力是生产力的首要因素。离开了从事劳动的具有思维和知识的人，生产力的概念就失去了活的灵魂。生产力不过是人类劳动的能力，是人与自然进行物质交换的能力。谁来发展生产力？掌握知识和技能的人才能发展生产力。因此，生产力的发展归根结底是人类劳动能力的发展，是人类科学知识、实践经验、操作技能和社会结合能力不断累积和提高的结果。正如马克思所说："自然界没有制造出任何机器，没有制造机车、铁路、电报、走锭精纺机等等，他们是人类劳动的产物；是变成了人类意志驾驭自然的器官或人类在自然界活动的器官的自然物质。他们是人类的手创造出来的人类头脑的器官；是物化的知识力量。"① 一个社会生产力的发展状况，取决于其劳动力的数量和质量。劳动力的数量决定于社会总人口的规模和年龄结构，而人口受教育的程度则是决定劳动力质量的关键因素。

生产资料包括劳动资料和劳动对象。劳动资料是劳动者置于自己和劳动对象之间，用来把自己的活动传导到劳动对象上去的物或物的综合体，也就是劳动工具。劳动资料的使用和创造，是人类活动独有的特征。正是由于制造和使用工具，才使得人类突破了自身脑力和体力的局限，增强了

① 《马克思恩格斯全集》第46卷（下），人民出版社1980年版，第219页。

人类利用和改造自然的能力。生产工具的改良和创新，是社会生产力不断发展的基础。生产工具方面的重大发明，会导致劳动方式的变革，而劳动方式的变革又会引致生产关系的变化。因此，马克思说："各种经济时代的区别，不在于生产什么，而在于怎样生产，用什么劳动资料生产。劳动资料不仅是人类劳动力发展的测量器，而且是劳动借以进行的社会关系的指示器。"①

劳动对象是人们在物质资料生产过程中将劳动加于其上的一切东西。它包括两大类：（1）天然存在的劳动对象，即前面所说的自然资源。它们未经人的加工，就作为人类劳动的一般对象而存在。（2）已经被以前的劳动改造过的劳动对象。如制造机器用的钢材、加工服装用的布料、生产化肥用的原油，等等。劳动对象的种类随着科学技术的进步和生产力的发展而不断增加，日益由天然的存在变为人工材料。

总之，劳动力和生产资料是生产的基本要素。凡要进行生产，就必须将这两类因素结合起来。由于人是生产过程的主体，在生产力的诸要素中，人所具有的劳动力是起支配作用的要素。只有通过人对自身劳动力的使用即劳动，各种生产要素才能结合起来形成能动的生产过程，转换为对人类有用的产品。

5. "科学技术是第一生产力"。生产力的发展归根结底是人的能力的发展，而人的能力的发展又归根结底是科学技术的发展。科学是指关于客观世界发展规律的知识，而技术则是指利用和改造自然的实际技能。早在100多年以前，马克思就提出"生产力中也包括科学"，"社会的劳动生产力，首先是科学的力量"② "生产过程成为科学的应用，而科学反过来成了生产过程的因素即所谓职能"③。20世纪，科学技术迅猛发展，对生产力发展的推动作用日益增强，面对这种形势，邓小平明确提出了"科学技术是第一生产力"的论断，丰富和发展了马克思的理论。

在历史上，科学和技术曾经是分离的，彼此联系不多。生产力的发展，比如石器的打造、火的使用、制陶和冶金技术的发明、动物的驯养，都不是现代意义上那种具有数学的精确性的系统科学研究的结果，而是劳动者在长期的生产实践中摸索出来的。20世纪以来，科学与技术的联系日益紧密，出现了一体化的趋势，科学技术日益转变为现实的生产力，形成了以"科学—技术—生产"为特征的生产力发展模式，科学知识通过

---

① 《资本论》第1卷，人民出版社1975年版，第204页。
②③ 《马克思恩格斯全集》第30卷，人民出版社1995年版，第286页。

革新生产工具和生产技术、扩展新的劳动对象、提高劳动者素质和促进管理的科学化等多种途径，被运用于生产过程，从理论知识转化为物质力量，形成现实的生产力。在科学技术日新月异的现代社会，生产力的发展和物质财富的创造，越来越取决于科学研究水平和技术进步，取决于科学技术在生产上的应用。这种趋势发展到一定程度，将会出现这样的情况："工人不再是生产过程的主要当事者，而是站在生产过程的旁边"。[①] 不仅人类的体力劳动而且人类的脑力劳动也将越来越在更大的程度上被机器所代替，劳动过程日益"受到一般智力的控制，并按照这种智力得到改造"。在这样的条件下，科学研究和技术创新，将代替体力的消耗而成为人类劳动过程的基础。

6. 人类社会首要的经济规律：节约劳动时间。马克思将节约劳动时间称为人类社会首要的经济规律。这个规律，一方面产生于人类需要的无限性与人类劳动时间和能力的有限性之间的矛盾，另一方面也产生于人类生产力发展与自然资源的承载力之间矛盾。说这个规则产生于前一方面矛盾的理由，是显而易见的：对于人类的每一世代来说，在有限的劳动时间和能力的约束下，要使自身不断增长的需要得到满足，除了节约劳动时间，别无他途。但对于为什么说这个规则也产生于后一方面矛盾，或者说为什么自然资源的承载力也会迫使人类社会节约劳动时间，则需要做一些解释。

首先，在生产技术不变的前提下，人们为了增加某种产品的产量而不断在数量固定的自然资源和其他生产要素（如土地、机器等）上加大劳动投入量，当劳动密集到一定限度时，每增加一单位劳动时间所带来的产量增加，会呈现递减趋势，即新增加一单位产量所花费的劳动时间增大，而这又意味着按全部产量计算的生产单位产品的平均劳动时间加大。这种现象在经济学中称为边际报酬递减规律。为了帮助读者理解这个规律，先建立劳动时间 T 与产量 Q 之间的函数关系，即：

$$T=f(Q) \tag{1}$$

该式表明劳动时间是随产量的变化而变化的。产量越大，所花费的劳动时间越多，即 $dT/dQ>0$。可以将这个函数称为劳动耗费函数。根据这个函数，按全部产量计算的生产单位产品的平均劳动耗费 AL，可以定义为：

$$AL=f(Q)/Q=T/Q \tag{2}$$

① 《马克思恩格斯全集》第30卷，人民出版社1995年版，第286页。

劳动生产率即单位劳动时间的产出的倒数，它的提高意味着劳动生产率的下降。新增加一单位产量所花费的劳动时间即边际劳动耗费 ML，可以定义为：

$$ML = f'(Q) = \mathrm{d}T/\mathrm{d}Q \tag{3}$$

AL 和 ML 之间关系是：（1）当 AL 随产量扩大而下降时，必有 $ML < AL$；这时 AL 之所以下降，正是因为 ML 小于它，将它拉了下来。（2）当 AL 随产量的进一步扩大而上升时，必有 $AL > ML$；这时正是因为 ML 大于它，将它拉了上来。（3）当 $AL = ML$，AL 正好处在其随产量变化的最低点，即由下降到上升的转折点。对于 AL 与 ML 之间的关系，可给出一个简单的数学证明。当 AL 最低即取极小值时，其一阶导数必等于零，即：

$$\mathrm{d}AL/\mathrm{d}Q = (f'(Q) \cdot Q - f(Q))/Q^2 = 0 \tag{4}$$

调整上式，可以得到：

$$(f'(Q) - f(Q)/Q)/Q = 0 \tag{5}$$

在上式的两端乘以 Q 并移项，又得到：

$$f'(Q) = f(Q)/Q \tag{6}$$

即平均劳动耗费 AL 在其最低点等于边际劳动耗费 ML。由式（6）又可以推知，当 $\mathrm{d}AL/\mathrm{d}Q < 0$，$ML < AL$；而当 $\mathrm{d}AL/\mathrm{d}Q > 0$，则 $ML > AL$。

由以上讨论还可以推知劳动生产率随 ML 和 AL 的变化而变化的趋向。容易看出，由于劳动生产率（即单位时间的产出 Q/T）是 AL 的倒数，当 $AL = ML$ 即平均劳动耗费取极小值时，劳动生产率即单位时间的产量必取极大值。而当 $AL > ML$ 时，$\mathrm{d}AL/\mathrm{d}Q < 0$，即平均劳动耗费随边际劳动耗费递减而下降，劳动生产率因而提高；当 $AL < ML$ 时，$\mathrm{d}AL < \mathrm{d}Q$，平均劳动耗费随边际劳动耗费递增而上升，劳动生产率因而下降。据此，可以在一个时间单位—产品数量平面上画出 AL 和 ML 随产量变化的轨迹，同时在一个产品数量—时间单位平面上画出劳动生产率的相应变动轨迹，如图 1 的上下两个部分所示。

让我们举例来说明这两条曲线的关系。为了增加小麦的产量，在一定面积的土地上投入越来越多的劳动，起先由于增加的劳动使杂草除得更干净、施肥次数增多等，$AL > ML$，总产量增长的幅度因而大于劳动投入的增长幅度，劳动生产率上升；但在植株密度已足够大、杂草已除得相当干净、施肥次数已足够多的情况下，继续增加劳动投入以扩大总产量，ML 就会由下降转为上升，AL 的下降幅度逐渐变小，总产量增长的幅度越来越小于劳动投入的增长幅度，劳动生产率虽然还在增长，但变得越来越缓慢。当这种变化超过 *ML* 与 *AL* 的交点，*AL* 由下降转为上升，劳动生产率也越过它的最高点而转为下降。当然，人们也可以将增加的劳动投入其他的地块，但地球上适合农作的土地数量是有限的，肥力高的土地数量更有限。将不断增大的劳动投入到一块又一块肥力越来越低的新土地，也会出现劳动报酬在边际土地（肥力较低的土地）上递减的现象。我国春秋时期的思想家管仲，对这种现象已经有相当深入的认识。在集先秦经济思想之大成的《管子》一书中，他说："郡县上臾之壤（丰度最高的土地）守之若干，间壤（中等肥力的土地）守之若干，下壤（低等土地）守之若干，故相地定籍（租税），而民不移"。这就是说，根据土地的肥力等级确定租税等级，耕种肥力较差土地的百姓，就不会因为不堪重负而流散。管仲之所以提出"相地定籍"的政策，是因为他已经认识到自然资源的丰度对劳动生产率的影响，知道使用同量劳动于相同面积但等级不同的土地，报酬是不同的。他所谓"高田十石，间田五石，庸田三石……地量百亩，一夫之力也"，① 可以说是最早的关于劳动边际报酬递减的论述。在管仲 2000 年之后，李嘉图将这种现象称为"级差收益"，后来的经济学家又称之为边际报酬。

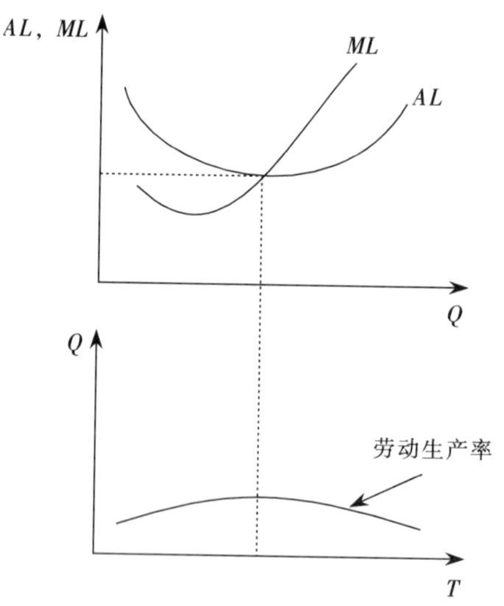

图 1　平均劳动耗费、边际劳动耗费与劳动生产率

① 《管子》"乘马数"、"山权数"。

其次，如果人类劳动对自然资源的利用超过了后者的承载限度，生态环境就会遭到破坏，而要恢复生态环境，往往需要比破坏它投入更多的劳动。在人类历史上，为了扩大小麦等粮食作物的种植面积曾毁灭了大量森林和草原，现在要想恢复它们，付出的劳动肯定大大超出当年的放火烧荒。当然，人类可以通过发明与自然资源的承载力相适应的高效率生产方法来解决问题，这实际上也正是人类世世代代克服自然资源对生产力发展的客观限制的基本途径。但是，这也是需要花费劳动时间的。还拿小麦种植为例：在土地有限条件下，为了克服边际报酬递减规律的作用，不断提高劳动生产率，可以采用培植高产良种、使用高效合成肥料、推行无土栽培技术等办法，但是，这些技术的发明和推广无疑需要投入大量的劳动时间。

可见，生产力发展与自然承载力之间的矛盾，最终还是要归结为人类的劳动时间和能力的有限性与需要的无限性这个更为根本的矛盾。由人类世世代代都必须不断解决的这个矛盾产生的节约劳动时间的要求，是通过两条途径来达到的。

第一，合理分配用在各种产品上的劳动时间，即根据社会对不同产品的需要量，在不同产品的生产活动中合理分配有限的劳动时间，使生产和需要达到平衡，避免由于二者的脱节导致劳动时间的浪费。对此，马克思曾这样论述：

“要想得到和各种不同的需要量相适应的产品量，就要付出各种不同的和一定量的社会总劳动。这种按一定比例分配社会劳动的必要性，绝不可能被社会生产的一定形式所取消，而可能改变的只是它的表现方式，这是不言而喻的。自然规律是根本不可能取消的。在不同的历史条件下能够发生变化的，只是这些规律借以实现形式。”①

第二，提高劳动生产率，即在以同自然资源的承载力相适应的方式进行的每一种产品的生产中，都对劳动的消耗和劳动的成果进行比较，力求使单位产品耗费的劳动时间减少，或者说，使一定量劳动时间的产出尽可能增大，即以最小的劳动获得最大的产出。人类提高劳动生产率的手段，是持续地进行节约劳动的技术创新。这包括发明高效的生产工具，寻求那些变得日益稀缺的自然资源的替代品，发现有利于生态环境保护的生产工艺，适应生产的物质技术条件的变革而完善和发展劳动的组织形式，等

① 《马克思恩格斯选集》第4卷，人民出版社1995年版，第580页。

等。人类在这些方面的努力，不仅抵销了上述报酬递减规律的影响，而且造成与之相反的报酬递增的现象。说到这里，我们要特别提请读者注意，前面说明的劳动边际报酬递减现象是有前提的。这个前提就是技术不变。从迄今为止人类社会生产力发展的长期趋势来看，正是由于生产技术的不断创新，劳动报酬是递增的，劳动生产率因而也呈持续提高的趋势。不过，在生产技术未发生重大变革的较短时期内，由于自然资源有限而形成的劳动报酬递减现象是客观存在的。事实上，在由一次又一次的技术创新推动的社会生产力的漫长发展历程中，总是存在或长或短的技术稳定时期。但是，新技术的产生必然打破旧技术前提下的边际收益递减，使生产力跃上一个新的台阶；而当新技术已经普遍采用，技术水平处于稳定状态时，又会在较高的生产力水平上再次出现报酬递减的现象。当然，这种局面后来又会被再次发生的技术变革所打破。

劳动时间节约规律的上述两方面的要求，可以用图 2 中的社会生产机会集合来描述。先说明一下图 2 是如何画出来的。在技术条件不变和土地等自然资源数量固定的条件下，设某个社会拥有的全部劳动时间为常数 T，需要生产两种产品 A 和 B，那么，有限的劳动时间 T 对这个社会的生产构成的约束，可以用下式表示：

$$T = T_A + T_B \tag{7}$$

上式等号右边的 T_A 和 T_B 分别表示生产 A 和 B 两种产品所用的劳动时间。由于劳动时间是随两种产品的产量的增减而增减的，上式中的 T_A 和 T_B 又可写成函数：

$$\begin{cases} T_A = f_A(Q_A) \\ T_B = f_B(Q_B) \end{cases} \tag{8}$$

式中下标表示两种产品 A 和 B。将这两个式子代入式（7），得到：

$$T = f_A(Q_A) + f_B(Q_B)$$

或：

$$T = f(Q_A,\ Q_B) \tag{9}$$

根据这个公式，就可以在分别以两种产品的数量为纵横轴的平面上，或在经济学家所谓“二维产品数量空间”中，画出一条称为生产可能性边界的曲线。它向右下方倾斜，即斜率为负，说明社会在选择两种产品的数量组合时，因为劳动时间一定，增加其中一种的份额，必以减少另一种的份额为代价。生产可能性边界的斜率，叫做边际产品转换率。取式（9）的全微分，得到：

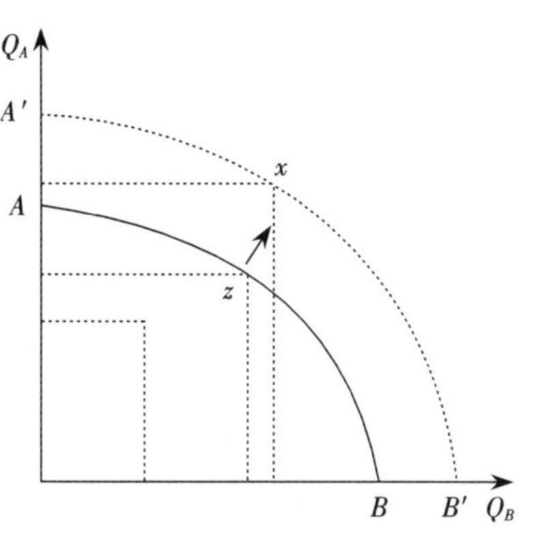

图 2　生产机会集合

$$dT = h_A dQ_A + h_B dQ_B$$

在上式中，$h_A = \partial T/\partial Q_A$，$h_B = \partial T/\partial Q_B$。在劳动时间既定条件下，$dT = 0$，即：

$$h_A dQ_A + h_B dQ_B = 0$$

调整上式就得到边际产品转换率 RPT：

$$RPT = -dQ_B/dQ_A = h_A/h_B = \partial Q_B/\partial Q_A \tag{10}$$

在图 2 中，生产可能性边界向右上方凸起，体现了劳动边际报酬递减规律的作用。这可以举例来说明。如果我们假设的社会生产的两种产品 A 和 B 分别是石油和粮食，由于油田和适于耕种的土地这两种自然资源都是有限的，那么，随着社会劳动时间中越来越大的份额从粮食生产转向石油生产，石油生产的边际劳动耗费就会因为有限的油田资源的限制而变得越来越大，而这意味着因增产石油而需要放弃的粮食产量越来越大。相反，若将越来越多的劳动时间转到粮食生产上来，粮食产量的增长也会因有限的耕地面积的限制而出现类似的情况。这就是为什么生产可能性边界凸起的原因。可以用一个数字列表来说明这个问题。在表 1 中，我们假设可分配在石油和粮食两种产品生产上的总劳动时间为 6 000 单位，其中的第一和第三列给出了总劳动时间在两种产品上分配的情况，第二和第四列则给出了全部劳动得到充分利用时的两种产品的各种可能的组合。

表 1

石油的劳动	石油产量（桶）	粮食的劳动	粮食产量（吨）
1 000	60 000	5 000	200 000
2 000	110 000	4 000	180 000
3 000	150 000	3 000	150 000
4 000	180 000	2 000	110 000
5 000	200 000	1 000	60 000

将表 1 中的各种可能的产品组合画在一个二维的产量平面上，再将它们连起来，就得到一条像图 2 那样向右上方凸起的生产可能性曲线。

生产可能性边界与纵横轴围成的区域，叫做社会的生产机会集合。图 2 中的实线和虚线围成的区域，表示两个大小不等的机会集合。在两种产品的生产技术不变的情况下，机会集合的大小取决于社会所拥有的劳动时间的多少。让我们先将注意力集中于图 2 中实线与纵横轴围成的区域代表的机会集合。这个集合中的每一个点，都代表在给定的劳动时间制约下，两种产品数量的一个可能的组合。而这个集合之外的任何点（例如虚线上的 x 点）代表的组合，则都是不可能的，因为在技术不变条件下，生产这些点所代表的产量组合需要使用的劳动量，超出了社会拥有的全部劳动时间。在一定的机会集合内，生产可能性边界上的点，代表全部社会劳动时间得到充分利用的产量组合。低于这条边界的产量组合点，比如图 2 中的 z 点，意味着部分社会劳动时间被浪费了。所以，要节约劳动时间，就必须按社会成员对两种产量的需要量相适应的比例，沿着这条边界来分配劳动。换句话说，由这条边界决定的产量组合，是社会的全部劳动时间得到最充分利用的组合。但是，也正因为如此，社会要想得到超出这条边界的更大的需要满足，比如，想要得到图 2 虚线上 x 点代表的产品组合，也是不可能的。

在可用劳动时间一定的情况下，要使社会需要得到比给定技术水平决定的机会集合所允许的范围更大的满足，除了通过技术创新提高劳动生产率之外，没有别的办法。而劳动生产率的提高，会将生产可能性边界推向右上方，从而扩大生产机会集合。图 2 中实线代表的较低的生产可能性边界 *AB* 向虚线 *A′B′* 的位移，表示的就是这种情况。可见，由技术进步导致的劳动生产率提高，具有同在技术水平较低条件下增大劳动时间一样的产出效果。在长期的生产力进步历程中，由技术创新引起的劳动生产率从较低水平向较高水平的跃迁，可以用图 3 表示。图 3 中的三条实曲线，也就是图 1 的下半部分中的平均劳动生产率曲线。其中，y_0 是技术水平较低时期的平均劳动生产率曲线，y_1 和 y_2 分别是两次技术创新之后的新时期 1 和新时期 2 的劳动生产率曲线。它们向上弯曲，是因为在技术稳定的短期内劳动的边际报酬递减。图 3 中的带箭头的虚线表示劳动生产率在长期中不断提高的趋势。它的斜率 $dQ/dT>0$，因而向下弯曲。这说明，在长期中，由于技术进步的作用，劳动的边际报酬递增。

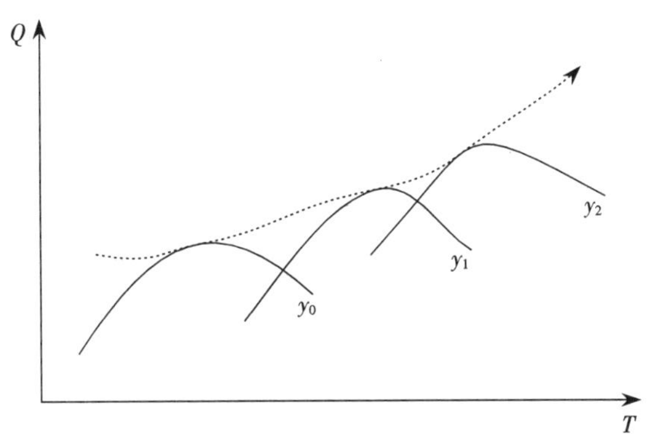

图 3　技术进步与劳动生产率的提高

技术进步和劳动生产率提高的意义，远不只使生产单位产品所需的劳动时间缩短。随着劳动生产率的不断提高，我们这个假设的两产品社会对 A 和 B 的需要总有一天会达到饱和状态，这样就会有剩余产品或剩余劳动时间出现。而剩余劳动时间的形成，为这个社会满足自己的更高层次的需要提供了条件，为新产品的出现奠定了基础。这时，社会在满足了自己的较低层次的需要之后，将有可能把剩余的劳动时间转投到满足较高层次需要的产品的发明和生产上去。这样，由于劳动生产率的提高，在社会的产品组合中除了 A 和 B，又会有 C 加入。用经济学家的行话来说，这意味着社会生产机会集合的维数增加了。图 4 表示的就是这种情况。它比图 2 多了一条轴，代表新产品 C 的产量 Q_C，其中那个很像 1/8 个鸡蛋的图形，表示一个三维的产品数量空间中的生产机会集合，而这个切开的鸡蛋的曲面 $A'B'C$ 就是新的生产可能性边界。随着劳动生产率的提高，即劳动时间的节约水平的提高，人类需要的满足水平和多样化程度也不断提高。后来，又有 D，E，F，G……以至于种类以千万计的产品加入到社会的生产机会集合中来，我们已根本无法用任何图形将这个集合表示出来了。这不是虚构的故事，而是实实在在的人类社会发展的历史。

总之，人类创造适合自身需要的物质财富能力的进化，即社会生产力的发展，归根结底是通过劳动时间的节约实现的。马克思曾就此指出：

“社会的发展、社会的享用和社会活动的全面性，都取决于时间的节省。一切的节约归根结底都归结为时间的节约。”①

节约劳动时间是适用于一切社会的普遍规律，这个规律不会因为社会制度的变化而消失，改变的只是它的实现方式。人类社会的生产力水平由低到高的发展，是由劳动时间节约规律决定的必然性。

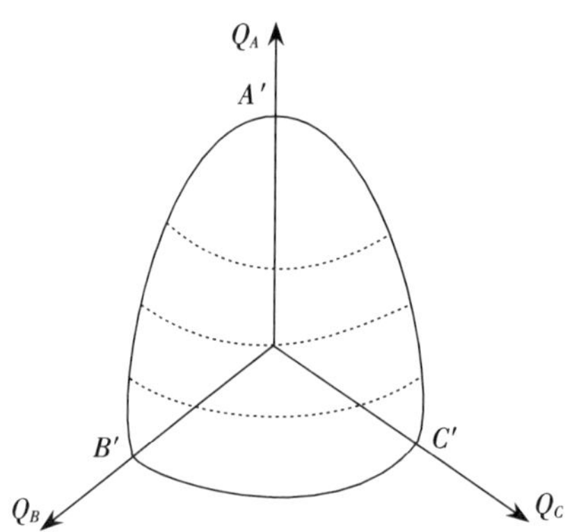

图4　社会生产机会集合维数的增加

7. 生产力发展水平的表征。生产力的不断发展是人类社会的必然趋势。那么，生产力的发展表现在什么方面呢？生产力发展水平的高低是以什么为标准来加以衡量的呢？换句话说，生产力的发展水平有哪些表征呢？

如果产品种类或生产结构不变，生产力水平的高低和生产力的发展程度，就可以用各种产品的劳动生产率来表示。劳动生产率的提高表明在单位劳动时间内生产了更多的产品，或者说生产同样数量的产品需要较少的劳动时间。这个意义上生产力的发展，取决于许多因素，其中主要的有：劳动者的知识水平技术熟练程度，生产资料特别是生产工具的质量或性能，劳动组织的状况，以及自然条件的优劣等。用各种产品的劳动生产率的高低来衡量生产力发展的水平是以产品结构不变为前提的，这时整个社

① 《马克思恩格斯选集》第4卷，人民出版社1995年版，第123页。

会生产力的发展表现为单纯的数量扩张。一旦我们改变假设，考虑到产品或生产结构的变动，问题就不那么简单了。由于不同时期和不同国家的产品结构不同，如果我们要在整体上对不同时期和不同国家的生产力发展状况进行比较，仅仅依靠劳动生产率这一概念显然是不全面的。

从产品种类或生产结构向着日益多样化、复杂化和高级化的方向发展的角度来看，生产力的发展体现为社会生产机会集合维数的增多，即产品种类增加、人类总体劳动的复杂程度提高。事实上，历史上社会生产力的每一次重大革命，都是由产品创新、生产结构变革为内容的。例如，工业革命开辟了纺织、能源、机械、电子、化工、电信等一大批新的生产领域；以信息产业为代表的现代高新技术的发展，又开拓出计算机软件和硬件、卫星通信、信息网络、新材料、新能源、生物工程、环境保护等一大批新的生产领域。生产结构多样化、复杂化和高级化的结果，是人类需要在更多方面和更高层次上得到满足。

生产力的发展水平还体现在生产活动是否具有可持续性上。所谓生产活动的可持续性，是指人类的生产活动要与自然资源和生态环境的承载力相适应，不能为一时之利而破坏人类自身赖以存续和发展的基本条件。对此，我国古代的思想家，就已经有相当清晰的认识。在《管子》一书中，就有“地利不可竭”的理论，认为“山林虽广，草木虽美，禁发必有时”，“江海虽广，池泽虽博，鱼鳖虽多，罔罟必有正”，主张政府禁止对森林和草原的破坏性砍伐和开垦，规定渔网网眼的大小，以保护自然资源，使“地利不竭”，从而保证生产能够持续进行。管仲还指出，破坏生态环境，会使得“阴阳不和，风雨不时”，结果是“人民多夭死，国贫法乱”。[①] 但是，古代思想家这些富于智慧和远见的思想，被后人忽视和忘却了。尤其是16、17世纪工业文明兴起之后，人们日益被自己“征服自然、统治自然”的能力所陶醉，为了追求经济增长的速度，对自然环境的利用日益失去节制。然而，正如恩格斯早就曾警告过的那样：“我们不要过分陶醉于我们人类对自然界的胜利。对于每一次这样的胜利，自然界都对我们进行报复。每一次胜利，确实取得了我们预期的结果，但是往后和再往后却发生完全不同的、出乎预料的影响，常常把最初的结果又消除了。”[②] 二百多年来人类工业化的实践，完全证实了恩格斯的预言。事实上，20世纪既是经济飞速发展的世纪，也是“全球规模环境破坏的世

① 见《管子》，“八观”、“乘马”、“七臣七主”。
② 《马克思恩格斯选集》第4卷，人民出版社1995年版，第383页。

纪”。自然界的报复让人们意识到：生产力的发展绝不意味着人类对自然的征服，而是人类协调自身与自然的关系的能力的提高，合理地保护和利用自然，形成人与自然之间更加和谐的关系，是持续发展的保障，是生产力具有向更高水平继续进步的强大后劲的表现。

8. 生产力的三次革命：农业化、工业化与信息化。迄今为止，人类社会生产力的发展经历了三次大的革命。这三次生产力的革命，都以生产技术的全面创新为基础，引起了人类劳动方式的大变革。

（1）农业革命。在人类社会产生以后最初的几百万年中，人们只能通过采集和渔猎，利用自然界提供的现成的动植物维持生存，剩余产品很少。农业的兴起是第一个转折点。在长期的采集和渔猎实践中，人们逐步学会了农作物的栽培和动物的驯养。大约在公元前1万年前后，原始的农业和畜牧业出现了。这意味着人类不再消极地接受自然界的馈赠，而是通过直接控制动植物的生长过程，主动地生产所需要的生活资料。这样，就摆脱了天然资源对人类生活的限制，生产力的发展发生了历史上第一次革命性的飞跃。后来，随着灌溉和休耕技术的采用，金属工具的发明和使用，农业劳动的生产率不断提高，剩余产品越来越多，从而为手工业、商业、城市和文化的发展创造了物质前提。因此，农业是人类文明的摇篮。

以农业为基础的社会被称为农业社会。在农业社会，土地是主要的生产资料，农业是主要的生产部门，手工劳动基础上的简单协作和按年龄和性别实行的自然分工，是主要的劳动方式。虽然存在着农业、畜牧业、手工业和商业的分工，但它们都只是作为农业的附属而存在的。整个社会的经济基本是以农业为主导的自给自足的自然经济，生产者和消费者合而为一。在这种社会中，人们之间只有以宗族关系和统治服从关系为基础的狭隘的地域性联系。所谓“小国寡民，鸡犬之声相闻，民至老死不相往来”，就是对这种社会的描述。

（2）工业革命。近代自然科学的进步，使人类由农业社会迈入工业社会。18世纪中叶爆发于英国的工业革命，彻底改变了人类社会发展的面貌。通过原始积累，英国拥有大量的资本和充足的劳动力，建立了欧洲最先进的手工工场，工业生产特别是纺织业得到迅速发展，推动了劳动工具的革新。工具机的发明是工业革命的起点。在使用手工工具的条件下，人能够同时使用的工具的数量，受到他自己身体器官数量的限制，而同一工作机同时使用的工具的数量，一开始就摆脱了手工工具所受的人的生理器官的限制，极大地扩展了人类改造自然的能力。

工作机规模的扩大和工作机上同时作业的工具数量的增加，需要较大的动力机构。发明和制造一种强大、稳定而又方便的动力机械，成为工业革命继续发展的关键。于是，蒸汽机被发明、改进并应用起来。继工具机代替人手之后，发动机取得了独立的、完全摆脱人力和畜力限制的形式。与动力机发展的同时，将动力传送到工具机的传动系统也发展起来。从工具机的发明开始，在产业革命过程中逐渐形成了由工具机、传动机、动力机这样三个组成部分构成的经典的机器体系。

机器生产拉开了工业化的序幕，推动了科学技术突飞猛进地发展，科学技术的发展又反过成为推动工业化发展的巨大动力。麦克斯韦尔电磁场理论导致电力技术革命，量子化学、化学键理论导致以煤和石油为原料的现代合成化工工业的发展。在钢铁冶炼、航空运输、远程输变电、化工合成以及电信技术等方面，新的发明不断涌现，终于形成以电力革命为核心的第二次工业革命。

在工业化过程中，农业社会逐渐被工业社会所代替。在工业社会，机器是主要的生产资料，工业是主要的生产部门，依托机器体系建立的工厂是生产力的基本单元。劳动过程的协作性质和科学组织，构成了由机器体系这种劳动资料本身的性质所决定的技术上的必要性。劳动的方式和组织也发生了相应的变革，大规模的团队生产成为生产活动的主要形式。机器工业的发展还极大地促进了传统农业的改造，农业机械、化肥和农药的使用使农业劳动生产率空前提高。在此基础上，农业劳动力大量向工业转移，形成人口由农村向工业密集的城市迁移的浪潮，城市化的进程迅速推进。在工业社会，传统农业社会的闭塞状态，也被个人、地区以至于民族、国家之间的全面依赖和频繁交往所代替。

（3）信息革命。信息革命是继农业革命和工业革命之后，人类社会生产力发展正在经历着的第三次革命。这场革命目前才刚刚拉开幕布的一角。从它所引起的生产方式的变革来看，信息时代是在生产过程中用机器控制机器，用机器执行某些原来由人脑完成重要的控制和协调功能的时代。这种转变的发生，是以信息技术特别是计算机技术的发展为基础的。信息技术是信息的获取、传递和处理的所有技术的总称。信息革命的实质，是在计算机技术与通信技术融合的基础上，通过先进的信息技术实现整个经济体系的自动化和网络化控制。

在信息化的过程中，传统的机器体系开始向自动化机器体系发展。新的机器在传统机器的三个组成部分之外，加入了一个新的部分，即自动化的控制系统，它的主要功能是搜集和处理外部信息，并根据外部环境的变化，自动调节自己的运动，从而克服了人脑在感知和处理信息上所具有的生理局限性，使产品的数量和质量空前提高，而且还为最终将劳动者从机器的束缚下解放出来，创造了技术上的可能性，展现出使劳动者超脱于生产现场和直接生产过程的诱人前景，预示着人类劳动方式的又一次变革。

信息技术的发展还使社会生产的部门结构高级化、复杂化。包括信息设备的制造业、信息生产加工业、信息服务业在内在的信息产业在整个社会生产中的比重持续增长，对经济增长的贡献大大提高。信息技术对传统产业的渗透日益加深，所谓“夕阳”产业（指作为工业革命成果的制造业、冶金业和采矿业等）并没有因为信息工业的发展而完全衰退，而是在信息化的推动下进行着改造和升级，生产率和产品质量大幅度提升，产品种类也日益多样。

（二）劳动分工

1. 协作与分工。协作是人类劳动组织的一般形式，人类劳动组织的发展也就是协作形式的发展。原始公社成员的共同狩猎和采集，现代企业中成百上千人结合起来进行的生产，社会中不同产品的生产者之间的产品互换，都可以看做是一定形式的协作。马克思曾就此指出：“协作是一般形式，这种形式是一切以提高社会劳动生产力为目的的社会组合的基础。”①

协作又分为简单协作和有分工的协作。简单协作是指所有加入共同劳动的个人都从事大致相同的操作，相互间不存在职能的划分，例如，上面提及的原始公社的狩猎和采集。简单协作“是最原始的、最简单的和最抽象的协作形式，但是就它的简单性、它的简单形式来说，它始终是它的一切较发展的形式的基础和前提。”②在不少生产活动中，即便个人的劳动生产率没有变化的情况下，通过许多个人的协作，可以产生比这些个人分别劳动条件下的劳动生产率加总起来更高的社会劳动生产率，即协作有使一加一大于二的魔力。例如，一个人要独自把一棵伐倒的大树装上马车，要么不可能，要么需要花费很多的劳动时间去制作提升重物的工具，而如果有两三个人来帮忙，几分钟就可把大树搬到车上去。由于有了协作，古

①② 《马克思恩格斯全集》第47卷，人民出版社1979年版，第291页。

人才能在生产和运输条件极其简陋的条件下，创造出万里长城和金字塔这样的壮观奇迹。

有分工的协作是在简单协作基础上发展起来的协作的高级形式。在人类社会生产力进步的漫长征程中，分工适应生产技术的创新而不断扩大和深化，逐渐成为社会劳动组织的最普遍的形式。在现代社会中，人们谈到协作，在绝大多数场合都是指有分工的协作，分工和协作事实上已经成为同一枚硬币的两面。分工所创造的社会生产率，是简单协作所无法比拟的。它的魔力，用一加一大于二的10次方来形容，似乎也不过分。下面，就让我们对分工进行较详细的讨论。

2. 分工的发展。从最广泛的意义上说，社会分工是劳动在不同部门和不同劳动者之间的划分，也就是不同劳动者分别固定地从事不同种类的劳动，即生产职能的专业化。我们所生活的社会，就是用劳动分工的网络组织起来的。在这一网络中，有人做工、有人务农、有人经商、有人从事科学研究，等等。即便是在同一个生产单位中，我们也可以看到复杂的分工网络，例如，经理、车工、钳工、装配工、修理工，等等。根据社会分工的不同，人们被划分为了工人、农民、商人、知识分子等不同的群体，产生了管理者与被管理者、脑力劳动与体力劳动的差别。

分工并不是人类社会与生俱来的，而是生产力发展到一定阶段的产物。在原始社会，由于人类的生产能力非常低下，单个人的力量远不足以自卫和谋生，因而人们过着群居的生活，从事相同的生产活动。这时候，只存在简单协作而没有劳动的分工。关于这一点，有过很多的文献曾作过详细的记载。美国人类学家约翰·普罗文斯在描写居住于婆罗州的商·狄阿克部落的工作制度时说，部落的所有成员，包括巫医在内，轮流在自己的稻田和另一家的稻田上劳动，所有的人都去打猎、捡柴和从事家务劳动。①

最早出现的分工是一种纯粹的自然分工，它是从两个起点上产生的：一是在原始公社内部，由于性别、年龄等各个方面的差别，在纯生理的基础上建立起来的分工。例如，男子打猎、捕鱼、耕田，妇女制备食物和衣服等；二是在各个原始共同体之间，由于各自所处自然环境的差别，在自然条件和自然产品的差异基础上形成的分工。例如，草原地带的居民以游牧为主，平原地带的居民以农业为主，沿海地带的居民以渔业为主，等

① 曼德尔：《论马克思主义经济学》，商务印书馆1979年版，第13~21页。

等。自然分工的出现，在某种程度上能够促进劳动生产率的提高。但这种分工，是以人们生理上的差别和自然环境的差别为基础的，发展水平极低。

剩余产品的出现，是社会分工发生的条件。在原始社会，由于生产力落后，人们的全部劳动时间都用来生产少数几种生活必需品，而且这些必需品的生产方法简单，无须特别的技能。这时，劳动的分工既无可能，也无必要，因而简单协作是劳动的主要方式。随着生产力发展，随着新生产工具的发明和新生产方法的采用，劳动的规模日益扩大，劳动生产率因而提高，剩余产品和剩余劳动时间增加，这使一部分社会成员有可能从基本生存资料的生产中解脱出来，从事其他产品的专业化生产，从而为分工的产生和发展奠定了基础。同时，剩余产品的较大量出现，也使得由于自然环境的差异而发生的不同产品在不同民族之间的交换，从偶然变得经常。分工的产生导致了商品交换的出现，而商品交换的发展、市场规模的扩大，又反过来促进社会分工的扩展。

在分工条件下，人们专门从事某种特殊种类的劳动，不仅可以提高生产某种产品的劳动生产率，而且可以节约全社会的劳动时间。社会分工所具有的这种作用，正是它自身不断发展的重要原因。对于社会分工如何提高了劳动生产率，如何节约了社会的总劳动时间，我们在后面专设了一节分析，这里暂不展开论述。现在要说明的是，生产资料、生产工艺和产品方面的重大技术创新，是推动社会分工发展的基本力量。因为，技术创新使生产活动的方式发生变化，而这又必然要求分工的劳动组织发生相应的变革。例如，生产流水线的出现就使得工厂内部的分工空前细化，而电子技术的发明导致通讯、广播电视、电脑软硬件、计算机网络等一系列新的生产部门和行业的出现。同时，还应当注意到，分工自身的发展也会为生产工具等方面的技术创新创造条件。作为工业革命发端的工具机的产生，就是以手工工场内部分工导致的工人生产职能的简化和生产工具的专门化为重要条件的。最初，复杂的机器就是由同分工相适应的专门化的生产工具组装而成的，专门化的简单工具实际上是机器零部件的前身。

在早期人类史上，发生过三次意义重大的社会大分工。第一次是游牧业同农业的分离；第二次是手工业同农业的分离；第三次是商业的出现。在三次社会大分工的基础之上，形成了生产劳动和非物质生产劳动之间的分工、脑力劳动与体力劳动的分工，以及城市和乡村的分离。在生产力发展的进程中，劳动分工的种类越来越多，社会分工的体系日益庞大。

3. 社会分工的两个层次。社会的分工可以分为两个层次：（1）部门或行业分工；（2）生产机构内部分工。所谓部门或行业分工，是指社会总劳动在不同产品生产之间的划分，它的结果是形成众多的劳动部门。生产机构内部分工则是劳动在同一生产机构（例如，一个农场或一个工厂）内部不同操作环节之间的划分，其结果是形成一定规模的劳动集体或生产团队。部门分工产生于原始社会的末期，其发展表现为生产部门或行业的不断增多，即社会生产部门结构日益复杂化。生产机构内部分工的发生，虽然可以追溯到古希腊时代的奴隶制庄园和奴隶制工场，但主要是在资本主义工场手工业条件下发展起来的，并在现代机器大工业中达到其成熟的形式。在现代经济中，生产机构内部分工也就是企业内部的分工，其发展表现为劳动者的活动在同一生产过程的各职能环节上的固定化或专业化。马克思在评论斯密关于工场手工业的论述时，曾将部门分工和生产机构内部分工分别称为"第一类分工"和"第二类分工"。他说："第一类分工是社会劳动分成不同的劳动部门；第二类分工是在生产某个商品时发生的分工……。与后一种分工相应的是作为特殊生产方式的工场手工业。"他还进一步指出：第一类分工是第二类分工的基础，但是，"同样也很清楚，第二类分工又必然会发生反作用，扩大第一类分工。首先，因为第二类分工与所有其他的生产力的共同之处，就是会缩短生产某种使用价值所需要的劳动，因而就为一个新的社会劳动部门腾出了劳动。其次，……因为第二类分工能够通过它的分解过程把一个专业划分为若干部分，结果是同一使用价值的各个组成部分现在可以被当作彼此相互独立的不同商品来生产"。①

我们知道，在相当长的时期内人类社会的主要生产方式是家庭劳动和简单协作。15～17 世纪的西欧，由于航海技术的发展和新航路的开辟，美洲金银产地的发现，对殖民地的征服和掠夺，重商主义政策的实行，海外贸易得以急剧扩大，工商业的发展空前高涨，资本积累急剧膨胀，家庭劳动已经无法满足急剧膨胀的世界市场对工业品的需要，以分工以基础的协作劳动方式迅速发展起来，这就是手工工场。在手工工场中，劳动者使用手工工具进行生产，但由于对劳动过程进行了细分，劳动方式同一家一户的小生产，同封建社会时期的小作坊（产品的制作过程由行会师傅一个人从头到尾依次完成，顶多有一两个帮手或徒弟的协助）有着本质

① 《马克思恩格斯全集》第 47 卷，人民出版社 1979 年版，第 305 页。

的不同。

较多的工人在同一时间、同一空间，为了生产同种商品，在统一指挥下工作，是生产机构内部分工的前提。在这一前提下，制造一种产品的各种不同操作，不再由同一个工人按照时间先后顺序来完成，而是由许多工人在空间上并列地完成。每一个工人只完成某种局部操作，制造一种产品的全部操作由结合劳动者或协作工人同时进行和共同完成。因此，生产机构内部分工只有在生产达到较大规模时才会出现。随着生产规模的扩大，专业化的劳动环节日益增加，劳动工具日益分化，生产过程日益复杂，对生产的集中统一管理具有极其重要的意义。事实上，对于本质上是一种协作组织的生产机构内部分工来说，这是一个不可或缺的要素。这样，生产的指挥和管理也成为一种专业化的职能。我国唐代的文学家柳宗元在《梓人传》一文中，曾生动地说明了专业化管理者在以分工为基础的协作生产中的重要作用。该文中的“梓人”，就是一个专业化的建筑工程管理者。虽然连自家的床腿坏了都不会修，但他告诉柳宗元，众木匠离开了自己就建不成房子。柳宗元以为他吹牛，后来在官府的建筑工地上，看到他“委群才，会众工”；工人们“或执斧斤，或执刀锯，皆环立向之；梓人左持引、右执杖而中处焉，量栋宇之任，视木之能，举挥其杖曰：斧！彼执斧者奔而右；顾而指曰：锯！彼执锯者趋而左；俄而斤者斫、刀者削，皆视其色，俟其言，莫敢自断者。其不胜任者，怒而退之，亦莫敢愠焉。画宫于堵，盈尺而曲尽其制，计毫厘而构大厦，无进退焉。”于是，柳宗元才知道梓人并非夸口，“知其术之工大矣”，[①] 即认识了管理的重大作用。当然，在我国唐代，生产机构内部分工还处在萌芽状态，远远没有达到 17 世纪后英国工场手工业的发展水平。

在工场手工业发展的基础上，18 世纪在英国发生了工业革命。工业革命使纺纱机、机械织机和蒸汽锤代替了纺车、手工织机和手工锻锤，需要成百上千的人进行协作的工厂代替了小作坊。与手工劳动不同，在机器体系中，整个过程是客观地按其本身的性质分解为各个组成阶段，并按照机器运动的本身的规律，形成完整和严密的分工体系，造成了各个操作环节和工人之间全面的相互依赖，没有一个人可以独立地生产出商品来，他们集体的劳动才能形成商品。劳动过程的协作性质或团队性质，要求各个局部劳动者在劳动过程中保持统一性和整齐性，以使在制品按计划准时顺

① 《柳宗元集》卷十七。

利地通过各道生产工序；任何一个工序环节出现问题，都会破坏整个生产过程的连续性，从而造成效率的损失。而且，生产的规模越大，这种连续性的中断所造成的损失也越大。这就要求对劳动过程实行有计划有组织的管理，这种以分工协作为基础并实行严格的集中化管理的组织就是一般意义上的企业。在生产管理职能专业化的基础上，与生产工人之间职能的横向分解和专门化同时形成的，是以一个中央指挥权为顶点的生产管理的科层组织。

虽然企业内部分工和行业分工是分工的不同层次，但它们之间有着密切的联系。一方面，随着生产规模的扩大，企业内部分工的不同的操作过程和操作环节，在许多场合分化为独立的生产部门，推动了社会分工的发展。这一点在工业革命以后的机器大生产条件下，表现得十分明显。随着机器大生产的发展，许多原来企业内部的生产环节独立化为特殊的社会生产行业。除了成品生产的专业化行业，又发展起零部件、工艺以至于技术后方等方面的专业化行业。这种独立化，是由机器生产方式的一个重要特性，即大规模批量生产决定的。而行业划分越细，企业的产品越专门化，也就越是能大批量生产。马克思曾谈到过这一点。他说："产品本身越片面，它所交换的商品越多样化……它的市场越大，产品就越能在更充分的意义上作为商品来生产……因而也就越能大量地进行生产。"①

另一方面，在一些场合，部门分工又与企业内部分工发生重合。在不同企业的产品之间存在密切联系时，这种重合表现得尤为明显。比如，在采油企业生产出原油、炼油厂把原油提炼成成品油、化工厂再把成品油加工成化工产品的场合。假设有一个大型的跨行业的联合性企业，把所有上述生产过程合并到这一企业中，那么，部门分工和企业内部分工就完全重合了。因此，包括亚当·斯密在内的一些经济学家认为，部门分工和工场分工的区别只是主观的，也就是说，只是对观察者才存在的。二者的区别只是范围大小的区别。然而，这完全是一种误解。

生产机构内部分工和部门分工不仅有程度上的差别，而且有着性质的区别。首先，在企业内部分工的场合，局部工人不生产完成形态的产品，他们生产的是半成品，完成的产品是企业的全部工人的共同产品；而在部门分工场合，每个独立企业的生产结果都是完成形态的产品。其次，部门分工的发生以不同部门互相需要对方的产品为条件，不同产品生产者之间

① 《马克思恩格斯全集》第 26 卷第 3 分册，人民出版社 1974 年版，第 296 页。

的关系是横向的交换关系。在这里，分工的协作性质是通过市场交易间接实现的。而企业内部分工条件下各局部劳动者之间的联系，则是通过科层组织实现的，以服从上级权威、接受其统一指挥为前提。也就是说，在生产机构内部，分工的协作性质是通过一个中央权威对生产过程的集中控制而直接实现的。理解了部门和行业分工与生产机构内部分工的区别，可以更清楚地认识企业与市场之间存在的本质区别。企业产生于生产机构内部分工基础上形成的劳动的团队性和协作的直接性；而市场是一种交换关系，它产生于部门和行业分工决定的不同产品生产者之间协作的间接性。

4. 分工与生产效率的提高。亚当·斯密就曾认为，劳动生产力上最大的增进，以及运用劳动时所表现的更大的熟练、技巧和判断力，似乎都是分工的结果。为什么分工具有如此巨大的作用呢？它是如何促进生产力发展的呢？我们从部门分工和生产机构内部分工两个不同层次来分析这一问题。

（1）部门分工与绝对优势和比较优势。从社会生产划分为不同部门或行业的角度看，分工对生产力的促进作用主要体现为提高了既有的社会总劳动时间的利用效率。为什么部门或行业之间的分工会有这种作用呢？这是因为不同的产品有不同的劳动者以专业化的方式进行生产，在其他条件不变的情况下，可以产生不同的劳动者按自给自足的方式各自生产多种产品所无法得到的利益。在我国战国时代，思想家孟子对此就有相当深刻的认识。他对主张人人都应自己亲自生产所需一切物品的“并耕论”者之间曾有这样一段问难：

问：“许子（并耕论的代表）必种粟而后食乎？”

答：“然。”

问：“许子必织布而后衣乎？”

答：“否，许子衣褐。”

问：“许子冠乎？”

答：“冠。”

问：“奚冠？”

答：“冠素。”

问：“自织之与？”

答：“否，以粟易之。”

问：“许子奚为不自织？”

答：“害于耕。”

问："许子以釜甑（陶制炊具）爨（煮饭），以铁耕乎?"

答："然。"

问："自为之与?"

答："否，以粟易之。"

问："以粟易器械者，不为厉（有害于）陶冶。陶冶亦以其器械易粟者，岂为厉农夫哉？何为纷纷然与百工交易？何许子之不惮其烦?"

答："百工之事，固不可耕且为也。"

通过一连串犀利的提问，孟子让分工的反对者自己证明了分工对于满足人的多样化需要的必要性。不仅如此，他还进一步指出了分工的利益："子不通功易事，以羡（有余）补不足，则农有余粟，女有余布。子如通之，则梓（乐器工）、匠（建筑工）、轮（车轮制造工）、舆（车辆制造工）皆得食于子"。[①] 所谓"通功易事"，是指部门分工条件下各有专业的人相互交换其活动。通过这种交换，以有余补不足，达到人己两利的结果。古希腊思想家柏拉图对分工的好处也有类似的论述。他在《理想国》一书中讨论如何满足衣、食、住三种需要时，认为按人们各自的天赋分别专门从事盖房、织布和种地，要好于每个人什么事情都做。当然，这些古代的思想家的认识是受当时较低的分工发展程度限制的，他们还不可能从节约社会总劳动时间的角度对部门分工做更深入的分析。下面，让我们从部门分工产生的绝对优势和比较优势两个方面，来说明它如何提高了社会劳动时间的利用效率。

为了说明分工如何产生绝对优势和比较优势，让我们假定有两个劳动者，他们都具有生产 A 和 B 两种产品的能力。同时，再假设他们各自可用于生产这两种产品的劳动时间是既定的，都为 T 个时间单位。这样，在自给自足条件下，他们都面对如何在两种产品中分配劳动时间 T 的问题。如果用 a 表示产品 A 在 T 中所占比重，那么产品 B 所占比重就是 $(1-a)$。这样，他们的总劳动时间 T 在两种产品上的分配，就可以用下式表示：

$$T = a_i T_i + (1 - a_i)\ T_i \qquad (0 \leqslant a_i \leqslant 1) \tag{11}$$

式中下标 $i(=1, 2)$ 表示两个不同的劳动者。我们把其中的参数 a_i 称为专业化水平参数。当 $a_i=1$，劳动者将全部可用劳动时间用于产品 A 的生产，从而成为 A 的专业化生产者；当 $a_i=0$，劳动者则将全部可用劳

① 《孟子·滕文公（上、下)》。

动时间用于产品 B 的生产，从而成为 B 的专业化生产者。而在 $0 < a_i < 1$ 的情况下，劳动者则处于同时生产两种产品的兼业状态。如果用 t_i^A 和 t_i^B 表示生产一单位产品 A 和 B 所费劳动时间，并用 Q_i^A 和 Q_i^B 表示两种产品的产量，那么：

$$a_i T_i = t_i^A Q_i^A \qquad (1 - a_i)\ T_i = t_i^B Q_i^B$$

这样，式（11）又可以改写为：

$$T_i = t_i^A Q_i^A + t_i^B Q_i^B \tag{12}$$

现在，我们可以根据上面的（12）式来说明什么是绝对优势和比较优势，以及分工如何产生了这两种优势。

先讨论绝对优势。在劳动者 1 生产产品 A 的效率高于劳动者 2（即 $t_1^A < t_2^A$），而劳动者 2 生产产品 B 的效率高于劳动者 1（$t_1^B > t_2^B$）时，即两个劳动者生产两种产品的效率存在绝对差异的条件下，因分工而产生的优势。现在，我们假定 $T_i = 100$，即劳动者 1、2 的可用劳动时间都为 100 单位；并假定他们在两种产品生产上的效率差别为：$t_1^A = 20$，$t_2^A = 10$，$t_1^B = 10$，$t_2^B = 20$。在自给自足条件下，如果他们各自将一半劳动时间即 50 个时间单位用于两种产品的生产，这时他们各自的产量和总产量的情况如表 2 所示。

表 2

	产品 A	产品 B
劳动者 1	2.5	5
劳动者 2	5	2.5
总产量	7.5	7.5

如果这两个劳动者进行分工，形成两个专业化的生产部门，即劳动者 1 只生产产品 B，劳动者 2 只生产 A，二者各自的产量和总产量如表 3 所示。

表 3

	产品 A	产品 B
劳动者 1	0	10
劳动者 2	10	0
总产量	10	10

上列数字一目了然地表明，由于分工使两个劳动者在两种产品的生产上分别发扬了优势，避免了劣势，在可用劳动时间不变的条件下，两种产品的产量都较自给自足条件下增加了2.5个单位。而这又意味着总劳动时间的节约，因为分工条件下生产7.5个单位的产品A或同量的产品B，总共只需75个时间单位，而在自给自足条件下要用去全部100个时间单位。

根据式（12），可以用图5来说明分工产生绝对优势的过程。该图的纵横轴分别表示产品A和B的数量。图中的两条向右下方倾斜的实线T_1和T_2，是根据式（12）画出的两个劳动者个人的生产可能性曲线，它表示在可用劳动时间给定条件下，劳动者可能得到的两种产品数量的各种组合；斜率为产品转换率，其绝对值是放弃一单位产品B可以得到的产品A的数量。为了简化分析，我们不考虑边际报酬递减问题，因此，与前面讨论过的社会的生产可能性边界不同，这里的个人生产可能性曲线是直线。图中两条曲线的交点e，是假设的自给自足条件下的两个生产者的A和B两种产品的组合。从这点开始，二者的产品组合在绝对优势的作用下，沿各自的生产可能性曲线向相反的方向移动，亦即劳动者1的专业化水平参数$a_1 \to 0$，而劳动者2的专业化水平参数$a_2 \to 1$。这意味着他们的生产的专业化水平不断提高，越来越多地生产一种产品而放弃另一种产品的生产。而当这种运动使他们的产品组合达到与图中f点对应的状况时，过去兼业化的生产者就完全专业化了，即分离成两个生产部门。

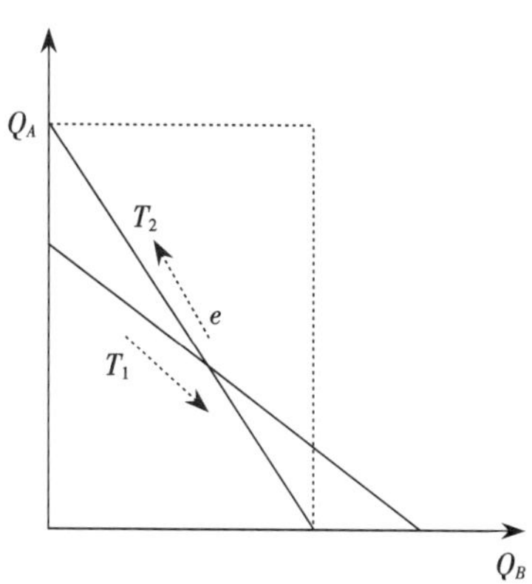

图5　绝对优势与分工

英国古典经济学的开山人斯密首先阐述了绝对优势原理。按照这个原理，不同劳动者生产不同商品的效率上的绝对差异，使分工和交换成为必要。但是，古典学派的另一个代表李嘉图的研究表明，在一定条件下，即便一个生产者比另一个生产者生产所有产品的效率都更高，在他们之间实行分工，整个社会也会较无分工条件下得到更大利益。这就是所谓比较优势。

可以用与前面讨论绝对优势类似的办法来说明分工如何在比较优势的作用下发生。劳动者 1 和 2 的可用劳动时间各仍然为 100 单位，但这时前者生产两种产品的效率都比后者高：$t_1^A=5$，$t_2^A=25$，$t_1^B=4$，$t_2^B=5$，即在 A 产品的生产上前者是后者的 5 倍，在 B 产品的生产上是 1.25 倍。现在，我们进一步假定，为了满足自身的需要，这两个生产者所需要的两种产品的数量都是 10 个单位。在自给自足条件下，他们各自的产量和总产量的一种可能的情况如表 4 所示。

表 4

	产品 A	产品 B
劳动者 1	10	12.5
劳动者 2	4	0
总产量	14	12.5

在上列数字中，A、B 两种产品的生产效率都较高的劳动者的需要刚好得到满足，而劳动者 B 用自己的全部可用劳动只能生产 4 单位的产品 A，对 A、B 两种产品的需要分别存在 6 单位和 10 单位的缺口。即便劳动者 1 将多出的 2.5 个单位的产品 B 送给劳动者 2，也不过是杯水车薪，解决不了多大问题。当然，这一组数字只是多种可能性中的一种，读者可以自己设计出其他情况。但是，只要是在自给自足的条件下，劳动者 2 就总是处于短缺的困境。然而，在两个劳动者实行分工的条件下，缺口马上就可以被弥补。这时，如果劳动者 1 将其全部时间用于效率是劳动者 2 的 5 倍的产品 A，而劳动者 2 则将其全部劳动产品用于产品 B 的生产，那么我们得到的一组数字如表 5 所示。

表 5

	产品 A	产品 B
劳动者 1	20	0
劳动者 2	0	20
总产量	20	20

将这组数字与自给自足的情况相比，产品 A 的总量提高了 6 个单位，产品 B 的总量提高了 7.5 个单位，两个劳动者对两种产品的需要都得到了充分满足，劳动者 2 在自给自足时的困境消除了。而自给自足条件下的这种短缺，按照上面给出的例子，要靠劳动者 2 追加 216 个单位的工作时间才能弥补。可见，通过分工而获得比较优势，可以节约社会的总劳动时间。

根据式（12），可以用图 6 来说明分工产生比较优势的过程。

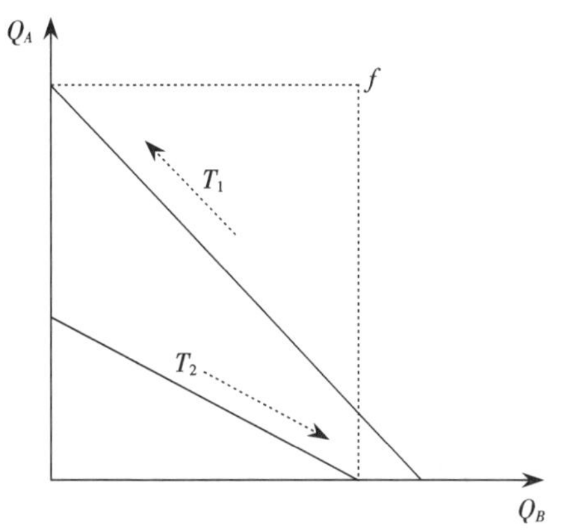

图 6　比较优势与分工

图中曲线 T_1 和 T_2 是生产者 1、2 的生产可能性曲线。由于劳动者 1 生产两种产品的效率都高于劳动者 2，T_1 处于 T_2 的右上方。当两个劳动者的产品组合沿着各自的生产可能性曲线相反的方向移动，即各自增大两种产品中效率较高的那一种在可用劳动时间中所占的比重，他们的生产的专业化水平都不断提高，亦即在 $a_1 \to 1$ 的同时，$a_2 \to 0$。在他们的产品组合达到由图中 f 点规定的水平时，分工就完成了。

无论绝对优势还是比较优势，都是以不同劳动者生产不同产品的效率差别为前提的。那么，这种差别又是由什么因素决定的呢？首先是劳动者的自然禀赋。例如，在土质和气候对生产不同农产品，花费同量劳动，所得的这些产品的数量是会有很大差别的。其次是获得性禀赋，即通过劳动者后天的主观努力取得的较优势条件。例如，劳动者花时间接受教育获得的较高劳动技能和知识水平，通过储蓄购置的先进生产设备，通过科学研究发明的高效生产手段和新产品，等等，都增加他们的获得性禀赋。在现代经济中，除了采矿、农业等对自然禀赋依赖性极强的部门之外，大多数部门之间的分工，都主要与获得性禀赋造成的效率差别有关。人们可以通过主观努力来改善自己的获得性禀赋，从而改变原有的优劣格局，以及他们在分工中的角色和地位。

这里还需要指出的是，只有在不同的商品生产者相互掌握了对方的生产信息的情况下，才能了解彼此的优势和劣势，从而进行分工。因此，交通运输工具和通讯手段这两个方面的技术进步，是通过绝对优势和比较优势形成分工的前提条件。如果交通不便，信息不畅，民至老死不相往来，人们就无从得知和利用由他们之间的效率差别导致的绝对优势和比较优势，因而也就不会有分工发生。此外，部门分工的发展还与人口密度有关。较大的人口密度至少可以部分地抵销交通和信息技术落后造成的阻碍，有利于分工的形成。因此，在历史上，部门分工的发展是同人口密度的提高以及交通和信息技术的创新同步的。

（2）生产机构内部分工与生产效率。如果说，通过绝对优势和比较优势形成的部门分工，以不同生产者之间既存的生产效率的差别为前提，那么，生产机构内部分工的作用则在于普遍提高劳动者个人的工作效率。政治经济学的鼻祖亚当·斯密虽然没有区分部门分工和生产机构内部分工，但他首先关注的是生产机构内部分工。《国富论》一开篇就以扣针工厂的内部分工为例，来说明为什么劳动生产力上的最大增进，亦即运用劳动时表现的更大的熟练、技巧和判断力，似乎都是分工的结果。自斯密之后，对生产机构内部分工带来的提高劳动生产率的种种好处，经济学家们几乎一直在重复斯密的描述：第一，分工使劳动者重复进行特定的操作，提高了劳动技能和熟练程度；第二，分工减少了因工作的变换而造成的时间损失，保障了生产的连续性，加快了生产节奏；第三，因为分工使劳动者专注于特殊工作，因而往往导致发明创造；第四，分工减少了劳动者的学习时间和培训费用，因为较之样样都会的多面手，从事单一工种的劳动者所需的知识和技能较少；等等。生产机构内部分工的这些好处，确实是劳动生产率提高的源泉。但是，几乎所有这些好处又产生于分工的生产方式的一个最基本的特征，这就是将生产一个完整产品所需要进行的各种复杂操作分解开来，由不同的人专门承担，简化复杂的操作，从而大大减少了劳动者个人在生产过程中处理的信息流量。让我们以机器大生产这一在当代社会仍然占主导的生产方式为背景，对生产机构内部分工与劳动生产率增进的关系作进一步的解释。

可以将机器大生产看做是一个人和机器的共生系统。在这个系统中，人和机器这两个元件的工作方式和所起的作用是很不同的。机器通常是按其自身的构造决定的运动方式不变地依一定规则传输和接受信息，而人则能自主地对机器运转过程中发生的信息作出各种随机反应。他可以充当静态或动态联结，可以根据信息的变化不断校正自己的动作，按信息的大小成比例地调节自己的活动，或完成某些非线性变换。在反复进行同一操作的过程中，会形成人对信息的模式化反应，但即使在这种情况下，人对机器所用的控制方法，也不是一成不变的，而是可以在重复操作过程中自觉改进处理信息的方式，使机器的运行状态逐渐接近最优化。

正是由于在生产过程中，人感知和处理生产过程信息的作用是机器所无法替代的，所以生产过程离开了人就无法进行，监督与调整生产过程的工作仍需人工来完成。工人要不断照料机器的动作，用眼耳和神经系统来直接获取生产过程的信息，然后由大脑对这些信息进行处理，做出要不要改变机器运行状况的决定，并通过手对机器的直接调整来执行这一决定。没有人对机器运转过程中产生的各种信息的感知和处理，就不可能形成能动的生产过程。但是，由于生理条件的限制，人感知和处理信息的能力又是很有限的。俄国的一位控制论专家指出："如果人类操作者在复杂的工作条件下，加上还要接收信号，对控制器官产生作用，这时要实现令人满意的信息加工，信息流就必须不超过每秒6比特。如果信息流加大，输入信息的损失就迅速上升。操作者将不再察觉信息了，因为信息已超出了他的最大通过容量，这将对所收到的信号作反应时造成更多的错误和延迟。"① 因此，为了使人能够尽量迅速和准确地处理按照一定速度和节奏不断运动的机器所产生的信息，就不仅要使人所进行的操作包含的信息量与人本身可以承受的信息量相适应，而且需要把包含着较大信息量的复杂操作分解为较简单的、包含较少信息量的操作。操作过程越简单，需要加工处理的信息量越小，加工处理的速度就越快，从而生产效率就越高。这可以说是机器生产由其特殊的技术和工艺条件决定的内在要求。而这种要求又只有通过机器工厂内部工人之间日益细密的分工才能实现。机器生产的核心部门即机械制造业的某些生产领域中，过去那种具有高度复杂技巧的装配工，为流水线上高度分工的操作工所代替的过程，就是传统机器生产固有的技术和工艺条件推动分工发展的典型表现。这种流水线作业方式

① 雅·科尔涅尔：《控制论基础》，科学出版社1980年版，第308页。

在20世纪40年代最先出现在美国亨利·福特的汽车厂里，因而被称为“底特律式的自动化”。

德国学者W. 约纳斯在谈到这种流水作业方式时说：“物质技术的生产力发展到这样程度，致使机器体系的操纵和监督职能超过了人们执行这些职能的能力。操纵过程实际上是更复杂了，加工速度由于机器的不断改进大大提高，而且对准确性和质量的要求更严了。对监督性的观察的紧张程度的要求，对反应迅速的组合和行动的要求愈来愈接近人力所能达到的限度。这些限度成为生产力进一步发展的一个严重障碍。……福特把复杂的操纵作业和管理作业分解为流水作业线上的无数细小的局部操作。由于操纵作业的分解，需要观察的因素的数量及其组合被限制在小范围内，而需要完成的一定数量的各种操纵动作往往被归结为只是单独的不断重复的操作。人的劳动力的片面化和退化达到了极点。但是……生产率和紧张程度却可以大大提高。”① 英国学者莱礼也指出：机器生产使效率空前提高，“但是效率的增加有很大一部分是由于这种方法促进了分工的原因。这种情形在传送带上尤其明显……高度的劳动生产率是由于把操作过程细分成细小而单纯的工作单位而产生的。”② 美国学者钱德勒则将这种自动化带来的高效率，称为“速度经济”。③ 这也就是争取在最小的劳动时间内通过最大的物质资料加工流量的“经济”，即劳动时间经济。

生产机构内部分工的每一步发展，都是与生产资料方面的技术创新不可分割地联系在一起的。可以说，生产工具和生产工艺方面的技术创新和以分工深化为内容的生产组织的创新，是整个生产技术创新这一枚硬币的两个方面。斯密时代的手工业工场的分工，分解产品生产过程的技术创新，就包含两个方面的内容：一是以手工工具的专门化为内容的生产资料的技术创新（据说当时伦敦市场上出售的用于各种专业活动的锤子种类就达500多种）；二是劳动者职能在产品生产各环节上的专门化，以及由此而产生的以保证生产过程统一性和连续性的简单科层式管理组织（业主亲自指挥少数工头对生产现场的直接控制）的形成。而“底特律式的自动化”，在劳动工具和劳动资料方面的创新，表现为用专用机器取代通用机器，实行零部件的可互换和标准化，在半成品的运输上用传送带代替

---

① W. 约纳斯《生产力的历史》，转引自库钦斯基：《生产力的四次革命》，商务印书馆1975年版，第123页。

② 莱礼：《自动化与社会进步》，中译本，三联书店1959年版，第4～15页。

③ 艾尔弗雷德·钱德勒：《战略与结构》，云南出版社2002年版，第10页。

人工；与此相适应的劳动组织上的相应变革，则是劳动者职能的进一步专业化，以及由专业化的管理人员组成的金字塔式的多级科层管理体系取代业主直接控制。20 世纪 70 年代以后，随着计算机技术的快速发展，出现了由计算机辅助设计、数控机床、机器人为基础的“柔性制造系统”，人们可以通过事先编制的加工程序来控制零部件的制造，还可以编制程序来缩短新产品的设计周期。这样，不仅生产现场所需劳动力的数量大大减少，而且设计师、工程师等原来需要处理大量复杂信息的生产职能也被简化。与这种生产资料上的技术创新相适应，生产机构内部分工正进一步的深化，管理组织的科层结构因生产现场控制职能由计算机系统承担，也发生了扁平化的发展趋向。可见，如果说部门分工在生产技术不变的情况下也可能发生，那么，生产机构内部分工的发展，则既只能是物质生产手段方面技术创新的结果，又是采用生产速度更快即更节约劳动时间的先进生产手段的条件。

总之，生产机构内部分工带来的高效率，来自于生产的物质技术手段相适应的职能专门化，来自于这种专门化导致的劳动者在生产中所需处理的信息流量的减少，以及由此而产生的劳动时间的节约。这不仅是熟练程度提高、工作节奏加快的直接原因，也间接地导致了学习费用的减少。同时，发明创造，例如，设备和工艺的改进，新产品的研究和开发，等等，随着企业内部分工的发展，也成为专门化的职能。在现代社会生产中，一种新产品的研制往往需要数以百计、千计以致万计的各种专业人才分工协作。研究和开发职能的专业化，显然是工业革命以后技术创新速度不断加快、新产品不断推出的重要原因之一。

5. 分工的内在矛盾。分工促进了生产力的发展，同时又蕴含着深刻的内在矛盾。这就是劳动的个别性与社会性之间的矛盾。

在宏观上，分工使全体劳动者都分属于不同的部门或行业，使劳动者的生产活动及其产品单一化；从微观上，分工使不同劳动者在同一产品生产过程的各个职能之间相分离，使劳动者的生产活动及其结果片面化。所谓劳动的个别性就是指分工导致的这种单一化和片面化。但是，属于特殊行业、执行特定职能，从而只生产单一和片面产品的劳动者，其自身生存和发展的需要又是多方面的。例如，炼钢工人只生产钢材，但像所有的人一样要吃饭、穿衣，而不能吃钢材、穿钢材。由此可见，分工使得劳动者的活动与其需要相分裂。在这种情况下，每个劳动者都会将自己所从事的单一和片面的生产活动，看做是为满足自身多方面需要所支付的代价。换句话说，分工条件下的劳动，具有谋生手段的性质。这导致了一系列重要后果：劳动者自身多方面的需要，只有通过与其他劳动者的产品交换才能得到满足，而劳动的谋生手段性质使得这种交换要以不同劳动者各自在生产过程中付出的劳动为尺度；这样，就形成了劳动者与他人相区别的特殊利益，在我的劳动和你的劳动、我的劳动产品和你的劳动产品之间划出了明确的界限。分工越发达，这种界限就呈现得越清晰。

分工在使不同劳动部门和不同劳动者相互分离的同时，又造成了不同部门和不同劳动者之间的相互依赖，使每一种局部或个别的劳动具有了社会性。劳动的社会性也主要表现在两个方面。从部门或行业分工的角度看，分工造成了不同生产部门的不同生产者之间全面的相互依赖。每一个劳动者生产的产品都不是为了直接满足自己的消费需要，而是作为一定的有用劳动来满足他人或社会的需要，而他自身各种需要的满足也有赖于他人的劳动。比如，工业为农业提供生产资料，农业为工业提供原料和食物；生产部门为非生产部门提供物质产品，非生产部门为生产部门提供精神产品和服务；生产资料部门为消费资料部门提供物质设备，消费资料部门为生产资料部门提供消费品，等等。

从生产机构内部分工看，由于实行劳动分工，每个劳动者都只能承担某种产品生产的一个环节或一道工序，工厂所出产的纱、布、金属制品，都是许多工人的共同产品，都必须顺次经过他们的手，然后才变为成品。他们当中没有一个人能够说：这是我做的，这是我的产品，每一个产品都是结合劳动的产物。在这种结合劳动中，每个劳动者都只是一个特殊的器官，执行一种特殊的职能。从而造成了各个局部的操作环节和局部的工人之间的全面的相互依赖。

在分工的生产方式中，每一个人的劳动同时具有个别性和社会性两种属性，是个别性与社会性的统一。但是，这两种属性之间又存在着矛盾。首先，在不同劳动者具有自身的特殊利益的情况下，特殊利益与集体利益和社会利益并不总是一致的，而存在着发生脱节、矛盾以致冲突的可能性和现实性。其次，在生产和消费分裂的条件下，要使个别劳动及其产品为社会所需要和承认，并不是一件容易的事情。一旦产品不为社会所需要，生产这种产品的劳动就是社会不承认的无效劳动。再次，劳动的片面化虽然提高了生产效率，但又导致了劳动者能力的片面化和劳动活动的单调化，制约了个人的自由全面发展，在极端情况下还造成了劳动者个人能力和素质的畸形。卓别林的喜剧《摩登时代》中的许多场景，就是对这种情况的夸张描写。最后，分工使得脑力劳动和体力劳动相分离，而这又导致社会生产过程中管理者与被管理者的专业划分，从而形成代表生产过程的协作性或统一性的管理者，与作为个别劳动环节的承担者的被管理者的矛盾。

分工的这些内在矛盾，是以发达的分工为基础的现代社会经济形态的固有矛盾。当然，在现代社会演进的不同历史阶段和不同社会制度下，其发展程度、表现形式和社会后果是不同的。

6. 分工是政治经济学的一切范畴的范畴。至此，我们马上就要结束对生产力的讨论，将转入对生产关系的研究。细心的读者可能会问：为什么我们不直接从劳动力和劳动资料这些生产力的要素转入对生产关系的分析，而要等到分析了分工之后再讨论生产关系呢？对这个问题的回答是：第一，仅仅将生产力归结为它的几个要素，是不能准确地把握生产力的整体性质的；第二，撇开劳动方式，我们的理论分析由生产力范畴向生产关系的过渡，就缺少必要的中介。对这两个回答的详细说明有如下述。

一个显而易见的事实是：劳动力、劳动工具、劳动对象这些生产力的简单要素，只有通过人们在生产过程中形成的技术组合关系，才能结合起来形成劳动过程，从而形成现实的生产力。而劳动方式，就是这种技术组合关系。尽管劳动方式是由劳动资料的性质决定的（在一定程度上还是由与特定劳动资料相适应的劳动力的素质决定的），但它是把各种简单要素有机地统一起来的联系，是一定历史阶段的物质生产方式的整体体现，从而反映了这个历史阶段的生产力的特殊性质。某种新出现的生产资料是否使生产力的性质发生变化，取决于它是否引起劳动方式的变革。事实上，我们在前面概述过的人类历史上已经完成的生产力革命，都是以物质生产要素特别是劳动工具的技术创新为基础的人类劳动组织方式的深刻变革。因此，在政治经济学研究中，我们在考察生产力的发展时，不能把眼光局限在劳动工具本身革新和发展的范围内，而必须把这种革新和发展与劳动者的活动方式的变化联系起来。撇开劳动方式的发展来谈论生产力的发展，不仅像离开某一生物的有机整体而孤立地研究其某个器官一样，不可能对这一有机整体的形成和演化过程做出科学的解释，而且会使得对生产力与生产关系的辩证联系的说明，缺少必不可少的中介环节。生产关系是人们在运用生产工具从事劳动活动时形成的关系，跳过劳动活动的组织方式这个中介，直接用劳动工具来说明生产力对生产关系的决定作用，必然造成解释上的主观随意性。尽管人们的劳动方式依然故我，生产力的性质并没有改变，但任何一种新工具的产生或旧工具的局部改良，以致某种新材料、新能源的使用，都可以被宣布为生产力的发展已经要求变革生产关系。

当然，研究政治经济学必须重视劳动工具的发展，即重视生产的物质手段方面的技术进步。马克思本人就是这方面的表率。但是，马克思在他的研究中，总是联系劳动活动的发展来考察劳动工具的发展，把改变人类劳动方式看成是劳动工具发展的最深刻的本质。因此，马克思不是像一些技术史家那样囿于对劳动工具演变的考据，而是高度重视劳动方式在社会经济形态形成和发展中的关键作用。他明确地指出："任何新的生产力都会引起分工的进一步发展，因为它不仅仅是现有生产力的量的增加（例如开垦新的土地）。"① 这也就是说，劳动方式的变化体现着生产力性质的变化。在马克思主义经济学中，劳动方式的发展主要体现为分工的发展，分工是生产力决定生产关系一个关键环节。在《德意志意识形态》一书中马克思和恩格斯指出："分工发展的各个不同阶段，同时也就是所有制的各种不同形式。"② 他们还具体说明了分工与所有制的关系：分工使物质活动和精神活动、享受和劳动、生产和消费由各种不同的人来分担成为可能和现实；"与这种分工同时出现的还有分配，而且是劳动及其产品的不平等的分配（无论在数量上或质量上）；因而也产生了所有制"。③ 马克思和恩格斯还特别强调脑力劳动和体力劳动的分离对于阶级分化的重要作用。他们认为，奴隶制庄园、封建领地、资本主义企业的内部分工尽管千差万别，但精神活动和物质活动的分离，即从事单纯体力劳动的群众同从事监督和管理的特权分子间的分工，始终是它们的共同特征。通过各种形式的生产机构内部分工形成的精神活动和物质活动的分离，是各种剥削阶级所有制内剥削者和被剥削者之间统治和从属关系的基础。也就是说，剥削者与被剥削者之间的阶级关系，不过是这一形式的生产机构内部分工所采取的社会经济形式。

马克思在研究资本主义生产关系即劳动对资本的隶属关系时，曾批评过亚当·斯密仅从一般劳动过程考察手工工场内部的分工，而没有把这种考察与它在一定历史条件下必然要采取的经济关系形式结合起来的缺点。

---

① 《马克思恩格斯全集》第3卷，人民出版社1960年版，第24页。
② 同上，第25页。
③ 同上，第36~37页。

他指出：斯密"没有从这样一种形式上来理解分工，在这种形式中，生产的经济对立，质的社会规定性本身，表现为一定分工方式的经济形式，而从属于这一规定性的个人则作为资本家和雇佣工人。……而互相对立。"① "他没有看到分工同机器和简单协作一起不仅仅在形式上改变了劳动，而且由于把劳动从属于资本而在实际上使劳动发生了变化。"马克思指出，斯密和他的老师弗格森相比，在这个问题上后退了，"弗格森把'隶属关系'直接看作'技艺分工和职业分工'的结果"，"资本和劳动之间的对立等等在这里明显地表现出来了"。正因为资本和劳动的关系是工厂内部分工这一劳动方式的经济形式，马克思认为，这种分工"从某一方面来看，是政治经济学的一切范畴的范畴"。② 也就是说，只有以工厂内部分工这样一种特定的生产技术组织为根据，才能说明以雇佣劳动为基础的资本主义经济关系是如何产生和发展起来的。

马克思关于分工"是政治经济学的一切范畴的范畴"的论断，虽然是在分析工厂内部分工时提出的，但也完全适用于部门和行业分工。正如不以工厂内部分工为根据就无法说明资本主义雇佣劳动关系的产生和发展一样，若不以部门和行业分工为依据，就无法对作为现代社会经济生活的一般基础的商品交换关系和市场经济的产生和发展，做出科学的解释。

总之，马克思认为分工是产生人们之间的经济关系的基本过程；离开分工这个人类的基本劳动方式的发展，就无法说明各种生产关系是如何通过生产的物质技术手段方面的发展而产生出来的。

（三）生产关系及经济制度

1. 生产关系的形成和本质。前面我们在说明劳动的组织形式时已经谈到，人类的生产总是在社会结合中进行的，人们在与自然界进行物质交换的同时，彼此之间必然会结成一定的经济关系，这也就是生产关系。这些关系是通过一系列具体的行为规则体现出来的，它们被人们称为经济制度。从一定意义上说，生产关系与经济制度是一对等价的概念。但是，我们可以观察到，即便基本生产关系相同，由于文化传统的差别，不同的国家和民族的具体制度还是有差异的。如果要进行更深入和细致的研究，可以更精确地将制度定义为作为生产关系实现形式的社会行为规则。不过，

① 《马克思恩格斯全集》第46卷（下册），人民出版社1980年版，第471页。
② 《马克思恩格斯全集》第47卷，人民出版社1979年版，第309、315、304页。

为了简化分析，抓住本质，在这里，我们暂时仍然把生产关系和经济制度当作等价的概念来处理。我们首先要探讨的问题是：生产关系或经济制度是如何产生的，又是如何演进的。

马克思是从劳动过程出发分析生产关系或经济制度的起源和演进的。劳动过程既是人与自然的物质变换过程，又是人与人之间的社会交往过程。“人们在生产中不仅仅影响自然界，而且也相互影响。他们只有以一定的方式共同活动和相互交换其活动，才能进行生产。为了进行生产，人们相互之间便发生一定的联系和关系；只有在这些社会联系和关系的范围内，才会有他们对自然界的影响，才会有生产。”① 为了使社会生产能够进行，人们就必须按照一定的劳动方式组织起来，即根据一定技术发展水平条件下劳动资料的特殊性质，进行一定的以分工为基础的协作。而当人们按一定分工协作方式组织起来的时候，就出现了生产资料归谁占有、劳动过程由谁指挥、劳动产品如何分配、不同劳动产品的交换如何进行等一系列社会问题。在解决这些问题的过程中就形成了占有生产资料和社会产品以及支配劳动的社会规则，即生产关系。随着生产的反复进行，不仅源源不断地生产出物质产品，而且一定的社会生产关系也被不断再生产出来。

说到这里，读者或许会问：分工的劳动组织方式难道不是一种生产关系吗？说一定生产关系形成的基础是一定发展水平的分工，不就等于说生产关系决定生产关系吗？不错，分工也是一种生产过程中人与人之间的关系。但是，人与人在生产过程中形成的关系包括性质不同的两个方面：一方面是人与人之间的技术关系；另一方面是人与人之间的社会经济关系。技术关系就是分工与协作的关系，这种关系就其实质来说，属于生产力的范畴而不是生产关系的范畴。因为，在这种关系中，人与人是作为生产过程的一种物质要素发生联系的，这种联系受自然规律和技术规则的支配，是人与自然进行物质交换的劳动的技术组织形式。相同的分工与协作组织，并不会因为社会经济制度不同而具有性质上的区别。比如，无论是在社会主义经济还是在资本主义经济中，都存在着工人与农民、车工与钳工、脑力劳动与体力劳动、管理者与被管理者、复杂劳动与简单劳动的区别。与生产过程中形成劳动的技术组织形式不同，生产关系是生产过程中形成的人与人之间的社会关系，或者说是劳动的社会组织形式，其实质是

① 《马克思恩格斯选集》第1卷，人民出版社1995年版，第344页。

人们之间的经济利益关系。比如，同样是管理者与被管理者的分工，由于生产资料所有制关系不同，体现的经济关系就不同。在资本主义私有制企业中，管理者与被管理者的关系是雇佣劳动关系；而在社会主义公有制企业中，管理者与被管理者的关系是平等的生产资料共有者之间的联合劳动关系。从分工是属于生产力范畴的劳动技术组织形式的意义上，可以说劳动的技术组织形式是劳动的社会组织形式形成的基础。

从上面所举的例子中，细心的读者很可能会引出另一个问题：既然在发展水平相同的分工基础上，有可能形成不同的生产关系或经济制度，"生产关系适应生产力的要求"这一说法还能成立吗？这样提出问题，虽然不无道理，但反映出提问者对这个论断的理解过于机械和绝对。事实上，劳动的技术组织同与之相适应的生产关系之间的关系，绝不是一对一的精确对应关系。一方面，一定的生产关系一旦形成，对于生产力的发展，即对于分工的劳动技术组织的变化，就具有相当大幅度的包容性。在生产力的发展已经与既有生产关系发生冲突，提出了建立新的生产关系要求的条件下，作为既有生产关系代表的统治阶级，为了避免旧制度的崩溃，会以保留既有生产关系基础构架为前提，对旧制度作某些改良来局部地满足生产力发展的要求，将更高发展阶段的生产关系的一些要素引入旧制度的框架，从而缓和了社会矛盾和冲突，暂时延续自己的统治，而这同时也并非出自统治者本意地为新生产关系取代旧生产关系准备了条件。另一方面，劳动技术组织的发展，对不同的生产关系又具有相当大范围的兼容性。与生产力进一步发展要求相适应的先进生产关系的确立，需要经历一个从产生到壮大、从局部扩展到整体的过程，因而往往是在旧制度的缝隙中产生，在旧世界的局部得到确立和发展。正是由于这两方面的原因，形成了在相近的生产力发展水平上，或者说在相似的劳动方式基础上，新旧生产关系并存的局面。显然，这种局面本身就是生产关系适应生产力发展要求的具体表现。

2. 生产关系的功能。人类社会历史上相继出现的各种各样的生产关系或经济制度，都是适应生产力发展的需要建立起来的。一般来说，生产关系具有如下经济功能。

首先，生产关系使人们能够按照一定的劳动技术组织的要求结合起来，使社会生产成为可能。

生产关系是不同社会集团、不同社会阶层、不同社会阶级之间的关系。它规定了分属于不同社会集团、社会阶层和不同社会阶级的社会成员在生产过程中的地位，规定各种经济资源的支配权在这些集团、阶层、阶级之间分布的规则，从而规定了人们在生产过程中的主导和从属关系，以及不同生产部门或行业之间产品交换关系的形式。而只有具备了这些规定，与生产技术的变革相适应的劳动技术组织才能建立起来。举例来说，在17世纪，生产力的进步体现在工场手工业的产生这一劳动技术组织的重要变革上，而手工工场的形成的技术条件是：分别承担不同生产职能的劳动者在工场范围内集中，并服从一个中央权威的指挥。新兴的资本主义经济关系为这种技术要求的实现，开辟了中世纪农奴制度和行会制度无法提供的生产关系的新途径，因此应运而生。作为这种生产关系核心内容的雇佣劳动制度和资本家在生产过程中对工人的统治，为将执行不同生产职能的众多劳动者集于一个中央权威支配下进行生产活动，提供了制度保证。换句话说，手工工场这种劳动的技术组织，是以资本主义生产关系这种劳动的社会组织形式为媒介建立起来的。

其次，生产关系调节人们的利益关系，为社会生产提供有效的激励。

人们所从事的经济活动都与利益有关，而生产关系实质上是一种利益关系。合理的生产关系或经济制度，能够保证生产要素所有者的投入得到相应的回报，充分调动要素所有者的积极性和创造性，使各种生产要素都能得到充分利用，尤其是使劳动者这个生产中的主导的、最具能动性的要素具有高昂的积极性和不断创新的动力，从而推动生产力的发展。不健全的生产关系，不合理的经济制度，则会造成相反的状况。事实上，一种生产关系，或作为某种生产关系实现形式的具体经济制度，是否以及在多大程度上适应了生产力的要求，总是最直观地从它们能否为人们的经济活动提供足够的激励表现出来的。人们的从事经济活动的热情减弱，尤其是占人口多数的劳动群众缺少生产积极性，往往是需要对现存生产关系进行调整或变革的信号。

最后，生产关系提供共同的行为规范，减少由信息不对称引起的经济联系的不稳定，为社会生产在正常秩序下进行提供了基本保障。

生产关系也可以说是人们之间的经济交往关系。当人们进行经济交往时，同时也就发生了他们相互间的信息交流。在分工条件下，在不同部门或行业的生产者之间，在执行不同生产职能的劳动者之间，在生产机构中处于主导和从属、支配和被支配、管理和被管理地位的不同人之间，信息的分布具有明显的不对称性。这种不对称性，来自分工条件下个人所掌握信息的不完全性。信息的不完全性，是由个人的认知能力的有限性决定的。分工将人们的经济活动限制在狭隘的专业范围内，进一步加深了信息的不完全性和不对称性。俗话所谓“隔行如隔山”，可以看做是对分工条件下信息的不完全性和不对称性的描述。在分工是基本的劳动方式的条件下，总是会存在信息不对称问题。而且，分工越发达，这个问题就表现得越突出，要想从根本上消除它是不可能的。但是，我们已经知道，发达的社会分工的另一面，就是由分工的协作性决定的人们的全面相互依赖。而这种全面依赖，又要求在社会成员之间形成比较稳定的经济联系形式。而严重的信息不对称，不利于人们对相互间经济交往活动的后果形成较可靠的预期，可能带来社会经济秩序混乱的不良后果，从而削弱人们之间经济联系的稳定性。这是我们在前面已经讨论过的分工所包含劳动的个别性和社会性矛盾的一种表现形式。

解决矛盾的办法是什么呢？显然，要使人们的经济联系具有稳定的社会形式，使社会生产有序地进行，就必须在不同社会成员间形成某些必要的共同信息。这种信息告诉人们，应该做什么，不应该做什么，以及若不这样做会导致什么样的后果。而生产关系或经济制度作为约束全体社会成员的经济行为的统一规范，提供了这种信息，从而在保障社会生产正常秩序所必须的范围内，加强了人们的经济预期的可靠性，减少了经济活动后果的不确定性，提高了人们经济联系形式的稳定性。在生产关系的基本架构能够适应生产力发展的一般要求的前提下，一个社会的生产关系以及作为其实现形式的具体经济制度发展得越成熟、越完善，人们对它所提供的共同信息的认同度就越高，人们的经济行为就越规范，不同社会成员之间的经济联系就越稳定，反之则反是。不过，这里还要指出的是，生产关系提供的共同信息，久而久之，会演化为人们的思维定式和习惯；在生产力的进一步发展已经要求突破旧制度的条件下，这种习惯会成为维护旧生产关系的保守力量，甚至那些深受旧制度之害的人们也会因此而对变革旧制度缺少积极性。

3. 生产关系的层次和结构。以上我们讨论了生产关系的形成、本质和经济功能，下面需要进一步说明的问题是生产关系的内部层次和结构。

生产关系分为广义与狭义两个层次。狭义的生产关系是指直接生产过程中形成的社会经济关系。广义的生产关系是指再生产过程中的社会经济关系。人类社会不可能停止自己的消费，因而也不可能停止自己的生产，连续不断的社会生产就是再生产，它包括了生产、分配、交换和消费四个相互联系的环节。在这四个环节上形成的社会经济关系的有机总体，就是所谓广义的生产关系。

社会再生产的一般过程是：首先，在生产中，人们通过一定社会形式的劳动，生产出满足人类需要的物质产品；其次，分配决定个人分取这些产品的比例；再次，交换给个人带来他想用分配给他的一份去换取的那些特殊产品；最后，在消费中，产品变成人们使用的对象，生产的目的得到了实现。在再生产的四个环节中，直接生产过程中的生产关系即狭义的生产关系，是基础性的生产关系，在社会再生产的四个环节中起支配作用。狭义的生产关系的这种特殊地位是由直接生产过程在整个再生产过程中的核心地位决定的。

首先，直接生产过程生产着消费：（1）生产为消费创造材料和对象；（2）生产决定消费方式，因为人们所消费的对象不是一般的对象，而是作为一定生产过程产物的特殊对象，比如用刀叉吃熟肉来解除的饥饿，不同于用牙齿啃生肉来解除的饥饿；（3）直接生产过程通过它起初当作对象生产出来的产品，在消费者身上引起需要。艺术对象创造出懂得艺术和具有审美能力的大众，物质产品的生产也是这样。因而，直接生产过程生产出消费的对象，消费的方式，消费的需要；（4）人们在直接生产过程中的不同地位，还决定着他们消费方式上的差别。例如，老板的消费就显然不同于打工崽的消费。

其次，生产的结构决定着分配的结构。就对象说，能分配的只是生产的成果；就形式说，参与生产的一定方式决定分配的特殊形式。从表面看，分配似乎是独立于生产的，但是，正如马克思指出的，在分配是产品的分配之前，它是：（1）生产工具的分配，即生产资料由谁占有和支配；（2）社会成员在各类生产之间的分配，这同时意味着个人从属于一定的生产关系，在生产中处于不同的地位。“这种分配包含在生产过程本身中并决定着生产的结构，产品的分配是这种分配的结果”。例如，个人在生产中处于雇佣劳动者的地位，他就只能以工资的形式参与产品的分配；如果他处于老板的地位，他就以利润的形式参与产品分配。可见，分配关系不过表示生产关系的一个方面。

最后，生产决定着交换。在生产中发生的各种活动、能力和产品的交换，直接属于生产，在生产过程之外进行的为了消费而发生的交换从表面看独立于生产，但是：（1）没有分工的生产方式就没有交换；（2）交换的社会性质由生产的社会性质决定；（3）交换的深度、广度和方式都是由生产的发展和结构决定的。交换或者是直接包括在生产之中，或者是由生产决定的。①

正是由于直接生产过程在整个社会再生产中的这种基础和核心的地位，分配、交换和消费方面的经济关系，都是由它决定和派生出来的，马克思才把全部的社会经济关系称为生产关系。也正是由于直接生产过程中的关系在整个生产关系体系中具有这样的地位，它也是历史上不同社会经济形态相互区别的特征性环节。抓住了这个要素，就抓住了理解一定经济形态特殊的历史和社会性质的关键。而社会生产关系体系中的某些次一级的环节，则有可能在不同的经济形态中都具有某种共同性。例如，除了原始公社的早期阶段，商品交换就在人类历史的各个相继的阶段都存在和发展着。不过，在不同的经济形态中，商品交换覆盖的范围、对社会经济生活影响的深度是不相同的。

4. 生产资料所有制。

（1）一般所有制和生产资料所有制的基本概念。我们已经说明，在社会生产关系体系中，直接生产过程中的关系具有基础和核心的地位。而所谓直接生产过程中的关系，也就是生产资料所有制。

在思想史上，所有制（property）最初只是一个法权概念，是指一个人或一部分人对某物排他性的独占权，在中文译作所有权。在马克思主义政治经济学产生之前，研究这种权利主要是哲学家和法学家的事情，在政治经济学中基本找不到它的位置。在这一点上，庸俗经济学的重要代表让·巴·萨伊的说法具有代表性："就政治经济学来说，它只把财产所有权看作鼓励财富的积累的最有力的因素，并满足于财产所有权的实际稳定性，既不探讨财产所有权的由来，也不研究财产所有权的保障方法。"②

在经济思想史上，马克思第一次明确地把所有制的法律形式与经济内容区别开来，从而对于所有制和所有权的概念做出了科学的规定。马克思认为，所有权绝不仅仅是人与物的关系，同时是人与人之间的关系，是社会生产关系的法律表现。例如，同样是私有制，奴隶主所有制、封建土地所有制和资本主义所有制就有本质差别。在奴隶主所有制下，劳动者像牛马一样，是奴隶主的"会说话的牲畜"；在封建制下，劳动者是封建地产的附属，可以连同地产一起被转让，但以服劳役或交地租为条件而取得了一定程度的经济自主性；在资本主义制度下，劳动者获得了完全的人身自由，成为出卖劳动力的雇佣劳动者。再如，同样是商品所有权，资本主义

① 参见《马克思恩格斯选集》第2卷，人民出版社1995年版，第8～17页。
② 萨伊：《政治经济学概论》，商务印书馆1994年版，第136页。

商品所有权与小商品生产也性质不同，前者是以占有他人的劳动产品为基础的，后者则是建立在自己劳动的基础上的。因此，离开了客观的经济关系和经济过程，仅仅从物的归属或人对物的支配意义上认识所有权，是不可能真正了解一定社会经济制度中的所有权与其他社会制度中的所有权相区别的本质的，而只能得到一些没有任何具体经济关系内容的空洞的物权概念。

就我们刚才所说的各种在历史上相继出现的、具有根本不同的经济内容的私有制而言，凭借这种空洞的权利概念，我们所能了解的，只是在这些不同类型的私有制条件下，都普遍适用的“财产由少数人占有、同时大多数人不占有”这样一种简单的物权关系。如果把它当作这些不同类型的私有制的全部内容，这些私有制的区别岂不就只能归结为物权主体称谓上的区别？这个主体被称为奴隶主，就是奴隶主所有制；被称为地主，就是地主所有制；被叫做资本家，就是资本主义所有制。这样，区别这些所有制还有什么实质意义？同样，仅仅知道财产归公共所有，我们也无从确定这是原始部落的公有制，还是古希腊城邦时代的氏族奴隶主集团的公有制；是中世纪欧洲农村公社土地公有制，还是现代的社会主义公有制。可见，不能简单地将所有制与物权等同起来。拿封建土地所有制来说，其区别于奴隶主所有制和资本主义所有制的特征性要素，在于地主与农奴的关系同奴隶主与奴隶的关系、资本家与雇佣工人的关系相区别的特殊形式，而不在于它作为一种私有制而适用关于私有权的一般法律规定。正是这种特殊的生产关系形式，规定了物权主体作为奴隶主、封建地主或资本家的特定经济关系属性。换句话说，一定经济形态中的各种社会集团在生产中的地位和相互关系，赋予人们对客观生产条件的占有以特定的社会性质和经济形式。

总之，在马克思主义经济学中，所有制不再仅仅是一个抽象的物品归属概念，而成了一个重要的生产关系范畴。马克思主义政治经济学对所有制问题的认识，从此超越了传统的“形而上学或法学的幻想”。如果要给马克思主义政治经济学的所有制概念下定义，那就是：通过一定生产关系实现的对经济资源和劳动产品的占有，或占有经济资源和劳动产品的一定生产关系形式。这个定义突出了所有制的生产关系含义，强调了不能将所有制简单地归结为物的归属。但是，这里要特别指出的是，不能因此而认为物的归属与所有制无关，或者以为马克思将归属问题排斥在了所有制之外。事实上，撇开了物的归属或人对物的占有，是谈不上什么所有制的。

马克思的意思只是：物的归属或人对物的占有，总是通过一定生产关系实现的，离开了生产关系是无法确定这种占有的历史和社会的性质的。

对于所有制问题的研究，马克思还确立了另一个重要的原则，即把生产资料所有制从一般的财产占有制度中分离出来，并当作决定一个社会经济关系和社会制度的决定性因素。因此，马克思主义政治经济学所说的所有制通常指的就是生产资料所有制，而不是包括消费资料在内的一切有用资源的一般所有制。为什么要把生产资料所有制独立出来而特别强调它的重要性呢？这是因为，生产资料是生产过程得以展开并反复进行的前提条件和关键要素，对于生产过程具有持续不断的决定性影响。谁控制了生产资料，谁就控制了包括生产、分配、交换以致消费等社会经济的各个环节。因而，生产资料所有制是整个生产关系体系形成的基础。

（2）生产资料所有制在直接生产过程中的展开及其结构要素。在说明了生产资料所有制的概念之后，我们接着来讨论它的内容。我们在前面已经指出，生产资料所有制是指人们在直接生产过程中形成的社会经济关系，但未做解释。那么，为什么说生产资料所有制是直接生产过程中的社会经济关系呢？回答是：既然生产资料是进行生产活动的手段，我们当然不能离开生产过程来谈论生产资料所有制。对此，马克思有过精辟的阐释。

在《1857～1858 年经济学手稿》中，在谈到所有制（财产）时，他指出："既然生产者的存在表现为一种在属于他所有的客观条件中的存在，那么，财产就只是通过生产本身而实现的。实际的占有，从一开始就不是发生在对这些条件的想像的关系中，而是发生在对这些条件的能动的、现实的关系中，也就是实际上把这些条件变为自己的主体活动的条件。"① 在写于同一时期的《〈政治经济学批判〉导言》这篇马克思主义经济学方法论的经典文献中，他在分析与分配、交换相区别的狭义的生产过程时，针对资产阶级学家将财产的分配，即所有制，看做是与生产过程无关的、在这个过程之外由人们的权力意志决定的东西这一错误观点，又有这样一段论述："一切生产都是个人在一定社会形式中并借这种社会形式而进行的对自然的占有。在这个意义上，说所有制（占有）是生产的一个条件，那是同意反复。……如果说在任何所有制都不存在的地方，就谈不到任何生产，因此也就谈不到任何社会，那么，这是同意反复。什么

① 《马克思恩格斯全集》第 46 卷（上册），人民出版社 1979 年版，第 493 页。

也不据为己有的占有，是自相矛盾。”[①] 这些话清楚地表明，生产资料所有制，即人们借助一定生产关系对自然的占有，是通过直接生产过程实现的。换句话说，生产资料所有制也就是直接生产过程由以展开的社会关系形式。马克思的结论是：

生产条件的分配即生产资料所有制，“这种决定生产本身的分配究竟和生产处于怎样的关系，这显然是属于生产本身内部的问题。”[②]

作为在直接生产过程中展开的社会经济关系，生产资料所有制是由以下三个相互联系的环节或结构要素组成的有机整体：

第一，生产资料的占有关系，即支配、处置生产资料的权利在不同社会成员之间的分配关系。这是生产过程借以展开的社会关系即生产资料所有制的前提性要素。这个要素决定了生产过程将在谁的控制下进行。但是，仅凭这个要素，即生产资料的归属，正如前面已经说明的，我们还无法确定这个“谁”是谁，即无法确定生产资料所有者的特殊的社会规定性。

第二，劳动者与生产资料的结合方式。任何生产过程都是由劳动者使用生产资料进行的，因而任何生产过程的展开都以劳动者与生产资料的结合为条件。这种结合又是通过劳动者与生产资料所有者的一定社会关系实现的。正是这种关系，决定了生产资料所有者的特殊社会规定性，决定了奴隶主所有制、封建地主所有制、资本主义所有制这些历史上相继出现的不同所有制形态的区别。这正如马克思所说：

“不论生产的社会形式如何，劳动者和生产资料始终是生产的因素。但是，二者在彼此分离的情况下只在可能性上是生产的因素。凡要进行生产，就必须使它们结合起来。实行这种结合的特殊方式和方法，使社会结构区分为各个不同时期。”[③]

第三，对经济剩余即剩余劳动或剩余产品的占有关系。静态地看，这是以一定的生产资料占有关系为前提、以一定的劳动者与生产资料的结合方式为条件而展开的生产过程的结果。动态地看，这又是一定的生产资料所有制形式存续的条件。正是奴隶主、封建地主、资本家对经济剩余的占有，使得作为奴隶主所有制、封建地主所有制、资本家所有制的前提性要素的生产资料占有关系，以及这些所有制所特有的劳动者与生产资料的结

① 《马克思恩格斯选集》第2卷，人民出版社1995年版，第90页。
② 同上，第99页。
③ 《马克思恩格斯全集》第24卷，人民出版社1972年版，第44页。

合方式，不断被重新生产出来。举例来说，在资本主义生产资料所有制中，由中世纪晚期的资本原始积累过程造成的货币财富在少数人手中的积累和广大劳动者丧失土地等基本生产资料，构成这一所有制形态形成的前提；获得人身自由的劳动者将自己的劳动力作为商品出卖给生产资料所有者，即雇佣劳动关系的形成，是这一所有制形态中劳动者与生产资料结合的社会形式，正是这种形式将资本主义所有制与历史上的其他生产资料私有制区别开来；资本家对作为直接生产过程结果的剩余价值的无偿攫取这样一种经济剩余的占有关系，则使得劳动者与生产资料的分离和雇佣劳动关系被再生产出来，从而使整个资本主义私有制被再生产出来。

5. 产权。所谓产权，也就是财产的所有权，它是生产关系的法律表现和实现形式。作为法律范畴，产权概念的核心是所有者对所有物的排他性独占，其一般定义是所有人依法对自己的财产享有占有、使用、收益和处分的权利。占有、使用、收益和处分这四项权能，构成完整的所有权。

占有权。占有权能系指人对财产加以控制的权能，是所有者与他人之间因对财产进行实际控制而产生的权利义务关系。占有权作为所有权的一项权能，在一定的条件下与所有权是重合的，因为所有权只有从占有开始，才能由客观权利变为主观权利，而且只有当占有权回复到所有者手中，所有权才最终恢复其圆满状态。

使用权。使用权是指不改变财产的所有和占有性质，依其用途而对其加以利用的权能，是人与人之间因利用财产而产生的权利义务关系。使用权是直接于所有物之上行使的权利，因而使用权的存在首先以占有物为前提。当物与所有者分离以后，所有者的使用权亦与所有权发生分离。

收益权。收益权是指获取基于财产占有而产生的经济利益的权能，是人们因获取追加财产而产生的权利义务关系。人们拥有财产的目的就是为了通过一定手段获取能够满足自己需要的某种经济利益，即所有收益权是在经济上的实现形式。没有收益，所有权在经济上就没有意义。

处分权。处分权是指为法律所保障的实施旨在改变财产的经济用途或状态的行为的权能，它所反映的是人在变更财产的过程中所产生的权利义务关系。对财产的使用属于事实上的处分，对财产的转让属于法律上的处分。处分权在所有权的各项权能中占有极为重要的地位，是决定所有者可否将自己的意志体现在其拥有的财产上的关键环节。

上述产权定义的核心要素，即所有者对事物的排他性的独占，以及由此而衍生出来的各种权能，其形成可以追溯到古代罗马法以致某些更古老的成文法和习惯法。从表象上看，产权是由国家立法来肯定和实施的所有者对所有物的意志关系。体现这种意志关系的抽象的法律定义，似乎对一切存在私有财产的社会形态都具有普遍的适用性。但是，正如我们在说明马克思的所有制概念时已经指出的那样，这些表面上具有普适性的法律规定，在不同的社会生产关系条件下，包含的具体经济内容是十分不同的。现在我们要进一步指出的是，一定的社会生产关系赋予产权所包含的各种权能以特定经济内容，也就意味着生产关系为这些权能规定了特殊的经济界限，而产权的各种权能的实施则成为一定生产关系的实现形式。还以资本主义为例，作为资本主义生产资料所有制核心内容的雇佣劳动制度即劳动力的买卖关系，就是通过适用于一切商品交换的产权关系实现的，即通过以买卖双方彼此承认对方的所有权为前提自愿达成的契约关系实现的。同样，在奴隶制条件下，奴隶买卖也可以看做是一种劳动力的买卖，这种买卖也是通过奴隶主之间类似的产权关系实现的，但显然体现了与资本主义根本不同的生产关系。因此，在这两种不同的生产关系条件下，所有权主体及其实施所有权的各种权能的经济界限，也是根本不同的。在资本主义条件下，作为生产资料所有者的资本家，与作为劳动力所有者的工人，是作为具有平等权利的不同的所有权主体进行交易的；资本家对买来的劳动力所能实施的权利只限于劳动契约所规定的时限，且不能涉及作为自由人的工人的人身。在奴隶制条件下，进行奴隶交易的所有权主体是不同的奴隶主，以奴隶身份被买卖的劳动力不具有任何产权，而只是交易的对象；奴隶主对奴隶的各种所有权权能可以无时限地实施于奴隶的人身，生杀予夺悉出其便。可见，同一个抽象的产权规定，在不同生产关系条件下，具有多么不同的经济内容。换句话说，在不同的历史发展阶段，同一个抽象的产权规定，是作为多么不同的生产关系的实现形式而发挥其经济功能的。

作为一定生产关系的实现形式，产权在广义的生产关系的各个环节都发挥着重要的经济功能。无论是人们在直接生产中的经济行为，还是人们在分配、交换、消费方面的经济行为，无不表现为在给定的生产关系界限内对占有、支配、收益和处分这些所有者权能的实施。也许正是在这个意义上，马克思认为，要给资本主义的所有权下定义，就必须将整个资本主义生产关系描述一遍。①

① 《马克思恩格斯选集》第1卷，人民出版社1995年版，第144页。

6. 经济制度。

（1）基本经济制度与经济体制。迄今为止，我们一直将生产关系与经济制度当作等价的概念。现在，在完成了对生产关系范畴讨论的基础上，我们要对社会经济制度作进一步的分析。在前面，我们已经将经济制度定义为作为生产关系实现形式的社会行为规则。事实上，我们刚刚讨论过的产权，就已经是属于经济制度层面的现象。

在整个经济制度体系中，有些制度处于基础的地位，另一些制度则是由处于基础地位的制度派生出来的。据此，我们可以把经济制度分为基本经济制度和经济体制两个层次。一个社会的基本经济制度是由生产资料所有制的决定的，反映了基本的生产关系。生产资料是一个社会最基本的经济资源，拥有生产资料的社会集团，实际上占有着对生产的控制权和对经济剩余的支配权，从而决定着一个社会的生产、交换和分配的基本规则，并由此而成为这个社会政治上的统治者和意识形态上的主导者。因此，生产资料的所有制不仅是一个社会基本经济制度的基础，也是一个社会基本的政治和法律制度的基础。社会的基本经济制度又被称为宪法秩序。作为制定规则的规则，它从根本上决定了一个社会的性质和发展方向。与基本制度或宪法秩序不同，经济体制是在宪法秩序的约束下制定的具体的经济行为规则。例如，生产资料公有制和按劳分配是社会主义的基本经济制度，而公有财产的管理方式和劳动报酬的支付形式，则是属于经济体制的范畴。

与经济制度体系中的两个层次相对应，社会经济制度的变迁过程体现在两方面：一是在给定的基本制度的框架内，寻求实现基本制度的适当形式。这个意义上的制度变迁是经济体制的改革，它只涉及基本制度的实现形式，而不改变其性质。二是基本制度的变革，这种变迁是社会的所有制结构、阶级关系和国家政权的根本变化。制度变迁的这两种方式是相互联系的。一方面，宪法秩序决定着经济体制，宪法秩序不同，具体的经济体制必然会产生差异，宪法秩序的变化必然引起经济体制的变化。另一方面，基本制度是通过经济体制实现的，经济体制变化到一定程度，必然会导致基本制度的相应调整。

（2）正规制度与非正规制度。经济制度还可以分为正规制度和非正规制度两种类型。正规制度是上升为法律的、由国家强制实施的行为规则。非正规制度是指人们在长期生产实践中自发形成但没有成为法律的行为规则。这主要包括人们在处理经济关系时所形成的道德、习俗和习惯等。这些规则虽然没有法律效力，不由国家强制实施，但它们作为一种文化和传统，事实上在约束着人们的行为，承担着经济制度的实际功能。在任何社会，非正规制度都经济活动发挥着重要的调节作用。

在私有制出现以后，单纯依靠道德和习惯无法维持正常的经济秩序，正规制度逐步取代非正规制度成为社会经济制度的主体部分。作为社会的意识形态，从总体上说，非正规制度是随着被立法肯定为正规制度的生产关系的变革而变化的，尽管这种变化往往是滞后于生产关系和正规制度的变革。同时，作为一种文化传统，非正规制度还反映着一个民族在特殊的地理和资源环境条件下形成的特定生活方式以及特殊的宗教理念，等等。不同民族之间文化上的这种差异，是在生产关系基本架构相同的条件下，作为生产关系实现形式的不同国家的经济制度存在这样或那样差别的原因。

这里要强调指出的是，社会存在决定社会意识，由文化观念等意识形态因素构成的非正式制度，归根结底是由客观存在的、与生产力的发展状况（包括地理和资源环境等客观的生产条件）相适应的生产关系决定的。也就是说，一定非正规制度形成的最终原因，应当到生产力和生产关系的发生和发展的历史中去寻找。而且，作为生产关系法律表现的正规制度，对于非正规制度的形成，也具有决定性的影响。例如，财产私有观念，以及由此派生出来的随意取用他人财产是不道德的偷窃行为的社会规范，就是在生产力发展基础上产生了财产私有的生产关系的结果。而在原始公社时期，由于个人生产能力极其低下，离开了集体就无法生存，生产成果由全体公社成员分享，不可能有什么私有财产，也就没有私有观念，甚至没有偷窃这个概念。只是到了生产力的发展导致私有财产出现之后，私有观念才产生。而不能随意侵犯他人财物的道德观念，在原始公社瓦解之后的相当长的历史时期内，是靠上升为法律的正规制度来强制推行的。在汉谟拉比法典等古代立法中，统治者为了消除随意取用他人物品的原始公社遗风而规定的令人发指的残酷惩罚条款，就是这方面的历史证据。正是在正规制度的强制下，随意取用他人财物是不道德的偷窃行为，才逐渐成为社会公认的行为准则，即成为非正规制度。

（3）经济制度与社会分层。社会分层，即社会成员由于在一定生产关系内地位不同而分化为不同的社会集团，是一个重要的制度现象。作为生产关系实现形式的制度即社会行为规则，在使人们的行为方式与他们在一定生产关系中的地位相称的同时，也就将他们划分成了具有不同的利益目标、价值观念、生活方式和政治要求的社会集团。在一定的生产关系中，这些集团，有的处于主导地位，有的处于从属地位，因而又表现为不同的社会阶层。

社会分层是在原始社会解体之后，随着分工和私有制的出现而发生的。分工和私有财产的产生，使人们在社会生产体系中所处的地位逐渐产生了差别，社会成员由此开始被划分为了不同的利益群体。具有相同地位和利益的人，形成了一定的社会集团，并在此基础上形成特殊的价值观念、政治要求和生活方式。在社会群体的分化过程中，阶级的分化具有重大意义。按照列宁的定义，“所谓阶级，就是这样一些集团，这些集团在历史上一定社会生产体系中所处的地位不同，对生产资料的关系（这种关系大部分在法律上是明文规定了的）不同，在社会劳动组织中所起的作用不同，因而，领得自己所支配的那份社会财富的方式和多寡也不同。所谓阶级，就是这样一些集团，由于它们在一定社会经济结构中所处的地位不同，其中一个集团能够占有另一个集团的劳动。”① 阶级的划分是以生产资料占有上的差别为基础的，这种差别发展到一定程度，即一个阶级占有了另一个阶级的剩余劳动时，就产生了阶级对立，例如，奴隶与奴隶主、农奴与封建主、雇佣工人与资本家的对立，等等。其中奴隶、农奴和雇佣工人处于被统治、被压迫的地位，奴隶主、封建主和资本家阶级处于统治、压迫的地位。这些对立的阶级之间的利益矛盾，往往导致剧烈的政治以致军事冲突。但是，有时这种矛盾也会采取相互妥协的形式在一定程度上得到缓解。

阶级的划分是社会分层的重要内容，但不是惟一的内容。同一阶级内部的不同成员在生产体系中的地位以及在产品的占有上，也不可能是完全相同的，而总会存在这样或那样的差异。这使同一阶级内部又分化出了各种不同的利益集团。例如，在资产阶级内部，存在着农业资本家与工业资本家、垄断资本家与非垄断资本家、金融资本家与产业资本家等不同的利益集团；在工人阶级内部，也存在着农业与工业、脑力劳动与体力劳动、白领（管理者）与蓝领（普通工人）等不同的利益集团。

即便一个社会消灭了阶级压迫，只要分工仍然是社会劳动组织的基本形式，不同社会成员之间的利益差别，从而社会分层，就仍然会存在。不过，这时不同社会阶层之间的相互关系不再具有压迫和被压迫的性质，他

① 《列宁选集》第4卷，人民出版社1995年版，第11页。

们相互间的利益矛盾不再以剧烈的政治冲突的形式来解决。

（四）生产关系适应生产力发展的规律

根据以上的分析，我们可以对“生产力决定生产关系”或“生产关系与生产力相适应”这个历史唯物主义基本命题的内容，做这样的概括：劳动是人类社会最基本的实践活动，人类劳动时间和劳动能力的有限性与需要的无限性之间的矛盾，促使人类不断进行节约劳动的技术创新，从而推动人类社会生产力不断发展；与生产力发展的一定水平相适应，在人与人之间形成作为生产力发展形式的社会生产关系；生产力对社会生产关系的决定作用，是在一定物质生产技术手段的基础上，通过与这种物质技术手段相适应的劳动方式这个中介实现的；劳动方式是劳动者与生产资料结合的技术组织形式，在这种技术组织的基础上产生了劳动者与生产资料结合的社会形式，即生产资料所有制；生产资料所有制是体现一定经济形态本质的要素，它决定着分配、交换、消费等其他生产关系环节的性质；经济制度则是生产关系的实现形式，它表现为制约人们的经济行为的各种正规和非正规的社会规则。

在由生产力和生产关系两个方面构成的社会经济形态中，生产力居于首要地位。社会制度的演进，从根本上来说，是由生产力的发展决定的。生产力的首要性的观点是历史唯物主义的基本观点，这一观点的确立，使得人们对社会历史的认识真正具有了科学的性质，正如列宁曾经所说过的那样：“只有把社会关系归结于生产关系，把生产关系归结于生产力的高度，才能有可靠的根据把社会形态的发展看作自然历史过程。不言而喻，没有这种观点，就不会有真正的社会科学。”① 当然，承认生产力的首要性，并不是要否定生产关系和经济制度的重要作用。在被生产力决定的同时，生产关系又对生产力的发展具有促进和阻滞的反作用。事实上，我们在前面讨论过的生产关系三项经济功能，并不总是随着生产力的进步而自然地发挥出来的。历史上，由旧制度赋予巨大既得利益的统治阶级，人为地拖延和阻碍生产关系适应生产力发展的要求而进行调整和变革的现象，是屡见不鲜的。这时，生产力的发展就会受到扼制。而一旦代表旧制度的既得利益集团的统治被冲破，新的生产关系建立起来，生产力的发展就会

① 《列宁选集》第1卷，人民出版社1995年版，第9页。

呈现飞速前进的态势。对于生产关系对生产力的这种反作用，必须有充分的认识。

但是，应当强调的是，生产力对生产关系的决定作用与生产关系对生产力的反作用在性质上是不同的，它们之间的关系不能简单地用相互作用、互为因果来加以描述。在生产力与生产关系的相互关系中，生产力是第一性的，这是历史唯物主义的核心。也许有人会问，既然生产关系对生产力也有着巨大的作用，制度合理与否在很大程度上制约着生产力的发展，为什么要强调生产力是首要的，而生产关系是被决定的呢？只要仔细想一想就会发现，离开生产力的首要性，生产关系对生产力的反作用无法得到合理解释。比如，什么样的经济制度是合理的？制度的“好”与“不好”以什么标准来判断？历史上不同经济制度的更替是由什么力量推动的？这些问题都只有在坚持生产力首要性观点的基础上才能得到解答。所谓“好”的制度，实际上就是能够适应生产力的要求、促进生产力发展的制度；所谓“不好”的制度，实际上就是不适应生产力的要求、阻碍生产力发展的制度。[①] 而历史上经济制度的变迁，其动因也来自生产力发展。“好”的制度代替“不好”的制度，正是因为前者比后者更有利于生产力的发展。这就证明了生产力相对于生产关系的首要性。

人类生产力的发展是一个连续不断的进化过程。马克思曾经指出，“正像各种不同的地质层系相继更迭一样，不应该相信各个时期是突然出现的，相互截然分开的”，“在这里，起作用的普遍规律在于：后一个［生产］形式的物质可能性——不论是工艺条件，还是与其相适应的企业经济结构——都是在前一个形式的范围内创造出来的。”[②] 随着生产力的不断发展，作为这种发展的社会形式的生产关系也处在不断演变的过程中。生产关系的演变总是以生产力进一步发展的要求为根据的。这种演变，往往起先表现为在生产关系基本结构或宪法秩序不变条件下的经济制度的局部改良，最终归结为生产关系基本结构或宪法秩序的变革。在旧制度范围内进行的局部改良，为最终发生的基本结构的变革积累着必要的社会条件。一旦这种条件具备，变革就势所难免。而变革一旦发生，生产力发展就会在新的社会形式下进入一个新境界。可见，由生产力发展的进化的性质所决定，生产关系对生产力的适应，是一个渐变和突变相结合的社会过程。

---

① 对这一观点的论述，参见柯亨：《卡尔·马克思的历史理论》，重庆出版社 1989 年版。
② 《马克思恩格斯全集》第 47 卷，人民出版社 1979 年版，第 472 页。

总之，生产关系适应生产力发展的规律，是社会经济制度演进的首要规律。深刻理解这一规律，才能掌握马克思主义政治经济学的基本方法论原则，正确地把握社会经济制度演进的逻辑和历史趋势。

（五）经济基础与上层建筑

历史唯物主义认为，生产力决定生产关系，而生产关系的总和构成经济基础，在一定的经济基础之上产生一定的上层建筑，即政治、法律和意识形态等社会现象。因此，应当依据经济关系来解释政治法律制度和伦理规范。

1. 国家与法律。在整个上层建筑中，国家居于核心地位。在阶级社会出现以后，国家就是社会的正式代表。因此，分析社会的结构和组织，包括分析经济制度及其运行和变迁的规律，不能不涉及国家问题。那么，什么是国家？国家是如何产生的？它在社会经济生活中有什么作用？对于这些问题，历来存在着不同的看法。在古代社会，流行的是君权神授说。这种看法认为，国家的权力来自于上帝或神的意志。17～18世纪，社会契约论成为占统治地位的政治思想。社会契约论认为，人们生来是平等的自由的和独立的，但是为了保护他们的权利，摆脱“自然状态”下的野蛮和贫穷，人们相互之间签订了社会契约，建立了国家，因此，国家来源于人们的普遍意志。进入现代社会，人们对于国家起源的认识更加多样。例如，有的理论认为，国家起源于灌溉农业，大规模的灌溉需要大规模的合作，需要统一的权威，导致了国家的出现；有的理论认为，国家权力是在管理大范围的贸易中产生的；还有的理论认为，人口的增长的压力是国家产生的动力。

马克思主义对于国家的解释是以历史唯物主义为基础的，分工、私有制和阶级的出现，是国家产生的基础。国家并不是从来就有的，在人类社会产生之初，由于个人抗御和利用自然、获取生存资料的能力十分低下，为维持生存、延续种群，原始人只能在血缘联系基础上，以氏族、部落和公社的形式结合为共同体。在这种社会形态中，共同体的存在是个人生存的前提，生产活动采取集体劳动的方式，没有分工、没有阶级，也没有国家，社会之间的联系靠传统、习俗之类非正式制度来维持。原始社会后期，由于生产力的发展，开始出现剩余产品，并导致了社会分工的出现。社会分工的出现使国家的产生成为了必然。

分工的出现导致了商品交换的发生，原始的公有制逐步被私有制所代替，使人们在生产资料和消费品占有上的差别日益扩大，社会成员被分为了不同的利益集团和不同的阶级，他们之间的利益经常发生矛盾和冲突，单纯依靠传统和习俗已经无法维持社会的正常秩序。于是，人类社会就进入了这样一个新的发展阶段。在这一阶段，“社会陷入了不可解决的自我矛盾，分裂为不可调和的对立面而又无力摆脱这些对立面。而为了使这些对立面，这些经济利益互相冲突的阶级，不致在无谓的斗争中把自己和社会消灭，就需要有一种表面上凌驾于社会之上的力量，这种力量应当缓和冲突，把冲突保持在‘秩序’的范围之内，这种从社会中产生但又凌驾于社会之上并且日益同社会相异化的力量，就是国家。”① 以血缘和传统为基础的原始氏族组织，被以暴力手段为基础的公共权力所代替。法律是与国家同时产生的，是由国家力量保证实施的具有普遍约束力的行为规则。

国家是从控制阶级冲突的需要中产生的。从表面上看，它是凌驾于社会各阶级之上代表社会正义的权威组织。事实上，无论在什么制度下，国家确实也总是要承担某些公共职能，如维持社会秩序，保护个人的财产，抵御外敌入侵，修建公共设施，等等。但是，国家并不是完全中立的，在国家与社会正义、国家利益与社会利益之间不能简单地画上等号。事情的真相是：“社会产生它不能缺少的某些共同职能。被指定执行这种职能的人，形成社会内部分工的一个新部门。这样，他们也获得了同授权给他们的人相对立的特殊利益，他们同这些人相对立而独立起来，于是就出现了国家。”② 按照马克思主义观点，国家是在阶级的冲突中产生的，它照例是最强大的、在经济上占统治地位的阶级的国家。在经济上占统治地位的阶级，由于控制了社会经济资源，在阶级冲突和国家权力的分配中处于有利地位。从这个意义上说，国家具有阶级统治工具的性质。

总之，国家具公共性和阶级性二重属性，在这两种属性之间存在着既相互依赖又相互冲突的复杂关系。当统治阶级的利益与生产力的发展要求相一致时，统治阶级的特殊利益符合社会的普遍利益；当统治阶级的利益与生产力发展的要求相冲突时，统治阶级的特殊利益就会违背社会的普遍利益。这时生产力与生产关系、经济发展与政治结构之间就发生了尖锐的矛盾，社会革命的时代就会到来了。旧的国家将被代表生产力发展要求的

① 《马克思恩格斯选集》第4卷，人民出版社1972年版，第166页。
② 《马克思恩格斯选集》第4卷，人民出版社1995年版，第700页。

新兴阶级的国家所取代。因此，恩格斯指出："国家权力对于经济发展的反作用可以有三种：它可以沿着同一方面起作用，在这种情况下就会发展得比较快；它可以沿着相反方向起作用，在这种情况下，像现在每个大民族的情况那样，它经过一定时期都要崩溃；或者是它可以阻止经济发展沿着既定的方向走，而给它另外的方向——这种情况归根结底为前两种情况中的一种。但是很明显，在第二和第三种情况下，政治权力会给经济发展带来巨大的损害，并造成人力和物力的大量浪费。"①

2. 经济与政治。承认国家在经济生活中的重要作用，实际上就是承认政治在经济生活中的重要作用。人类的政治生活是从阶级和国家产生后出现的，国家是政治生活的中心。因此，列宁把政治定义为参与国家事务，给国家定方向，确定国家活动的形式、任务和内容，处理各阶级和各社会集团之间的关系；并且强调，政治是经济的集中表现。列宁的这个观点是与马克思和恩格斯的思想一脉相承的。在马克思之前，许多思想家都把国家看作是经济发展的决定性的因素，因为经济制度中的所有规定都只有通过国家意志才能以法律的形式取得普遍效力。特别是在奴隶社会和封建社会中，经济与政治、伦理和宗教是合而为一的，剥削阶级对劳动者的经济统治是通过直接的超经济的强制实现的，因而，国家意志很容易被看作是经济制度的决定性因素。但是，恩格斯认为，这只是问题的形式方面。问题在于，这个仅仅是形式的意志有什么内容？这一内容是从哪里来的？为什么人们所期望的正是这个而不是别的？"在寻求这个问题的答案时，我们就发现，在现代历史中，国家的意志总的说来是由市民社会的不断变化的需要，是由某个阶级的优势地位，归根结底，是由生产力和交往关系的发展决定的。"② 恩格斯在这里说的"交往关系"就是社会生产关系。

到了资本主义社会，人们对经济与政治的关系又产生了另外一种错觉。资本主义社会伴着自由市场经济到来，人们的经济活动摆脱了封建政治权力的直接干预，似乎成了社会生活中一个独立的、自我调节的特殊领域。因此，一些西方学者认为，经济学应当同政治分家。例如，庸俗经济学的代表人物萨伊在《政治经济学概论》绪论中就特别强调，应当把"研究社会秩序所根据的原则的政治学"与"阐明财富是怎样生产、分配

① 《马克思恩格斯选集》第4卷，人民出版社1995年版，第701页。
② 同上，第251页。

与消费的政治经济学”区别开来，因为“财富本来不依存于政治组织。”① 19世纪70年代以后，随着新古典经济学的兴起，经济学与政治分离的倾向更为明显。然而，经济与政治的这种分离只是一种假象，直接的联系被打破了，间接的联系却依然存在。经济是政治的基础，政治是经济的集中表现，这一历史唯物主义的基本法则仍然具有现实意义。

第一，政治关系的形成是以经济关系为基础的。由于生产过程中人们之间在占有生产资料和劳动产品中的相互关系不同，就形成了不同的经济利益及其建立在不同利益基础上的不同的社会阶级和社会集团。经济制度、经济关系的任何重大变动，尤其是宪法秩序的变化，都会影响不同阶级、不同社会集团和不同的个人之间的利益关系，引起政治上的冲突和斗争，经济制度的变迁也只有通过这种政治上的斗争才能完成。

第二，经济制度的建立、发展和有效运转，必须依靠国家政权的保护。在一定的经济关系基础上产生一定的政治关系、法律关系和国家形式，它们反过来通过军队、警察、法律等强制工具来保护特定的经济关系和产权制度，维护正常的经济秩序。没有国家强制力量的保证，任何合法和稳定的制度都不可能建立和实施的。而任何从根本上改变现存经济制度的努力，也都首先要改变国家的性质。

第三，无论在哪个社会中，总有一部分国家职能是经济职能，总有一部分政府行为是直接的经济行为，如财政税收、社会保障、公共工程、环境保护、教育卫生、经济稳定、经济发展、行政管理，等等。政府的这些活动以及与此相联系的行为规则或制度，既是政治性的，又是经济性的。政府这部分职能越大，经济和政治重合的部分越多。

正是基于上述理由，马克思主义者一贯主张将经济学的研究与对政治问题的关注紧密结合起来，反对脱离政治的所谓“纯经济分析”。事实上，一些有见识的西方学者，也持有类似的看法。例如，在19世纪，当美国学者库柏宣称“政治学实质上并非政治经济学的一个组成部分”时，德国学者李斯特严厉批评道：“那位苏格兰理论家的信徒竟然荒谬到如此地步，尽管他们为自己研究的学科所选择的名称是政治经济学，却要我们相信政治经济学与政治无关。”② 随着第二次世界大战之后国家干预主义的兴起，政治活动对市场经济影响日渐增大，在西方学术界又产生了经济学与政治学联姻的要求，产生了“新政治经济学”。这个学派的代表林德

① 萨伊：《政治经济学概论》，商务印书馆1982年版，第15页。
② 弗里德里希·李斯特：《政治经济学的自然体系》，商务印书馆1997年版，第208页。

布洛姆指出，“不管是政治学或者是经济学，从一定程度上讲，由于它们各自孤立地研究问题，都已陷入了贫乏枯竭的状态，结果是两头空。”① 这个学派的学者唐斯认为：“为了在规范或实证层面上解释政府在经济中的地位和作用，经济学家必须考虑社会的政治体制；因此，经济学和政治经济学必须综合为统一的社会行为理论。”②

3. 经济与伦理。伦理道德是通过人们内心的信念来实施的一种特殊的行为规则，是关于人们行为善与恶的价值判断。在经济思想史上，自新古典经济学产生之后，价值判断与事实陈述、科学与道德就开始被割裂了，所谓的实证经济学和规范经济学的划分，就是这种认识的产物。然而，在亚当·斯密等古典经济学家那里，对于社会经济的考察是在政治、法律和伦理学相互联系的宽阔背景下进行的。亚当·斯密在《道德情操论》一书中，就曾经专门讨论了经济活动的伦理学问题。但是，他们对经济伦理问题的解释，都是以万古不变的抽象人性为出发点的。在他们看来，人的经济行为是否符合正义，交换和分配是否公平，判断的标准都归结为这个不变的人性，因而基于这种人性的正义和公平是同自然科学定理一样的“自然法原则”。

虽然“自然法原则”是由 16 世纪尼德兰的法学家格劳秀斯最早提出的，但斯密和李嘉图等古典经济学家的经济伦理观念的直接来源，是英国“光荣革命”时期的哲学家洛克。马克思把洛克称为“同封建社会对立的资产阶级社会的法权观念的经典表达者”，认为“洛克哲学成为了以后整个英国政治经济学一切观念的基础”。③ 洛克曾这样“证明”私人财产权的正义性：人天然地对自己的身体具有所有权，因而用他自己的身体进行的劳动也天然地具有排斥他人的所有权，所以只要他通过劳动在自然物质上“掺进了他的劳动”，那么这个自然物就成了这个人的私有财产。④ 这种证明的问题是显而易见的：为什么在原始时代普遍存在的是财产公有制而不是私有制，难道那时的人不用自己的身体劳动？四体不勤、不劳而获的奴隶主、封建地主和资本家，为什么会享有财产所有权？

马克思主义经济学并不认为伦理道德和经济无关，但反对从伦理道德出发来解释社会经济运动的规律。按照历史唯物主义的观点，社会存在决

---

① 《新帕尔格雷夫经济学大辞典》第 3 卷，经济科学出版 1992 年版，第 909 页。
② A. Downs，An Economic Theory of Democracy，New York，Harper and Row，1957，P. 280.
③ 《马克思恩格斯全集》第 26 卷第 1 分册，人民出版社 1972 年版，第 393 页。
④ ［英］洛克：《政府论》下篇，商务印书馆 2005 年版，第 19 页。

定社会意识，社会意识反映社会存在。在一定的经济关系基础上必然会产生一定的伦理道德，而这些伦理道德反过来又成为一定的经济制度中的非正式的组成部分，为正式制度的有效运转提供了意识形态上的保证。人类社会的正义原则和公平观念，是随着生产力的发展以及与之相适应的生产关系和法定制度的变化而演化的。因此，马克思主义经济学研究的出发点和基础不是抽象的伦理观念，而是产生特定伦理观念的生产力发展状况及与之相适应的社会经济关系。马克思主义经济学判断一种经济制度是否正义和道德，基本的标准是看它是否促进了生产力的发展，是否有利于增进人民的福利并促进人的自由而全面的发展。马克思批判资本主义制度，不是因为它违背了什么永恒的正义原则，而是因为资本主义已经由生产力发展的积极形式，转变为生产力进一步发展的障碍。也正是依据这样一个标准，马克思在批判资本主义的同时，又充分肯定了它在历史上曾经发挥过的进步作用。马克思主义政治经济学对集体主义等伦理观念的提倡，也不是对不变的善良人性的崇尚，而是因为这种伦理观念体现了有利于生产力发展的新制度的要求。

市场经济运行的一般原理*

——一个马克思主义经济学的阐释

在当今世界，无论是实行资本主义经济制度的国家，还是实行社会主义经济制度的国家，都实行市场经济制度。尽管两种不同的经济制度有各自的特殊性，但应当说适用于两种制度市场的市场经济运行的一般规律是存在的。了解这种规律，是我们理解社会主义经济制度和资本主义经济制度，并进而分析国际经济、增长和发展等复杂经济现象的基础。本文试图依据马克思主义经典作家的论著，提供一个关于现代市场经济一般原理的阐释框架。

一、商　　品

（一）商品与商品经济

生活在现代社会中，我们几乎每时每刻都要同商品打交道。作为消费者，我们消费的是商品；作为生产者，我们生产的是商品；而且我们是在用商品生产商品，因为在现代商品经济条件下，生产过程中使用的各种要素，绝大多数都是作为商品购买来的。

那么，什么是商品呢？显然，商品首先应当是对人有用的物品，如果对人没有用处，它就不可能拿到市场上去出售。但是，为什么空气、阳光

---

* 这是2004年为中国人民大学经济试验班学生讲授政治经济学课程所用讲稿的一部分，曾收入文集《政治经济学的创新和发展》（经济科学出版社2005年版），其中部分内容以《关于社会必要劳动时间以及劳动生产率与价值量关系问题的探讨》为题发表在《教学与研究》杂志2005年第7期上。

是人类生存之必需的，却没有价格，不能在市场上作为商品出售呢？显然，“对人有用”可以是物品成为商品的一个必要理由，但并不是充分的理由。你或许会进一步补充说，物品要成为商品，还必须是人类劳动的产品。但很遗憾，这仍然不能算是正确的答案。不错，商品是有用的人类劳动产品，但并不是在任何条件下这种劳动产品都必然成为商品。例如，古代自给自足的农家，男耕女织，种出来的粮食和织出来的布，尽管都是有用的劳动产品，但并不拿到市场上去交换或出售，只是供家庭成员自用，因而这些劳动产品并不成为商品。而在现代经济中，纺织企业生产出来的布匹，农场生产出来的粮食，却是不折不扣的商品，因为这些产品从一开始就是为交换或出售而生产的，并不是为了生产者自身的消费。可见，只有通过交换、通过市场，有用的劳动产品才成为商品。换句话说，商品就是为交换而生产的对他人或社会有用的产品。

从上面关于“什么是商品”这个问题的回答不难看出，使有用的劳动产品成为商品的关键条件是交换。交换是不同的商品生产者之间的社会经济关系。作为商品的劳动产品既是这种经济关系的产物，又是这种经济关系的体现。正是这种经济关系，而不是物品作为有用的劳动产品所具有的自然属性和特殊用途，赋予了物品以商品的属性。如果这种经济关系成为某个社会里人们发生经济关系的最一般、最普遍的形式，这个社会的经济就可以归入商品经济的范围。商品经济是商品生产与商品交换的统称。在原始社会晚期以及奴隶社会和封建社会中，尽管也存在商品生产和商品交换，但自然经济占主体地位，社会产品的大部分是为自用而不是为交换生产的。所以，严格地说，这些社会形态还不能说已经是商品经济。不过，人们也常常把这些社会形态中的商品生产和交换活动，简称为商品经济，或者称之为小商品经济或简单商品经济。在现代人类社会中存在的两种基本制度类型，即资本主义社会和社会主义社会，则都是以商品生产为经济活动一般基础的社会经济形态，都属于严格意义上的商品经济。

由于商品交换是在市场中发生的，因而商品交换与市场是同生共存的。“市场”的原本意义为交换的场所。但商品经济发展以后，商品交换不一定都通过一个场所。除集市、百货商店、超级市场之类有形的交换场所外，其他一切商品交换借以发生和完成的渠道和纽带，也都是市场。因此，可以将市场看成是所有商品生产者之间交换关系的总和。也正因为如此，以商品生产为整个社会经济的一般基础的经济形态，即商品经济，又称为市场经济。

（二）商品经济的产生和发展

商品经济或市场经济是如何产生和发展起来的呢？回答了这个问题，我们也就弄清了商品生产和交换形成和发展的一般条件。

亚当·斯密曾经断言，商品交换关系之所以产生，是因为人类天生具有相互进行交易的自然倾向。[①] 按照这种说法，既然商品交换产生于人类的自然本性，那么它就应当像饮食男女一样，是伴随人类的产生而产生的现象，因而一开始就应当是人类经济活动的基本形式。但是，人类社会发展的历史却表明，商品关系并不是从来就有的，在原始社会的漫长岁月中，不知商品交换为何物，商品关系是在人类的历史发展进程中，随着劳动生产率的提高，社会分工的产生和发展而逐渐形成的。对于社会分工的产生和发展，我们已经做了较详细的讨论，但是没有涉及商品交换关系的发展。事实上，商品交换的产生和发展与部门分工的产生和发展是形影不离的。分工是商品交换的基础，而商品交换则是部门分工条件下不同产品生产者之间的全面相互依赖关系借以实现的社会经济形式。现在，就让我们回顾一下，在人类经济发展史上，商品交换关系是如何与部门分工相伴而生、同步发展的。

我们知道，人类社会发展的初期，在以氏族和部落的形式组织起来的原始人群内部，只存在按性别和年龄划分的自然分工。原始先民们在氏族和部落的狭小范围内从事简单协作形式的集体生产活动，产品按照长期形成的惯例在氏族成员之间平均分配。由于生产力水平极其低下，人们通过采集和狩猎获取的产品往往仅够餬口，没有多少剩余。在这种情况下，不可能发生部门分工，因而既无交换的必要，也无交换的可能，社会处于自给自足的自然经济状态。在自然经济条件下，生产是直接为自身的消费而进行的，生产与消费之间不存在交换这个中介。对于生活在原始社会蒙昧阶段的人们来说，生活必需品应当也只能由自己亲手制造。在他们看来，通过交换借他人之手满足自身的需要是不可思议的事情。19 世纪，有个德国探险家在巴西中部旅行，他所接触到的印第安人反复询问他的裤子、蚊帐及其他物品是不是自己做的，而当这些印第安人听说不是的时候，感到十分的惊讶，难以理解。在原始的氏族之间以及氏族成员之间，有互送

① 亚当·斯密：《国民财富的性质和原因的研究》，商务印书馆 1972 年版，第 12 页。

礼物的习俗，但这并不是商品交换，而是具有亲缘关系的人们之间的相互帮助、余缺互补的一种形式。尼日利亚南部的奥楚姆德—伊波部族中存在着每年 6 月、7 月和 8 月这 3 个月互赠礼物的习俗。据当地人解释，这种习俗源于粮食有余者在农作物收获前有责任帮助缺少口粮者的古制。原始人之间的这种礼物馈赠，显然不具有商品交换的性质。

到了原始社会野蛮时代的中级阶段，由于农业耕作技术和动物驯养技术的进步，在满足自身需要之外有了剩余产品。这时，发生了第一次社会大分工。即游牧部落与其他部落分离开来，农业部落与游牧部落之间的产品交换随之发生。起先是偶然的交换，后来变得越来越经常。一开始，交换是在不同的部落或不同氏族的边界上进行的。据史料记载，交换的最初往往采取所谓“沉默的物物交换”的形式，即人们将自己的产品放在某个易被发现的场所，然后躲到一边等待他人将用于交换的物品放在同一场所，而后各自取走对方的产品。在西方国家被称为历史学之父的古希腊学者希罗多德，曾记述过直布罗陀海峡西部的摩尔人与黑人之间的这种原始的物物交换。在我国，直至 20 世纪 40 年代末、50 年代初，在边远的山林地区，某些以狩猎为生的少数民族在拿皮毛与内地来的行商交换食盐等必需品时，采取的仍然是这种方式。

在野蛮时代中级阶段的进一步发展过程中，随着氏族成员私有财产的产生，同一氏族内部不同成员之间的交换关系也开始产生并逐步发展起来。“沉默的物物交换”为喧闹的集市贸易所取代。集市在约定俗成的固定地点和时间进行，中国古典文献中关于“日中而市”的记载，说的就是这种情形。在这一时期，出现了被亚当·斯密称为“流通的大轮毂”的货币，铜、铁、金、银等金属开始执行货币的职能，并逐渐成为人们所普遍使用的货币。货币的出现，极大地方便了商品交换，刺激了商品生产的发展。

人类社会发展到野蛮时代的高级阶段，青铜和铁的冶炼技术的相继发明以及金属工具的广泛使用，在使农业生产较以前有很大发展的同时，还使得原来附属于农业的手工业生产技术大大改进，手工业产品也日益多样化。这时，原来与农业集合在一起的手工业分离出来，形成与农业相区别的独立生产行业。这就是所谓的第二次社会大分工。社会生产力在第二次社会大分工的刺激下进一步发展，氏族成员之间的贫富分化加剧，私有制的发展加快，奴隶制逐渐形成。随着社会生产分为农业和手工业两大部门，商品生产和交换的规模扩大了。在我国西周至春秋战国时代，不仅有了为君主服役的各种专业化手工匠人，即“百工”，而且专门为市场而生产的私营手工业也很发达。春秋战国时代城市中已有了按产品类别划分的“肆”，即各种专业工匠设立作坊店铺的场所。《论语》中就有“百工居肆，以成其事”的说法，城市市场已比较繁荣。在西方国家的历史上，也有类似的发展。古希腊城邦时期以及罗马帝国时期，都有规模相当大的奴隶工场。城市中的市场也很发达。

人类社会进入文明阶段之后，在商品交换日益频繁、交换地区不断扩大的形势下，出现了不事生产而专门从事商品交换业务的商人，发生了第三次社会大分工。商人的经营活动便利了商品交换，缩短了商品买卖的时间，扩大了商品的销路，拓展了商品交换的空间，又一次推进了商品生产和交换的发展。在商人的作用下，远距离异地贸易以至于海外贸易出现了。而商品市场的扩大，又反过来促进商品生产规模进一步扩大。早在春秋时代，商贾已被列为“四民”（士、农、工、商）之一，可见当时商人阶级已在我国形成。我国最早见于文献的商人，可能要算那个“矫君命以犒秦师”的郑国人弦高。著名的齐国政治家管仲，在从政之前从事过商业活动。孔子的高足子贡也是个从事长途贩运的商人。我国西汉的著名历史文献《史记》专门为商人设“货殖列传”，记述了以陶朱公、白圭为代表的商人所进行的“周流天下”的经营活动和“人予我取”的高明经营策略。这些都是商人在当时经济中的作用变得越来越重要的反映。

在奴隶社会，商品交换关系逐渐发展，到了封建社会末期，商品关系达到了相当高的发展水平。但只是到了资本主义时代，商品关系才成为社会经济关系的最普遍、最一般的形式。在前资本主义的各种社会经济形态中，尽管发生了三次社会大分工，但从总体上说，自给自足的自然经济的生产方式一直占据着主导地位，因而商品关系在经济生活中还只是处在补充和从属的地位。在现代资本主义社会产生的前夜，航海术的进步带来的美洲的发现、绕过非洲的航行以及随之而来的殖民化浪潮和殖民地贸易，使一些具有海外贸易传统、国内商品关系发展程度较高的西欧国家的商品市场空前扩大。市场的扩大使既有的社会分工体系，从而商品生产组织，发生了重大改组和创新。以众多不同劳动者的细密分工和密切协作为基础、通过雇佣劳动关系形成的大规模专业化的商品生产组织——手工工场，逐渐排挤了封建行会制度下的狭小手工作坊。资本主义的大规模专业化商品生产组织的形成，意味着作为商品关系一般基础的社会分工发生了深刻的变化，前资本主义的传统社会分工体系已演进为现代社会分工体系。资本主义生产方式在经济中的统治地位确立以后，现代自然科学导致了机器代替人力的技术创新，而这种技术创新又引致生产组织的创新，最终实现了产业革命，手工工场制度为建立在机器体系基础上的企业制度所代替。机器生产以手工劳动所无法比拟的生产率，横扫了一切自然经济的残余，将一切经济活动都编织进现代社会分工体系的巨大网络中，从而使商品关系或市场关系渗透到社会经济的一切领域，成为人们发生经济联系的最普遍、最一般的形式。

以上对商品关系形成和发展历史的简略回顾，说明商品经济或市场经济的产生和每一步进展，都是以社会分工的发生和发展为条件的。在生产技术进步推动下发生的社会分工，使不同产品生产者之间的交换关系成为必要。而社会分工的不断深化，在提高人类劳动生产率的同时，又导致商品交换范围不断扩大，最终成为现代社会生活必不可少的条件。总之，商品生产和商品交换是分工的劳动方式所必然要采取的经济关系形式。

（三）商品的二因素：使用价值与价值

在关于“什么是商品”的论述中，我们已经知道，商品就是为进行市场交换而生产的有用的劳动产品。商品的这个定义虽然简略，但实际上已经暗含了构成商品的两个因素，即使用价值和价值。所谓商品的使用价值，简单地说，就是这个定义所说的物品的有用性。价值这个范畴没有直接出现在这个定义中，但是，它所包含的使物品成为商品的关键条件——市场交换，本身就意味着一切商品都具有可以用某种相同的尺度来衡量的价值。对商品的使用价值和价值的分析，不仅可以极大地丰富和加深我们对“什么是商品”这个问题的认识，而且还可以进一步揭示出商品经济的内在矛盾。

我们先来讨论商品的使用价值。对商品的最为直观的认识是，它是能够用来满足人们的某种需要的物品，即对人有用的物品。马克思主义政治经济学所说的使用价值，就是指物品的这种有用性。而不同的物品由于自然属性（物理的或化学的性质）不同，它们的用途即使用价值也就各异。例如，粮食能够满足人们对营养物质的需要，房屋能够满足人们遮蔽风雨或起居舒适的需要，机器能够满足人们进行生产活动的需要，书籍能够满足人们精神和文化方面的需要等。物品的有用性寓于物品自身之中，因而马克思主义政治经济学在使用使用价值这一概念时，有时指物品的有用性，有时又指有用物本身。比如，我们既可以说粮食有使用价值，又可以说粮食是使用价值。不同的物品或不同的使用价值的数量，是用不同的度量单位来计量的。例如，布的数量用长度单位来计量，粮食用重量单位计量。

在一切社会形态中，使用价值都构成财富的物质内容。某种物品所具有的使用价值，并不随社会生产关系的变化而变化。比如小麦，无论是农奴生产的，还是雇佣工人生产的，它所具有的满足人类对营养物质的需要这样一种使用价值，并不会有什么不同。也就是说，物品的使用价值是不体现特定社会经济关系的。因此，考察各种商品的特殊使用价值是商品学的任务，而不是以社会经济关系为研究对象的政治经济学的任务。那么，我们为什么又要在这里讨论商品的使用价值呢？政治经济学涉及使用价值的着眼点，不在于物品的使用价值本身，而在于以使用价值为承载的商品交换关系。没有使用价值的东西，谁也不会去交换它，因而不会具有交换价值，不成其为商品。这意味着作为交换对象的使用价值是商品交换价值的承担者。所以，政治经济学虽然不以使用价值本身为研究对象，但在研究商品关系时，又必须涉及使用价值。

具有使用价值的物品一旦进入市场交换，就具有了交换价值。交换价值首先表现为一种使用价值与另一种使用价值相交换的数量关系或比例。比如，在古代进行物物交换的集市上，某个农民用 10 公斤小米换了另一农民的 3 米布，3 米布就是 10 公斤小米的交换价值。这个农民还可以拿 10 公斤小米与其他使用价值相交换，比如从铁匠那里换回 1 把锄头。这时，10 公斤小米的交换价值又表现为 1 把锄头。可见，一种商品在与其他多种商品相交换时，会形成不同的数量比例关系，因而可以有多种交换价值。一种商品的交换价值会随时间和地点的变化而变化，但在相同的时间和地点，它大体上是既定的。一般来说，在同一时间的同一市场上，每一种商品都有为众多交易者共同认可的同一交换价值。

为什么 10 公斤小米的交换价值等于 3 米布或 1 把锄头？不同商品之间的交换比例是由什么决定的？或者说，商品的交换价值是如何决定的？早在古希腊时代，哲人亚里士多德就注意到并试图回答这些问题。他认识到，用 5 张床交换 1 间房，意味床与房这两种不同的物品之间有着某种本质上的等同性。他说，两种物品如果“没有等同性就不能交换，没有可通约性，就不能等同”。这一认识无疑是正确的，而且就亚里士多德所处的时代而言，无疑是天才的见解。但是，无论床和房这两种商品的物质形态都是使用价值，都是不可能在质上等同从而可以在量上加以比较的。亚里士多德在这个悖论面前困惑了，只好说 5 张床在交换中之所以等于 1 间房，是为了"应付实际需要"。他实际上并未回答出上述问题，而是绕开了问题，以避免自己犯量的常识性错误。

那么，问题的正确答案究竟是什么呢？自"边际革命"之后，西方国家的主流经济理论认为，商品的效用决定商品交换的数量比例。所谓效用，是指人们在消费商品时感受到的主观欲望的满足程度，或者说是消费者对商品满足自身欲望的能力的主观评价。按照这种理论的早期形式即"基数效用论"的说法，5 张床之所以可以换得 1 间房，是因为二者满足人们的欲望的能力相等，这两种商品的效用大小可以用类似于长度和重量的某种计量单位来度量，并且可以将它们的效用加总。但是，效用既然是痛苦和快乐等个人主观感受，要想对各种商品的效用进行计量和加总就根本不可能。首先，对床的欲望和对房的欲望，是由床的使用价值和房的使用价值来满足的；正如这两种物品的使用价值一样，由它们所满足的人类的欲望也是性质不同的东西，根本就不能在数量上相互加减。其次，即使是满足人类同一欲望的不同商品，要想计量和比较它们的效用大小，也是会碰到无法克服的困难的。例如，米饭和面条都满足吃的欲望，而某人觉得米饭比面条好吃，但好吃的程度是无法用确定的数值来计量的。再次，不同人之间的效用比较是一个更难解决的问题。例如，即使张三和李四各自从吃米饭中得到的个人效用可以分别加以计量，但仍然不能判别二者中谁得到的效用更大。因为，效用完全是个人的主观感受，对同一个商品的效用的评价标准因人而异，因而无法为不同个人之间的效用比较设定一个统一的尺度。就此，英国学者霍奇森曾以讥讽的口气评论道："效用理论真正能说的，像许多批评家已经指出的那样，是'一个人做一个人的事情'。"① 为了摆脱基数效用论的困境，西方学者企图用所谓序数效用论来代替它。他们争辩说，虽然不同商品的效用不能加减，但不同商品的效用对于人们的重要性是不同的，因而消费者能够按重要性对不同商品效用进行排队，形成自己对不同商品组合的偏好顺序。但是，这只是在形式上回避了基数效用论的困难，实质性的问题仍然没有解决：如果在两种商品之间不存在一个共同的衡量尺度，消费者凭什么来判别自己对它们的偏好顺序？而如果存在这样一个衡量尺度，它又是什么东西？显然，这里又碰到

① 杰弗·霍奇森：《资本主义，价值和剥削》，商务印书馆 2003 年版，第 51 页。

了亚里士多德那个量的问题。

这里要提请读者注意的是，不能把斯密、李嘉图和马克思所说的使用价值等同于边际学派的效用。物的使用价值是由其物理和化学属性决定的，是客观存在并为一切人公认的即社会的有用性，而效用完全是个人的和主观的。因此，不能将使用价值归结为效用。例如，米饭的使用价值是提供人体需要的营养和能量，而香烟的使用价值是提供可以兴奋大脑的尼古丁。即便某人由于效用论的熏染，在主观上产生了1碗米饭与1包香烟给他带来一样的快乐的幻觉，但显然也不能说这两种东西具有同样的使用价值。

那么，究竟是什么东西决定商品的交换价值呢？显然，要得到正确的答案，不仅要撇开商品的使用价值属性，而且要撇开边际学派那个难以捉摸的效用，另辟蹊径。而一旦撇开它们，商品就只剩下一个属性，即人类劳动产品这个属性。而我们在撇开商品的特殊使用价值的同时，也就撇开了生产特殊使用价值的劳动的特殊形式。这样，就从生产各种使用价值的形式各异的劳动中抽象出作为人的脑力和体力支出的一般人类劳动。凝结在商品中的这种无差别的人类劳动，是性质相同因而数量上可以比较的，它构成商品的价值。两种使用价值不同的商品所以能够按一定数量比例交换，原因就在于在交换双方的产品中耗费的劳动量是相等的，或者说它们的价值是相等的。而商品的不同交换价值，即一种一定数量的商品与相应数量的其他商品的交换比例，不过是同一劳动量或同一价值量的表现形式。生产各种使用价值的特殊劳动被抽象为一般人类劳动，从而使量纲不同的使用价值可以相互比较，这是人类解决分工造成的不同产品生产者之间利益矛盾的方法。部门分工在使交换成为必要的同时，又使得以特殊形式进行的劳动成为人们为满足自己多方面需要而必须支付的代价，从而使不同使用价值的交换比例的形成，必须以各自花费的劳动为衡量标准；而要使各种特殊形式的劳动可以通约，除了把它们看作无差别的人类体力和脑力的耗费之外，其实没有别的办法。这也说明，商品价值所体现的是部门分工条件下人与人之间的利益关系。正是在这个意义上，马克思主义的经典作家强调商品价值是一种社会关系。离开了分工造成的社会关系，想要从孤立的个人的主观感受引出价值，就如同认为在没有人与人之间交往的条件下，会产生语言一样荒谬。

任何商品都是使用价值和价值这两个因素的统一体。缺少这两个因素中的任何一个，物品都不可能成为商品。但是，在这两个因素中，价值是商品的最本质的因素。因为物品的使用价值的存在，是不依赖于交换的。在商品交换关系还没有产生的远古时代，人类生存和发展所需要的各种物质资料，对于人们也是有使用价值的。而商品的价值这个经济范畴，则是商品交换关系本身的产物，它体现着在分工基础上形成的不同商品生产者之间的社会关系，并且只有在这种社会关系中才能存在。人们在生产各种使用价值时所耗费的形式上千差万别的劳动，正是通过他们相互间的交换关系，才被抽象为无差别的一般人类劳动，即商品的价值。

商品的二因素虽然统一在一个商品之中，但二者又是矛盾的。为了说明这个问题，让我们再一次使用前面那个农民用小米换布的例子。显然，当这个农民出现在市场上时，他具有双重身份：米的生产者和布的消费者。作为生产者，他关心的问题不仅是自己用 10 公斤小米换得 3 米布，而且关心所交换的商品的价值是否相等，即 3 米布所包含的劳动量，是否与自己耗费在 10 公斤小米生产上的劳动量相等。也就是说，他要实现小米的价值。作为消费者，他关心的是布作为制作衣被等的材料的有用性。也就是说，他要取得自己需要的使用价值。作为商品生产者，他为了实现小米的价值，就必须将小米这种使用价值让渡给别人；作为消费者，他为了取得布这种使用价值，就必须支付布的价值。对于他来说，不可能既实现小米的价值，又占有其使用价值。同样，他也不可能既占有布这种使用价值，又不支付布的价值。这就是矛盾。这个矛盾只有通过交换才能解决。通过与布的所有者的交换，这个农民在实现了小米的价值的同时，取得了布这种使用价值。而布的所有者也在实现了布的价值的同时，取得了小米这种使用价值。于是，商品二因素的矛盾解决了。但是，在现实生活中，商品二因素的矛盾并不一定能够顺利解决。生产小米的农民可能无法在市场上将自己的产品交换出去，结果是小米的价值和使用价值都无法实现。

不难看出，商品二因素的矛盾，是分工的生产方式固有的劳动的社会性与个别性的矛盾的表现形式。在商品交换中表现出来的价值与使用价值的对立，正是分工条件下生产活动与消费活动相分裂的必然结果。

（四）体现在商品中的劳动的二重性

商品是由劳动生产出来的。构成商品的二因素与生产商品的劳动是什么关系？同一个劳动过程为什么能够在创造使用价值的同时又创造价值？

让我们首先对劳动过程进行直观的考察。我们在这种考察中看到的劳动，总是以一定的具体形式同某种特殊的使用价值联系在一起的。例如，"缝"这种劳动的具体形式，就是同衣服这样一种特殊的使用价值联系在一起的；"织"这种劳动的具体形式，则是同布这样一种特殊的使用价值联系在一起的；如此等等。由此不难推知，每一种商品所特有的使用价值都是某种具体形式的劳动的产物，或者说，具体劳动创造了商品的使用价值。商品世界中的使用价值多种多样。这种多样性反映了具体劳动的多样性，表现了按部门、行业和职业分类的社会分工。我们已经知道社会分工是商品生产存在的条件。社会分工意味着打破自然经济条件下不同具体劳动相互结合的状态（例如，男耕女织结合在农民家庭中），使各种具体劳动分离开来，成为相互独立的专门化的行业和部门。

具体劳动是使用价值的创造者。这是不以社会形态为转移的人类生存条件，是人和自然之间的物质变换即人类生活得以实现永恒的自然必然性。无论在何种社会形态下，人类要获得自身生存和发展所需要的各种使用价值，都必须从事各种形式的具体劳动。这里需要附带说明的是，我们说"具体劳动是使用价值的创造者"，并不是说物品的使用价值是由具体劳动凭空创造出来的。具体劳动创造使用价值的过程，也就是人们以特定的劳动方式来改变自然物质的形态，以适应自身的特定需要的过程。离开了土地、矿藏和其他自然物质，具体劳动创造不出任何使用价值。因此，具体劳动与自然物质共同构成使用价值的源泉。17 世纪的英国学者威廉·配第的名言"劳动是财富之父，土地是财富之母"，说的就是这个意思。不同的具体劳动只能创造出不同的使用价值，而不能创造出不同的商品都具有的同质的价值。但价值的创造又离不开劳动。这表明，人们的劳动除了有具体形式不同的一面，还有同质的一面：不管劳动的具体形式如何不同，它们都是人类劳动力的支出，即人们的脑力和体力的支出。性质不同的生产活动，例如前面提到的缝和织，不过是人的大脑、筋肉、神经、骨骼等的生产耗费的具体形式。这种撇开具体形式的无差别的人类劳动，就是一般劳动或抽象劳动。我们已经知道，正是这种抽象劳动形成商品的价值。

因此，生产商品的劳动具有二重性：一方面是与其他劳动不同的具体劳动；另一方面又是与其他劳动相同的抽象劳动，正是劳动的二重性决定着商品的二因素。具体劳动生产使用价值，抽象劳动生产价值。不同的具体劳动在性质上不同，因而在数量上不可比；而凝结在不同商品中的抽象劳动在质上没有区别，只有数量上的差别，因而使用价值不可比的各种商品的价值是可比的。具体劳动是同自然物质结合起来成为使用价值的源泉的，抽象劳动则是价值的惟一源泉。具体劳动与人类社会共始终，是不以社会形态为转移的永恒范畴；而抽象劳动作为商品价值的实体，则是与商品交换相联系的范畴。

劳动二重性理论是理解马克思政治经济学的枢纽。马克思以前的资产阶级古典经济学家虽然最早创立了劳动价值论，但由于不能把创造使用价值的劳动和创造价值的劳动区别开来，不能区分具体劳动和抽象劳动，从而无法解决价值本质是什么，什么劳动创造价值，以及商品的价值如何形成等一系列问题。马克思的劳动二重性理论成功地解决了这些难题，为剩余价值学说的创立奠定了基础。不仅如此，这个理论还是理解资本有机构成理论、社会资本再生产理论的钥匙。

（五）商品的价值量

1. 复杂劳动与简单劳动。以上我们主要是从质的规定上来讨论商品的价值的。现在我们转而分析商品价值量的规定，即价值的大小如何决定。将复杂劳动约化为简单劳动，是解决商品价值量如何决定这个问题的第一步。

生产不同商品的具体劳动的复杂程度是有差别的。例如，编制计算机软件的劳动就比制作蛋糕的劳动要复杂，生产电脑的劳动比种植粮食的劳动要复杂。比较不同商品的价值量，实际上就是将生产它们的各种具体劳动抽象为无差别的一般人类劳动。而要进行这种抽象，又必须要将复杂程度不同的具体劳动化为复杂程度相同的劳动。将复杂程度不同的劳动化为复杂程度相同的劳动，是通过将复杂劳动换算为简单劳动来实现的。

所谓简单劳动，按照马克思的定义，是“每个没有任何专长的普通人的机体平均具有的简单劳动力的耗费”。[①] 换句话说，简单劳动是指那些不需要经过系统的学习和较长时间的专业训练，每一个健全的人都能够从事的劳动。而复杂劳动则是需要经过系统的学习和较长时间的专门训练才能胜任的劳动。当然，简单劳动与复杂劳动的区别是相对的，它在不同

---

① 《马克思恩格斯全集》第23卷，人民出版社1972年版，第57~58页。

历史阶段和经济发展水平不同的国家有不同的标准，但就一定时期和一定国家而言，简单劳动与复杂劳动的区别还是明显的。而二者的区别，如果撇开劳动的具体形式，最终还是可以归结为脑力和体力支出上的数量差别。

人们掌握从事复杂劳动所必需的知识和技能也是要耗费劳动的，无论这种劳动的耗费是发生在人们实际从事生产活动的时间之内还是之外（即无论是脱离生产专门从事必要的知识和技能的学习，还是在生产过程中边干边学），它都是为生产特定的商品所必要的，因而必须计入商品的价值，否则这部分劳动就无法通过交换得到补偿。如果这部分劳动得不到补偿，那就谁都不会有积极性去掌握从事复杂劳动所需要的知识和技能。可见，复杂劳动包含着大于简单劳动的脑力和体力的支出。就是从这个意义上，我们说比较复杂的劳动是多倍的简单劳动。这样，也就可以以单位时间内的简单劳动为基准，将同一时间单位内的复杂劳动换算成多倍的简单劳动。复杂劳动与简单劳动之间的这种换算关系，是在商品生产和交换的实践中，经过反复的调整，逐渐确定下来并为社会所公认的。马克思在讨论这个问题时指出："比较复杂的劳动只是自乘的或不如说多倍的简单劳动。经验证明，这种简化是经常进行的。一个商品可能是最复杂的劳动的产品，但是它的价值使它与简单劳动的产品相等，因而本身只表示一定量的简单劳动。各种劳动化为当作它们的计量单位的简单劳动的不同比例，是在生产者背后由社会过程决定的，因而在他们看来，似乎是由习惯确定的。"①

2. 商品价值的形成和构成。生产商品的劳动的二重性，使得商品的生产过程成为具体劳动过程和价值形成过程的统一。具体劳动过程和价值形成过程是同一个商品生产过程的两个方面。构成劳动过程的是生产特定使用价值的具体劳动。对具体劳动的考察，着眼点是它的质的方面，是它所具有的特殊方式和方法，是它产出的物品的特殊有用性。商品生产作为价值形成过程的性质，则是由抽象劳动引起的。同一商品的生产过程，作为价值的形成过程，是与劳动所采取的特殊形式无关的。也就是说，在价值形成过程中，劳动是撇开其具体形式的抽象劳动。因此，在这里，劳动只是表现出它的量的方面，所涉及的只是劳动持续的时间，或者说，只是劳动力被有用地消耗的时间长度。换句话说，价值是

① 《马克思恩格斯全集》第23卷，人民出版社1972年版，第58页。

凝结或“物化”在商品中的抽象劳动，商品价值量的大小是由它所包含的抽象劳动的多少决定的；而由于计量劳动的天然尺度是劳动时间，价值量便是由生产商品所耗费的劳动时间来衡量的。显然，研究价值形成问题，需要对物化在商品中的劳动加以计量。那么，应当如何计量商品中凝结的劳动量呢？

由于任何产品的生产都离不开生产资料和人的劳动，对产品价值形成的考察，应当从生产资料和人的劳动两个方面进行。在做这种考察时，可以将为生产一定产品所进行的全部生产活动，包括生产所需生产资料的劳动过程和生产产品本身的劳动过程，看成是同一个劳动过程前后相继的不同阶段，顺次对这些不同阶段所耗费的劳动时间进行计量。

我们先分析物化在生产资料中的劳动。以生产棉纱为例，这需要消耗一定数量的原料即棉花，还要使用相应数量的劳动资料即纺纱机之类的生产设备，而无论是棉花还是纺纱机，都是人们劳动的产物。要纺出棉纱，就必须使用棉花和纺纱机等生产资料，因而生产这些生产资料所耗费的劳动时间，也是生产棉纱的劳动时间的一部分。显然，在计量棉纱的价值时，应当将棉花和纺纱机的价值包括进来。也就是说，棉纱价值的一部分是转移过来的生产资料的价值。原材料的价值在一次生产过程结束时，会全部转移到制成品中去；而机器设备、厂房等固定资产的价值，是随着生产的反复进行而在其寿命期内，通过在产品中摊提折旧的形式，逐步转移到产品之中去的。除必须使用相应的生产资料即棉花和机器之外，要纺出棉纱离不开纺纱工人的劳动。所以，棉纱的价值除去转移过来的生产资料的价值之外，还应当包括纺纱工人新消耗的劳动创造的价值。总之，产品的价值包括两个部分：一是生产资料的转移价值或旧价值；二是产品生产过程中增加的价值或新价值。由此可见，商品的价值形成过程，实际上是由生产资料价值的转移过程和新增价值的创造过程构成的。

旧价值的转移和新价值的创造，都是通过同一个劳动过程完成的。在这个劳动过程中，劳动者既保存了旧价值，又创造了新价值。为什么同一劳动过程会产生这样的双重结果呢？这是由劳动的二重性决定的。劳动过程，作为一般意义上的人类劳动力的耗费，即作为抽象劳动，把新价值加到产品上，形成新增价值。同样一个劳动过程，又是具有特定目的和形式的具体劳动，例如，纺纱劳动、织布劳动等。而具体劳动是创造使用价值的要素，生产资料原有的使用价值形态，正是由于具体劳动而消灭或损耗的。与此同时，具有新的使用价值的产品也相应地产生了。例如，在纺纱过程中，随着棉花等旧使用价值的消失，产生了棉纱形态的新使用价值。这一新的使用价值又成为棉花等生产资料的价值的物质承担者，即生产资料的价值从旧的使用价值转移到新的使用价值中来。在这个转移过程中，旧价值的数量没有发生任何改变，改变的只是作为其物质承担者的使用价值形式。

由以上分析可见，商品的价值是由两个部分构成的，即生产资料的转移价值和新增价值。在现代市场经济中，一切收入，无论是企业的利润，劳动者的工资，还是利息、地租等形式的产权收益，来源都是商品价值中包含的增殖部分，即新增价值。在新增价值一定的情况下，这些收入之间存在此消彼长的关系。当然，在同样属于商品经济的不同社会制度下，新增价值是通过性质不同的生产关系分解为各种收入的，各种收入之间的消长关系也是有区别的。现在需要说明的是，虽然从商品价值形成这个最基础的层面来看，上面列举的各种收入都来源于新增价值，但在作为商品生产者的企业的会计账目中，工资、利息、地租等收入和生产资料转移价值一起被列入成本，而只有从商品价值中扣除了这些成本项之后的余额即利润，才被看做是商品价值中的增殖部分。这种企业会计上的成本—利润划分，对于企业的经济核算当然是必要的，但不能因此误认为利润之外的其他收入与劳动创造的新增价值无关。企业会计制度与商品价值形成是层次和性质不同的问题，前者是表层现象，后者是深层基础。

3. 社会必要劳动时间。我们在前面已经说明，对于商品价值形成过程的考察，着眼点在于劳动过程的量的方面、在于劳动持续的时间长度。也就是说，商品价值只是作为一定量的物化劳动来计算的。无论是包含在生产资料中的过去劳动，还是劳动者新加进产品中的劳动，都只是按时间尺度计算的。但是，被计算的，并不是生产者个人实际耗费的劳动时间，而是生产使用价值的社会必要劳动时间。在马克思的著作中，社会必要劳动时间具有两种含义。这两种含义分别涉及价值决定和价值实现这两个不同方面的问题。

（1）第一种含义的社会必要劳动：价值决定的基础。首先，从商品价值决定来看，社会必要劳动时间是在现有的社会正常的生产条件下、以社会平均的劳动熟练程度和劳动强度制造某种使用价值所需要的时间。在现实生活中，我们经常可以看到，生产同一种产品的不同商品生产者，由于生产的主客观条件的差异，生产单位产品所花费的劳动时间是长短不一的。生产者所使用的设备、自然资源等客观条件越好，其技术熟练程度越高，体力和脑力越强，劳动态度越积极，原材料的使用越节约，机器设备等生产设备维护得越好，他的生产效率就越高，生产单位产品所花费的劳动时间也就越少；反之则反是。这样，就产生了一个问题：如果生产同一种商品的众多生产者按生产效率的差别分为高、中、低三类，这三类生产者的单位商品的价值是不是各自由生产他们的个别劳动时间决定的呢？当然不是。因为，在同一时间的同一个市场上，一种商品与他种商品的交换比例是大体统一的，并不因为生产这种商品的各个生产者的生产效率有差别而存在三种交换比例。那么，商品的价值是由哪一类生产者的劳动时间决定的呢？事实上，严格地说，一单位某种商品的价值是由生产这种商品的各类生产者的个别劳动时间的平均数决定的。如果在某种商品的生产部门中有 n 个生产者，他们生产一单位该种商品所耗费的个别劳动时间分别为 $l_i(i=1, 2, 3, \cdots, n)$，他们的产量分别为 $q_i(i=1, 2, 3, \cdots, n)$，这个决定商品价值的平均数（用 v 表示）就是：

$$v=\frac{\sum l_i \cdot q_i}{\sum q_i} \tag{1}$$

这个公式表明，单位商品的价值等于同一生产部门中不同生产者的个别劳动时间的加权平均数。换句话说，决定商品价值的社会必要劳动时间，也就是部门的平均劳动时间。一般说来，在一个生产部门中，中等生产条件的生产者总是占大多数，中等生产率条件下商品生产的个别劳动时间与这个平均数最为接近，甚至有可能相等，因而可以说商品价值是由中等生产率条件下的个别劳动时间决定的。

某个生产者生产某种商品实际耗费的劳动时间是该商品的个别价值，生产这种商品的社会必要劳动时间则可以说是它的社会价值。某商品生产者 i 的产品的个别价值与社会价值之间的关系，可以用价值转换系数即个别劳动时间与社会平均劳动时间之比来描述：

$$z_i=v/l_i \tag{2}$$

对于高、中、低三类生产条件来说，分别有 $z_i>1$，$z_i=1$ 和 $z_i<1$。用价值转换系数乘以生产者的个别劳动耗费，就得到由市场平均化过程决定的其产品的社会价值。如果所有的生产者都按社会价值售出了他们的产品，那么，那些生产条件好，劳动生产率高，单位商品包含的个别劳动耗费少，从而商品的个别价值低的生产者，其产品的较小个别价值会转化为较大的社会价值。这不仅可以使这些生产者的个别劳动耗费全部得到补偿，而且会给他们带来一个由社会价值与个别价值之间的正数差构成的超

额收益：

$$R_i = l_i(z_i - 1) > 0 \quad (3a)$$

上式中的 R_i 表示超额收益。对于那些劳动生产率低、商品的个别价值高的生产者来说，生产中耗费的劳动则得不到全额补偿，因而会出现亏损，或者说取得一个负的超额收益：

$$R_i = l_i(z_i - 1) < 0 \quad (3b)$$

至于那些具有中等劳动生产率，生产中耗费的劳动等于社会必要劳动，从而商品的个别价值与社会价值相等的生产者，则可以使自己的个别劳动耗费得到补偿，但得不到额外收益：

$$R_i = l_i(z_i - 1) = 0 \quad (3c)$$

为了获得个别价值与社会价值之间存在的差异形成的超额收益，商品生产者都力求改进生产条件、提高劳动生产率。同时，劳动生产率高的商品生产者，为了扩大自己的市场占有额，还往往将自己生产的产品的售价压到社会价值之下（只要这个价格高于其产品的个别价值，劳动生产率高的商品生产者就仍然能够得到一定超额收益；即便售价等于个别价值，这类生产者的实际劳动耗费也能得到全额补偿），以便将其他商品生产者排挤掉。而在这种竞争的压力下，劳动生产率低的商品生产者往往难逃破产倒闭的厄运。为了获得超额收益和避免破产倒闭，商品生产者就必须不断进行创新，研究和开发先进技术，改进生产的组织和管理。正是这种相互追赶的创新活动，促使社会劳动生产率不断提高。

这里要提请读者注意的是，说商品的价值由社会必要劳动时间决定，意味着形成商品价值的两个部分，即转移价值和新增价值，都应当符合社会必要标准。如果某个生产者在生产同量商品时耗费的生产资料比别人多，其产品价值中包含的较大的转移价值超过平均标准的部分，是不会为社会所承认的。这时，即便这个生产者自己耗费的“活劳动”与社会平均水平一样，其产品的个别价值也高于社会价值。在相反的情况下，生产资料的节约，从而转移价值低于社会平均水平，则会使生产者获得超额收益。

（2）第二种含义的社会必要劳动：价值实现的数量界限。第二种含义的社会必要劳动时间是有关价值实现的范畴。所谓价值实现，是关于生产出来的产品是否为社会所需要，从而花费在其生产上的劳动是否能得到补偿，以及可以在多大程度上得到补偿的问题。

第二种含义的社会必要劳动是指为了满足整个社会对某种商品的一定

数量的需要，所必须花费在该商品的生产上的劳动总量。对这个概念，马克思是这样解释的："这是生产特殊物品，满足社会对特殊物品的一种特殊需要所必要的劳动"；"事实上价值规律所影响的不是个别商品或物品，而总是各个特殊的因分工而互相独立的社会生产领域的总产品；因此，不仅在每个商品上只使用必要的劳动时间，而且在社会总劳动时间中，也只把必要的比例量使用在不同类的商品上"。马克思将这个意义上的社会必要劳动时间，称为"社会劳动时间可分别用在各个特殊生产领域的份额的数量界限"。[①] 从马克思的这些话中不难看出，第二种含义的社会必要劳动时间这一概念，正是节约劳动时间规律的第一项要求，即按比例分配劳动，在商品经济条件下的特殊表现。

第二种含义的社会必要劳动时间可以用下式来定义：

$$V = v \cdot Q_d \tag{4}$$

式（4）中的 V 表示第二种含义的社会必要劳动时间；v 为第一种含义的社会必要劳动时间，即生产一单位某种产品的社会平均劳动耗费；Q_d 为社会对该种产品的需要量。v 取决于一定时期社会平均的生产条件。如果 v 已定，则第二种含义的社会必要劳动时间 V，显然取决于社会需要量 Q_d。在实际经济运动中，商品的实际产量并不必然等于社会的实际需要量。一般说来，社会需要量与实际产量（用 Q_s 表示）的关系，可能出现三种情况，即：（1）$Q_s = Q_d$；（2）$Q_s > Q_d$；（3）$Q_s < Q_d$。与这三种情况相对应，某个部门的第二种含义的社会必要劳动与实际使用的劳动之间的关系会出现三种状态。当 $Q_s = Q_d$，二者的关系可表示为如下等式：

$$V = v \cdot Q_d = v \cdot Q_s \tag{5}$$

上式中 $v \cdot Q_s$ 表示实际耗费的劳动量；$v \cdot Q_d = v \cdot Q_s$ 表示第二种含义的社会必要劳动与实际使用的劳动量相等。这时，商品生产中耗费的全部劳动通过商品交换得到充分补偿。如果平衡式（5）的要求在社会的各种商品的生产中都得到满足，那么，很显然，任何一种商品的生产者用自己的一单位产品换来的一定数量的任何其他产品中包含的社会劳动量，都正好等于他的单位产品中包含的第一种含义的社会必要劳动量。

当 $Q_s > Q_d$，实际耗费的劳动与第二种含义的社会必要劳动的关系就只能用不等式表示出来：

$$V < v \cdot Q_s \tag{6}$$

① 《资本论》第3卷，人民出版社1975年版，第716页。

或

$$v \cdot Q_d < v \cdot Q_s$$

在这种情况下，生产中实际支出的劳动超过第二种含义的社会必要劳动的部分，是不能通过商品交换得到充分补偿的。马克思在谈到这种情况时曾指出："如果某个部门花费的社会劳动时间量过大，那末，就只能按照应该花费的社会劳动时间量来支付等价。因此，在这种情况下，总产品——即总产品的价值——就不等于它本身所包含的劳动时间，而等于这个领域的总产品同其他领域的产品保持应有的比例时应当花费的劳动时间。"① 在实际经济生活中，这或者表现为供大于求的某种商品的生产者用一单位产品换来的一定数量的其他商品所包含的社会劳动量，小于这种产品的第一种含义的社会必要劳动量；或者表现为生产者的部分产品因无人需要而废弃。这正如马克思所说："尽管每一物品或每一定量某种商品都包含生产它所必需的社会劳动……但是，如果某种商品的产量超过了当时的社会需要，社会劳动时间的一部分就浪费掉了，这时，这个商品量在市场上代表的社会劳动量就比它实际包含的社会劳动量小得多。……因此，这些商品必然要低于它们的市场价值出售，其中一部分甚至会根本卖不出去。"② 在这句话中，"生产它所必需的社会劳动"指的就是第一种含义的社会必要劳动，而"在市场上代表的社会劳动"也就是第二种含义的社会必要劳动。

当 $Q_s < Q_d$，下列不等式成立：

$$V > v \cdot Q_s \tag{7}$$

或

$$v \cdot Q_d > v \cdot Q_s$$

在这种情况下，商品生产中花费的较少的劳动量，则会通过商品交换实现为大于它的第二种含义的社会必要劳动量。在实际经济生活中，这表现为商品生产者在供不应求的情况下将单位商品的售价抬高到超过第一种含义的社会必要劳动的水平。换句话说，如果用来生产某种商品的社会劳动的数量，同要由这种商品来满足的社会需要的规模相比太小，这种商品的生产者用一单位自己的产品换来的一定量其他产品中包含的社会必要劳动，会大于这种商品所包含的第一种含义的社会必要劳动。

式（4）和式（5）表示实际产量向两个相反的方向对式（3）表示的

① 《马克思恩格斯全集》第26卷第1册，人民出版社1972年版，第235页。

② 《资本论》第3卷，人民出版社1975年版，第209页。

平衡关系的偏离。在商品经济的实际运行中，这种偏离是经常发生的。但是，它总是围绕着第二种含义的社会必要劳动时间这个商品价值实现的数量界限进行的。实际使用的劳动量围绕社会必要劳动时间的波动，正是第二种含义的社会必要劳动时间发挥其商品价值实现的数量界限的作用所采取的形式。这是通过市场机制的运行实现的经济过程。对此，我们将在后面加以讨论。

(3) 两种含义的社会必要劳动的关系。两种含义的社会必要劳动的关系是什么呢？首先应当明确的是，第一种含义的社会必要劳动时间，作为价值决定概念，是提出第二种含义的社会必要劳动时间概念的先决条件。事实上，假若不知道生产一单位某种商品的所必须付出的社会平均劳动量，那么，生产社会所需要的这种商品的总量所必须付出的劳动的总量，即第二种含义的社会必要劳动时间，是根本无法确定的。因此，不能说两种社会必要劳动时间共同决定价值，更不能说第二种含义的社会必要劳动时间决定价值。说到价值决定，总是指第一种含义的社会必要劳动时间决定价值。其次，还应当明确的是，第二种含义的社会必要劳动量决定的不是单位产品的价值，而是已经生产出来的一定数量的某种产品能够实现为多大的价值总量的经济界限。这归根结底是一条使用价值的数量界限。说第二种含义的社会必要劳动时间决定价值实现的界限，实际上就是说使用价值是价值的物质承担者，因而没有使用价值即不为社会所需要的产品，是不能通过商品交换而使花费在其上的劳动得到补偿的。正因为作为价值实现界限的第二种社会必要劳动时间归结为使用价值的数量界限，除了第一种含义的社会必要劳动时间之外，决定第二种含义的社会必要劳动时间还有另一个因素，即某种产品或某种使用价值的社会需要量。马克思在谈到这个问题时曾指出：

“在这里，社会需要，即社会规模的使用价值，对于社会总劳动时间分别用在各个特殊生产领域的份额来说，是有决定意义的。但这不过是已经在单个商品上表现出来的同一规律，也就是商品的使用价值，是它的交换价值的前提，从而也是它的价值的前提。”

“社会劳动时间可分别用在各个特殊生产领域的份额的这个数量界限，不过是整个价值规律进一步发展的表现，虽然必要劳动时间在这里包含着另一种意义。为了满足社会需要，只有这样多的劳动时间才是必要的。在这里界限是通过使用价值表现出来的。”①

（4）商品的社会需要量对第一种含义的社会必要劳动量的间接影响。最后需要指出的是，作为第二种含义的社会必要劳动时间决定因素之一的对一定使用价值的社会需要量，会间接地影响作为不同商品生产者个别劳动时间的加权平均数的第一种含义的社会必要劳动时间，即产品的市场价值。让我们举例来说明这种间接影响。假定某个生产部门有 A、B、C 三个劳动生产率不同的企业，在 20 个单位的劳动时间内，它们各生产 20 个单位、15 个单位和 10 个单位的同一种产品，部门的生产能力即总产量为 45 个单位。社会需要量与部门生产能力之间可能有以下几种关系。

①全部 45 个单位的产品正好等于社会所需要量。这时，根据式（1），这种商品的第一种含义的社会时间即单位商品价值为：

$$v=(20+20+20)/(20+15+10)\approx 1.33$$

根据式（2），这时生产这种产品的第二种含义的社会必要劳动时间为：

$$V=1.33\times 45=59.85$$

②社会需要量小于部门生产能力。假定由于某种原因，社会需要量由原先的 45 个单位缩减到 35 个单位。在同行竞争的排斥下，劳动生产率最低从而商品生产的个别劳动耗费最高的生产者 C 将停止生产，退出市场。这样，参与个别劳动时间平均化过程的生产者就剩下 A 和 B，单位商品价值也就改变为：

$$v=(20+20)/(20+15)\approx 1.14$$

而第二种含义的社会必要劳动时间则改变为：

$$V=1.14\times 35=39.9$$

如果社会的需要量进一步缩减到 20 个单位，生产者 B 就会步 C 的后尘退出市场。在这种极端情况下，市场价值就由条件最好的生产者 A 的个别价值决定，即 $v=1$。相应地，$V=20$。

③社会需要量大于部门生产能力。假定社会需要量为 50 个单位，这时，A、B、C 都进入了市场，而且都会开足马力生产，但产量仍然小于社会需要量。这也是一种极端情况。这时，由于存在产品买者之间的竞争，市场价值会被推高到生产条件最差的生产者 C 的个别价值的水平，即 $v=2$。相应地，$V=100$。

由上述例子可见，在部门生产能力与社会需要一致的情况下，市场价

① 《资本论》第 3 卷，人民出版社 1975 年版，第 716、717 页。

值由部门平均劳动耗费决定，第二种含义的社会必要劳动量等于部门的平均劳动耗费与产量的乘积。在社会需要量缩减到 35 个单位的情况下，生产者 C 退出决定第一种含义的社会必要劳动的市场平均化过程，从而引致单位商品价值的改变；而社会需要量的改变和单位商品价值的变动，又使第二种含义的社会必要劳动量发生相应变动。在两种极端的情况下，产品的市场价值则分别由生产条件最好的 A 和生产条件最差的 B 的个别劳动时间决定，第二种含义的社会必要劳动则由供求一致时的 59.85 分别减少和增加到 20 和 100。

这里要强调的是，虽然社会需要量的变动会间接地影响第一种含义的社会必要劳动时间，但不能因此认为社会需要量可以直接决定单位商品的价值。直接决定单位商品价值的，始终是在同种商品的不同生产者的个别劳动时间平均化过程中形成的第一种含义的社会必要劳动时间。而作为平均化过程的基础，则是由不同商品生产者既存的生产条件从而劳动生产率水平决定的生产单位商品的个别劳动耗费的状况。离开了这个基础，是无法对社会需要量变动的间接影响作出合理的说明的。

4. 劳动生产率与价值量。

（1）部门平均劳动生产率与单位商品价值量成反比。劳动生产率，即单位时间内生产某种产品的数量。单位商品价值量与劳动生产率的变化有着密切的关系。但是，包括众多生产者的整个部门的平均劳动生产率和个别生产者的劳动生产率与单位商品价值的关系是不同的。让我们先来讨论部门劳动生产率与单位商品价值量的关系。部门劳动生产率 $\bar{q}$ 可以用下式表示：

$$\bar{q} = Q/L \tag{8}$$

单位商品的价值，即第一种含义的社会必要劳动时间，则可以表示为：

$$v = L/Q \tag{9}$$

在以上两个表达式中，$\bar{q}$ 表示部门单位劳动时间的产量，v 表示单位商品的价值，Q 表示部门的总产量，L 表示部门内所有生产者为生产这个总产量花费的全部劳动时间。式（9）与前面给出的表示第一种含义的社会必要劳动量的式（1）意义相同，是后者的简化形式。既然单位商品价值量由第一种含义的社会必要劳动量决定，那么，由式（8）和式（9）一眼可以看出，部门劳动生产率与单位商品的价值量互为倒数，即：

$$\bar{q} = 1/v \tag{10}$$

或

$$v = 1/\bar{q}$$

因此，二者的基本关系是：部门劳动生产率的变化与单位商品的价值量成反比，且反比例系数为1。这个反比关系意味着，劳动生产率越高，单位时间内生产产品越多，则生产单位商品所需的社会必要劳动时间就越少，从而单位商品的价值量就越小，反之则反是。

（2）生产者的价值转换系数与其个别劳动生产率成正比。上述部门劳动生产率与单位商品价值量成反比的原理，时常被简称为“劳动生产率与商品价值成反比”。只要将这里所说的劳动生产率理解为部门的平均劳动生产率，而不是单个商品生产者的个别劳动生产率，这种简化原本是不会引起误解的。然而，正是由于将部门平均劳动生产率混同于生产者的个别劳动生产率，在经济学界时常可以看到主张“劳动生产率与商品价值量成正比”的观点。人们用来论证这种主张的推理是：在生产同量商品时，劳动生产率较高的生产者花费的较少劳动时间形成的社会价值，与劳动生产率较低的生产者花费较多的劳动时间形成的社会价值，是一样多的，因而商品价值与劳动生产率成正比。与这种推理等价的另一种论证是：在花费同量劳动时间的条件下，由于所有生产者的每一单位产品都只能按一个统一的社会价值出售，劳动生产率较高的生产者的较大产量表现为一个较大的价值额，而劳动生产率较低的生产者的较低产量表现为一个较小的价值额，因而商品价值与劳动生产率成正比。

在不同商品生产者的个别劳动生产率决定他们各自的个别劳动时间能够转换为多大的社会价值的意义上，这些论证，以及由此得出的“商品价值与劳动生产率成正比”的结论，应当说是正确的。事实上，这种正比关系很容易由价值转换系数公式推出。单位产品生产耗费的个别劳动时间（l_i）是个别劳动生产率（用 q_i 表示）的倒数，即：

$$l_i = 1/q_i$$

将其代入价值转换系数公式，得到：

$$z_i = v/l_i = vq_i \tag{11}$$

上式表明价值转换系数与个别劳动生产率之间存在正比关系：个别劳动生产率越高，价值转换系数越大（反之则反是）。我们在前面已经说明，个别生产者的价值转换系数越大，由产品的社会价值和个别价值之间的差额形成的超额收益就越大。可见，所谓“商品价值量与劳动生产率成正比”这个命题的真实含义是：个别生产者生产单位产品实际耗费的劳动时间与部门平均劳动耗费之间的差额（超额收益），同这个生产者的个别劳动生产率成正比。这个命题只有在"不同商品生产者的个别劳动生产率决定他们各自的个别劳动时间能够转换为多大的社会价值"的意义上，才是正确的。因此，应当抛弃"商品价值量与劳动生产率成正比"这个模糊的表述，用"生产者的价值转换系数与其个别劳动生产率成正比"来代替它。这个命题所要说明的，是与部门平均劳动生产率与单位产品的社会价值量（生产单位产品的部门平均劳动耗费）之间的反比关系性质不同的问题。不能用这两个命题中的一个来否定另一个。

（3）个别商品生产者的劳动生产率对商品价值量的间接影响。在个别商品生产者的劳动生产率与单位商品价值之间，是否也存在前述部门劳动生产率与单位商品价值量之间的反比关系呢？显然，与个别生产者的劳动生产率直接联系在一起的，是商品生产所耗费的个别劳动时间，而不是部门平均劳动时间，因而个别生产者的劳动生产率的变化对单位商品的价值没有直接的影响。但是，部门劳动生产率是众多生产者的个别劳动生产率的平均数，而决定单位商品价值的第一种含义的社会必要劳动时间是个别劳动时间的平均数，所以，生产者的个别劳动生产率从而单位产品生产耗费的个别劳动时间，又会通过在市场上发生的平均化过程间接地影响单位商品价值。在某个生产者的个别劳动生产率与单位商品价值之间，以平均化过程为中介，也间接地存在反比关系。但是，显然，只要部门内存在个别劳动生产率不同于这个生产者的其他生产者，反比系数就一定小于1。在部门总产量和部门内各个生产者的个别劳动生产率已定的情况下，个别生产者的劳动生产率对单位商品价值的间接影响的大小，取决于这个生产者的产量在部门总产量中所占的比重。

（4）部门劳动生产率的变化与商品价值总量无关。上面我们从部门和个别生产者两个方面，讨论了劳动生产率的变化与单位产品价值量之间的关系。现在需要进一步讨论的是部门平均劳动生产率的变化与商品价值总量的关系。这里所谓价值总量，是指单位时间内某个部门生产的全部产品的价值总额。与单位商品价值随劳动生产率成反比变化不同，这个价值总额不受部门劳动生产率变化的影响。为什么？因为，部门劳动生产率的变化即单位劳动时间生产的产品数量的变化，只会引起生产单位产品所需劳动时间从而单位商品价值量的变化，但不可能改变单位劳动时间本身，因而也就不可能改变单位时间生产的全部产品的价值总额。举例来说，在制笔部门，原先的平均劳动生产率是1小时生产10支钢笔，现在提高到1小时生产20支钢笔；这时，每支钢笔的价值量由0.1小时下降为0.05

小时，但制笔部门1小时生产的钢笔不论是10支还是20支，其价值总量总是1小时。正是在这个意义上，马克思指出："不管生产力发生什么变化，同一劳动在同样的时间内提供的价值总量总是相同的。但它在同样的时间内提供的使用价值量会是不同的：生产力提高时多些，生产力降低时就少些。"①

二、货币及信用

在市场经济中，一切商品交换都以货币为中介，货币成为一切商品的价值表现形式，从而成为社会财富的一般代表，因而市场经济又被称为货币经济。要理解商品经济或市场经济，就需要理解货币。要理解货币，就需要对货币的起源作一番分析。而货币的起源问题，也就是作为商品价值表现形式的交换价值或价值形式的发展问题。研究这个问题，就是要说明商品的价值表现怎样从最不显眼、最简单的形式，发展到炫目的货币形式。在说明货币的本质及运动规律的基础上，我们还要进一步讨论现代市场经济中的信用关系。

（一）价值形式的发展与货币的产生

商品的价值表现，是从简单价值形式开始，经过扩大的价值形式、一般价值形式，逐渐发展成货币形式的。

1. 简单的价值形式。这种价值形式是同第一次社会大分工发生前后的原始部落之间的物物交换联系在一起的。物物交换是商品交换的最简单的形式。原始部落之间最初的交换往往带有偶然性，因而这种价值形式又被称为偶然的价值形式。分析简单价值形式，实际上也就是分析一切价值形式共有的最基础的规定。

假设有一个畜牧部落用1头羊与一个农业部落交换15公斤谷子。这次简单交换可以用等式表示为"1头羊＝15公斤谷子"，这个等式中，1头羊的价值通过15公斤谷子表现出来。1头羊是要求将自己的价值相对地表现为一定量的其他商品，在这里称为相对价值形式；而15公斤谷子

① 《马克思恩格斯全集》第23卷，人民出版社1972年版，第60页。

在这里充当的是一定量的另一种商品的等价物，因而叫做等价形式。处于相对价值形式的商品，能够将自己的价值表现在处于等价形式的商品的使用价值上，是因为两种商品都是劳动的产品，都凝结着抽象劳动。而商品的相对价值量，则是由相互交换的两种商品包含的社会必要劳动量决定的。无论是生产处于相对价值形式的商品还是处于等价形式的商品的社会必要劳动时间的变化，都会导致相对价值形式的具体数量规定的改变。如果养羊的劳动生产率提高 1 倍，种植谷子的劳动生产率不变，1 头羊的相对价值表现就不再是 15 公斤谷子，而是 7.5 公斤的谷子。如果种植谷子的劳动生产率提高 1 倍，养羊的劳动生产率不变，1 头羊的相对价值表现就变成 30 公斤谷子。

处于等价形式的商品，作为反映另一种商品的价值的镜子，具有三个特点：第一，其使用价值成为价值的表现形式，成了价值的化身；第二，生产其使用价值的具体劳动成为抽象劳动的表现形式或实现形式；第三，在这种商品的生产上花费的个别劳动直接成为社会劳动。对于前两个特点，用不着多加解释。问题在于，为什么说个别劳动直接成为社会劳动？在商品经济中，各种商品的生产是由不同的生产者分别进行的，因而生产每一种商品的劳动都是个别劳动。同时，这些个别劳动又都是社会劳动分工体系的一部分，其产品是为他人、为社会生产的，因而具有社会性。但是，个别劳动的这种社会性是间接的、潜在的，只有通过交换才能被证明或实现。如果产品在交换中无人需要，个别劳动的社会性就无法实现。而如果产品顺利地通过了交换，个别劳动的社会性被证明，生产者花费在某种产品生产上的劳动就被承认为社会必要的劳动，这同时意味着个别劳动的产品的价值得到了实现。而处于等价形式的商品既然是价值的化身，可以代表他种商品的价值，也就意味着生产这种商品的个别劳动直接成为社会劳动。在以生产资料私有制为基础的社会形态下，生产商品的个别劳动表现为私人劳动，因而简单价值形式所体现出来的劳动的个别性和社会性的关系，表现私人劳动与社会劳动的关系。

从上面关于价值形式的两极的分析不难看出，在价值形式之中，一种商品只是作为使用价值存在，另一种商品则只是作为价值而存在。依前例，在“1 头羊 =15 公斤谷子”这一简单的价值关系中，羊作为使用价值存在，而谷子作为价值存在。在这里，我们又一次看到了商品二因素的矛盾。这时，潜藏在单个商品中的使用价值与价值的对立，通过两种商品的价值关系，外化为分处于相对价值形式和等价形式的两种商品的对立。

2. 扩大的价值形式。简单价值形式是价值形式的胚胎。在这种价值形式中，只能看到一定量的一种商品与一定量的另一种商品相等，还看不出一种商品是否可以与其他一切商品在质上相等同、在量上相比较。可见，这种价值形式对于商品价值的表现是不完全、不充分的。第一次社会大分工之后，产品交换变得越来越频繁，一种商品不再是偶然和另一种商品交换，而是经常同其他许多商品交换，简单价值形式就发展为扩大的价值形式。这种价值形式也可以用等式表示出来，即：

1 头羊 { =15 公斤谷子
=2 把斧子
=6 米布
=2.5 公斤茶叶
=一定量的其他商品

在扩大的价值形式中，处于相对价值形式的商品将自己的价值表现在无数的其他商品上。这样，一种商品的价值才真正表现为无差别的人类劳动的凝结。同时，这也说明，这种商品的价值与它借以表现出来的使用价值的特殊形式是没有关系的。扩大的价值形式与简单的价值形式相比，价值表现的范围扩大了，这为商品生产和交换的发展提供了更大的空间，是一种进步。但是，扩大的价值形式仍有明显的局限性，每一种商品都有一个不同于其他商品的价值表现系列。这意味着就全体商品而言，价值还没有一个统一的表现，还没有一个为所有商品生产者所公认的一般的等价形式。这种局限性常常会妨碍交换。19 世纪，一个在乌干达旅行的欧洲人曾叙述他在尼奥罗集市上听到卖牛奶的人喊："买牛奶的拿盐来!"卖盐的人喊："买盐的拿矛头来!"而卖咖啡的人喊："买便宜咖啡的拿红珍珠来!"试想，如果红珍珠的所有者要的不是咖啡而是牛奶，而卖牛奶的人又不需要红珍珠，同时又找不到其他中介，这个市场上的交易就会碰到困难。商品交换的范围越是扩大，这种矛盾就会表现得越突出。

3. 一般价值形式。扩大的价值形式发展为一般价值形式，使这一矛盾得到解决。一般价值形式可以用等式表示为：

15 公斤谷子 =
2 把斧子 =
6 米布 =
2.5 公斤茶叶 =
一定量的其他商品 = } 1 头羊

在这个价值形式中，各种商品的价值统一地表现在惟一的商品上，这个商品成为一切商品价值的一般等价物。生产者只要把自己的产品换成这个一般等价物，它就可以用它与自己所需要的任何商品相交换。这样，一切商品的价值作为无差别的人类劳动的凝结的性质，就充分地表现出来了。

一般等价物的出现，克服了扩大的价值形式的缺点，大大促进了商品交换的发展。但是，一开始，一般等价物的职能还不是由固定的商品来执行的。据古典文献和考古发掘证明，大约在2000年前的夏代，产于南方沿海的贝就成为在我国北方流行的一般等价物（当然，这种作为一般等价物的贝，不是随便在海滩上谁都可以拾到的贝壳。而是少见的、有独特形体的贝）。商、周的甲骨文和青铜器铭文中，都有以贝作赏赐的记载。汉字中许多与财富和交换有关的字，例如，财、货、贸、贷等，都以贝作偏旁，也是贝壳曾在夏、商、周三代长期充当一般等价物的反映。另外，铜或铁制的农具在我国古代也很可能被当过一般等价物。在《诗经》中，“钱”是镰刀之类的农具，而不是货币。西晋以后很长的时期内，布、绢等纺织品是流行的一般等价物。直到唐朝，白居易的诗里还有“半匹红绡一丈绫，系上牛头充炭值”的说法。在古代的埃及、波斯、希腊、罗马，牲畜曾是流行的一般等价物。在荷马史诗中，也经常用牛来标示物品的价值，如格劳科斯的铠甲值9头牛，给获胜的角斗士的奖品值12头牛等。在美洲，烟草、可可豆曾被当作一般等价物。

4. 货币形式。一般等价物的不固定、不统一显然是不利于商品交换的发展的。因此，需要用一种价值高、易于分割、不易磨损、便于保存和携带的商品来固定地充当统一的一般等价物。由于金、银、铜、铁等金属能够满足这些要求，它们就逐渐取代其他商品而成为普遍采用的一般等价物。于是，一般价值形式就过渡到货币形式。货币形式与一般价值形式没有本质的区别，所不同的只是某些金属取得了固定地担当一般等价物的特权。在货币形式中，处于相对价值形式的商品是用金属货币来表示自己的价值的，而商品价值的这种货币表现就是商品的价格，这样，商品的相对价值形式又转化为价格形式。在货币形式中，整个商品世界被分为两极：一极是作为使用价值存在的各种各样的商品；另一极是作为价值的化身存在从而随时可以转化为任一使用价值的货币。这时，商品内部二因素的对立统一外化为商品与货币的对立统一。

货币产生之后，其形态经历了许多变化。作为货币的金属最初是以块状流通的。在这种情况下，每做一笔交易都要称金属的重量，并鉴定其成色，有时还需要切割金属块，很不方便。后来出现了按一定形状铸造、标明重量和成色的铸币。我国春秋战国时已经有布币、刀币、环钱等形状各异的铸币。秦始皇为统一币值，铸造了圆形方孔铜钱，即“秦半两”，钱因此被称为“孔方兄”。以后历朝历代，圆形铜钱都是我国最重要的铸币。

铸币在流通中会因为磨损而贬值，但不足值的货币一样在市场上执行媒介交换的职能。因为，作为交换媒介，货币的作用是转瞬即逝的，只要它名义上代表的价值为社会所公认，人们不会计较它实际上是否足值。这样，铸币就逐渐变成了价值符号，成为一定量货币的金属的象征。由于同样的道理，纯粹的价值符号——纸币出现了。我国是世界最早使用纸币的国家。北宋时的“交子”和“钱引”，南宋时的“会子”，已是真正的纸币。马可·波罗在元代的中国看到纸币（大概是元世祖中统元年即1260年开始发行的元宝交钞）在市场上使用，“竟与纯金无别”，感到是一件奇事。其实，这并没有什么可奇怪的。与金属货币相比，纸币的优点在于便于携带，可以大大节约作为币材的金属以及货币铸造和运输上的各种费用。不仅如此，纸币的使用还缓解了贵金属供应不足对商品交换规模的限制，使所谓“币荒”得以避免。在15世纪的威尼斯，由于前往君士坦丁堡和亚历山大港的商船和商队要采购香料和棉花等货物而带走大量货币，每年总有几个月要闹“币荒”，当地的商品交易受到很大影响。不过，当时的欧洲人似乎还没有想到可以用纸币来代替贵金属。

历史前进到近代，随着商业的发展，银行等信用机构产生了，于是又出现了以银行券为主要形式的信用货币。所谓信用货币，是指能够充当支付手段和流通手段的信用凭证，包括期票和汇票、银行券、支票等。信用货币是直接从货币作为支付手段的职能中产生的。信用货币具有双重性质：它既是体现债权与债务关系的信用凭证，又是以信用为基础的货币符号。与纸币一样，信用货币本身没有价值，只是价值符号，其流通是以发行者的信用为基础的。银行券虽然可以作为货币使用，但它毕竟是一种不定期的债务凭证，发行者必须保证随时可以兑现为金币或银币。与银行券同时流通的，还有一种由国家强制发行的纸币。本身没有价值的银行券和纸币之所以能够代替黄金作为货币使用，是因为它们象征性地代表了一定数量的作为一般等价物的黄金。20世纪初，西方各国政府一般都为本国的纸币规定法定的含金量。一国纸币的发行往往与该国的黄金储备相联系，纸币可以兑换为黄金，这就是所谓金本位制。第一次世界大战以后，西方国家相继放弃了金本位制，银行券也就停止兑换黄金，变成了不可兑换的纸币。现代世界各国发行的纸币都已不能在银行直接兑换为黄金。20世纪80年代以来，由于信息技术的飞速发展，“无纸贸易”日益流行，许多人手持信用卡进行交易，交易可通过银行的计算机系统转账，无须使用纸币。

与黄金切断了联系的现代纸币以及电子货币这些最为现代的货币形式，可以说是纯粹的价值符号。这些由纸张和电信号构成的价值符号将沉重的黄金排除出货币的王座，使内在于商品中的使用价值和价值矛盾的外在化达到了极致：在金属货币条件下商品只有通过一个固定充当一般等价物的特种商品的使用价值，才能将自己的价值表现出来；现在，商品的价值已经完全脱离开任何有形的使用价值而获得与自己的本性完全一致的表现形式，因为价值的实体是抽象劳动，它本来就是无形的、不包含任何自然物质的一个原子。

当代的货币虽然是纯粹的价值符号，但它仍然是由不同商品以抽象劳动为尺度、按一定的比例相交换这样一种交换价值形式衍生出来的。为什么我们用5 000元人民币可以买2台电冰箱，但只能买1台电视机？换句话说，为什么1台电视机值2台电冰箱？回答是：因为生产1台电视机的劳动耗费2倍于生产1台电冰箱。而古代农民之所以会认为自己的15公斤谷子值某个铁匠的2把斧子，因而用15公斤谷子换回了2把斧子，原因也在于前者包含了2倍于后者的劳动。从这个意义上说，现代人用纸币和信用卡买东西，与古代的以物易物并无本质区别。我们还可以进一步假设农民与铁匠之间的交换是以黄金为媒介的。比如说，农民将15公斤谷子卖得0.5克黄金，然后再用这0.5克黄金从铁匠铺买回2把斧子。在这里，0.5克黄金在15公斤谷子和2把斧子之间充当了价值的一般代表即一般等价物。让我们回过头来看看某个现代商场中的电冰箱和电视机。在这里，纸制的或塑料制的信用卡表示的某个银行电脑户头上的5 000元人民币，虽然不像古代农民手中的黄金那样光闪闪、沉甸甸，但仍然在一定量的两种商品，即1台电视机和2台电冰箱之间充当一般等价物。当然，这里的一般等价物中的“物”，不再是一种间接表示商品价值的特殊使用价值，而是直接象征商品所内含的社会必要劳动量的价值符号。

（二）货币的职能

货币在社会经济生活中执行的各种职能，是随着商品经济的发展而逐渐发展起来的。这些职能包括价值尺度、流通手段、贮藏与储蓄手段、支付手段和世界货币。其中，价值尺度和流通手段是最基本的职能。货币首先是作为这两项职能的统一而存在的。

1. 价值尺度。这是货币的首要职能，即作为尺度衡量和表现一切商品的价值的职能。我们已经知道，商品的价值也就是凝结在商品内的抽象劳动，商品所包含的抽象劳动的量的多少决定商品价值量的大小，以时间为计量单位的抽象劳动是衡量商品价值的内在尺度。但是，商品的价值量很难直接用劳动时间来表现，而只能在交换过程中通过作为价值的一般代表的货币间接地表现出来。可见，货币执行价值尺度的职能，无非是充当商品价值的外在尺度。换句话说，货币是商品内在价值的表现形式。通过一定数量的货币表现出来的商品价值，就是商品的价格。说货币执行价值尺度的职能，与说货币具有为商品定价即表现商品价值的职能，是同一个意思。在为商品定价时，不需要实际地使用货币。比如商店卖货，就只需为每种商品写个价格标签，而不必将与商品价格相等的人民币摆在商品旁边。也就是说，货币是以想像的或观念的形式执行价值尺度的职能的。

要使货币执行价值尺度的职能，即用货币来显示商品价值量的大小，就必须为货币确定一种计量单位。这种计量单位就是所谓价格标准。例如，在我国的人民币价格标准中，基本单位为“元”，1 元分为 10 角，1 角分为 10 分。在历史上，曾长期使用金属货币，金属的自然计量单位即重量单位，就成了货币单位即价格标准。如秦朝的“半两”铜钱，汉朝的“五铢”铜钱，据说都“重如其文”，即重量与钱上所印文字相符，而“两”和“铢”都是重量单位。唐以后，铜钱单位变为“文”，“文”仍然代表一定重量的铜。人民币的基本单位“元”，其来源是 20 世纪 30 年代以前流通的银币的单位，它也有确定的重量（7 钱 2 分）。英国的货币单位“镑”原先也是重量单位名称。最初，人们说某件商品值多少“文”、多少“元”、多少“镑”，与说这件商品值多大重量的金、银、铜，是一个意思。但是，随着商品经济的发展，货币日益成为价值符号，这些货币单位作为金属重量单位的意义逐渐在大众的意识中消失了，好像它们天生就具有计量价值的本领。这样，价格标准就常常被错误地等同于价值尺度。实际上，这二者是不能混为一谈的。须知，价格标准并不是货币的一个独立职能，它是由货币的价值尺度职能派生出来的技术性规定。虽然货币的价值尺度的职能要借助这种技术性规定来实现，但二者是有区别的。它们的主要区别在于，作为价值尺度，货币是价值即凝结在商品中的社会必要劳动的化身，而价格标准则是货币的计量单位。

商品的价格与价值的基本关系可以用下式表示：

$$p_i = v_i / v_m \tag{12}$$

其中，p_i 表示的任一商品的价格，它体现为一定数量的货币；v_i 和 v_m 分别表示单位商品的价值和单位货币的价值，它们所体现的是内含在单位商品中的第一种含义的社会必要劳动量和单位货币代表的社会必要劳动量。由这个式子可以看出，价格水平的变动与商品价值的变动同方向，而与货币代表的价值量的变动反方向。若 v_m 不变，v_i 的增加或减少，会引起 p_i 的增加或减少。若 v_i 不变，则 v_m 的增加导致 p_i 下降，而它的减少使 p_i 上升。

由式（12）还可以看出，货币的价值或货币代表的社会必要劳动时间 v_m，是以劳动为实体的商品内在价值转化为作为其外在表现的商品价格即一定数量货币的中介。在某种商品的总产量与社会需要量相等（这意味着生产上耗费的按第一种含义的社会必要劳动计算的实际劳动总量正好与第二种含义的社会必要劳动量相等）的条件下，已知 v_m，就可以按下式将商品的价格转化为一单位该商品内含的社会必要劳动量：

$$v_i = v_m p_i$$

调整式（12）有：

$$v_i / v_m = p_i \tag{13}$$

凡是满足式（13）的商品—货币交换，称为"等价交换"。这里所谓"等价"，是指表现为一定数量货币的商品售价所代表的社会劳动量等于商品内含的社会必要劳动量，即通常所谓的"价值等于价格"。

在某种商品的总产量与社会需要量不一致的条件下，生产上耗费的按第一种含义的社会必要劳动计算的实际劳动总量与第二种含义的社会必要劳动量不相等，从而使得单位产品的市场售价所体现的社会劳动量与单位产品的价值即第一种含义的社会必要劳动量相偏离。这种偏离是通过价格的涨跌表现出来的。给定 v_m 和 v_i，在总产量大于社会需要量时，价格下跌到价值之下，则：

$$v_i - v_m p_i > 0$$

即：

$$v_i / v_m > p_i$$

而在总产量小于社会需要量时，价格上涨到价值之上，则：

$$v_i - v_m p_i < 0$$

即：

$$v_i/v_m < p_i$$

这两个不等式说明了通常所谓"非等价交换"的含义：表现为一定数量货币的单位商品的市场售价所代表的社会劳动量小于或大于商品内含的社会必要劳动量。

从以上的讨论不难发现，货币要执行价值尺度的职能，其自身的价值或它所代表的社会劳动量 v_m 的确定，是一个关键问题。但是，应当如何确定 v_m 呢？显然，在黄金等贵金属作为商品交换的一般等价物的货币制度下，货币的价值就是生产这些贵金属所耗费的社会必要劳动量，它由黄金等贵金属生产部门的平均劳动生产率决定。但是，在不能兑现为黄金的法币和信用货币作为交换媒介的现代货币制度下，货币本身不是商品，不像黄金那样具有较稳定的内在价值，而是纯粹的价值符号和记账单位，确定货币的价值就成了一件难事。然而，这并不是说 v_m 因此就成了不可捉摸的东西。事实上，我们仍然可以根据式（12）所表明的货币价值与商品的价值和价格的基本关系，从总量上来计量货币的价值。如果已知一定时期各种商品销售的实物总量 q_i 和单位商品的价值量 v_i 以及各种商品的市场价格 p_i，就可以按下式求得该时期货币的价值：

$$v_m = \sum q_i v_i \Big/ \sum q_i p_i \quad (i = 1, 2, \cdots, n) \tag{14}$$

在式（14）中，分母为由一定数量的货币表现出来的各种商品销售的价格总额，n 为商品种类数。该式的分子，是已售出的各种商品实物总量中包含的社会必要劳动总量，亦即价值总量，这实际上也就是 n 种商品的第二种含义的社会必要劳动量的总和。因为，说数量为 q_i 的某种商品已售出，意味着一定数量的某种使用价值是为社会所需要的，因而 $q_i v_i$ 等于商品 i 的第二种含义的社会必要劳动量，$\sum q_i v_i$ 等于所有商品的价值总量。对于这个公式，读者可能会提出这样的疑问：如果经济中存在前面所说的不等价交换，还能不能这样确定货币的价值？回答是肯定的。因为，在个别商品的不等价交换中，一方之所失，正是另一方之所得，全部商品的价值总量还是 $\sum q_i v_i$，并没有增减；用这个价值总量除以同它对应的商品价格总额得到的，必然是单位货币所代表的社会必要劳动时间。

2\. 流通手段。货币是商品交换的媒介。以货币为媒介的商品交换包括卖和买两个先后衔接的阶段。商品所有者首先将自己的商品卖出去，取得一定数量的货币，然后再用这笔钱买回自己需要的其他商品。这种以货币为媒介的商品买卖，就是商品流通。所谓货币的流通手段的职能，也就是它作为买卖之间媒介的职能。货币的流通手段职能是以其价值尺度的职能为前提的，因为只有用一定量货币确定了物品的价格，买卖行为才可能发生。在执行价值尺度的职能时，只要有观念上的货币或价格标签就够了，但执行流通手段职能的货币必须是实在的货币。

马克思曾用这样一个公式来表示商品流通过程：*W*—*G*—*W*，其中 *W* 代表商品，*G* 代表货币。流通过程的第一个阶段 *W*—*G*，即商品转化为货币，对于商品生产者来说具有关乎命运的重要意义。如果商品卖不出去，这种转化不能实现，耗费在商品生产上的劳动就无法得到补偿，产品就成了无人需要的废物，商品生产者本身就会处于亏损甚至破产的悲惨境地。因此，马克思将 *W*—*G* 这一形式转换称为“商品的惊险跳跃”。这个跳跃不成功，摔坏的不一定是商品，但一定是商品所有者。至于商品流通的第二个阶段或形式变换 *G*—*W*，即货币转化为商品，与第一个变换相比，一般说来不那么“惊险”。在正常情况下，有钱总能买到需要的东西。但是，由于 *G* 插在两个 *W* 之间，流通过程分成可以在时间和地点上分开的卖和买两个阶段，如果市场上出现一些人光卖不买的状况，就必然会使另一些人的商品卖不出去。事实上，商品卖不出去，其中包含的价值不能转化为货币，是经常发生的现象。这是在货币成为流通手段之后，商品二因素的矛盾进一步发展的表现。

在商品流通过程中，货币不断在卖主和买主之间转手。这种连续不断的货币转手，形成一个与商品流通 *W*—*G*—*W* 相伴随的货币流通 *G*—*W*—*G*。商品流通是货币流通的基础，货币流通由商品流通引发并为商品流通服务。通过连续不断的转手，同一些货币可以为许多次商品交换服务。这样，就产生了一个问题：就一定时期而言，一个国家的商品流通需要多少货币？要回答这个问题，需要分析决定货币流通量的各种因素。容易想到的一个决定因素是一定时期进入市场交易的所有商品的价格总额，即各种商品的价格与商品量的乘积的总和：

$$\sum p_i q_i \quad (i = 1,2,3,\cdots,n) \tag{15}$$

其中，p_i 表示第 i 种商品的价格；q_i 表示第 i 种商品的数量；n 为商品的种类数。另一个影响货币需求的因素是货币流通速度，即同一时期内货币在买主和卖主之间转手的次数。显然，流通中所需要的货币量或货币需求，与商品价格总额成正比，与货币流通速度成反比。这是货币流通的一般规律。如果用 M 代表货币需求，k 代表货币流通速度，并将式（15）

简化为 $P \cdot Q$（其中 P 代表商品价格指数，Q 代表流通的商品数量）货币需求量的公式就是：

$$M = \sum p_i q_i / k \tag{16a}$$

式（16a）还可以写成如下形式：

$$M = (PQ)/k \tag{16b}$$

在式（16b）中，P 是物价水平指数，即本期商品价格总额与基期商品价格总额之比，其计算公式为：

$$P = \sum p_i^1 q_i^1 \Big/ \sum p_i^0 q_i^0$$

其中，下标代表商品种类；上标 0 和 1 分别代表本期和基期。（16b）式中的 Q 为按基期价格计算的本期进入市场交易的各种商品的价格总额：

$$Q = \sum p_i^0 q_i^1$$

由于基期价格计算，即假定价格不变，Q 的大小取决于本期进入市场交易的各种商品的数量，因而它是一个代表商品实物量的指标。式（16b）表明了货币需求量变动的基本规律。从这个公式可以看出，货币需要量取决于物价水平、流通的商品数量和货币流通速度这三个因素。显然，这三个因素按同方向、反方向以及不同比例变化的多种多样的组合，可能形成许多不同的货币需求量。

商品流通所需要的货币量能否得到满足，取决于货币的供应。在历史上贵金属作为货币的情况下，只要社会有足够的贵金属贮藏，货币供应就是有保证的。如果流通中的货币少于上述公式表示的需求量，贮藏中的贵金属就会投入流通。相反，过多的贵金属就会自动退出流通，进入贮藏。可见，金属货币流通条件下，有一个使货币供应和需求保持一致的自动调节机制。在这种情况下，可以说决定货币需求量的因素也就是决定货币供应量的因素。

在现代市场经济中，作为流通手段的不是贵金属，而是不能兑换的纸币和各种信用货币。这种货币的供应有狭义和广义之分。狭义货币供应由现金和活期存款构成，是衡量货币供应的基本的指标。广义货币除包括狭义货币之外，还包括商业银行的定期存款和储蓄存款以至于国库券、商业票据等短期证券。根据各种信用变现的容易程度即所谓货币的“灵活性”，广义货币又被分为若干层次。对货币供应的复杂构成我们暂不分析。这里，只需要笼统地知道货币供应量是一定时期可以充当流通手段的纸币和各种信用货币的数量就够了。这些货币只是价值的符号，本身没有价值。如果其他条件不变，商品流通中这种价值符号供应过多，单位货币所代表的价值或象征的社会劳动量就会变小，即发生货币贬值。在货币贬值的条件下，同样价值的商品，或者说花费了同样多的劳动生产出来的商品，其价格就会表现为更多的货币量，即价格总水平脱离价值而上涨。这就是被称为通货膨胀的经济现象的一般含义。相反，假若商品流通中的货币供应量过少，则会导致货币升值，引起物价下跌，而这也就是所谓通货紧缩的一般含义。总之，在货币为不兑现的价值符号的条件下，如果其他条件不变，则商品价格水平相对于货币数量成正比变化。这可以用如下恒等式来描述：

$$P \cdot Q \equiv M \cdot k \tag{17}$$

3. 贮藏与储蓄手段。如果商品出卖以后没有继之以买，商品流通的形式变换就中断了，货币因而退出流通领域成为贮藏货币，这时它执行贮藏手段的职能。在卖和买之间难免有一个时间间隔，若间隔很短，暂时从流通中游离出来的货币应当视为处于准备状态的流通手段，而非贮藏货币。

一般说来，贮藏货币只是人们达到一定经济目的的手段。家庭为了购买住房、汽车等耐用消费品，需要在较长时间里积存货币；企业为了扩大生产或保证资金正常周转，也需要积累货币；人们为了防老、防病同样需要积蓄养老金、保险金，等等。

贮藏金银在历史上曾经是货币贮藏的最重要形式。现在，虽然世界各国的货币已割断了与黄金的法定联系，但由于黄金始终保有很高的价值（主要原因是受自然条件的制约和限制，开采和提炼黄金的劳动生产率与其他产品相比提高缓慢），且有便于保存、不易损坏的自然特性，无论私人还是国家，仍然把黄金当作最保险的贮藏手段。不过，黄金并不作为货币执行职能。由于黄金非货币化，纸币由于自身没有价值不能作为一般财富的代表执行贮藏手段的职能，但纸币具有储蓄手段的职能。纸币作为储蓄手段实质上是人们将价值符号形式的货币所代表的对社会财富的现期索取权，通过银行这类信贷机构，转变为未来财富的索取权。纸币的储蓄手段与金属货币的贮藏手段职能的区别在于：黄金由流通转入贮藏，意味着流通领域中商品供应量的缩减和货币供应量的相应缩减；而储蓄存款形式的货币贮藏，则不一定意味着处于流通领域的商品供应量和货币供应量的减少。货币执行储蓄手段职能，从持币者个人的角度看，是现期商品索取权的延期；但从整个社会的角度看，不过是现期商品索取权在不同社会成员之间的再分配，因为储蓄存款会通过银行等金融机构转化为贷款，形成现期的商品购买力。

我们知道，在金属货币作为流通手段的情况下，货币供应量是随着需求量的增减而自动增减的。这种自动调节机制发生作用的必备条件，就是贮藏货币的存在。货币贮藏好比是一个蓄水池，当流通所需要的货币量减少，部分贵金属就退出流通，变成贮藏货币；在相反的情况下，贮藏货币会重新投入流通，执行流通手段的职能。但是，在纸币和信用货币作为流通手段的条件下，这种天然的蓄水池是不存在的。因此，在现代经济中，货币供应量的调节，不是由商品流通中货币职能在流通手段和贮藏手段之间的自发转换来实现，而是由处于流通过程之外的政府货币管理当局加以控制的。

4. 支付手段。货币作为支付手段的职能，最初是由商品的赊购赊销引起的。在赊购者清偿对赊销者的债务时，货币所执行的就是支付手段的职能。货币在执行这个职能时，先要执行价值尺度的职能，表示处于赊购赊销关系中商品的价值，亦即计量买卖双方的债务和债权的数额。还要执行观念上的流通手段的职能，因为商品转手时没有同时发生方向相反的货币转手，只是买者向卖者作了按约定期限支付货币的承诺。只是到了支付期限，作为支付手段的货币才实际地进入流通，用来清偿债务，从买者手中转到卖者手中。可见，货币支付手段职能的产生，是以价值尺度和流通手段职能的存在为前提的。随着商品经济的发展，货币作为支付手段的职能还扩展到商品流通之外的领域，例如，在税收和租金的交纳、工资收入的发放、银行的存贷款、国家财政资金的划拨等经济活动中，货币也是作为支付手段来使用的。总之，在一切没有商品于同时、同地与之相向运动的经济活动中，货币所执行的都是支付手段的职能。

货币作为支付手段，解除了“一手交钱，一手交货”的交易方式对商品的交易规模和生产规模的限制，促进了商品经济的发展。在现代市场经济中，大宗的商品交易有很大一部分是以延期付款等信用买卖方式进行的。即便是现款交易，由于种种技术上的原因，交货的时间和地点与付款的时间和地点也往往难以一致，常常无法像小额零售交易那样真正做到“当面钱货两清”。而且，大宗商品的现款交易也难免需要银行信用因素的介入，如买卖双方委托自己的开户银行收付款。在这种现款交易中，货币作为流通手段的职能是通过它的支付手段的职能来实现的。除了商品交易之外，国家财政和银行系统集中的巨量货币作为支付手段的运动，对整个经济的正常运行也是必不可少的。可见，没有货币作为支付手段，市场经济是根本无法运转的。

货币作为支付手段在促进经济发展的同时，也加深了商品经济的矛盾。随着作为支付手段的货币的广泛运用，商品的买者和卖者之间以及其他经济行为人之间，形成错综复杂的债权债务关系链条，只要一个债务人不能如期偿还债务，就会引起一系列连锁反应，使社会经济发生紊乱。在严重的情况下，还会形成金融危机。当然，我们不能说金融危机的发生是把货币作为支付手段使用的过错，因为危机的形成还取决于其他社会经济条件。但是，我们可以说货币作为支付手段包含着危机的可能性。

5. 世界货币。随着国际贸易的发展，世界市场的形成，货币越出国内市场，在国际市场上发挥作用，于是具有了世界货币的职能。所谓货币的世界货币职能，是前述各种货币职能在世界范围内的应用。不言而喻，离开了货币作为价值尺度、流通手段、贮藏和储蓄手段、支付手段的职能，国际贸易、国际投资、国际金融以及其他国际经济活动，都是无从设想的。当今随着经济全球化进程的加快，世界货币在人类社会的经济发展中扮演着日益重要的角色。在很长的历史时期内贵金属曾经是惟一能够执行世界货币职能的货币。在各国国内的纸币割断了与黄金的联系之后很长一段时间，黄金在国际交往中仍然充当世界货币，各国中央银行持有的国际储备资产大部分为黄金，各国货币的兑换比率（汇率）是以不同国家货币的法定含金量（货币金平价）为基础的。

第二次世界大战中，欧洲各国的经济遭到严重破坏，而美国经济则得到空前发展，1945 年其国民生产总值占西方国家的 60%，黄金储备相当于西方国家的 3/4。在这种形势下，第二次世界大战后形成了以美元为中心的国际货币体系。各国货币与美元挂钩，美元与黄金挂钩。这样，除美元以外的其他货币不仅在国内市场，而且在世界市场上也割断了与黄金的直接联系。

进入 20 世纪 50 年代以后，随着西欧、日本等国经济的崛起，美元的霸主地位逐渐被打破。由于美国的外汇收支逆差不断增大，黄金储备大量外流，到 1960 年出现其黄金储备不足以抵偿短期外债的情况，导致人们在国际金融市场上大量抛售美元，抢购其他货币和黄金，以至于用美元向美国挤兑黄金。1971 年，美元贬值之后，美国政府被迫宣布停止按官价为各国政府和中央银行兑换黄金。这意味着美元与黄金脱钩。在这种情况下，一些西方国家的货币实行浮动汇率，不再钉住美元。1973 年，国际金融市场又一次爆发金融危机，美元再次大幅度贬值，西方主要国家的货币对美元也都实行浮动汇率，以美元为中心的固定汇率制度解体。于是，逐渐形成了以美元、德国马克、日元、瑞士法郎、英镑为主的多元世界货币体系。尽管美元仍然是国际经济活动中使用得最多的货币，但它作为世界货币的垄断地位毕竟被打破了。在欧盟国家统一使用的欧元，是一种新的世界货币形式。

纸币等价值符号取代黄金而成为世界货币的原因，与它们在其国内市场取代黄金的原因是一样的。既然货币作为世界货币的职能不过是它固有的价值尺度、流通手段、贮藏和储蓄手段、支付手段的职能在世界范围的延展，既然这些职能在国内市场上可以由纸符号和电子符号来承担，那就没有理由认为这些符号不能在世界市场上发挥同样的作用。但是，与黄金充当世界货币的情况相比，在价值符号担当世界货币的条件下，国际货币体系处于极不稳定的状态。由于缺少黄金流通条件下的自动稳定机制，汇率随各国经济实力的消长以及国际货币市场短期供求变动和国际资金流动而频繁变化。

那么，汇率是如何决定的呢？不同国家的货币作为价值符号或价值的代表，它们相互间的兑换比率，当然是由这些货币各自代表的价值量之比决定的。在与黄金脱钩的现代信用货币制度下，一国货币所代表的价值，又是间接地通过它所具有的购买力表现出来的。也就是说，汇率是由不同国家之间货币购买力之比决定的。假定 A 国的 1 单位货币可购买 2 单位某种商品，B 国的 1 单位货币可购买 1 单位该种商品，A 国的货币购买力是 B 国货币的 2 倍，因而 1 单位 A 国货币可兑换成 2 单位的 B 国货币。

通过调整式（17）可以看出，一国的货币购买力实际上是该国一般物价水平指数的倒数：

$$1/P = Q/Mk$$

上式右端中的分子 Q 是按基期价格计算的物量；分母 Mk 是表示物量 Q 的价值的货币总额。显然，Q 与 Mk 的商表示单位货币的购买力。由于一国的货币购买力实际上是该国物价水平指数的倒数，因而也就可以说汇率是由不同国家之间的物价水平之比决定的。这就是关于汇率决定的所谓“购买力平价说”。购买力平价又有绝对和相对之分。绝对购买力平价的公式是：

$$r = P_a/P_b \tag{18}$$

其中，r 代表 a、b 两国的汇率；P_a 和 P_b 分别代表两国的一般物价指数。相对购买力平价的公式是：

$$r_1 = r_0 \cdot (P_a^1/P_b^1)/(P_a^0/P_b^0) \quad (19)$$

其中，r_1 为报告期汇率；r_0 为基期汇率；P_a^0/P_b^0 为两国基期的绝对购买力平价；P_a^1/P_b^1 为两国报告期的绝对购买力平价。相对购买力平价反映两个时期之间两国购买力平价的相对变化比例。

由于在现代信用货币制度下物价水平与货币供应量成正比变化，我们可以将调整货币供应式（17）得出的物价水平公式（$P = k \cdot M/Q$）代入绝对购买力平价公式，从而得到一个将国内外货币流通综合起来考虑的汇率公式：

$$\begin{aligned} r &= P_a/P_b = (k_a M_a/Q_a)/(k_b M_b/Q_b) \\ &= (M_a/M_b) \cdot (k_b/Q_b)/(k_a/Q_a) \quad (20) \end{aligned}$$

这就是在“购买力平价说”基础上发展出来的“货币分析说”的公式。这种学说以各国货币自由兑换和资金自由流动为背景，强调了国内货币发行量对购买力平价从而汇率的影响。当然，除了物价和货币供应之外，还有其他因素影响着汇率，例如，资本的国际流动、各国银行利率、国际收支状况，等等。但是，从货币作为价值代表的基本属性看，汇率是各国货币所代表的价值量之比，因而购买力平价是决定汇率长期走势的基本因素。

6. 货币的五种职能的有机联系。以上所论及的货币的五种职能，共同表现了货币作为一般等价物的本质，而且相互间在历史和逻辑上有着有机的联系。从历史上看，价值尺度和流通手段是货币最基本的职能，它们是与一般等价形式转变为货币形式同时形成的，在它们形成之后才顺次出现了贮藏和储蓄手段、支付手段、世界货币这些职能。从逻辑上看，货币必须首先完成价值尺度的职能，才能进而执行流通手段的职能；只有这两项职能充分发展了，才会发生贮藏和储蓄手段的职能；支付手段的职能则不仅是流通手段职能发展的结果，而且以货币的贮藏和储蓄的存在为前提；至于世界货币的职能，显然是以前四项职能在国内的发展为基础的。

（三）信用关系

作为一个经济范畴，信用是指借贷关系。这种经济关系的内容是以收回本利为条件的付出，或以归还本利为条件的借入。虽然借贷的对象可以是实物，也可以是货币，而且实物借贷曾经是古代自然经济条件下的重要信用形式，但是，在现代市场经济中，信用是与货币不可分割地联系在一起的。因为，随着金属货币为银行券和存款货币所取代，信用货币已经成为流通中货币的基本形式。事实上，在现代市场经济中，任何独立于信用活动之外的货币制度已不存在，同时任何信用关系都以货币运动为内容。

1. 信用关系形成的一般前提和基础。在历史上，信用关系是伴随着私有财产的产生而形成的。在原始共产主义公社时期，人们没有私有财产，相互间也就不可能发生借贷关系。只有在形成了私有财产制度之后，才发生了以不改变财产所有权并取得利息形式的报酬为条件的借贷关系。但是，这并不意味着信用只存在于私有制的经济关系中。事实上，在以公有制为主体的社会主义市场经济条件下，无论在集体所有还是国家所有的经济单位之间，也存在各种各样的信用关系。这是因为，尽管公有制经济内部的产权关系与私有制有着性质的区别，但在市场经济条件下，不同的公有经济单位（例如，不同的国有企业），作为彼此独立的利益主体或市场主体，在它们相互间经济联系的层面上，仍然存在排他的产权关系，即彼此将对方视为不同的所有者。总之，经济单位或经济行为人之间排他产权关系的存在，是信用关系发生的一般前提。

在市场经济中，所有的经济行为主体，无论是企业、个人还是政府，其经济活动都离不开货币的收支。在这些经济行为主体中，有的收支平衡，但更多的是收大于支或收不抵支。在收大于支和收不抵支并存的情况下，通过借贷来调节余缺的信用活动就发生了。换句话说，收大于支和收不抵支的并存，以及通过借贷来调节余缺的必要性，是市场经济中信用关系形成的一般基础。

在商品货币关系不发达的社会，流通的是金属货币，经济行为人可以把多余的货币窖藏起来，因而可以不发生任何债权债务关系。而在市场经济中，如果你手头有多余的货币，比如钞票，即便你不把它贷出，那也仍然是向发行钞票的国家银行提供了信用。如果你将这笔钱存入银行，你就与银行有了信用关系，掌握了它的部分债权。总之，在市场经济中，任何货币的盈余和亏欠，都意味着相应金额的债权债务关系或信用关系的存在。而且，一个经济行为人即使在总体上处于盈余状态，也并不意味着没有任何债务，而只是债权大于债务。如果收支相抵，也不过是债权债务相当。在市场经济中，每一笔货币收支都同债权债务的变换和消长相联系，因而信用关系覆盖了几乎一切经济活动。

随着市场经济经济的发展，虽然信用关系趋于多样化、复杂化，但商业信用和银行信用，尤其是银行信用，一直是基本的信用形式。

2. 商业信用。商业信用就是工商企业在出售商品时，以赊销方式向其他企业提供的信用。这是一种与企业的经营活动直接联系在一起的信用形式。在典型的商业信用中同时包含着两种性质不同的经济行为——买卖和借贷。一个企业把一批商品赊销给另一个企业时，商品的买卖行为完成了，即商品的所有权发生了转移，由卖者转移到了买者手中。但由于商品的货款并未立即支付，从而使卖者变成了债权人，买者变成了债务人，买卖双方形成了一定金额的债权债务关系。债务人向债权人签发的关于包括信贷金额和还款期限的文书，称为商业票据或期票。商业票据曾经是一种很重要的流通手段。比如织布厂从纺纱厂赊购棉纱，同时棉纱厂因现金短缺又向棉花商人赊购棉花，那么，棉纱厂的法定代表人就可以在织布厂出具的期票背面签字，即所谓“背书”，然后将它支付给棉花商人。票据到期，如果纺纱厂付不了款，织布厂仍需承担偿还义务，因为所有在票据上签字的人都对还款义务负连带责任。这就是商业票据广泛流通的原因。在马克思生活的年代，票据作为流通手段，据说“其数额比其余一切部分加在一起的数额还要大”，他因此将商业票据称为“真正的商业货币”。①

商业信用有利于克服因现金短缺造成的再生产中断，可以保持生产流通的顺畅进行。所以，时至今日，商业信用在商品推销和国际贸易中仍有广泛应用。但是，商业信用也有局限性。第一，由于商业信用是在企业之间进行的，因此，只能在企业之间对现有的资金进行再分配，而不能通过它获得新的资金。所以，商业信用的最高界限是全体企业现有的资金。事实上，商业信用的实际规模要比这个最高界限小得多，因为企业以商业信用形式提供的资金只是其全部资金的一小部分。第二，由于商业信用的需求者也是该商品的直接需要者，因此这种信用具有方向性，只能由产品的生产者提供给产品的需要者，绝不能相反。例如，矿山机器制造厂只能把生产的矿山机械以商业信用的方式出售给矿山开采企业，而不可能卖给纺织行业。纺织行业内也只能按下列方向逐级提供商业信用：棉花商→纱织厂→织布厂→印染厂→服装加工厂……，而不能反方向大量而经常地提供商业信用。第三，商业信用的信贷行为所以能发生，是因为出卖商品的人比较确切地了解需求者的支付能力，也只有商品出售者相信购买者能按期

---

① 《马克思恩格斯全集》第25卷，人民出版社1972年版，第450~451页。

如数偿还贷款，这种信用关系才能成立，因此，相互不甚了解的企业间不易发生商业信用关系。

3. 银行信用。所谓银行信用，就是以银行和其他金融机构为媒介、以货币为借贷对象的信用。借贷以金融机构为媒介，并直接以货币为对象，是银行信用与商业信用的主要区别。也正是因为这种区别，银行信用没有前述商业信用的局限性。

银行的起源可以追溯到古代的银钱兑换业。在前资本主义社会，封建割据，货币铸造分散，铸币的重量、成色不统一，为适应贸易发展的需要，必须进行货币兑换。因此，就逐渐从商人中分离出一种专门从事货币兑换的商人。他们最初只是单纯办理铸币的兑换业务，从中收取手续费。随着商品交换的扩大，经常往来于各地的商人，为了避免长途携带货币和保存货币的风险，把货币交给兑换商人保管，并委托他们办理支付、结算和汇款。因此，货币兑换业者手中聚集了大量货币，他们就利用这些货币办理贷款业务。这样，货币兑换业就发展成为既办理兑换，又经营货币存款、贷款、汇款等业务的早期银行。

在古希腊和古罗马时代，已有委托存款、汇款及兑换货币等活动，但这些还只是货币兑换业性质的活动，还没有办理放款业务。中世纪晚期，商业逐渐发达，欧洲的国际贸易以意大利为中心。一些专门经营货币业务的机构得到了很大发展，银行业务逐渐兴起。早在16世纪，意大利就已出现了银行业。如1580年成立的威尼斯银行，1593年成立的米兰银行等。随着世界商业中心由意大利移至荷兰及欧洲北部，1609年荷兰成立阿姆斯特丹银行，1621年德国成立了纽伦堡银行，1629年又成立了汉堡银行。这些银行除了经营货币兑换、接受存款、划拨款项等业务之外，也发放贷款。但这时它们所经营的贷款业务仍带有高利贷性质，而且贷款对象主要是政府和拥有特权的企业，大多数工商企业仍不能得到银行信用的支持。

现代银行是在资本主义的产生和发展过程中，通过两条途径建立起来的：一条是高利贷性质的银行逐渐转变为资本主义银行；另一条则是按照资本主义经济的要求组织股份银行。这两种过程，在工业资本主义发展的典型国家英国，表现得最为明显。在英国，最初是从金匠业转变来的早期银行中独立出一些专门在资本家之间从事信用中介的银行业。但是这一转化过程非常缓慢，直到18世纪末才算完成。当时的贷款利率依然很高，年利率在20%～30%之间。这种情况当然不能满足工商业者的需求。17～18世纪，新兴的资产阶级进行了反高利贷的斗争，要求以法律形式限制放款的利息水平。在信用业被高利贷者垄断时，任何降低利率的法令都不会产生实际效果，因此工商业者根据资本主义经济发展的要求建立了一些股份银行。这种股份银行资本雄厚，规模大，利率低，逐渐发展成为资本主义银行的主要形式。世界上第一个股份银行是1694年在英国伦敦创办的英格兰银行，它的贴现率一开始就规定为4.5%～6%，大大低于早期银行业的贷款利率。英格兰银行的成立，意味着现代银行制度的建立，标志着高利贷在信用领域中的垄断地位已被动摇。马克思在分析英格兰银行时提出："现代银行制度，一方面把一切闲置的货币准备金集中起来，并把它投入货币市场，从而剥夺了高利贷资本的垄断，另一方面又建立信用货币，从而限制了贵金属本身的垄断。"①

我国的现代银行业是在19世纪末20世纪初才开始出现的。新中国成立之前，以国民党政府的中央银行为首的官僚资本银行，在银行业中占据统治地位。民族资本家开设的银行受到官僚资本的排挤，资力很弱，主要从事公债和地产投机。新中国成立之后，通过组建中国人民银行、合并解放区银行、没收官僚资本银行、改造私人银行和钱庄、建立农村信用合作社等途径，建立起了新的银行体系。在计划经济时期，实行高度集中的管理体制，实行"大一统"的金融管理体制，虽然在中国人民银行之外也曾设有形式上独立的金融机构，但其实仍然是中国人民银行的分支机构。而且，这一时期的银行，不过是国家财政调拨资金的工具，从本质上说并非金融企业。改革开放之后，随着社会主义市场经济体制的建立和发展，独立经营、实行企业化管理的商业银行体系逐渐在我国形成，中国人民银行也从无所不包的"超级银行"转变为国家的货币发行和金融监管机构。

随着市场经济的发展，银行已成为国民经济的神经中枢，在整个国民经济的运行和发展中发挥着至关重要的作用。在现代市场经济的中，已经形成了一个具有复杂结构的银行体系。在这个体系中，包括以营利为目的存款货币银行或商业银行、各种非银行金融机构，以及作为国家的货币发行和银行监管机构的中央银行。其中，商业银行是整个银行体系的基础和主体。商业银行同其他工商企业一样，也是以营利为目的的企业，但其经营范围或经济职能与一般工商企业有着明确的区别。商业银行的特殊职能在于：

第一，充当信用中介。这是商业银行最基本的职能。银行通过吸收存

① 《马克思恩格斯全集》第25卷，人民出版社1972年版，第682页。

款，动员和集中社会上一切闲置的资金（不仅包括企业暂时闲置的资金，而且包括个人、政府机构和其他社会组织暂不使用的部分收入），把这些资金贷放给企业或个人使用。这样，银行就成了货币资本的贷出者和借入者之间的中介人。银行作为信用中介，克服了企业之间以及个人之间直接借贷的种种局限。它不仅通过对工商企业的经营性信用，在社会的储蓄与投资之间架起桥梁，而且通过对居民个人的消费信用，在社会的储蓄与消费之间架起桥梁。

第二，充当支付中介。商业银行为工商企业办理各种同货币资本运动有关的技术性业务时，便充当了支付中介。由于银行具有较高的信誉和较多的分支机构，银行业务又与各个企业和部门有密切联系，因此，无论企业或个人都愿意委托银行保管货币、贵金属、有价证券、办理货币收付和转账结算等。这样，银行就成为企业的“出纳”和“账房”。

第三，创造信用货币。商业银行创造的信用流通工具主要是银行券和支票。银行券是由银行开出并可随时兑现的不定期的债务凭证，是银行用来扩大信用业务的工具。支票是由客户签发，要求银行从其活期存款账户按一定金额付款的凭证，也是银行的一种债务证券。借助发行银行券和支票流通，银行可以超出自有资本和吸纳存款的总额而成倍地扩大信用，从而创造货币。虽然后来发行银行券即货币成为政府货币管理当局即中央银行的特权，一般商业银行发行银行券的权益被取消，但商业银行在组织支票转账基础上对存款货币的创造，仍在经济生活中发挥着重要的作用。那么，银行是如何创造信用货币的呢？让我们举例加以说明。银行对于所吸纳的存款，要提取一部分作为应付客户提款的准备金。准备金在存款中所占的比重，称为准备金率。在现代市场经济中，这个比率是由国家的最高货币管理当局（即下面要介绍的中央银行）规定的，所以又称法定准备金率。现在，假设法定准备金率为20%。同时，设甲银行吸纳了顾客 a 的10 000元存款；甲银行在其中提取2 000元准备金之后，将8 000元贷给 b；b 用这笔贷款向 c 支付应付款项；c 再将这笔款项存入自己的开户银行乙；乙银行在提取了1 600元的准备金后，又将6 400元贷给 d，……。这样，由一笔原始的存款开始，通过连续的存贷过程，银行就会创造出数倍于原始存款的货币或派生存款。如下等比级数可以表示此例中银行创造的派生存款总额：

$$10\,000+10\,000(1-20\%)+10\,000(1-20\%)^2+\cdots+10\,000(1-20\%)^n$$

上式中的 n 为连续存贷的次数。由上式又可以推知货币创造的一般公式：

$$D = R \cdot (1/d) \tag{21}$$

其中，D 代表派生存款总额；R 表示原始存款；d 表示法定准备金率。d 的倒数称为货币乘数，即派生存款总额对原始存款的倍数。显然，法定准备金率越高，存款扩张的倍数越小，反之则反是。在我们上面所举的例子中，货币乘数为 5，派生存款为 50 000 元。

第四，调节和控制社会资金再分配。在市场经济中，由于实行大规模生产和营销的优势，通过竞争形成了生产和经营向一些优势的大企业集中的趋势。而工商企业生产和经营的集中，又导致了银行的集中。一方面，这些大型工商企业所需要的大量信用，只有大银行才能满足；另一方面，大企业的闲置资金的巨大规模，也为大银行的出现创造了条件。这样，在银行业的竞争中，资本雄厚、分支机构多、技术条件优越的大银行，逐渐将小银行排挤和并吞，形成信用的集中，垄断了企业的信贷。这加深了企业对银行的依赖，同时使得银行加强了对企业的控制和渗透。这样，少数大银行就不再是借贷双方之间的单纯中介，而具有了调节和控制社会资金分配和再分配的巨大力量。这个过程，在 19 世纪末 20 世纪初的西方主要资本主义国家发展得非常迅速。列宁、希法亭、布哈林等马克思主义者首先对这一现象进行了深入的分析。列宁指出："随着银行业的发展及其集中于少数机构，银行就由中介人的普通角色发展成为势力极大的垄断者，他们支配着所有资本家和小业主的几乎全部的货币资本"。① 时至今日，西方发达国家大银行的这种地位和作用大体未变。在我国这样的社会主义国家，虽然大银行的形成途径不同于西方资本主义国家，信用关系也具有与资本主义条件下不同的性质，但工商银行、建设银行、农业银行、中国银行等几家大商业银行的集中程度和控制资金分配的力量，并不亚于西方国家的大银行。

4. 中央银行。在西方国家，中央银行设立以前，没有专门的货币发行银行，所有的商业银行都可以发行银行券。一般商业银行的信誉和实力有限，所发行的银行券，难以在全国范围内流通，给生产和流通带来困难。同时，破产的银行无法保证所发银行券的兑现，引起经济上的混乱。这就要求有一个资力雄厚的银行发行一种在全国流通的货币。为了应付金融危机，又要求集中各家银行的一部分准备，全力支持资金周转困难的银行，避免这些银行在危机中破产，而导致整个银行业的崩溃。这样，规模

① 《列宁全集》第 27 卷，人民出版社 1958 年版，第 346 页。

最大、信誉最可靠的银行就成为“最后贷款者”。此外，随着资本主义国家的政府逐步加强对经济生活的干预，也需要有一个超级银行作为贯彻其宏观经济政策的工具。这样就出现了专门从事货币发行、专门办理对商业银行的业务以及专门执行国家经济政策的银行，即中央银行。

自从 1844 年英格兰银行开始确立中央银行地位以后，中央银行制度在各主要资本主义国家有了较大发展，各国相继建立了中央银行。现在除少数国家和地区外，大都设立了中央银行。在我国实行计划经济体制的时期，中央银行和商业银行的业务都集中于中国人民银行。实行市场导向的经济体制改革之后，商业银行的业务从中国人民银行分离出来，中国人民银行成为单纯执行货币发行和管理的中央银行。由于国家通过中央银行干预经济，中央银行就具有了一定的国家机关的性质，并且这一性质随着国家干预经济的加强而不断深化。

中央银行在现代市场经济中占有特殊地位，发挥着特殊职能。其职能主要有：

第一，中央银行是发行银行。所谓发行银行，是指它拥有发行银行券的特权。开始，中央银行发行银行券还有一些限制，即必须有十足的准备金。早期是以黄金和商业票据作为发行准备金。后来，外汇、公债券、国库券也可作为发行准备金。现在，大多数市场经济国家已经取消黄金发行准备，而普遍地以政府公债等充当发行准备。不过世界各国中央银行发行准备制度不尽相同，即便是同一国家，在不同时期也不一样。

第二，中央银行是银行的银行。所谓银行的银行，是指中央银行只同商业银行发生业务关系，集中商业银行的准备金并对它们提供信用。中央银行同商业银行的业务往来主要有：集中商业银行的存款准备、办理商业银行间的清算、对商业银行发放贷款。

第三，中央银行是国家银行。所谓国家银行，是指中央银行代表国家贯彻执行金融政策，代为管理财政收支。其具体任务是：代理国库、对国家提供信贷以及在国际关系代表国家与外国金融机构和国际金融机构建立业务联系，处理各种国际金融事务。

中央银行作为国家银行，与政府关系密切，不仅为政府提供必要的金融服务，而且在管理信用、调节货币供应方面，要执行政府的政策，与政府合作。但这并不意味着完全听命于政府，没有任何独立性。中央银行的特有性质和职能决定了中央银行必须保持相对独立性。这种相对独立性是指中央银行在政府的监督和国家总体经济政策的指导下，独立地制定、执行货币政策。中央银行作为“国家的银行”，对国家发展目标必须予以支持。但是中央银行在具体制定货币政策及其措施时，要充分考虑银行业务的特殊性，以及国家资源、社会积累水平、货币流通状况，不能完全受政府所控制。由于政治、经济、自然条件和历史的差异，各国中央银行对政府的相对独立性是有差异的。归纳起来大体有以下三种模式：第一，独立性很大的模式。中央银行直接对国会负责，可以独立制定货币政策和采取相应措施，政府不得直接对它发布命令、指示，不得干涉货币政策。如果中央银行与政府发生矛盾，可通过协商解决。属于这一模式的有美国联邦储备体系、德意志联邦银行等。第二，独立性较大的模式。有些国家法律规定财政部可以对中央银行进行监督，发布指令，但中央银行可以独立地制定、执行货币政策。属于这一模式的有英格兰银行、日本银行等。第三，独立性较小的模式。中央银行直接隶属于财政部，其货币政策的制定和采取的措施要经政府的批准，政府有权推迟甚至停止中央银行决议的执行。属于这一模式的有意大利银行等。我国的中央银行虽然在改革过程中取得了较大的独立性，已不受财政部管辖，但受到中央政府的直接控制，可归入独立性较小一类。

5. 利息及利率。利息是借款人向贷款人支付的报酬。在古代，放贷取息被认为是不道德的行为，高利贷者因而遭到社会的谴责。但是，随着自然经济转变为商品经济或市场经济，为借款支付利息已经成为很自然的事情。人们为收取利息的合理性提出了许多理由。例如，认为利息是在一定期限内放弃货币流动性的报酬，是对因贷出货币而失去的投资收益的补偿，是抵御还款风险的准备，等等。但是，对利息存在的合理性的说明，并不等于揭示了利息的本质。事实上，无论利息是以放弃流动性的报酬的名义取得的，或是以对机会成本损失的补偿的名义取得的，还是以抵御风险的准备的名义取得的，收取利息都是贷款人凭借自己拥有的资金所有权对本金之外的一定量货币的索取，因而利息归根结底是“所有权的果实”，即一种财产收益或产权收益。这也就是利息的本质。

对于借款人来说，利息是借用他人的资金所必须支付的代价，因而在习惯上它又被称为资金的“价格”，而借贷也被看作是资金的“买卖”。但是，从理论上分析，利息作为资金的价格与商品价格的概念是有矛盾的。我们已经知道，价格是商品价值的货币表现。一笔借贷资金本身就是一定数额的货币，或者说是一定价值额的相应货币表现。然而，在把利息看作货币资金价格的情况下，同一个价值额就有了两个货币表现：一个是体现为一定量货币的这笔资金本身，一个是利息。这显然是不合理的。其实，被称为资金价格的利息，与一般商品的价格是有本质区别的：一般商品的价格是这个商品的价值的货币表现，而利息的实质是货币所有者的产权收益。

利息的来源是与其本质相联系的重要问题。由于贷出的货币能够给其所有者带来额外的收益即利息，于是造成货币能够自行增殖的幻觉。在这种幻觉下，利息被认为是货币所具有的自行增殖能力的产物。其实，如果不通过借贷关系，货币本身是无从产生利息的。而且，借贷行为也不可能成为利息的源泉。因为利息是一个价值额，而借贷行为本身并不生产商品，当然也就不可能形成价值。既然价值的实体是商品生产过程中耗费的劳动，作为一个价值额的利息，无论表现为多么迂回曲折的信用中介过程的产物，其产生的真实源泉，最终都要归结为商品生产过程中耗费的劳动，归结为由劳动创造的价值。更准确地说，利息是对商品价值中包含的由生产这种商品的劳动形成的新增价值的一部分的扣除。无论在资本主义市场经济中还是在社会主义市场经济中，利息的都是货币的出借者凭借其所有权对社会生产过程中由劳动创造的新增价值的占有。当然，在不同的社会制度下，利息这个经济范畴是具有不同的社会经济关系含义的。在资本主义私有制经济中，利息体现着借贷资本家（银行家）和产业资本家（从事工商业经营活动的企业主）共同剥削以及瓜分劳动者创造的剩余价值的关系。在社会主义公有制经济中，利息体现了劳动创造的一部分新增价值在不同的公有制企业以及不同劳动者之间的再分配关系。

在了解了利息的本质和来源之后，需要进一步分析的是利息率的问题。利息率又简称为利率，是指一定时期内利息额与借贷资金额之比。用这个比率乘以借贷资金的数额，就得到贷出这笔资金所得的利息的数额。贷出的资金称为本金，本金、利息和利率的关系可以用下式表示：

$$I = C \cdot r \qquad (22)$$

式中，I 代表利息；C 表示本金；r 表示利息率。在现实的经济生活中，因借贷条件的不同，有多种利息率。例如，短期存贷款利率、长期存贷款利率、外汇存贷款利率、各种消费信贷利率，等等。目前我国的利率种类已多达几百种。在多种利率并存的条件下，起决定作用的利率是所谓“基准利率”。这在我国是中国人民银行对专业银行贷款的利率，在西方国家则是中央银行的再贴现率。一般说来，基准利率发生变化，会带动其他利率发生相应变化。所以，从基准利率的变动可以了解整个利率体系的变动趋势。

我们已经知道，利息来源于新增价值。在实际经济生活中，企业因生产经营需要而产生的贷款利息，是用补偿了生产资料消耗、支付了工人工资之后的剩余收益的一部分来支付的；而一般劳动者因购买住宅、汽车等耐用消费品而产生的贷款利息，则是用他们的工资收入的一部分来支付的。但是，无论直接支付利息的是什么收入，它都逃不出新增价值的范围。因此，利息率不可能高到使利息总额大于或等于新增价值总额的程度。也就是说，新增价值总额决定利息率变动的上限。至于利息率的下限，在正常情况下，它显然不能小于零。利息率就是在这样的上下限之内变动的。如果用 N 表示新增价值，r 和 C 仍分别表示利率和本金，则利息的上限可表示为：

$$rC < N$$

它的下限可表示为：

$$rC > 0$$

用 C 除以上两式，并将结果连接起来，就得到利息率的上下限：

$$0 < r < N/C \qquad (23)$$

利率的取值总是一个大于零的小数。至于一定时期内利息率的特定数值，则主要是由当时社会资金的供求状况决定的，并且受政府的货币政策以及传统习惯、法律规定的影响。对于利息率如何在上述限度内随供求变动而变动，我们将在本文第五部分即其他有关部分中讨论。

6. 收益权的资金化及有价证券。在信用关系的长期存在和发展过程中，利息逐渐被人们当做是收益的一般形态。无论贷出资金与否，利息都被看做是资金所有者应有的收入。在这种观念的影响下，任何可以带来产权收益的东西，即便它实际上并未进入任何信用关系，甚至并不是一个价值额或一笔货币资金，也可以通过将其收益视同利息而利用前面列出的式（22）倒算出获得这项收益相当于拥有多大一笔货币资金，即把该项收益权“资金化”：

$$C = I/r \qquad (24)$$

式（24）实际上只是式（22）的简单变形，其中，I 代表收益，已知 I 和利率 r，就可以得出一个虚拟的资金额 C。从这个式子可知，C 与 I 成正比，与 r 成反比。

土地价格是收益资金化的一个典型事例。土地是自然资源，并不是人类劳动的产品，因而本身不具有抽象劳动意义上的价值。但是，土地可以给他的所有者带来收益，即凭借土地所有权获得地租。按照收益资金化的思路，如果已知某块土地的地租额，就可以根据式（24）确定它的价格。例如，一块土地一年的租金为10 000元，年利率为2%，这块土地的价格就是50万元。从收益权的角度来看，拥有这块土地，与在银行存款50万元一样，都能获得10 000元的年收益，因而这块土地就被视同为一个50万元的价值额。然而，如果透过信用关系普遍化引起的收益资本化造成的模糊表象，深入探究其本质，那么，土地价格形成的最终基础，还是劳动者在生产过程中创造的商品的新增价值。因为，土地所有者的收益即地租，归根结底是对实际利用这块土地进行商品生产的劳动者创造的新增价值的一部分的扣除，而土地价格正是以这个扣除为基础倒算出来的。事实上，这个扣除是否存在及其大小，决定着土地是否有价格以及价格的高低。例如，原来一块土地过于贫瘠，不宜农耕，在其上从事农业生产活动产出不了任何使用价值，投入在这块土地上的劳动也就形成不了价值，因而无人租种，这块土地自然不能给它的所有者带来任何地租收益，其价格只能是零。但是，后来，随着制造工业的发展和交通状况的改善，人们纷纷在这块土地上建设厂房，制造商品，于是这块土地不仅有了价格，而且它还随着工业的繁荣而升值。这是为什么？这是因为，利用这块土地进行的工业劳动，在生产出为社会所需要的使用价值的同时，不仅形成了价值，而且这个价值额中的新增部分的存在和增长，使土地所有者有可能获得地租并提出增租的要求，从而使土地有了价格并不断升值。

上面以土地价格为例说明的收益资金化的规律，也完全适用于市场经济的金融体系中与银行信用相区别的另一种重要的信用形式，即股票、债券等形式的有价证券。拿政府发行的公债券来说，公债购买人将货币支付给发债的政府，而货币则由政府为了各种特定的需要（例如，建设公共设施、扩张军备，等等）而花费掉。用马克思的话来说，购买人持有的债券是“已经消灭的资本的纸制复本”，是持券人到期收回本金并取得定期收益即债息的证书。这种证书并无一般商品意义上的价值，因为与其票面价值相等的货币额早就转给了政府。但是，公债券却可以在证券市场上按一定价格出售。这个价格的本质其实就是资本化的收益，它也是按收益（这里是债息）除以利率的方式虚拟出来的。与此类似，公司股票的价格不过是“现实资本的纸制复本”。[①] 持股人将自己的货币资金付给发行股

① 《马克思恩格斯全集》第25卷，人民出版社1972年版，第540页。

票的企业，这笔资金就成为企业的生产经营基金即“现实资本”。股票不过是一纸股东权益的证书，本身也并不具有一般商品意义上的价值。撇开投机造成的短期波动不说，从长期来看，证券市场上的股票价格，也是以收益（这里是红利）除以利率这个收益资本化公式为基准确定的。正因为证券价格是按收益资本化准则虚拟出来的，马克思将有价证券称为“虚拟资本”。作为资金化的收益，与土地价格一样，虚拟资本价格形成的最终基础，也是劳动者在生产过程中创造的新增价值。

在发达的市场经济国家，发行股票、债券等有价证券，已经成为企业、政府和其他经济活动主体筹集资金的重要渠道。由于有价证券是由资金筹集者直接发行的，因此被称为直接融资。与此对应，通过银行信贷筹集资金称为间接融资。目前，在某些西方国家，直接融资的数量已经超过间接融资，证券市场的规模日益增大。证券市场的最重要的形式是证券交易所，在其中进行的证券买卖又叫“场内交易”，而在其外进行的交易叫做“场外交易”，也称“柜台交易”。从证券的发行和转让这两个不同的角度，证券市场还被分为一级市场和二级市场。新证券的发行称为一级市场，二级市场则是指买卖已经上市的证券的市场，这种买卖的本质是收益权的转让。证券市场中的交易主体中虽然包含众多散户，但占主导地位的是机构投资者，诸如保险公司、年金基金，等等。这些机构投资者将保险金、退休金等形式的小额资金集中起来投资于各种证券，降低了投资风险，保证了收益的稳定。

7. 信用的作用。在现代市场经济条件下，信用是经济运转的运转润滑剂和加速器，对经济的增长和发展起着重要的作用。这主要表现在以下两个方面：

首先，加速了资金的筹集，促进了资金的集中，为企业经营规模的扩大提供资金保障。信用系统以个人或企业自身的资金积累进程所无法比拟的规模和速度，将社会的闲置资金动员和聚集起来，投入生产和经营活动。同时，通过证券市场实行的股权收购和企业兼并重组，也在促进生产集中、扩大企业经营规模方面发挥着重要作用。如果没有信用的支持，大规模的发电和远程输变电系统，覆盖整个国家以致世界主要地区铁路、航空和海运，巨型的冶金企业、石油企业、化工企业和机器制造企业，遍布城乡各个角落的电子计算机网络，耗资巨大的新技术研究和开发，等等，根本是无从设想的。可以说，加速资金筹集、促进资金集中是信用的首要作用。

其次，加快了商品流通和资金周转，节省了流通费用。商业信用缩短了商品的售卖时间，有利于加快资金周转速度，提高其利用效率。银行信用克服了商业信用的局限，更好地润滑了生产和流通机制的运转。而随着流通的加速，商品销售过程中发生的簿记、保管等流通费用也大大节约。在节约商品流通费用的同时，银行券和纸币取代贵金属，尤其是支票、信用卡和银行转账的广泛使用，还使得货币流通费用也大大减少。

在促进经济发展的同时，信用的扩张也使商品经济的固有矛盾，即劳动的局部性与社会性的矛盾，以及作为这一矛盾表现的商品二因素的矛盾，进一步深化。前面，我们在谈到货币作为流通手段时曾指出，由于货币成为交换的中介，商品的价值取得了脱离其使用价值的货币这样一种独立的表现形式，商品的买与卖相互脱节成为随时可能发生的事情，从而使得价值实现成为商品生产者必须经常经历的“惊险的跳跃”。在商业信用和银行信用发展的情况下，虽然可以通过赊购、赊销等信用手段，在一定时间内暂时减轻这种跳跃的惊险程度，但也会掩盖实际已经逼近的商品出售困难，形成盲目的乐观氛围，使问题积累十分严重的地步。同时，由于生产规模可以在信用膨胀的支持下迅速扩大，生产脱离需要而过度发展的可能性和现实性都大大增加，这又会进一步加大问题的严重性。而问题一旦爆发，其后果必然是灾难性的。随着生产普遍过剩的危机的迫近，如果作为信用链条的某个环节的某些生产者因不能实现那个惊险的跳跃而发生支付困难，那么，摔坏的就不只是这些生产者，而是由信用链条连成一体的整个社会经济。这时，信用体系中纵横交错的支付链条纷纷崩解，银行贷款无法收回，资金短缺者告贷无门，商品大量积压，企业破产倒闭，工人失业，社会经济处于瘫痪状态。

三、价值规律与市场机制

价值规律是商品经济或市场经济的基本规律。在考察价值、货币及信用的基础上，我们要进一步研究价值规律对商品生产和流通的支配和调节作用。而要说明价值规律的作用，又需要研究作为价值规律作用形式的市场机制，并且了解作为市场机制载体的市场体系。

（一）价值规律的基本内容

商品的价值量是由一定数量的货币表现出来的。表现商品价值的货币额，也就是商品的价格。在市场上，不同的商品有不同的价格，同一种商品的价格也经常处于上涨和下跌的运动之中。但是，通过认真的观察不难发现，这种变动是有一定的界限的。比如，普通钢笔的价格再涨，也不可能高过打字机；农产品的价格虽然受气象条件的变化引起的收成丰歉而波动，但从较长的时间来看，又是稳定在一定的平均水平上的。经过对这些现象的深入分析可以发现，在令人眼花缭乱的价格运动背后，有一个规律在起着支配的作用。这个规律通过商品的供求关系、商品生产者之间的竞争等一系列中介机制，左右着价格运动，调节着社会生产。这个规律就是价值规律。对于商品经济中的各种纷繁复杂的现象，都只有依据这个规律才能做出合理的解释。

价值规律的内容可以简要地概括为两句话：商品的价值量由生产商品的社会必要劳动时间决定，不同商品的交换按照价值量相等的原则即等价原则来进行。可见，价值规律既是价值决定的规律，又是价值实现的规律。也可以说，它既是调节商品生产的规律，又是调节商品交换的规律。这个规律反映了商品生产和交换中存在的客观趋势。在作为社会分工体系中不同局部劳动结果的商品交换比例的不断的偶然变动中，这个规律是作为不以任何生产和交换主体的主观意志为转移的必然性发生作用的。正如马克思所说，“生产这些产品的社会必要劳动时间作为起调节作用的自然规律强制地为自己开辟道路，就像房屋倒在人的头上时重力定律强制地为自己开辟道路一样。”①

价值规律之所以成为商品经济的基本规律，是因为作为其基本内容的价值决定和价值实现准则，体现着商品经济中不同经济行为主体之间最基本的利益关系。我们知道，商品经济是以发达的社会分工为基础的经济形态，而分工使得人们的生产和消费相分裂，从而一方面使产品交换成为必要，另一方面使人们在以特定形式进行的生产过程中耗费的劳动，成为换取他人不同产品从而满足自身多方面需要的代价。在这种情况下，等量劳动相交换就成为社会中最一般的利益关系。而作为等量劳动相交换的基准

① 《马克思恩格斯全集》第23卷，人民出版社1972年版，第92页。

的社会必要劳动时间，也就成为不同商品生产者的利益关系形成和变动的轴心，成为价值决定和价值实现的准则。

（二）市场机制

价值规律的作用通过市场机制来贯彻的。"机制"一词，原意是机械及其运行机理，后被移植于生物学中，用来说明有机体的内部构造及生命运动的原理。现在，它被广泛运用于自然科学和社会科学之中，泛指某一系统的内部结构和运行原理。经济学中的所谓市场机制，是指市场信号诱导和制约市场主体经济行为的机制。这个机制的构成要素是：追求自身利益的经济行为人或市场主体之间的竞争，以价格为主要形式的市场信号，商品的供给和需求的相互作用。这些要素是市场机制的有机组成部分。它们像一部机器中紧密啮合的齿轮，缺少其中任何一个，整部机器就不可能运转起来。

1. 市场主体之间的竞争。这里所谓的市场主体，是指各自对商品和货币具有排他产权因而具有独立利益的经济行为人。在分工条件下，这些经济行为人划分为不同的商品生产者。他们既是某种商品的生产者或供应者，又是他人生产的其他商品的需求者。所以，在市场交易中，他们或者是以某种商品的供应方的身份出现，或者是以某种商品的需求方的身份出现。作为独立的利益主体，他们的行为目标都是增进自身的利益：商品的供应者总是希望在市场上将自己的产品卖个好价钱，即力求使自己在生产中耗费的个别劳动转化为更多的社会必要劳动，从而使自己的经营收益尽可能增加；需求者则力求以一定支出，使自己对某种使用价值的需要得到尽可能大的满足。

所谓竞争，是指各种市场主体为了实现自己的利益目标而发生的相互排斥以致相互冲突的利益关系。竞争既发生在同类商品的卖者之间和买者之间，也发生在同类商品的买者和卖者之间。就卖者即同类商品的不同生产者而言，竞争主要表现为在市场需求有限的条件下，尽量扩大自己的市场占有份额，这意味着将自己的同行从市场交易中排斥出去。就买者即同类商品的不同购买者而言，竞争则主要表现为在商品供应数量有限的情况下，力争使自己的需要首先得到充分满足，而这意味着将其他购买者从市场交易中排斥出去。而就买者和卖者的竞争而言，前者总是力求压低商品价格，而后者则总力求把商品卖得贵一点。在这些竞争类型中，价格都是最主要的手段。卖者A要想将卖者B排斥出市场，在正常情况下，最有效的办法是降价出售。而买者A要想将买者B排斥出去，在正常情况下，最有效的办法是以高于B的价格购买。而在买者和卖者之间，假定其他条件不变，如果交易发生在买方市场即供大于求的情况下，买方就会利用自己所处的优势地位迫使卖者降价；在相反的情况下，即在供不应求的卖方市场中，处于优势地位卖者就会提价，以迫使买者出更多的钱购买同量商品。

除了上述发生在同一商品市场中的竞争之外，不同部门的生产者之间也存在竞争关系。这种竞争是由生产者争夺牟利空间驱动的，它通过生产资源在不同部门之间的转移来实现。而资源的转移，则是由不同部门的商品之间的比价变动引导的。如果某个部门的商品价格处于上涨态势，而其他部门的商品价格不变，那么原先用于其他部门的部分生产资源和新增资源，就会被它们的所有者投入商品价格上涨的生产部门，以便获得更大收益。

不同市场主体之间为实现自身利益进行的竞争，可以说是整个市场机制运转的动力。不过，这里要强调的是，各种市场主体之间的竞争是以由分工决定的它们相互之间的全面依赖关系为前提或基础的。只有在不同的商品生产者之间通过市场交易实现的普遍联系之中，才会有它们之间的竞争。如果这种由分工的生产方式决定的普遍联系遭到破坏，受损的就不仅是竞争中的某一方，而是竞争的全体参与者。而要维系这种普遍联系，就必须遵循商品经济的基本规律即价值规律的约束。这也就是说，在作为竞争对手的不同市场主体的交易行为中，商品交换比例由社会必要劳动时间决定的等价原则，必须得到贯彻。

2. 市场信号。市场主体为了实现自己的利益目标，作为供应方，他们需要作出生产什么、生产多少、如何生产以及为谁生产的决策；而作为需求方，他们则需要作出购买什么、购买多少以及在何处购买的决策。而他们作出所有这些决策的基本依据，就是所谓市场信号。作为商品价值的货币表现的价格，是最主要的市场信号。

作为经济行为人决策的基本依据，以价格为主要形式的市场信号，是整个市场机制的核心部分，因为价格直接决定市场主体利益目标的实现程度。无论对于供应者还是需求者来说，要达成自己的利益目标，市场信号，尤其是价格，都具有至关重要的意义。就供应者而言，若生产条件从而生产某种商品耗费的个别劳动时间或产品的个别价值已定，价格水平作为商品的社会价值的货币表现，直接决定其利益目标能否实现以及实现的程度。商品的个别价值高于价格，供应者所耗费的劳动就得不到补偿，其利益受损；在相反的情况下，他则在补偿了全部个别劳动耗费之后，还可以获得一笔由商品价格与个别价值的差额构成的超额收益。就需求者而言，其钱袋大小已定，即持有的货币数量一定，则商品的价格决定他的需要是否以及在多大程度上得到满足。同时，在生产商品的社会必要劳动时间和单位货币代表的价值量不变的情况下，价格的波动反应了供求关系的变动，因而价格具有向市场行为主体揭示供给和需求信息的作用。通过价格走势了解市场供求的变动趋向，无论对于市场上的供应方还是需求方来说，都是作出合理的经济决策的前提条件。

3. 需求与供给。供求关系，顾名思义，是指商品的供给数量与需求数量之间的对比关系。探讨供求关系在市场机制运行中的作用，首先碰到的问题是：供给和需求是如何决定的？

（1）需求。让我们先从需求说起。在市场经济条件下，谈到需求，总是指对商品的有货币支付能力的需要，即对某种商品的现实的购买力，亦即买者在某一特定时间内、在一定价格水平条件下愿意而且能够购买的某种商品的数量。这样定义的需求又称有效需求，也就是既有购买欲望又有货币支付能力的需求。那么，是哪些因素决定着市场需求呢？

商品价格显然是决定需求的首要因素。只有知道了某种商品价格，同时知道货币支付能力的大小，才能确定对该种商品的有效需求。在买者的货币支付能力一定的条件下，用它除以商品的价格，得到的就是对该商品的有效需求的数量。用公式表示就是：

$$Q_d = m/p \tag{25}$$

式（25）表明了有效需求与价格和货币支付能力之间的基本关系。其中，Q_d 表示市场需求；m 表示货币支付能力；p 表示价格。根据该式，在货币支付一定的情况下，商品的价格水平越高，需求量就越小，反之则相反。这是需求与价格之间的一般关系。马克思在分析市场需求时曾谈到，市场需求是“买者的货币条件或生活条件发生变化时所需要的商品量”。他所说的“货币条件或生活条件”，就是指价格和货币支付能力。他还指出，市场需求，“从量的规定性来说，这种需要具有很大伸缩性和变动性。它的固定性是一种假象。如果生活资料便宜了或者货币工资提高了，工人就会购买更多的生活资料，对这些商品就会产生更大的‘社会需要’……另一方面，比如说，如果棉花便宜了，资本家对棉花的需求就会增长，投入棉纺织业的追加资本就会增加，等等”。[①] 这就是说，社会需要的伸缩或变动，是由价格和支付能力的伸缩或变动引起的。

决定需求的第二个重要因素，是我们刚才已经涉及的买者的货币支付能力。根据与前面相同的道理，一般说来，在商品价格一定的条件下，买者的支付能力越大，对这种商品的需求量就越大，反之则相反。货币支付形成对商品购买数量的约束，因而在经济分析中又称为预算约束。而在其他条件不变的情况下，购买者的预算约束的宽松程度，是由其收入水平决定的。也就是说，货币支付能力与收入成正比。事实上，由于存在发达的信用体系，作为全部个人收入加总的社会总收入，在正常情况下总会转化为各种商品市场上的支付能力。收入变动通过货币支付而对商品需求的影响，可以用收入弹性来衡量。所谓收入弹性，是指需求变化的百分比与收入变化的百分比之比，即：

$$e_y = (\Delta Q_d / Q_d) / (\Delta Y / Y) \qquad (26)$$

其中，Y 表示收入。一般而论，生活必需品的收入弹性较小，而非必需品的收入弹性较高。

除以上因素之外，影响需求的因素还有人们对各种商品的需要结构，即各种商品在人们的总需要中所占的比重。需要结构与自然条件、传统习俗、流行时尚、社会制度、经济发展所处阶段等多种因素有关。其中，社会生产力的发展水平或经济发展阶段，是起决定作用的因素。一般说来，在欠发达阶段，生存资料在总需要中所占比重较高；而在比较发达的阶段，享受资料和发展资料所占比重较大。

相关商品的价格是影响需求的另一个因素。这里所说的相关商品，是指具有替代性和互补性的不同商品。替代性商品是指具有类似使用价值的商品，比如大米和面粉，它们都具有解除饥饿的使用价值。对于具有替代性的两种商品，其中一种的价格上涨，而另一种的价格不变，前者的需求就会下降，后者的需求则会上升。这是因为，在获得大体相同的使用价值的前提下，购买者为了得到更大的利益，会将一部分货币支付转向价格相对下降的商品。所谓商品的互补性，则是指对一种商品的需求会连带产生对其他商品的需求。例如，对汽车的需求，会引起对汽油的需求。

在上述所有决定市场需求的因素中，相关商品价格的变动对需求的影

---

① 《马克思恩格斯全集》第25卷，人民出版社1972年版，第210～211页。

响，显然是间接的，因为它对需求的影响是以商品比价变动引起的货币支付转移为中介；需要结构也只有通过货币支付才能转变成有效需求，因而其影响也是间接的。而商品价格和货币支付能力两个因素则对需求起着直接的决定作用，是市场需求形成的关键因素。商品价格是价值即第一种含义的社会必要劳动时间的货币表现，而货币支付能力从本质上说是第二种含义的社会必要劳动时间的货币形式。在货币作为流通媒介和支付手段的条件下，如果第一种含义的社会必要劳动时间给定，从而价格一定，那么，第二种含义的社会必要劳动时间规定的社会总劳动中可用于某种使用价值生产的那部分的数额，总是由一定数量的货币支付能力间接地表现出来的。与此同时，对产品的社会需要，也就转化为由价格和支付能力这样两个货币量值决定的有效需求。因此，反映价格、货币支付能力以及由它们决定的有效需求之间关系的式（25），其实就是本文前面给出的反映两种社会必要劳动与产品需要量之间关系的式（2）的转化形式。只要将式（2）中的两种社会必要劳动时间 v 和 V 分别换成价格 p 和货币支付能力 m，将产品的社会需要量 Q_d 换为有效需求 D，并对等式的两端作相应调整，我们就可以得到式（25）。马克思在谈到市场需求问题时曾指出：

“既然社会要满足需要，并为此目的而生产某种物品，它就必须为这种物品进行支付。事实上，因为商品生产是以分工为前提的，所以，社会购买这些物品的方法，就是把它所能利用的劳动时间的一部分用来生产这些物品，也就是说，用该社会所能支配的劳动的时间的一定量来购买这些物品。”① 我们说与一定价格水平对应的有效需求是第二种社会必要劳动时间的转化形式，基本的道理就在于此。

对某种商品的全部市场需求，是众多的个人需求的总和。对这种商品的货币支付能力的总额，也是众多个人的支付能力的加总。如果假定对某种商品的总支付能力不变，并且将对某种商品的市场需求当作因变量，把价格当作自变量，可以得出这个商品的需求函数：

$$Q_d = f(p) \tag{27}$$

这个函数具有两个基本性质：第一，其一阶导数为负，即 $dQ_d/dp < 0$，这意味着价格越高，需求越小；第二，Q_d 是 p 的单值函数，即对于任一价格水平，有惟一一个需求量与之相对应。由这两个性质决定，需求是

① 《马克思恩格斯全集》第25卷，人民出版社1972年版，第208～209页。

价格的单调递减函数，它描述了前面已说明的支付能力一定时需求与价格的反向变化关系。这样，在一个需求—价格平面上，可以根据这个函数画出需求随价格变化的曲线，即需求曲线。[①] 在图1中，实线 D 和虚线 D' 是两条位置不同的需求曲线。需求随价格变化而沿着需求曲线的变动，叫做“需求数量变化”。例如，图1中，当价格由 p_1 变为 p_2，需求沿实线 D 由 D_1 变为 D_2。而需求曲线有 D 向 D' 的平行的位置移动，称为“需求变动”，这是由价格之外的其他影响需求的因素的变动引起的。支付能力 m 的提高会使需求曲线向右上方移位，反之则向左下方移位。

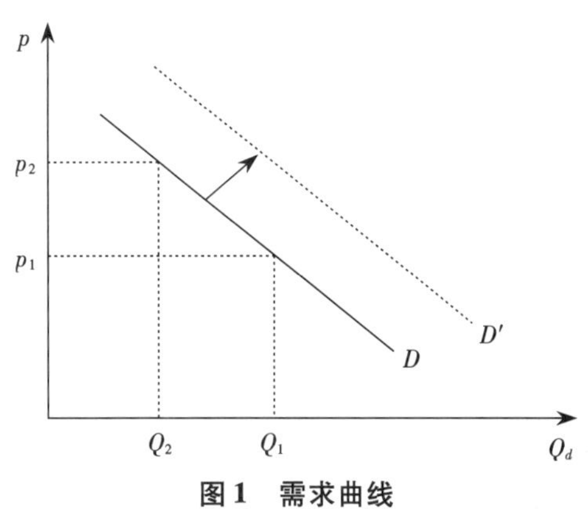

图1　需求曲线

在需求数量变化过程中，需求数量对价格变动反应的程度，称为需求弹性。需求弹性用需求数量变动的百分比与价格变动的百分比来表示，其公式是：

$$e_d = (\Delta Q_d/Q)/(\Delta p/p) = -(\Delta Q/\Delta p)\cdot(p/Q) \qquad (28)$$

根据需求弹性绝对值的大小，可以区分出需求弹性的三种主要类型：（1）$e_d>1$，即弹性充足，这意味着需求数量的变化程度大于价格的变化程度；（2）$e_d=1$，即弹性为1，这意味着需求数量与价格的变化程度相等；（3）$e_d<1$，即弹性不足，这意味着需求数量的变化程度小于价格变化程度。除这三种情况之外，还有两种实际经济生活中较少发生的极端类型，即无限弹性（$e_d=\infty$）和完全无弹性（$e_d=0$）。需求弹性的大小是由什么因素决定的呢？首先，是商品在人们的需要结构中所处的层次。一般

① 在图1中，为了简化论述，我们将需求曲线画为一条直线，但不同商品的需求曲线是不一样的。在许多情况下，它也可能是一条凸向原点的曲线。

而言，生存资料即必需品的需求弹性较小，比如粮食，因为它是生存所必需的，人们不会因价格上涨而不吃饭，也不会因价格下跌而多吃许多饭。相反，非必需品即享受资料和发展资料的价格弹性则较大。其次，是商品用途的多寡。用途越广，需求弹性就越大，反之则反是。再次，是替代品的数目和相似程度。某种商品的替代品的数目越多，替代品的使用价值与被替代的商品越接近，这种商品的价格稍有上涨，人们就会转而购买替代品。而这种商品的价格稍有下降，人们则会放弃替代品而购买这种商品。因此，在这种情况下需求弹性较高。又次，商品的使用寿命也影响需求弹性。一般来说，耐用程度较高的商品需求弹性较小。最后，时间也是影响需求弹性的因素。需求弹性在短期内较小，而在长期内较大。因为，如果时间很短，人们往往来不及用价格下跌的商品来替代其他商品；而在较长的时间内，这样做的可能性就较大。

（2）供给。市场供给是与市场需求相对应的概念。可以这样定义市场供给：卖者或供应者在一定时期内、在一定的价格水平下愿意且能够生产和出售的商品数量。

日常经验告诉我们，随着某种商品的价格上涨，其市场供应量会逐渐增加；而在相反的情况下，供应量则会减少。这里面的道理是什么？我们知道，价格的涨跌直接导致生产者销售收入的增减。在生产成本（购买各种生产要素的支出）一定的情况下，销售收入的增减，又会引起生产者可以得到的经济剩余或盈利（销售收入减去成本之后的余额）的增减。显然，对于以盈利为经营目标的商品生产者来说，价格上涨意味着盈利前景看好，这时增加供应是合理的。而价格下跌则不仅意味着盈利减少，而且还可能使销售收入小于成本即发生亏损，这时减少以致停止生产是合理的。简言之，价格的变动是以引起生产者的盈亏状况的同方向变动为中介机制，导致商品供应量的同方向变动的。

从价格涨跌到供应的增减是要经历一个过程的。可以将供应量随价格变动的调整过程分为长期和短期两种情况。这里所谓的短期，不完全是个时间概念，而是指在某个部门既定的生产能力范围内进行的调整过程；所谓的长期，则是指供应量的调整通过部门生产能力的增减来实现的情况。在短期场合，供应量因价格上涨的增加，是以部门的全部既有生产能力相对于市场需求量存在一定富余为条件的。在价格上涨之前，相对于当时的价格和市场需求量，至少有相当数量的生产条件差、个别劳动生产率低的生产者处于开工不足或停工的状态。由于条件较差的生产者的劳动生产率较低，其产品的个别价值大于由价格表现出来的产品的社会价值。如果个别价值与社会价值之间的差额，大到使产品出售收入在补偿生产成本后盈利很少或没有剩余，那么条件差的生产者就会减产或停产。而如果价格上涨，他们的个别劳动时间与社会必要劳动时间的差额会缩小。当价格上涨到使条件较差的生产者的销售收入，有可能在补偿成本之后，余下一个自己觉得还算满意的剩余或盈利时，他们就会恢复或扩大生产。这时，部门的富余生产能力就被动员起来，产品的市场供应量相应增加。在长期场合，尽管部门的全部生产能力已经开足马力，如果价格仍然上涨，就会有新的投资者在高收益的引诱下进入该部门，形成新的生产能力，从而使供应进一步增加。相反，如果价格在较长时期中持续下跌，条件差的生产者就会关闭工厂，整个部门的生产能力变小，商品供应也就随之减少。

根据以上分析，可以用如下供给函数来描述商品供应量与价格变动对应的变化：

$$Q_s = f(p) \tag{29}$$

其中，Q_s 表示市场供给。这个函数的一阶导数为正数，即 $dQ_s/dp > 0$。这意味着价格越高，供应量越大。依据这个函数，将供应量随价格变化的轨迹画在价格—供应量平面上，就得到一条需求曲线（图 2 中的直线 S）。①

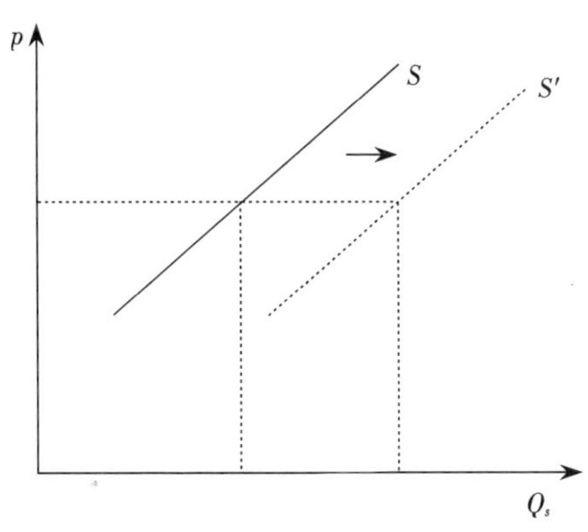

图 2　供给曲线

① 在图 2 中供给曲线是一条直线，但它也可能是一条向右下方凸出的曲线。供给曲线为何种形状，取决于特定商品的供给函数的具体形式。

同区别需求数量变化与需求变动相似，也应当将“供给数量变化”与“供给变动”区分开来。前者是指部门平均生产条件和平均劳动生产率不变时供应量因价格涨跌而发生的变化，后者则是部门平均生产条件和平均劳动生产率变化引起的供给曲线的变动。在价格—供应量平面上，前者表现为供应量随价格变化而沿着一定供给曲线的移动，而后者则表现为供给曲线的位移，如图 2 中所示的曲线 S 向 S' 的移动。从该图可以看出，S 向 S' 发生位移后，相对于同一个价格，生产者愿意提供的供应量增加了。这是部门内不同生产者的生产条件普遍改善、劳动生产率普遍提高的结果。

与需求弹性相对应，也存在着供给弹性。它是用供应量变化的百分比与价格变化的百分比之比表示的供应量对价格变化的反应程度，其数学形式与需求弹性一样，区别只是它取正值而需求弹性取负值：

$$e_s = (\Delta Q/Q)/(\Delta p/p) = (\Delta Q/\Delta p) \cdot (p/Q) \quad (30)$$

与需求弹性类似，供给弹性也有弹性充足（$e_s > 1$）、弹性为 1（$e_s = 1$）和弹性足（$e_s < 1$）三种主要类型。无限弹性（$e_s = \infty$）和完全无弹性（$e_s = 0$）也是较少发生的极端情况。供给弹性的大小，主要是由产品生产周期长短、投入品的价格和所需自然资源的稀缺程度决定的。生产周期较长、投入品价格较贵、所需自然资源稀缺程度较高，供给弹性就较小。

（三）供求关系变动与价格围绕价值的波动

前面，我们分别考察了需求和供给。通过这种考察我们已经知道，在货币支付能力等因素不变情况下，相对于一定的价格，就有相应数量的供给和需求。从这个意义上说，价格决定供给和需求。但是，另一方面，供求的对比关系因为价格之外的其他影响因素的变化而发生的改变，又会反过来影响价格，导致价格的变动。日常的经验告诉我们，由于供求的不一致，市场价格处于经常的波动之中，时而上涨，时而下跌。现在，就让我们来考察供求对价格的影响，并以此为出发点说明价值规律的要求是如何通过供求对比变化引起的价格波动实现的。

供求对比关系无非有三种情况：（1）供求相等；（2）供大于求；（3）供不应求。供求相等，又称为供求均衡。这意味着，在当前价格条件下，需求方所愿意购买的数量正好等于供应方所愿意出售的数量。这时的价格，称为均衡价格，它与商品价值正好相等。如果我们将商品的需求曲线和供应曲线画在同一个价格—数量平面上，那么由这两条曲线的交点决定的价格即为均衡价格，而与这个价格对应的交易量称为均衡交易量。在图3中，纵轴上的点 p_e 为与商品价值相等的均衡价格［按照式（13）对等价交换的定义，$p_e = v_i/v_m$］，横轴上的点 $Q_d = Q_s$ 为供求相等时的均衡交易量。

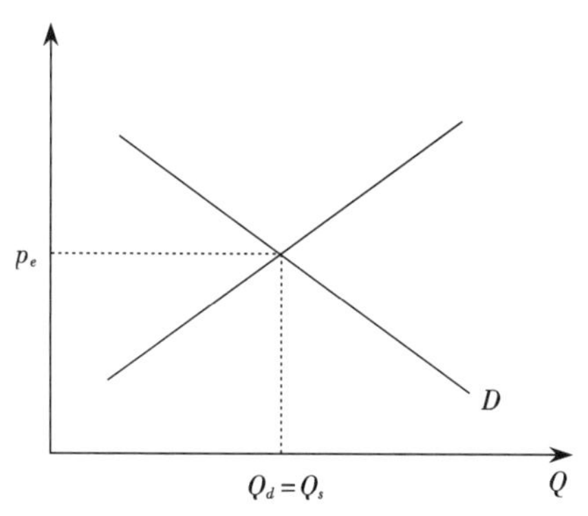

图3　均衡价格与均衡产量

为什么说在供求均衡条件下商品的市场价格恰好等于它的价值？因为，在供大于求的情况下，由于卖者之间的压价竞争，价格呈下降态势；而在供不应求的情况下，由于买者之间加价竞争，价格呈上升态势；而在均衡条件下，供给和需求这两种对价格起相反作用的力量势均力敌，相互抵销。也就是说，它们不再影响价格。而排除了供求影响的价格，必然等于它以一定货币数额表现出来的商品的社会价值或市场价值，即第一种含义的社会必要劳动时间。而这时全部该种商品的市场价格总额，也恰好等于其价值总额即第二种含义的社会必要劳动时间。对此，马克思作过如下论述：

“如果供求一致，它们就不再发生作用，正因为如此，商品就按照自己的市场价值出售。如果有两种力量按照相反的方向发生相等的作用，它们就会相互抵销，而不会对外界发生任何影响，在这种条件下发生的现象，就必须用另外的作用，而不是用这两种力量的作用来解释。如果供求一致，它们就不再说明任何事情，就不会对市场价值发生影响，并且使我们完全无从了解，为什么市场价值正好表现为这样一个货币额。”①

① 《马克思恩格斯全集》第25卷，人民出版社1972年版，第211～212页。

马克思的这段话，是针对与他同时代的某些经济学家的混乱观点而发的。这些人将市场价格混同于商品价值，将供求对价格的影响等同于供求决定商品价值。今天，国内外的某些经济学家仍然因袭这种被成为“供求决定论”的混乱观点，认为只要知道供求关系决定价格就足够了，价值论对经济学完全是个多余的概念。但是他们显然也无法回答马克思的诘问：供求的作用力相互抵销时，市场价格是由什么决定的？马克思还指出：“即使没有由外界情况引起的供求变化，供求关系仍然可以由于商品市场价值的变化而变化。”这就是说，假定在初始时刻供求相等，如果发生商品价值的升或降，在货币价值不变的条件下，作为商品价值的货币表现的价格也会随之成比例地涨或跌，而需求和供应在价格变动的作用下也必然发生减或增。由此可见，“供求关系并不说明生产价值，而是相反，市场价值说明供求的变动。”①

在现实的经济生活中，供求均衡往往是转瞬即逝的，而市场的常态是供求的非均衡。为什么会如此？

第一，在复杂的社会分工基础上产生的众多商品生产者，既互为供求，但又独立经营、分散决策；在实际的市场交易发生之前，作为供应者和需求者，他们主要是根据价格信号来推测一段时期内市场供求的走势。他们由此作出的决策，只是确定了自己愿意提供的交易量，但他们无法确切地知道自己的竞争对手所愿意提供的交易量，所以也就无法准确地判断市场供求的具体数量和自己在其中可以占有的份额。

第二，市场信号的变动，只是已经发生的供求对比关系变化的事后反映，虽然它可能体现了今后一段时间的发展趋向，但不一定是未来长期走势的反映，因而商品生产者根据已经存在的市场信号对长时段内供求发展的预期，很可能与真实的趋势相偏离。

第三，由于未来的市场实际上是不存在的，商品生产者总是根据前期的市场信号作出有关未来的决策。换句话说，今天市场上的商品供应量，是商品生产者根据昨天的市场价格作出的生产决策的结果。而这个结果又会改变供求对比关系，从而影响当前的价格，引起供求的进一步变动。显然，在这样一个调整过程中，供求在某一时刻恰好相等只能是偶然现象。

总之，由于不同商品生产者之间信息的不对称以及市场信息的不完善、不完全，商品的供应与需求的不一致，就成为经常和大量发生的现

① 《马克思恩格斯全集》第25卷，人民出版社1972年版，第214页。

象。这也就意味着，市场价格经常处于与商品的社会价值相偏离的状态。但是，这并不意味着价值规律失去作用。恰恰相反，供求变动导致的价格对商品社会价值的偏离，正是价值规律作为商品生产的内在必然性发挥作用的机制。凭借这个机制，价值规律的要求是作为一种趋势在或长或短的时期内得到贯彻的。马克思在讨论这个问题时，有这样一段重要论述：

“供求实际上从来不会一致；如果它们达到一致，那也只是偶然现象……。可是，在政治经济学上必须假定供求是一致的。为什么呢？这是为了对各种现象要在它们的合乎规律的、符合它们的概念的形态上来考察。另一方面，为了找出供求变动的实际趋势，就要在一定程度上把这种趋势确定下来。因为各式各样的不平衡具有互相对立的性质，并且因为这些不平衡会接连不断地发生，所以它们会由它们相反的方向，由它们互相之间的矛盾而平衡。这样，虽然在任何一定的场合供求都是不一致的，但是它们的不平衡会这样接连发生，——以至就一个或长或短的时期的整体来看，供求总是一致的；不过这种一致只是作为过去变动的平均，并且只是作为它们的矛盾的不断运动的结果。由此，各种同市场价值相偏离的市场价格，按平均数来看，就会平均化为市场价值，因为这种和市场价值的偏离会作为正负数互相抵销。”①

根据马克思的论述，我们可以借助蛛网模型来说明价值规律通过供求作用下的价格波动得到贯彻的机理。首先，将某种商品的市场需求函数和供给函数写成如下具体形式：

$$D_t = a_d p_t + b_d \qquad (31)$$

$$S_t = a_s p_{t-1} + b_s \qquad (32)$$

式（31）为需求函数，它表明时期 t 的商品需求量 D_t 由此时的市场价格 p_t 决定；式（32）为供给函数，它表明 t 时期的商品供应量 S_t 由前期即 $t-1$ 时的市场价格决定。这两个函数的参数 a_d、a_s、b_d、b_s 中，a_d 和 a_s 分别为需求曲线和供给曲线的斜率，前者取负值，后者取正值。假定商品价格在各时期不变，即总有 $p_t = p_{t-1}$，则市场是动态均衡的。这里要强调，这是一个假设，目的是为了像马克思所说的那样，“在一定程度上把这种趋势确定下来”。由这个假设，根据上列供给函数和需求函数，可解得一个惟一的均衡价格 p_e，即商品的市场价值：

$$p_e = (b_s - b_d)/(a_d - a_s)$$

① 《马克思恩格斯全集》第25卷，人民出版社1972年版，第212页。

在均衡条件下，任一时期 t 的供给总是等于需求，即：

$$S_t = D_t$$

将上列需求函数和供给函数代入这个等式得到：

$$a_d p_t + b_d - a_s p_{t-1} - b_s = 0$$

求上式中 p_t 的解，得到一个一阶差分方程：

$$p_t = (a_s/a_d)p_{t-1} + (b_s - b_d)/a_d$$

设初始时刻的价格为 p_0，这个差分方程的解为：

$$p_t = (p_0 - p_e) \cdot (-a_s/a_d)^t + p_e \qquad (33)$$

这个解表示商品价格变动的时间轨迹。这条时间轨迹的具体走向，取决于供给曲线和需求曲线的斜率 a_s 和 $-a_d$ 的绝对值的大小。在数学形式上，这有三种情况：(1) $|a_s| = |-a_d|$；(2) $|a_s| < |-a_d|$；(3) $|a_s| > |-a_d|$。这里，只讨论与我们所要说明的问题相关的第一种情况。

当 $|a_s| = |-a_d|$，由于式（33）中的 $(-a_s/a_d)^t$ 的绝对值在任何时期始终等于1，商品的价格和交易量都按不变的幅度分别围绕均衡价格和均衡交易量上下波动。在图4中，(a) 和 (b) 分别描述了价格和交易量围绕均衡点的波动。在 (a) 中，与供给曲线和需求曲线的交点对应的价格为均衡价格即商品的价值，而与之对应的交易量 Q_e 则为均衡交易量即供求相等时的交易量。基期的价格由横轴上的 p_0 表示。与之对应，由供给曲线决定的第一个周期中的供应量为 Q_1，因为第一期的供应量是基期价格的函数。在供应量为 Q_1 的条件下，根据需求曲线，第一期的商品价格为 p_1，它又决定了第二期的供应量 Q_2，而由需求曲线决定的与之相对应的第二期价格为 p_2。按照相同的办法，我们可以确定以后各期的价格和供应量。将与这些价格和供应量对应的供应曲线和需求曲线上的各点按顺序连起来，就得到图4 (a) 上的图形。而图4中的 (b)，显示了与 (b) 相应的供应量随时间变化的情况，其中纵轴上的点 Q_e 为均衡交易量，图中的虚线表示随时间推移各期供应量围绕均衡交易量发生的波动。从这个图形中可以清楚地看到马克思指出的趋势：向一定方向的偏离会引致相反方向的偏离，即供不应求经过一定时间过程之后会导致供大于求；就一个或长或短的时期的整体来看，由于方向相反的变动的相互抵销，“供求总是一致的”，因而供求均衡是“作为过去的变动的平均”这样一种趋势表现出来的。在实际经济中，不同时期的产量围绕与均衡价格对应的均衡产量发生的上下波动，当然不是像我们用蛛网模型描述的那样的等幅变动，而是像图5所示的不规则变动。马克思所说明的不同方向的偏离相互

抵销的趋势，实际上是在这种不规则的变动中表现出来的。

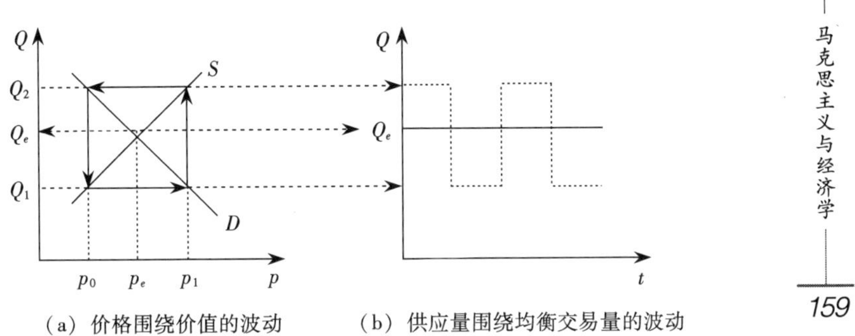

（a）价格围绕价值的波动　　（b）供应量围绕均衡交易量的波动

图 4　价格和供应量围绕均衡点的波动

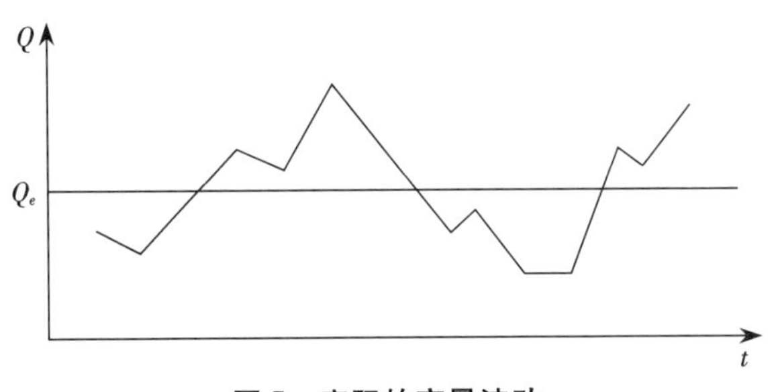

图 5　实际的产量波动

供求波动之所以围绕均衡点发生，而不是向一个方向无限制地发散开去，是因为这种波动始终受到一个中心引力的制约。这个中心引力就是由第一种含义的社会必要劳动时间决定的商品的价值，即图 4（a）中的均衡价格 p_e。在这个图形中我们看到，商品价格随供求波动而发生的变化，始终是在以价值 p_e 为中心的范围 p_0p_1 之间进行的。在供大于求与供不应求的交替作用下，价格对价值的偏离被限制在以价值为中心的特定区间内，以至于从一个较长的时期的整体来看，这些偏离会像马克思所说的那样，因相互抵销而“平均化为市场价值”。而商品的供求关系随价格对价值的偏离而发生的波动，如图 4（b）所示，表现为供应量围绕与均衡价格即价值相对应的恒产量 Q_e 的上下交替变动。供求关系的这种变化，又会反过来引起价格在以价值为中心的相应区间内的波动。这用马克思的话来说就是：“如果供求调节着市场价格同市场价值的偏离，那末另一方面，市场价值调节着供求关系。”① 也就是说，商品价值调节着均衡产量这个中心，供求围绕着这个中心发生波动。

商品价值之所以会成为这样一个引力中心，从表面上看，是供求关系按反方向交替变化的结果。但是，这种交替变化的动力又来自哪里？这个动力来自我们在前面讨论过的市场主体之间的竞争。在供大于求的情况下，卖者之间会采取降价抛售的竞争策略，买者则会在与卖者的交易中采取压价的竞争策略，结果市场价格下跌，供应量随之减少。当这种状况发展到一定程度，一个反向的运动就会由市场主体的竞争而启动：在价格下跌的形势下，只要商品的需求弹性足够大，其市场需求就会增大；而当需求增大到超过减少了的供应量时，买者之间就会采取加价争购的竞争策略，卖者则会在与买者的交易中采取提价的竞争策略，这又会导致市场价格水平回升，随之而来的是供应量的增大和需求的缩减……，如此循环往复。可见，价值这个中心对价格变动的引力，归根结底来自市场主体的竞争。

通过以上关于市场机制的讨论，可以得出这样一个结论：价值规律作为商品经济或市场经济的内在规律，是通过市场主体之间的竞争，以及由竞争引起的供求变动和相应的价格波动来贯彻的。正如马克思在讨论供求关系时指出的：

“要使一个商品按照它的市场价值来出售，也就是说，按照它包含的社会必要劳动来出售，耗费在这种商品总量上的社会劳动的总量就必须同这种商品的社会需要量相适应，即同有支付能力的社会需要的量相适应。竞争，同供求关系的变动相适应的市场价格波动，总是力图把耗费在每一种商品上的劳动的总量平均化为这个标准。”②

四、社会总产品的实现条件

（一）社会总产品的实现问题

在上一节，我们对作为价值规律实现形式的市场机制有了初步的了

---

① 《马克思恩格斯全集》第25卷，人民出版社1972年版，第202页。

② 同上，第215页。

解。之所以这样说，是因为上面对市场机制的讨论，实际上是以一种商品的市场为背景的。在这种背景下对价值规律的作用如何通过市场机制的运行得到实现的说明，还是不全面的。我们知道，所谓市场关系，归根结底是复杂的部门或行业分工条件下不同产品的生产者之间的商品交换关系，或者说是他们之间互为供求的关系。在货币作为交换媒介的条件下，生产者在此一市场上作为买者或需求方出现，在彼一市场上又作为卖者或供应方出现。在前一场合，他们付出货币，取得自己所需要的生活资料和生产资料；在后一场合，他们以取得与自己的产品的价值相当的货币额为条件，向他人转让自己的产品。显然，在每一种产品的市场上发生的买卖行为，都只是千百万种产品的生产者之间纵横交错的交易关系的片面环节。全部社会产品的交换活动，是由在各种产品的市场上发生的各个交易行为有机地联系起来的整体。因此，单就一种商品的市场供求运动，是不能全面地把握价值规律对全部社会产品或社会总产品的生产和交换的调节作用的，所以，还有必要进一步在社会总产品运动的背景下来深化我们对价值规律调节作用的认识。

在市场经济中，社会总产品运动的关键是组成它的各种产品的市场实现问题。而所谓市场实现，也就是社会总产品的各个组成部分通过市场交易在价值和实物两个方面得到补偿。在这里，价值补偿是指产品所包含的价值通过出售而转化为货币，从而使生产中消耗的劳动按社会必要的标准得到补偿。而实物补偿，则是指商品转化为货币之后又通过购买转化为人们所需要的使用价值，从而使生产资料和生活资料的消耗得到补偿。在上一周期中消耗的生产资料和生活资料的补偿，是社会生产得以在本期重新展开即进行再生产的物质条件。而在市场经济中，因分工而互为供需的不同商品生产者要使自己在生产和生活两个方面所需要的使用价值得到补偿，又以他们自己的产品能够售出，即产品的价值得到实现为前提。因此，对社会总产品的周期运动或社会再生产的考察，必须同时从价值补偿和物质补偿两个方面进行。通过这种考察，我们可以了解价值规律是如何对社会总产品的周期运动发生调节作用的。

在本文第三部分中，我们在谈到商品的价值形成和价值构成时，曾经说明，商品的价值是由生产资料的转移价值和新增价值两个部分构成的。单个商品是如此，作为各种商品总和的社会总产品也是如此。也就是说，从价值形式上看，社会总产品也包含生产资料价值和新增价值两个部分。从实物形式上看，社会总产品是由种类以百万计、千万计的不同使用价值组成的，是一个高维数的巨大产品集合。要对这样一个集合中的不同产品之间的数以亿次计的交换关系进行考察，并由此把握社会总产品运动或社会再生产的市场实现条件，其繁难程度是可想而知的。但是，社会总产品集合中包含的所有产品，都可以分别归入两大类，即生产资料和生活资料。如果将社会生产也按这样的归类分为两个部类，即生产资料生产部门和生活资料生产部类，就可以使我们的分析大大简化。不过，作这种划分并不仅仅是出于简化分析的考虑。著名的马克思主义经济学家欧内斯特·曼德尔在解释这一点时指出："选择这两个部类作为所生产的商品量的基本划分，决不是任意的，而是与人类生产的一般的基本性质相适应的……。如果不建立与自然界的物质变换，人类便不能生存。而如果不使用工具，人类便不能实现那种物质变换。因此，人类的物质生产总是至少要由工具和生存资料构成。"①

让我们用 w_1 和 w_2 分别表示两个部类的产品价值总额，用 c_1 和 c_2 分别表示两个部类的产品价值中的生产资料转移价值，再用 n_1 和 n_2 分别表示两个部类产品中的新增价值；那么，在任一生产周期 t 结束时，两个部类的产品价值构成就可以写为：

$$\begin{cases}(1)\quad c_1^t + n_1^t = w_1^t \\ (2)\quad c_2^t + n_2^t = w_2^t\end{cases} \tag{34}$$

其中，价值总额 w_1^t 所对应的实物是生产资料，而价值额 w_2^t 对应的实物是生活资料，二者之和是全部社会产品的总价值，即经济统计中的社会总产值。这里要强调的是，将时间引入对社会总产品实现条件的分析，具有重要的意义。因为，在任一生产周期 t 中生产的社会总产品，形成下一生产周期中的商品供应，其价值和使用价值的实现，取决于社会在接下来的生产周期 $t+1$ 对两部类产品的有效需求。就是说，只有引入时间，才能在连续进行的社会再生产过程中将供给和需求明确地区分开来。

下面，我们将利用式（34），对社会总产品的实现条件进行讨论。为了便于分析，我们假设：（1）两个部类的劳动生产率不变，从而生产两种产品的第一种含义的社会必要劳动时间即单位产品价值不变；（2）生产资料的价值在一个生产周期内已全部转移到产品价值中去；（3）作为两个部门之间交换媒介的货币的价值也不变；（4）经济中事先存在足以媒介两部类之间的产品交换的相应数量的货币。

① 《〈资本论〉新英译本导言》，中共中央党校出版社 1991 年版，第 92 ~ 93 页。

（二）简单再生产条件下的社会总产品实现条件

先说简单再生产条件下的市场实现。简单再生产是指各周期之间生产规模没有变化的情况，即社会在两个部类中投入的劳动量不变，生产资料的使用量也不变，从而两个部类的产量也没有变化。在这种情况下，社会总产品的市场实现是通过三个方面的交换关系达成的：（1）生活资料生产部类内部的交换，即与新增价值 n_2^t 对应的生活资料，在 $t+1$ 时期全部为该部类的生产者所购买。（2）两个部类之间的商品交换，即生产资料部类的生产者创造的新增价值 n_1，也要用来购买生活资料。因为经过生活资料生产部类内部的交换，已有与 n_2^t 对应的一定数量的生活资料退出市场，为生活资料生产部类的生产者所消费，所以，与生产资料部类的 n_1^t 对应的实物形态为生产资料的那部分产品，只能与对应于生活资料部类的转移价值（c_2^t）的那部分产品相交换。通过这种交换，生产资料部类的生产者获得相应数量的生活资料，而生活资料部类的生产者得到相应数量的生产资料，使该部类在前一期生产过程中消耗的生产资料得到补偿。由于这种交换发生在 $t+1$ 时期，由（c_2^t）形成的对价值量为 n_1^t 的生产资料的购买应表示为 c_2^{t+1}；反过来说，由（n_1^t）形成的对价值量为 c_2^t 的生活资料的购买，应表示为 n_1^{t+1}。（3）生产资料部类内部不同生产者之间的交换。经过与生活资料部类的交换，生产资料部类剩下的产品的价值量为 c_1^t。这部分产品必须足以补偿生产资料部类自身的消耗。

由以上分析，可以引出关于简单再生产经济中的社会总产品实现的三个公式。在新的生产周期内，生产资料部类要向生活资料部类出售的产品中包含的新增价值，必须等于生活资料部类为补偿上个生产周期的消耗而在新的周期需要购买的生产资料的价值，即：

$$n_1^{t+1}=c_2^{t+1}$$

显然，要使这个条件得到满足，对于任一生产周期，生产资料部门的产品中的新增价值都必须等于生活资料部门的产品中的转移价值：

$$n_1^t \equiv c_2^t \quad \forall t \geqslant 0 \qquad (35)$$

恒等式（35）体现了两大生产部类之间互为供需的关系，说明要使简单再生产正常进行，就必须使生产资料部类的生产者对生活资料的需求（这同时形成对生活资料部类的生产者所需的生产资料的供应），与生活资料部类的生产者对生产资料的需求（这同时形成对生产资料部类的生产者所需生活资料的供应）在价值上相等。只有满足了这个等式的要求，两个部类的生产者才可能在按等价原则实现产品的价值补偿的同时，也实现物质补偿，使各自对生产资料和生活资料的需要得到满足。如果 $n_1^t < c_2^t$，生活资料部类对生产资料的需要就得不到满足，在上一个生产周期消耗的生产资料得不到补偿，无法维持规模不变的再生产。同时，这表明整个社会对生活资料的有效需求不足，生活资料部类的一部分产品卖不出去，耗费在这些产品上的劳动不能按社会必要标准得到全部补偿。如果 $n_1^t > c_2^t$，则意味着生产资料部类的部分产品卖不出去，该部门的生产者对生活资料的需要因而得不到满足。式（35）是简单再生产条件下社会总产品实现的前提性条件。

以前面的分析为基础，还可以导出另一个公式：

$$w_2^t = c_2^t + n_2^t = n_1^{t+1} + n_2^{t+1} \tag{36}$$

这个等式意味着，简单再生产要顺利进行，在时期 t 形成的生活资料部类的全部产品的价值总额（该式的左端），应当等于两个部门的生产者在 $t+1$ 时期对生活资料的有效需求总额（该式的右端），即社会对生活资料的总供给和总需求应当相等。用类似的方法，还可以导出第三个公式：

$$w_1^t = c_1^t + n_1^t = c_1^{t+1} + c_2^{t+1} \tag{37}$$

这个等式的左端是由生产资料部类的全部产品构成的生产资料供应的价值总额，而右端是两个部门的生产者对生产资料的有效需求总额。这个等式的含义是，简单再生产要顺利进行，社会对生产资料的供给和需求就应当相等。

（三）扩大再生产条件下的社会总产品的实现条件

在以上对简单再生产条件下社会总产品实现条件讨论的基础上，可以进一步讨论扩大再生产条件下社会总产品的实现条件。所谓扩大再生产，简单地说，就是通过增加生产资料和劳动的投入来扩大生产规模。显然，扩大再生产必须具备两个前提条件：（1）除补偿本期生产资料的消耗之外，生产资料部类还有多余产品作为追加的生产资料；（2）进行扩大再生产还需要追加劳动力，这就需要有追加的生活资料，因而要求生活资料部类提供多余产品。

两个部类的所需追加的生产资料，显然只能来自与生产资料部类的产品价值中的新增部分对应的产品。因为，扩大再生产是在维持原有生产规模进行基础上发生的，生产资料部类的产品中价值量为 c_1^t 的产品，必须用来满足本部门补偿消耗的生产资料的需要，因而两个部类追加的生产资料只能来自生产资料部类的产品中与新增价值 n_1^t 相对应的那部分产品。为了维持生产资料部类原有的劳动力再生产的需要，这部分产品中要拿出一部分来与生活资料生产部类交换价值量为 c_2^t 的生活资料。此外，追加劳动力需要的追加生活资料也要用与新增价值对应的一部分产品来同生活资料部类相交换。因此，生产资料部类的新增价值必须大于生活资料部类的生产资料转移价值 c_2^t。可见，从追加生产资料方面来说，扩大再生产必须满足的条件是：

$$n_1^t > c_2^t \quad \forall t \geqslant 0 \tag{38}$$

两个部类所需的追加生活资料，显然也只能来自与生活资料部类的产品价值中的新增价值相对应的产品。从这部分产品中扣除了生活资料部类自身维持原有劳动力规模所需的产品之后的余额，构成两个部类追加的生活资料的来源。设两个部类维持时期各自原有劳动力规模所需生活资料的价值在其新增价值中所占比重分别为 α 和 β，那么，要扩大生产还要满足以下不等式的要求：

$$(1-\beta)n_2^t > \alpha n_1^t \quad (0<\alpha<1,\ 0<\beta<1) \quad \forall t \geqslant 0 \tag{39}$$

式（39）中的 αn_1^t 是一个与 c_2^t 相等的价值额。式（38）和式（39）是扩大再生产的前提条件。

根据以上讨论，扩大再生产条件下的生产资料的供求平衡关系可以用等式表示为：

$$w_1^t = c_1^t + n_1^t = c_1^{t+1} + c_2^{t+1} + \Delta c_1^{t+1} + \Delta c_2^{t+1} \tag{40a}$$

其中，Δc_1^{t+1} 和 Δc_2^{t+1} 代表两个部类为扩大生产而追加的生产资料的价值量。由于在再生产正常进行的条件下必有 $c_1^t = c_1^{t+1}$，可以从该式的两端消去这两项，这样，我们又得到：

$$n_1^t = c_2^{t+1} + \Delta c_1^{t+1} + \Delta c_2^{t+1}$$

或

$$(1-\alpha)\ n_1^t = \Delta c_1^{t+1} + \Delta c_2^{t+1} \tag{40b}$$

式（40a）表明，在扩大再生产条件下，从生产资料的供求方面看，社会总产品的实现条件是：t 时期形成的生产资料部类的新增价值，应当与 $t+1$ 时期生活资料部类为补偿消耗而购买的生产资料的价值和两部类追加的生产资料的价值之和相等。式（40b）则表明，在扣除了与 c_2^t 交换生活资料的部分之后，生产资料部类新增价值的剩余，应当与两个部类扩大再生产所需的追加生产资料的价值相等。

扩大再生产条件下生活资料的供求平衡关系可以表示为：

$$c_2^t + n_2^t = g_1^{t+1} + g_2^{t+1} + \Delta g_1^{t+1} + \Delta g_2^{t+1} \qquad (41a)$$

其中，g_1^{t+1} 和 g_2^{t+1} 分别表示与时期 t 的消费水平相对应的两个部类在 $t+1$ 时期对生活资料的有效需求；$\Delta g_1^{t+1} + \Delta g_2^{t+1}$ 则表示因扩大再生产而产生的对生活资料的有效需求增量。在社会再生产正常进行条件下，上式左端的 c_2^t 与右端的 g_1^{t+1} 是相等的价值量，可以从两端同时消去。而其中的 g_2^{t+1}，在价值量上等于 βn_2^t。这样，我们得到：

$$n_2^t = g_2^{t+1} + \Delta g_1^{t+1} + \Delta g_2^{t+1}$$

或

$$(1-\beta) n_2^t = \Delta g_1^{t+1} + \Delta g_2^{t+1} \qquad (41b)$$

式（41a）说明，在扩大再生产条件下，从生活资料的供求关系方面看，社会总产品的实现条件是：生活资料部类的新增价值应当与生活资料部类原先用于满足自身需要的生活资料以及两部类追加的生活资料的价值相等。式（41b）则表明，在生活资料部类的新增价值中扣除为维持原消费水平所需的部分之后，剩余的部分应当等于两个部类追加的劳动力所需生活资料的价值。

（四）以两部类结构平衡为基础的社会总供求平衡

从以上关于简单再生产和扩大再生产两种条件下社会总产品市场实现条件的讨论，可以引出以下这样一个推论：社会总供给与总需求的平衡以社会总产品实现条件所要求的部类之间的结构平衡为基础。这里所谓社会总供给，是指两个部类在时期 t 的实际产出的价值总和，即社会总产值。所谓社会总需求，则是指社会在 $t+1$ 时期对两类产品的有货币支付能力的需求数量或有效需求的总和。而总量平衡以结构平衡为基础的具体含义是，要使社会总需求与社会总供给平衡，必须同时满足两个条件：（1）两个部类产品的供给和需求之间应当保持价值量的平衡，即这两个部类的产品价值总额与社会对这两种产品的货币支付能力和意愿相等；（2）两个部类产品的供给和需求之间应当保持实物量的平衡，即两个部类的产量等于为进行社会再生产所需要的数量。

根据前面的讨论，简单再生产条件下的总供求平衡可以用下式表示：

$$c_1^t + n_1^t + c_2^t + n_2^t = c_1^{t+1} + c_2^{t+1} + n_1^{t+1} + n_2^{t+1} \quad (42)$$

扩大再生产条件下的总供求平衡则可以表示为：

$$c_1^t + n_1^t + c_2^t + n_2^t = c_1^{t+1} + c_2^{t+1} + \Delta c_1^{t+1}\Delta c_2^{t+1} + g_1^{t+1} + g_2^{t+1} + \Delta g_1^{t+1} + \Delta g_2^{t+1} \quad (43)$$

式（42）和式（43）的左端都代表时期 t 的社会总产值即总供给，右端都是 $t+1$ 时期总需求。令 P 等于这两个式子的右端，C 等它们左端的前两项或前四项之和，G 等于后两项或后四项之和，则这两个式子可以简化为：

$$P^t = C^{t+1} + G^{t+1} \quad (44)$$

这个式子的含义是：时期 t 的社会总产值等于 $t+1$ 时期社会对生产资料和消费资料的有效需求之和。这是对简单再生产和扩大再生产都适合的总供求平衡的一般公式，它没有反映扩大再生产与简单再生产相区别的特征。

为了说明扩大再生产条件下总供求平衡的特征，让我们进一步研究前面给出的式（43）。在该式中，由于 $c_1^t + c_2^t$ 与 $c_1^{t+1} + c_2^{t+1}$ 可以同时消去，而 $g_1^{t+1} + g_2^{t+1} = \alpha n_1^t + \beta n_2^t$，调整上式后得到：

$$(1-\alpha)n_1^t + (1-\beta)n_2^t = \Delta c_1^{t+1}\Delta c_2^{t+1} + \Delta g_1^{t+1} + \Delta g_2^{t+1} \quad (45)$$

上式的左端，是两个部类在时期 t 形成的新增价值扣除了与扩大再生产前社会所消费的生活资料的价值之后的余额，即时期 t 的积累基金或储蓄；该式的右端是为了扩大再生产而需要在时期 $t+1$ 追加的生产资料和生活资料的价值，即时期 $t+1$ 的投资。该式表明了扩大再生产条件下总供给与总需求平衡的特征性条件：前一个生产周期形成的储蓄等于下一生产周期的投资需求。如果两部类的新增价值中用于维持原有生活资料消费水平的部分所占的比例相等即 $\alpha=\beta$，再用 ζ 来代表这个比例，则上式又可以改写为：

$$(1-\zeta)(n_1^t + n_2^t) = \Delta c_1^{t+1}\Delta c_2^{t+1} + \Delta g_1^{t+1} + \Delta g_2^{t+1} \quad (0<\zeta<1)$$

令 $N = n_1^t + n_2^t$，$I = \Delta c_1^{t+1}\Delta c_2^{t+1} + \Delta g_1^{t+1} + \Delta g_2^{t+1}$，$s = 1-\zeta$，则上式可进一步简化为：

$$sN^t = I^{t+1} \quad (46)$$

其中，s 为储蓄率；N^t 为在时期 t 内形成的社会总产值中包含的新增价值；I^{t+1} 为下一生产周期的投资需求。

（五）价值规律在社会总产品实现过程中的展开

从以上关于社会总产品实现条件的所有讨论，可以得出一个总的结论：社会再生产要持续进行，两大部类的生产之间必须保持合理的比例。只有在比例合理的情况下，两个部类的价值和实物补偿才能同时实现，这意味着商品经济运行的基本法则——价值规律——的要求得到了贯彻。换句话说，社会总产品实现条件归根结底不过是价值规律的展开形式。让我们来详细说明这个问题。

我们知道，商品的有效需求是第二种含义的社会必要劳动的表现形式。对两部类的产品的有效需求，也就是这两类产品的第二种含义的社会必要劳动。如果用 p_1^{t+1} 和 p_2^{t+1} 表示两类产品在时期 $t+1$ 的市场价格；v_1 和 v_2 表示两类产品的第一种含义的社会必要劳动量，即生产这两类产品的平均劳动耗费；Q_{1s}^t 和 Q_{2s}^t 表示两部类的在时期 t 形成的产品供应量，Q_{1d}^{t+1} 和 Q_{2d}^{t+1} 表示两部类产品的市场需求量，v_m 表示货币价值，则两部类产品的供求平衡又可以写为：

$$\begin{cases}(1)\quad v_1 Q_{1s}^t = v_m p_1^{t+1} Q_{1d}^{t+1} \\ (2)\quad v_2 Q_{2s}^t = v_m p_2^{t+1} Q_{2d}^{t+1}\end{cases} \tag{47}$$

在劳动生产率不变从而 v_1 和 v_2 不变且 v_m 不变的条件下，上式是否得到满足，取决于两部类的实际产出 Q_{1s}^t 和 Q_{2s}^t 与社会需求 Q_{1d}^{t+1} 和 Q_{2d}^{t+1} 之间的关系。两部类的实际产量与社会需求量的一致，以前面说明的一系列两部类平衡关系得到满足为前提。只有在这个前提下，两个部类的产品价格总额乘以货币价值，都正好等于两部类各自的第二种含义的社会必要劳动量；而根据第二种含义的社会必要劳动的定义式（4）（$V=vQ_d$），这时单位产品的售价所代表的社会劳动量 $v_m p_1^{t+1}$ 和 $v_m p_2^{t+1}$ 必然等于两部类产品各自的第一种含义的社会必要劳动量（$v=V/Q_d$），或者说，这时的产品售价就是正好与第一种含义的社会必要劳动相等的均衡价格。这就是我们说社会总产品的市场实现条件是作为价值规律的基本要求的表现形式的道理，就在于此。

如果 Q_{1s}^t 与 Q_{2s}^t 之间的比例背离了两部类平衡关系的要求，式（47）所表示的价值平衡关系是否还能够维持？由于社会需求相对于价格变动可以在一定幅度内伸缩，式（47）是有可能通过两种产品的市场价格 p_1^{t+1} 和 p_2^{t+1} 偏离它们的价值即均衡价格（$p_{1e}=v_1/v_m$，$p_{2e}=v_2/v_m$）的上涨或下跌来实现。不过，这时两个部类之间的产品交换是非等价的。因为，在社会总劳动时间一定的条件下，如果生产资料的实际产出超过需求，则生活资料产出相对于其社会需求来说必然不足，在这种情况下必然会有 $v_1/v_m < p_1^{t+1}$ 和 $v_2/v_m > p_2^{t+1}$ 同时发生。在相反的情况下，则必然会有 $v_2/v_m < p_2^{t+1}$ 和 $v_1/v_m > p_1^{t+1}$ 的情况同时出现。如果两类产品在使用价值上可相互替代，对它们的有效需求具有足够的价格弹性，即同时发生的一个部类的产品的价格上涨和另一部类的产品价格下跌引起的两类产品的有效需求的相应增减，恰好使两部类的产品都全部售出，那么，在两部类产品非等价交换的情况下，式（47）表示的价值量平衡仍然能够维持。

但是，立即需要指出的是：这只是一种可能的情况，而且是只有在两部类的实际比例关系与平衡状态发生不太严重的偏离时才可能出现的情况。为什么这样说？道理很简单：两部类的产品在使用价值或用途上是不能随意替代的。例如，钢铁不能替代粮食。即便某种产品既可以用于生产，又可以用于消费，但它在两种用途之间的替代也是有限度的。例如谷物，既可以用做种子，又可以用做食物，但人们不会因为作为种子的谷物的产量超过需求，谷物价格下跌，就每天多吃几顿饭。由于存在这样的限制条件，两部类的实际产出比例若与平衡关系偏离的程度过大，就会发生这样的情况：一个部类有相当数量的某些产品根本卖不出去，耗费在这部分产品上的劳动对社会成为无效劳动；同时，另一个部类的某些产品却因投入的劳动相对于社会需要的规模太小而短缺。可见，在社会总劳动时间一定的条件下，一个部类因产品供大于求浪费的劳动，必与另一部类劳动投入的不足相伴。

（六）两大部类比例的调节机理

正因为社会总产品的实现条件是价值规律的展开形式，它在社会再生产过程中的贯彻，也是通过竞争、供求关系变动和市场价格围绕商品价值的波动，作为一种长期趋势实现的。这也就是说，社会总产品实现要求的平衡关系，是以我们在前一节就单种商品说明的市场调整过程为基础，在由各类商品的市场调整过程的相互作用和有机联系构成的社会再生产运动中实现的。具体说来，社会总产品实现的平衡关系作为一种趋势实现的一般机理有如下述。

各种商品市场的供求变动引起的这些商品的价格变动，会改变各种商品之间的价格比例或交换价值的；在各种产品的部门平均劳动生产率或部门平均劳动耗费一定的条件下，比价的变动会引起不同部门的生产者之间的不等价交换；产品供不应求部门的价格高于价值，产品供大于求部门的价格低于价值，这两类部门的生产者在进行交易时一方受益则另一方受损；作为比价变动后果的不同部门生产者的利益损益，会在这些生产者之间引起趋利避害的竞争，从而导致生产资源在不同部门的转移，即生产资源流入产品供不应求、价格上涨的部门，同时退出产品供大于求、价格下跌的部门；随着生产资源的这种转移，社会总产品的结构即各部门的产出比例发生相应的调整；在反复进行的这种调整过程中，社会总劳动在不同部门的分配不断调整，使得包含所有这些部门在内的两大生产部类的比例，呈现出与社会总产品实现所要求的平衡关系相一致的趋势。应当指出，社会在这种调节过程中是要付出代价的，这个代价就是前面论及的劳动时间的浪费。在市场交易主体分散决策、相互间信息不对称以及市场不完善和不完全的条件下，这种代价是不可避免的。

五、劳动市场和资金市场

现代经济中的市场，是一个以多种商品市场为基础，同时包括劳动市场和资本市场在内的复杂体系。商品生产者所需要的劳动和资金，是通过在这两个市场中与劳动力和企业、企业与资金所有者的交易取得的。劳动市场和资金市场的存在，以及它们与作为一个整体的商品市场的联动，或者说，它们适应社会总产品运动或社会总供求变动而对劳动和资金供应的调节，是整个市场体系运转起来必要条件。让我们先讨论劳动市场。

（一）劳动市场

在现代市场经济中，企业与劳动者之间的经济关系，具有与一般商品买卖相似的地方。企业是劳动的需求者，而劳动者是劳动的供应者，企业录用劳动者和劳动者进入企业是双方自主选择的结果，像一般商品交易一样，表现为供求双方的自愿契约；企业按劳动时间的长短和工作条件付给劳动者相应的工资，则表现为劳动的“价格”，好像企业购买了劳动者的劳动。而且，工资这个“劳动价格”，也是随竞争和供求关系的变动而变动的，即像一般商品一样，供大于求则下跌，供不应求则上涨。但是，劳动其实是不能像一般商品那样被买卖的，因为它的“买卖”行为发生时，它本身还根本不存在，而不存在的东西是无法买卖的。而且，劳动也不可能具有价格，因为它本身就是价值的实体，而价格不过是价值的货币表现，说劳动有价格，与说重量的重量、长度的长度一样荒唐。从本质上说，无论在资本主义私有制或社会主义公有制条件下，企业与劳动者之间的这种“市场交易”，都不是以“劳动的买卖”为真实内容的。所谓“劳动买卖”，只是与一般商品交换在形式上的类似性造成的幻象。对于它在不同经济制度下的具体的经济关系含义，我们将在有关部分分别加以分析。不过，我们仍按照流行的说法，用“劳动市场”来概括同一般商品市场联动的社会劳动的供求机制。

让我们还是从供求关系入手展开讨论。先看劳动的供给。对于一个社会来说，决定劳动供应量的基本因素是它的人口规模和人口年龄结构。人口规模越大、劳动年龄人口在总人口中所占比重越高，则劳动力的数量越大，从而劳动供应量越大。由于人口再生产需要较长周期，人口年龄结构在较短时期内不会有多大变化，因而可以认为劳动供应量在短期内是一个常量。这里要指出的是，虽然工资表现为劳动的“价格”，但工资的变动对全社会的劳动供应总量影响很小，甚至可以说是微不足道的。因为，所谓劳动力的所有者向市场提供劳动，也就是劳动者就业，而在就业还是不就业的问题上，绝大多数劳动者是没有选择余地的。而劳动者一旦就业，就必须按照法定的工作日，在劳动合同规定的期限内，不断向企业提供劳动。当然，在工资提高的情况下，劳动者有时愿意增加劳动的供应量，例如，为了得到工资之外的加班费而加班加点等。但这一般是临时性的，并不意味着在整个劳动市场上劳动的“价格”都提高了，而且加班加点还要受到政府的劳动立法的限制。

再看劳动的需求。显然，一个社会的生产规模越大，它对劳动的需求量就越大，反之则相反。社会生产规模是由两个基本因素决定的：一是社会生产的部门结构或产品种类；二是各个部门的产量。若一个社会生产 n 种产品，生产一单位每种产品所需的社会平均劳动量为 t_i（$i=1，2，3，\cdots，n$），并用 Q_i 表示每种产品的产量，则这个社会的劳动总需要量 L 为：

$$L_d = \sum t_i Q_i$$

假定：（1）生产各种产品的劳动生产率不变，从而 t_i 不变；（2）产品种类数 n 即社会生产机会集合的维数不变，则社会总劳动需要量是产量

Q_i 的单调递增函数。为了简化分析，可以将这个社会设想为一个生产一种"综合商品"的大工厂，各部门生产的每一件商品不过是生产一单位这个"综合商品"的零部件。这样，上式就可以简化为：

$$L_d = f(Q) \tag{48}$$

这就是社会的总劳动需求函数。在这个总劳动需求函数中，仍然没有"劳动价格"的地位，其原因我们将在下面的分析中说明。

根据式（48），可以在一个劳动—产量平面上画出劳动需求曲线 L_d，它是一条向右上方倾斜的直线。在这个平面上，不变的劳动供给 L_s 也是一条直线，它平行于代表产量的横轴。这就是图 6（a）。图 6（b）是从图 4 中移过来的产量随时间推移围绕均衡产量等幅波动的图形。在图 6 的（a）、（b）两个部分中，产量轴上的 Q_e 都表示商品市场上与价值对应的均衡产量。当商品的市场供应量随时间发生（b）中所示的波动，即产量的扩张和收缩交替出现，在劳动市场上必然随之发生如（a）中所示的劳动需求的相应波动。图中两个尖括号表示劳动供给与需求之间的缺口：高于劳动供给曲线的那个缺口代表劳动供不应求，即劳动的短缺，其原因是商品价格因供不应求而上涨导致的生产规模扩张，超过了固定的劳动供给所允许的范围；低于劳动供给曲线的缺口表示劳动供大于求，即劳动的剩余，其原因是商品价格因供大于求而下跌导致生产规模收缩，使劳动需求降低到固定的劳动供给之下。在劳动的供求波动过程中，如果在某一个时刻，商品的市场供应量正好等于供求一致时的均衡产量，而由这个均衡产量决定的劳动需求又正好等于供给，即劳动供给曲线与需求曲线相交，社会就达到理想的完全就业状态。这意味着生产正处在社会生产机会集合的边界上。

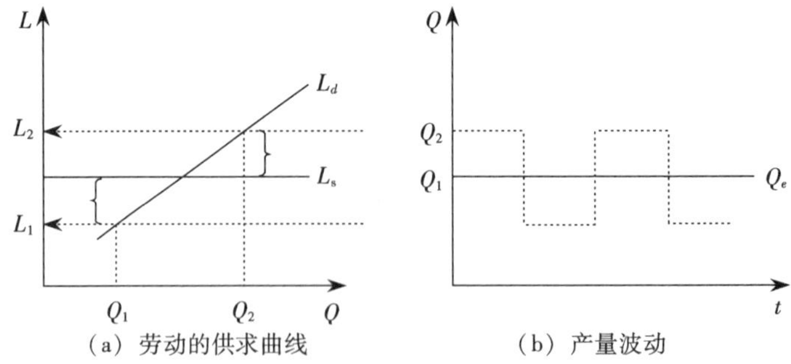

（a）劳动的供求曲线　　（b）产量波动

图 6　劳动市场与商品市场

但是，如同商品市场的均衡一样，这也是一种偶然的、转瞬即逝的状态，或者说是根本没有发生过的事情。事实上，在实际经济生活中，不仅在商品供大于求时，产量收缩会使一部分劳动者处于失业状态，就是在相反的情况下，也会有一部分人因某种缘故（例如，正处于选择工作岗位的过程中）而暂时处于劳动队伍之外。在市场经济中，小部分失业者的存在不仅是难免的，而且，如果社会的总人口处于低增长状态，没有足够的新增劳动力，部分劳动者的失业还是社会生产规模适应商品市场供求变化而调整的必要条件。因为，基期有劳动供应的富余，本期的生产才有可能由收缩转为扩张。因此，经济学家根据经验，将充分就业定义为失业者在全部劳动年龄人口中的比重即失业率低于4%的状态。如果失业率超过这个警戒线，呈持续攀高态势，那就意味着商品市场上过剩产品正越积越多，企业成批停产和倒闭，大批劳动者失去工作，社会生产脱离了正常轨道，市场机制已失去了自动校正供求偏离的作用。

在上述劳动市场与商品市场的联动机制中，商品市场的供求波动始终是第一推动力，而劳动市场供求变动总是追随着商品市场供求变动。而所谓“劳动价格”即工资的变动，又总是劳动市场供求变动引起的劳动市场竞争格局变化的被动结果。当劳动供不应求时，劳动供应方处于有利地位，这迫使需求方中的不同企业以提高工资的办法来与竞争对手争夺劳动者；在相反的情况下，劳动需求方处于有利地位，这迫使供应方中的不同劳动者为保住自己的工作岗位而接受较低的工资。但是，工资这个所谓的“劳动价格”的变动，并不具有商品价格变动那种制约供求的作用。前面，我们已经指出，为什么工资的变动对社会的劳动供应总量不起作用。现在要说明的是，它对劳动需求总量也不起调节作用。在商品供大于求的情况下，劳动需求减少的原因并不是工资太高，而是商品市场的有效需求不足，产品没有销路，企业减产或停产；这时，将压低工资水平当作平衡劳动供求的良方，无异于饮鸩止渴，因为这不仅不能使有效需求增加，反而会使有效需求进一步减少。须知，产品的有货币支付能力需求的大部分，正是来自占人口大多数的劳动者的工资收入，压低工资是与扩大有效需求、刺激产量增长从而增加劳动需求南辕北辙的。在商品供不应求的情况下，企业劳动需求增大，也不是因为工资太低，而是因为有效需求相对于现有生产规模太大，导致商品价格上涨，从而激发了企业的产量扩张冲动。这时提高工资，由于不变的社会总劳动供给的限制，劳动供应量是不会有多少增长的。

可见，就一个社会的劳动总供求而言，工资这个劳动的“价格”不具有商品价格那种协调供求的作用。真正起调节作用的，还是商品市场上的供求变动，更具体地说，是商品市场上有支付能力的需求与商品供应量之间关系的调整。我们在分析商品需求时曾说明，收入水平和商品价格是决定有货币支付能力的需求的两个基本因素。所以，说有效需求制约劳动供求，也就是说这两个因素制约不断变动的劳动需求与相对稳定的劳动供应的关系。在社会成员的货币收入水平不变的情况下，商品价格的上涨，在刺激企业增加供应量从而扩大劳动需求的同时，会使有效需求变小，而这又会对生产的扩张形成制约，抵销商品价格上涨带来的产量扩张冲动，从而使劳动供不应求被限制在一定的范围内；相反，商品价格的下跌，在促使企业减少供应量从而导致劳动需求减少的同时，又会使有效需求增大，而这又会对生产的收缩形成制约，从而将劳动的供不应求抑制在一定范围内。因此，调节劳动供求的，归根结底还是商品市场上的价格变动，而不是什么“劳动价格”。至于决定有效需求的另一个因素，即社会的一般收入水平，其变化当然也会影响有效需求。但是，它的作用正与商品价格相反。在劳动供大于求的情况下，收入是随工资的下降而变小的，而这种变化不仅不会使劳动供大于求的趋势得到抑制，反而会进一步加大问题的严重性。在劳动供不应求的情况下，收入随工资的提高而变大，但由于有不变的劳动供应的制约，收入提高并不能使劳动的供求平衡。要使商品价格变动对劳动供求的协调作用有效地发挥出来，前提是社会的一般收入水平变动的幅度，必须小于方向相反的商品价格的变动幅度。但是，这是一个极其苛刻的条件，单靠众多市场主体之间自发的相互作用，是很难使这个条件得到满足的。

根据上面的分析，是不是可以得出结论说，工资对社会劳动在任何情况下都不起调节作用的结论呢？也不是。让我们取消一个“社会工厂”生产一种“综合商品”的假设，恢复社会生产多部门、多企业的原貌。首先，我们会看到，各个生产部门之间，不同企业之间，工资是有差异的。工资较高的部门，往往是导致部门结构高级化、社会生产机会集合维数加大的新兴部门。对这些部门产品的社会需求量一般较大，因而价格较高，整个生产部门处于扩张状态。这些部门的较高工资，作为一种市场信号，诱使劳动者将自己的劳动从工资较低的部门转移过来。也就是说，部门间的工资水平差异的变化，具有将劳动引向社会最需要的产品的生产领域的作用，因而是市场经济条件下合理分配劳动的重要杠杆。但是，这种作用的效果，是需要通过较长时间才能取得的。因为，想要转行，是需要劳动者耗费很多时间来学习新的知识和技能的。

其次，我们还会看到，同一部门中的不同企业的劳动生产率有高有低，劳动者因工资差异而在同一部门的不同企业之间的流动，有利于这个部门的一般劳动生产率水平的提高。因为，能够提供较高工资的企业，一般是生产条件较好，从而劳动生产率较高的企业。劳动供给向这些企业的转移和集中，是这些企业的产量增大，市场占有额扩大的条件。而在这些企业的市场份额增大的情况下，整个部门的平均劳动生产率就会提高，商品的价值就会下降，其后果是社会的生产可能性边界的上移。我们知道，这也是社会生产机会集合扩大的一种表现。但是，一般说来，这也是需要较长时间的，因为，这些企业要扩大生产，必须花费相当长的时间来进行增加先进的机器设备、建设新厂房等准备活动。可见，部门之间、企业之间工资相对水平的变动，具有调节社会总劳动供应在不同部门、不同企业之间的分配结构的作用，不过这种作用的发挥往往需要经过较长的时间。

总之，尽管工资这个所谓的“劳动价格”不具有调节社会劳动的总供给与总需求的作用，它仍然是价值规律发挥调节社会生产作用的重要杠杆，是整个市场机制的重要构件。但是，也正是因为劳动市场中不存在一个可以对供求双方起平衡作用的价格，而商品价格变动要对劳动供求发挥调节作用又必须具备市场机制自身不能提供的条件，所以，在失业率高于4%时，扩大就业的任务就只有靠市场体系之外的力量来完成了。这种力量就是作为公共行政权力的政府。事实上，现代市场经济中的各国政府，几乎无一例外地把保持充分就业的经济增长，当作自己的政治责任。而为此采取的宏观经济政策，着眼点都是刺激有效需求，抑制收入减少尤其是工资下降造成的消极影响。

（二）资金市场

社会总产品在价值规律作用下围绕均衡产量发生的波动，不仅引起劳动市场供求关系的变动，同时还引起资金市场上供求关系的相应变动。

所谓资金市场，是指货币资金的供求双方通过银行信贷、证券发行等渠道发生的资金融通关系的总和。资金的供应有两个来源：一个来源是由所有社会成员获得的各种收入的总和。我们在前面已经说明，工资、利润、借贷利息和地租等各种收入，归根结底都来自商品价值中包含的新增价值。在宏观经济统计中，这个新增价值被称为国内生产净值（NDP）。

由于各种原因，例如，个人为了养老、防病、筹备子女的教育费用或购置住宅等耐用消费品而存钱，企业为未来新的投资项目积聚资金，等等，NDP 的一部分会通过金融体系转化为储蓄，形成资金供应。另一个来源是由机器设备等固定资产的转移价值构成的企业折旧基金。我们已经知道，固定资产的价值是在其寿命期内逐步转移到产品中去的；在它们更新之前，累积起来的折旧基金也会通过金融体系转化为资金供应。显然，如果其他条件已定，资金供应的数量取决于 NDP 和折旧基金的总和。这个总和相当于宏观经济统计中的国内生产总值（GDP）。国内生产总值越大，资金供应就可能越大。

但是，GDP 最终会有多大份额转化为资金供应，还取决于储蓄率，即储蓄在新增价值或 NDP 中所占的比重。而储蓄率的大小又与消费率的高低有直接关系。我们在讨论扩大再生产条件下社会总供求平衡的特征性条件时，已经谈到过消费率（ζ）与储蓄率（s）的关系（$s=1-\zeta$）。现在我们将消费率更具体地定义为消费在 NDP 中所占的比重。应当看到，消费率并不是固定的，而有一定上下限。一般说来，消费率不能低到使人们对必要生活资料的需要得不到满足，也不可能高到用光全部 NDP。由于在 NDP 一定的条件下，消费所占比重的增加意味着储蓄的减少，所以，消费率的上限也就是储蓄率的下限，而储蓄率的上限也就是消费率的下限。由于文化背景、生活方式以及金融体系的发达程度等其他社会条件的差异，在相近的收入水平条件下，不同国家和民族的消费率是不同的，因而储蓄率也是不同的。如果用 N 表示社会总产品中的新增价值部分即 NDP，Z 表示社会的全部折旧基金，社会资金供应量 S 可以用以下公式定义：

$$S=Z+sN \tag{49}$$

在以上的讨论中，没有涉及利率这个影响储蓄的因素。利率是如何影响储蓄的呢？我们在本文第四部分讨论有关利息的问题时已经说明，作为市场经济中产权收益一般形式的利息，虽然表现为“资金价格”，但其来源是产品价值中包含的新增价值部分。因此，从根本上说，利息率的变动以及利息的增减，取决于 NDP 的增减，其变动区间是受新增价值大小约束的。但是，利率的变动又会在一定程度上影响人们的消费和储蓄选择，从而影响新增价值划分为消费和储蓄的比例。在正常情况下，利率上升，则储蓄增加，利率下降，则储蓄减少。因此，储蓄率是利率的函数。这同时意味着，在利率的作用下，消费率是有一定弹性的，可以在一定幅度内伸缩，从而储蓄率也可以相应伸缩。但是，话还是要说回来，利率对储蓄的影响毕竟是有条件的。这个条件就是：新增价值中扣除了必要的消费支出之后，要有可用于储蓄的剩余。如果储蓄已经等于这个剩余，利率涨得再高，储蓄也不可能增加。同时还需要指出的是，即便 NDP 都被消费光，由于正常情况下总有一个数量或大或小的企业折旧基金存在，资金供应也不可能为零。在全部资金供应仅限于折旧基金的假设下，利率水平是不确定的，它的高低取决于资金需求情况。

根据上述讨论，可以用一个条件函数来表示储蓄随利率的变化：

$$\begin{cases}(1)\ S=Z & r\in[r_{\min},\ \infty \\ (2)\ S=Z+s(r)N & r\in[r_{\min},\ r_{\max}] \\ (3)\ S=Z+s^{*}N & r\in[r_{\max},\ \infty\end{cases} \qquad (50)$$

式（50）中的（1）表示储蓄仅由折旧基金构成的极端情况，这时利率 r 有一个下限即 $r_{\min}$，因为在正常情况下储蓄总是要有一个最低限度的利息。但这时 r 的上限是不确定的；前面已经说过，这取决于资金的需求强度。（2）表示储蓄从而资金供给随利率提高而增长的情况。在这种情况下，利率在闭区间［$r_{\min}$，$r_{\max}$］内的变动会引起储蓄的相应变动，储蓄率 s 是利率 r 的增函数，资金供应函数 S 的一阶导数 $dS/dr>0$。$r_{\max}$代表同折旧基金与扣除必要消费支出后的收入剩余相对应的利率。（3）表示利率水平超过 $r_{\max}$ 的情况，式中的 s^{*} 是与 $r_{\max}$ 相对应的最高储蓄率。这时，资金供给已等于全部折旧基金和可能的最高储蓄，利率无论提到多高都不可能使储蓄从而资金供给有所增加。根据式（50），可以在利率—资金供应平面上画出资金供应曲线，如图 7 中的粗实线所示。图中与横轴平行的细实线为资金供应仅由折旧基金构成的情况。

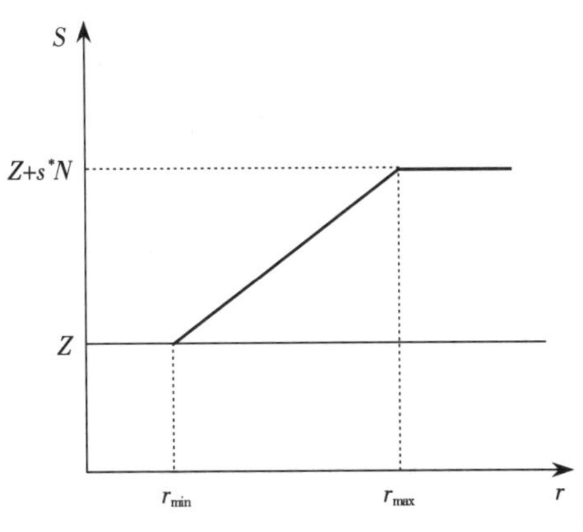

图 7　资金供应曲线

接下来，让我们转入对资金需求的讨论。资金需求的变动，主要是由企业投资规模决定的。这里所说的投资，是指企业为扩大生产规模而添置机器设备、建设厂房、增加原材料和劳动力所产生的货币支出。这与个人或家庭购买股票和债券一类的金融投资是有性质区别的。个人或家庭的金融投资实质上是一种储蓄，它与银行信贷一起为企业的生产投资提供资金来源。我们在前面谈到收益权的资金化时已说明，以股票、债券形式存在的金融资产属于"虚拟资本"，其实质是资金化的利息。而企业投资形成的是以生产资料和劳动力等实物的形式存在的"现实资本"。在股票和证券的发行市场即一级市场上，"虚拟资本"数量的增加意味着企业生产性投资的增加，即"现实资本"的增大。但是，在二级市场上，各种套利活动造成的"虚拟资本"的价格变动，例如，证券价格的暴涨暴跌，与企业"现实资本"的价值变动并无直接关系。例如，有一个钢铁公司，通过股票发行市场筹资建了两座高炉，后来这个公司的股票在二级市场的炒作中涨了1倍，但它的高炉还是两座，绝不会因股价上涨变成4座。总之，我们在这里要讨论的作为资金需求变动原因的投资，是指企业的生产性投资，而不是金融投资。

企业投资扩大自己的生产能力，是希望通过生产和出售更多的产品来增加自己的利润。我们已经知道，利润是商品中包含的新增价值的一部分。如果新增价值在产品售价中所占比重不变，且利润在新增价值中所占的比重也不变，那么，利润量是随着商品价格的波动而增减的。因此，企业根据现期市场信号作出的对未来商品市场供求关系和价格走势的预期，是决定投资的因素之一。如果商品供不应求，价格上涨，企业的预期利润就会增加，这时扩大生产能力即进行投资是有利的。在相反的情况下，减少投资以致进行负投资即削减既有生产能力是明智之举。显然，投资变动的方向是与商品市场上的供求关系和价格的变动方向一致的。这也就是说，资金需求的变动，与商品供应量的变动同方向。

利率是影响投资的另一个因素。一般说来，利率越高，利息在商品新增价值中所占的比重就越大，如果其他因素不变，利润所占的份额就越小，反之则反是。因此，利率变动会引起投资的反向变动，即利率上升，投资减少；利率下降，投资增加。即使企业有充足的自有资金（包括未分配利润和从股市筹集的资金），不必通过银行信用筹资，利率也是影响投资的重要因素。因为，在利率很高的情况下，企业将自有资金存入银行或用它购买政府债券，比投资于生产项目可能风险更小，预期收益也更加确定。这里还要强调的是，不仅利率会影响投资，而且投资会反过来影响利率。在众多企业的利润预期看涨，从而投资需求增加的情况下，作为资金需求方的众多企业之间的竞争，使作为资金供应者的金融机构处于有利地位，利率水平会被抬高；在相反的情况下，利率则会因为金融机构之间的竞争而被压低。也就是说，利率的变动又是由企业的利润预期决定的投资规模或资金需求量的结果。由于企业利润预期反映了商品市场的供求关系和商品价格的变动趋向，所以，利率在这种预期作用下的升降，又间接地反映了商品价格和供应量的波动。在正常情况下，利率的变动与商品价格的变动同方向。而且，利率这个"资金价格"的变动，在一定范围内，与商品价格变动具有类似的平衡供求的作用：利率水平提高在使投资即资金需求减少的同时，会导致储蓄从而资金供应的增加；利率水平的下降在使投资增加的同时，会使储蓄从而资金的供应减少。

商品价格围绕价值的波动，以及与这种波动相对应的商品供应量的波动，总是伴随着利率围绕某个使资金供求一致的均衡利率的波动，而利率的这种波动又引起投资数量围绕资金均衡交易量（投资等于资金供应时资金市场上的交易量）的波动。而投资的波动，即生产能力的扩张和收缩，则既是基期商品供应量变动的结果，又是本期商品供应量变动的原因。在资金市场的供求关系调整过程中，均衡利率发挥着引力中心的作用，将投资与储蓄的偏离限制在一个有限的区间内。均衡利率的引力，最终来自于商品价值这个更基本的引力中心。因为，商品市场的供求变动引起产量波动，产量的波动又引起资金市场的供求变动，而产量波动是围绕商品价值进行的。

我们已经知道，资金供给在一定区间内是利率变动的增函数。通过刚才的分析，我们又可以得出结论说：投资即资金需求，是利率的减函数。如果用 I 表示投资，r 表示利率，那么投资函数可以写为：

$$I=f(r) \tag{51}$$

这个函数的一阶导数 $dI/dr<0$。将根据这个函数画出的投资曲线与图7中的需求曲线放在同一个资金—利率平面上，就得到描述资金供求关系的图8（a）。在（a）中，横轴上的点 r_e 是均衡利率；纵轴上的点 $S_e=I_e$（在扩大再生产条件下总供求平衡的特征性条件 $sN^t=I^{t+1}$ 的左端加上 Z，就可以得到 $S_e=I_e$）是投资等于储蓄时资金市场上的均衡交易量；图中的两个尖括号分别表示投资大于资金供应和资金供应大于投资这样两种偏离均衡状态的情况。与商品市场的均衡一样，资金市场的均衡也是一种理想

状态。在实际中，随着利率围绕其均衡水平 r_e 的波动，资金的供求关系处于不断的调整之中。图 8 中的（b）是与资金供求变动相对应的商品市场的供求变动。对照（a）和（b），可以看出，资金的均衡利率与商品的价值即均衡价格对应，资金供应等于投资时的资金均衡交易量与均衡产量相对应。同时，资金市场供大于求的缺口与商品市场供大于求的缺口对应，而资金市场供不应求的缺口与商品市场供不应求的缺口对应。

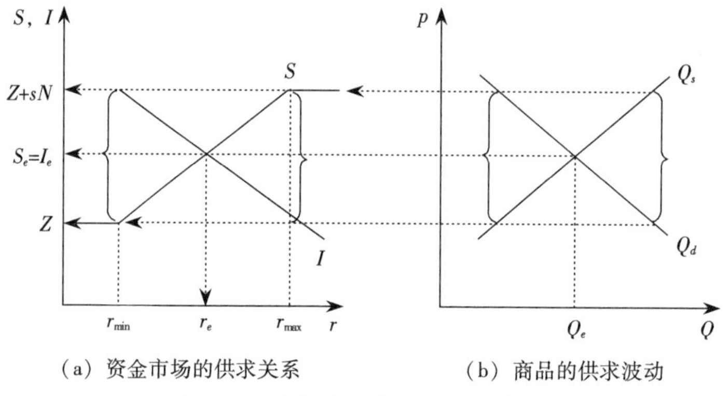

（a）资金市场的供求关系　　（b）商品的供求波动

图 8　资金供求与商品供应量波动

六、技术进步与市场供求关系的长期变动

我们以上关于商品市场、劳动市场和资金市场的供求关系的讨论，都是在短期变化的框架内进行的。在短期中，各个生产部门的资源条件和技术水平相对稳定，劳动生产率也就不会有太大的提高。这样，在劳动供应量一定条件下，包括消费资料和生产资料在内的各种商品的产量不会有太大增长，从而人们的实际收入水平也不会有太大提高。在这种情况下，商品市场上的需求数量和供应数量的变动，以及与之联动的劳动市场和资金市场上的供求变动，都属于相对稳定的短期调整的范围。但是，在经过一个或长或短的“短期”之后，商品生产者在竞争压力下进行的技术创新活动，以及作为创新成果的劳动生产率的普遍提高，总会将我们在前面描述的那种短期稳定状态打破。

由于技术进步提高了劳动生产率，使用同量劳动生产的商品数量增加（单位商品价值下降），从而导致商品市场的“供应变动”，即供应曲线向数量—价格平面右方的位移。随着商品市场上的这种变动，劳动市场和资金市场也会发生相应的变动。我们可以用图9来说明这种长期变动。

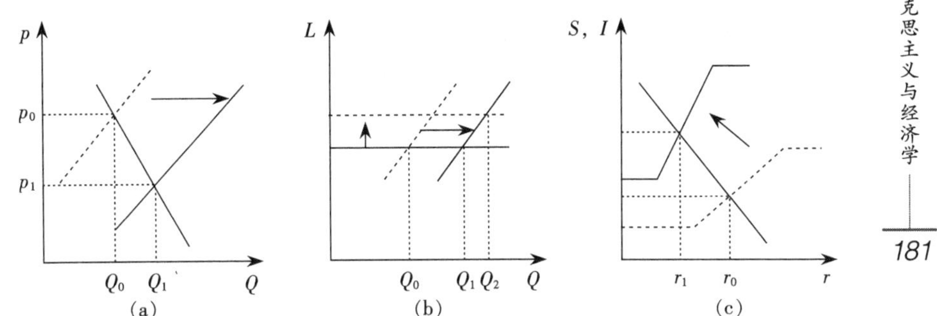

图9　商品市场、劳动市场、资金市场的长期变动

图9中的（a）表示商品的供给曲线向右位移。其中的虚线是技术进步之前的供给曲线；两条实线中，向右下方倾斜的是需求曲线，向右上方倾斜的是技术进步之后的供给曲线。技术进步使劳动生产率提高、单位产品生产的社会必要劳动时间减少。与这两条曲线的交点对应的商品价格 p_1 因而低于变动前的 p_0。在价格下跌的条件下，即便人们的货币收入水平不变，实际收入也会提高，商品的有货币支付能力的需要也会增大，与下降了的商品价值或均衡价格相对应的均衡产量因而会上升到较高的水平，即从（a）中横轴上的 Q_0 提高到 Q_1。在较低的商品价值和较高的均衡产量基础上，又会形成新一轮的价格波动和产量波动。

但是，由于劳动生产率的提高使得生产同量产品所需的劳动量减少，较高的均衡产量并不必然引起劳动需求量的增大，反而有可能使劳动需求减少。在西方国家资本主义市场经济发展的历史上，这是曾经发生过的事实：技术进步和劳动生产率的提高造成生产过剩的经济危机，工厂倒闭，工人失业。这种悲剧的发生的原因，是资本主义剥削造成贫富两极分化，使得占人口多数的劳动者不能分享技术进步的成果。不过，这只是在经济长周期运动的一定阶段上发生的暂时现象，并不意味着劳动生产率的提高必然导致劳动需求的持续不断的缩减。我们知道，劳动生产率的提高会使社会生产机会集合的边界扩展、维数增加。[①] 社会生产机会集合的这种变化，表现为在经济长周期运动的一定阶段上发生的社会需要结构和生产结

① 参见本书第45～46页。

构的升级。具体地说，劳动生产率的提高使人们的实际收入水平上升，一方面会引起需求结构升级，使人们对高收入弹性的高档商品的货币支付在整个有效需求中所占比重增大，从而推动生产这类产品的部门较快扩张；另一方面，这还为原先没有的新产品的推出以致新部门的形成创造了条件。这两方面的发展，最终会使因原有生产部门的劳动生产率提高而失业的劳动者获得新的就业机会。因此，在长期中，如果人口的增长率为零从而社会的劳动供应量不变，会发生如图9（b）所示的劳动需求由虚线向右方的实线移动的情况。与这种移动相对应，充分就业的均衡产量由 Q_0 增大到 Q_1（Q_1 不仅是一个比 Q_0 大的物量指标，而且代表一个维数增加了的产品空间）。如果劳动年龄人口增长率大于零，则社会的劳动供应总量将增加，即图9（b）中与横轴平行的劳动供应由实线上移至图中的虚线。在这种情况下，充分就业的均衡产量为 Q_2，它大于劳动供应量不变条件下的 Q_1。

在伴随技术进步的长期变动中，劳动生产率的提高使人们的实际收入增加，储蓄率会因实际收入的提高而增大。因为在实际收入增加的情况下，人们在满足当前需要之后，会将更多的剩余收入用于储蓄。由于储蓄率的提高，资金供应量增大，资金供应曲线发生图9（c）所示的由虚线向实线的位移。而这又会会引起利率的下降，而利率的下降又会引起投资即资金需求的增加。相应的，均衡利率由原先的 r_0 下降为 r_1，均衡交易量也相应提高。在发生这种长期变动后，会形成利率在资金的供应和需求相互作用下围绕一个新的均衡水平的新一轮波动。

七、价值规律的作用与市场调节的优势和局限

通过以上的讨论，我们已经了解了价值规律是如何通过市场机制来贯彻自己的要求的。在此基础上，我们可以将价值规律的通过市场机制发挥的结果，即价值规律的作用，归结为两个方面：一是择优汰劣，激励创新；二是分配社会劳动，调节资源配置。

（一）价值规律的作用

1. 激励创新，择优汰劣。我们在前面的分析中已经说明，商品的价值，即第一种含义的社会必要劳动时间，是生产条件不等的商品生产者的

产品个别价值平均化的结果，而这又导致商品生产者争夺超额收益和市场份额的竞争。一方面，竞争迫使商品生产者进行生产方法方面的技术创新，提高劳动生产率。商品生产者之间你追我赶技术创新，使得一个又一个部门或行业的劳动生产率不断提高。同时，在激烈的竞争中，生产条件落后、劳动生产率较低的企业不可避免地遭到淘汰，原先由它们掌握的生产资源会转到技术和管理组织先进的高效生产者手中。这也促进了劳动生产率的普遍提高。另一方面，竞争还驱使生产者通过新产品的研究和开发创造新的盈利机会和市场空间，从而推动了社会生产结构的升级，深化了社会分工，扩展了社会的生产机会集合。

2. 分配社会劳动，调节资源配置。价值规律的这一作用与第二种含义的社会必要劳动时间相联系。第二种含义的社会必要劳动时间所要求的生产与需要之间的平衡关系，是通过市场上不同商品之间交换价值即价格比例的变动来调节的。价格比例的变动反应着不同商品的市场供求的变动。在劳动生产率从而第一种含义的社会必要劳动时间不变的条件下，一种商品对其他商品价格比例的升高，说明这种商品的市场上出现供不应求的形势；某种商品对其他商品的比价降低，则意味着这种商品的市场上出现了供大于求的形势。不同商品之间价格比例的这种变动，会引发不同部门或行业的生产者之间的竞争。我们在前面已指出过，这种竞争表现为低价格部门原有的部分资源和新增资源向高价格部门的转移。随着这种转移，生产资源在不同部门的分配，从而不同部门的生产能力的扩张或收缩，向着促使各种商品市场上的供求都趋于一致的方向进行。而所有商品的供求都趋于一致，意味着它们的价格都与价值趋于相等。这时，社会花费在每一种商品上的劳动时间，必然趋向于同第二种含义的社会必要劳动相等，而这又意味着社会的总劳动在不同部门之间的分配与社会对不同产品的需要相适应。

（二）市场调节的优势和局限

作为价值规律发挥作用的形式，市场调节的特点是它的自发性。由这种自发性派生出来的处理经济信息和协调利益关系的“自动化”，是市场作为社会生产的基本调节机制的优势所在。

1. 优势之一：经济信息处理和传递的“自动化”。在市场经济中，各种商品的生产者，是依据以价格为主的市场信号自主地作出生产什么、生产多少、怎样生产的决定的；而价格的变动，又是这些互为供求的生产者通过市场自发进行的横向和直接的交易活动的结果，具有自动揭示有关生产和销售的信息，并在生产者之间自动地传递信息的作用。在现代市场经济中，社会分工日益细密，产品种类数以百万计，技术创新呈加速度状态，人们的消费需要多样多变，社会需求结构与供应结构空前复杂，市场调节所特有的信息处理和传递的“自动化”，显示出突出的优势，其处理和传递有关生产与消费、供应与需求的巨量信息的能力，是其他机制所无法比拟的。通过政府行政指令直接分配社会劳动的传统计划经济的弊端之一，就是因为排斥市场调节而缺少生产者之间横向的、直接的信息传递，仅仅依靠纵向等级结构来传递信息，造成信息传递的迟滞、衰减以致扭曲，结果生产与需要的脱节也就成了经济生活的常态。这从反面证明了市场调节在信息处理方面的优势。

2. 优势之二：利益关系协调的“自动化”。在作为有效的信息处理机制的同时，市场调节还是一种与价值规律的作用相适应的自动的利益协调和激励机制。“等量社会必要劳动相交换”是商品生产条件下调节各种经济活动主体之间利益关系的基本尺度。各种经济活动主体在自发的市场交易中，都会自觉或不自觉地用这把尺子来度量自身利益的损益，以争取最大限度地增进自身的利益。因此，各种经济活动主体自发进行的市场交易，从总体趋势来看，具有使它们相互间的利益关系自动地符合等量劳动相交换的平衡状态的作用。这种状态的达成，又会在社会生产中造成一种良性的激励机制，即谁的产品更符合社会需要，谁能更节约地利用各种经济资源，谁的劳动生产率更高，谁就能获得更大利益。当然，我们也可以设想由一个权威机构来掌握等量劳动相交换这把尺子，由它通过行政命令来强制地实现经济主体之间的利益平衡。但是，它马上就会碰到无法收集和处理有关的信息的巨大困难。由于无法克服这种困难，结果只能是应有的利益平衡不能达成，而这又会使价值规律对生产者应有的激励作用发挥不出来，造成浪费社会劳动、压抑生产者积极性的负激励。这实际上正是社会主义国家传统计划经济的另一个弊端。

3. 优势之三：校正供求偏离的“自动化”。在自动处理和传递经济信息、自动协调经济主体利益关系的基础上，以价格调整与供求变动的相互作用为支点，又形成了市场调节的另一个优势，即自动地校正商品的供给与需求的偏离，从而形成社会劳动在各个生产部门按比例合理分配的长期趋势。在前面的分析中，我们已经看到，商品生产者如何在市场信号变动的诱导下，自发地调节各自的生产和交换活动，而他们的这种互不相属、各行其是的经济活动，又如何引起价格信号和供求关系的进一步变动，从而引发新一轮调整。这种自发调节机制的优点，就在于它能够通过不断的微调，使社会的生产和需要趋向一致，从而使价值规律的要求和社会劳动的合理分配作为一种自动趋势得到实现。

我们在强调市场的优势时，又不应当无视其局限性。

市场机制在收集、处理和发布商品生产和交换的信息方面既有优势，但也存在着不应讳言的缺陷。首先，市场作为信息机制是不完善的。市场信息是在千百万经济行为人之间错综复杂的自发相互作用中形成的。在这种自发形成的巨量信息中，由于市场交易主体之间存在信息不对称，不可避免地会包括不少失真信号。这种失真信号是对现实经济状况的扭曲或虚假的反映。它们会影响经济行为人的决策，并通过经济行为人之间的交易活动而放大，最终导致生产结构发生与需求结构的背离。如果这种背离的严重程度超过了市场机制的自动校正能力，价值规律就会通过破坏性的方式即经济危机来恢复合理的社会劳动分配比例，以大量工厂倒闭、大量工人失业为代价来强制性地使生产与社会需要重新保持一致。其次，市场作为信息处理机制是不完全的。我们所面对的市场是现在的市场，从现在的市场上得到的信息，反映的是当前时期的经济状况。但是，商品生产者要做出正确的决策，尤其是长周期、大规模的投资决策，单单以现期市场信号是为依据是靠不住的，更重要的是要了解未来商品市场的信息，因为现在的投资形成的是未来的生产能力。然而，未来的市场是不存在的。虽然商品生产者可以对未来市场状况进行预测，但这种预测总是带有不确定性。预测涉及的未来离当前越远，不确定性就越大。因此，商品生产者的许多决策，又不可避免地带有不同程度的风险性或盲目性。决策正确与否，只能在未来的市场实践中才能被证明。从这个意义上说，市场机制是一种事后的经济调节机制。当这个“事后诸葛亮”代表隐藏在自己背后的价值规律告诉我们某个决策有错时，实际的损失可能已经发生。不错，正如前面已经指出的，自动纠正过去的决策失误正是市场作为经济调节机制的优势之一。但是，还应当看到，这种事后的纠正总是要以社会劳动的浪费为代价的，而且它只有在社会承担得起的意义上才是必要的。

竞争是市场机制运转的动力，但竞争又会带来商品生产者的两极分化，使社会财富的支配权向少数生产者手上集中，从而在经济中造成垄断势力。垄断势力一方面有可能凭借自己强大的经济实力推动大规模的科研和开发，促进生产力的发展；另一方面，又有可能利用自己现有的领先地位，采用种种手段打击竞争对手的创新活动，造成不利于社会生产力发展的局面。同时，垄断势力还可以在市场上强行维持垄断高价，损害消费者的利益，牟取暴利，使作为价值规律实现形式的市场机制失灵。为了防止自发竞争走向反面，有必要通过反垄断立法和必要的政府干预，以使市场机制能够在比较充分的竞争环境中发挥其调节作用，从而使价值规律的要求充分实现。

除了上述问题之外，无力校正作为自身顺利运转前提的收入分配方面的偏差，可以说是市场机制的另一种局限性。市场机制的运行是以一定的生产资料所有制为前提的。正因为如此，市场机制本身是无力影响由生产资料所有制决定的产品分配关系和收入分配状况的。但是，市场机制能否顺利运转，价值规律的要求能否通过这种运转顺利实现，又是与收入分配状况有莫大关系的。其实，市场关系，说白了就是买卖关系，有买才能有卖。因此，如果由一定的生产资料所有制决定的收入分配方式造成贫富两极分化，货币财富大部分集中在少数人手中，那就必会使多数人的商品购买力低下。无论有钱的少数人如何挥霍，由他们的消费需要形成的对各种商品的货币支付或有效需求，与全部社会产品的巨大价值相比，总是微不足道的。这样，就势必形成有卖无买即有效需求不足的局面，造成社会总产品的实现困难以及均衡产量低于充分就业水平的问题。一个社会的贫富分化越严重，它所面对的这种困难就越大。随着贫富鸿沟的加深，爆发全面生产过剩危机的可能性就会转化为现实性。在作为现代市场经济的一种类型的资本主义制度下，这种转化不可避免地发生了。在 19 世纪的欧洲，残酷的早期资本主义剥削造成了严重的贫富两极分化，使商品的有效需求极度不足，摧毁了市场机制正常运转的前提。在市场失效的情况下，价值规律通过破坏性的方式强制地为自己开辟道路，形成了 10 年一次的周期性经济危机。到了 20 世纪 30 年代，更爆发了震撼整个资本主义世界的大危机。危机期间，生产严重过剩，企业大批倒闭，工人大量失业，通货恶性膨胀，社会经济陷入一片混乱。在经过价值规律以危机的形式多次加以教训之后，长期将“自由放任”奉为神圣教条的西方资本主义世界，对市场机制的局限有了认识，建立起以刺激有效需求为宗旨的政府干预机制和所谓“福利国家”体制。尽管由资本主义制度的内在矛盾所决定，西方世界始终未能消除经济危机，但应当承认，政府干预特别是第二次世界大战后不少西方国家实行的社会保障制度，在一定程度和范围内减轻了价值规律强制地为自己开辟道路所造成的破坏。

事实上，正因为市场调节具有上述局限性，在现代市场经济中，价值规律的要求并不单单是通过自发的市场调节来实现，而是通过自发的和自觉的两种调节机制来实现的。所谓自觉的调节机制，就是前面已经论及的旨在维护价值规律正常发挥作用的社会经济条件的政府干预。当然，在市场经济中，作为商品生产者行为的直接调节者，市场始终居于基础的地位。政府干预应当在市场调节的基础上进行，必须遵循价值规律的要求，违背价值规律同样是要受到惩罚的。

至此，我们已经结束了对市场经济一般原理的讨论。所谓市场经济一般原理，是从现实存在的资本主义市场经济和社会主义市场经济中抽象出来的现代市场经济运行的一般规律。这里要提请读者注意的是：在这两种不同的社会制度下，这些一般规律发挥作用的社会经济条件是很不一样的，因而具有不同的表现形式，它们发挥作用所造成的社会后果也有很大差异。

诺思与马克思：关于制度的起源和本质的两种解释的比较*

马克思的社会发展理论即历史唯物主义，被恩格斯称为马克思毕生的两个重大发现之一。因建立了一套与新古典经济学接轨的社会制度变迁理论而得了经济学诺贝尔奖的诺思（D. C. North），则宣称自己超越了马克思的社会发展理论，对社会制度变迁做出了更令人信服的解释，尽管他曾承认马克思主义的框架是“对长期制度变革的最有力的论述”。① 比较马克思的社会发展理论与诺思的社会变迁理论，对于澄清一系列关于社会发展的理论是非，是大有助益的。这种比较涉及社会制度的起源与本质、社会发展或制度变迁的动力、社会发展的道路或制度变迁的“路径”等重要问题，不是一篇文章所能包揽无遗的。本文拟仅就制度的起源和本质这一个问题对马克思和诺思进行比较。需要事先申明的是，这里要做的比较，不是要把马克思和诺思这两种理论中的一种理论，当作真理的标准来检验另一种理论，而是要对两种理论内在的逻辑一致性和它们与历史事实的相符性进行验证，并以此判别二者的优劣。

一、对社会制度起源和本质的两种解释

先让我们来看一看诺思对社会制度所下的定义：“制度是一个社会的游戏规则，或更规范地说，它们是为决定人们的相互关系而人为设定的一些制约”，包括“正规约束”（例如，规章和法律）和“非正规约束”（例如，习惯、行为准则、伦理规范），以及这些约束的“实施特性”。②

---

* 本文发表在《经济研究》2000 年第 6 期。

① D. C. 诺思：《经济史上的结构与变革》，商务印书馆 1993 年版，第 61 ~ 63 页。

② D. C. North, Economic Performance Through Time. American Economic Review, April 1994.

在诺思看来，制度的主要功能就在于通过内部和外部两种强制力来约束人的行为，防止交易中的机会主义行为，以减少交易后果的不确定性，帮助交易主体形成稳定的预期，从而减少交易费用。总之，诺思是以个人之间的市场交易行为为背景，从法律和道德规范这一个层面来理解制度的。

与诺思不同，在马克思的理论体系中，制度“最初来自物质生产条件，过了很久以后才上升为法律。”① 在马克思看来，制度不能仅仅归结为表现为社会普遍意志的法律和伦理范畴。在他的理论中，完整的社会制度是由经济基础和上层建筑这两个相互联系的层次组成的。经济基础和上层建筑这两个层次之间，既具有原生和派生的关系，又具有互动的关系，即经济基础决定上层建筑、上层建筑反作用于经济基础。对社会制度进行研究，首先要分析作为整个社会制度经济基础的生产力及与之相适应的生产关系，然后才能对耸立在这个基础上的道德和法律等上层建筑的性质做出合理的说明。可见，按照马克思主义的理论规范，诺思所说的制度，只是作为全部社会制度一个层次的上层建筑中的法定权利、政治秩序和道德准则。

马克思和诺思制度概念的不同，与二者对制度起源和形成的不同解释有关。

（一）诺思的解释

像所有信奉个人主义的西方经济学者一样，诺思是从亘古不变的抽象人性出发来解释社会制度的起源的。这种人性，就是被威廉姆森称为新制度主义的“关键性好主意”（Key Good Ideas）之一的关于人类行为特征的假设，即人的自利性和认知能力的有限性（the Condition of Cognition and Self-interestedness）。② 在诺思之类新制度主义者看来，由于人总是要追求自身效用的最大化，同时由于认知能力有限又总是处在信息不完全和不对称的环境中，于是在交易中就会发生欺诈、偷懒、搭便车等机会主义行为，从而使人与人之间发生利益冲突和摩擦，增加交易费用和交易后果的不确定性，最终损害自己的福利，而制度就是人们为防止机会主义而缔结的契约。这是制度起源的一种契约论解说。一贯倡导新古典主义的诺

---

① 《马克思恩格斯选集》第2卷，人民出版社1955年版，第129页。

② O. E. Williamson, The New Institutional Economics: Taking Stock/Looking Ahead. Address to the Annual Conference of NIE, September 17, 1999.

思，希望通过这种解释，将一向作为新古典的经济分析的外在前提的制度，“内生化”到以自利个人的成本—收益为基本范式的新古典分析框架中来。

一些新制度主义者，如安德鲁·斯考特和罗伯特·埃科赛罗德，还用博弈论来图解这种解说。[①] 他们假定人类社会一开始处于一种机会主义盛行、利益相互冲突的“霍布斯状态”或“自然状态”，但这种状态不会持久，因为缔约即建立制度可以产生一种“合作收益”或“合作剩余”，即大于不缔约时各方总收益的增量；这个增量开始是潜在的，人们经过多次博弈会发现这个增量，从而缔结合约，形成私有产权制度，跳出“霍布斯状态”。许多新制度主义者不仅用这种过程来说明人类社会制度的最初起源，而且依据他来解释迄今为止人类社会制度的一切后续的发展。

如果暂时撇开“自然状态”的假设是否与历史事实相符的问题不论，这样一种图解要想成立还需要两个先决条件：第一，利益冲突的各个孤立的个人具备离开他人独立生存的能力，换句话说，自然状态下的个人凭借自身的能力，至少能够获得维持自身生存所必须的收益；第二，“做交易”确实如亚当·斯密所说，是人类天生的倾向，自有人类以后就有市场交易。缺少这两个条件中的任何一个，前述博弈过程都无从发生。原始的初民社会是否满足这两个条件，要由历史学和考古学的证据来检验。此外，市场交易本身就是一种制度现象，对它的起源也必须做出说明。而自利这一关于人性的基本假设，显然顶多是交易制度发生的必要条件，而不是充分条件。将需要说明的东西当作前提，这不能不说是诺思等新制度主义者逻辑上的一个大疏漏。

J. A. 熊彼特说过，“任何社会制度的运行都不能只以（法律上的）平等签约双方的自由契约（其中每个人被假定只受他自身短期功利目标的引导）为基础。”[②] 如果按照熊彼特的这个思路进一步深究下去，私人产权或某种排他的专一所有权的存在，又是自愿交易制度成立的前提。而新制度主义者却往往用自愿“做交易”性质的博弈来说明私有产权，其逻辑上的循环论证是显而易见的。马尔科姆·卢瑟福在评论对诺思理论的博弈论解释时指出，“为了解释诺思所讨论的那种合作性互动，仍然有必

① 有关文献：Andrew Schotter，The Economic Theory of Social Institution，Cambridge University Press，1981；Why Take a Game Theoretical Approach to Economics? Institution，Economics and Game Theory. Economie Appliquee，1983，36（4），pp. 675 – 694. Robert. Axelrod，The Evolution of Cooperation，New York Basic Books，1986.

② 转引自 G. M. 霍齐逊：《现代制度主义经济学宣言》，北京大学出版社 1993 年版，第 175 页。

要假定存在一组事前给定的共同信念和行为规范。博弈论不可能将所有这些内容成功地归结为只受自利驱使的个人互动的结果。合同论文献里也有类似的问题。这里，某些基本的立宪规则应当来自（非制度化）的理性个人的自愿安排。问题是，经考察发现，这些个人原来已经接收了文明言行的最基本规范。"[1] 制度博弈论的问题正在于，任何博弈实际上都需要事先规定某些外生的规则、制度或行为规范，而不可能发端于没有任何规则和约束的某种"纯自然状态"。以"囚犯两难"博弈为例：合作解的出现离不开交易的多次重复，这就要求博弈双方不能退出交易或使对方遭受灾难性损失而不遭报复；然而，正如阿列克山德·费尔德所说，这意味着至少已经假定了事先存在"非背叛的互动的总体结构"，[2] 即在交易之前已经存在能够使交易重复下去的、交易双方都不能不置身于其中的某种制度安排，否则就没有理由假定博弈的策略空间中不包括可以导致交易破裂或中止的退出、报复以及消灭对方的行为。事实上，在博弈过程展开之前就预先设定的某些基本规则，决定了博弈各方的策略空间的边界以及各种可行策略的报酬结构。如果按照这个思路继续分析下去，还会发现，就连作为博弈起点或"自然状态"的"霍布斯世界"，也并不是一个无制度的世界，而是有它特定的制度含义的：为了争夺物质资料和生存空间而发生的"人对人的战争状态"，以人们对物质资料和生存空间占有的排他性规范的存在为前提。显然，博弈理论家们是无法仅仅由博弈过程本身引出这种行为规范或游戏规则的。事实上，任何游戏的基本规则都是预先设定的，而不是由游戏过程本身产生的。如果进行的是一场篮球赛，"用手打球"的规则就不可能随着比赛的进行而变成"用脚踢球"的足球赛。作为一种对互动行为的分析方法，博弈论所能说明的是游戏过程中相互作用的各方所可能采取的策略及其后果，但不可能提供关于"游戏依以进行的基本规则如何产生"这个问题的完整答案。

诺思意识到了这种逻辑上的问题。于是他又用"国家理论"来"补充"产权理论，说产权是由作为具有强制力或暴力的政治组织的国家规定的。而这样一来，产权这一重要的经济制度现象的产生，似乎又成了与经济活动即个体间的市场交易无关的东西了。而且，诺思也未能提供一种

---

① 马尔科姆·卢瑟福：《经济学中的制度主义》，中国社会科学出版社 1999 年版，第 57 ~ 58 页。

② Alexander Field, Microeconomics, Norms and Rationality. Economic Development and Cultural Change, July 1984.

关于国家这样一种极其重要的制度现象的起源的令人信服的解说。他认为，国家起源于某种“暴力潜力”在公民中的分配。若“暴力潜力”的分配是平等的，则国家起源于契约，反之则起源于掠夺。但是，“暴力潜力”的不同分配格局是如何产生的，他并无明确的说明。而在其“新古典国家”理论中，作为游戏规则制定者和维护者的国家，自己也成了效用最大化目标（追求租税的最大化）支配下的游戏者——它既是裁判，又是运动员。[①] 此即所谓“诺思悖论”。事实上，国家理论的提出，意味着诺思将制度的形成内生化于新古典分析框架之内的企图已经失败。

除此之外，诺思的制度形成，还需要有“意识形态理论”或“文化理论”的补充。也就是说，信仰、道德、习惯等对于克服“搭便车”所必须的“非正式制度”，也不能由前面那个基于个人效用最大化的博弈过程来说明。约翰·罗尔斯说过，某种关于社会正义的观念，如果一旦形成，就具有不可侵犯和不容交换的心理特性，它绝对排斥功利主义，因而正义等价值标准是难以纳入个人效用最大化的算计过程的。[②] 的确，从私有财产制度形成以来，似乎还找不出小偷通过诺思等人所说的那种博弈，改变了“盗窃不道德”这一社会正义观念的事例。但按照前述博弈论的逻辑，这种事情不但有可能而且必然会发生。但这是违背常识的，于是就只好请出一个天上掉下来的意识形态来保驾护航。显然，意识形态是诺思对历史的新古典解释的又一个外生变量，而这又一次说明了他的那种内生化尝试的失败。事实上，如果不引入意识形态、文化、认知模式以至于基于两性生理需要的人口自然增长，诺思那个基于不变的人类理性的契约论模型是任何社会变迁都解释不了的。道理很简单：既然自利的人性是亘古不变的，那么基于这种人性的社会制度也应该是亘古不变的，但为什么又会发生作为诺思研究对象的制度变迁，而这种变迁所造成的不同历史阶段的社会制度又有如此显而易见的巨大差异？作为经济史学家的诺思选择新古典的经济人假设作为自己的理论规范，实在是太缺少历史感。而诺思在理论上的失败，正从反面证明了熊彼特对被他戏称为“牛排哲学”的功利主义人性假设的批评的深刻性。他在《经济分析史》这部巨著中指出，“功利主义的假设对于解释经济史，对于解释经济的推动力毫无价值。”[③]

诺思的博弈过程还包含着更为深刻逻辑上的悖论。他的制度分析所遵

---

① D. C. 诺思：《经济史上的结构与变迁》，商务印书馆 1993 年版，第 3 章。
② 约翰·罗尔斯：《正义论》，中国社会科学出版社 1988 年版，第 19 ~ 30 页。
③ 约瑟夫·熊彼特：《经济分析史》第 1 卷，商务印书馆 2001 年版，第 206 页。

循的基本方法论原则是个人主义。因此，制度的形成，只能归结为个人的选择和行动，而社会既不选择也不行动。因此，作为制度形成过程的博弈，是由个人的成本—收益计算推动的。而作为这种计算根据的个人效用函数，又难以加总为社会效用函数。所以，社会的成本和收益也就是不存在或不真实的。但是，制度却是社会的，是一种典型的公共产品，其成本和收益都只能是社会的。事实上，心理学对集体行动中的个体无理性的研究，以及福利经济学的加总问题和阿罗不可能定理，都已经证明要从自利人的个体选择引出社会选择，在逻辑推理中会碰到无法克服的困难。哈耶克对这个问题的认识倒是相当深刻的。他根据自己的进化论得出的结论是，群体中的整个行为秩序“大于个人行为中可以观察到的规律性的总和，前者不可能全部归结为后者”；“作为整体的秩序”，“不可能完全从部分的相互作用中得到说明”。[①] 西方经济史学家克拉夫茨（N. R. F. Crafts）在为《新帕尔格雷夫经济学大辞典》写的“经济史”词条中，谈到诺思的新经济史时也指出，作为“公共产品”的制度无法通过个人的功利主义计算得到充分的供给，而诺思和他的合作者托马斯的理论恰恰缺少制度这种“公共产品”的供给函数，因而是不成功的。

总之，要想从诺思的有关论述中理出一个前后一致的逻辑发展线索，相当困难。克拉夫茨在上引词条中不无讽刺意味地说，诺思和他的合作者托马斯试图将历史塞进新古典的经济理论框架，“如果这不是一个反面教训，至少也是我们已经吸取的一个重要教训。对于那些没有认识到过去与现在不同的经济学家，这应当是他们的一个思考材料。”[②]

（二）马克思的解释

马克思是反对用鲁滨逊式的孤立个人之间的自由契约来解释社会制度的起源的。他认为，人的独立性以及通过契约实现的独立主体之间的自由交易，是历史的结果而不是历史的起点。越往前追溯历史，个人，从而也是进行生产的个人，就越表现为不独立，从属于一个较大的整体，只有到18世纪，在“市民社会”中，社会联系的各种形式，对个人来说，才表现为达到他私人目的的手段，才表现为外在的必然性。但是，产生这种孤立个人的观点的时代，正是具有迄今为止最发达的社会关系的时代。而在

① F. A. Hayek，Studies in Philosophy，Politics，and Economics. Routledge & Kegan Paul，1976.
② 《新帕尔格雷夫经济学大辞典》第2卷，经济科学出版社1992年版，第43页。

资本主义之前的社会形态中，人与人的关系是以血缘、宗法和人身依附为基础的，个人并没有“市民社会”即资本主义社会中那种所谓契约自由。而且，在马克思看来，即便是市场交易形式的契约自由成为经济生活中普遍现象的资本主义社会，其最基本的制度特征，也无法仅仅用自由契约来解释。因为，对于靠工资生活的劳动者来说，虽然有选择受雇于哪一个老板的自由，但并无不受雇于某个老板的自由。这后一方面的社会强制，与自由契约的“天赋人权乐园”无关。

马克思认为，霍布斯的“自然状态”、卢梭的“社会契约论”，是与历史事实不符的杜撰。他指出，“在社会中进行生产的个人，——因而，这些个人的一定社会性质的生产，当然是出发点，被斯密和李嘉图当作出发点的单个的孤立的猎人和渔夫，属于18世纪缺乏想像力的虚构。这是鲁滨逊一类的故事……，同样，卢梭的通过契约来建立天生独立的主体之间的关系和联系的‘社会契约’，……只是大大小小的鲁滨逊一类故事所造成的美学上的假象。”马克思强调人类生产活动的社会性，认为“人是最名副其实的政治动物，而且是只有在社会中才能独立的动物。孤立的个人在社会之外进行生产……就像许多个人不在一起生活和彼此交谈而竟有语言发展一样，是不可思议的。……18世纪的人们有这种荒诞无稽的看法是可以理解的，如果不是巴师夏、凯里和蒲鲁东等人又把郑重其事地引进最新的经济学中来，这一点本来可以完全不提。蒲鲁东等人自然乐于用编造神话的办法，来对一种他不知道历史来源的经济关系的起源作历史哲学的说明”。①

按照马克思的解释，在人类社会产生之初，由于个人抗御和利用自然、获取生存资料的能力十分低下，为维持生存、延续种群，原始先民不能不在血缘联系基础上，以氏族、部落和公社的形式结合为共同体。在这种社会形态中，共同体的存在是个人生存的前提，生产活动采取集体劳动的方式，因而个体与群体的利益是同一的，资源分配必然采取公共所有的制度形式。只是随着生产知识和技能的积累，生产力水平提高，才有了超过生存需要的剩余产品，逐渐形成了个人脱离共同体而独立的条件，发生了社会分工以及市场交易，导致共同体内部发生利益分化，产生了生产资料的私人所有制，形成在社会分工体系中处于不同地位、对经济资源具有不同的支配和占有权力的个人、集团以致阶级之间的利益差别和冲突。在

---

① 《马克思恩格斯选集》第2卷，人民出版社1995年第2版，第1~2页。

社会分工体系中处于支配地位的集团或阶级，为了在与其他集团和阶级的矛盾和冲突中，维护有利于自身的既定利益分配格局，依靠自己在资源占有上的优势，建立起了被称为政府或国家的强力组织和法律制度，同时通过各种形式的资源投入巩固和发展相应的意识形态。

总之，在解释制度的起源时，马克思从人类与自然界的矛盾出发，从生产力的发展导出了第一个层次的制度的起源，即社会生产关系的形成过程；进而又从社会生产关系中不同集团和阶级的利益矛盾和冲突出发，从社会生产关系中导出第二个层次的制度的起源，即包括政治、法律、道德规范等在内的上层建筑。

对马克思的上述理论，诺思等新自由主义者的一个常见的批评，是说它缺少个体行为的基础。比如，诺思就多次批评马克思未能将搭便车之类机会主义行为方式纳入制度分析。其实，对于自己为什么不从个体动机、个体行为出发来解释制度的形成和演进，马克思是有过解释的。他说过，“历史不过是追求自己的目的的人的活动”，社会发展是有由无数个体的选择汇合而成的。但是，个人的选择并不完全取决于自己的自由意志。因为，现实中的个人是在一定物质的、不受他们任意支配的界限、前提和条件下能动地表现自己的。而个人所面对的既存的界限、前提和条件就是他生活的那个时代的生产力状况。人不能自由地选择生产力，因而也就不能自由地选择由既存生产力决定的生产关系以及相应的法律和意识形态等上层建筑。因此，不是先有了某种由先验的人性决定的个人偏好，然后人们在各自偏好的驱使下自由地缔结社会契约，从而形成社会制度，相反，是与既存的生产力相适应的制度——其中最根本的是现存的生产资料占有关系，规定着个人的经济权利、价值取向和选择空间。举例来说，美国内战前南方的奴隶市场上的某个庄园主可以根据个人的偏好，对高矮胖瘦不同的奴隶进行充分自由的选择，并自由地与奴隶贩子缔结买卖契约；但这种自由的交易，以奴隶制度在南方的存在为前提，不可能发生在禁止奴隶交易的北方各州。同时，那些被当做货物交易的黑奴们是谈不上有什么自由缔约的权利的。

至于个人的“搭便车”行为这个被诺思视为阻碍制度变迁中集体行动的难题，按照马克思的理论，对于新制度代替旧制度的大变革，也不是什么不能逾越的障碍。因为，属于代表先进生产力的社会集团和阶级的多数个人，在社会实践中最终会认识到，只有改变自己所从属的那个社会集团或阶级在既存社会生产关系中的地位，才能从根本上改变由旧制度注定的个人的不幸命运；这时，集团或阶级的整体行动就会不可阻挡地发生，而且这种集体行动往往带有英雄主义史诗的风采，尽管也难免有一些畏首畏尾的胆小鬼躲在一旁等着分一杯胜利之羹。而代表先进生产力阶级在摧毁旧制度后，其政治上的代表就会凭借自己所掌握的政治、经济和军事权力，巩固和健全与新的生产关系相适应的法律准则和社会规范。而这种新制度的确立过程，往往伴随血腥的暴力，而绝不是靠谈判桌上缔结的反机会主义的自愿契约来解决问题的。就私有产权制度的确立而言，汉谟拉比法典之类古代立法，为了使私人产权不可侵犯的观念成为普遍的社会行为准则，消除随意取用他人物品（这是诺思心目中的“搭便车”行为）等原始公社公有制遗风而设立的令人发指的残酷惩罚条款，为此提供了有文字记录的确凿历史证据。

这里应当指出的是，马克思主义并不否定个人理性选择在制度变革和历史进步中的作用。马克思主义整体历史观与个体主义历史观的根本区别在于：后者将个人理性看作是超越历史、超越特定社会结构限制的“动物利己主义”式的不变个体心理品质，而前者则认为个人理性是一定社会结构在个体意识中的内化。在马克思主义看来，虽然个人行为是受其理性支配的，但个人理性绝不是超历史、超结构的，而是历史地形成的“社会的个人理性”。在一定社会经济结构中处于相同地位、从属于同一社会集团或阶级的个人，会具有相似的利益取向，形成对相同价值标准的认同。在此基础上，就会形成一种集体意识或阶级意识。这种集体意识或阶级意识，正如卢卡奇所说，不是个别人的心理意识，“而是变成为意识的对阶级历史地位的感觉”。[①] 而这样一种集体意识或阶级意识的形成和觉醒，正是在社会变革的转折关头，“搭便车”之类的机会主义行为假设失效，个人的理性选择导致集体行动的中介。马克思主义所揭示的这种以阶级意识为中介的个体理性选择与集体行动之间的关系，是以集团或阶级内的不同个人之间行动上的相互关心、相互信任、相互响应为实现机制的。“分析的马克思主义”的代表人物 J. 埃尔斯特曾用“保险博弈”(Assurance Game) 来说明这种机制下的集体行动。这个博弈模型的回报结构中出现如下积极的相互依赖：

	他人：	革命	不革命
个人：	革命	(4:4)	(1:3)
	不革命	(3:1)	(2:2)

① 卢卡奇：《历史与阶级意识》，商务印书馆 1996 年版，第 133 页。

在上列四种可能的选择中，最理智的是第一种，即大家都采取行动，因为这时个人和他人所得回报都最多（4:4）。埃尔斯特指出，这种集体行动的产生需要行为者之间的相互保证，即希望别人革命，自己就必须革命。[①] 埃尔斯特所说的这种相互保证，是以自觉的阶级意识的存在为条件的。而集体意识或阶级意识的形成，归根结底又是以客观存在的经济关系、利益关系为基础的。

人们可以不同意上述马克思社会制度的起源或形成的解释，也可以批评马克思叙述其理论的方式带有所谓“黑格尔遗风”，但就逻辑的严整性而言，马克思的解释是诺思所不能望其项背的。马克思将社会制度的演进置于生产力进步这个人类为了生存和发展而进行的首要的社会实践的基础上，层次分明地将从经济基础到上层建筑的社会制度演进过程，纳入一个有机统一的理论体系。相形之下，诺思的理论则明显地具有多元论的倾向，令人失望地支离破碎，在逻辑上缺少起码的内在一致性。当然，形式逻辑的严谨并不能保证一个理论的正确，更重要的是要看这个理论是否与历史事实相符。下面，让我们着重从有关社会制度形成的基本假设和社会制度的本质两个方面，用历史学和考古学提供的事实，对马克思和诺思对制度起源和形成的不同解释作一检验。

二、理论与历史

从前面对诺思和马克思理论的概述可以看出，在人类社会制度如何形成这个问题上，诺思与马克思的分歧集中在两点上：一是制度形成的基本假设，即理论展开的出发点方面的分歧：诺思的出发点是自利和机会主义等先验的人类行为特征，而马克思的出发点是人类为满足自身生存和发展的需要而进行首要的实践活动即发展生产力。二是对制度的本质的认识上分歧：诺思等新制度主义者认为制度是通过孤立个人之间的平等交易形成的，其本质是自由契约；而马克思则从生产这一人类最基本的实践活动出发，将一定制度的形成，归结为一定生产关系，以及与这种生产关系相适应，并维护这种生产关系的社会机构和规则确立的过程，认为制度的本质就是在社会分工协作体系中不同集团、阶层和阶级之间的利益关系。

---

① John Elster, Further Thoughts on Marxism, Functionalism and Game Theory, in J. Roemer ed. Analytical Marxism, Cambridge University Press, 1986.

（一）关于社会制度的形成的基本假设

就这个问题，我们列举历史学、人类学和考古学提供的如下有关的事实。

第一，至少目前还没有考古证据证实原始人采取非群居的独立生活方式。对我国大量史前人类遗址的考察，无可辩驳地说明，原始先民采取的是群居方式，人类一开始就是一种“社会动物”。西方学者卡洛·M·奇波拉等人也通过各种方式证明，原始人的居住方式、生产方式、食物摄取内容等，都有进化论上的根据和必然的生理基础[①]。人由猿进化而来，原始人自然继承了类人猿的群居生活方式。人属于中小型动物，要抗御大型动物尤其是猛兽的侵害，要通过狩猎获取足够的肉食，都必须有群体的合作。将初民们描写为独自谋生的孤立个人，处于霍布斯式的“自然状态”，显然与考古证据不符。

第二，许多比较人类学家和生物学家，通过考察非洲、美洲和澳洲等地的原始部落和高级动物群体发现，越是在个体独立生存能力低下的群体中，群体行为的本质越是利他主义而不是利己主义。在生存需要的压迫下，个体本能地采取利他主义的行为方式而很少有机会主义行为。而随着群体中个体独立生存能力的提高，各种争斗和利益矛盾发生的频率也提高。[②] 由此可以推断，利己主义和机会主义是生产率提高，剩余产品出现，个体独立生存能力提高的产物，并不是亘古不变的人类行为特征。将其当作解释制度起源的基本假设，实在不是什么“关键性好主意”，而是个“关键性馊主意”。

第三，古生物学家对原始人骨骼化学成分的分析表明，原始人群经常面临饥馑，必要的营养成分的摄取严重不足。[③] 这说明最初的人类社会生产水平十分低下，包括所谓“合作剩余”在内的整个群体的总收益仅能使每个群体成员维持生存。离开群体，个人只有死路一条，因而所谓“霍布斯状态”肯定不存在。在这种情况下，新古典经济学的“理性人”

① 参见卡洛·M·奇波拉：《世界人口经济史》，商务印书馆 1993 年版；联合国教科文组织：《非洲通史》，中国对外翻译出版社 1984 年版；谢苗诺夫：《婚姻、家庭的起源》，中国社会科学出版社 1984 年版。

② F. 普洛格等：《文化演进与人类行为》，辽宁人民出版社 1988 年版。

③ 参见威尔逊：《新的综合》，四川人民出版社 1985 年版；C. 克拉克等：《仅能维持人们生存的农业的经济学》，1976 年版。

的机会主义也根本就不具备发生的物质基础。诺思等人的制度博弈，只是新制度主义者的“思维体操”，与历史不相干。须知，对于原始先民来说，基于利己心的机会主义是非理性的，因为它会导致群体的瓦解，而这又意味着个人自身的毁灭。

第四，大量考古学、人类学和历史学的资料表明，在人类社会制度的第一个形态即原始公社制度条件下，共同体内部不同成员间并不存在市场交易关系。只是随着社会分工的发达，剩余产品的出现，才发生了部落之间交换。至于个人之间的交易，以及与之相适应的行为规范和权利观念（交易双方基于各自的自由意志的平等权利、交易的等价性等等），那是在私有财产制度产生，共同体濒于解体的时期才发生和流行起来的。

第五，卷帙浩繁的历史学和人类学研究成果提供了对马克思的理论极为有利的证据。由于篇幅所限，这里仅引证两个并非马克思主义者的人类学家的论述。

美国学者 L. H. 摩尔根依据自己在美洲印第安人中的多年调查以及大量历史文献，研究了从野蛮时代到文明时代财产继承法的演化，即由氏族成员共同继承到子绝对女继承的变化。他得出的关于财产制度发展的结论是：“关于财产的最早观念，是与生活资料的获得密切相关的，而生活资料的获得则是基本的需要。物品的享有，将自然地随着在连续的各文化时代中与生活方法所依赖的那些技术的增加而增加。因之，财产的发展，将与文明及发现的进步同时并进。每一文化时期，都较其前一时期显示着更显著的进步，不止在发明的数量上是如此，就是在由发明数量的增加上所产生的财产的种类与数量的增加上，亦是如此。随着财产的增加，关于财产享有及继承的法律，亦必因之而发展。这些财产所有权及其继承的法律所依据的风俗，是由社会组织的状况及进步所决定和限制的。由此视之，财产的发展，是与标志着人类进步中各文化时期的发明与发现的增加，以及社会制度的改善密切相关的。”① 显然，摩尔根的结论与马克思关于生产力状况决定生产关系或财产关系的理论是一致的，他对有关事实的整理和归纳，是对马克思的经济制度起源和形成理论的一次有力的印证。

再让我们看一看俄国学者 M. 科瓦列夫斯基的论述：“假如我们想知道那逼迫我们的原始祖先及现代未开化人保持多少明显地表现着的共产主

---

① 摩尔根：《古代社会》，商务印书馆 1972 年版，第 926～927 页。

义的原因时，那么我们便特别应该知道原始的生产方式。因为财富的分配方式应该为财富的生产方式所决定。而关于这一点，人种学就这样说：在澳洲，猎取袋鼠就是由几十个甚或几百个土人的武装队伍来进行的。在北方的国度中，在猎取鹿的时候也是同样的，无疑的，人不能孤独地维持自己的生存；他需要援助和帮助，而联合十倍地加强他的力量……这样，我们就看到了在社会开始时的社会生产及作为它的必然和天然结果的社会消费。人种学上证明这点的事实异常丰富。”他还指出，私有财产观念的产生并非来自“个人的自我意识”（用新古典经济学的语言来说就是“理性”），而是来自生产方式：“原始人的达到关于个人占有用作武器之尖石或用以遮身之兽皮的思想……是因为在物件的生产上应用了个人的力量”；“个人劳动的使用，因之也便逻辑地产生个人的占有。”集体狩猎中兽肉归集体分享而兽皮归最后射倒猎物或箭射得离猎物心脏最近的人之类的原始惯例，即源于此。“所有这些，为印度的法律，南部斯拉夫人、顿河哥萨克人或古代爱尔兰人的习惯法所同等地证实。”另一个例子是，在处于原始阶段的爱斯基摩人社会，作为集体劳动工具的大捕鲸船是公有财产，而作个人或家庭日常生活之用的小船是私人财产，可见“生产组织继续影响占有方式到何种程度。”农业出现之后，氏族（“血缘联合”）成了土地所有权的主体。怎样解释它的起源呢？科瓦列夫斯基说：“我们以为，原因就在那个在某个时候引起了占有大部分动产的社会生产中。”①

20世纪40年代和50年代，莱斯利·怀特（Leslie White）等所谓新进化论人类学家，继承摩尔根等老进化论者的基本思想，试图从“能量获取”技术的进步出发，说明人类文化发展的规律。怀特认为，为了给自己提供生活资料，人类必须消耗能量；起初，人类以自己的身体为主要的能量来源，以后逐渐学会利用火、风、水等其他能量来源；而随着学会制作工具、驯养动物、发明机械，人类获取能量的能力不断增强；人类的文化，包括社会经济制度、宗教、伦理、法律和政治，是不断响应能量获取能力的发展而发展的。换句话说，技术（获取能量的方法）的进步推动了其他文化发面的演进。② 由于强调技术的基础作用，怀特的方法被称为“文化唯物论”。显然，与摩尔根相似，怀特的理论在将文化或制度的变迁归结为技术进步这个基本点上，是与马克思的历史唯物论一致的。

---

① M. Kovalevsky, Tableau des origines et de l'evolution de la famille et de la properriete. Stockholm, 1890, pp. 52-53, 95.

② L. A. 怀特：《文化科学——人类与文明研究》，山东人民出版社1988年版。

类似的考古学、人类学和历史学的证据俯拾即是。这些证据在为马克思的历史唯物论假设提供坚实的支持的同时，断然否定了诺思的新古典假设。显然，将马克思批评巴师夏、蒲鲁东等人的话移用到诺思身上是完全合适的，他也是在用编造神话的办法，来对一种自己不知道历史来源的社会经济关系的起源作历史哲学的说明。

（二）关于社会制度的本质

诺思等新制度主义者将独立个人之间的自由契约看作是一切社会制度共同的本质规定，因而在任何制度下，社会分层、阶级剥削、阶级压迫、阶级冲突等与人类文明史相伴随的重要制度现象是没有理由存在的。但是，自从文明的第一线曙光照耀在人类社会身上，这种在自由契约论者看来不应发生的事情就发生了。这里，考古学和历史学又一次与诺思的理论背道而驰。就先让我们来看一看现代考古学的两个发现：

第一，考古学家对分布在中国、中美洲等地区的200多座古代墓葬的研究发现，这些墓葬中存在墓主人和殉葬者的明显社会分层。墓主人的身高平均比殉葬者高出7~8公分。而且，根据对二者骨骼中的含锶量的化验结果，墓主人骨骼的含锶量大大低于殉葬者，这表明前者的肉食量大大高于后者。而这又意味着食物分配上悬殊的社会分层。对玛雅文明遗址和中东一些古代遗址的考察还发现，在生产工具特别是制备食物的工具的占有上，社会分层现象也是明显的。

第二，在对一些古代建筑遗址的考古中发现，这些建筑不仅是防止外来侵犯的设施，而且具有防止内部暴乱的功能。在这些遗址中，社会上层人物的住宅一般建造在保护圈中，而且这些住宅本身也有防御设施，其功能是对付内部的暴乱。据考古学家分析，在圣罗伦索的奥尔梅古遗址中存留的大量被蓄意破坏的石碑等古物表明，该文明毁灭的原因就是社会内部不同集团的冲突。①

上述历史事实显然是无法纳入新制度主义那个基于自由契约的“合作世界”的。对此，某些新制度主义者也有所感觉，承认他们用来说明制度形成的合作性博弈，无法确定“合作剩余”的分配解。例如，罗伯特·考特和托马斯·优伦说：“对策行为引起博弈论中许多非常复杂的问

① 参见乔纳森·哈斯：《史前国家的演进》，求是出版社1988年版。

题。经济学通常假定人们理性行事并寻求他们之间的均衡。然而，经济学尚未成功地找到一个建立在理性之上的谈判问题的解。理性自身并不能决定如何分配合作剩余。”[①] 事实上，作为个人间博弈结果的“合作剩余”的分配方式，取决于双方的“谈判力量”，而“谈判力量”并不是来自个人的利己理性。个人的“谈判力量”其实来自于他所置身于其中的特定社会集团或社会阶层对经济资源的支配权力，来自于个人在马克思所说的社会生产关系中所处的地位。试问，一个自身生死操之于他人之手的奴隶，除了接受牛马般的生存条件，同时将生产出来的所有剩余奉献给主人，难道还有什么别的选择？将“谈判力量”对比悬殊的不同社会阶层、集团和阶级的关系描述成自由、平等的市场交易，将社会制度的形成和发展归结为一部精于算计的自利者的生意经（对交易成本的算计），可以说是诺思之类新经济史家以致整个新制度主义的“最深刻的浅薄”之处。而这种浅薄又使得新制度主义的某些弄潮儿，已堕落到肆无忌惮地伪造历史的地步。

在诺思的《经济史中的结构与变迁》一书中，就可以看到将连农民的“死魂灵”都可以买卖的农奴制，被说成是农奴用劳役换取封建庄园主保护的自愿契约。[②] 一个叫 R. S. 西伯里的新经济史家，在研究美国南方的奴隶制度时，竟然认为奴隶与奴隶主之间存在着“提供劳务与授予一方关心与保护”的“隐契约”，并且在这种契约形成过程中，奴隶有选择的自由，即有选择生与死的自由。不仅如此，他还认为奴隶逃跑是一种背约行为，即违背了自己的“隐契约”。[③] 如此“高论”，足以骇人听闻。许多西方学者也不同意这种显然与历史事实不符的理论。哲赛·托波尔斯基就指出，“D. C. 诺思和 R. S. 托马斯模式提出对封建制度作非剥削性的解释……但是他们没有抓住封建制度的本质。”[④] 阿卡迪斯·卡亨在详细研究农奴制后指出，农奴受领主的束缚，其行为和活动受其地位的严格制约，不存在自愿的协议；用现代契约观分析封建时代的农奴—领主关系，

---

① 《法和经济学》，上海三联书店 1997 年版，第 165 ~ 166 页。

② D. C. 诺思：《经济史上的结构与变迁》，商务印书馆 1993 年版，第 10 章；另见亨利·勒帕日：《美国新自由主义经济学》，北京大学出版社 1989 年版；Y. 巴泽尔：《产权的经济分析》，上海三联书店等书的有关叙述。

③ 转引自 G. M. 霍奇逊：《现代制度主义经济学宣言》，北京大学出版社 1993 年版，第 179 页。

④ 哲赛·托波尔斯基：《经济史中理论和计量方法之作用》，华夏出版社 1988 年版，第 31 ~ 33 页。

是强加给人们一种使人误入歧途的现代观念。①

克拉夫茨曾批评诺思缺少解释冲突的理论。② 的确，我们不知道诺思将如何回答初学历史的中小学生都有可能提出的这样一些问题：中国的陈胜、吴广为什么要揭竿而起？古罗马的斯巴达克为什么要造罗马共和国的反？法国的"第三等级"为什么要发动民众攻打巴士底狱并把国王和贵族送上断头台？既然奴隶制度是自由契约的产物，美国人进行南北战争岂不是发疯？……这类举不胜举的历史事实，都是社会制度通过自由契约的途径形成的理论所无法解释的：陈胜、斯巴达克、罗伯斯比尔、林肯们竟然没有遵循诺思等人的教导，在新古典经济理性的引导下，打起算盘来计算交易费用，与秦二世、克拉苏、路易十六、罗伯特·李们轻松有趣地博弈一番，达成个皆大欢喜的自由契约，而非要拼个你死我活。由其个人主义和自由契约的基本假设所决定，诺思的理论注定解释不了历史发展长河中的这类巨大社会冲突，以及由这种冲突所导致的社会基本宪法制度的革命。当然，这不是说诺思的理论解释不了任何制度的形成和起源。在以市场交易已成为最普遍的经济关系形式的资本主义经济制度框架内，对于一些表层的制度现象（例如，诺思早期研究过的海洋运输生产率变化的制度原因），诺思的理论还是可以提供某种能够自圆其说的解释的。但是，它肯定无法解释社会基本制度的根本变革。硬将这种理论的适用范围推广到全部人类社会制度的变迁史，那是要闹笑话的。这大概就是克拉夫茨将诺思归入"没有认识到过去与现在不同的经济学家"之列的原因。这使人想起旧制度主义者 J. 康芒斯的一段话："洛克推理的错误是次序颠倒的历史错误。……他把像他自己那样有理性的人……送进了原始时代。他把自己所习惯并希望永远维持的现状中的惯例，归结为人们必须恪守的永恒理性……所以他就把已为数百年强有力的政府和国家司法组织纳入英国习惯法的自愿安排，倒过来说成是原始的自然状态。"③

根据马克思对制度形成过程的说明，上述冲突却可以得到合乎逻辑的解释：作为全部社会制度基础的生产关系的本质，就是在社会分工体系中处于不同地位、对经济资源具有不同支配权力的各种社会集团、阶层、阶级之间的利益关系，人类文明史上连绵不绝的巨大社会冲突，正是一定社

---

① Acadius Kahan, Note on Serfdom in Western and Eastern Europe. Journal of Economic History, March 1973.

② 《新帕尔格雷夫经济学大辞典》第 2 卷，经济科学出版社 1992 年版，第 43 页。

③ 康芒斯：《制度经济学》上册，商务印书馆 1997 年版，第 64 页。

会制度的内在利益矛盾激化的结果。而在生产力的发展要求冲破旧制度桎梏的条件下，这种社会冲突往往成为新制度取代旧制度的契机，这就已经涉及社会发展或制度变迁的动力问题了。在这个问题上诺思与马克思的观点也是大相径庭的。但这是需要用另一篇文章来探讨的问题。

诺思与马克思：关于社会发展和制度变迁动力的比较*

马克思是第一个对人类社会制度发展和变迁的一般规律做出系统阐述的思想家，后来的任何试图构建历史理论的人都无法回避马克思的分析框架。用新制度主义的经济理论革新了经济史研究的道格拉斯·诺思（D. C. North）教授，也躲不开马克思。他在肯定马克思的贡献的同时，认为“马克思模型的局限性，在于没有一个理论解释技术变革率，还在于在忽视其他变革原因的情况下对技术的强调。例如，马克思轻视人口变动在历史上的重要作用。”在他看来，“单独的技术因素几乎不能解释许多长期性的变革，在这些变革中，技术似乎没有重大的变化，或技术变化似乎没有要求重大的组织变革来实现其潜力。”① 可见，诺思的制度变迁理论与马克思的社会发展理论的一个重要分歧之点，在于对社会发展或制度变迁的动力的不同解释。本文拟在比较马克思和诺思的在这个问题上的不同理论的基础上，根据史实，对诺思在这个问题上对马克思的局限性的重要突破做些验证。显然，这种验证同时也是对马克思理论的一次“证伪”。

一、马克思的生产力一元动力论与诺思的批评

马克思对历史唯物史观做过如下纲要式的经典表述：“人们在自己生活的社会生产中发生一定的、必然的，不以他们的意志为转移的生产关系，即同他们的物质生产力的一定发展阶段相适应的生产关系，这些生产关系的总和构成社会的经济结构，即有法律的和政治的上层建筑竖立其上

---

* 本文发表在《中国人民大学学报》2000 年第 3 期。

① 诺思：《经济史上的结构与变迁》，商务印书馆 1993 年版，第 29 页。

并有一定的社会意识形态与之相适应的现实基础。物质生活的生产方式制约着整个社会生活、政治生活和精神生活的过程。不是人们的意识决定人们的存在，相反，是人们的社会存在决定人们的意识。社会的物质生产力发展到一定阶段，便同它们一直在其中活动的现存生产关系或财产关系（这只是生产关系的法律用语）发生矛盾，于是这些生产关系便由生产力发展的形式变成生产力的桎梏，那时，社会革命的时代就到了，随着经济基础的变更，全部庞大的上层建筑也或快或慢地发生变革。"①

这段经典表述说明，在马克思看来，生产力的发展是社会制度变迁的根本动力。马克思的这个看法基于这样一个因为太过普通而为以前的所有贤哲所忽略的事实："人们为了能够'创造历史'，必须能够生活。但是为了生活，首先就需要衣、食、住以及其他东西，因此第一个历史活动就是生产满足这些需要的资料，即生产物质生活本身。"这个事实构成"一切人类生存的第一个前提"，因而"也就是一切历史的第一个前提"。② 这也是经济制度即生产关系和财产关系，以及与之相适应的政治和文化制度形成的前提。撇开这个前提，就谈不上什么社会发展和制度变迁。

用财产关系或生产关系来解释政治和法律制度的起源及性质，并不是马克思的发明。法国波旁王朝复辟时期的历史学家基佐、梯也尔等人对这一点已经有所认识。例如，基佐在《英国革命史》等著作中，就已经看到，要理解一定的国家制度，就需要研究社会中的不同阶级及其相互关系，而要理解这些社会阶级，又应该知道土地占有关系以致全部财产关系的性质。③ 马克思的贡献就在于将生产关系或财产关系进一步归结为生产力的状况或发展水平，认为生产力的发展是整个社会发展的根本动力。马克思的这一发现，使人们摆脱了 18 世纪启蒙学者以来自然观上的唯物主义和历史观上的唯心主义的二元论的困扰，将对于社会发展的解释唯物主义地置于一个统一的基础之上。因此，普列汉诺夫将马克思的社会发展理论称为"一元论历史观"。

根据这种"一元论历史观"，社会制度演进的机理可以简单地概括如下：生产技术的改良和发明导致新的劳动工具的出现，以及协作、分工等生产技术组织形式的变化；生产技术组织的变化又引致生产过程中人们的

① 《马克思恩格斯选集》第 2 卷，人民出版社 1995 年版，第 82 ~ 83 页。
② 《马克思恩格斯选集》第 1 卷，人民出版社 1995 年版，第 32、44 页。
③ 普列汉诺夫：《论一元论历史观之发展》，上海三联书店 1961 年版，第 2 章。

相互关系即生产关系的变化；[①] 而生产关系的变化最终引起政治和法律等上层建筑的变化。在理解这个社会制度演进机理时，要避免这样一种简单化的倾向，即把生产力和生产关系的关系当做是绝对的单向的决定和被决定的关系。马克思本人以及其他马克思主义经典作家都多次强调过，生产关系，或者说财产制度、经济制度，也会对生产力发生反作用，尽管最终起作用的因素还是生产力。生产关系对生产力的反作用不仅表现为旧制度对生产力进一步发展的阻碍，而且表现为新制度对生产力发展的促进作用，即新制度可以“诱致”更多、更快的技术创新，从而加快生产力发展。同样，对于经济基础与上层建筑的关系，马克思也反对作机械的理解，而强调在考察社会制度变革时，要充分注意意识形态等上层建筑对经济基础的反作用。对于否定意识形态的反作用的所谓“历史唯物主义的朋友”将自己的理论简单化、庸俗化的倾向，他是深恶痛绝的。他曾针对片面地将历史唯物论归结为“经济唯物主义”的庸俗说法愤慨地说，“我所知道的一切就是，我不是马克思主义者！”[②] 可见，说马克思无视变革的其他原因而强调技术一个因素，是没有根据的。但是，诺思好像并没有读过马克思本人的有关论述以及众多马克思主义学者对马克思论点的阐发，因而误解了马克思。不过，话又说回来，在马克思看来，生产力的发展始终是解释制度变革的首要和根本的原因。没有作用，就谈不上反作用，尽管反作用也是不容忽视的。

根据马克思的理论，一定社会经济的技术进步速度是由两个基本因素决定的：首先是人类社会在探索自然奥秘和生产实践中世世代代积累起来的科学和技术知识存量；其次是既存的社会制度能够为科学和技术知识在经济活动中的应用提供的可能性空间。这也就是马克思主义的社会发展理论所包含的对诺思所谓“技术变革率的解释”。较之诺思对私有产权制度诱致的技术进步的片面强调，根据马克思的这种理论所做的这种解释，显然要更为全面和准确。用马克思主义的术语来说，诺思只是强调了制度对生产力的反作用，而忽视了作为制度变革根本动力的、作为一个世代累积的“自然历史过程”的生产力自身的发展。离开人类为了满足自身生存发展的需要，在探索自然规律、解决实际生产问题的实践中积累起来的科学技术知识存量，为诺思所片面强调的制度诱致性的技术进步速度的加快，只能是空中楼阁，根本没有发生的基础。

① 林岗：《论“生产力决定生产关系”的原理》，载《哲学研究》1987 年第 4 期。
② 《马克思恩格斯书信选集》，人民出版社 1962 年版，第 463 ~464 页。

至于诺思以“单独的技术因素几乎不能解释许多长期性的变革，在这些变革中，技术似乎没有重大的变化，或技术变化似乎没有要求重大的组织变革来实现其潜力”为理由对马克思的批评，则似乎是出于误解。这种误解与他的制度变迁同马克思的制度变革的不同含义有关。马克思所着重研究的，是“社会经济形态的演进”，亦即社会的基本制度框架的变革。而诺思的制度变迁，则不仅是指基本制度框架的根本变革，而且包括一定基本制度框架内任何“正式约束”（立法）和“非正式约束”（道德规范等）的边际调整[①]。确实，这类边际调整不一定都是技术变化要求重大的组织变革的结果。它们可能与技术的变化有关，也可能由其他因素引起。但这种一定制度框架内的边际调整的存在，并不能成为否定马克思理论的理由。因为马克思理论所要解释的并不是这种边际调整，而是基本制度框架的变革。事实上，在马克思的著作中，我们也找不到他试图将一定制度内的任何些微变化都归结为生产力变化的企图。相反，他在强调生产力的发展是社会经济形态演进的根本动力的同时，注意到了“派生的，转移来的，非原生的生产关系”[②] 的存在。例如，他在谈到古代奴隶制社会就存在过的雇佣劳动制度时指出，这只是“一种例外和救急的办法”，即所谓“非原生的生产关系”，它并不说明生产力的发展已经要求对奴隶制进行根本的变革。正是因为缺少生产力基础的支持，雇佣劳动制虽然古已有之，无论是在奴隶制时代还是封建时代，它都没有成为整个社会制度中稳定地起主导作用的经济关系形式。只是随着生产力的发展，发生了以手工工场的出现、机器生产为基础的工厂组织的形成这一系列的劳动技术组织的巨大变革，雇佣劳动制度才以资本主义的全新形式成为社会生产关系的主导形式。[③] 总之，在马克思看来，只有抓住生产力的发展水平这个根本，才能摆脱历史上存在的大量次要和偶然因素的纠缠，为社会经济形态的演进理出一条前后一贯的清晰线索。

二、诺思的多元动力论与人口动力论

尽管诺思对马克思的生产力一元动力论的批评似乎很难站住脚，但提

① 诺思：《制度、制度变迁和经济绩效》，上海三联书店 1995 年版。
② 《马克思恩格斯选集》第 2 卷，人民出版社 1997 年版，第 112 页。
③ 参见《马克思恩格斯全集》第 46 卷（上册），人民出版社 1972 年版，第 14 页。

出一套取代马克思的新理论仍然是他的权利。那么，他是如何解释制度变迁的动力的呢?

诺思认为，制度变迁“一般是对构成制度框架的规则、准则和实施组合的边际调整”。[①] 与制度变迁相对的是制度的稳定，这种稳定是一种均衡状态，“即在行为者的谈判力量及构成经济交换总体的一系列合约谈判给定时，没有一个行为者会发现将资源用于再建立协约是有利可图的”。[②] 所以，制度变迁的动力来自再缔约所能够带来的收益。又是哪些因素使得再缔约给行为者带来收益，从而打破制度均衡，引致制度变迁呢？诺思告诉我们，这些因素是“相对价格或偏好的变化”。其中，相对价格的变化，包括要素价格比率、信息成本、技术的变化等；偏好的变化则来自于观念、宗教教义以及其他意识形态方面的变化，以及相对价格变化引起的精神结构和行为方式的变化。在诺思看来，大多数相对价格和偏好的变化是内生的，是各种军事、经济、政治组织及其他行为主体在原有制度框架内为追求自身收益最大化的结果。另外一些相对价格和偏好的变化则是外生的，即来自于制度框架之外。既然相对价格和偏好的变化有这许多来源，那么。很显然，诺思的制度变迁动力是多元的。多元动力论无疑为诺思提供了比马克思大得多解释历史的“自由度”或者说随意性。

当然，这并不是说在诺思对制度变迁的解释中完全找不到一条连贯的线索。事实上，诺思认为，在经济史上引致制度变革的根本动力都是外生的。所以，在他的理论体系中，外生因素占有突出的地位。而在这些外生因素中，最重要的又是人口增长。他将两次“经济革命”即专一公有产权的形成和18世纪产业革命的起因，都归结为人口变化。而这也正是他为什么要批评马克思“轻视人口变动在历史上的重要作用”的原因。不过，这样一来，诺思又一次显示了他对马克思主义基本文献的无知。其实，马克思是重视人口问题的。早在历史唯物主义的开山之作《德意志意识形态》中，马克思和恩格斯就将“生命的生产”纳入作为生产力和生产关系统一体的生产方式之中：“生命的生产——无论是自己生命的生产（通过劳动）或他人生命的生产（通过生育）立即表现为双重关系：一方面是自然关系，另一方面是社会关系。”[③] 后来，马克思在对马尔萨

---

① 诺思：《制度、制度变迁和经济绩效》，上海三联书店1995年版，第111页。
② 同上，第112～113页。
③ 《马克思恩格斯全集》第1卷，人民出版社1972年版，第34页。

斯人口论的批评中进一步阐发了自己的人口理论："在历史上他（指马尔萨斯）会发现，人口是按照极不相同的比例增加的，过剩人口同样是一种由历史决定的关系，它并不是有数字化为生活资料的生产性的绝对界限决定的……但是，马尔萨斯撇开了人口运动的这些历史规律，这些规律是人类本性的历史，所以是自然规律，但仅仅是在一定的生产力的一定历史发展阶段上的自然规律，而这种生产力的发展水平则是受人类本身的历史过程制约的。"马克思认为人口增长实质上是作为社会生产力基本因素的劳动力的再生产，人口增长本身就是社会再生产过程的有机组成部分。一定历史时期的社会再生产过程是在一定的生产力发展水平基础上，通过一定生产关系展开的。作为社会再生产有机组成部分的人口增长，因而受到生产力和生产关系两个方面的制约。从生产力方面来说，人口增长不能不受由生产力发展水平决定的人类生存和繁衍的物质条件的制约。因此，在生产力的不同发展阶段，人类解决人口增长带来压力的方式是很不相同的：在生产力低下的原始社会存在杀婴制度，在中世纪采取移民制度，等等。至于生产关系如何影响社会人口状态，一个突出的例证就是马克思在《资本论》中揭示的资本主义发展初期与资本积累相伴而行的相对人口过剩。因此，马克思断言，人类社会的"每个发展阶段有它自身的人口规律"。[①] 可见，在马克思的理论中，人口增长模式对于一定社会经济制度具有内生性，生产力发展水平是人口状况最终的决定力量。这也就是马克思不像诺思那样将人口看作是纯粹的外生变量，并且不把它当作制度结构变革动力的原因。

其实，在人类思想史上，诺思的人口动力论并不是什么新东西。远的不说，18 世纪的启蒙学者爱尔维修就从人的生理需要出发，将社会发展的动力归结为人口增殖，认为人口增长的压力是社会经济形态变化的动力。这个观点为俄国民粹派引用时，已经被普列汉诺夫等马克思主义学者驳得体无完肤。[②] 我们无从知道诺思的理论灵感是否来自爱尔维修。如果不是，他也不过是进行了一次对陈旧而错误理论的再发现。

① 《马克思恩格斯全集》第 46 卷（下册），人民出版社 1972 年版，第 106 ~ 108 页。

② 《十八世纪法国哲学》，商务印书馆 1963 年版，第 430 ~ 499 页；普列汉诺夫：《论一元论历史观之发展》，三联书店 1961 年版，第 12 ~ 20 页。

三、人口变化与“两次经济革命”

历史的事实是任何社会发展理论真理性的最权威的鉴定人。现在，到了请它们出场的时候了。下面，就让我们将诺思对“两次经济革命”的解释与有关史实作一对照。

（一）关于人口变化与专一公有权的形成

按照诺思的说明，原始社会的专一公有权是这样形成的：在人口增长的一定范围内，狩猎部落的边际产量不变；但随着人口的增加，狩猎的边际产量递减，这时原始人群就会建立狩猎领域的专一公有权，以排斥其他人群，而这种排他性的公有权有利于技术创新；而当狩猎的边际产量低于农业的边际产量时，效用最大化的人就会选择农业；在人口进一步增长的条件下，农业的边际产量也会递减，于是人们又发明了公社的专一所有权，以更有效地利用资源。

诺思的解释要想成立，首先必须假设自有人类以来，人口就是显著地不断增长的。但是，从卡洛·齐拉波的考古统计可知，在人类出现后的一两百万年间，人口增长率仅为 0.0007% ~0.0015%，人口规模可以说几乎没有什么变化。为什么在这一两百年间人口没有像诺思假设的那样显著地不断增长呢？齐拉波指出，在低下的技术水平条件下，狩猎维生的原始人群的规模是由他们所能够捕获到的动物的数量所决定的，原始人会采取措施将人口控制在物质生产条件限定的范围内。[①] R. W. 菲斯对处于原始社会阶段的迪科比亚人的考察也说明，原始人群的规模所以长期处于稳定状态，原因在于技术水平低下，生活资料匮乏。在这种情况下，部落为了维持生存，一方面实行杀婴制度，另一方面用独木舟将外来者送到海上淹死。[②] J. 古德尔通则通过考证发现，主要以采集维生的早期前人群的规模十分稳定，一般不超过 20 人，其主要原因就在于生产力水平的低下；而后期前人由于从森林向草原迁移，尤其是发明了捕杀动物的工具，组织起

① 卡洛·M·奇拉波：《世界人口经济史》，商务印书馆 1993 年版。
② 参见 R. W. 菲斯：《原始的波利尼西亚经济》，1939 年。

集体的狩猎活动，群体的规模增加到 40 人。[①] 这些史实表明，人口规模是技术进步或生产力发展的增函数。这与诺思的描述正好相反：并不是人口压力通过专一所有权的确立而引致技术进步，而是技术进步导致物质生活条件的改善，使得社会的人口行为改变，从而推动人口增长。人口经济学家朱利安·西蒙根据考古资料，对人口与技术的关系作过一个很好的总结：原始社会时期，技术创新一般先于人口增长，而人口增长又反过来促进技术的推广，即先是发明拉力（Invention Pull）起作用，然后是人口推力（Population Push）起作用。[②] 奴隶制时期人们对待外族人的那种与前述迪科比亚原始社会相反的行为方式，也是这方面的一个重要证据：正是因为技术进步使得个人劳动不仅能够维持劳动者的生存，而且还能提供经济上的剩余，才发生了由杀死外族人到收养外族人以致发动对外战争以获取劳动力的人口制度的根本变化。如果使用新古典经济学的词汇，这可以说是技术进步导致了“劳动的相对价格”的变化。而诺思告诉我们的却是一个与历史进程背道而驰的故事。

诺思对“第一次经济革命”的解释所碰到的第二个麻烦是：专一所有权的形成是否就是技术进步的充分条件？在《非洲通史》上古卷中，考古学家提供的史实说明，大量发明了专一所有权的部落，从古至今却几乎没有任何技术创新。生物学家甚至在动物界也发现了诺思所说的专一所有权，即大型食肉动物都有绝不允许其他动物进入的活动范围，但狮子、老虎搞技术发明的故事似乎在童话中也找不见。就是被新制度主义者当作专一所有权引起技术创新的最有力证据的发明专利权，也早在 14 世纪就被威尼斯人发明出来了，但是白白等了三四百年，直到 16 世纪，才发挥出引致技术进步的明显功效。而且，据西方学者的考证，地中海国家发明专利制度的初衷，是为了鼓励外国人泄露本国的技术秘密，而并不是要保护知识产权。[③] 这些事实显然是诺思的理论所无法解释的。而根据我们在前面叙述过的马克思主义的理论，这些问题都可以迎刃而解：虽然专一所有权等制度发明对生产力的发展具有反作用，但这种作用是否发挥以及在多大程度上发挥，取决于人类在发展生产力的长期实践中所获得的科学技术知识的存量。

---

① J. Goodall, Chimpanzees of the Gombe Stream Reserve, pp. 445 – 500.

② 朱利安·西蒙：《人口增长经济学》，北京大学出版社 1984 年版，第 8 章。

③ Paul A. David, The Evolution of Intellectual Property Institution, 载 Economics in a Changing World, edited by Abel Agbegran.

最后要指出的是，诺思所谓狩猎的边际产量低于农业使得原始人群变成农民的说法，也是大可商榷的。有学者指出，在西方的史前时期，农业与狩猎在某些平原地区是互不相关的两个行业，农业直接由采集业发展而来，这说明在这些地区狩猎与农业之间并不存在替代关系。① 我国的考古学家则指出，在我国的原始社会发展过程中，当狩猎业为农业所替代时，前者的生产力正因为石器和弓箭的发明而提高，② 并不存在断定前者边际产量低于后者的理由。事实上，世界不同地区的原始先民们以何种方式发展自己的生产力，是由他们所面对的自然条件决定的。而在诺思的“第一次经济革命”模型中，却先验地为先民们提供了一份包括狩猎和农业在内的技术选择菜单，以便将他们实际经历的马克思所说的生产力发展的“自然的历史过程”，硬塞入新古典经济学的比较静态分析框架。

（二）关于黑死病与产业革命发生的条件

诺思是这样解释“第二次经济革命”即产业革命的：14 世纪上半叶人口的增加推动了欧洲边疆拓殖运动，导致贸易的发展，需求的扩大，土地相对价格的上升，从而使土地专一所有权和土地转让权得以确立；14 世纪中叶发生的黑死病（淋巴鼠疫），使人口急剧减少，劳动的相对价格上涨，从而使劳动者在契约谈判中的地位上升，致使封建农奴制解体，自由劳动力所有权得以确立；专一所有权、土地转让权加上自由劳动力所有权，为技术创新提供了刺激和收益保证，从而导致了产业革命。在诺思的这个解释中，专一所有权、土地转让权和劳动力所有权这三个制度上的创新是产业革命发生的条件，而这三个条件形成的根本原因又是人口的增减。针对诺思的看法，需要澄清两件关键的史实：一是 14 世纪上半叶人口增长、边疆拓殖、可转让的私人土地专有权与技术进步的关系；二是黑死病造成的人口减少是否导致了诺思所说的经济后果。

先让我们澄清第一件史实。中世纪并非一个死气沉沉的黑暗时代。封建制度的形成，教会统治地位的确立，使动荡的社会稳定下来，而稳定的社会秩序则为生产的发展创造了条件，使失传的农业技术得到恢复，并获得巨大的发展。这为人口的增长提供了物质条件。但是，拓殖运动的起因却并不是人口的增加。蛮族国家与教会的政治斗争是拓殖运动的主要原

① 摩尔根：《古代社会》，商务印书馆 1992 年版。
② 李根蟠等：《中国原始社会经济研究》，中国社会科学出版社 1987 年版。

因。在拓殖运动中，占主导地位的是教会寺院组织的对森林和沼泽及其他未耕地的垦殖，其目的在于拓宽教区以增强教会势力。其实，早在 12 世纪初甚至更早，就发生了拓殖运动，并持续到 14 世纪。[①] 但由于生产力低下和技术手段落后，初期的拓殖活动推进缓慢，有的甚至以失败告终。而 14 世纪上半叶拓殖的成功推进，主要是因为农业技术得到恢复和发展。据记载，在当时的许多拓殖活动中，不少主教都是新技术的发明者和传播者。

14 世纪前的拓殖之所以进展缓慢，是因为技术落后，而 14 世纪拓殖的成功，一个重要的原因是出现了用 8 头牛或马拉拽的带轮铁制重犁代替传统爬犁的技术创新，而这个创新又是以冶铁技术在中世纪的进步为基础的。根据历史学家林恩·怀特的研究，这一耕作工具的创新大大提高了耕作的效率："这种犁的第一个大优点是它能翻腾稠黏的土壤。这种土壤比通常用爬犁来翻耕的沙土能生产更多的作物。第二，人的劳动力节省了，这是由于重犁上的犁壁能翻出垄沟来，因此交错犁田就不必要了。第三，田间排水由于采用将田犁成长条的新模式而方便了：犁壁正常地把垄沟转向右方，这样渐渐地把松土堆向长条的中间，而在长条与长条之间留出了一条排水沟来。"这一技术创新引致了劳动方式的变化，即共耕制。新犁要 8 头牛拉拽，而单个农民一般没有这么多牛。解决的办法就是由几户农民联合起来共耕。同时，这个技术创新还引起了份地规划制度的改变，"敞田"即连成一片的条田，取代了由各家各户的篱笆分割开来的方块份地。这种技术创新在大大提高了农作物产量的同时，有力地刺激了能够提供更为便捷和有力的大型牲畜即马的饲养。此外，三圃制的发明和推广，新的作物品种如小麦、大豆、葡萄等的引种，种植和畜牧相结合及由此引起的动物肥料的广泛使用，也对农业生产力的发展起到了重要的推动作用。怀特指出："大约到公元1000 年时，我们开始看到人口的稳定和迅速地增加，在西欧许多地区的城市主义和商业的兴起，如果没有粮食增长和农民生产力的提高则是难以理解的，只有农业的发展才能允许大部分人口脱离耕作从事其他事业。"[②] 另一位历史学家 P. 布瓦松纳也得出了相同的结论："这种伟大的拓殖工作，不仅增加了财富；它也大大增加了人身资本。"[③] 可见，技术进步是 14 世纪人口增长和拓殖成功发展的根本原因。

---

① 亨利·皮朗：《中世纪欧洲经济社会史》，上海人民出版社 1987 年版，第 61 ~ 64 页。
② 卡洛·M·齐拉波主编：《欧洲经济史》第 1 卷，商务印书馆 1988 年版，第 109 ~ 135 页。
③ P. 布瓦松纳：《中世纪欧洲生活和劳动》，商务印书馆 1985 年版，第 241 页。

但是，诺思却简单地将拓殖运动的动力归结为人口增加，武断地得出"人口的持续增长是推动中世纪盛世经济增长和发展的动因"[①] 的结论，连人口为什么增加的问题都懒得提一提，似乎新增人口不需要只有通过技术进步才能获得的新增的物质资料的供养，靠喝西北风就能长大，且操起古罗马帝国时代传下来的陈旧工具就能在环境恶劣的森林和沼泽地带开拓出新家园。

第二件史实，即黑死病使人口减少，引起劳动力价格相对于土地价格的上涨，从而导致封建制度解体、自由劳动所有权确立，似乎也是不牢靠的。詹姆斯·W·汤普逊是对此持保留态度的历史学家，他说："不论如何，把黑死病提高到惟一的'持续不断的经济力量的尊严地位'是错误的。"[②] 布罗代尔则是对此持怀疑态度的历史学家，他说："农奴解放是否由于黑死病而加快，劳役折算是归因于黑死病还是别的影响，是一个悬而未决的问题。"[③] 精于计量的诺思应该提供确凿的数据来驳倒他们的保留和怀疑。但不幸的是，他自己承认："要用数量来说明劳动价格相对于地租上升仍相当困难"。[④] 事实上，他未能提供任何有关14世纪下半叶西欧劳动力与土地相对价格的系统数据。不仅如此，将缴纳封建地租之后的农奴所得等同于自由劳动的价格，在理论上能否成立，也很有问题。因为，封建主同农奴的关系与劳动力买卖是历史上社会经济性质根本不同的关系，农奴所得与自由劳动力的价格也是社会经济性质不同的范畴，不能随意通约和折算。

不过，我们仍然可以假定诺思成功地提供了自由劳动力价格相对于地租上升的历史数据。但是，问题又接踵而至：人口减少导致的相对价格的这种变化是否一定导致诺思所说的社会经济后果？法国史学家皮埃尔·维拉尔、美国史学家罗伯特·布伦纳发现，12～18世纪欧洲各地的人口变化几乎是同步的，但在不同地方却导致不同的结果。14世纪整个欧洲出现人口锐减的趋势，并延续到15世纪。在这个过程中，西欧发生了地租降低和农民自由增加的现象，但加泰罗尼亚地区却出现了相反的运动，即地主对农民的控制非但没有弱化反而加强了。有趣的是，其原因正与西欧的反向运动相同：劳动力相对价格的上升。但是，东欧的地主们由此得出

① 诺思和托马斯：《西方世界的兴起》，华夏出版社1999年版，第49页。

② 汤普逊：《中世纪晚期经济社会史》，商务印书馆1992年版，第538页。

③ 布罗代尔：《15至18世纪的物质文明、经济和资本主义》，三联书店1995年版，第556页。

④ 汤普逊：《中世纪晚期经济社会史》，商务印书馆1992年版，第96页。

的结论与诺思正好相反：劳动力相对价格越是上升，加强对农奴的人身控制所带给自己的收益就越大。布伦纳说："……西欧大多数地区，到16世纪农奴制已经消灭，另一方面，在东欧，特别是波美拉尼亚、勃兰登堡、东普鲁士和波兰，14世纪以来的人口锐减，却伴随着加强经济强制即农奴制运动的最后完成。"① 不知诺思对此作何解释。

根据众多历史学家的论述，14世纪以来在西欧出现的封建束缚放松、代役租取代劳役、农奴自由增大的趋势，是客观存在的。但是，其原因也并不是黑死病引起的劳动力相对价格的上升。汤普逊在《中世纪晚期经济社会史》一书中谈到这个问题时指出，"但是黑死病并未导致这个运动；它只是加速了先前已有的运动。因为从13世纪以来，（且不追溯以前）在欧洲进行的那个经济和社会革命就已经在很大程度上以货币关系取代了劳役关系。欧洲的自由佃农或拥有自己的土地和少量农奴的人的数量超过人们通常的估计。"② 汤普逊在这里所说的"先前已有的运动"，是指在频仍的自然灾害冲击下，自12世纪初以来农奴不堪压迫而进行的特殊形式的反抗，即向教会管理的拓殖区以及城市的逃亡，或躲避到领主控制范围外的荒山野岭去开荒。在此前写作的《中世纪社会经济史》中，他是这样来描绘这个运动的："如果作进一步的研究，无疑的，我们将会更多了解中世纪下列经济社会情况的——农奴制的增长和与此相反的农奴逃亡，人口的移动，村庄和田地的遗弃，有时全村的逃亡，新地区的殖民与居住，农业因必须宰杀耕牛而衰败的情况，像掠夺、游荡和漂泊这一类的道德堕落，狼从森林里出来吃死尸的祸害。"③ 在这种情况下，为了招徕劳动力，教会管理的垦区内取消了某些封建义务并改行代役租制度，这对贵族封建领地内的农奴很有吸引力。后来，这为某些领主所仿效，以与其他领主争夺劳动力。于是，租佃关系逐渐取代劳役关系，与劳役租时代相比，农民有了更大的自由。

但是，应当强调的是，这还远远谈不上农奴已经取得了诺思所说的那种近代意义上的小自耕农的土地私人专有权和自由的劳动力的所有权。比利时历史学家亨利·皮朗在比较租佃农民与劳役制下的农奴的身份差别之后立即指出："我们也不要把这样的对比做得太过分了；……这些农民的

---

① Robert Brenner, The Social Foundation of the Economic Development, P. 45.

② 布罗代尔：《15至18世纪的物质文明、经济和资本主义》，三联书店1995年版，第537~538页。

③ 汤普逊：《中世纪社会经济史》（下册），商务印书馆1983年版，第406页。

身份仍然是受限制的……事实上，‘客籍民’不过是以租金为代价取得了使用土地的世袭权利，而且有关农民土地持有的问题仍服从于领主的裁判。实在可以说……小农耕作制度是与大领地并存的。大领地制是整个结构的法律基础，它虽然不再决定着人的关系，却仍然决定着土地关系。无疑地，最后，农民对于份地的占有很为牢固，已经有些像所有权了，……虽则如此，直到1789年法国革命为止，农民的土地所有权一直不曾摆脱束缚的桎梏。”① 可见，代役租的社会经济意义，是在保留封建制度基础的前提下，使人身依附转变为土地依附。这是在封建制度基本框架内发生的适应生产力发展要求的调整。这种调整虽然具有巨大的历史进步性，但它与资本主义社会的土地私人所有权和自由劳动力所有权的确立，完全是性质不同的两码事。事实上，近代意义上的农民小土地私有制以及土地转让权，无论在欧洲大陆，还是在英伦三岛，都是在资产阶级大革命的过程中，亦即瓦解皮朗所说的封建结构法律基础的过程中确立起来的。可转让的私人土地产权，是诺思强加给生活在公元500～1500年的欧洲中世纪社会农奴的一种现代观念。事实上，前面提到的重犁技术和敞田制度的采用所导致的共耕的合作关系，不是强化而是弱化了农民的私有产权观念。新的犁地方式要求一个村庄的全部耕地分成两大块敞地，一块秋季种植，一块休耕一年以便恢复地力；每块敞地搭上篱笆或围上栅栏以防动物进入，但每一块敞地内私人所有的长条土地之间不再设阻隔的东西。正如怀特指出的，这就意味着全部耕作均得在全村会议严格控制下进行，这样做必将破坏原有全部田间界标和私人产权。他由此得出的结论是，北欧的重犁耕作减少了个人主义，而在农民之中建立起对于他们自己事务坚强的自治制度。

在这里，对自由劳动力所有权的形成，我们还要多说几句话。作为产业革命条件的自由劳动力所有权形成的真实过程，与诺思的描述相去甚远。在英国这个产业革命的故乡，自由劳动力所有权的形成，主要是与被托马斯·莫尔称为“羊吃人”的过程即15世纪开始的圈地运动联系在一起的。圈地运动中农民离开土地而沦为自由劳动者，完全是被迫的，是他们无力反抗封建贵族的政治和经济特权的结果，与由于劳动力相对价格上升导致的劳动者谈判力量上升风马牛不相及。劳动力自由所有权的获得，是以丧失中世纪形成的份地和村社公有土地世袭使用权而流离失所、无家

① 亨利·皮朗：《中世纪欧洲经济社会史》，上海人民出版社1987年版，第67～68页。

可归为代价的。然而，圈地运动这一重大的历史事件，在诺思关于英国产业革命的论述中只是一带而过，而且与自由劳动者的形成无关。最后，还要指出的是，推动圈地运动从而造成自由劳动者的最终动力，还是那个诺思认为被马克思过分强调的生产力的发展。圈地的直接动机是通过羊毛交易发财，而这种发财机会至少从两个方面来说，是由生产力的发展提供的：一是航海技术的进步；二是意大利某些沿海城市中建立在手工工场基础上的纺织技术的发展。没有航海术的进步，就没有海外贸易的扩张；而没有纺织技术的进步，就不会有对羊毛的巨大市场需求。按照 W. W. 罗斯托对工业革命发生条件的看法，“科学、发明和革新”，“这三者作为一个整体，正是早期现代欧洲同以前的经济发展相区别、同 18 世纪的中国和德川幕府时期的日本的共同经历相区别的核心因素。……正因为很难理清这三者的关系，并把他们与经济进程联系起来，才使得经济学家那么看重商业革命，或者像诺思和托马斯那样，那么看重私有产权的出现。要研究科学、发明和革新，追求最大利润的简单论点就不够用了。”罗斯托认为，“毫不夸张地说，重大的发明和革新在正规的理论中根本就没有地位。”① 这是对包括诺思的“新经济史”在内的西方主流经济学的中肯批评。

在结束本文时，让我们引用一下意大利著名史学家齐拉波在为多卷本的巨著《欧洲经济史》所作导言中所说的一段话：“我认为把经济史分为‘新的’和‘旧的’以及‘质的’和‘量的’意义并不大。……基本的区分应当是好的经济史和坏的经济史，而这种区分并不依据用的是那种符号，也不在于插入表格的多寡。而依据提出的问题是否中肯恰当，为解答问题搜集的材料如何，和分析方法的选择和应用是否准确，分析的方法必须适合提出的问题和获得的材料。”② 就制度变迁或社会发展的动力问题而言，究竟是“新经济史家”诺思，还是他自称已被自己超越了的马克思，提供了对经济史的好或者坏的解释，恐怕已经是不言而喻的了。

---

① 罗斯托：《这一切是怎么开始的——现代经济的起源》，商务印书馆 1997 年版，第 183 页。
② 卡洛·M·齐拉波主编：《欧洲经济史》第 1 卷，商务印书馆 1988 年版，第 4 页。

诺思与马克思：关于制度变迁道路理论的比较*

从自然科学中引入“路径依赖”（Path Dependence）概念，是道格拉斯·C·诺思教授的新经济史学的一大特色。按照他的说法，这是“分析理解长期经济变迁的关键”。[①] 凭借“路径依赖”，他试图解决这样两个问题：“第一，是什么决定了历史上社会、政治、经济演进的不同模式；第二，我们如何解释那些经济绩效极差的经济还存在了相当长的时期?”[②]

诺思在阐述其路径依赖理论时，仍然不能忘怀马克思。他说：“马克思的故事得出的结果是乌托邦的（尽管沿着这一方式继续发展的马克思主义者的著作更加有害）。这一研究中的制度分析没有承诺提供一个愉快的结果。”[③] 所谓马克思的“故事”，是指马克思将关于生产力与生产关系、经济基础于上层建筑矛盾运动的历史唯物主义原理，运用于19世纪资本主义在西欧国家发展的现实而揭示出来的制度变革趋势。显然，就制度变迁道路问题对马克思与诺思的理论进行比较，是一件有意义的事情。这不仅可以使我们搞清马克思及其后继者为什么弄得诺思不愉快，更重要的是这还可以帮助我们搞清：到底是提供了令人愉快的结果的诺思的故事，还是没有承诺提供一个愉快的结果的马克思的故事，指明了分析社会制度变迁的正确方法。

---

* 本文发表在《中国社会科学》2002年第1期。

① 道格拉斯·C·诺思：《制度、制度变迁与经济绩效》，上海三联书店1994年版，第150页。

② 同上，第123页。

③ 同上，第177～178页。

一、诺思的故事

（一）关于路径依赖方法

路径依赖是生物学家在研究物种进化分叉时提出的概念。生物学家发现，物种进化过程中，随机因素启动基因等级序列控制机制，产生物种进化的互不重合、互不干扰的各式各样路径。后来，路径依赖方法被引入经济学研究，成为“进化经济学”（Evolutionary Economics）的一种分析方法。

按照较早用路径依赖方法来研究技术变迁的经济学家保尔·大卫的说法，某一过程的路径依赖后果是指，具有正反馈机制的随机非线性动态系统，“具有这样一种性质，如果它们在结构上未受扰乱，就不能摆脱过去事件的影响，而且它们没有一个在整个状态空间上连续的、有限制的不变概率分布。换句话说，它们被吸入若干可能的‘吸引子’（Attractors）中的哪一个的邻域之中……从特征上说，取决于某些在这个过程的历史的较早时刻占优势的偶发和瞬时状态（Aleatory and Transient Condition）的持续影响。”① 也就是说，具有正反馈机制的非线性动态系统一旦为某种偶然性事件所影响，就会沿着一条固定的轨迹或路径一直演化下去；即使有更好的替代方案，既定的路径也很难发生改变，即形成一种“不可逆的自我强化趋向”。② 在经济领域内，报酬递增就是一种正反馈机制。W. 巴兰·阿瑟③、保尔·大卫等人运用路径依赖的分析方法，首先对技术变迁问题进行了分析，后来这种方法又被某些学者用来解释某些产业组织的演化过程。他们认为，由于一些偶然的因素，在可替代的技术和组织方案中，具有现实或潜在优势的技术和方案可能落选，较差的技术和方案可能被选中，而因为存在由沉没成本、学习效应、协作效应以及适应性预期等

---

① P. David, 1994, Why Are Institution the “Carriers of History”: Path Dependency and the Evolution of Conventions, Organizations and Institutions. Structural Change and Economic Dynamics, Vol. 5, No. 2, 1994.

② U. Witt, Evolution Economics, Edward Elgar Publishing Limited, 1993, P. xxi.

③ W. B. Arthur, 1989, Competing Technologies, Increasing Returns, and Lock-in by History Events. The Economic Journal, 99 (March, 1989).

造成的收益递增，技术和组织演进轨迹往往陷入难以摆脱的“闭锁”（Lock-in）状态。

但是，也有一些经济学家对路径依赖方法在经济上的运用持保留态度。威廉姆森就认为，技术变迁中的路径依赖并无“数量上的显著性”。例如，在他看来，被阿瑟当作技术路径依赖案例的录像机技术选择和核反应堆技术选择，“尽管都是路径依赖的有趣例子，但‘获胜’的技术并不明显地劣于失败者，甚至获胜者是否劣于失败者也完全是不清楚的。”事实上，大卫那个QWERTY键盘对DSK键盘的经典案例①，已被进一步的调查和实验所推翻。威廉姆森据此指出，“在QWERTY键盘案例中，路径依赖对效率只有轻微的影响。这种效应很容易落在可校正的无效率的阈限之下。”至于某些学者就某些行业的产业组织演进中的路径依赖进行的计算机模拟，威廉姆森也认为，这只是说明路径依赖的影响是存在的，但是，“将这类实验描述为对于‘偶然性和理性相对作用’的检验，尚为时过早。”他还进一步指出，尽管存在路径依赖现象，“然而，这并不能使我得出不变的键盘布置是从1870年至今打字机技术发展的最重要属性的印象。如何解释机械技术方面的改进？如何解释电动打字机的出现？如何解释个人计算机和激光打印机的发明？其他‘结构上优越’的技术都被忽视了吗？如果更有效率的技术或迟或早总是会取代较无效率的技术，难道应当把它（指路径依赖）当作特征性的现象吗？”威廉姆森的结论是“节约”（Economizing）即对提高效率的追求，才是技术和组织变迁中的主要现象。② 威廉姆森对路径依赖方法的质疑无疑是有力的。

事实上，一些持进化论立场的西方学者，虽然认为运用路径依赖方法可以打破新古典以及新制度主义的比较静态分析框架，但也承认，由于缺少关于社会经济进化的综合理论，路径依赖的决定因素和作用机制还远未

---

① QWERTY打字机键盘布设置于1870年被发明出来之后，得到了广泛的应用。1932年有人发明出据说可以大大提高打字速度的DSK键盘，但这种键盘未能推广开来。大卫等人将这个事例当做路径依赖的一个重要证据（P. David，Clio and Economics of QWERTY，Economic History，May 1985），认为对QWERTY键盘的路径依赖排斥了效率更高的DSK（the Dvorak Simplified Keyboard）键盘。但是，后来有人对这一案例的重新调查和实验表明，DSK键盘未能被采用的原因，虽然与QWERTY键盘的收益递增有关，但主要是因为QWERTY键盘具有DSK键盘所没有的技术优势（见S. Liebowitz and S. Magnlis，1992，Lock-in and History. Colledge Station，Taxas A&M University，1992）。

② O. Williamson，1995，Transaction Cost Economics. The Hand Book of Economic Sociology，edited by Smelser and Swedbery，Princeton Press.

弄清，更不要说建立具有普遍意义的模型了。[①] 有的学者指出："尽管选择理论凭借路径依赖或规则依循（Rule Fallowing）概念的引入，还会得到更多益处，但仍然存在一些难以轻易解决的问题。在信息是社会地选择的不确定性世界中，设想路径依赖是很容易的；但变革又是如何发生的？一定路径由于什么原因以及在何时会被放弃？"[②] 总之，就社会经济进化研究而言，路径依赖目前还是一种很不成熟的分析方法。尽管如此，一贯紧跟时尚潮流的新经济史家诺思，还是大胆地将这种方法搬到对社会的宏观制度结构的长期变迁的分析之中，用它来破解本文一开头引述的那两个艰深的历史之谜。

（二）诺思的制度变迁路径依赖理论概述

在诺思看来，"有两种力量规范制度变迁的路线：一种是报酬递增；另一种是由复杂的交易费所确定的不完全市场。"[③] 他还指出，在非报酬递增和完全竞争的世界中，制度是无关紧要的，因为报酬递减和市场竞争会使制度选择上的初始错误得到纠正。但是，在报酬递增条件下，制度则是重要的。制度初始建立的沉没成本很高，制度框架规定的机会集合会产生显著的组织学习效应，与其他组织的合约还会产生巨大的协作效应，正规制度的创立又会导致大量作为其延伸的非正式制度的形成，基于某一制度的合约处于支配地位还会使行动者形成对该制度的适应性预期。这种"制度矩阵的相互依赖的构造会产生巨大的报酬递增"，而报酬递增又成为阻碍制度框架变革的保守力量。不过，如果"相应的市场是竞争性的"，即"政治市场"是竞争性的，"或即便是大致接近零交易费用模型的"，报酬递增造成的对低效率路径的依赖，是容易得到校正的。但是，在信息反馈不完善，政治市场的交易费用巨大的现实世界中，路径依赖是不可避免的。[④] 如果初始的制度选择不正确，就会导致对低绩效制度的长期持续的路径依赖，反之亦然。那么，不同社会制度下行动者的初始选择

---

① W. B. Arthur，1989，Competing Technologies，Increasing Returns，and Lock-in by History Events. The Economic Journal，99（March，1989）.

② L. Maguusson and J. Ottsson，Evolutionary and Path Dependence，Edward Elgar Publishing limited，1997，P. 4.

③ 道格拉斯·C·诺思：《制度、制度变迁与经济绩效》，上海三联书店 1994 年版，第 127 页。

④ 同上，第 128 页。

的差异又是由什么因素决定的呢？在这个问题上，诺思一方面强调偶然性的作用，另一方面又将这种偶然性归结为意识形态或文化等非正规约束的差别。因为，“文化提供了一个以语言为基础的概念框架，用以破译与解释呈现到大脑中去的信息”。[①] 这就是说，不同的主观模式或文化，决定了初始选择的差别。在这种初始选择的差别与制度报酬递增这一正反馈机制的结合，决定了不同民族对不同发展路径的依赖。而低绩效的制度之所以能够长期存在，是因为政治市场的交易成本太高。

在诺思的上述理论体系中，有三个起支撑作用的要素：一是关于社会制度报酬的理论。缺少了它，所谓制度的报酬递增就无从谈起，而报酬递增是决定制度变迁路径依赖的一个决定因素。而且，制度报酬与制度的绩效或效率评价标准是有密切联系的。二是关于政治市场和交易费用的理论，即“政治的科斯定理”，这是规范制度变迁路径的另一个因素。三是关于意识形态和文化的理论。这是诺思全部理论的归宿，意识形态和文化最终决定了包括政治市场在内的整个社会制度的长期发展路径。我们在下面的分析中将要说明，这三个要素一个也不能成立。

（三）制度的报酬以及制度的绩效

要谈论制度的报酬递增，首先需要弄清什么是制度的报酬。按照经济学上的常识，制度的报酬应当是指制度的收益与成本之间的差额。因此，要确定制度的报酬又需要清楚地定义制度的成本和收益。然而，什么是制度的成本和收益呢？如果假设社会是由同质的个人组成的，由于制度无疑是一种“公共产品”，制度的成本和收益都应当是社会的。但是，在坚持作为新制度主义的首要假设即个人主义的前提下，社会的成本和收益事实上是无法确定的或不真实的；福利经济学的效用加总问题和阿罗不可能定理，已经说明要从基于个人效用的成本—收益计算中导出社会的成本和收益，会碰到不可逾越的障碍。更严重的问题是，自从人类进入文明时代以来，社会就并不是由同质的个人组成的。事实上，社会中存在相互间具有利益差别、矛盾以致冲突的不同集团、不同阶层和不同阶级，任何个人都是从属于一定利益集团、阶层和阶级的。而在不同的集团、阶层和阶级之间，并不存在对于成本和收益的一致评价标准。在封建制度下，对农奴来

① 道格拉斯·C·诺思：《制度、制度变迁与经济绩效》，上海三联书店 1994 年版，第 50 页。

说是成本的劳役、贡赋或地租，恰恰是封建主的收益；在资本主义制度下，资本家和工人这两个阶级的成本和收益观念也是对立的：为资本家认定为成本的工资，在工人来说恰恰是收益。

这就提出了一系列重要的问题：所谓制度的报酬，究竟是社会中哪个集团、哪个阶层、哪个阶级的报酬？建立制度所耗费的沉没成本，以及由于制度的确立而产生的学习效应、协作效应和适应性预期，究竟使得哪个集团、哪个阶层、哪个阶级的报酬递增？是否存在与社会的不同利益集团、不同阶层、不同阶级的划分完全无关的中性的制度报酬及其递增？既然文明社会中迄今一直存在着相互间具有利益差别、矛盾以致冲突的集团、阶层和阶级，中性的制度报酬就是一个难以成立的概念。正如A. A. 施米德所说，“当利益发生冲突时，不可能有总的成本—收益计算。”他还针对诺思和托马斯在《西方世界的兴起》一书中依据总的成本—收益分析对经济史的解释指出，“A 的机会对 B 意味着一种成本（放弃的机会），反之也一样，那么同时考虑双方的成本是不可能的”。[①] 除了这种不成立的中性制度报酬之外，诺思有时又把统治者通过税收寻得的租金，说成是制度的报酬。从这个意义上说，给定统治者建立和维持强力机构的成本，赋税征收得越多，统治者的净收益即制度报酬就越大，既存制度在报酬递增机制的作用下就越是能够按既定路径长治久安。但是，历史的事实是，统治者的横征暴敛往往是制度崩溃的直接原因。法国大革命的诱因，不就是国王想要增税以提高自己的制度报酬吗？诺思的祖国之所以爆发反抗英国殖民统治的独立战争，导火线不也是英国统治者企图增加制度报酬吗？但按照诺思所谓路径依赖的逻辑，应当发生的是完全相反的事情。总之，诺思的所谓制度报酬递增是一个没有明确定义的模糊概念。由这样一个概念引出的制度变迁的路径依赖，也只能是缺少根据的杜撰。

在诺思的路径依赖理论体系中，与递增制度报酬概念并列的，还有一个作为不同制度效率评价和比较标准的制度绩效概念。按理说，如果中性的制度报酬概念能够成立，再提出一个制度绩效概念就是多余的，因为人们完全可以直接根据不同制度所提供报酬的多寡来判断它们的效率差异。但是，即便存在中性的制度报酬递增，它也已经被诺思派了规定路径依赖的用场，而且它有可能导致恶性的路径依赖，因而就有必要另设一个比较制度效率的标准。

---

① A. A. 施米德：《财产、权力和公共选择》，上海三联书店 1999 年版，第 356 页。

西方经济学中通行的帕累托效率标准能否用作制度绩效的标准呢？一些西方学者已经对此做出否定的回答。E. G. 福路布滕和 R. 理奇指出，这样做会碰到社会福利边界上存在多个帕累托解的问题；离开了一定的价值判断，无法对这些解进行比较。[①] 事实上，帕累托最优状态是随一定制度框架所包含的收入和财富分配状况、政治结构、法律和伦理规范而变化的。D. W. 布若姆利认为，将帕累托标准当作制度效率标准，是"经济的制度结构与可以从这个制度结构中引出的效率判断之间的循环论证"。[②] B. 维拉据此强调："必须认识到的是，既然帕累托最优状态是由制度结构确定的，将它当成制度分析的评价标准就是毫无意义的。"他还进一步指出，用潜在的帕累托状态即补偿检验作为制度绩效指标，也会碰到类似的困难，因为正式制度结构所包含的权力对比决定了什么是损失，以及谁应当获得补偿和在多大程度上得到补偿。[③] 此外，帕累托状态是一个静态的资源配置效率标准，将其运用于动态的制度变迁过程是让人难以理解的，因为在不断流逝的历史中，制度的选择集合是开放的、随时间变化的。

诺思大概也看到了这些问题，因而提出了一个"适应效率"（Adaptive Efficiency），实际上就是财富总量的增长率，来作为帕累托标准的替代品。在他看来，所谓制度的无效率，意味着建立了一个不能导致经济增长的约束的集合。但是，对于制度绩效的评价来说，总量经济增长率仍然不是一个中性的标准。在存在不同社会集团、阶层和阶级的利益矛盾和冲突的情况下，社会的净收益即财富的增长额是很难明确定义的。正如布若姆利所说，"什么算是产出，什么被认为是增长，相当程度上是由公共选择决定的。成本和净产出的价值都取决于制度结构，因而不能用作不同制度结构的规范的评价标准。"[④] 维拉也指出，"谁具有初始的权利，谁就有权决定什么是成本，但具有降低成本的能力并不能为初始的权利提供法律上的根据。由于这些成本是选定的制度结构的函数，用总经济增长作制度

---

① E. G. Furubotn and R. Litcher, 1989, The New Institutional Approach to Economic History-Editorial Preface. Journal of Institutional and Theoretical Economics, 145, pp. 1 –5.

② D. W. Bromley, 1989, Economic Interests and Institution: the Conceptual Foundations of Public Policy, Oxford: Blackwell, 1989.

③ B. Vira, 1997, The Political Coase Theorem: Identifying Differences between Neoclassical and Critical Institutionalism. Journal of Economic Issues, Vol. XXXI, September, 1997.

④ 同上。

比较的标准，同用帕累托效率作标准一样，是一种循环推理。”[①] 施米德更是一针见血地指出，制度分析需要有关于价值判断的清楚陈述来指导，不能用看似中性语言的效率和增长来判断不同制度的优劣，而应当直截了当地提出在不同制度下谁受益、谁受损的问题[②]。虽然诺思想要避免潜在帕累托标准的问题，但他的适应性效率还是和补偿检验纠缠不清。例如，他在谈到有效率的政治市场时说，“它所需要的条件是很容易陈述的，即所制定的法律应使总收入增加，以及受益者应以一个十分低的交易费用向受损者提供补偿以使双方认为联合是值得的。”[③] 这就等于说适应性效率与潜在帕累托标准没有区别。在施米德看来，诺思鼓吹貌似中性的效率标准，不过是为了掩盖其中包含的肯定既存权力结构的价值判断，实际上充当了“经济分析中的高级牧师”的角色。[④]

（四）政治的科斯定理

在诺思的理论体系中，零交易费用或低交易费用的“政治市场”是校正低效率路径依赖的法宝。在诺思看来，不发达国家之所以闭锁于低效率的制度变迁路径，原因就在于政治市场的交易成本太高，政治市场不完善。怎样才能提高政治市场的效率呢？诺思的回答是使政治市场的交易费用接近于科斯的零交易费用模型。显然，他开出的这剂药方是否能够奏效，取决于政治的科斯定理能否成立，即政治市场以及政治交易费用的理论能否成立。

让我们从“政治市场”说起。这个概念是将交易经济学（Catallaxy Economics）推广到政治领域的产物。严格地说，诺思所谓“政治市场”不仅是指在一定宪政秩序下发生的、旨在改变政府政策的“院外活动”之类的政治交易，而且是指以包括宪政秩序在内的政治制度本身为对象的交易活动。但是，作为政治交易依以发生的框架的制度，尤其是宪政秩序，能够成为交易的对象吗？就拿诺思赞不绝口的英国1215年大宪章来

---

① B. Vira, 1997, The Political Coase Theorem: Identifying Differences between Neoclassical and Critical Institutionalism. Journal of Economic Issues, Vol. XXXI, September, 1997.

② E. G. Furubotn and R. Litcher, 1989, The New Institutional Approach to Economic History-Editorial Preface. Journal of Institutional and Theoretical Economics, 145, P. 366.

③ 道格拉斯·C·诺思：《制度、制度变迁与经济绩效》，上海三联书店1994年版，第145～155页。

④ E. G. Furubotn and R. Litcher, 1989, The New Institutional Approach to Economic History-Editorial Preface. Journal of Institutional and Theoretical Economics, 145, pp. 1－5.

说，虽然因在法律上肯定了新兴市民阶级的若干权利而对历史发展具有重要的积极作用，但它也不是进行宪政制度交换的结果，而是在保持封建宪政架构前提下对王权过度膨胀的限制，是置王权于封建宪政的约束之下。有历史学家指出："实际大宪章是一个封建性的政治文件，其主要内容是保障封建主的权利"，"大宪章的多数条文重申封建贵族和教士的权利"，"对于占人口绝大多数的农奴，它未给予任何保障。"而且，大宪章也绝不是市场交易的产物。无地王约翰是在武装反叛的胁迫之下签署大宪章的，不久就加以否认，君臣之间的内战一直打到他死才停止。以后继位的亨利三世以及爱德华一世，也是经过叛乱和内战的教训才就范的。[①] 而17世纪英国资本主义制度的形成，更是与诺思的政治市场交易无关，而是经过两次内战、军人独裁和一次政变才完成的。其间，在诺思看来原本应当成为政治市场交易一方的国王，杀头的杀头，逃亡的逃亡。据诺思说是由大宪章启动的良性路径依赖的产物，而且交易费用最低的美国式"自由制度"，也是经过血腥的战争才得以确立的。《独立宣言》的作者杰斐逊的名言"自由之树应不断用爱国志士和暴君的鲜血来浇灌"，看来是被诺思这个历史学家有意地忘记了。但是，可以忘掉但无法抹杀的历史事实告诉我们：政治制度的市场，尤其是宪政制度的市场，从来就不存在，它只是一种新制度主义的幻觉。

政治制度的市场之所以不存在，原因在于政治关系与市场交易是性质不同的两码事：前者规定社会中不同利益集团、阶层和阶级之间统治与从属、主导与依附的关系，其基础是支配经济资源以及政治资源、军事资源和文化资源的权力在不同社会集团、阶层和阶级之间的不平等的分配，以及由此而产生的强制；后者规定的是自由和平等的交易主体的相互关系，其基础是交易者之间权利的平等，以及权利交换的互利性和自愿性。政治关系，尤其是宪政秩序，规定了哪些社会成员之间的相互作用具有权利平等的交易主体的相互关系的性质，以及形式上的平等权利交易的具体社会经济意义。例如，奴隶制的宪政秩序规定了平等的权利关系只可能发生在自由民之间，而不可能发生在自由民与奴隶之间。又如，在资本主义的宪政秩序下，资本家和工人在"劳动市场"上是作为权利平等的交易主体相互对待的，但这种形式上的平等却是以实质上的强制为基础的：虽然工人具有选择雇主的自由，但如果他除自己的劳动力之外一无所有，他就没

---

① 周一良、吴于廑：《世界通史·中古部分》，人民出版社1962年版，第169~172页。

有不受雇的自由。事实上，如果真的存在什么平等和自由的政治市场，那也只适用于在一定宪政秩序框架中居于统治和主导地位的社会集团、阶层或阶级内部不同成员的相互关系。重要的政治制度变迁，尤其是宪政秩序的变革，意味着旧秩序下经济、政治、军事和文化权力结构的解体，意味着对原先居于统治地位的社会集团、阶层和阶级的权力的全部或大部的剥夺。这个意义上的社会制度变迁，根本不可能通过自由、平等的市场交易来完成。因此，用高交易成本政治市场来解释制度变迁的失败，是牛头不对马嘴的。正如维拉在批评政治科斯定理时指出的，"……对变革制度企图的失败的新古典解释强调交易费用，是（将交易成本理论）用错了地方。制度变革未能发生的原因并不只是补偿受损者的谈判的高交易成本。合意的变革往往遭到受损者的抵抗，解决办法也并不总是使受损者得到补偿。制度变革通常是没有补偿的。"①

尽管诺思所说的政治市场实际上是不存在的，但这并没有妨碍他煞有介事地教导人们说："政治市场的效率是问题的关键。如果政治交易费用较低，且政治行为者有准确的模型来指导他们，其结果就是有效的产权，但是政治市场的高额交易费用及行为者的主观偏好，往往导致产权无法诱致经济增长"。② 其实，即便是一些持"科斯立场"或新制度主义立场的西方学者，对无限制地扩大交易费用理论的应用范围，也是持否定态度的。例如，布坎南和斯塔布列宾就曾指出，"科斯的分析只适用于厂商之间的外部性关系"，将科斯定理推广到其他类型的相互作用，即使是经济领域内的其他相互作用，也是有问题的。③ 然而，即便撇开这类问题，假定诺思所说的那种政治市场存在，所谓"政治交易费用"能否成为政治市场的效率标准，也大成问题。

这里，首先碰到的麻烦是：撇开制度的收益，单用交易费用能否对政治市场的效率作出判断。作为制度绩效比较标准的成本，应当是真实成本，而不是可替代的不同选择之间收益比较意义上的机会成本。正是在这个意义上，威廉姆森断言，"全部比较制度经济学归结为与真实的选择相关的真实成本"。④ 既然如此，那就需要用一个完整的成本—收益框架来分析政治市场的效率。事实上，只有真实的收益与真实成本的差额即净收

---

① 道格拉斯·C·诺思：《制度、制度变迁与经济绩效》，上海三联书店1994年版，第50页。

② 同上，第71页。

③ J. M. Buchanan and W. C. Stubblebine，1962，Externality. Economica（NS）29.

④ O. Williamson，1995，Transaction Cost Economics. The Hand Book of Economic Sociology，edited by Smelser and Swedbery，Princeton Press.

益，或者说制度的报酬，才是比较不同社会的政治市场效率差异的合理标准。然而，我们在前面已经指出，所谓制度的收益或报酬，是一个模糊甚至虚幻的概念。在这种情况下，就只好不计收益，而将政治市场的效率比较仅仅归结为它们在交易成本上的差异。可见，把收益从交易成本分析中排除，并非出于阐述上的方便，它对于诺思来说，是一项分析上的必要条件。但是，抛开收益来比较成本，是毫无意义的。要想使交易成本的大小成为政治市场效率的标准，办法之一是假定作为比较对象的不同政治市场交易所提供的毛收益相等。但是，不仅这种假设只能靠巧合来满足，不具有普遍的适用性，而且，还会碰到如何确定政治制度的收益这一根本无法解决的难题。

退一步说，即便脱离制度收益的交易成本能够成为政治市场的效率标准，它也是一个没有时间维度的静态比较标准。这样一个标准，以及以之为基础的新古典经济学的成本—收益分析方法，是不能用作解释作为动态过程的制度变迁的。除非在创世纪的神话中，上帝在造出亚当和夏娃的同时，再奉送给他们一份关于将要在没有终点的时间长河中发生的形形色色制度的完备菜单，以备这对夫妇及他们的子孙随着连自己都莫名其妙的主观偏好的差异和变化，运用成本—收益计算方法，在这个菜单中进行选择。这正是诺思教授为我们创造的新神话。这说明他这个历史学家，不懂得赫拉克利特那个“你不可能踏入同一条河流两次”的历史的辩证法。这与上面谈到的与收益无关的交易成本问题是有联系的：按照新古典理论，要将收益从分析中排除掉，只有在零利润的一般均衡的条件下才能做得到。而根据一般均衡的定义，在这种状态中是不存在任何改变现状、进行交易的激励的。对于制度变迁分析来说，这意味着变迁的终结、历史的终结。从这个意义上说，只由交易成本计算推动的政治交易及制度变迁，是一种悖论。这是给动态过程穿上比较静态分析的小鞋导致的荒谬结果。近些年来，越来越多的西方学者对作为新制度主义支柱的交易费用经济学的比较静态性质提出了尖锐的批评，指出它不能用作分析本质上是一个进化过程的制度变迁的理论框架。[①] 进化经济学引入路径依赖方法的目的，就是要用它取代交易费用这个静态的分析框架。诺思却硬将这两个根本冲突的理论拼凑在一起，实行一种方枘圆凿的荒谬结合。

---

① G. Slarter and D. Spencer, The Uncertainty Foundation of Transaction Cost Economics, Journal of Economic Issues, March 2000.

再退一步说，即便上面说明的致命问题都不存在，也还有一个交易费用的加总问题。交易从本质上说是个体的行为。不仅诺思所谓经济或政治组织的企业家的行为是个体的，而且按照新制度主义经济学的个人主义方法论原则，经济或政治组织的行为也不过是个人行为的放大而已，二者之间没有本质的区别。事实上，在诺思看来，就连作为立法者和司法者的国家，归根结底也还是个以自身效用最大化为行为准则的经济人。按照个人主义的逻辑，要想得到某个社会的政治市场的交易费用，就需要对这一市场中发生的每一单元交易所产生的费用进行加总，而这样做又必须遵循极其苛刻的前提条件：任何交易单元中行为者的活动，除对对策者有影响外，不会在这一交易单元之外产生任何外溢效应或宏观连锁反应。就是一般经济活动中的交易也很难满足这个条件，更何况政治交易。一眼就可以看出，这一条件与政治制度和公共政策所必然具有的外部性是不相容的。更何况，现实的社会并不是由同质的个人组成的，不同的社会集团、阶层和阶级具有不同的成本—收益判断标准。显然，如何得到社会的政治交易成本总量，与如何得出制度的收益一样，是诺思无法破解的难题。

（五）意识形态、文化和认知结构

我们已经知道，诺思将制度初始选择的差异归结于意识形态或文化的差异。这里需要进一步讨论的问题是：文化的差异又是如何形成的呢？对此，诺思并无十分明确的回答，但从他对“大脑对信息的处理方式”的重要性的强调可以推知，文化的差别来自大脑处理信息的方式即认知结构的差别。他说，“大脑对信息的处理方式不仅是制度存在的基础，而且也是理解非正规约束在构成社会短期与长期演进中的选择集合所起的重要作用的关键。”[①] 至此，人们终于可以看清楚本文一开始引述的两个历史之谜的谜底。第一个问题的答案是：不同民族的大脑处理信息方式的不同决定的文化上的差别，“决定了历史上社会、政治或经济演进的不同模式”。由此又可以推知第二个问题的答案：某些民族大脑处理信息的方式的笨拙从而其文化的低劣，可以“解释那些经济绩效极差的经济生存了相当长

① 道格拉斯·C·诺思：《制度、制度变迁与经济绩效》，上海三联书店1994年版，第59页。

的时期”。①

显然，诺思对历史的看法归根结底并不是什么新东西。所谓文化和意识形态决定初始选择，而制度报酬递增和政治市场的高交易成本决定由初始选择规定的长期发展路径，不过是拐弯抹角地重复了“人们的意见决定历史”这样一种陈腐的历史观。我们在诺思的著作中确实可以看到美国废除奴隶制是因为“废奴集团的宗教狂热，……加上北方选区对奴隶制的无道德的信念的增加”导致南北战争，美国农民的民粹主义运动的原因“只有在行动者的主观逻辑下才能弄清”，以及法律解释上的变化是因为“法官的主观看法改变了”之类的说法。② 但是，对于人们的意见即意识形态为什么会发生改变，除了正规制度“降低了人们表达自己的信念的价格”③ 之类含混的说法之外，诺思没能提供任何清楚的解释。如果将“正规制度降低了表达主观信念的价格”理解为正规制度决定意识形态的变化，则诺思又陷入了意见决定制度、制度决定意见这个 18 世纪法国启蒙学者的循环论证：假如制度由预先存在的意识形态决定，意识形态就不可能由制度产生；而如果是预先存在的制度决定意识形态，制度就不可能是意识形态的产物。当然，诺思可以争辩说，制度和意识形态是相互作用的。但是，这也无济于事。因为，这里的问题是，制度和意识形态的存在，是二者相互作用的前提；要说清楚它们的相互作用，首先要弄清二者各自的存在根据。

至于将意识形态或文化的差异归结为“大脑处理信息的方式”或认知结构的差异，并将其视为“路径依赖的来源”，则隐含着我们在前面已经揭明的哪个推论：拙劣的认知结构决定的低劣的文化，使某些民族长期闭锁于低效率的发展路径。这里要强调的是，这是诺思的意识形态和文化理论必然要导致的结论。因为，按照判断制度绩效的适应性效率标准，效

---

① 诺思将文化的差异归结为认知结构的差异时，其灵感显然来自以利瓦伊—斯特劳斯（Claude Levi-Strauss）为代表的文化人类学中的法国结构主义学派。这个学派认为，文化差异的关键在于认知结构——人类心智利用现实的模式，不同人群精神结构的差异决定了社会结构的差异。但是，法国结构主义还认为，在认知结构的差异下，存在着一个私有人类社会度相同的基本的精神结构基础。利瓦伊—斯特劳斯的多数研究都在描述这个基本的和普遍的精神结构。对此，诺思是忽略不顾的，在他的理论中有一种否认人类普遍精神结构的倾向。诺思在这里运用的是一种过时的人类学理论。F. 普洛格等人指出，法国结构主义的理论只是“不能被科学证实”的猜测，这种理论“已经被许多人类学家抛弃”（F. 普洛格、D. G. 贝茨：《文化演进与人类行为》，辽宁人民出版社 1988 年版，第 49 ~ 51 页）。

② 道格拉斯·C·诺思：《制度、制度变迁与经济绩效》，上海三联书店 1994 年版，第 60 ~ 61 页。

③ 同上，第 115 页。

率的高低标识制度的绩效，而由制度的绩效则可反推出认知结构的优劣。事实上，诺思是作过这种推理的。他说："尽管我们没有一个对社会伦理规范的合理解释，但我们能在博弈论逻辑下建立一个关于伦理规范的财富最大化模型。也就是说，我们可以在实证上揭示和检验什么样的非正规约束最有可能产生合作行为，或这类非正规约束的渐进变化将如何改变游戏，以此来增加（或减少）合作结果"。[①] 诺思这些说法所包含的"政策性结论"是很清楚的：经济上落后国家的人民，必须将美国人的认知结构移植到自己的大脑中，彻底放弃自己的文化，才有可能摆脱低绩效的路径依赖。对这样一种隐隐散发着文化霸权主义气息以致令人作呕的种族主义尸臭的理论，还值得费更多的笔墨来评说吗？

二、马克思的故事

（一）马克思破解历史之谜的钥匙

马克思的全部故事是从对这样一个事实的陈述开始的："人们为了能够'创造历史'，必须能够生活。但是为了生活，首先就需要衣、食、住及其他东西。因此第一个历史活动就是生产满足这些需要的资料，即生产物质生活本身。同时这也是人们仅仅为了能够生活就必须每日每时都要进行的（现在也和几千年前一样）一种历史活动，即一切历史的基本条件。……因此任何历史观的第一件事情就是必须注意上述基本事实的全部意义和全部范围，并给予应有的重视。"[②] 在马克思看来，要想解开人类历史社会发展之谜，或者说人类制度变迁之谜，必须以生产这一人类首要的实践活动为前提。然而，人们为了满足社会需要就必须生产，这是一个太过普通的事实。可能正因为它太过普通，才一直为马克思之前的历史学家和哲学家所忽视。

在马克思之前，人们始终认为一切历史变迁的最终原因，存在于意识形态和政治领域中。历史学家和哲学家们从未深入地思考过，甚至未能清

---

① 道格拉斯·C·诺思：《制度、制度变迁与经济绩效》，上海三联书店 1994 年版，第 59 页。

② 《马克思恩格斯选集》第 1 卷，人民出版社 1995 年第 2 版，第 78～79 页。

楚地提出过这样的问题：意识形态的来源是什么？政治变迁的动因又何在？马克思赋予人类的生产活动以“一切历史的基本条件”的地位，并在此基础上完成了历史观的伟大变革，为这些问题提供了合理的答案。恩格斯在谈到马克思的这一伟大发现的意义时指出：“历史破天荒第一次被安置在它的真正基础上；一个很明显而以前完全被忽略的事实，即人们首先必须吃、喝、住、穿，就是说首先必须劳动，然后才能争取统治，从事政治、宗教和哲学等等，——这一很明显的事实在历史上应有的权威此时终于被承认了。”① 马克思的历史唯物主义学说，就是建立在这样一个不争的事实基础上的。要想颠覆这一学说，就必须颠覆这一事实。但是，即使是马克思的最激烈的反对者，恐怕也不会愚蠢到试图这样做，因为这意味着要求人们停止生产、饿着肚皮来创造历史。

在马克思看来，既然生产是历史的基本前提，人类社会制度和意识形态的变迁，主要应由生产力的发展和生产方式的变迁来解释。在马克思的理论体系中，社会制度的本质或基础是人们在生产过程中结成的关系即社会的经济结构。他对于生产力的发展如何推动生产关系的变化，从而导致包括法律、意识形态在内的整个社会制度的变革，有这样一段经典的论述：“人们在自己生活的社会生产中发生一定的、必然的、不以它们的意志为转移的关系，即同他们的物质生产力的一定发展阶段相适合的生产关系。这些生产关系的总和构成社会的经济结构，即有法律的上层建筑竖立其上并有一定的社会意识形式与之相适合的现实基础。物质生活的生产方式制约着整个社会生活、政治生活、精神生活的过程。不是人们的意志决定人们的存在，相反，是人们的社会存在决定人们的意识。社会的物质生产力发展到一定的阶段，便同它们一直在其中活动的生产关系或财产关系（这只是生产关系的法律用语）发生矛盾。于是这些关系便由生产力的发展形式变成生产力的桎梏。那时社会革命的时代就到来了。随着经济基础的变更，全部上层建筑也或慢或快地发生变革。”② 这是马克思历史唯物主义理论的基本内容，也是马克思主义者破解诺思所提出的两个历史之谜的钥匙。而诺思之所以让马克思的理论搞得不愉快，是将这个理论运用于对资本主义制度的分析，得不出这种制度将在良性路径依赖下万古长存的结论。相反，马克思根据自己的理论说明，资本主义制度像历史上存在过的一切社会形态一样，将在生产力与生产关系、上层建筑与经济基础之间

① 《马克思恩格斯选集》第3卷，人民出版社1995年第2版，第335~336页。
② 《马克思恩格斯选集》第2卷，人民出版社1995年第2版，第32~33页。

矛盾的作用下由盛转衰，并为更先进的社会制度所替代。①

（二）是什么决定了历史上社会制度的不同演进模式

按照马克思的理论，人类历史上相继存在的各种社会形态或社会模式，归根结底都是生产力发展的结果。所谓历史上社会制度演进的不同模式，实际上也就是与生产力的一定发展阶段相适应生产关系或经济结构，以及与一定经济结构相适应的政治、文化和法律的上层建筑。在人类社会发展的初期，由于散居世界各地的原始人群控驭自然的能力很低，作为他们生存的客观物质条件的地理环境、气候特征、动植物种类等自然禀赋方面的差别，造成了活动在不同地区的原始人群的不同生产方式，即他们解决衣、食、住、行等问题的不同方式。而这种生产方式上的差异，又是包括宗教信仰、伦理规范、生活习俗、语言和思维习惯等在内的世界各种民族文化差别形成的客观根据。马克思主义从来就不否认文化上的差异对各民族的社会经济制度的发展模式具有重要影响，但与诺思不同的是，它是从不同民族从事生产活动的物质条件的差别来理解和说明文化差别，而不是将文化上的差别归结为先验的主观模式或认知结构上的差别。

虽然马克思主义承认民族文化的重要作用，但认为不能将民族文化差异对制度模式的影响过分夸大，从而否认整个人类社会长期发展轨迹的统一性。事实上，世界各个地区的社会制度变迁是遵循着一个统一的轨迹的。而这种统一性，正是由马克思所揭示的生产关系以及相应的上层建筑必然要与生产力发展水平相适应的社会发展规律决定的。也就是说，在相近的生产力发展水平上，文化传统不同的民族的经济结构和上层建筑尽管各具特色，但其基本构造是类似的。与马克思同时代的美国人类学家摩尔根，对北美印第安人的氏族制度、婚姻关系、财产观念进行了大量调查研究，与古代希腊和古罗马的制度作了比较，发现印第安人的制度与古希腊和古罗马的制度在基本构造上具有惊人的相似之处，因而得出了这样的结

---

① 与诺思的不愉快形成鲜明对照的，是熊彼特对马克思的这种“社会进化”理论的高度称扬。他说：“马克思的理论具有一种为其他经济理论所没有的意义，即它是进化的：它企图揭示这样一种机制，仅仅由于这种机制的作用，不借外部因素的助力，就会把任何一定的社会状态转化为另一种社会状态。”他还指出，在马克思的理论中，呈现出“一种经济过程内在进化的伟大景象”，“这种过程以某种方式通过积累发生作用，以某种方式摧毁了竞争性资本主义的经济和社会，后者将以某种方式让位于另一种类型的社会组织。正是这个事实，并且仅仅是这个事实，使我们有权把马克思称为伟大的经济分析家。”（熊彼特：《经济分析史》，商务印书馆 1996 年版，第 20、97 页）

论："因为人类的起源只有一个，人类的发展进程基本上也是相同，只是在各大陆采取了不同的但是一致的进程，所以在达到同等进步状态的一切部落及民族中都是极其相似的。因此，美洲印第安人诸部落的经验，或多或少地代表处于与他们相应状态的我们远祖的历史及经验。构成人类记录之一部分的美洲印第安人的制度、技术、发明以及实际上的经验，实具有超越印第安人种族本身界限的高超价值。"摩尔根还指出："以上所叙述的这一知识，本质地改变了从来流行的野蛮人、开化人与文明人之间关系的见解。到现在我们可以以确实的证据说：恰如文明时代以前我们知道存在开化时代一样，在人类一切部落中，于开化时代之前也存在有野蛮时代。人类的历史都是同一源泉、同一经验和同一进步的。"他根据人类学和历史学的事实强调；"人类从阶梯的底层开始、而渐次上升的这一重要事实，由连续而发明的生存上的诸技术而明白地显现出来。在他们这一方面的技能上，乃是决定人类在地球上获得优越权的整个关键。……所以人类进步上的许多伟大时代，多少都直接地与生活资源之扩大相一致。"①显然，摩尔根讲述的是一个与马克思相同的故事。而诺思的路径依赖理论则明显地带有否定人类社会制度发展的统一性的倾向。② 实际上处于统一发展轨迹上的不同阶段的各民族的社会制度差异，按照诺思的路径依赖理论，却成了类似于生物进化分叉造成的不同物种之间那种彼此隔绝的发展路径。可见，诺思的眼界还没有超出摩尔根一百多年前就批评过的那种"从来流行的野蛮人、开化人与文明人之间关系的见解"。正因为如此，

---

① 摩尔根：《古代社会》，商务印书馆1972年版，第4~5、2、28页。20世纪40年代和50年代，莱斯利·怀特（Leslie White）等所谓新进化论人类学家，继承摩尔根等老进化论者的基本思想，试图从"能量获取"技术的进步出发，说明人类文化发展的规律。怀特认为，为了给自己提供生活资料，人类必须消耗能量；起初，人类以自己的身体为主要的能量来源，以后逐渐学会利用火、风、水等其他能量来源；而随着学会制作工具、驯养动物、发明机械，人类获取能量的能力不断增强；人类的文化，包括宗教、伦理、法律和政治，是不断响应能量获取能力的发展而发展的。换句话说，技术（获取能量的方法）的进步推动了其他文化发面的演进（L. A. 怀特，《文化科学——人类与文明研究》，山东人民出版社1988年版）。由于强调技术的基础作用，怀特的方法被称为"文化唯物论"。显然，与摩尔根相似，怀特的理论在基本点上，是与马克思的历史唯物论一致的。

② 与怀特同属新进化论者的人类学家朱利安·斯图尔德（Julian Steward），虽然强调不同民族文化的差异，主张"多线进化论"，但同时认为，通过对不同社会变化顺序的比较，有可能发现某种交叉文化的规律性。他注意到，在古代世界发展起来的复杂的国家社会，例如，近东、墨西哥、北部秘鲁、埃及和中国，似乎是在同一种情形下发展起来的。这些地区都处在干旱和半干旱的自然环境下，都发展出发达的灌溉技术。斯图尔德由此推断出，面临相同环境适应问题的社会将会产生相近的技术，而且，在它们这样做的时候，这些社会的政治制度也将沿着相近的道路发展。也就是说，生活在大致相同的环境下，从而发展出相似技术的不同民族，也会发展出相似的文化。（F. 普罗格等：《文化演进与人类行为》，辽宁人民出版社1988年版，第43~44页）可见，斯图尔德的"多线进化论"也不能成为诺思那种彼此隔绝的发展路径理论的证据。

他才试图建立一个适用于一切社会制度形态的经济绩效标准。但这从马克思主义的观点来看，这是毫无意义的。将处于原始社会末期的印第安部落的南瓜、玉米的增长率，与近代工业国的机器生产的增长率相比较，并由此得出前者的制度绩效不如后者的结论，不过是闹笑话而已。

在马克思主义看来，任何社会制度，即任何生产关系及竖立于其上的法律和文化等上层建筑，都不可能是长盛不衰的。因为，随着生产力的不断发展，原先是生产力适当形式的一定社会制度，最终将转变为生产力进一步发展的桎梏。由于有生产力这个最活跃、最革命因素的作用，脱离整个人类社会演进的统一轨迹的不变路径依赖是不存在的。综观历史，任何民族的长期制度变迁都是繁荣与衰退交替的过程，并不必然存在完全衰退或完全繁荣的制度变迁路径。为诺思称道的由于制定了“大宪章”而进入良性路径依赖的英国，为什么20世纪以来日见衰落，以致从“日不落帝国”下降为一个二流国家？为什么在诺思看来因11世纪王权膨胀损害了私人产权而陷入恶性路径依赖的西班牙，最终也建立了与英国类似的制度，并成为与英国的发展水平相差无几的工业化国家？为什么20世纪后半期在亚洲崛起了许多新兴的工业国？为什么这些国家未能被万劫不复地闭锁于近代曾经一度存在的恶性发展路径？所有这些事实，都是诺思那个虚构的路径依赖理论所无法解释的。而按照马克思的理论，世界历史上各民族繁荣与衰退的反复交替，正是生产力与生产关系、经济基础与上层建筑矛盾运动的必然表现。

在马克思的理论中，阶级斗争及它所导致的社会革命，是人类进入文明时代之后，生产力冲破旧制度的桎梏，创造与自身发展相适应的制度形式的重要杠杆。对于阶级斗争在制度变迁中的杠杆作用，在马克思之前，就已经为基佐、梯也尔等法国波旁王朝复辟时代的历史学家所认识。他们指出，改变国家制度的英国革命和法国革命的原因，应当从社会阶级的冲突中去寻找；阶级冲突的根源，则应当从这些阶级的利益关系中去寻找；而阶级之间的利益关系又根源于它们对土地及全部财产的占有关系。马克思在这个问题上的贡献，在于将财产关系的变革，与生产力发展的要求联系起来，将对于社会制度变革的解释置于唯物主义的基础之上。马克思根据人类社会制度变迁的事实，尤其是18世纪以来欧洲资产阶级革命的事实，得出了代表生产力发展方向的先进阶级所发动和领导的社会革命，是社会制度变革的主要杠杆的结论。但是，正如我们在分析诺思的制度报酬和政治市场理论时已经说明的，在他的论述中，阶级斗争和社会革命是没有存在的余地的，起作用的只是一些社会属性不明的所谓政治或经济的企业家，制度变迁是通过他们所从事的政治买卖而不是社会革命来实现的。诺思也承认自己“没有提供一个革命的理论”，未能说明“常常是暴力和革命的结果”的“非连续性变迁”。事实上，以个人主义的自利人假设为全部理论出发点的诺思，始终企图从超历史、超阶级的个人动机中去寻找制度变迁的原因，时时为“搭便车”之类“自利个人的机会主义行为”所困扰，因而无法理解更无法解释以千百万人的牺牲为代价的社会革命，最后只好将革命归结为某种意识形态影响人们行为的强度。而马克思则从作为一个连续不断的“自然历史过程”的生产力发展突破旧生产关系束缚的要求，从代表一定历史阶段生产力进一步发展要求的先进阶级与代表已经成为生产力发展桎梏的旧制度的反动阶级之间的利益冲突中，揭示出在人类社会的重大制度变革中使“广大人民群众、使整个整个的民族以及每一民族中间又使整个整个阶级行动起来的动机”，[①] 从而对社会革命做出了合理的说明。

有人可能会争辩说，马克思虽然提供了一个改变宪政制度的社会革命理论，但未能提供一种解释一定宪政秩序内的渐进性制度变迁的理论。对于这种争辩的回答是：对于渐进性的制度变迁，马克思的理论也是有很强的解释力的。这类例证，在马克思本人的著作中就有不少。例如，在《资本论》第1卷中，马克思就对手工工场向机器工厂的技术变迁如何使劳动对资本的“形式隶属”转变为“现实的隶属”作了详细的阐述，令人信服地解释了资本主义生产关系由产生到成熟的渐进发展。又如，在《资本论》第3卷中，马克思从资本主义社会生产力和生产关系的基本矛盾，即生产社会化与生产资料私人占有的矛盾的发展上，说明了股份制这种社会资本替代个人资本的演化过程。而目前中国的马克思主义者正在进行的社会主义宪政秩序内的渐进改革，无论是所有制结构的调整，还是公有制实现形式的变迁，从一开始就是以马克思的生产关系一定要适应生产力状况的理论为指导的——这不仅是对马克思理论的解释力的印证，而且是马克思理论的巨大实践力量的展示。

马克思认为，在考察由生产力与生产关系的矛盾推动的社会制度变革时，“必须把下面两者区别开来：一种是生产的经济条件方面所发生的物质的、可以用自然科学的精确性指明的变革，一种是人们借以意识到这个

① 《马克思恩格斯选集》第4卷，人民出版社1995年第2版，第249页。

冲突并力求把它克服的那些法律的、政治的、宗教的、艺术的或哲学的，简言之，意识形态的形式。我们判断一个人不能以他对自己的看法为依据，同样，我们判断这样一个变革时代也不能以它的意识为根据；相反，这个意识必须从物质生活的矛盾中，从社会生产力和生产关系的现存冲突中去解释。”① 这就是马克思主义不将社会制度的变迁归因于文化、观念的改变的原因。也正因为如此，马克思才能够跳出18世纪启蒙学者的循环论证的牢笼，对文化、意识形态的变化作出唯物主义的合理说明。诺思的看法正好与马克思相反，社会制度变革的原因被他归结为人们主观模式或观念的变化。而在无法回答观念为何变化时，他又乞灵于意见决定制度、制度决定意见的循环论证。可见，诺思的历史观，不过是早就为马克思所超越了的历史唯心主义的现代翻版。在这种陈腐历史观的支配下，作为经济学家的诺思，连在自己祖国历史上发生的南北战争，都无法从社会经济根源上加以说明，而将这场导致美国社会制度巨大变革的革命归结为“废奴集团的宗教狂热”、“对奴隶制无道德信念的增强”。在这个问题上，诺思的见识不如非马克思主义者的美国学者比尔德夫妇。他们指出，“在这次大变革中，北方和西方的资本家、工人和农民推翻了南方种植场主在中央政府的统治权力。”② 而美国的马克思主义者福斯特则进一步指出：“这场战争是一次资产阶级革命，因为它所造成的政治和经济变革并没有超出资本主义制度的范围。这场战争的总的后果在于它清除了资本主义道路上的障碍，同时刺激了这个制度，使它大大发展起来。”③ 事实上，脱离开美国生产力的发展与农奴制生产关系的冲突，离开了作为这种冲突的具体表现的力图扩大资本主义生产方式统治范围的北方工业资产阶级和渴求土地的广大农民与南方奴隶主的经济利益冲突，④ 是根本无法解释早在古代就存在的“奴隶制无道德的信念”，为什么会在南北战争前后突然发扬光大起来。

（三）为什么落后的经济方式会在相当长的时期存在

对于诺思提出的这个问题，马克思主义的表述应当是：为什么在大致

① 《马克思恩格斯选集》第2卷，人民出版社1995年第2版，第33页。
② C. Beard and M. Beard，1927，The Rise of American Civilization. New York，1927.
③ W. Z. Forster，The Negro People in American History. New York，1954.
④ 刘祚昌：《美国内战史》，人民出版社1978年版。

统一的社会发展轨迹上，不同的民族前进的速度有快有慢？这是一个十分复杂的问题，必须根据各民族历史发展的具体情况进行具体分析，而绝不能像诺思那样用一个简单路径依赖模型来说明。但是，我们仍然可以根据马克思的方法，从各民族生产力和社会制度发展的具体条件中，归纳出关于这个问题的大致合理的一般性答案。

世界各民族经济发展的不平衡，首先与这些民族生存的自然条件的不同有关。自然条件的不同，不仅决定了不同民族生产方式的差异，而且决定了它们为满足自身生存和发展的物质需要所付出的努力程度的差别。一般说来，在比较恶劣的自然条件下，所需要付出的努力比较大。而这种较大努力的报酬，不仅是生存需要的满足，还会伴随着生产知识的较快积累，利用自然以满足自身需要的能力即生产力的较快提高。简言之，在人类所面临的自然界挑战较严峻的地方，经济发展较快，社会制度和文化的演进相应较快，反之则反是。英国历史学家汤因比，就是从自然与人类之间的“挑战和应战”，来说明世界古代历史上各个主要文明的兴起。他对历史事实的归纳表明，面临较严峻自然挑战的民族，往往能够创造出领先的文明。[①] 同时，还要强调的是，这里所说的是能够通过人的努力加以改变的“较恶劣”的自然条件，而不是超过人类既有能力的极其恶劣的自然条件。事实上，某些民族的经济和社会发展的长期停顿，是由于自然条件过于恶劣的限制。不过，将各民族发展的差异归因于自然条件的差别，主要适用于各民族交往不太发达的古代。这正如王亚南先生所说，“愈往过去，社会生产力愈不发展，它克服自然障碍，打破地域限制……比肩前进的可能性就愈小了。”他认为，这是“唯物史观的一个重要原则”。[②] 但是，随着民族之间相互交往的发展，自然条件差异造成的社会经济结构的差别，在历史上是呈缩小趋势的。[③] 一般说来，这只是不同民族在大致统一的社会变迁轨迹上分出先后的初始的、次要的原因。

更重要的原因，是一定历史阶段内包括政治制度和意识形态在内的上层建筑反作用于经济基础的具体形式。马克思在强调经济基础对上层建筑的决定作用时，明确地指出上层建筑对经济基础具有不能忽视的反作用。恩格斯对国家权力对经济发展的反作用作过这样的说明：“反作用可能有

---

① 汤因比：《历史研究》，上海人民出版社 1986 年版。

② 王亚南：《中国经济原论》，广东经济出版社 1998 年版，第 4 页。

③ F. 普洛格等人类学家指出，随着工业化进程在世界范围内的推进，“……文化和种族的差异已大为缩小，……早期的人类学家曾极力去解释世界各种文化的差异，但现在世界的文化已经变得越来越相似了。”

三种：它可以沿着同一方向起作用，在这种情况下就会发展得比较快，它可以沿着相反的方向起作用，在这种情况下它现在在每个大民族中经过一定的时间就都要遭到崩溃；或者是它可以阻碍经济发展按着某些方向走，而推动它沿着另一种方向走，这三种情况归根结底还是归结为前两种情况中的一种。但是很明显，在第二和第三种情况下，政治权力能给经济造成巨大的损害，并能引起大量的人力和物力的浪费。"[①] 意识形态也具有类似于国家政权的这种反作用。一定社会中的统治阶级，当它在其中居于统治地位的生产关系已经成为生产力发展桎梏时，是不会自动地退出历史舞台的，而总是要凭借自己掌握的政治权力和意识形态的影响，来镇压和抑制代表生产力发展方向的新兴阶级的变革要求，维护旧的生产关系，保护自己的既得利益。结果就会造成恩格斯所说的第三种情况，从而形成该社会生产力停滞、社会制度变革迟缓的局面。而这种反作用能够使旧生产关系在多大程度或多长时期内压制生产力的进步，或抗御住生产力进步的冲击，则与既存的政治结构和意识形态的韧性有关。一般说来，法律制度、政治制度和意识形态在一定的经济基础上发展得越健全越完善，其韧性就越强。

在这方面，中国古代地主经济基础上形成的政治和意识形态就是一个范例。早在秦汉时期，我国就形成了比较完整的土地私人所有权的法律制度，土地可以自由买卖（只是在北魏实行均田制时中断了很短的一段时间）；同时，农民的大多数也取得了自由人的身份，佣工已经成为经济中比较常见的现象。[②] 而在欧洲，这是直到中世纪晚期，采邑制度和人身依附关系趋于解体之后才出现的事情。可以说，与欧洲的农奴制相比，中国的地主经济是封建制度的更完善的形态。按理说，中国是应当率先发展起资本主义来的。然而，允许土地自由转让和保障农民人身自由的法律制度，再加上以儒家伦理学说为标准的科举取士这一重要的政治制度，却从三个方面造成了有利于地主经济长期延续的后果：一是在社会的统治和被统治阶级之间造成了一定程度的流动性，——无论原来社会地位如何低下，个人只要积累起相当数量的货币，就有可能通过购买土地而跻身地主阶级的行列，而通过学习儒家经典而取得功名又是获得货币财富的重要途径（当官发财）；二是工商业者或市民阶级"由于能够接近土地，热中于土地，和贵族地主搞得怪有交情，变成了通家"，也就没有像欧洲市民阶级那样强烈

① 《马克思恩格斯选集》第4卷，人民出版社1995年第2版，第701页。
② 赵冈、陈钟毅：《中国经济制度史》，中国经济出版社1991年版。

的革命要求；三是社会中大部分知识分子精英的注意力，被科举制度吸引于对以伦理规范为内容的儒家学说的传承和阐扬，对自然科学的研究被忽视，有利于生产力发展的技术发明甚至被斥为“奇技淫巧”。这一切虽然促成了地主经济结构的长期稳定，但却抑制了技术进步和生产力的发展，使得新的生产方式、新的产业部门难以在男耕女织的传统家庭农业之外产生。而这又是在越过了盛唐这一地主经济制度的顶峰之后的一千多年内，变革旧制度的社会要求始终难以产生的根本原因。在这种情况下，周期发生的地主与农民之间的剧烈阶级冲突的结果，只能是原地打转的改朝换代。但是，话还得说回来，无论旧制度的韧性有多强，最终还是会被生产力的发展胀破。到 18 世纪，在中国终于出现了新生产方式的萌芽，这时，已经可以看到分工的发展以及工业技术的进步，可以看到棉纺业中的包卖商制度的蔓延、可以看到丝织业中“开五六百张机”的大型手工工场的涌现、可以看到“佣工千人”的采矿和冶炼工场的发展……。[①] 这一切意味着新的生产方式开始在传统经济结构的夹缝中虽然缓慢但顽强地成长起来。如果不是因为帝国主义的侵略，变革旧制度的要求也会随着新生产方式的发展而提到中国人的议事日程上来，中国完全有可能独立地完成自己的工业革命，实现由地主经济向资本主义经济转变的制度变迁。

如果说上述政治制度结构的韧性，是世界历史上某些民族在较长时期内处于相对停滞状态的内因，那么，不同民族国家之间的交往以及在这种交往中形成特定的国际政治经济关系，则有可能成为某些国家长期难以摆脱相对落后状态的外因。在国际交往和经济联系还不太发达的古代，这种外因的作用表现得还不太明显。随着资本主义在西欧国家的兴起，伊曼纽尔·沃勒斯坦（Immanuel Wallerstein）所说的以国际分工为基础的“资本主义世界经济体”逐渐形成，[②] 历史日益向世界历史转变，它的巨大作用也日益凸显出来。将市场拓展到全世界，既是资本主义产生和发展的前

① 戴逸：《18 世纪的中国与世界·导言卷》，辽海出版社 1999 年版。

② 沃勒斯坦认为，世界上不同民族的发展从来就是相互联系和相互影响的，在世界历史发展的不同阶段总是会形成一定的“世界性体系”，古代的罗马帝国、中华帝国等就是这样的世界性体系。但是，这些古代帝国只是单一的世界政治中心，而没有相应的“世界性经济”。16 世纪以后，随着资本主义生产方式的发展，开始形成由中心区、半边缘区和边缘区构成的世界资本主义体系。在这个世界体系中，三个区域承担着不同的职能：中心区控制世界体系中的工业、金融和贸易，边缘区构成中心区的原材料、廉价劳动力供应地和制成品销售市场，半边缘区则介于二者之间。沃勒斯坦指出，在世界体系的这种分工格局中，“……不同区域……被派定承担特定的经济角色发展出不同的阶级结构，因而使用不同的劳动控制方式，从世界经济体系中的运转中获利也就不平等。”（伊曼纽尔·沃勒斯坦：《现代世界体系》，高等教育出版社 1998 年版，第 194 页）

提，又是它的结果。而这是以使相对落后的国家殖民化的方式来实现的。这种殖民主义扩张，对作为西方发达国家殖民化对象的落后国家的影响是双重的：一方面，它摧毁了这些国家的农业与手工业结合的自然经济，瓦解了旧的经济结构，为新的生产方式在这些国家的产生和发展提供了外部刺激；另一方面，它又以对这些国家经济资源的或公开或隐蔽的掠夺，对这些国家经济造成巨大的摧残，极其严重地削弱了这些国家经济自主发展的活力。综观迄今为止资本主义的世界发展史，从重商主义时代的天良丧尽的奴隶贩运、鸦片贸易以及对美洲贵金属的无耻抢劫，到帝国主义时代的不平等贸易和资本输出，以致原殖民地国家纷纷取得民族独立的所谓“后帝国主义时代”的工业、技术和金融依附，应当说资本主义世界市场体系扩张的后一种作用超过了后一种作用。这是资本主义作为一种无偿占有他人劳动成果的剥削制度的固有逻辑，在国家关系和民族关系上的必然表现。

事实上，在世界资本主义体系中处于中心地位的西方国家的发达，始终是以处于这个体系外围的后进国家的不发达为条件的。而要保持这个条件，就必须保持中心对外围的经济优势和政治统治，使外围依附于中心，遵从中心规定的游戏规则。中心国家为了保持其对外围国家的统治，往往与外围国家中代表旧制度的反动统治阶级结盟。旧中国帝国主义、官僚资本主义和封建主义三位一体的统治，就是这方面的一个典型例证。美国等发达国家与中南美洲国家封建地主和反动军人政权的相互勾结，是另一个典型例证。对此，王亚南先生曾有这样一段精辟的分析：“……在一切为帝国主义势力侵入的落后国家，假使不是变成完全的殖民地的话，就只能有这样的前途：原来的封建体制，在帝国主义国家的商品资本逐渐渗透进来的情形下，不可能不陷在动摇解体的过程中，但同是帝国主义的商品和资本的侵入，又不允许它好好地向资本主义制度转化。结局，一般地讲来，这个社会，就只能看它所受帝国主义势力的支配和影响的程度如何，把不利于这种势力扩展的封建因素破坏，把有利于它的封建因素保留下来；把妨碍它扩展的资本主义成分（民族资本主义成分）压倒，把依附它的资本主义成分（买办资本主义成分）扶植起来。因此帝国主义对于落后社会的这种半封建半殖民化运动，与其说是由他们直接进行的，毋宁是由他们通过落后社会的统治阶级、封建官僚阶级，按照他们的意旨来进行的。结局，大地主阶级、买办资产阶级、官僚资产阶级就在帝国主义利益的统一要求下，变成相互依存和三位一体的‘通家’。而这种社会的经济，也只能采取一种把封建剥削做基础，而在这上面建立起买办官僚资本的特殊支配形态。”王亚南先生还进一步强调：“应该说，对于正常发展显得非常特殊的这种经济形态，在一切受着帝国主义间接统治的社会，毋宁是非常一般的，虽然其发展的程度和表现形式，因各别社会的不同历史条件而各不相同。”① 在世界资本主义体系中居于中心地位的帝国主义势力的控制之下，后进国家要按西方的样板复制出一个本民族的发达资本主义，是十分困难的。正因为如此，列宁、毛泽东这些马克思的后继者，才采取了冲破帝国主义控制的薄弱环节的革命战略，创造性地实施了马克思那个著名的“跨越资本主义卡夫丁峡谷”的构想，选择了利用西方资本主义创造的物质文明和精神文明成果，在后进国家以社会主义的方式完成国家工业化和现代化的跨越式发展道路。这大概也就是诺思认为他们的著作“更加有害”的原因。

诺思经常以拉丁美洲国家的落后为例来“证实”自己的理论。但是，在依附论的旗帜下集结起来的一大批拉丁美洲经济学家，则程度不同地得出了与马克思的后继者类似的结论。他们所说的依附，就是外围国家的经济发展和扩张受到中心国家经济发展和扩张制约的情况。在“依附的发展”状态下，外围国家的发展只是中心国家自主扩张的被动反映。多斯桑托斯指出，世界资本主义体系中的依附性关系，是以中心国家跨国公司的垄断性控制，发达国家金融机构的统治，以及发达国家对先进技术的垄断为基础的；这种依附性的生产体系不断再生产出外围国家依附中心国家的经济政治结构，外围国家不得不在不平等的条件下与中心国家进行贸易和竞争，必须强制地推行对劳动力的超级剥削关系和贫富两极分化的收入分配格局；而由此形成的经济剩余，一部分为国内反动统治阶级非生产地消费掉，另一部分则流向中心国家，成为其资本积累的重要源泉。② 长期担任联合国拉美经济委员会主席的普雷维什的结论是，“我们可以按照中心的模式发展的这种神话正在消失”，“资本主义在全球范围内自发扩散的神话也正在消失”，“发达的资本主义本质上是向心性的、吸收性的和统治性的。它的扩展是为了利用外围，而不是为了发展外围。世界体系中的矛盾是非常严重的。”③ 尽管拉丁美洲学派的某些具体政策主张有失偏颇，但其理论无疑抓住了问题的根本。诺思却不着边际地将拉美国家问题

① 王亚南：《中国经济原论》，广东经济出版社 1998 年版，第 3 页。
② 多斯桑托斯：《帝国主义与依附》，社会科学文献出版社 1999 年版。
③ 普雷维什：《外围资本主义：危机与改造》，商务印书馆 1990 年版，第 10 页。

归结为在11世纪的反摩尔人战争中形成的西班牙专制王权造成的路径依赖，认为拉美的问题出在“承袭了西班牙—葡萄牙的集权与官僚化的传统”。

从20世纪90年代初开始，国际货币基金之类西方金融机构，企图在拉丁美洲复活那个实际上已经消散的神话，凭借美元的力量在拉丁美洲推行美国式的“自由市场经济”和“民主政体”，——这也正是诺思开出的医治路径依赖的药方。但是，结果是这个神话的再次破灭。① 这是对诺思理论以及整个新自由主义的否定，同时也是对马克思及其后继者理论的有力印证。

三、结　　语

至此，读者恐怕已经能够对诺思和马克思的两种社会制度变迁理论的优劣作出判断，笔者也不能不得出这样的结论：诺思的路径依赖学说是一个东拼西凑、牵强附会、在逻辑上根本不成立，并且对实际历史进程的解释力几乎为零的理论。它不仅无助于破解历史上的社会制度变迁之谜，而且本身就是一团理不清的乱麻。虽然根据马克思的理论得出的关于现代社会发展方向的预见，还有待于今后历史发展实际进程的进一步验证，而且也不能说它在一切细节上都是无可挑剔的，但这个理论本身具有很强的内

① 在拉丁美洲国家，新自由主义政策把数以百万计的劳动者抛到街头。据国际劳工组织的统计，1990～1997年，拉美地区劳动人口增加了3.1%，而就业机会仅仅增加了2.9%。全地区失业人口达1 000万之多，其中550万是25岁以下青年。新自由主义带来的贫困化和两极分化问题是触目惊心的，拉美国家已成为世界上社会不平等问题最严重的地区。在墨西哥，据当地研究机构调查的结果，占人口1%的富人占有国民收入的比例，1994年为14.5%，到1996年猛增到29.8%。墨西哥7名亿万富翁手中集中了204亿美元的资产，相当于全国所有居民一年的收入。从1984年至今，全国的贫困人口从2 970万增加到了7 300万。15年来，墨西哥人民的实际购买力下降了75%。委内瑞拉这样富足的石油出口国，竟然有80%的人口处于贫困之中，25%的劳动者没有工作，100万儿童流落街头。80%的财富集中于只占人口15%的富人手中。1999年上半年，经济负增长率高达9.8%，103家工业企业倒闭。在巴西，10%的富人占有全国35%的财富；在阿根廷，54%的财富集中在20%的富人手中，厄瓜多尔穷人占全国人口比例63%，失业率高达18%；中美洲地区3 400万人口中，60%生活在贫困线以下。毒品走私、非法交易、高层腐败等种种弊病泛滥。据一项抽样调查结果，拉美地区政客中腐败分子的比例高达40%。随着经济的恶化，民众不满的日益增长，一些拉美国家的政局又开始动荡。最近，委内瑞拉总统查韦斯对流行于拉美的新自由主义进行了严厉批判，指出新自由主义是野蛮的、非人道的，如果不摆脱它，只有死路一条。与此同时，拉美舆论和政界也纷纷揭露这一发展模式的弊端。墨西哥《经济学家》报在一篇评论中指出，在世界范围内已经出现一个抵制新自由主义的浪潮，参与这一行动的阶层之广是空前的：从穷苦大众到中小企业家，从知识分子到教会人士。并且预言这一“野蛮资本主义”理论的日子屈指可数了。（《经济参考报》，1999年11月22日）

在逻辑一致性，并且在总体上能够得到历史事实的坚强支持。遵循这个理论，是可以在纷繁的历史现象中理出一条人类社会制度演进的清晰线索的。可以说，马克思的历史唯物主义关于社会制度发展道路的解释，至今仍然是所有历史理论中最有说服力的。

《资本论》的方法论意义*

——马克思主义经济学的五个方法论命题

引　言

恩格斯曾经指出，“随着科学领域中每一个划时代的发现，唯物主义也必然要改变自己的形式。”[①] 在日新月异的变化面前，作为历史唯物主义的科学证明的政治经济学[②]，同样要适时地改变自己的形式。问题在于，改变什么，怎样改变，如何在新的历史条件下，实现坚持与发展的统一。

20 世纪的后 20 年，在与新的科技革命相伴随的经济信息化和全球化的背景下，现代资本主义发生了一系列新变化，社会主义在东欧国家和前苏联遭受重大挫折，西方主流经济学的影响日益增大，新老自由主义泛滥，马克思主义经济学又一次面临新的挑战，而且可以说是自第二国际叛卖以来最为严峻的挑战。同时，我国社会主义事业的发展，尤其是由传统计划经济向社会主义市场经济转轨的伟大实践，也提出了一系列前所未遇的新课题。在这种情况下，联系变化了的实际发展马克思的经济学说，科学地回答新的历史阶段提出的一系列新问题，回击对马克思主义的各种非难和攻击，创造出适应时代需要的马克思主义的新形式，是每一个马克思主义经济学工作者义不容辞的责任。而我们要承担起这个责任，首要的条件就是坚持作为马克思主义经济学“硬核”的、它所特有的方法论原则。

---

* 原文发表于《当代经济研究》2000 年第 6 期，《新华文摘》2000 年第 9 期全文转载。

① 《马克思恩格斯选集》第 4 卷，人民出版社 1995 年版，第 228 页。

② “自从《资本论》问世以来，唯物主义历史观已经不是假设而是科学证明了的原理”。《列宁选集》第 1 卷，人民出版社 1995 年版，第 10 页。

马克思主义从根本上来说是一种认识世界的方法论。坚持马克思主义经济学，从根本上来说就是坚持马克思主义经济学的方法论，特别是《资本论》的方法。正如恩格斯指出的那样，“马克思的整个世界观不是教义，而是方法。它提供的不是现成的教条，而是进一步研究的出发点和供这种研究使用的方法。”① 卢卡奇的下列观点虽然有失偏激，但无疑是值得重视的：

“正统马克思主义并不意味着无批判地接受马克思研究的结果。它不是对这个或那个论点的‘信仰’，也不是对某本圣书的注解。恰恰相反，马克思主义问题中的正统仅仅是指方法。它是这样一种科学的信念，即辩证的马克思主义是正确的研究方法，这种方法只能按其创始人奠定的方向发展、扩大和深化。”②

只有把马克思主义理解成了一种科学的世界观或方法论，我们才能抓住马克思主义的灵魂，在纷繁复杂、急速变化的世界中，体验和发扬马克思主义旺盛的生命力和创造力，发展起适应于新的历史条件的马克思主义经济学的新形式。

《资本论》博大精深，但其方法论归根结底就是历史唯物主义③。对历史唯物主义的基本原理，马克思在《〈政治经济学批判〉序言》中作过如下经典性的表述：

“人们在自己生活的社会生产中发生一定的必然的、不以他们的意志为转移的关系，即同他们的物质生产力的一定发展阶段相适应的生产关系。这些生产关系的总和构成社会的经济结构，即有法律的和政治的上层建筑竖立其上并有一定的社会意识形式与之相适应的现实基础。物质生活的生产方式制约着整个社会生活、政治生活和精神生活过程。不是人们的意识决定人们的存在，相反，是人们的社会存在决定人们的意识。社会的物质生产力发展到一定阶段，便同它们一直在其中活动的现存生产关系或财产关系（这只是生产关系的法律用语）发生矛盾。于是这些关系便由生产力的发展形式变成生产力的桎梏。那时社会革命的时代就到来了。随着经济基础的变更，全部庞大的上层建筑也或慢或快地发生变革。”④

历史唯物主义原理的这一经典表述，是《资本论》活的灵魂，是当

① 《马克思恩格斯选集》第4卷，人民出版社1995年版，第742页。

② 卢卡奇：《历史与阶级意识》，商务印书馆1996年版，第59页。

③ 恩格斯把马克思主义政治经济学称为德国的经济学，并且认为这种经济学在本质上是建立在唯物主义历史观的基础上的。《马克思恩格斯选集》第2卷，人民出版社1995年版，第38页。

④ 《马克思恩格斯选集》第2卷，人民出版社1995年版，第82～83页。

代马克思主义经济学发展的指南和动力。根据这一经典表述以及马克思主义经典作家对历史唯物主义原理的其他有关阐释，可以将马克思主义政治经济学的方法论原则归结为如下五个基本命题：

（1）从生产力与生产关系的矛盾运动中解释社会经济制度的变迁；

（2）在历史形成的社会经济结构的整体制约中分析个体经济行为；

（3）以生产资料所有制为基础确定整个社会经济制度的性质；

（4）依据经济关系来理解和说明政治法律制度及伦理规范；

（5）通过社会实践实现社会经济发展合规律与合目的的统一。

这五个命题是有机地联系在一起的。对一定历史条件下生产力与生产关系的对立统一关系的认识，是马克思主义经济学说明一定社会经济制度产生、发展和衰亡的历史过程，揭示一定社会经济制度下发生的不以任何个人意志为转移的经济运行规律的根本依据。也就是说，上述第一个命题，是马克思主义政治经济学方法论的首要原则。而其他四个命题，则是这个首要原则在经济分析进程中合乎逻辑的展开。下面，我们将根据《资本论》的启示，对这五个基本命题逐一加以讨论。

一、从生产力与生产关系的矛盾运动中解释社会经济制度的变迁

生产力决定生产关系、经济基础决定上层建筑是历史唯物主义的逻辑主线。在这条逻辑主线上，生产力是发端的、首要的因素。正如列宁指出的那样，“只有把社会关系归结于生产关系，把生产关系归结于生产力的高度，才能有可靠的根据把社会形态的发展看作自然历史过程。不言而喻，没有这种观点，就不会有真正的社会科学。”①

“生产力决定生产关系的科学原理”并不是一个僵硬的公式，它具有丰富而具体的理论内含。在《资本论》中，随处可以感觉到它的力量和魅力。在研究商品货币时，马克思提出了著名的“劳动二重性”学说，这一学说被马克思称为理解政治经济学的枢纽。这一理论正是一个运用生产力与生产关系矛盾运动的原理来研究社会经济制度现象的范例，甚至可以说它提供了一个如何运用生产力与生产关系原理来解析社会经济制度的理论框架。这个框架的要点有如下所述。

---

① 《列宁选集》第1卷，人民出版社1995年版，第9页。

1. 生产劳动是人类社会的基本实践活动，而任何历史阶段的社会生产都是生产力与生产关系二重性的统一。就生产商品的劳动而言，从一方面看，它是人类劳动力在特殊的有一定目的的形式上的耗费，反映了人与自然之间的物质变换关系。从另一方面看，它又是具体形式各异的不同人类劳动按照一个统一的尺度相互比较的过程，反映了人与人之间的经济关系。劳动的二重性正是人类经济活动的二重性的表现。马克思的这样一段经典性论述揭示了商品生产的实质，也说明了经济活动的二重性：

"要想得到和各种不同的需要量相适应的产品量，就要付出各种不同的和一定量的社会总劳动。这种按一定比例分配社会劳动的必要性，决不可能被社会生产的一定形式所取消，而可能改变的只是它的表现方式，这是不言而喻的。自然规律是根本不可能取消的。在不同的历史条件下能够发生变化的，只是这些规律借以实现的形式。而在社会劳动的联系体现为个人劳动产品的私人交换的社会制度下，这种按比例分配劳动所借以实现的形式，正是这些产品的交换价值。"①

这一段论述说明：第一，人类的经济活动或所谓的资源配置的实质，是由生产与需要的相互适应而发生的社会总劳动的按比例分配问题，这是在任何社会形态下都起作用的自然规律。第二，在不同的历史条件下，社会总劳动的按比例分配具有不同的实现形式。商品交换和价值规律就是社会总劳动按比例分配在私人交换制度下的实现形式。② 第三，商品不是物，而是被物的形式掩盖的人与人之间的一种特殊经济关系，市场是资源配置的一种特殊社会形式或历史形式。

2. 生产力与生产关系的矛盾统一中，生产力居于首要地位。马克思关于生产力的首要性的命题是建立在这样一个不可颠覆的事实之上的，即"全部人类历史的第一个前提无疑是有生命的个人的存在。因此，第一个需要确认的事实就是这些个人的肉体组织以及由此产生的个人对其他自然的关系。"③ 从人的自然属性中产生出的人的需要及其满足，是全部经济和社会活动的基础。因此，马克思对商品经济的分析，不像西方主流经济

① 《马克思恩格斯选集》第4卷，人民出版社1995年版，第580页。

② 在社会主义条件下，虽然实行公有制，但由于分工仍然是社会劳动的基本组织形式，不同产品的生产者之间存在以劳动为基本尺度的利益差别，他们之间的关系因而仍然是商品交换关系。因此，社会主义公有制条件下不同利益主体之间的交换或市场关系，也是社会总劳动按比例分配的一种特殊实现形式。——这是马克思主义的后继者们在经济体制改革实践中对马克思的商品经济理论的重大发展。

③ 《马克思恩格斯选集》第1卷，人民出版社1995年版，第67页。

学那样从抽象的个人主观效用出发，而是从这样一个客观事实出发，即"商品首先是一个外界的对象，一个靠自己的属性来满足人的某种需要的物"①，即使用价值，它是价值的物质承担者。价值和使用价值的特殊关系，具体地体现了生产力与生产关系的一般关系，即生产力是生产关系的物质承担者，生产关系形式要与生产力的性质相适应。从这个意义上说，马克思主义政治经济学绝不像有人贬低的那样，不研究资源配置问题，而只研究阶级斗争。事实上，在马克思主义经济理论中，价值和使用价值、抽象劳动和具体劳动、价值规律的物质内容和社会形式、劳动者与生产资料结合的技术形式和社会形式、劳动的一般过程和价值形成和增殖过程、资本的技术构成和资本的价值构成、商品的交换和货币的流通、物质形态的再生产和价值形态的再生产是紧密地结合在一起的，是一个事物的两个方面。可见，马克思主义并不一般地反对研究资源配置，而是反对脱离具体的社会经济关系来研究资源配置。而在生产力与经济关系的对立统一中来揭示资源配置在一定社会经济形态下的具体规律，正是马克思主义经济学与抛开具体经济关系而讨论乌托邦式的一般均衡的西方新古典经济学的一个原则区别。马克思主义经济学的这种方法在《资本论》中得到充分体现，它是科学地研究社会资源配置方式和资源配置过程的典范。

3. 虽然生产力相对于生产关系居于首要地位，但政治经济学是一门社会科学，而不是自然科学；它研究的是人，而不是物，是生产力配置的社会形式，而不是生产力配置的物质过程。在分析商品二因素时，马克思指出：

"商品的物体属性只是就它们使商品有用，从而使商品成为使用价值来说，才加以考虑。另一方面，商品交换关系的明显特点，正在于抽去商品的使用价值。在商品交换关系中，只要比例适当，一种使用价值就和其他任何一种使用价值完全相等。"②

恩格斯对于政治经济学研究对象的说明更加明确地指出了这一点：

"政治经济学从商品开始，即从产品由个别人或原始公社相互交换的时刻开始。进入交换的产品是商品。但是它成为商品，只是因为在这个物中，在这个产品中结合着两个人或两个公社之间的关系，即生产者和消费者之间的关系，在这里，两者已经不再结合在同一个人身上了。在这里我们立即得到一个贯穿着整个经济学并在资产阶级经济学家头脑中引起过可

① 《资本论》第1卷，人民出版社1975年版，第47页。
② 同上，第50页。

怕混乱的特殊事实的例子，这个事实是：经济学所研究的不是物，而是人和人之间的关系，归根到底是阶级和阶级之间的关系，可是这些关系总是同物结合着，并且作为物出现。”①

总之，马克思主义经济学对于资源配置方式的研究与西方主流经济学有着本质的不同。马克思主义认为，资源配置具有二重性，即物质内容和社会形式。社会的资源配置，归根结底是资源在相互间存在利益差别以致利益冲突的不同人们之间的分配，因而在一定所有制基础上形成的整个社会的生产关系体系是资源配置由以实现的必然机制。虽然马克思主义经济学对资源配置一般规律的研究也给予足够的重视，但更加重视资源配置的特殊社会形式。不明确这一点，就不可能理解马克思主义政治经济学的实质。

二、在历史形成的社会经济结构的整体制约中分析个体经济行为

在方法论上遵循个体主义，即从孤立的个人出发来解释一切经济现象，是由以亚当·斯密为代表的古典自由主义开创的西方经济学的传统。这是与资本主义市场经济相适应的意识形态。西方的现代自由主义经济理论，无论是新古典经济学、凯恩斯主义、进化论自由主义还是新制度经济学，都没有从根本上背离开这一传统。方法论个体主义的核心是，“只有个体才进行选择和行动，而群体本身既不选择又不行动，如果所分析的群体同样进行选择和行动，则就不符合科学的准则。社会总量被认为只是个体所做的选择和采取行动的结果。”②

马克思的方法论原则是与个体主义原则相反的整体主义的原则。马克思主义经济学并不排斥对个体动机和行为的分析。但是，在马克思主义看来，尽管社会是由个人组成的，但是社会并不是单个人的简单加总。社会是按照特殊的规则和特定的结构组成的有机整体。这个整体一旦形成，就具有了不以人的意志为转移的客观规律和单个个人所不具有的属性。因此，“人是最名副其实的社会动物，不仅是一种合群动物，而且是只有在

① 《资本论》第1卷，人民出版社1975年版，第50页。

② 《新帕尔格雷夫经济学大辞典》，经济科学出版社1992年版。按照卢瑟福的概括，方法论个人主义的关键假设可以概括为三项陈述：（1）只有个人才有目标和利益；（2）社会系统及其变迁产生于个人的行为；（3）所有大规模的社会学现象最终应该根据只考虑个人，考虑他们的气质、信念、资源以及相互关系的理论加以解释（卢瑟福：《经济学中的制度》，中国社会科学出版社1999年版）。

社会中才能独立的动物。”“社会不是由个人构成，而是表示这些个人彼此发生的那些联系和关系的总和。”① 虽然“历史不过是追求自己目的的人的活动”，社会的运动是由个体的选择和行为汇合而成的，但个人的行为和选择并不完全是自由意志的产物，个人的行为受历史和社会条件的制约：

“人们不能自由选择自己的生产力——这是他们全部的历史的基础，因为任何生产力都是一种既得的力量，是以往的活动的产物。可见，生产力是人们应用能力的结果，但这种能力本身决定于人们所处的条件，决定于先前已经获得的生产力，决定于在他们以前已经存在、不是由他们创立而是由前一代人创立的社会形式。”②

“人们自己创造自己的历史，但是他们并不是随心所欲地创造，并不是在他们自己选定的条件下创造，而是在直接碰到的、既定的、从过去承继下来的条件下创造。一切已死的先辈们的传统，像梦魇一样纠缠着活人们的头脑。”③

运用个人主义的方法研究经济问题时，个人的主观动机以及由此决定的个人行为是考察问题的出发点。但是，事实上，任何个人的经济行为都不可能是完全主观随意的，它本身就是经济制度的产物或经济关系的“人格化”。正如马克思在《资本论》序言中指出的那样：

“为了避免可能产生的误解，要说明一下。我决不用玫瑰色描绘资本家和地主的面貌。不过这里涉及到的人，只是经济范畴的人格化，是一定的阶级关系和利益的承担者。我的观点是：社会经济形态的发展是一种自然历史过程。不管个人在主观上怎样超脱各种关系，他在社会意义上总是这些关系的产物。同其他任何观点比起来，我的观点是更不能要个人对这些关系负责的。”④

因此，从与方法论的个人主义相对立的意义上，可以把马克思主义经济学归入整体论的范畴。但是，坚持整体论的观点并不意味着认识所有的问题都要从宇宙开始。⑤ 社会并不是完全独立于个人而存在的空壳，社会

---

① 《马克思恩格斯全集》第46卷（上），人民出版社1979年版，第220页。

② 《马克思恩格斯选集》第4卷，人民出版社1995年版，第532页。

③ 《马克思恩格斯选集》第1卷，人民出版社1995年版，第585页。

④ 《资本论》第1卷，人民出版社1975年版，第12页。

⑤ 罗素对黑格尔的整体论思想曾作过这样的批评：假使一切知识都是关于整体宇宙的知识，那么就不会有任何知识了。因为根据整体论的观点，一个词的意义即它所指的整体的一切性质，而为了叙述一切性质，我们便需要已经知道一切其他词的意义。见罗素：《西方哲学史》下卷，商务印书馆1997年版，第293页。

结构对于它们反复组织起来的人的实践活动来说，既是后者的前提，又是它的结果。相对个人而言，社会结构并不是什么“外在之物”，而是具体体现在各种社会实践中，“内在于”人的活动中。人们在一定历史条件下创造历史，在一定的制约中选择制度，在改造环境中改造自身，——这就是马克思主义的实践唯物主义的观点。因此，马克思和恩格斯从来不把个人与社会对立起来。他们对个人与社会的关系的表述是准确的、辩证的，而且显然经过了仔细的推敲：

“社会结构和国家总是从一定的个人的生活过程中产生的。但是，这里所说的个人不是他们已经或别人想象中的那种个人，而是现实中的个人，也就是说，这些个人是从事活动的，进行物质生产的，因而是在一定的物质的、不受他们任意支配的界线、前提和条件下活动着的。”①

“在社会中进行生产的个人，因而，这些个人的一定社会性质的生产，当然是出发点。”②

“因此，说到生产，总是指在一定社会发展阶段上的生产、社会个人的生产。”③

从孤立的个人而不是社会的个人出发考察经济问题，必然把历史和时间排除在经济学视野之外。从现实的社会整体结构中的个人出发考察问题，则必然要考虑经济发展和制度变迁的历史延续性。这是马克思主义经济学与西方主流经济学的另一个根本差别。

把资本主义市场经济当作某种先验的超历史的现象，这是西方主流经济学从亚当·斯密开始就已经形成的另一个重要传统，这是从离群索居的孤立的个人出发考察问题的必然结果。根据这种观点，资本主义制度不是历史发展的产物，而是历史发展的起点；不是生产发展的结果，而是生产发展的前提；不是从客观历史条件中产生出来的，而是自然的人类本性造成的。因此，私有制被看作是人类利己本性的自然表现，自由契约被说成是天赋人权的自然延伸，等价交换则被称为平等和正义的象征，资本主义经济特有的范畴不仅可以用来说明资本主义社会的经济现象，而且可以用来说明包括奴隶制度、封建制度和计划经济等所有的社会经济现象，理性人的范式成为了解释一切制度现象的万能钥匙。

马克思主义对于社会制度的认识与这种超历史的形而上学观点完全相

---

① 《马克思恩格斯选集》第1卷，人民出版社1995年版，第71页。
② 同上，第1页。
③ 同上，第3页。

反。马克思主义的观点在其最内在的本质上是历史的。按照这种观点，人类社会是一个自然的历史过程，处在不断发展变化之中。因此，没有一般的生产，只有特殊的一定社会发展阶段上的生产，抽象的适用于任何时代的社会制度和法律形式是不存在的。在马克思看来，这种历史的方法实质上就是辩证法，辩证的方法也必然是历史的方法，“因为辩证法在对现存事物的肯定的理解中同时包含对现存事物的否定的理解，即对现存事物的必然灭亡的理解；辩证法对每一种既成的形式都是从不断的运动中，因而也是从它的暂时性方面去理解；辩证法不崇拜任何东西，按其本质来说，它是批判的和革命的。”① 对于政治经济学的历史性质，恩格斯在《反杜林论》中讨论政治经济学的对象与方法时作了明确的阐述，他说：

“人们在生产和交换时所处的条件，各个国家各不相同，而在每一个国家里，各个世代又各不相同。因此，政治经济学不可能对一切国家和一切历史时代都是一样的……谁要想把火地岛的政治经济学和现代英国的政治经济学置于同一规律之下，那么，除了最陈腐的老生常谈以外，他显然不能揭示出任何东西。因此，政治经济学本质上是一门历史的科学。……它首先涉及的是历史性的即经常变化的材料；它首先研究生产和交换的每个个别发展阶段的特殊规律，而且只有在完成这种研究以后，它才能确立为数不多的、适用于生产一般和交换一般的、完全普遍的规律。”②

马克思承认，生产的一切时代有某些共同的标志，共同的规定，这就是所谓的生产一般。这个一般本身又是有许多组成部分的、分为不同规定的东西。其中有些属于一切时代，例如，所有的生产都要使用工具，都存在着自然的或社会的分工，都具有节约劳动的倾向，等等，这就是所谓的人类社会共有的经济规律。另外一些是几个时代所共的，例如，商品生产和商品交换。因此，一切生产阶段所共有的、被思维当作一般规定而确定下来的规定，是存在的，没有这些一般规定，任何生产都无从设想。但是，所谓的一切生产的一般条件，不过是一些抽象的要素，用这些要素不可能理解任何一个现实的、历史的生产阶段。马克思特别强调的是，所以要将生产的一般抽象出来，正是为了不致因为注意统一而忘记了差别。而那些证明现存社会关系永存与和谐的现代经济学家们的全部智慧，就在于忘记这种差别。在对于商品货币关系的研究方面，古典政治经济学的根本

① 在《资本论》第2版跋中，马克思专门讨论了他的所使用的方法，他认为，他所使用的方法就是辩证法或历史的方法。见《资本论》第1卷，人民出版社1975年版，第14～25页。

② 《马克思恩格斯选集》第3卷，人民出版社1994年版，第489～490页。

缺点之一，就是它始终不能从商品的分析中，特别是从商品价值的分析中，发现那种正是使价值成为交换价值的价值形式。对于价值形式的研究，马克思认为是《资本论》分析得最好的几个地方之一。在马克思看来，古典经济学家的缺陷不仅是因为价值量的分析把他们的注意力完全吸引住了，此外还有更深刻的原因：

"劳动产品的价值形式是资产阶级生产方式的最抽象的，但也是最一般的形式，这就使资产阶级生产方式成为一种特殊的社会生产类型，因而同时具有历史的特征。因此，如果把资产阶级生产方式误认为是社会生产的永恒的自然形式，那就必然会忽略价值形式的特殊性，从而忽略商品形式及其进一步发展——货币形式、资本形式等等的特殊性。"①

新古典经济学将古典经济学中有关劳动价值论和资本主义社会阶级关系的科学成分统统抛弃，而集中地发展了其中的庸俗成分。在新古典经济学中，制度和时间被完全抽象掉了，社会经济问题的核心被归结为稀缺资源的配置问题。② 西方经济学的现代自由主义学说，更是把超历史的理论传统发展到了登峰造极的地步。根据这种理论，自利的人在任何社会、文化和历史环境中都同样地追求效用最大化，因而，向市场经济过渡的核心就是"管住货币，放开价格"，最大限度地减少政府的干预，在尽可能短的时期内以尽可能快的速度实现经济的私有化和自由化。这种以新古典经济学为基础的转型理论，通过国际货币基金等组织大力推行，成为20世纪90年代经济转型国家激进式改革的主流思想。但是，实践并没有给新自由主义戴上胜利者的桂冠，前苏联和东欧各国经济的持续衰退及中国经济的持续增长，证明了主流经济学在解释制度演进方面的贫乏无力。事实再次显示出了马克思主义经济学的生命力和科学价值。

在马克思主义的观点看来，"商品生产和商品流通是极不相同的生产方式都具有的现象，尽管它们在范围和作用方面各不相同。因此，只知道这些生产方式所共有的抽象的商品流通的范畴，还是根本不能了解这些生产方式的不同特征，也不能对这些生产方式作出判断。"③ 马克思对价值

---

① 《资本论》第1卷，人民出版社1975年版，第98页。

② 正如兰格在"马克思主义经济学和现代经济理论"一文中所指出的那样，现代"资产阶级"经济学是关于稀缺资源在不同用途之间配置的理论，它不需要任何制度概念，有关的经济问题都是从鲁滨逊的孤岛中推导出来的，对于制度进化的研究被看作是经济史而不是经济学的任务。马克思主义经济学的优势在于它能够提供一个经济制度演化的长期理论。（O. Lange, "Marxian Econom ics and Modern Econom ic Theory", In Tadeusz Kowalik Eds, 1994, Economic Theory and Market Socialism, Edward Elgar Press.）

③ 《资本论》第1卷，人民出版社1975年版，第133页。

转型的研究为我们提供了一个用历史观点分析不同社会条件下的商品货币关系的典范。我们知道，马克思对于资本主义经济关系的研究是从商品货币开始的，资本主义社会的所有经济关系都是建立在商品货币关系和价值规律的基础上的。但是，商品交换的一般规律和资本的所有权规律发生了尖锐的矛盾：商品不只是当作商品来交换，而是当作资本的产品来交换。这些资本要求从剩余价值的总量中，分到和它们各自的量成比例的一份，或者在它们的量相等时，要求分到相等的一份。在马克思的分析中，问题和解决问题的方法同时产生：一般利润率通过竞争而平均化，从而价值转化为生产价格，价值规律转化为生产价格规律。而生产价格规律，正是价值规律在资本主义条件下的特殊表现形式。

马克思的方法提醒我们：把握现实的市场经济，必须把共性与个性结合起来。我们要尊重市场经济的所谓“国际惯例”和“一般规则”，但是不能成为它们的俘虏和奴隶，不能让社会主义市场经济的特殊社会性质被“市场经济一般”所淹没。从国情出发选择自己的改革和发展道路，坚持我国市场经济的社会主义属性，才是明智的做法。

三、以生产资料所有制为基础确定整个社会经济制度的性质

生产力与生产关系、经济基础与上层建筑的矛盾运动是马克思主义研究社会制度变迁的出发点，而生产力对生产关系、经济基础对上层建筑的决定作用又主要是以生产资料所有制为基础展开的。在研究社会经济关系的过程中，马克思和恩格斯历来强调生产资料所有制的变革在社会制度变迁中的决定性意义，强调生产资料所有制在整个经济关系体系中的基础作用。

为什么生产资料所有制能够成为社会经济制度的基础？马克思在《资本论》第2卷中的一段话概括地回答了这一问题：

“不论生产的社会形式如何，劳动者和生产资料始终是生产因素。但是，二者在彼此分离的情况下只在可能性上是生产的因素。凡要进行生产，就必须使它们结合起来。实行这种结合的特殊方式和方法，使社会结构区分为各个不同的经济时期。在当前考察的场合，自由工人和他的生产资料的分离，是既定的出发点，并且我们已经看到，二者在资本家手中是怎样和在什么条件下结合起来的——就是作为他的资本的生产的存在方式结合起来的。因此，形成商品的人的要素和物的要素这样结合起来一同进

入的现实过程，即生产过程，本身就成为资本的一种职能，成为资本主义的生产过程。”①

在马克思主义经济学中，生产资料所有制是直接生产过程中发生的社会关系，即狭义的生产关系，② 它在整个经济关系的体系中起决定作用。而生产资料所有制的决定作用，又是由生产在人类全部经济活动中的基础地位决定的。在《〈政治经济学批判〉序言》中，马克思专门分析了生产与分配、交换和消费的一般关系，并得出了这样的结论：

“我们得到的结论并不是说，生产、分配、交换、消费是同一的东西，而是说，它们构成了一个总体的各个环节，一个统一体内部的差别。生产既支配着与其他要素相对而言的生产自身，也支配着其他要素。过程总是从生产开始。交换和消费不能是起支配作用的东西，这是不言而喻的。分配，作为产品的分配，也是这样。而作为生产要素的分配，它本身就是生产的一个要素。因此，一定的生产决定着一定的消费、分配、交换和这些不同要素相互间的一定关系。”③

在《资本论》第 3 卷第 51 章“分配关系与生产关系”中，马克思再次强调了生产对分配根本的决定作用：

“所谓的分配关系，是同生产过程的历史规定的特殊社会形式，以及人们在他们生活的再生产过程中互相所处的关系相适应的，并且是由这些形式和关系产生的这些分配关系的历史性质就是生产关系的历史性质，分配关系不过表示生产关系的一个方面。”④

生产资料所有制的基础地位和生产对交换及分配的决定作用，在《资本论》中得到了完整的体现。在《资本论》第 1、2、3 卷中，第 1 卷是核心。恩格斯在《资本论》英文版序言中曾经这样说：“第一卷是一部相当完整的著作，并且二十年来一直被当作一部独立的著作。”⑤ 其中最主要的原因就在于，《资本论》第 1 卷研究的是资本的生产过程和资本主义的所有制关系，揭示了资本主义经济的基本规律。《资本论》第 2 卷、第 3 卷对资本的流通和资本总过程的分析，只有在生产过程的本质得到说明的基础上才能展开。在《资本论》第 3 卷结尾部分，马克思总结了资本主义生产方式的根本特征，即劳动者作为商品与资本相结合而产生的雇

① 《资本论》第 2 卷，人民出版社 1975 年版，第 44 页。
② 林岗：《社会主义全民所有制研究》，求实出版社 1987 年版，第 19 ~ 26 页。
③ 《马克思恩格斯选集》第 2 卷，人民出版社 1995 年版，第 82 ~ 83 页。
④ 《资本论》第 3 卷，人民出版社 1975 年版，第 998 ~ 999 页。
⑤ 《资本论》第 2 卷，人民出版社 1975 年版，第 36 页。

佣劳动关系，指出：资本主义生产方式的特征是“剩余价值的生产是生产的直接目的和决定动机。资本本质上是生产资本的，但只有生产剩余价值，它才生产资本。”①

正因为生产资料所有制对分配、交换和消费关系的这种决定性作用，马克思和恩格斯才把生产资料所有制从一般的财产关系或产权关系中分离出来，把它作为整个社会生产关系和经济制度的基础。这不仅是马克思主义政治经济学的一个核心命题，而且也是马克思和恩格斯对于政治经济学这门科学发展的一个重大贡献。坚持这一基本命题不仅具有重要的理论意义，而且具有重大的实践意义。一切旨在瓦解我国社会主义经济制度的图谋，其最终指向都是要实行私有化，这从反面证明了这一命题的重大理论和实践意义。

四、依据经济关系来理解和说明政治法律制度和伦理规范

历史唯物主义的基本出发点是生产力与生产关系的矛盾运动，历史唯物主义的基本观点是社会存在决定社会意识、经济基础决定上层建筑，依据经济关系来解释政治法律制度和伦理规范。

在经济学的研究中，人们所直接面对的是商品的生产、分配、交换和消费的物质过程，因此，按照唯物主义的观点思考问题在这里似乎是不言而喻的事情。但是，问题远没有如此简单。以现代产权理论为例，大多数的西方产权经济学家都把作为社会存在的经济关系，与表现为社会普遍意志关系的法律规定这两种性质完全不同的东西混在了一起，颠倒了它们的关系。产权经济学派的重要人物阿尔钦的观点很具有代表性。他认为，产权是一个社会所强制实施的选择一种经济品的使用的权利，是授予特别个人某种权威的办法，利用这种权威，可以从不被禁止的使用方式中，选择任意一种对特定物品的使用方式。由平狄克和鲁宾费尔德合著的《微观经济学》一书则把产权定义为“描述人们或厂商可以对他们的财产做什么的法律规则”②。在所有这些产权概念中，法律形式具有决定性意义，产权首先是一个法权概念，它是由法律创造的，是法律形式赋予产权以特有的经济意义，法权关系决定经济关系。正是由于不了解甚至经常颠倒了社会存在与社会意识的关系，现代西方新制度经济学在解释各种制度现象

---

① 《资本论》第3卷，人民出版社1975年版，第996页。

② 平狄克、鲁宾费尔德：《微观经济学》，中国人民大学出版社1997年版，第524页。

时几乎毫无例外持有多元主义和相对主义的立场，而最终陷入主观唯心主义的泥潭。

自由和平等是现代资本主义社会最基本的法律和道德范畴，在资产阶级思想家看来，它们是天赋的人权、先验的正义。但是，马克思和恩格斯却从客观存在的商品经济关系中，发现了它们存在的物质根据。在《资本论》中，马克思这样写道：

“价值表现的秘密，即一切劳动由于而且只是由于都是一般人类劳动而具有的等同性和同等意义，只有在人类平等概念已经成为国民的牢固的成见的时候，才能揭示出来。而这只有在这样的社会里才有可能，在那里，商品形式成为劳动产品的一般形式，从而人们彼此作为商品所有者的关系成为占统治地位的社会关系。”①

“商品不能自己到市场去，不能自己去交换。因此，我们必须找寻它的监护人，商品所有者。”“为了使这些物作为商品彼此发生关系，商品监护人必须作为有自己的意志体现在这些物中的人彼此发生关系，因此，一方只有符合另一方的意志，就是说每一方只有通过双方共同一致的意志行为，才能让渡自己的商品，占有别人的商品。可见，他们必须彼此承认对方是私有者。这种具有契约形式的法权关系，是一种反映着经济关系的意志关系。这种法权关系或意志关系的内容是由这种经济关系本身决定的。”②

马克思不仅说明了自由、平等作为资本主义社会法权和道德规范的客观性，而且揭露了它的表面性和虚伪性。马克思对资本主义经济关系的分析是从商品开始的，商品流通既是资本的逻辑起点，又是资本的历史起点，资本主义经济制度中的所有经济关系都首先表现为一种等价的商品关系，货币转化为资本必须在商品等价交换的基础上根据商品所有权的内在规律来加以说明。但是，在马克思看来，对于揭示资本主义占有关系的本质来说，交易过程中的这种契约关系只不过是一种表面现象，它不仅不能真实反映生产关系的本质，反而掩盖了生产关系的真实性质。在《资本论》中，马克思对资本主义自由和平等的表面性和虚伪性做了这样辛辣的讽刺：

“劳动力的买和卖是在流通领域或商品交换领域的界限以内进行的，这个领域确实是天赋人权的真正乐园。那里占统治地位的只是自由、平

① 《资本论》第1卷，人民出版社1975年版，第75页。

② 同上，第102页。

等、所有权和边沁。自由！因为商品例如劳动力的买者和卖者，只取决于自己的自由意志。他们是作为自由的、在法律上平等的人缔结契约的。契约是他们的意志借以得到共同的法律表现的最后结果。平等！因为他们彼此只是作为商品所有者发生关系，用等价物交换等价物。所有权！因为他们都只支配自己的东西。边沁！因为双方都只顾自己。使他们连在一起并发生关系的惟一力量，是他们的利己心，是他们的特殊利益，是他们的私人利益。正因为人人只顾自己，谁也不管别人，所以大家都只在事物的预定的和谐下，或者说，在全能的神的保佑下，完成着互惠互利、共同有益、全体有利的事业。

一离开这个简单流通领域或商品交换领域，——庸俗的自由贸易论者用来判断资本和雇佣劳动的社会的那些观点、概念和标准就是从这个领域得出的，——就会看到，我们的剧中人的面貌已经起了某些变化。原来的货币所有者成了资本家，昂首前行；劳动力所有者成了他的工人，尾随于后。一个笑容满面，雄心勃勃，一个战战兢兢，尾随不前，像在市场上出卖了自己的皮一样，只有一个前途——让人家来鞣。"①

因此，资本主义的社会意识，无论是它的表面性还是虚伪性都是客观存在的资本主义社会经济关系的反映，社会存在从根本上决定着社会意识。而时下正风行着的社会制度的契约论解释，尤其是对"资本雇佣劳动"的天然合理性的博弈论证明，实质上不过是马克思早就揭露过的资本主义社会意识的更加精巧因而也更加虚伪的现代变种。

五、通过社会实践实现社会经济发展合规律与合目的的统一

马克思主义的科学社会主义理论包含着一个基本的理论前提：个体利益和集体利益、个体理性与集体理性是有冲突的，社会的发展不应当完全受个体利益的支配，而应当受集体理性的控制。马克思认为，资产阶级社会的症结正是在于，对生产自始就不存在有意识的调节，对社会生产过程的任何有意识的社会监督和调节，都被说成是侵犯了私人的财产权、自由和"独创性"；而在公有制条件下，过去表现为对人们的外在强制的全部生产的联系和规律，能够为社会的集体理性所自觉把握，服从于人们的共同控制，这种共同控制正是个人充分发扬其个性，实现其全面和自由发展

① 《资本论》第1卷，人民出版社1975年版，第199～200页。

的必备前提。

马克思主义的这一理论历来被自由主义者所批判。以哈耶克、波普为代表的进化论的自由主义理论认为，由于社会是复杂的，而人的知识和理性是有限的，并且是以分散状态存在的，因而，社会的进化过程可以受理性控制并能为人类集体目标服务的理性主义观点，是一种幼稚的想法；所有的进化都是无意识的自发活动的产物，大规模的社会改造要么不可能，要么就是一场灾难；如果保持每个人都是自由的，那么他们所取得的成就往往会超出个人理性所能设计或预见到的结果；而在实际中，自发秩序之所以表现出那么多的缺陷和弱点，大都是因为有人试图干涉它们的机制或者阻碍它们的运转。[①] 进化论自由主义者对马克思主义的这种批评，被有的西方学者称作是“对马克思主义的哲学和历史学说最审慎然而又是最令人畏惧的批判。”[②] 在我国，随着近来哈耶克、波普等人的主要著作如《通向奴役的道路》、《自由秩序原理》、《开放社会及其敌人》等的介绍和出版，进化自由主义理论的传播掀起了一个小小的热潮。

哈耶克等人提出的进化理性主义的目的，是为个人自由和自发秩序的合理性提供哲学的论证，但是，这种理论所依据的哲学前提，即彻底的主观主义、个人主义和不可知论，却无法为自由的合理性提供理性的根据。这一理论的核心命题即知识的主观性、个人性和社会进化的无意识性存在着显而易见的缺陷。[③] 尽管如此，它对马克思主义的批判和挑战却不能不引起我们的关注。

实际上，马克思和恩格斯在创立科学社会主义理论时的确面临着这样一个理论上的难题，即一方面，按照历史唯物主义的观点，是社会存在决定社会意识，但是，在社会主义制度还没有出现的条件下，人们如何能够建立一种关于未来社会主义的理论，并在这一理论的指导下去建立一个全新的社会主义社会？另一方面，没有社会主义的理论，就没有社会主义的

---

① 哈耶克把自由主义理论分为英国传统的自由主义和法国传统的自主主义，“一方认为自生自发及强制的不存在乃是自由的本质，而另一方则认为自由只有在追求和获致一绝对的集体目的的过程中方能实现”，“一派主张有机的、缓进的和并不完全意识的发展，而另一派则主张教条式的周全规划；前者主张试错程序，后者则主张一种只有经强制方能有效的模式”，英国的自由主义传统被称为是经验的和进化论自由主义，这是一种真正的自由主义；而法国的自由主义传统被称为是唯理的和构造自由主义，这种自由主义是一种假自由主义，它有可能滑向集体主义。哈耶克：《自由秩序原理》，上海三联书店 1997 年版，第 61 ~ 82 页。

② 勃里安·马奇：《波普》，中国社会科学出版社 1992 年版。

③ “给定哈耶克依循休谟理路而认定个人理性在社会生活中只具有有限的作用，那么哈耶克的理论又如何有可能在为自由主义提供系统捍卫的同时，而不沦为他所批判的唯理主义的牺牲品?”（见邓正来：《“自由秩序原理”代译序》）

实践，如果人们对于所从事的社会主义运动的目标毫无了解，那么，现实的社会主义运动还有什么意义？在马克思和恩格斯那里，这个理论上的难题是通过引入社会实践这一范畴得到解决的。他们指出，人类社会的发展是主观与客观、目的性与规律性的统一，这种统一就是社会实践。人们在改造自然的同时改造着社会，在改变环境的同时改变着自己。“全部社会生活在本质上是实践的”，“哲学家们只是用不同的方式解释世界，而问题在于改变世界。”[①] 在社会实践基础上建立的唯物史观，既克服了经验主义的不可知论，又摆脱了唯理主义的先验论，从而为科学社会主义理论建立奠定了认识论的基础。

与进化论自由主义不同，马克思和恩格斯对人们在社会发展中的主观能动性的态度既谨慎又积极。他们既是进化论者，又是构造论者。一方面，马克思主义认为，社会经济形态的发展是一个自然的历史过程，一个社会即使探索到了本身运动的自然规律，它还是既不能跳过也不能用法令取消自然的发展阶段。[②] 另一方面，马克思主义又认为，社会发展的规律是可以认识的，人类可以通过社会联合，按照他们预定的目的来影响社会进化过程。虽然人们不能跳过也不能用法令取消自然的发展阶段，但是它能缩短和减轻分娩的痛苦。他们把说明社会主义运动的实质和一般目的当作科学社会主义的理论目标，试图通过对资本主义生产方式内在矛盾和运动规律的深刻分析，从“正在瓦解的经济运动形式内部发现未来的、能够消除这些弊病的、新的生产组织和交换组织的因素。”同时，他们坚决拒绝像空想社会主义者那样，从人类公平和正义等理性原则出发来批判资本主义，并在此基础上构想未来的理性王国。他们既不想制造乌托邦，也不是不可知论者。马克思和恩格斯给自己提出的任务是：根据社会生产力发展的总的要求、根据资本主义生产方式发展的一般趋势，通过科学的抽象，把握社会主义不同于资本主义的最一般、最基本的特征或规定性。早在 1843 年马克思刚刚成为共产主义者时，就明确宣布“我们的任务不是推断未来和宣布一些适合将来任何时候的一劳永逸的决定”，而是希望在批判旧世界中发现新世界。他们认为，“所谓‘社会主义社会’不是一种一成不变的东西，而应当和任何其他社会制度一样，把它看成是经常变化和改革的社会。”[③] 因此，我们没有最终目标，我们是不断发展论者。

① 《马克思恩格斯选集》第 1 卷，人民出版社 1995 年版，第 56～57 页。
② 《马克思恩格斯全集》第 37 卷，人民出版社 1971 年版，第 443 页。
③ 《马克思恩格斯全集》第 22 卷，人民出版社 1971 年版，第 626 页。

马克思和恩格斯对于社会发展规律所持的这种态度是科学的。社会主义运动中长期以来一直存在的“左”倾与“右”倾两种片面性，都是由于不能正确认识这一问题造成的。“左”倾教条主义把理论视为神圣不变的教义，背离了实践唯物主义的根本观点；“右”倾机会主义则认为目标微不足道，运动才是一切，完全背离了作为历史发展必然趋势的社会主义目标。只有坚持实践的观点，把社会发展的自发性与自觉性、合规律性与合目的性统一起来，才能把坚持与发展统一起来，使社会主义充满生机和活力。在这方面，以“实践是检验真理的惟一标准”为哲学基础，将“以发展生产力为中心，坚持改革开放、坚持四项基本原则”作为基本纲领的邓小平理论，是运用马克思的方法论原则的典范。

结 束 语

上面讨论了马克思主义经济学方法论的五个基本命题。这些命题不是孤立的，而是具有严密的内在结构的逻辑整体：由生产力决定生产关系这一首要的原则出发，必然会得出只能在由生产力决定的客观经济关系的制约中来解释人们的经济行为及其规律性的结论；而人们的经济行为方式，取决于他们在一定生产关系中所处的地位，而这种地位归根结底又取决于他们与生产资料结合的社会形式即生产资料的所有制；乍看起来完全由人们的主观意志支配的立法和政治活动，以及属于精神活动范围的各种意识形态现象，都是以客观存在的经济关系为基础的，不过是人们的社会存在在他们的意识中或直接或曲折的反映；而将人们对社会发展客观规律性的认识与他们改造自然、改造社会的主观能动性整合起来的社会实践，在推动生产力发展的同时，或迟或早会使社会的经济结构和上层建筑发生与生产力进步相适应的变革。这五个命题体现了历史唯物主义的精髓，构成了马克思主义经济学理论的“硬核”。如果否定它们，就是拆除马克思主义经济学的基础，就是否定整个马克思主义的经济学。如果坚持、发展和深化了这些基本的命题，并运用它们来解决经济发展实践提出的理论和实际问题，那么，就像卢卡奇所说的那样，即使我们放弃了马克思的所有具体论点，也不会片刻放弃马克思主义的正统。

在目前情况下，强调《资本论》的方法论意义，强调在经济分析中坚持历史唯物主义的方法论原则，是十分必要和紧迫的。应当看到，近二十多年来，在改革和发展的实践中，我国的经济学研究虽然极大地繁荣起来（这无疑是可喜的现象），但马克思主义经济学基础理论的研究却有日益削弱的倾向。而由这种削弱带来的必须加以高度重视的后果，就是在大量应用性或对策性的经济研究中理论基础选择上的混乱，不少反马克思主义的甚至与社会主义宪法秩序相冲突的西方经济学流派的观点和方法，大有逐渐取代马克思主义而成为经济分析的主导性理论基础之势①。事实上，马克思主义经济学是否能够成为众多应用经济学科的理论基础，在一些人心目中已经成了问题。形成这种局面的表面原因，是在《资本论》以及其他马克思主义经济学经典著作中，找不到对许许多多新问题的现成答案，于是一些人就转而向现代西方经济学去寻求这种答案。马克思不是算命先生，他不可能预见到一百多年后的今天发生的问题，而且他的理论中确实也包含一些已经为实践证明是过时的东西。但是，这丝毫也不能成为放弃马克思的理论体系的理由。这不仅是因为马克思经济学说的基本理论观点和一些重要分析框架，至今仍然具有强大的生命力，只要根据新的历史条件加以适当调整，就可以直接运用于对今天我们面对的实际问题的分析；更重要的是，马克思给我们留下了历史唯物主义这一永葆青春的经济学方法论，只要认真把握和运用这个方法论，我们就能对不断变化的经济发展实践做出新的理论概括，使马克思主义的经济学说不断获得与其辩证法的（即在自我扬弃中发展的）本性相适应的现代形式。

---

① 这并不是说西方经济学一无可取。相反，马克思主义经济理论是一个开放的体系，西方经济学中反映社会化大生产和市场经济运行一般规律的理论观点和先进的分析技术，是我们应当认真学习、积极借鉴的。但是，不言而喻的是，这与无鉴别、无批判的所谓兼容并包是性质不同的两码事。那些从根本上否定马克思主义、否定社会主义的理论，必须在排斥之列。而对西方经济学理论进行鉴别的基本方法，就是历史唯物主义的方法论原则。

论“生产力决定生产关系”的原理*

——兼析生产资料全民所有制的结构和内在矛盾

一定的社会生产关系与物质生产力的一定发展阶段相适应，这是马克思揭示的科学原理。这个原理的发现，为人们对社会经济结构的“生理解剖”提供了唯物主义的哲学前提。较之流行的各种“经济哲学”，今天仍然有充分的理由认为，这个原理的发现代表着“经济哲学”的最高成就，本文试图以这一原理为指导，对生产资料的社会主义全民所有制的结构和内在矛盾，提供一个理论上的说明。如果这一说明是现实的、合理的，那么它所依据的原理的科学性，也就得到了一次新的检验和印证。

一

对科学原理的理解一旦为迷信所代替，这个原理就不仅面临着被“掏空”而失去其确定科学含义的危险，甚至会被用来证明与它本身格格不入、南辕北辙的东西。一个生动的例证，就是在教条主义的狂热蔓延的年代里，“生产关系与生产力发展阶段相适应”的原理，竟然被说成是“穷过渡”的理论根据。由于迷信代替了理解，长期满足于“生产力决定生产关系、生产关系反作用生产力”之类极度抽象的陈述，我们对于这一原理的具体内容，即它所应当包含的概念要素，以及通过这些要素的相互联系和作用实现的生产力与生产关系这两大范畴之间的有机联系，至今仍然不甚了了。这使我们实际上难以用这个原理对现实的经济结构进行具体分析。借用一句时髦话，可以说这个原理被弄得“不可操作”了。为了运用这一原理分析社会主义全民所有制，我们必须首先弄清这一原理的具体内容，确立起一系列“可操作”的“作业假设”。笔者对这个“作业

---

* 本文发表在《哲学研究》1987 年第 4 期。

假设”的说明，是以自己对马克思的有关论述，尤其是他在分析资本主义经济结构时的具体“操作”为根据的。在本文中，不可能对这个“作业假设”本身展开充分的讨论，而只能给出一个比较简略的说明①。

先从对生产力范畴的说明开始。在许多教科书或辞典中，生产力被定义为“人们改造和征服自然的能力”。按照这个定义，生产力被理解成了潜在的生产能力，而不是实际地发挥着作用并正在带来物质成果的现实力量。我国已经有人指出了这种定义的不合理，并正确地说明作为马克思主义哲学—经济学范畴的社会生产力，应当是实际地实现着职能并生产经济成果的力量。对此，本文不再赘述。这里要进一步指出的是由于基本定义的错误而合乎逻辑地产生的另一个重要缺陷：在说明生产力的构成时，孤立地看待各个生产要素；它们如何有机地组合为实现职能的现实生产力的问题，基本上被忽略了。而生产要素的组合方式，或者说劳动的技术组织形式，恰恰是把生产力当做一种发挥着功能的现实力量来理解的关键环节。生产力的各个简单要素，只有通过一定的技术组织联系，才能结合起来造成能动的劳动过程从而转化为实现职能的生产力。否则，它们就始终只是僵死的、片面的存在，只是潜在的能力而非现实的力量。由于体现着生产要素之间的整体联系，较之社会生产力范畴所包含的劳动力、劳动工具和劳动对象等简单要素，劳动技术组织居于更高的、更接近于生产力现实形态的层次。

一定的劳动技术组织形式，是由生产过程的主体要素对客体要素的作用方式，即劳动者运用生产资料的一定方式决定的。而劳动者运用生产资料的一定方式，一般说来又取决于生产资料的性质。因此，也可以说生产资料的性质决定劳动的技术组织形式②。但是，对此也不能机械地理解。在一些场合，同一性质的生产资料可以有若干种劳动技术组织与之相对应。例如，同样是使用手工工具的劳动，就可以采取家庭劳动（自然分工基础上的协作）、较大规模的简单协作（集体劳动）和分工基础上的协作等不同的劳动技术组织形式。而且，在生产资料的性质基本不变的条件下，劳动技术组织也可能发生变化，而这种变化还可能为新的生产资料的产生创造条件。例如，在资本主义手工工场时期，劳动者使用的仍然是与

---

① 此问题可参看林岗：《所有制的含义、结构和基础》，载《学习与探索》杂志1986年第2期。

② 马克思在给恩格斯的一封信中谈到当时的一种新式步枪的生产时说：“我们关于生产资料决定劳动组织的理论，在哪里能比在杀人工业中得到更光辉的证实呢？”（《马克思恩格斯全集》第31卷，人民出版社1972年版，第236页）

中世纪行会作坊相同的手工工具，但劳动技术组织却发生了从家庭劳动向以分工为基础的大规模协作的变化。而工场内分工的发展，又导致手工工具日益专门化、多样化，从而为工具机的产生准备了条件。

如果将“劳动方式”理解为人们使用一定生产资料，通过与这种生产资料的性质相适应的劳动技术组织进行物质生产活动的一定方式，那么，一般说来，人类劳动方式的变革（产业革命）就是按这样一个程序完成的：首先是普遍使用的生产资料的性质发生根本变化，而后是发生相应于这种变化的劳动技术组织的重大改组。换句话说，劳动方式的变革以新质的生产资料的产生和推广为出发点，最终则归给到劳动技术组织的变革上。这里应当注意的是，并非生产资料的任何改进和发明都会引起整个劳动方式的变革。断言一种新出现的生产资料是否具有能够引起劳动方式变革的新质，要看它能否进一步引起原有劳动技术组织的重大改组。从这个意义上看，同时考虑到在一些场合劳动技术组织的能动变化及其对新质生产资料产生的促进作用，显然可以把劳动技术组织与劳动方式等同看待。由于劳动方式的变革意味着生产力的质变，甚至可以进一步将劳动技术组织是否发生根本性变革，直接当做确定生产力的性质是否发生变革的“判据”。也就是说，劳动技术组织形式的发展，是生产力性质变化的直接体现。由此而做出的更进一步的推论是：一定性质的生产力对于与之互相适应的社会生产关系的决定作用，必定是直接通过一定劳动技术组织形式对这种社会生产关系的决定作用表现出来的。

在马克思主义政治经济学中，广义的社会生产关系，是一个包括直接的物质产品生产、产品的流通和再分配等各个环节的生产关系体系。在这个体系中，人们在直接的物质生产过程中形成的社会关系是基础的或初始的环节。产品的流通和再分配领域形成的经济关系的社会性质，都是由这个初始环节的性质决定的。由于直接的物质生产就是劳动者与生产资料结合，从而形成能动的生产劳动过程，所谓直接生产领域的社会关系，其实也就是马克思所说的“使社会结构区分为不同的经济时期”的劳动者与生产资料相结合的社会形式①。对属于生产力范畴的劳动的技术组织形式来说，可以将直接生产中的社会关系称为劳动的社会组织形式。这样定义的劳动社会组织形式，又是生产资料所有制的同义语。这里要强调的是，不能把作为经济关系范畴的生产资料所有制理解为由各种先验的权利规定

① 《马克思恩格斯全集》第24卷，人民出版社1972年版，第44页。

（所有、占有、支配、使用等等）组合而成的法学构造。马克思在谈到所有制（财产）时说过："既然生产者的存在表现为一种在属于他所有的客观条件中的存在，那么财产就只是通过生产本身而实现的。实际的占有，从一开始就不是发生在对这些条件的想象的关系中，而是发生在对这些条件的能动的、现实的关系中，也就是实际把这些条件变为自己的主体活动的条件。"① 虽然这段话是就原始公社条件下劳动者通过共同体的生产关系对生产条件的占有而言的，但对其他社会形态也是适用的。拿地主和资本家来说，如果仅仅满足于自己对土地和机器设备的支配以至滥用的权利，而不能通过自己与农奴和雇佣工人的一定生产关系，使生产资料同劳动者在直接生产过程中结合起来，从而使这些生产资料作为封建地产和资本实际地执行生产封建地租和剩余价值的职能（使生产资料实际地变为他们作为地主和资本家的主体活动的条件），那么，他们实际上就不成其为地主和资本家了，封建土地所有制和资本主义所有制也就无从谈起。

既然如此，那么这种社会关系就必然是随着生产的进行而作为一个社会经济过程展开的。这个过程包括三个循序递进的生产关系环节（如果做静态的考察，它们也可以看做是生产资料所有制的三个结构要素）：（1）劳动者与生产资料结合的出发点或前提；（2）劳动者与生产资料结合的引导过程或媒介；（3）劳动者与生产资料结合的实际形式。以资本主义生产资料所有制为例，劳动者与生产资料结合的前提，是由封建经济结构内发生的先行历史过程（原始积累）造成的自由劳动者和生产资料的分离，以及生产资料在少数人手中的集聚（资本主义所有制关系的运行使这个前提不断被再生产出来）；而结合的媒介，则是劳动力的买卖；结合的实际形式，是劳动力作为可变资本，在直接生产过程中同作为不变资本的生产资料一起，以生产资本的实际形式结合起来，通过一定的前提、媒介和实际结合形式三个环节展开的社会经济过程，同时又是它所包括的各个生产关系当事人以一定社会形式占有作为这一过程结果的物质产品的过程，亦即产品的**初次**分配。它构成生产资料所有制关系重新展开或不断更新的条件，因而是生产资料所有制的内在要素。资本主义所有制就是通过新增价值产品在产业资本家与雇佣工人之间的初次分配，即剩余价值与劳动力价值的分割，而不断更新的。不过，这里所说的初次分配，只是发生在直接生产过程的范围内；它是通过流通以及信用、国家财政等等

① 《马克思恩格斯全集》第46卷（上册），人民出版社1979年版，第493页。

渠道发生的产品再分配的基础，但又与这些再分配有性质区别。这些再分配环节，显然不属于生产资料所有制的分析范围。

那么，直接体现着生产力特殊性质的劳动技术组织形式，是如何对包括生产资料所有制和流通关系以及再分配关系在内的整个社会生产关系体系发生决定作用的呢？不难看出，劳动技术组织形式所能直接决定的只能是劳动的社会组织形式（生产资料所有制）这一直接生产领域中发生的初始生产关系，而不可能跳过这种初始关系直接决定在劳动生产过程之外发生的、由直接生产中的初始关系派生出来的流通关系和再分配关系。因此，所谓一定性质的生产力对与之相适应的社会生产关系的决定作用，首先是通过劳动技术组织形式对劳动社会组织形式到生产资料所有制的直接决定作用实现的。换句话说，生产力范畴向生产关系范畴过渡的中介，就是劳动技术组织对生产资料所有制的决定，以及在这种决定作用前提下形成的二者作为一定社会生产方式的统一。对于生产资料所有制形式的考察，应当以了解其由以形成的劳动技术组织形式为出发点，应当在它与一定劳动技术组织形式的统一中来把握其活生生的现实性，并从这种统一中来探寻一定生产资料所有制的特殊结构和内在矛盾形成的原因。

二

社会主义全民所有制关系是形成在什么性质的生产力基础上的呢？按照科学社会主义创始人马克思和恩格斯的设想，代替资本主义生产资料私有制的，应当是这样一种全社会范围的公有制：通过全社会范围的经济联合，个人实现对生产力总和的占有。这种公有制关系的形成，是以目前存在的劳动技术组织的基本形式——社会分工和生产机构内部分工——的消灭为前提的。笔者在《分工的消灭和马克思恩格斯关于共产主义所有制的科学假设》[①] 一文中，曾经分析了传统机器生产的技术和工艺条件，如何作为一种内在必然性推动着分工的发展；并说明 19 世纪末、20 世纪初以电力普遍使用为标志的技术革命，未能改变传统机器生产的基本格局，并未导致劳动方式的根本变革（产业革命）。这些道理，在这里就不再重复了。我们只需将这样一个事实当做既定前提：作为资本主义私有制对立

① 载于《哲学研究》1985 年第 10 期。

物出现的社会主义全民所有制，仍然是建立在资本主义范围内发展起来的机器生产固有的劳动技术组织——发达的现代分工基础上的。正因为分工仍然是劳动技术组织的基本形式，实践中的社会主义全民所有制才具有与马克思和恩格斯设想的共产主义所有制不同的一系列重大区别。事实上，马克思在晚年已经看到，在共产主义所有制关系诞生之初，不可能立即以消灭了分工的新型劳动技术组织作为自己的基础；共产主义初级阶段还"不是在它自身基础上已经发展了的"，迫使人们奴隶般服从分工的情形还不会消失。

在这里首先要明确机器生产条件下的现代分工所决定的人类物质生产活动的一般矛盾。高度发达的现代分工，一方面导致不同行业的生产机构之间以及同一生产机构内部执行不同生产职能的劳动者之间全面的相互依赖关系；另一方面，又导致这些生产机构和劳动者活动方式的片面性和活动范围的狭隘性。这两个方面的矛盾，可以简单地概括为社会生产的普遍性和生产者活动的局限性的矛盾。这是现代分工这种劳动技术组织形式固有的矛盾。资本主义经济的基本矛盾——生产的社会化和生产资料私人占有，不过是这个矛盾的一种特殊社会表现形式。社会主义全民所有制的出现，克服了资本主义经济的基本矛盾。但是，这并不意味着分工所固有的社会生产的普遍性与生产者活动的局限性的矛盾也被克服了。在社会主义全民所有制条件下，改变了的只是这一矛盾的特殊社会表现形式，以及这种特殊表现形式所造成的特定的社会经济后果。

三

我们在这里试图弄清，与现代分工这一劳动技术组织形式相适应，社会主义全民所有制生产关系应当是什么样的。这个"应当"，在许多方面与现行的经济体制，尤其是改革之前的传统体制，并不吻合。我国历史上现代工业从而现代分工的不发达，特殊的政治和意识形态因素的影响，都是发生这种不吻合的原因。但是，在我们看来，我国目前正在进行的经济体制改革的实践，正推动着经济运行机制向这个"应当"显示的方向演变。尽管这个"应当"在许多方面还没有完全实现，但终究是要实现的。

现在，按照生产资料所有制的三个结构要素或三个环节的展开顺序来分析社会主义全民所有制。

（一）社会主义全民所有制内劳动者与生产资料结合的前提：全社会范围的经济联合及其对社会生产的统一支配和调节

社会主义全民所有制的建立，是以资本主义范围内生产社会化（这是现代分工高度发展的产物）为条件的。社会化的生产力，要求全体社会成员结成覆盖整个社会生产的经济联合，由这个联合体来统一支配和调节社会生产，以消除资本主义条件下众多互不相属的私人生产者的盲目活动造成的危及社会生存的异己力量。这也就是经典作家所说的自由人联合体对社会劳动的自觉和有计划的分配。而社会劳动的分配，与社会分工其实是一回事。通过全体社会成员的经济联合实行对社会生产的统一支配和调节，实质上是社会分工的有计划的、自觉的社会表现形式。全体社会成员联合起来统一支配和调节社会生产，意味着私有制条件下劳动者与生产资料分离的状况已经消除，联合起来的全体个人成为生产资料的共有者。由于阶级已经消灭，对于全社会范围的经济联合，每个人都是以平等的社会成员的身份参加的（全民所有制之所以叫“全民”所有制，就是因为参加全社会经济联合的每一个人，除了“民”即社会成员的规定之外，不具有任何特殊的阶级规定性），具有运用生产资料进行劳动的平等权利。这样，全社会范围的经济联合及其对社会生产的统一支配和调节，就成为社会主义全民所有制内劳动者与生产资料结合的前提。这里需要强调的是：（1）人们之所以取得生产资料共有者的地位，是由于他们事实上已经置于平等的社会成员的经济联合关系之中，并通过种种经济关系实际地参加了对社会生产的支配和调节。如果离开了这种经济联合关系以及通过它对支配和调节社会生产的实际参与，所谓生产资料归全民所有这样一个权利规定，就只能是一种“形而上学的法学幻想”。（2）每个社会成员都只有在通过上述经济联合关系，与其他一切社会成员结为一个统一整体的条件下，才能取得生产资料所有者的地位，成为生产资料共有者中不可分割的一分子。占有主体的这种整体性，赋予占有客体——生产资料——以不可分割的公有财产的社会形式。这种公有财产归全体个人所有，同时又不归任何个人或集团所有。（3）全体社会成员的经济联合对社会生产的统一支配和调节，必须以社会整体利益或社会偏好为根据，并且能够有效地保证这种利益或偏好的实现。因此，全社会范围的经济联合体必须具备这样的功能：使具有不同地域、民族、文化和职业背景的社会成员各自的特殊利益和偏好充分表达出来，并把它们统一或融合成社会利益或社会偏好。此外，它还必须及时和有效地纠正具体负责社会生产支配和调节的执行机构可能发生的背离社会利益和偏好的“越轨”行为。（4）全社会范围经济联合体对社会生产的统一支配和调节，是作为资本主义条件下社会生产总体的无政府状态的对立物，而不是作为个别生产机构的生产活动的计划性和组织性的简单放大出现的。因此，不能从这种统一支配和调节推论出社会应当按一个大工厂的方式直接管理各种生产机构。合乎逻辑的推论是：这种统一支配和调节的作用对象是社会生产的整体运行，因而具有宏观经济决策和控制的性质。这种宏观经济控制所要达成的基本目标，是使社会生产按体现着社会利益与社会偏好的计划所规定的速度和比例发展。而实现这一目标的主要手段有两个：一是控制公有财产的增量，即控制投资总量和投资结构，这又要求将积累的主体部分集中在全社会范围的经济联合体手中；二是控制公有财产的存量，即根据变化了的情况调整由过去投资形成的生产能力配置状况。

这就是作为全民所有制内劳动者与生产资料结合前提的全社会范围经济联合的基本规定。这个经济联合体在现实生活中表现为客观存在的、有形的社会组织，而决不是理论上的虚构。这个有形的社会组织，就是社会主义国家。按照传统的看法，国家是社会的政治组织，仅仅属于上层建筑范畴。在社会主义条件下，国家除了保持着上层建筑的职能之外，还具有了作为经济基础的组成部分，即全民所有制生产关系内在环节的崭新性质。因此，全民所有制不能不具有社会主义国家所有制的形式，而国家也必然成为全民财产在法律上的所有权主体。我们在前面列举的那些全社会范围经济联合体的经济功能，也就具体地表现为国家的经济职能。应当看到，国家的这种经济职能，已具有与它作为上层建筑承担的保证社会再生产外部条件范围的经济职能根本不同的性质。国家作为全民所有制生产关系环节所具有的经济职能，直接针对着作为整个社会再生产的基础和核心的物质生产的总体运行速度和结构，而不仅仅是保证社会再生产的外部条件。

就国家成为全民所有制生产关系的前提性环节而言，可以说它已经“非政治化”了，因为它已不再是阶级矛盾不可调和的产物，而是平等的社会成员之间的经济联合关系的体现。但是，国家要成功地履行这种经济职能，又不能不成为一个按最广泛的社会主义人民民主原则组织起来的政治结构。如果缺少这样一个人民民主的政治结构，不仅各类社会成员的特殊利益难以在充分表达出来的基础上融合为真实的（而不是虚假的）社会利益，而且，即便作为国家支配和调节社会生产根据的社会利益或社会偏好是真实的，也难以保证计划控制的执行机构的行为始终与之保持一致。从这个意义上又可以说，在存在全社会范围经济联合的社会主义公有制条件下，客观的经济活动不可避免地要“政治化”。由此，还可以得出这样一个重要结论：社会主义人民民主政治结构的完善程度，从而宏观基本经济决策和控制的民主性，是衡量全民所有制生产关系的前提性环节——全社会范围的经济联合的发展水平的基本尺度。

（二）社会主义全民所有制内劳动者与生产资料结合的媒介：就业

通过社会范围的经济联合取得生产资料共有者的地位，是劳动者与生产资料结合的必要前提，但还不足以构成劳动者与生产资料结合的充分条件。由于存在分工，劳动者要实际利用生产资料从事生产劳动，还必须以成为某种特殊社会生产职能的专门化承担者，成为所谓特殊的“经济变种”为条件，如纺纱工或矿工，电工或钳工，等等。在全社会经济联合关系之中，不同劳动者之间是不具有相互区别的特殊社会经济规定性的，他们都是平等的生产资料共有者。但是，在涉及到他们与生产资料的实际联系时，由于分工使他们成为不同的“经济变种”，他们相互间就产生了具有性质区别的新属性，即作为不同从业者的社会经济规定。在社会主义全民所有制生产关系内，一切劳动者都具有生产资料共有者和从业者这样双重的社会经济规定性。以后的分析将使我们看到，这种双重的内在规定是理解全民所有制结构和内在矛盾的枢纽。

全社会范围的经济联合赋予劳动者以生产资料所有者的身份，因而他有决定自己具体利用何种生产资料进行何种形式的生产活动的权利，即职业选择的自由。不过，由于分工的限制，这种自由不可能是绝对的。事实上，一个劳动者能够成为何种从业者，决不仅仅取决于他个人的自由意志，还取决于本人由各种先天和后天的条件决定的劳动能力状况（体力、智力、文化素养、专业技能），与分工决定的社会生产职业构成是否适应以及适应的程度。在这里，不同种和不同等的工作能力，在很大程度上仍然是一种“天然特权”。正是这种“特权”使同样作为生产资料共有者的全体劳动者，在与生产资料发生实际联系时区分为不同的从业者。对于绝大多数从业者来说，虽然不乏变换工作地点或单位的机会，但在他们具有劳动能力的时间内，不可避免地会受到自己已经从事的职业的束缚。这种职业限制决定了劳动者作为从业者所进行的生产劳动的特殊社会性质，即劳动是谋生手段。职业的限制使从业者个人的劳动成为单调、重复的，使这种劳动的产品成为片面、单一的。但是，劳动者个人物质和文化生活的需要又是多方面的。也就是说，被分工所限定的从业者的特定生产活动，与这种活动的主体自身生存和发展的多方面需要是脱节的、分裂的。在这种情况下，从业者个人不能不把自身以特殊形式支出的脑力和体力，当做是满足自身多方面需要而付出的代价即谋生手段。而在劳动是谋生手段的条件下，劳动成为从业者个人占有社会产品（取得个人收入）的根据和尺度，也就是顺理成章的了。

作为从业者，劳动者个人只具有片面的生产技能。在机器大生产条件下，只有通过各种具有片面生产技能的从业者在分工基础上的协作，劳功者才能实际地与生产资料结合起来，形成能动的生产过程。而从业者技术上的协作关系，又只有通过他们相互间的一定社会经济关系才能形成。这种生产关系，就是从业者之间的经济联合关系——这也就是社会主义全民所有制内劳动者与生产资料结合的实际形式。这种从业者的联合体，通常被称为企业。后面我们还要对它进行专门讨论。现在需要指出的是：从业者个人要实现与生产资料的实际结合，就必须加入作为这种实际结合的生产关系形式的从业者联合体；而从业者个人加入从业者联合关系的过程，或者说他与一定从业者联合体建立联合关系的过程，显然是社会主义全民所有制内劳动者与生产资料结合所必经的引导过程或媒介形式。这个引导过程或媒介形式，通常称为就业。通过就业这个媒介，全社会范围经济联合这一前提决定的劳动者的生产资料所有者的地位，即劳动者与生产资料的前定统一关系，就转化为他与生产资料的实在结合。

从业者个人的就业，是通过他与相应从业者联合体（企业）的自主的、相互的选择完成的。就从业者个人这方面来说，他对企业进行选择的条件，除了个人的择业偏好（这要受到他既有的劳动能力状况和既定的社会生产职业构成的限制）之外，主要是通过这个企业取得的个人收入，能否使自己在该企业生产过程中支出的劳动取得所期望的补偿。就从业者联合体方面来说，它吸收从业者的基本条件，是从业者的进入是否有利于内部人和物两种生产要素的组合比例朝着使生产效率、从而使它所包含的全体从业者的收入最高的方向变动。既然就业是通过这种自主的相互选择完成的，那么从业者个人与企业之间的联合关系就具有可解脱性。而这种可解脱性，又意味着从业者在不同企业间的流动性。从业者的自由流动，不仅是上述自主的相互选择的结果，而且是它得以实现的必要机制。此外，从业者与企业的相互选择，由于任何一方面的原因，都可能产生失败的结果。因此，少量从业者暂时不能与从业者联合体建立联合关系而游离于生产过程之外，处于待业状态，应当看做是正常现象（由于国家宏观经济调节失误造成的超量待业人口除外）。处于待业状态的从业者虽然暂时未能实现与生产资料的实际结合，但并不意味着他们丧失了生产资料所有者的地位。因为作为社会成员，他们始终是处在全社会范围经济联合关系之中的，他们不仅可以通过人民民主的政治结构同其他劳动者一样积极参与社会生产的支配和调节，而且可以通过国家的待业保障制度获得基本生活保证并尽早就业。

（三）社会主义全民所有制内劳动者与生产资料结合的实际形式：从业者联合体性质的企业

企业是依托现代分工条件下的生产力基本单元——工厂组织（它是社会分工和生产机构内部分工的结合点：既是社会分工体系的分支，又包含着复杂的内部分工）——形成的。但是，它同时还是一个生产关系环节。这后一方面，是长期以来被忽略了的。现在，我们已经知道，企业作为全民所有制内的一个生产关系环节的含义，就是从业者的联合关系。这种联合关系的形成，虽然以全体社会成员的经济联合为前提，但它又与全社会范围的经济联合有着性质的区别。区别不仅表现在从业者联合关系只是在工厂组织的局部范围内形成的，更重要的是，劳动者是作为从业者建立这种联合关系的。从业者的联合关系一经形成，劳动者所具有的所有者和从业者的双重内在规定，就外在化为两个不同性质的生产关系环节——从业者联合体性质的企业与作为全体社会成员联合体有形组织的国家——之间的对立。因此，简单地将国家与企业之间的关系理解为同质的整体与局部的关系，抹杀二者的性质区别，是根本错误的。这正是否定企业的独立商品生产者的地位和特殊利益，由国家直接管理企业经营活动的传统经济体制形成的重要思想根源之一。而企业应当具有的商品生产者的自主性和特殊利益，以及它与国家之间应当具有的正确关系，都只能由它作为全民所有制的一个特殊生产关系环节的基本属性——从业者联合体——中引申出来。

企业的商品生产者的属性，就导源于它的构成元素——从业者的劳动的谋生手段性质。我们在前面曾指出，具有片面技能的从业者的生产活动是单调、复杂的，而其产品则是片面、单一的。这个说法，移用到作为从业者联合体的企业身上，也基本适用（需要补充说明的是：在以工厂组织为生产力基本单元的条件下，从产品取得能够进入生产和生活消费的完成形态的意义上说，单个从业者是不生产产品的，只有从业者联合体即企业才生产产品）。而且，正如从业者个人的生产活动与其多方面的需要相分裂。使得他不能不以劳动为占有产品的根据和尺度，作为从业者联合体的企业，除了集体的劳动支出而外，也不可能凭借其他根据和尺度来占有产品。显然，这一切都使得企业的生产不能不是商品生产：其产品不仅是为别人、为社会生产的使用价值，而且是为交换生产的使用价值，只有通过交换其自身多方面的需要才能得到满足；而在交换过程中；产品生产中支出的劳动能否按照社会平均标准（社会必要劳动量）得到补偿，又成为其再生产能否顺利继续的条件，因为劳动一开始就是被当做满足自身的多方面需要的代价支出的。企业这个商品生产者作为全民所有制生产关系环节的特殊性质是：

1. 企业是承担着公有财产经营义务的商品生产者。在社会主义全民所有制经济内，企业的生产活动的意义，决不只是联合为一个劳动集体的从业者们实际地运用生产资料从事商品生产。作为一定从业者联合体实际结合对象的生产资料，是包括这些从业者自身在内的全体社会成员联合体（国家）的公共财产。这些从业者一经以企业的形式与这种性质的生产资料结合起来，就自动负有了公有财产经营者的义务。企业不仅必须保证公有财产的完整，为无效率的经营招致的损失负经济上的责任，而且应当以向国家提供财产收益为主要形式（企业的自我积累是一种辅助形式），使之不断增殖。这就是所谓企业与国家之间财产关系的一般含义。在这种财产关系中，劳动者的双重内在规定又一次鲜明地表现为对立的两极：作为生产资料所有者的劳动者，向作为从业者的本人索取使用生产资料的代价。初看起来，这似乎是无意义甚至悖理的。然而，这恰恰是作为分工这一劳动技术组织的生产关系形式的全民所有制的内在逻辑。一方面，分工的发展造成的社会生产一体化要求全体社会成员联合起来统一支配和调节社会生产，从而赋予生产资料以不可分割的公有财产的性质；另一方面，也正是由于存在分工，生产资料又不能不通过作为相互分离的商品生产者的众多从业者联合体（企业），才能为劳动者实际利用。能够解决这个矛盾的机制，就是企业与国家之间以公有财产有偿使用为基本内容的财产关系。如果缺少这样一种机制，公有财产就会被当做空气一样的“自由物品”来对待，沦为不成其为财产的无主之物，这必然造成生产资源微观使用上的巨大浪费，将国家计划控制带来的宏观利益抵销殆尽。进一步的分析还表明，公有财产使用的有偿性，意味着企业占用公有财产的数量必须与它完成财产经营义务（交纳财产收益）的能力相适应，即财产占用的权利和义务要平衡。这一要求又会导致公有财产在不同企业之间的流动。企业在多大程度上丧失了承担财产经营义务的能力，也就在多大程度上丧失了占用公有财产的权利。这时，国家就应当通过一定程序将该企业占用的相应数量的财产，转移给具有承担相应义务的能力的其他企业。同时，财产的这种流动性，也反映了全体社会成员成为生产资料共有者这一全民所有制形成前提的要求。公有财产一进入企业就凝固下来，是同这一前提不相容的，因为这事实上使它积淀为企业的私产。

2. 企业是存在于全社会范围公有制经济所特有的价值关系中的商品生产者。由于社会拥有的生产资料是有限的，优良的生产资料尤其有限，不同企业占用的生产资料在数量和质量上必然会有差别。这会使得这些企业在支出等量和等质的劳动的条件下，生产出数量不同的产品。但是，全体社会成员联合起来成为生产资料共有者这一前提，是与某些企业凭借物质生产条件的优势，在产品占有上取得垄断性优越地位不相容的。因此，在产品的价值决定（社会必要劳动量）中，应当将由物质生产条件的优劣对不同企业的生产效率的影响排除掉。这样的价值决定，与通行于生产资料私有制条件下的商品价值概念有性质的区别。对这种价值决定的进一步说明，涉及比较复杂的经济分析，这里暂且省略。

3. 企业是受计划控制的市场条件下的商品生产者。作为商品生产者，企业生产活动的调节者当然是价值规律（价值概念已发生了刚才提到的变化）。而价值规律的作用，只有通过反映供求变化的市场价格波动，才能表现出来。所谓价值规律对企业经营的调节，具体说来，就是企业根据有关产品价格的变化，不断调整自己的投入类型（机器设备、原材料、劳动力）和产出类型（产品种类、质地、数量等等），以保证企业集体支出的劳动能够实现为相应的货币收入。除了少数例外，企业关于投入产出类型的决策必须是充分自主的，不容市场条件以外的行政干预插足。但这并不意味着完全放任自流。由于国家掌握着积累的主体部分，通过对投资总量和结构的控制，调节着社会生产增长的速度和各行业的比例，这就决定了一定时期内各类企业从事生产活动的市场条件变动的基本趋向，塑造了企业自主经营在其中进行的大框架。不过。国家的宏观控制虽然消除了市场条件长期变动趋向的不确定性，从而赋予企业的自主经营以一般的社会方向。但企业的个别劳动向社会劳动的转化仍然是一种惊险的跳跃。这个跳跃是否成功，取决于企业自身对处于连续的短期波动状态的市场条件的适应能力。

4. 企业是以从业者自治为内部关系特征的商品生产者。由于劳动者是在具有生产资料共有者地位的前提下作为从业者进入企业的，在企业内部不存在资本主义条件下那种阶级对阶级的统治和从属关系，每个从业者都是自主的劳动者。马克思在谈到资本主义条件下的企业组织时指出："雇佣工人的协作只是资本同时使用他们的结果。他们的职能上的联系和他们作为生产总体所形成的统一，存在于他们之外，存在于把他们集合和联结在一起的资本中。因此，他们的劳动的联系，在观念上作为资本家的计划，在实践中作为资本家的权威，作为他人的意志——他们的活动必须服从这个意志的目的——的权力，而和他们相对立。"① 与此根本不同，在社会主义全民所有制企业内，劳动者作为具有片面生产技能的从业者在职能上的联系，以及作为生产总体所形成的统一，是他们自主联合的结果，存在于这种自主的联合关系之中。因此，对企业的管理就不再是"他人意志"的体现和外在的权威，而是他们的共同意志的体现，成为他们自主地协调相互间劳动联系的手段。因此，自己管理自己，即自治，是从业者联合体内部关系的基本特征。企业内自治关系主要表现在以下方面：第一，通过职工代表大会做出关于企业经营的重大决策，选举企业主要领导人，赋予他生产和经营指挥的权威，罢免失职的领导人；第二，在每一个劳动岗位上实行经济责任制，将企业生产和经营的总目标层层分解落实到这些岗位上；第三，通过民主协商的方式，按照等量劳动获得等量收入的原则，自主地确定本企业从业者个人收入的具体形式，也就是自主地调节本企业劳动者之间的直接劳动变换关系。

5. 企业是以从业者人均收入极大化为利益目标的商品生产者。社会主义全民所有制企业的利益目标，不同于资本主义商品生产者的利润极大化。在企业内存在自治关系的条件下，经营决策的主权属于全体从业者，

① 《马克思恩格斯全集》第23卷，人民出版社1972年版，第368页。

而由从业者劳动的谋生手段的性质所决定，他们必然会把争取人均收入极大化确定为企业的基本行为目标。在实践中，企业在这一目标左右下的行为，有时会背离社会利益的要求。但这并不意味着这一目标本身不合理。只要国家的宏观经济控制得当，并且企业与国家之间存在健全的财产关系，就可能造成一种对企业有利也对社会有利的局面，使企业对自身特殊利益目标的追求促进社会利益实现。

至此，我们已经对社会主义全民所有制生产关系如何通过其特有的前提、媒介和实际形式三个环节而展开，有了比较全面的了解。在这一特殊社会经济过程的终点，三个生产关系基本当事人的产品初始分配（对纯产品的分配）是这样的：（1）国家取得财产收益（不同于国家作为上层建筑取得的财政收入）；（2）企业占有自留的发展基金（与由国家财产收益形成的社会积累的主体部分相比，它处于从属地位）和其他公共基金；（3）从业者按照等量劳动获得等量报酬的原则取得个人收入。通过这种初始分配，全民所有制生产关系获得了作为社会经济过程全新展开的条件。

通过以上的分析不难看出，社会主义全民所有制生产关系的特殊结构，体现着这样一个深刻的内在矛盾：社会作为不可分割的整体对生产资料的占有，与不同劳动者实际占用生产资料的局部性和差别性的矛盾。这个矛盾，归根结底，是现代分工所包含的社会生产的普遍性与生产者活动的局限性的矛盾的特殊社会表现。只要分工还是劳动技术组织的基本形式，上述社会主义全民所有制的内在矛盾就会一直存在下去。当然，由于矛盾起作用的社会形式已经改变，不再会出现资本主义条件下那种灾难性的后果。但是，目前社会主义全民所有制的内部结构和各生产关系当事人的相互关系的发育程度，还未能使其内在矛盾能够在不断产生的过程中不断顺利地解决。这正是要通过改革来解决的问题。

产权分析的两种范式*

尽管经济学界对于产权的概念和分析规范众说纷纭，但追根溯源都派生于这样两种最基本的理论范式：一是马克思主义经济学的所有制理论；二是西方经济学的产权理论。大体说来，在20世纪90年代以前，中国经济学界对于产权问题的研究主要是按所有制理论范式展开的。而从90年代开始，这种研究则更多地是按西方产权经济学的范式进行的。产权经济学影响的日益增长是近些年中国经济学发展的一个值得重视的趋向，这种趋向反映了近年来新自由主义潮流在经济学理论中的广泛影响。

由于马克思主义的所有制理论和西方的产权理论都是以产权和制度为研究对象的，同时由于在许多具体观点上西方的新制度经济学都或多或少地受到了马克思主义理论直接和间接的影响，要在这两种理论中寻找出某些共同的地方并不困难。例如，二者都强调产权和制度现象的重要性，把制度安排当做影响经济绩效的重要因素；都把产权关系看做是人与人之间的一种经济关系，把利益问题当做产权关系的核心问题；都研究了资本的所有权、土地的所有权、股份公司的所有权以及所有权与支配权的分离等产权现象；都研究了商品所有权之间的等价的交易关系，等等。在实际的理论研究中，也有不少人把这两种产权范式混同起来、结合起来加以使用。但是，从整体上看，这两种理论范式是建立在完全不同的世界观和价值观基础上的，具有完全不同的方法、概念和理论逻辑，是两种对立的理论体系。它们之间的根本区别主要表现在以下几个方面：研究产权问题是坚持个体主义的方法还是坚持整体主义的方法；是经济关系决定法权关系还是法权关系决定经济关系；产权关系是一种交易关系还是一种生产关系；财产权利是一种自然权利还是一种历史权利。

---

* 本文是国家社会科学基金项目“国有企业产权结构研究”最终成果的一部分。发表在《中国社会科学》2000年第1期。

一、个体方法与整体方法

从鲁宾逊式的孤立的个人出发是资产阶级经济学的传统。这种传统是个人主义这一资本主义意识形态核心要素在经济学中的表现。可以说，是否接受个体主义或个人主义的分析方法，是西方经济学区别主流与非主流的界限。这也是旧制度主义无法挤入西方经济学主流、而新制度经济学能够被西方主流经济学所接纳并成为一种“显学”的奥秘所在。按照个体主义方法的逻辑，产权关系首先是个人对于财产的一种排他性的占有关系，而这种排他性的占有在给经济主体带来收益的同时，又引起一定的交易成本，如事前准备合同和事后监督与强制执行的成本等。产权制度的形成和变迁，就是由个人在交易成本的约束下为追求利益最大化而进行的自发交易的产物，因而对产权问题的分析完全可以建立在以成本收益分析为核心的新古典经济学理性经济人范式的基础之上。在理性经济人的范式中，不同历史阶段和不同社会阶级中的具有十分具体的社会和历史属性的人，被抽象成了无差别的鲁宾逊式的个人，他们基于各自的成本—收益计算的自由交易创造了整个世界。

与西方产权经济学的个体主义相反，马克思对于产权问题的分析是建立在整体主义方法基础上的，是一种整体的政治经济学的方法。在马克思看来，社会不是个人的简单加总，由特殊的结构联系起来的社会整体规定了个人的属性，决定着个体生存发展的空间，因此，思维的出发点不是抽象的个人，而是现实的处于社会联系中的个人。人是处在社会的整体联系中的，是多种规定性的有机统一。根据这种整体主义的方法，一定社会的所有制形式和产权结构就不是个人之间自由交易和自由契约的结果，而是社会结构的整体即生产力与生产关系、经济基础与上层建筑矛盾运动的产物；不是理性的个人的自由选择导致了产权制度的变迁，相反，是社会结构和产权制度的变迁决定着个人的行为方式和选择空间；因此，产权制度首先不是个人之间的一种交易关系，而是不同阶级或不同社会集团之间的一种生产关系。

马克思对于所有制关系的整体性分析在《资本论》中得到了完整的体现。为了揭示资本主义所有制关系的实质，马克思首先从资本主义经济的基本现象即商品货币关系入手，说明了商品、货币到资本的转化，然后进入到资本主义占有关系的核心即剩余价值的生产过程的分析，而这种分析又是紧密地结合生产方式即分工协作方式的发展而展开的。剩余价值的生产过程所反映的不是单个的工人和单个的资本家之间的关系，而是资本和劳动两个阶级的生产关系，这就是资本所有制的本质。但是，这种本质并不是脱离开现实的经济现象而存在的，在《资本论》的第2卷和第3卷中，马克思从对生产过程的分析转入到了对流通和分配总过程的分析，从对工人阶级和资产阶级的关系的分析转入到了对资产阶级内部各个利益集团的分析。只有在这时，资本主义经济过程中不同的经济主体如工人、货币资本家、土地所有者、企业主、经理人员等不同个体之间的交易关系才呈现在了人们的面前，资本主义所有制关系的整体图景才完整地再现出来。这是用整体主义的方法分析问题的典范。

二、法权关系与经济关系

马克思的产权理论是在批判古典经济学的所有权理论的基础上建立起来的。从总体上说，古典经济学对财产所有权的解释，都是以在古罗马民法中就已经形成的个人对物的排他的占有权概念为基础的，在本质上是一种非历史的民法观念。虽然现代产权经济学对产权概念的理解已从人对物的支配转移到人与人的交易关系上来，但产权经济学的所谓“交易”，依然是在脱离历史的鲁宾逊式的个人之间发生的权利交换契约；作为这种交换的前提的权利即产权，被看做是一种由法律规定和实施的由使用权、收益权等权能组成的排他性的独占权；这些权利不是在历史地形成的生产方式和生产关系基础上产生的，而是以反映人的超历史的自然本性的法律为基础的，是法律创造了产权。在这里，经济关系与法律关系这两种不同的东西是混在一起的，并且二者的关系也被颠倒了。产权经济学的始作俑者科斯在其《社会费用问题》一文中所讨论的产权问题，主要就是围绕着产权的法律界定及其产生的成本和收益问题而展开的。产权经济学派的另一重要人物阿尔钦认为，产权是一个社会所强制实施的选择一种经济品的使用的权利，是授予特别个人某种权威的办法，利用这种权威，可以从不被禁止的使用方式中，选择任意一种对特定物品的使用方式。[①] 诺思则认

① 阿尔钦：《产权：一个经典注释》，载《财产权利与制度变迁》，上海三联书店1991年版。

为，产权是个人对他们所拥有的劳动、物品和服务的占有权利；占有是法律规则、组织形式、实施及行为规范的函数。① 由平狄克和鲁宾费尔德合著的《微观经济学》一书则把产权定义为“描述人们或厂商可以对他们的财产做什么的法律规则”②。在所有这些产权概念中，法律形式具有决定性意义，产权首先是一个法权概念，它是由凌驾于社会之上的立法者创造的，法权关系决定经济关系。

与此形成鲜明对比的是，马克思的历史唯物主义的创立是从认识到法权关系和经济关系的根本区别、并把法律上的财产关系当做生产过程中所有制关系的表现开始的。在《德意志意识形态》中，马克思和恩格斯专门分析了国家和法与所有制的关系，他们指出，资产阶级国家及其制定的共同规章即法律，实质上“只是为了私有制才存在的”；但由于“一切共同的规章都是以国家为中介的”，“由此便产生一种错觉，好像法律是以意志为基础的，而且是以脱离其现实基础的意志即自由意志为基础的”；构成私法中所有权规定核心内容的使用和滥用的权利，“表明了一个错觉，仿佛私有制本身仅仅以个人意志即以对物的任意支配为基础。实际上滥用对于私有者具有极为明确的经济界限”，“因为仅仅从私有者的意志方面来考察的物，根本不是物；物只有在交往中并且不以权利为转移时，才成为物，即成为真正的财产。”他们还指出：私有财产是生产力发展一定阶段上必然的交往形式，每当工业和商业的发展创造出新的交往形式，法便不得不承认它们是获得财产的新方式。③ 在《哲学的贫困》一书中，马克思提出了这样一个著名的论断：“在每个历史时代中所有权是以各种不同的方式、在完全不同的社会关系下面发展起来的。因此，给资产阶级的所有权下定义不外是把资产阶级生产的全部社会关系描述一番。要想把所有权作为一种独立的关系、一种特殊的范畴、一种抽象的和永恒的观念来下定义，这只能是形而上学或法学的幻想。”④

在认识到所有制关系对法律关系的决定意义之后，马克思和恩格斯便把对财产关系的研究纳入到了政治经济学的范围之内，并把财产关系的经济内容即所有制关系当做对财产关系进行研究的重点，财产关系的法律形

① 诺思：《制度、制度变迁与经济绩效》，上海三联书店 1994 年版，第 45 页。
② 平狄克、鲁宾费尔德：《微观经济学》，中国人民大学出版社 1997 年版，第 524 页。
③ 以上论述参见《马克思恩格斯选集》第 1 卷，人民出版社 1995 年版，第 131 ~ 135 页。
④ 《马克思恩格斯选集》第 1 卷，人民出版社 1995 年版，第 177、178 页。

式只是在必要的时候才加以涉及①。例如，在《资本论》中对交换过程进行研究时，马克思指出，为了使商品交换得以进行，商品的监护人即所有者必须作为有自己意志体现在这些物中的人彼此发生关系，一方只有符合另一方的意志，才能让渡自己的商品，占有别人的商品，必须彼此承认对方是私有者。这种具有契约形式的法权关系，是一种反映着经济关系的意志关系，它的内容是由这种经济关系本身决定的。②

三、交易关系与生产关系

建立在理性经济人范式和交易费用范畴基础上的现代产权经济学的理论逻辑必然是契约主义的。在那里，产权关系被认为是具有独立财产权的理性的个人为实现个人利益最大化而建立的契约关系，而特定契约关系的形成又是比较不同契约安排的交易成本的结果，在产权明晰化的条件下，理性的个人将寻求导致他们利益最大化的契约安排。按照产权经济学的理论，产权问题之所以重要，是因为市场交易需要花费成本，不同的产权结构可以产生不同的效率结果。因此，交易费用的大小就成了决定和选择产权结构的主要根据。

与西方新制度经济学不同，所有制或产权问题在马克思那里首先是一个生产关系的概念，而不是交易概念。马克思认为，物质资料的生产是人类生存发展的基础，而为了使生产过程得以进行，就必须把生产资料和劳动者结合起来，这种结合包括两个方面的内容，即劳动者与生产资料结合的技术组织形式和劳动者与生产资料结合的社会形式。劳动者与生产资料结合的社会形式，或者说人们在占有生产资料的过程中形成的经济关系，就构成了一个社会的所有制关系或财产关系，它是一个社会经济制度的基础。

从马克思和恩格斯对所有制关系进行分析的具体方法来看，作为一个生产概念的所有制关系本质上是直接生产过程中发生的生产关系，是一个客观的经济过程，这一过程与分配和交换不是割裂开的，而是相互联系

---

① 从这个意义上讲，马克思并没有系统的产权理论，即关于产权的法律形式的理论，而只有系统的所有制理论，即关于产权的经济内容的理论。

② 《资本论》第1卷，人民出版社1975年版，第102页。

的。[①] 在直接生产过程中发生的产品占有关系和劳动交换过程本身就是生产环节的组成部分，它们作为一个整体共同构成了社会经济关系的基础。由于所有制关系或产权关系首先是一个生产范畴，而不是交易范畴，因而，在马克思和恩格斯看来，产权关系的产生发展过程是由生产方式的内部运动决定的，而不是由交易方式的变化决定的；是生产力的发展而不是交易成本的大小构成了产权关系发展变化的最终力量。马克思和恩格斯对于分工协作方式对所有制关系变化的影响给予了高度重视。他们认为，一个民族的生产力发展水平，最明显地体现在该民族的分工的发展程度上，是分工发展的各个不同阶段派生了所有制的各种不同形式，财产关系不过是这种所有制关系的法律表现。

马克思从不否认交换过程特别是商品交换在资本主义经济关系中的重要地位。众所周知，马克思对资本主义经济关系的分析就是从商品开始的，商品流通既是资本的逻辑起点，又是资本的历史起点，资本主义经济制度中的所有经济关系都首先表现为一种等价的商品交换关系，交易是资本主义制度存在的基本形式，货币转化为资本必须在商品等价交换的基础上根据商品所有权的内在规律来加以说明。但是，在马克思和恩格斯看来，对于揭示资本主义占有关系的本质来说，交易过程中的这种契约关系只不过是一种表面现象，它不仅不能真实反映生产关系的本质，反而掩盖了生产关系的真实性质。在《资本论》中，在分析了货币转化为资本的流通过程之后，马克思对资本主义制度下劳动力交易的契约关系的虚假性做了这样辛辣的讽刺："劳动力的买和卖是在流通领域或商品交换领域的界限以内进行的，这个领域确实是天赋人权的真正乐园。那里占统治地位的只是自由、平等、所有权和边沁……。一离开这个简单流通领域或商品交换领域，——庸俗的自由贸易论者用来判断资本和雇佣劳动的社会的那些观点、概念和标准就是从这个领域得出的——就会看到，我们的剧中人的面貌已经起了某些变化。原来的货币所有者成了资本家，昂首前行；劳动力所有者成了他的工人，……畏缩不前，象在市场上出卖了自己的皮一样，只有一个前途——让人家来鞣。"[②]

由于马克思的产权理论是以生产为基础的，而西方的产权理论是以交易为基础的，二者在财产概念的内涵和外延上都存在许多差别。例如，马

① 对于这一问题的详细分析可参见林岗：《社会主义全民所有制研究》，求实出版社 1986 年版。

② 《资本论》第 1 卷，人民出版社 1975 年版，第 199 ~ 200 页。

克思所说的产权主要指的是生产资料的所有权，马克思产权理论的一个贡献就是他把生产资料从一般的产品或资源中分离出来，把生产资料的所有制当做决定一个社会经济关系和社会制度的决定性因素，当做一个特殊的概念来加以使用；而西方的产权理论则把财产概念泛化，他们所说的产权不仅包括了人们对一切可交换的稀缺资源和产品的支配权、使用权、收益权等，而且还包括一切可以产生个人效用的其他权利。又如，马克思的产权理论特别强调以分工协作的形式为内容的劳动方式对所有制的决定作用，把产权的起源与分工的发展相联系；而西方的产权理论则特别强调交易成本对产权的决定作用，把产权的起源与资源的稀缺性相联系。再如，马克思对于产权的经济绩效的评价主要以生产的效率为基础，而西方的产权理论对于产权的经济绩效的评价主要是以交易成本为基础的。

四、自然权利与历史权利

把财产制度当做某种先验的超历史的自然权利，是资产阶级经济学的又一个重要传统。这是从离群索居的孤立的个人出发考察问题的必然结果。根据这种观点，资本主义社会形成的财产制度不是历史发展的产物，而是历史发展的起点；不是生产发展的结果，而是生产发展的前提；不是从客观历史条件中产生出来的，而是自然的人类本性造成的。这种观点把资本主义社会的自发秩序当做了人类社会永恒不变的自然规律，因此，私有制被看做是人类利己本性的外在表现，自由契约被看成是天赋人权，等价交换是平等和正义的象征，交易成本、契约自由、个人选择、相对价格等资本主义自由经济范畴不仅可以用来说明资本主义社会存在的产权问题和其他的经济现象，而且可以用这些范畴来说明包括奴隶制度、封建制度和计划经济等所有的社会经济现象，理性经济人的范式成了解释一切产权现象的万能钥匙：农奴制度的兴起是由于土地丰裕而劳动力短缺，因而建立一种农奴—领主契约就是有效率的制度安排；而随着人口的增长使劳动的价格下降、土地的价格上升，要素的相对价格又发生了变化，从而导致了封建所有权的逐步瓦解①；甚至苏联计划经济体制的失败，也可以用交易费用的过高来加以解释②。

① 诺思：《经济史上的结构与变迁》，商务印书馆 1992 年版。
② 思拉恩·埃格特森：《新制度经济学》，商务印书馆 1996 年版。

马克思主义对于社会制度和产权关系的认识是与这种超历史的观点完全相反的。马克思认为，人类社会是一个自然的历史过程，处在不断的发展变化之中。任何一种制度都是历史的，都是特殊历史阶段中特殊社会结构的产物，都具有自己特殊的运动规律，都只能在特定的历史过程中寻得自己存在的根据。没有一种制度是永远合理、完美无缺的，也没有永恒不变的公平和正义。

马克思承认，生产的一切时代有某些共同的标志、共同的规定，例如，都要使用工具，都存在所有制，但是，一切生产都是个人在一定社会形式中并借这种社会形式而进行的对自然的占有。在这个意义上，说所有制（占有）是生产的一个条件不过是一种同义反复。可笑的是，资产阶级学者从这里一步就跳到了所有制的一定形式，如资本主义私有制。马克思认为，把生产的一般抽象出来正是为了不致因见到统一就忘记差别，例如把奴隶与奴隶主、农奴与封建主、工人与资本家的关系不加区别地等同为相同的所有者与非所有者之间的契约关系，把不同历史形态下的所有制关系混同为同样的人对物的占有和支配，等等。马克思不否定资本主义经济制度对于研究其他社会制度的重要意义，但是，他同时指出了它的历史局限性："人体解剖对于猴体解剖是一把钥匙。反过来说，低等动物身上表露的高等动物的征兆，只有在高等动物本身已被认识之后才能理解。因此，资产阶级经济为古代经济等等提供了钥匙。但是，决不是像那些抹杀一切历史差别、把一切社会形式都看成资产阶级社会形式的经济学家所理解的那样。人们认识了地租，就能理解代役租、什一税等。但是不应当把它们等同起来。"①

由于把制度现象当做一种历史现象，因而，马克思和恩格斯对于任何制度现象的分析和评价都是从它的暂时性方面来考虑的。从历史的角度看，即使是奴隶制度，也曾在历史上起过进步作用，推动了生产力的发展和文明的进步；即使是当时人类文明的最高成就——资本主义制度也要随着生产力的发展而逐步退出历史舞台。人类社会就是在不断的否定过程中向前发展的。

以上几个方面就是马克思主义产权理论与西方产权经济学理论的根本区别。这种根本区别的存在，决定了两种理论在一系列具体问题的认识上的重要差别。在产权的起源、产权的作用、产权的具体结构、产权的演变

---

① 《马克思恩格斯选集》第2卷，人民出版社1995年版，第23页。

规律、私有产权与公有产权的效率比较等一系列问题上，两种理论的解释都存在着原则性的分歧。

五、西方产权经济学范式的重大缺陷

在前面的分析中，我们已经说明，在基本的立场、观点和方法上，马克思主义的产权理论与西方的产权经济学是两种根本不同的甚至对立的理论体系，不能把二者混为一谈。从总体上看，西方的产权经济学存在着严重的缺陷。我们不妨在前面比较马克思主义的所有制理论与西方经济学产权理论的基础上，以构成产权经济学范式的硬核的个人主义、契约主义和成本收益方法为例，对此作一些进一步的分析。

（一）关于个人主义的方法

如前所述，产权经济学对于产权制度的分析是建立在个人主义分析方法基础之上的。对于研究资本主义经济制度来说，理性经济人的假设至少就现象上看是有合理性的。从某种意义上说，马克思对资本主义制度现象，如商品、货币、资本、剩余价值、成本、利润、利息、地租等关系和范畴的分析也都是以经济理性为前提的，没有理性的假设，就不会有经济学，甚至也不会有社会科学。但是，在马克思主义理论中，理性完全是建立在一定的社会历史结构中的，是以不同阶级和不同个人的不同社会规定性为基础的。这与那种把理性的抽象的个人当做历史和社会的出发点，并以此为基础演绎出整体的制度结构，从而把资本主义自发秩序的观点推广到了整个人类历史的个人主义的方法是根本不同的。对于这种个人主义的方法，马克思主义和许多其他的理论流派不仅从经济学方面，而且从哲学上进行过深刻的批判。这种理论的最主要缺陷是它把个体与社会等同起来，把社会当做个体的简单加总，从而无法对社会有机体做出科学的解释。

事实上，虽然社会是由个人组成的，但是社会并不等于众多个人的简单加总，社会是按照特殊的规则和特定的结构组成的有机整体。这个整体一旦形成，就具有了不以人的意志为转移的客观规律和单个的个人所不具有的特殊属性。社会、阶级、国家和文化对单个的人来说，是一种独立的外在的和客观的力量。个体的属性与社会的属性，个体的行为与社会的行为，个体的功能与社会的功能，个体的利益与社会的利益，个体的意识与社会的意识，都是有性质区别的。一句话，个人与社会是既相互联系又性质不同的两个系统。在自发的社会秩序下，社会甚至异化成为一种与个人相对立的外在力量。从理性的个人出发无法解释社会与个人之间存在的这种根本差异，无法实现社会与个人的整合。按照产权经济学的理论，产权制度的确定是由理性的个人之间的自由交易决定的，产权决定经济绩效，但是，正如诺思认识到的那样，一方面，由于国家规定着所有权结构，最终要对所有权结构的效率负责；另一方面，由于意识形态影响着个人的心理偏好和效用函数，因而，制度结构是由产权、国家和意识形态的相互作用形成的，这实际上就承认了产权制度的变迁是社会制度整体结构的产物。但是，由于新制度经济学固守着个人主义的范式，他们虽然认识到了产权决定的整体意义，但却没有发现其中的内在逻辑，最后陷入了产权决定经济绩效、国家规定和保护产权、因而国家最终对经济绩效负责的悖论之中，这就是所谓的诺思悖论。

当然，承认产权决定的整体性并不意味着完全否定个人自由意志的作用。马克思就说过，“历史不过是追求自己目的的人的活动”，社会的运动是由个体的选择和行为汇合而成的。但是，问题在于，个人的行为和选择并不完全是自由意志的产物，并不完全取决于当事人的主观愿望和心理偏好。现实的人“是在一定的物质的、不受他们任意支配的界限、前提和条件下能动地表现自己的”，其本质是“一切社会关系的总和”。人不能自由地选择自己的生产力，因此也就不能自由选择由生产力决定的所有制结构及其法律表现——产权结构。不是先有了某种个人的偏好，然后根据这种偏好进行自由契约，再由此决定社会的经济和政治制度，相反，从社会结构的整体变迁过程看，是生产力包括人们从事物质资料生产中形成的生产方式，决定着他们之间对生产资料的占有关系，进而决定这种占有的法律表现即产权形式，并最终决定着他们各自所处的社会地位、利益关系、价值取向和心理特征，从而在很大程度上决定着人们的行为方式和选择的空间。就单个的主体看，他的行为也许是自由的，他们之间的产权关系也许取决于他们个人的意志，但是就整个社会看，由于存在无数的个人意志之间的相互制约和相互冲突，因而他们的自由是有限的。社会结构的运动是个人与社会相互作用的产物。

（二）关于契约主义的方法

从抽象的个人出发，必然会把产权关系理解为个人之间的为了寻求利益最大化而建立的一种契约关系。产权结构的任何变迁，如奴隶制度向封建制度、封建制度向资本主义制度的变迁，以及现代企业制度的产生和发展等，都可以根据自由契约的逻辑加以解释。但是，人的独立性以及通过契约建立的独立主体之间的自由交易，是历史的结果而不是历史的起点。"我们越往前追溯历史，个人，从而也是进行生产的个人，就越表现为不独立，从属于一个较大的整体"，"只有到18世纪，在'市民社会'中，社会联系的各种形式，对个人说来，才表现为只是达到他私人目的的手段，才表现为外在的必然性。但是，产生这种孤立个人的观点的时代，正是具有迄今为止最发达的社会关系的时代。"① 而在前资本主义社会，人与人的关系则是建立在血缘、宗法或超经济强制的基础上的，个人并没有从对自然和社会的依附中解脱出来获得个人契约的自由。因此，用契约关系来说明从原始社会、奴隶社会、封建社会到资本主义社会的所有制的变迁，显然是不符合历史事实的，是不客观的。

在资本主义的市场秩序下，商品关系在社会生活中取得了统治地位，特别是随着劳动力的商品化，赤裸裸的阶级统治被法律上的自由契约和等价交换所掩盖，因此，就市场秩序来说，契约主义的方法至少在形式上具有它的合理之处，可以用来解释和分析大量的经济现象和制度现象。但是，这种合理性只是在现象形态上才具有科学的意义，如果把这种契约主义强调到了极端，当做解释所有经济现象的惟一逻辑，那就难免会导致许多荒谬的结论。

资本主义所有制关系的本质特征不在劳动与资本的自由交易，而在于资本可以通过商品交换这个中介在生产过程中无偿占有剩余价值。资本雇佣劳动，资本的所有者可以无偿获得剩余，但产权经济学却把这样一个客观存在的事实当做价值判断的基础。产权经济学对于西方主流经济学的"贡献"就在于，它运用契约主义的方法对于这种客观存在的事实给予一个新的理论解释或辩护，试图证明资本主义私有制经济是合乎理性的，而公有制则是非理性的。可见这种理论具有浓厚的意识形态成分。

① 《马克思恩格斯选集》第2卷，人民出版社1995年版，第2页。

劳动与资本的真实关系只能通过对生产过程的考察才能揭示出来。契约关系并不是独立存在的，它在本质上是生产关系的一种反映，并归根结底受生产力发展的支配。生产过程对交易过程的决定作用可以从这样一个例子中得到说明：在《资本论》中，马克思分析了相对剩余价值生产的三个阶段，即简单协作、手工制造业和机器大工业；在前两个阶段中，劳动对资本的隶属还是形式上的，因为在简单协作和手工制造业阶段，劳动者凭借他们的手工技术还有可能独立谋生；但是，随着机器大工业的发展，工人的劳动日益简单化片面化，劳动生产率的提高日新月异，离开资本，劳动再也不能单独存在下去了，这样，工人对资本的依附便由形式上的转变为事实上的。又如，进入20世纪后，随着生产过程的日益复杂，所有权与经营权的分离日益明显，管理人员在企业中的地位大大提高了，资本所有权的地位又出现了下降的趋势。所有这些变化都是以生产力的发展和生产关系的变化为基础的。但是，按照契约主义的方法来解释，所有这些变化都只不过是劳动与资本相对价格发生变化的结果。在简单协作和手工制造业时代，是劳动力稀缺，劳动的价格昂贵；在机器大工业时代，是劳动力过剩，资本稀缺；在现代企业制度中，则是人力资本价格上升，物质资本价格下降。显然，这种解释是极其表面的。相对价格的变化归根结底是生产力发展的结果。

运用个人主义的契约理论研究制度问题时，个人的偏好以及由此决定的行为目标是考察问题的出发点，为此，首先必须假定经济主体的偏好是已知和稳定的，这样才能根据不同经济主体的效用函数计算各自的成本和收益，进而确定各经济主体的契约的集合。例如，如果我们把企业当做一个由不同生产要素所有者建立的一个契约结构，就必须首先把握这些所有者所具有的成本收益函数；把国家当做一个由多种利益集团建立的契约组织，就必须首先把握各个利益集团具有的特殊的偏好。但这些不同经济主体和组织所具有的特殊的成本收益函数恰恰是由生产过程中他们之间的相互关系决定的，或者说它本身就是特定制度的产物，作为生产要素所有者效用函数的利息、利润、地租、工资等经济范畴并不是永恒不变的，而是由特殊的社会经济制度决定的，并且在不同的制度中具有不同的具体经济含义。因此，从制度变迁的历史过程看，经济主体偏好不变的假定是不恰当的。个人的效用函数既不是稳定不变的，也不是主观随意的，它本身就是经济制度的产物或经济关系的“人格化”，并随着经济制度的变化而变化。

（三）关于成本—收益分析法

把微观经济学中所使用的成本—收益分析法引入制度变迁理论，是新制度经济学理论最具有特色的地方，正是依靠成本—收益分析法，新制度经济学才实现了制度分析与新古典理论的整合，使制度分析纳入了经济学分析的框架之内。依靠成本收益理论分析研究制度现象的最早和最主要的领域就是产权问题。科斯在他的经典之作《企业的性质》和《社会成本问题》两篇论文中所讨论的交易费用，就是指产权的界定、保护和实施的成本，即"个人交换他们对于经济资产的所有权和确立他们的排他性权利的费用"①。交易成本理论是新制度经济学的理论基础。交易成本概念在一定程度上反映了客观经济生活中存在的某些现象；但是，产权经济学却把这一概念的作用夸大到了极端，把它当做解释所有制度现象的万能钥匙，当做说明产权制度变迁的惟一因素，从而陷入了错误的泥潭。

尽管交易费用已经成了产权经济学的一个核心范畴，但是到目前为止，在各种交易费用理论中，仍然缺乏一个准确的能反映交易成本本质并具有可操作性的定义，交易成本的外延或它所包含的内容是很不确定的。从大的方面看，对交易费用的定义主要有三类：一是把交易费用定义为"利用价格的费用"，这一定义是科斯提出的，并为斯蒂格勒所阐发。由于这一定义没有对交易费用的具体构成和形成机制作出明确的解释、混淆了交易费用与信息费用内涵的差异、并且缺乏行为理论基础而受到了各方面的攻击。二是把交易费用定义为"经济体系运行的成本"，这一定义是由阿罗、威廉姆森等人提出的。他们把研究重点放在比较制度分析上，但由于比较静态分析要求有可供对比的多种制度安排为前提，而可选择的制度安排往往又是不存在的，只能靠分析者的主观构想，因而他们所提出的定义也就失去了分析的意义；三是把交易费用定义为"所有不直接发生在物质生产过程中的成本"，这一定义是由张五常和诺思等人提出的。这一定义把交易费用扩展到了整个人类制度范围，但是，在处理制度绩效和成本收益问题时仍然存在许多无法克服的矛盾。②

交易费用理论面临的致命挑战还不仅仅是定义的可操作性问题。交易费用理论是以个人主义理论为基础的，但是交易费用概念本身却选择了一

① 思拉恩·埃格特森：《新制度经济学》，商务印书馆 1996 年版，第 16 页。
② 刘元春：《当代西方交易费用定义评析》，载《教学与研究》1997 年第 7 期。

个客观的社会性的效率标准，这样就陷入了无法克服的自我矛盾之中。按照产权经济学的逻辑，任何一种产权制度都是理性的个人根据成本—收益比较而建立的一种契约关系，都可以根据理性经济人的成本收益函数和自由交易的逻辑加以解释，但是，这种以个人主义方法为基础的成本—收益分析贯彻到底必然会陷入逻辑上的困境。首先，根据个人主义的观点，"个人的效用只有他自己才最清楚"，每个人都有自己特殊的成本—收益函数，而且这种特殊的成本—收益函数又是建立在每个人不同的心理偏好及行为目标基础之上的，目标函数不同，成本与收益的标准也就不同，这样，由于个人的成本—收益函数是个人心理偏好的产物，任何人都无法准确地加以说明，产权制度的变迁最后就仅仅变成了个人的心理偏好问题。其次，更为严重的是，按照个人主义的分析方法，只有个人才是真实的存在，集体和社会只是一种虚幻，只有个人才会选择，才会行动，因而，只有个人的成本和收益，没有社会的成本和收益，或者即使存在着社会成本和社会收益，也因为个人目标函数无法加总，使它们只能成为无法捉摸的"幻影"。但是，产权制度却是社会的，是一种典型的"公共产品"，因而交易制度的成本和收益就其本质来说只能是社会的，否则这一概念就失去了意义。

交易费用理论包含的这种深刻的内在矛盾，理所当然地受到了彻底的个人主义理论和彻底的整体主义理论两个方面的批评。从马克思主义客观的整体的政治经济学观点来看，交易费用理论把交易作为制度选择和制度分析的基本单位，将人与人的关系简单地归结为抽象的契约关系，从而就从根本上否定了不同历史和不同社会环境下人类行为的差异和生产过程对交易过程的决定作用。而彻底的个人主义理论则从不存在一种客观的价值标准的认识出发，否定了交易费用存在的可能性。布坎南提出的"一致性同意"规则认为，只要交易是公开的，只要没有发现强制与欺骗的行为，并就这种交易达成一致协议，这种资源配置状态就是有效率的，交易费用的概念是不必要的。[①] 还有人从古典自由主义传统和哈耶克的"扩展秩序"出发，对交易费用理论的内在矛盾作了尖刻的揭露，试图用博弈均衡和知识结构代替新制度经济学的交易费用作为制度演进的分析基础。由此出发得出的结论是，产权在人群中的分布取决于技术性知识和制度性

① 布坎南：《自由、市场与国家》，上海三联书店1991年版。

知识在人群中的分布①。虽然这种纯粹个人主义理论否定了社会历史发展的客观性，但它对交易费用理论的批评是深刻的。

除了以上根本的缺陷之外，产权经济学在一系列重要的理论和方法上都存在严重的局限。比如，产权经济学在继承新古典理性经济人范式的同时，也继承了新古典经济学的一般均衡分析方法。但是，按照个人主义的逻辑，制度的均衡只能是一个虚假范畴。因为，制度均衡表示的是制度创新利润为零的一种稳定状态，但大多数的社会制度是非中性的，不同的人对于同一种制度有不同的效用评价，因而这样一种状态不是不存在，就是绝无仅有。又如，产权经济学一方面认为企业的存在是因为交易费用太高，另一方面又认为交易费用的高低是由企业内部交易与市场交易的费用比较来确定的，从而陷入了循环论证，如此等等。

六、在实践中坚持和发展马克思主义的产权理论

从前面的比较和分析不难看出，西方产权经济学的根本缺陷恰恰是马克思的所有制理论的优势所在。只有坚持马克思的所有制分析范式，才能使国有企业产权制度的改革沿着完善而不是否定社会主义经济制度的正确方向发展。而西方的产权经济学理论的基本的逻辑和政策结论是以肯定私有制和自由的市场经济、否定公有制和社会调节为核心的。完全按照这种理论的逻辑思考问题，最后的结果必然是对公有企业制度的彻底否定，也就谈不到改革和完善公有制了。

社会主义国有企业的财产关系是建立在与私有制完全不同的宪法制度（社会基本经济制度）的基础上的，是一种新的制度现象，这种产权形式是生产社会化的产物，反映了社会理性的要求。不管人们主观上是否愿意或是否意识到社会理性的逻辑，生产的社会化都会把产权的社会化问题摆到人们的面前，迫使人们通过社会联合并按照社会理性的标准对生产资料进行调节和使用，这种社会化的逻辑是不可能从个人理性和自由交易的结果中推导出来的，是不可能简单搬用私有制下形成的产权范式来加以说明的。

当然，现实中的社会主义与资本主义并不是完全对立相互隔绝的，由于它们建立在同样的生产力基础上，都是社会化大生产的组织形式，而且

① 汪丁丁：《制度成本，博弈均衡与知识结构》，载《在经济学与哲学之间》，中国社会科学出版社 1997 年版，第 54 页。

都是以市场机制为基础配置资源的，因而公有制企业和私有制企业在制度结构上必然会存在许多相似的或共同的地方，资本主义企业与现代化大生产相适应的组织形式完全可以被社会主义企业所吸收和借鉴，西方产权理论中反映社会化大生产和市场机制运行一般规律的内容也可以为我们研究和认识公有制企业的运行规律提供有益的参考。但是，这种吸收和借鉴是有条件的，不仅在基本的制度结构和基本的理论体系上社会主义制度具有自己特殊的逻辑，而且对于社会主义所有制内部形成的许多与资本主义的产权结构相似的制度现象，也由于它们是建立在完全不同的宪法制度基础上的，因而存在许多根本差异。比如，两权分离、委托代理关系、劳动与资本市场、剩余索取权等经济范畴，在社会主义制度下与资本主义制度下就具有不同的含义。因此，只有批判性地借鉴而不是简单地照搬照抄西方的产权理论，才是研究国有企业产权结构中应当采取的一种科学的态度。

我们认为，从总体上看，马克思主义的产权理论是一种科学的理论，应当成为我们研究社会主义企业产权关系的理论基础。首先，从上面的分析中可以看出，以强调整体性、生产性、历史性和经济性为特征的马克思主义产权分析范式，与强调个体性、交易性、自然性和法权性为特征的西方产权经济学理论相比，在理论上更加严密，更符合客观的社会历史发展的内在规律，更能经受逻辑和实际的检验，因而也更具有科学性。其次，马克思主义的产权理论是以辩证唯物主义和历史唯物主义的世界观为指导建立起来的，是马克思主义完整体系中不可分割的重要的组成部分。坚持马克思主义理论特别是历史唯物主义和政治经济学原理，就必须坚持马克思主义的产权理论，并把它当做社会制度分析的基本方法。第三，生产资料的社会所有是马克思和恩格斯从资本主义制度的内在矛盾和发展趋势中得出的重要结论，是社会主义经济制度的核心内容。这一现象只有在马克思主义产权理论的逻辑中才能得到合理的解释。如果用西方的产权理论代替马克思主义的产权理论来指导国有企业改革，最后的结论只能是私有化。

总之，研究国有企业的产权结构应当以马克思主义的产权理论而不是西方的产权理论作为指导。但是，马克思主义是科学，而不是教条，坚持马克思主义的产权理论实质是要根据马克思主义的立场、观点和方法研究新的现象和新的问题，而不是墨守成规、固步自封。坚持和发展是统一的，只有坚持马克思主义，才能发展马克思主义，只有发展马克思主义，才能更好地坚持马克思主义。就所有制和产权理论的研究来说，也需要坚持实事求是的科学态度，要根据实践发展的要求对马克思主义的产权理论进行不断的检验、修正、补充、完善和创新。应当承认，在坚持和发展马克思主义的产权理论并运用这一理论科学研究社会主义所有制中的产权问题方面，我国的理论界还做得很不够，取得的进展还是比较有限的，存在着许多薄弱环节。例如：

1. 生产力决定生产关系这是马克思主义政治经济学理论的基础，社会主义经济中的所有制和产权问题应当在这一原理的指导下加以解决。目前，根据生产力的标准选择社会主义的所有制结构，合理地构建社会主义公有制经济尤其是国有企业的产权结构，在很大程度上仍然是一个有待解决的问题。马克思主义经典作家对于社会主义所有制的分析是以生产的社会化为基础的，而生产的社会化实际上是一个相当复杂的经济现象，它本身经历了若干重要的演化过程和发展阶段。从大的方面看，蒸汽机、电动机和微电子技术的发明，构成了科学技术和产业结构变迁的三次重大革命，同时标志着社会化生产发展的三个不同阶段。在这些不同的发展阶段，生产社会化的性质和对生产资料所有制包括产权制度的要求是不完全相同的，因此，生产的社会化与生产资料的社会占有之间的关系也是相当复杂的，绝不可简单而论。合理地解决国有企业改革中面临的许多问题，如国有企业的定位问题、国有经济与非国有经济的关系问题等等，归根结底都与对当代社会生产力的性质的准确把握有关。对于这些基本问题缺乏正确认识，必然会引起实践上的盲目性和混乱。

2. 马克思主义的产权理论是从所有制理论引申出来的，科学的所有制理论是科学的产权理论的基础。但是，长期以来，在社会主义政治经济学中占支配地位的所有制概念是斯大林在《苏联社会主义经济问题》一书提出的生产关系三个方面中所包含的所有制的定义。这个定义把生产资料所有制当做独立于生产过程中人与人之间相互关系和产品分配过程的一种抽象存在，把所有制概念归结为生产资料的归属问题。由此形成的一种普遍的做法是，把法学里的所有、占有、支配、使用，以至于让渡等概念引入所有制研究，用这些权利来构造所有制关系，结果就使得社会主义所有制变成了一种先验的没有经济内容的法权规定，并把所有权这种法律的权利当做了生产、分配等经济关系产生的基础，这事实上是在重复古典经济学家们同样的错误。这种理论的政策结论就是把社会主义国有化当做了一种法律行为，只要通过无产阶级专政剥夺了剥夺者，把一切生产资料都掌握在国家手中，发达的社会主义就可以建成了，用同样的方法很快就可以建成共产主义。这是一种典型的形而上学或“法学的幻想”。在我国，即使在 1979 年改革开放以后，这种用法权概念代替经济分析的做法仍然是相当普遍的。近年来，又有相当多的人在把马克思的产权理论与西方的产权理论混同起来，把法权当做思考问题的出发点，把复杂的产权结构归结为所有权、支配权、使用权和收益权等权能组成的法权体系，脱离开生产力的组织方式和客观的生产关系来把握所有制和产权关系的做法仍然十分普遍。这种对待马克思主义理论的简单化、教条化和实用化的态度既不利于马克思主义理论的发展，又不利于以完善社会主义为目标的经济改革的正常发展。

3. 马克思和恩格斯建立的政治经济学理论体系的主要目的，在于说明资本主义经济制度的本质和发展趋势，它们对于具体的产权问题，即产权的交易过程和法律过程的分析并没有形成一个系统的理论，特别是对于现代社会主义市场经济中的产权问题他们更不可能做出具体的设想。因此，发展马克思主义产权理论必须深入研究现实市场经济中的产权问题。在这个问题上，对西方的产权经济学理论进行批判性的借鉴是必要的。西方的产权经济学虽然存在许多根本缺陷，但它对现代市场经济中产权机制运行的概括也不是绝无可取之处。马克思主义之所以是科学的，很重要的一点就是它是一种开放的体系。马克思主义经济学曾经把资产阶级古典政治经济学作为自己形成的重要来源，因此，没有理由把现代西方经济理论包括产权理论排斥在自己的视野之外。从马克思主义的观点看，西方产权理论的缺陷不在于它研究了产权的法律形式，研究了交易费用、个人选择、契约关系、委托代理问题等制度现象，而在于它用个体分析代替整体分析、用交易过程代替生产过程、用法律关系代替经济关系，在于它从抽象的个人出发把个人的自由交易当做决定制度存在和发展的根本因素。在克服了这些根本性的错误之后，产权经济学的某些分析方法以至某些具体结论是可以整合进马克思主义经济学的框架、为经济改革的实践服务的。不过，这是一个需要另写一篇文章来辨析和说明的问题。

制度整体主义与制度个体主义*

——马克思与新制度经济学的制度分析方法比较

马克思与新制度经济学都提供了一套完整的制度理论，但他们的制度理论无论是理论构建的出发点，还是理论内涵都存在根本性的差别。这些分歧引起了20世纪30年代和80年代的两次制度大争论。因此，如何理解这两大制度理论派别的差异及其各自的优劣成为一个十分重要的理论问题和现实问题。而解决该问题的最基本切入点就是比较它们在方法论上的差异和优劣，因为方法论决定了理论体系的性质。许多经济学家将马克思制度理论的分析方法归结为制度整体主义，而将新制度经济学的分析方法归结为制度个体主义。本文的主要目的就是要对马克思制度整体主义与新制度经济学制度个体主义进行全面的分析比较，以从根本上把握两大制度理论体系的优劣。

一、马克思采取制度整体主义的必然性

马克思的制度分析方法在《德意志意识形态》阐述历史唯物史观时和在《<政治经济学批判>导言》、《<政治经济学批判>序言》论述政治经济学研究方法时都有集中的体现。他在《<政治经济学批判>导言》中认为，个体虽然是整体的组成部分，但是这并不意味着个体是整体形成无条件的起点，因为个体本身也是“许多规定的综合”，“是多样性的统一”。[①] 所以，一方面不能从抽象的个人出发来认识制度等整体范畴，另一方面，也不能离开具体的整体范畴孤立地来认识个体的本质。他谈到，虽然“社会结构和国家总是从一定的个人的生活过程中产生”，但是这种

---

* 原文发表于《中国人民大学学报》2001年第2期。

① 《马克思恩格斯选集》第2卷，人民出版社1995年版，第18页。

个人决不是“抽象的”，具有‘类’本质的人，“而是现实中的人，也就是说，这些个人是从事活动的，进行物质生产的，因而是在一定的物质的、不受他们任意支配的界限、前提和条件下活动着的”[①]，所以，与其说是人生产社会，不如说是社会生产人。

马克思在阐述唯物史观时谈到，要研究人在社会中的发展，就必须首先确立历史起点、历史前提以及社会系统的存在。而“全部人类历史的第一个前提无疑是有生命的个人的存在”，“这些个人把自己和动物区别开来……在于他们开始生产自己的生活资料”[②]，展开征服自然和改造自然的劳动实践活动。这样，在劳动实践中，人们为生存而展开人与人之间的关系，从而确立了人的本质——“一切社会关系的总和”[③]。所以，马克思在引入人类社会系统与自然系统相互作用关系——生产力的过程中来把握人与人的关系，从而认识社会整体范畴的性质，并通过整体范畴及其相互关系来认识具体个人动机形成的过程、社会作用的性质以及个体利益决定的机制。这也是他在制度分析中采取制度整体主义分析方法的原因所在。

马克思采取制度整体主义分析方法不仅是由其理论体系内在逻辑所决定的，而且与他在同各种唯心主义哲学斗争过程中充分认识到从主观认知角度出发必定会陷入逻辑推理的困境有关。

1. 在批判斯密、李嘉图、卢梭等人以抽象的个体为理论出发点时，马克思指出这只不过是自然主义在理论虚构上的产物。他指出：“被斯密和李嘉图当作出发点的单个的孤立的猎人和渔夫，属于18世纪的缺乏想象力的虚构。……同样，卢梭的通过契约来建立天生独立的主体之间的关系和联系的‘社会契约’，也不是以这种自然主义为基础的。这是假象，只是大大小小的鲁宾逊一类故事所造成的美学上的假象”[④]。因为这种自然造成的人最多是一种稀薄抽象的产物，它用自然主义美好的愿望非历史地看待问题，阻止了理论本身从综合到具体、从具体到综合等角度来洞察个体和社会的关系。

2. 在批判斯蒂纳等人的交换论时，马克思指出，人类行动单位的个体化，以及意识性个体化本身就是历史的产物，那种认为人类社会是从独

① 《马克思恩格斯选集》第1卷，人民出版社1995年版，第71～72页。
② 同上，第67页。
③ 同上，第60页。
④ 《马克思恩格斯选集》第2卷，人民出版社1995年版，第1页。

立化个体开始的观点，只不过是18世纪“市民社会”最为发达的社会关系在人们意识中的一个反映。人的独立化只是历史过程的结果，最初人类表现为种属群、部落体、群居动物，“只有到十八世纪，在‘市民社会’中，社会联系的各种形式，对个人来说，才表现为只是达到他私人目的的手段，才表现为外在的必然性。但是，产生这种孤立个人的观点的时代，正是具有迄今为止最发达的社会关系”① 的时代。

3. 马克思和恩格斯在批判德国意识形态时指出，由于个体的主观动机是历史发展的产物，主观动机的内容及其满足方式都是社会关系决定的，如果从主观动机或人的观念出发构建理论，要么武断地把人的动机归结为动物性机能，从而混淆界定人的最本质的社会性机能，要么就会在追溯动机的起源中，陷入人与社会相互决定的二律背反的困境中。

4. 马克思认为，作为一个历史的范畴和心理的范畴，那种企图通过再现历史主体的行为动机的念头只是一种理论上的妄想。在批判异化史观时马克思指出，如果从人的理想愿望出发，通过愿望与行为结果的不一致来阐述问题，其实质只不过是“用后来阶段的普通人来代替过去阶段的人并赋予过去的人以后来的意识”。这只不过是“一种本末倒置的做法”，会使历史变为脱离世俗的空中楼阁。②

5. 马克思认为，由于人的认识是有限的，必定受制于各种历史条件的约束，个体行为也必然带有强烈的不确定性，所以，“在历史上活动的许多个别愿望在大多数场合下所得到的完全不是预期的结果……因而它们的动机对全部结果来说同样也只有从属的意义”③。从具体个别动机出发来认识问题，必然产生以下问题：一是无法判断行为动机本身的性质，即动机在何种程度上影响着行为的结果。因为，要想使个体动机分析对行为结果的分析有所帮助，就必须判断思维的行为动机的客观性，而“人的思维是否具有客观的真理性，这不是一个理论的问题，而是一个实践的问题”④。二是必然陷入琐碎的偶然性分析之中，无法发现历史发展本身的规律性。

6. 马克思认为，从个体主观认知出发，必定无法处理个体与整体间质的差别，从而无法从抽象的微观分析来认清社会宏观现象的性质。在批

---

① 《马克思恩格斯选集》第2卷，人民出版社1995年版，第2页。
② 《马克思恩格斯全集》第3卷，人民出版社1960年版，第77页。
③ 《马克思恩格斯全集》第21卷，人民出版社1965年版，第342页。
④ 《马克思恩格斯选集》第1卷，人民出版社1995年版，第55页。

判斯密“看不见的手”的理论时，他便集中指出了该理论从抽象的个体出发必然导致宏观与微观无法整合的毛病。他说：“关键并不在于，当每个人追求自己私人利益的时候，也就达到私人利益的总体即普遍利益，从这种抽象的说法，反而可以得出结论：每个人都妨碍别人利益的实现，这种一切人反对一切人的冲突所造成的结果，不是普遍的肯定，而是普遍的否定。关键在于：私人利益本身已经是社会所决定的利益，而且只有在社会所创造的条件下，并使用社会所提供的手段，才能达到。”①

马克思正是基于以上的认识，更进一步地展开了他的制度整体主义分析方法。

首先，如何才能克服个体主观认知方法所导致的无法洞察人类行为动机与人类行为结果不一致的内在机制和根源这一理论的缺陷呢？马克思认为，如果把预期与行动不相一致的内在机制和根源归结为抽象的行为不确定性或外部性，那只能导致理论上的神秘主义，使人们感到历史是由一股神秘的力量来支配的。但是，“社会生活在本质上是实践的，凡是把理论导致神秘主义的神秘东西，都能在人的实践中以及对这个实践的理解中得到合理的解决。”② 在客观实践中，这种神秘力量则为自发性社会分工体系所代替，个人行为动机与结果不一致的最终原因在于，“受分工制约的不同个人的共同活动产生了一种社会力量，即扩大了的生产力。由于共同活动本身不是自愿地而是自发地形成的，因此这种社会力量在这些个人看来就不是他们自身的联合力量，而是某种异己的、在他们之外的权力”③。因此，马克思认为，通过认识社会生产力、社会分工的发展，一方面能够认识社会力量的本质，从而认识客观利益的形成机制；另一方面则可通过客观利益对人主观利益趋向的影响，来判断个体主观利益动机的性质，从而全方位地认识主观动机与行为结果之间的关系。

其次，怎样才能突破个人与社会相决定的二律背反的困境，合理地说明人类行为动机形成和变化的机制，并把握历史发展的规律性呢？马克思认为，不能就动机论动机，也不能就整体论整体，把个人与社会对立起来，由一极推论另一极，更不能无视二者之间的差异，进行无限制倒推，互相论证，最终把历史在追寻动机的过程中变成无法驾驭的野马。因此，马克思在辩证系统内，首先通过确立历史前提和起点，引入人类系统与自

① 《马克思恩格斯全集》第46卷上册，人民出版社1979年版，第102～103页。
② 《马克思恩格斯选集》第1卷，人民出版社1995年版，第60页。
③ 《马克思恩格斯全集》第3卷，人民出版社1960年版，第38～39页。

然系统之间的关系—劳动实践，在劳动实践中使主体与客体相统一，推论出在此过程中受生产力制约的社会关系，从而认识社会整体的性质，并由这些整体范畴的性质和相互间的关系来认识个体行为，个体动机的性质。在跳出人与社会相互决定的二律背反的困境的过程中，马克思认识到生产力本身所具有的发展的自发性、累积性等特点，由此认识到社会历史发展的规律性。

最后，如何解决从个体主观认知所带来的理论宏观整合的问题呢？马克思认为，必须首先区分个体存在和整体存在的内涵。由于面临普遍的资源匮乏和能力有限（不仅仅是认知能力有限，更为关键的是生产能力的有限），个体的存在必须以整体的存在为前提，在征服和改造自然的过程中，必须结成一定的生产组织，所以，社会存在不是个体任意的加总，而是受生产能力的制约，以社会实践为纽带，以社会分工协作体系为中介的。在受生产力制约的社会分工协作体系中，整体一方面形成了个体无法存在的社会力量，另一方面由于社会分工协作体系中不同组成部分在生产中的地位不同，从而使社会不同整体集团具有不同的客观性质，而这决定了整体性单位的独立性，并决定着集团内个体的存在方式。可见，马克思通过劳动实践，以社会分工协作为中介，解决了微观与宏观整合的问题。

二、新制度经济学采用制度个体主义的必然性

新制度经济学中的个体主义是有别于传统个体主义的，以诺思为代表的新制度经济学家在吸收现代认知哲学、人类学以及行为学的最新发展成果的基础上，全面修正了传统个体主义的“心理”内涵。他们认为，新古典个体主义中抽象的、单纯的财富最大化的理性人是不存在的。个体行为是由两方面因素决定的：一是动机，它包含财富最大化以及与意识形态有关的其他价值目标最大化两个方面，并且二者存在替代关系；二是人对环境的解释，即认知结构，它最大的特点是在信息不完全的状态下理性是有限的。

新制度经济学家之所以要采用这种个体主义，是因为：（1）他们认为，人是社会的主体，因此，任何社会科学要建立起在逻辑上一致、潜在可检验的理论体系，就必须建立在人类行为理论之上。（2）他们认为，经济学与其他社会科学相区别之处就在于，经济学是以稀缺和竞争为前

提，建立在个人选择基础上的一门学科。所以，由于“制度是人类所创造的，并由人类而改进，我们的理论必须从个人开始。”① （3）与其理论渊源密切相关。首先，新制度经济学发展新自由主义的落脚点，就是要“进一步发展和深入研究新古典的微观经济理论”②，尽可能地把宏观经济学的阐述置于坚实的微观基础之上。其次，新制度经济学对微观经济学的见解直接继承于奥地利学派。奥地利学派认为，经济学就是关于人类行为的科学，“行为准则与因果性准则是等价的”③，因此，经济学应当绝对地坚持把方法论的个体主义作为一个先验的有启发的假设，“即使有意识的行为可以被解释，那么，它也是心理学的而不是经济学或其他任何社会科学的任务。”④ 再次，20 世纪 60 年代以来，各个社会科学学科深受分析哲学的影响，认为科学的本质就是分析、分解和量化，“所有的社会现象，其结构及其变化，在原则上只有以个人的方式（个人品质、目标、信念和行为）才是可以理解的”⑤。新制度经济学的另一个来源——康芒斯的制度经济学认为，制度经济学企图超越新古典传统经济学的范畴，将法律、习俗等范畴有机地纳入其中，必须像物理学那样寻找到一个最基本的分析单位（原子），而这个单位在制度经济学中就是个体间的相互作用——交易。因此个体主义也必将是制度分析中必不可少的一部分。最后，在新自由主义浪潮中，新制度经济学要使其经济理论分析与其政治伦理主张相一致，就必须给予个体以独立的理论分析地位，必定在强调个人理性（经济人）的基础上，排斥并谴责集体理性。

新制度经济学家认为，他们的这种制度个体主义最大的优点在于：（1）克服了新古典理论中财富最大化假设所导致的困境，能够将意识形态、习惯、信息、行为标准都纳入最大化行为目标之中，不但扩展了个人理性选择的适用范畴，而且成功地突破了贝克尔—斯蒂格勒行为分析方法的局限，不从选择结果的性质入手，而就行为动机本身将伦理道德等价值形式纳入理论分析之中。（2）在人类行为中首次确立了认知结构，界定了人性不完善的根源所在，使“思想、教条、成见和思想意识”都起作用，并通过人类思维认知的发展将时间维度引入理论分析框架。

---

① 诺思：《制度、制度变迁和经济绩效》，上海三联书店 1995 年版，第 6 ~7 页。
② 亨利、勒帕日：《美国新自由主义经济学》，北京大学出版社 1989 年版，第 1 ~2 页。
③ Mises. Theony of human behaviour，Chicago：University of Chicago press，1960，P. 14.
④ Hayek，Philosophy，Politics and Economics，Chicago：University of Chicago Press，1967，P. 67.
⑤ Jan. Elster，Making sense of Marx，New York：Ekward，1984，P. 5.

正是基于上述认识，新制度经济学家强烈地反对制度整体主义。首先，他们认为，制度整体主义无法成功地给出一个有关人类行为的理论，在论述整体时无法给出个人选择的微观基础，从而导致理论分析的谬误。诺思曾指出，马克思理论以“阶级作为基本行动单位，这个集团太大了，内部情况也不一样，而新古典经济学的个体主义算计不失为一种更好的出发点”①。其次，他们运用奥尔森的集体行为理论，认为从整体出发将无法使宏观与微观相统一，因为从整体出发就无法解释集团个体行为的不一致，所以他们认为，马克思从阶级出发，必定导致他无法说明个体的机会主义、搭便车等行为。再次，与其他个体主义一样，他们认为，马克思从制度整体主义得出的是一个必然的结论，使个体处于决定论中，并赋予阶级等整体范畴以目的、利益和行为方式等，从而陷入社会有机论的困境之中。

三、马克思制度整体主义与新制度经济学个体主义的对比分析

要判断马克思与新制度经济学各自方法的优劣，应当弄清马克思对18世纪和19世纪各种唯心主义历史哲学的批判是否适应于新制度经济学的制度个体主义，以及新制度经济学等制度心理个人主义对马克思方法的攻击是否正确，然后才能得出逻辑检验性的结论。

在新制度经济学的人类行为理论之中，不但可以看到古典政治经济学的足迹，还可以看到其他古典社会科学的背景。这集中反映在三个方面：（1）在对人的理解上加入了人性不完善、人性恶的论点，认为人在面临信息不对称等状况时总是具有机会主义、“搭便车”的行为倾向，从而恢复了“人与人之间由于人性恶而总处于冲突之中”的霍布斯命题。（2）在对效用内涵的理解上，加入了非财富性价值目标，从而恢复了边沁所谓进入效用函数的变量包括肉体快感、财富、受人尊敬、友谊、良好的信誉、虔诚感、行善、仇恨、知识、记忆、想像力、希望、结社和痛苦的免除②的命题。（3）在认知结构方面，把学习当成认知能力发展的基础，并

---

① D. C. 诺思：《经济史上的结构和变革》，商务印书馆1992年版，第62页。

② Becker, Garys, The Economy Approach to Human Behavior, Chicago: University of Chicago Press, 1976, P. 16.

使时间成为认知能力发展的载体。可见，新制度经济学的制度个体主义虽与传统个体主义有所差异，但在质上却与古典唯心主义历史哲学所持的主观认知理论没有差别。因此，马克思对18世纪和19世纪唯心主义历史哲学所持的主观个人认知方法的批判，也是基本适用于新制度经济学的制度个体主义的。

新制度经济学的制度个体主义在内在逻辑上存在一系列重大的缺陷。

1. 新制度经济学的制度个体主义将所有人类行为都纳入了“认识—动机—反应—行为”分析框架之中，实质上只是承认目的性行为的存在，认为行为必须通过意识认知结构的过滤后才出现。而现代行为学和心理学都证明了导致行为产生的原因不仅仅包括意识认知层次上的刺激反应，还包括本能、条件反射、潜意识、冲动、直觉等。如果把个体行为仅限于意识性理性行为范畴之中，非意识性或非目的性的行为就被排除在分析框架之外，但事实上，这些行为在历史分析和技术变迁中起着重要的作用。

2. 新制度经济学之所以要修正传统个体主义的一些内涵，其目的就是要通过将意识形态和认知结构等范畴纳入人类行为理论之中，以说明制度因素在人类行为中所起的作用。但是，在新制度经济学的体系中，制度本身又是人类行为在动机驱使和认知结构的约束下相互作用的产物。因此，要用制度因素来界定动机和认知的内涵，或用动机和认知来解释制度的形成，其结果，要么陷入同义反复的困境，要么陷入“制度决定动机和认知结构，而动机和认知又决定制度”的无限循环论证的“个人与社会”相互决定的二律背反困境之中。

3. 新制度经济学将意识形态、信仰、习惯等范畴纳入人类行为之中，随之也将这些范畴纳入了个人理性算计的最大化框架之中。这一方面将扩大最大化理论所固有的弊病，另一方面也将抹杀这些范畴的真正内涵。

4. 从心理个体主义出发无法解释个体愿望与行为结果不一致的客观形成机制及其原因。在新制度经济学体系中，为了解决行为效果、制度绩效等问题，诺思引入信息不充分条件下人性的不完善性，即有限理性和机会主义等假设，利用有限理性、机会主义、“搭便车”、行为的外部性等工具，从人的认知特性来考虑问题。但是，他所谓的有限理性、信息不充分本身也还是个理论上的黑匣子，无法向我们提供更多的东西，如人的认知怎样才算是充分的？我们面临的信息是太少，还是太多？行为的外部性、不确定性、冲突性究竟来自何方？预期对行为结果影响的程度如何？这些问题都是新制度经济学没有解决也无法解决的问题。

5. 如何将微观与宏观有机地统一起来，实现理论的整合，也是新制度个体主义无法解决的问题。这表现为：如何从个体意识推导到集体意识？如何将个人效用加总而形成社会效用，特别是集团的效用评价？如何从个人选择推导出社会选择？心理学中的集体行为中个体无理性现象、社会福利函数加总及阿罗不可能定理证明，新制度经济学在对这三个问题的解决上存在着逻辑推理难以克服的困难。①

6. 从制度个体主义出发必定会导致抽象的社会契约论。因为在假设先验的独立个体的存在后，要解释制度的起源、社会的形成，就不得不把社会当成孤立化个体在不完全信息下进行博弈、相互缔约的产物。这样，新制度经济学的抽象假设中就隐含了博弈双方应具有平等性和同一性，这便决定了新制度经济学不得不做出非剥削性的解释，把社会冲突的根源归结为机会主义等范畴，从而否认集团在社会生产体系中不同地位所导致的阶级冲突。

7. 新制度经济学的制度个体主义承袭了康芒斯的传统，把“交易”作为制度分析中最小的单位，由它而进行人类制度的全面分析。但是在康芒斯那里，交易仅指“人与人的相互作用”，而将人与自然的关系排除在理论体系之外②，所以，在新制度经济学的制度分析中，将生产理论忽略了，使它无法通过对生产体系的认识来把握生产技术的发展，从而把握人们在资源争夺中各自力量产生的根源，并判别历史上各种社会集团活动的性质。

8. 制度个体主义的解释往往只能在逐个的基础上，对每个特殊社会事件进行分析，而很难从一类事件或从长时段角度对社会实体进行全面分析，因此它总是很难在琐碎的交易分析中总结出历史发展的规律，并进行预测。在诺思的体系中表现为从根本上否认历史规律性的存在。

而马克思的制度整体主义是否就像新制度经济学和其他个体主义所批判的那样，缺少微观基础，必定导致个体行为社会决定论，必定导致有机论呢？在下面的分析中，我们首先阐述马克思对人类行为的微观理解，然后阐述马克思制度整体主义与个体行为社会决定论之间的关系，并通过这些分析来回应一系列对马克思整体主义的批判。

1. 马克思的人类行为理论。20 世纪 60 年代以来，个体主义在分析哲

---

① 威尔逊：《新的综合》，四川人民出版社 1985 年版；高鸿业：《现代西方经济学》，经济科学出版社 1991 年版；肯尼迪·阿罗：《社会选择与个人价值》，四川人民出版社 1987 年版。

② 康芒斯：《制度经济学》，商务印书馆 1997 年版，第 80 ~ 85 页。

学的支持下，拼命地攻击马克思理论由于采纳整体主义分析方法而缺乏理论的微观基础，认为马克思理论一个显著的缺陷就是缺少人类行为理论，而使理论“含糊”不清。[①] 事实上，这些言论与诺思的个体主义一样，没有从根本上理解马克思的理论体系。

马克思历史发展理论在本质上是关于人的发展和解放的学说，因此它必须通过各种途径来认识历史主体——人，刻画人的方方面面的性质。马克思不但与其他社会科学家一样对人类行为提出了总体看法，还从微观上把握了人类行为的内涵和人的本质。马克思认为，“在社会历史领域进行活动的是具有意识，经过思虑或凭激情行动的追求某种目的的人。”[②] “无论利己主义还是自我牺牲，都是一定条件下个人自我实现的一种必要形式。”[③] “愿望是由激情或思虑来决定的，而直接决定激情或思虑的杠杆是各式各样的。有的可能是外界的事物，有的可能是精神方面的动机，如功名心、‘对真理和正义的热忱’、个人的憎恶，或者甚至是各种纯粹个人的怪想。”[④] 因此，在人的动机方面，一方面包括“吃、喝、性等等动物性机能，另一方面包括社会性机能”。[⑤] 人在追求这些机能时，“只能认识有限的东西”，因为“从历史的观点看……我们只能在我们时代的条件下进行认识，而且这些条件达到什么程度，我们便认识到什么程度”。[⑥] 从这些论述看，马克思早已认清了所谓现代人类行为理论的大部分内容。但是马克思并没有局限于这种表面的认识。在反对人性自然主义的时候，马克思认为，尽管作为自然存在的人是个体的存在物的具体表现和暂时表面上特征，是“客观的、感性的存在物”，而作为社会活动中的人，自然存在物最本质、最为重要的特征应当是社会的存在。反对将人的动物机能和社会性机能相混淆，并将社会性机能抹杀掉，反对犬儒学派否认理想正义等社会性范畴客观存在的功利主义思想。正是马克思强调具体个体行为中社会性机能，他进一步把握了人的本质。

马克思通过批判黑格尔、费尔巴哈异化理论中对人的认识，引入英国古典政治经济学，得出了他从社会—经济角度构建的历史实证的人类行为理论。马克思认为，黑格尔哲学过于抽象，导致他犯下两个错误：（1）他

---

① Jon. Elster, Marxism, Functionalism and Game Theory, Theory and Society, 1982, P. 463.
② 《马克思恩格斯选集》第 4 卷，人民出版社 1995 年版，第 247 页。
③ 《马克思恩格斯全集》第 3 卷，人民出版社 1960 年版，第 275 页。
④ 《马克思恩格斯选集》第 4 卷，人民出版社 1995 年版，第 248 页。
⑤ 马克思：《1884 年经济学哲学手稿》，人民出版社 1985 年版，第 51 页。
⑥ 《马克思恩格斯选集》第 3 卷，人民出版社 1972 年版。

使人的精神活动完全与感情活动相对应，以至于（2）他使人的成就的特性脱离了现实人的特性，变成了抽象思维的产物。在批判费尔巴哈的理论时，马克思认为，虽然费尔巴哈发展了唯物主义，但其体系中仍然保留着古典哲学把主客体相分离的方法，没有把感性看成“实践的、人的感性的活动”。[①] 因此，马克思从社会实践入手，使客体与主体相结合、使人的动物性机能和社会性机能相结合，得出了比一般人类行为理论更为深刻的见解，认为人在本质上是一种实践的存在，即一种能够从事创造活动，并通过这些活动改造世界，实现其特殊的潜能，满足其他人的需要的存在，因而人的本质就是“一切社会关系的总和”，它随着人们创造性活动的改变而改变。

从上面的分析可以看到，马克思的人类行为理论是从两个层面来展开的：一是具体个体行为的特点，包括目的性、有限认知性、内涵的动物机能性和社会机能性。二是从实践范畴认识的人的本质的层面，即人是实践的存在，在本质上是一切社会关系的总和。这一理论从根本上突破了诺思等新制度经济学人类行为理论的弊端。具体表现为：（1）既承认人类行为理性目的性特点，又承认非理性如激情、本能等内容。（2）强调社会性机能的独立性，突破了最大化带来的逻辑推导的困境。（3）引入实践范畴，克服了微观整合等问题。事实上，就马克思总体方法论而言，辩证的理论和方法必然暗含了对全面的实践活动的引入，在这种全面的实践活动中，哲学的、科学的、政治的、道德的和艺术的活动彼此渗透，因此，对活动主体——人的理解也必定超越任何类型学的单一分类，工艺人、政治人、经济人、消费人都只不过反映了实践存在的主体的某一方面。

2. 马克思制度整体主义与个体行为社会决定论。新制度经济学和其他个体主义方法论者攻击马克思制度整体主义方法的另一个重点在于，认为马克思从整体社会出发把人的本质理解为“一切社会关系的总和”，个体是由整体决定的，因此在马克思的世界中个体没有什么自由可言，他们的行动丝毫不能影响社会整体的发展和性质。因此，马克思制度整体主义必定导致个体行为社会决定论——机械决定论。事实上，这是十足的庸人之见。如上所述，马克思的人类行为理论是从两个层面来理解的。所谓人的本质是“一切社会关系的总和”，并非意味着任何具体行为的内涵都是由社会整体决定的，它从某种角度说是进一步理解个体具体行为中社会性

① 《马克思恩格斯选集》第1卷，人民出版社1995年版，第60页。

机能的一种方法，在马克思体系中，个人活动的自由性和创造性占有十分重要的理论地位。

马克思曾谈到，“人作为对象性、感性的存在物，是一个受动的存在物，因为它感到自己是受动的，所以是一个有激情的存在物，激情、热情是人强烈追求自己的对象的本质力量。”① 这一思想在他后来成熟的唯物史观中得到充分展开。一方面，在劳动实践活动中，劳动者本人可以随意从事这种或那种劳动，他对特殊的劳动的特殊关系不是社会决定的，他的意愿是由他的天赋、爱好，他所处的自然生产条件等等自然决定的。而正是这种在社会约束和自然约束下的个体的自由，使劳动者具有创造性，使生产力得到改进，从而促进社会整体结构的改变。另一方面，在社会约束强烈地约束先进生产力代表的集团的利益实现的时候，人们又会在激情中打破旧的枷锁而获得相对的自由，从而促进社会整体的发展。所以，那些认为马克思整体主义必将意味着个体的全面社会决定、个体无法影响整体的观点没有理解马克思生产力理论和革命理论的真正含义。

事实上，马克思的整体主义所意味的决定方式是指，个体在各式各样的动机下，其行为结果是由社会利益机制决定的。即“这种私人利益本身已经是为社会所决定的利益，而且它只有在社会安排的条件下并利用社会所提供的手段，才能达到目的，因而它受制约于这些条件和手段的再生产”②。即便如此，在客观的利益决定机制中，对于个体而言，他也会在偶然性支配下有选择社会所提供的手段的自由。如果不理解这种社会决定与个体自由的辩证关系，也当然不能理解马克思制度整体主义的优越性。

其实，对于新制度经济学体系而言，其关键性的缺陷在于，它没能深刻认识到社会客观利益决定与个体行动相对自由的辩证关系，没有理解到劳动创造性、革命热情性的作用，片面强调了个体行动的任意性、偶然性，从而没能把握住历史发展的规律性。

3. 马克思制度整体主义与“搭便车”。以诺思为代表的新制度经济学家认为，马克思从阶级这个整体范畴出发将无法解释“搭便车”等现象，并给予“搭便车”以适当的理论位置。这也是一种误解。首先，诺思不了解马克思所言的整体范围的内涵。在马克思体系中，阶级的界定不是按奥尔森所言的行动一致性等标准来划分的，它是按社会生产体系中不同资

---

① 《马克思恩格斯全集》第3卷，人民出版社1960年版，第123页。

② 马克思：《政治经济学批判大纲（草稿）》（第1分册），人民出版社1972年版，第92页。

源支配能力来划分，因此阶级不能单纯当成行动集团，而是由生产关系联系起来的客观存在的个体集合，因此，在阶级分析中，一般不用从行动集团层次上过多地考虑“搭便车”对行动集团形成的阻碍等问题。其次，诺思不了解马克思的革命意识形态理论。马克思在论述革命理论时认为，当阶级矛盾激化时，阶级集团要以统一行动的单位出现时，革命意识形态的激化是十分必要的。他指出，“如果不在暂时间激起本阶级和群众的热情，任何阶级都不能起这个作用。在这一时期中它与整个社会亲如手足，它被认为是全体的代表，大家同情它；在这一时期中，这个阶级的权利与要求真正是全社会的权利与要求，而这个阶级本身是这个社会的头脑与心脏。只是以社会的全体的权利的名义，某一阶级才能要求自己对于一切其他的统治，为了取得这个解放者的作用以及使一切社会势力范围为自己本身的势力范围服务的政治剥削者服务，仅仅靠热情和精神的自信是不够的，为了要使一个等级能表现为似乎是代表全社会的，那么就需要一切社会的仇恨都相反地集中于另一个阶级，需要一定的等级出现为引起公愤的等级、压迫一切的化身。”① 按现代语言讲，革命意识形态就充当了集体行动中的信息传导机制和利益激发机制，因而从根本上解决了“搭便车”等问题。最后，从马克思的理论逻辑来看，“搭便车”等机会主义行为在历史长河中只起到十分次要的作用。因为个体间勾心斗角的机会主义行为根本不会影响长时段宏观的客观整体集团为利益而进行的冲突。另外，按照超级博弈理论原理，在一次性博弈中，很可能因为信息不完全，博弈者都持机会主义态度采取“搭便车”行为而陷入纳什均衡状态之中，从而阻止合作的发生。但是，由于来自合作的收益、集体行动的收益是确实存在的，经过多次博弈，行为主体必然会采取合作性集体行动。所以，从历史长时段分析角度来看，“搭便车”等机会主义只是十分次要的因素。

4. 马克思制度整体主义与社会有机论。所谓社会有机论是指人为地附以某种无意识实体以意识，并把它当成主体进一步看待。许多个体主义论者认为马克思总是把阶级范畴人格化，并附以历史发展以规范性的目的，从而犯了神学、形而上学通常易犯的社会有机论的毛病。

马克思在《资本论》中谈过，“这里涉及到的人，只是经济范畴的人格化，是一定的阶级关系和利益的承担者”②。但是这种将阶级人格化的处理方法根本不涉及具体的行为动机，而是为了进行客观利益形成机制的

① 《马克思恩格斯选集》第1卷，人民出版社1965年版，第249~251页。
② 《资本论》第1卷，人民出版社1975年版，第12页。

分析。另外，认为马克思给历史附以规范性目的观点误解了历史规律性的内涵。在批判黑格尔唯心主义历史哲学时，马克思谈到，"'历史'并不是把人当做达到自己目的的工具来利用的某种特殊的人格。历史不过是追求着自己目的的人的活动而已。"① 在批判黑格尔国家理论时，他进一步谈到，不能把国家看成"有机体"并赋予主体的意志。"这种办法，用思辨的话来说，就是把实体了解为主体，了解为内部的过程，了解为绝对人格，这种了解方式就是黑格尔方法的基本特征。"② 由此可见，马克思本人也反对社会有机论，主张用历史实证的方法处理整体，以及整体与个体的关系。

四、总　结

综上所述，马克思的制度整体主义和新制度经济学的制度个体主义，都是以资源稀缺、生存竞争、信息不完全、有限理性为分析前提的。但是，新制度经济学在继承新古典分析框架的基础上，武断地认为，社会是个体活动的产物，社会科学就必须以个体人类行为理论为基础；制度是个人选择的产物，制度就必须以个人为理论出发点。这违背了"界定某一系统必须跳出系统"、"某物不能成为自身的判定物"的分析原则，所以，新制度经济学在构建其人类行为理论时，要么先验地构建抽象的理论，要么陷入人与社会相互决定、无限倒推的二律背反的困境中。同时，由于从个体主义认知出发，新制度经济学无法认识人类行为中动机的来源，判定认知结构的性质，解释认知结构的性质，从而无视最大化分析框架的缺陷，人为地抹杀动机模式中各种价值目标的内涵。当然，也正是由于从主观个体出发，使新制度经济学无视部分与整体间质的差别，从而无法了解历史变迁中各种集团的性质、社会冲突和社会选择的内在机制，以及各种冲突的来源和作用方式。因此，新制度经济学只能分析表面的社会相互作用，无法对个体交易给出一个关于风险来源、收益来源、合作剩余分配解的决定方式的科学解释，而只能把它们归结为机会主义、"搭便车"、认知有限等引致的个体间的冲突和斗争，片面地强调人性不完善在历史发展中的作用，并在琐碎的个体交易分析中无法把握历史发展的规律性。

① 《马克思恩格斯全集》第3卷，人民出版社1960年版，第118~119页。
② 同上，第75页。

相反，马克思则清晰地认识到，虽然人们在不同时代都具有趋利避害的行为，但是要把握人的本质，再现“历史的、现实的、社会的人”，就必须跳出抽象的“类本质”的约束，通过刻画人所处的社会关系来认识和界定人。所以，马克思在充分肯定人类生存需求的作用的基础上，从人类系统与自然界系统间的关系入手，引入社会实践，从满足需求的方式、社会手段入手，肯定人类征服自然、改造自然的生产活动在历史发展中的主导地位，建立起心理个人主义无法得出的生产理论，通过阐述生产力与生产关系、经济基础与上层建筑之间的辩证关系，把握住社会分工协作体系中对社会生产、社会资源有不同支配能力的各个集团的性质，并由集团的性质和它们相互间的关系去认识“现实”人的本质。因此，一方面，马克思制度整体主义包括两个层次的人类行为理论，解决了社会意识产生与发展、个体利益决定机制、个体行为性质、认知能力有限的原因、动机形成与发展的根源、社会决定论与个体意志自由之间的关系等一系列问题；另一方面，马克思制度整体主义方法看清了社会冲突产生的根源，把握了社会整体对抗和阶级冲突与个体冲突间的关系，从而把社会交换关系深层次的内涵与表面现象有机地结合起来了。

生产力概念的深化与马克思主义经济学的发展*

马克思主义经济学的分析范式是以历史唯物主义为基础的，而生产力决定生产关系又是历史唯物主义的核心命题，因此，深化对生产力与生产关系相互关系的认识，是发展和创新马克思主义经济学的根本途径。在本文中，我们想就此问题作一些具体讨论。

一、生产力发展的动力

在马克思主义经济学和历史唯物主义理论中，生产力的发展被看做是决定经济关系和社会发展的根本动力。问题在于，生产力的发展又是由什么决定的呢？如果不能回答这一问题，整个历史唯物主义和马克思主义经济学就会成为空中楼阁。对这一问题，我们不能借助生产关系对生产力的反作用或所谓制度的经济绩效来加以回答，那样，就会陷入循环论证之中，而必须从生产力自身运动规律中去寻找其发展的动力。

人类的生产是以满足需要为目的的，人的需要是社会生产发展的根本动力。而人类需要的产生首先有它的生物学基础。“全部人类历史的第一个前提无疑是有生命的个人的存在。因此，第一个需要确认的事实就是这些个人的肉体组织以及由此产生的个人对其他自然的关系”。① 从人的自然属性中产生出的人的需要及其满足，是全部经济和社会活动的基础。这一点是不能否认的。但是，人类的需要与动物有着根本的不同，动物只是本能地适应自然，它们的需要以及满足需要的能力，基本上是停滞不前的，而人类的需要以及满足需要的能力即生产力，却具有无限发展的倾

---

* 原文载于《教学与研究》2003 年第 9 期。

① 《马克思恩格斯选集》第 1 卷，人民出版社 1995 年版，第 67 页。

向。为什么会出现这种差异呢？答案就包含在人类从事的劳动之中。

劳动是人通过自身有目的的活动来引起、调整和控制人和自然之间的物质变换的过程。由于从事劳动，作为人类生理器官延长的工具从而人类的劳动能力，逐渐得到改进；主动地改变自然的物质形态以使之适应人类需要的技术发明不断出现；在永无间断的劳动实践中，人类的生产经验和知识不断得以累积；劳动过程的展开推动了社会合作和社会组织的发展。总之，人类的生产能力可以通过“边干边学”而得到不断提高。

劳动不仅生产出了劳动的能力，同时也生产出了人类的需要。人类的需要是随着劳动能力的扩张而不断发展的。如火的发明使人类具有了消费熟食的能力，从而产生了对熟食的需要；汽车的发明使人们产生了对汽车的需要；电脑的发明使人们产生了对电脑的需要。为满足生活的需要而进行生产活动本身又会引起对生产的需要。例如，使用铁器进行耕作，就会产生对炼铁和铸造的需要，使用汽车作为交通工具，就会产生对钢铁、汽油和机械设备等生产资料的需要。

人类的需要是无限的，但是，满足需要的能力即生产力在一定时期却是有限的。这里就产生所谓资源的稀缺问题。但是，在马克思主义经济学看来，所谓资源的稀缺问题，并不是像许多西方经济学教科书所说的那样，是人类经济生活的出发点和永恒的前提。相反，历史学证明，人类在生产和生活资料方面并不从来就是稀缺的。在长达几百万年的旧石器时代，人类是以采集为生计的。美国历史学家斯塔夫里阿诺思作过这样的描述：“对旧石器时代的食物采取者来说，他们的自然环境就像一个总是装得满满的、随时可取用的冰箱。一群食物采集者只要发现当地可作食物用的动植物快耗尽，便迁移到一个新的营地。因此，旧石器时代的一群群食物采集者总是处在迁移中，他们差不多是从一个营地一路吃到下一个营地。”① 这是一种原始的“丰裕”。不过，虽然当时的物质资源对人类来说并不稀缺，但是，与现代人的生活相比，旧石器时代人类的生活显然不能说是富裕，而只能说是贫困。

那么，是什么制约了人们生活水平的提高呢？应当说是劳动时间和劳动能力的有限性。人的生命以及他所拥有的脑力和体力总是有限的。在有限的生命中，人类还要把相当一部分时间花在满足睡觉吃饭等纯生理的需要上，在其余的时间内，人们才能从事劳动，生产他们所需要的各种产

① 斯塔夫里阿诺思：《远古以来的人类生命线：一部新的世界史》，中国社会科学出版社1992年版。

品，满足生存和发展的需要。因此，劳动时间对人来说永远是稀缺的，这是他们所无法超越和克服的客观约束。这样，就产生了一个根本性矛盾，即人类必须用有限的时间和能量去满足他们无限增长的需要。为了解决这一矛盾，人们在生产过程中必须考虑劳动时间的节约问题，必须要对劳动的消耗和劳动的成果进行比较。节约劳动时间，用最小的劳动消耗获得最大的劳动成果，被马克思称作为人类社会首要的经济规律。马克思强调，“社会发展、社会享用和社会活动的全面性，都取决于时间的节省。一切节约归根到底都归结为时间的节约”。[①] 而劳动时间的节约就等于生产力的发展。劳动时间的节约，是人类劳动过程的必然要求，是适用于一切社会的普遍规律，这个规律不会因为社会制度的变化而消失，改变的只是它的实现方式。因此，社会生产力由低到高的发展具有必然性。

二、生产力发展水平的表征

生产力的发展是人类社会的必然趋势。那么，生产力的发展表现在什么方面呢？生产力发展水平的高低是以什么为标准来加以衡量的呢？对于这一问题，我们可以从以下四个方面来说明。

1. 如果产品结构或社会生产的部门结构不变，生产力水平的高低和生产力的发展程度，就可以用该种产品的劳动生产率，即单位时间内生产的劳动产品的数量来表示。劳动生产率的提高表明在单位劳动时间内生产了更多的产品，或者说生产同样数量的产品需要较少的劳动时间。但是，用劳动生产率的高低来衡量生产力发展的水平是以产品结构不变为假设前提的，这时整个社会生产力的发展表现为单纯的数量扩张。一旦我们改变假设，考虑到产品结构的变动以及不同产品之间的相互关系，问题就复杂了。由于不同时期和不同国家的产品结构或部门结构不同，如果我们要在整体上对不同时期和不同国家的生产力发展状况进行比较，仅仅依靠劳动生产率这一概念显然是不够的。这就需要引入产品结构变动或部门结构升级的概念。

2. 在产品结构或生产的部门结构向着日益复杂化和高级化的方向变动的情况下，生产力的发展就不能仅仅用既定产品结构条件下劳动生产率

---

① 《马克思恩格斯全集》第30卷，人民出版社1995年版，第123页。

的提高来衡量。在这种情况下，生产力的发展表现为劳动分工的发展。这种发展一方面表现为分工在原有部门结构基础上的深化，即同一部门内部不同环节的生产活动分解为专业化的独立行业（这是劳动生产率提高的一个重要原因）。另一方面，分工的发展还表现为其范围的扩展，即新技术和新生产方式出现导致的新产品、新部门的产生和发展。这增加了产品的种类，扩大了生产的范围，提高了人类总体劳动的复杂程度，使人类的需要在更多方面得到满足。事实上，历史上社会生产力的每一次重大革命，都是通过产品创新来实现的。除了少数几类生活必需品以外，现代社会居民所消费的绝大多数产品，对于古代社会的居民来说是闻所未闻的。

3. 社会生产力的发展还表现为剩余劳动的增加。剩余产品的增多和剩余劳动时间的增加，是社会劳动生产力发展的一个重要表现。在劳动时间和必需品的数量一定的条件下，劳动生产力的提高必然表现为剩余产品的增多和剩余劳动时间的增加。剩余产品的出现，使人们有可能留出一定的后备产品用来应付各种自然灾害，有了经常性的食物和物资贮备，从而为人口的增长和生活质量的提高提供了物质前提。剩余产品的出现，使人们有可能追加对生产过程的各种投入，扩大生产规模，从而为生产力的不断发展奠定了可靠的基础；剩余产品的出现，使一部分社会成员可以从食物等必需品的部门解脱出来，促进了劳动的分工和专业化；生产力的发展使必要劳动时间不断减少，从而为个人的全面发展和多方面能力的提高创造了条件。如果说，在原始状态下人们所有劳动时间都是必要劳动时间，剩余劳动时间为零，那么，随着生产力的不断发展，总有一天会达到这样一种水平，那时，必要劳动时间减少到了最低限度，已经趋向于零。从这时候开始，人类社会就从必然王国进入到了自由王国。

4. 生产力的发展水平还表现在是否具有可持续性上。早在 100 多年前恩格斯就曾经警告过人们："我们不要过分陶醉于我们人类对自然界的胜利。对于每一次这样的胜利，自然界都对我们进行报复。每一次胜利，起初确实取得了我们预期的结果，但是往后和再往后却发生完全不同的、出乎预料的影响，常常把最初的结果又消除了。"① 100 多年来人类工业化的实践，完全证实了恩格斯的预言。20 世纪既是经济飞速发展的世纪，也是全球规模环境破坏的世纪。严峻的现实使人们开始意识到：生产力的发展和人类的经济活动必然受到生态的限制，对于自然资源的过度开采，

① 《马克思恩格斯选集》第 4 卷，人民出版社 1995 年版，第 383 页。

对于生态环境的大规模的破坏，虽然可能会在短期内增加物质产品的数量和品种，但从长期来看却会成为生产力持续发展的障碍。生产力的发展绝不意味着人类对自然的征服，而是意味着人类对自然规律认识的深化，协调自身与自然关系能力的提高。合理地保护和利用自然，形成人与自然之间更加和谐的关系，是持续发展的保障，是生产力具有向更高水平继续进步的强大后劲的表现。

因此，生产力的发展并不像通常人们理解的那样，仅仅表现为劳动生产率的提高，而是有着丰富的内涵。全面认识这一问题，才能更为准确地说明生产力发展的过程及其对生产关系和社会结构的影响。

三、分工与生产力的发展

分工是生产力发展的重要表现。对于分工的重要作用，马克思曾作过这样的概括："一个民族的生产力发展的水平，最明显地表现于该民族分工的发展程度。任何新的生产力，只要它不是迄今已知的生产力单纯的量的扩大（例如，开垦土地），都会引起分工的进一步发展。"① 在马克思之前，古典经济学的创始人亚当·斯密也曾有过类似的看法，他认为：劳动生产力上最大的增进，以及运用劳动时所表现的更大的熟练、技巧和判断力，似乎都是分工的结果。我们在前面谈到的生产力发展水平的两个表征，即劳动生产率的提高和部门结构的高级化和复杂化，其实就是分工发展的结果和表现。

那么，为什么分工具有如此巨大的作用呢？它是如何促进生产力发展的呢？我们从宏观分工和微观分工两个不同层次来分析这一问题。所谓宏观分工是指部门或行业分工，它的结果是形成众多的劳动部门。所谓微观分工是指同一生产机构（例如一个农场或一个工厂）内部不同操作环节之间的划分，其结果是形成一定规模的劳动集体或生产团队。

宏观分工对生产力的促进作用主要体现为节约社会总劳动时间，促进部门和产品的多样化，扩大社会总劳动的范围，使人们获得了由分工而产生的绝对的和相对的利益。关于这一点，亚当·斯密和大卫·李嘉图最早作过阐述。微观分工对生产力的促进作用，古典经济学家也早就有过许多

---

① 《马克思恩格斯选集》第1卷，人民出版社1995年版，第68页。

描述，例如，分工使劳动者专注于特殊的操作，提高了劳动技能和熟练程度；分工减少了因工作的变换而造成的时间损失，保障了生产的连续性，加快了生产节奏；等等。总之，生产机构内部分工大大提高了劳动生产率。但是，对于为什么分工具有提高劳动生产率的作用，经济学家们却一直语焉不详。这里，我们以机器大生产这一在当代社会仍然占主导的生产方式为背景，对生产机构内部分工提高劳动生产率的原因作一解释。

可以将机器大生产看做是一个人和机器的共生系统。在这个系统中，人和机器这两个元件的工作方式和所起的作用是很不同的。机器通常是按其自身的构造决定的运动方式不变地依一定规则传输和接受信息，而人则能自主地对机器运转过程中发生的信息做出各种随机反应。它可以充当静态或动态联结，可以根据信息的变化不断校正自己的动作，按信息的大小成比例地调节自己的活动，或完成某些非线性变换。在反复进行同一操作的过程中，会形成人对信息的模式化反应，但即使在这种情况下，人对机器所用的控制方法，也不是一成不变的，而是可以在重复操作过程中自觉改进处理信息的方式，使机器的运行状态逐渐接近最优化。[①]

正是由于在生产过程中，人感知和处理生产过程信息的作用是机器所无法替代的，所以生产过程离开了人就无法进行，监督与调整生产过程的工作仍需人工来完成。工人要不断照料机器的动作，用眼耳和神经系统来直接获取生产过程的信息，然后由大脑对这些信息进行处理，做出要不要改变机器运行状况的决定，并通过手对机器的直接调整来执行这一决定。没有人对机器运转过程中产生的各种信息的感知和处理，就不可能形成能动的生产过程。但是，由于生理条件的限制，人感知和处理信息的能力又是很有限的。因此，为了使人能够尽量迅速和准确地处理按照一定速度和节奏不断运动的机器所产生的信息，就不仅要使人所进行的操作包含的信息量与人本身可以承受的信息量相适应，而且需要把包含着较大信息量的复杂操作分解为较简单的、包含较少信息量的操作。操作过程越简单，需要加工处理的信息量越小，加工处理的速度就越快，从而生产效率就越高。这可以说是机器生产由其特殊的技术和工艺条件决定的内在要求。而这种要求又只有通过机器工厂内部工人之间日益细密的分工才能实现。在机器生产的核心部门即机械制造业的某些生产领域中，过去那种具有高度复杂技巧的装配工，为流水线上高度分工的操作工所代替的过程，就是传

① 雅·科尔涅尔：《控制论基础》，科学出版社1980年版。

统机器生产固有的技术和工艺条件推动分工发展的典型表现。传统机器生产条件下无法消灭分工的根本原因，就在于机器运转离不开人的直接控制和把握与人处理机器运动产生的信息的有限能力之间的矛盾。正是这个矛盾推动了分工的发展。

四、生产力决定生产关系的机制

生产力决定生产关系是马克思主义经济学的核心命题，那么，生产力是如何决定生产关系的呢？回答这一问题需要引入劳动方式这一概念。一个显而易见的事实是：劳动力、劳动工具等生产力的简单要素，只有通过人们在生产过程中形成的技术组合关系，才能结合起来形成劳动过程，从而形成现实的生产力。而劳动方式，就是这种技术组合关系。尽管劳动方式是由劳动资料的性质决定的（在一定程度上还是由与特定劳动资料相适应的劳动力的素质决定的），但它是把各种简单要素有机地统一起来的联系，是一定历史阶段的物质生产方式的整体体现，从而反映了这个历史阶段的生产力的特殊性质。某种新出现的生产资料是否使生产力的性质发生变化，取决于它是否引起劳动方式的变革。事实上，我们人类历史上已经完成的生产力革命，都是以物质生产要素特别是劳动工具的技术创新为基础的人类劳动方式的深刻变革。因此，在政治经济学研究中，我们在考察生产力的发展时，不能把眼光局限在劳动工具本身革新和发展的范围内，而必须把这种革新和发展与劳动者的活动方式的变化联系起来。撇开劳动方式的发展来谈论生产力的发展，不仅像离开某一生物的有机整体而孤立地研究其某个器官一样，不可能对这一有机整体的形成和演化过程做出科学的解释，而且会使得对生产力与生产关系的辩证联系的说明，缺少必不可少的中介环节。生产关系是人们在运用生产工具从事劳动活动时形成的关系，跳过劳动活动的组织方式这个中介，直接用劳动工具来说明生产力对生产关系的决定作用，必然造成解释上的主观随意性。尽管人们的劳动方式依然故我，生产力的性质并没有改变，但任何一种新工具的产生或旧工具的局部改良，以至某种新材料、新能源的使用，都可以被宣布为生产力的发展已经要求变革生产关系。例如，实行电气化就曾经被说成是具备了进入共产主义的生产力基础。

因此，一定性质的生产力对与此相应的社会经济关系的决定作用，是以劳动方式为中介而实现的。“不论生产的社会形式如何，劳动者和生产资料始终是生产的因素。但是，二者在彼此分离的情况下只在可能性上是生产因素。凡要进行生产，就必须使它们结合起来。实行这种结合的特殊方式和方法，使社会结构区分为各个不同的经济时期”。① 劳动方式是劳动者与生产资料结合的技术组织形式，在这种技术组织的基础上产生了劳动者与生产资料结合的社会形式，即生产资料所有制，在一定的所有制基础之上，产生了全部的社会经济关系。② 这就是生产力决定生产关系的主要机制。

在马克思主义经济学中，劳动方式的发展主要体现为分工。分工是马克思和恩格斯历史唯物主义和政治经济学理论的一个基本范畴，是生产力决定生产关系、经济基础决定上层建筑的一个关键环节。在《德意志意识形态》以及后来的《资本论》中，马克思和恩格斯对分工的意义做了全面的阐述：

“分工产生出密集、结合、协作、私人利益的对立、阶级利益的对立、竞争、资本积聚、垄断、股份公司”。③

“分工不仅使精神活动和物质活动、享受和劳动、生产和消费由不同的个人来分担这种情况成为可能，而且成为现实”。④

“分工发展的各个不同阶段，同时也就是所有制的各种不同形式”。⑤

“正是由于特殊利益和共同利益之间的这种矛盾，共同利益才采取国家这种与实际的单个利益和全体利益相脱离的独立形式，同时采取虚幻的共同体的形式，而这始终是在每一个家庭集团或部落集团中现有的骨肉联系、语言联系、较大规模的分工联系以及其他利益的联系的现实基础上，特别是在我们以后将要阐明的已经由分工决定的阶级的基础上产生的，这些阶级是通过每一个这样的人群分离开来的，其中一个阶级统治着其他一切阶级”。⑥

“分工的规律就是阶级划分的基础”，⑦ 随着新的分工，社会就出现新的阶级划分。

---

① 《马克思恩格斯全集》第 24 卷，人民出版社 1972 年版，第 44 页。
② 林岗：《社会主义全民所有制研究》，求实出版社 1986 年版。
③ 《马克思恩格斯全集》第 30 卷，人民出版社 1995 年版，第 109 页。
④ 《马克思恩格斯选集》第 1 卷，人民出版社 1995 年版，第 83 页。
⑤ 同上，第 68 页。
⑥ 同上，第 84 页。
⑦ 《马克思恩格斯选集》第 3 卷，人民出版社 1995 年版，第 632 页。

“社会产生它不能缺少的某些共同职能。被指定执行这种职能的人，形成社会内部分工的一个新部门。这样，他们也获得了同授权给他们的人相对立的特殊利益，他们同这些人相对立而独立起来，于是就出现了国家”。①

“分工使劳动产品转化为商品，因而使它转化为货币成为必然”。②

从这些论述中不难看出，分工是产生人们之间的经济关系的基本过程；离开分工这个人类的基本劳动方式的发展，就无法说明各种生产关系是如何通过劳动的技术方面的发展而产生出来的。正是由于分工所具有的如此重要的意义，马克思才说：“分工从某一方面来看，是政治经济学的一切范畴的范畴”。③

五、创新与发展马克思主义经济学的根本途径

我们确信，以上关于生产力发展规律的讨论，对于马克思主义经济学的创新与发展具有重要的意义，马克思主义经济学发展中面临的许多问题都与以上的讨论密切相关，可以举几个例子加以说明。

1. 未来的共产主义社会不存在商品货币关系，是马克思和恩格斯关于未来社会的一个基本观点。这一观点虽然有合理的成分和启发意义，但总的来看是不符合实际的。出现这一理论偏差的原因是多方面的，其中重要的一点是，他们误把机器生产发展之初的某些现象当成了分工将要消灭的征兆，认为分工的消失在社会化大生产的条件下已不再是什么虔诚的愿望，从而得出了在当时生产力发展的条件下就已经具备了消灭社会分工和商品生产、实现个人自由全面发展的结论。对于分工的这一看法，直接影响了他们对商品生产乃至整个资本主义制度发展前景的判断。

2. 虽然马克思曾经提出，任何生产力的发展如果不是量的增加，就表现为分工的扩大。但是，这一观点在《资本论》的体系中并没有得到充分体现，《资本论》在分析资本积累趋势时，实际上是以产品和部门不变为前提的，这样自然会得出结论：即随着生产力的发展和资本有机构成的提高，一般利润率必然会趋于下降，相对过剩人口必然会不断增多，资

① 《马克思恩格斯选集》第4卷，人民出版社1995年版，第700页。
② 《马克思恩格斯全集》第23卷，人民出版社1972年版，第127页。
③ 《马克思恩格斯全集》第47卷，人民出版社1979年版，第304页。

本主义的矛盾日益激化。但是，现实的资本积累是在产品和部门不断创新和分工体系不断扩大的条件下进行的，因而，用部门不变的假定条件来说明资本积累的现实动态时难免会产生局限性。只有把产品创新纳入到马克思主义资本积累的理论框架中去，才能对资本积累的现实过程作出比较完整的说明。

3. 马克思主义经济学对于资源配置的研究也是以分工为基础的。从微观角度看，资源配置过程实际上就是微观分工的展开过程，在这一过程中，不同的生产要素或资源按照分工协作的原则要求组织起来，形成现实的生产能力，生产出满足人们需要的具体产品，劳动时间的节约是支配这一过程的根本原则。从宏观的角度看，资源的配置实质上是生产与需要的相互适应的问题，亦即社会总劳动根据社会对不同产品的需要，在不同生产部门按比例分配的问题，这是人类社会所面临的永恒的经济问题，只是在不同的社会历史条件下，人类解决这一问题的制度和方法不同。价值规律就是商品经济条件下按比例分配社会总劳动的具体形式，而平均利润规律则是按比例分配社会劳动在资本主义制度下的表现形式。

类似的例子还有很多。比如，从分工出发对于企业的本质、经济增长的机制、制度变迁的过程和世界经济体系的说明，等等。总而言之，生产力理论的深化，特别是分工问题的引入，是发展和创新马克思主义经济学的一个重要途径，值得我们高度重视。

所有制的含义、结构和基础*

一、所有制是直接生产中的关系和过程

在英、法、德三种文字中，property，propriété，Eigentum 是对等的词，具有多种含义：（1）指所有物，中文译为财产；（2）指对物的权利，中文译为所有权；（3）指经济范畴，中文译为所有制。这些词原本只具有法律上的财产和所有权的含义，它们作为经济关系范畴的意义，是马克思主义政治经济学后来赋予的。我们知道，在马克思主义政治经济学中，生产关系有广义和狭义之分，前者是包括生产、流通、分配等各个环节的生产关系体系，后者则只是人们在直接生产过程中形成的关系。那么，马克思主义政治经济学中的所有制（Eigentum）同这两种意义的生产关系中的哪一种等价？

马克思的《政治经济学批判导言》这一阐述政治经济学研究方法论的著作，提供了解决这个问题的钥匙。在这一著作中，马克思首先考察了生产关系体系中的生产，然后论述了生产与分配、交换、消费的一般关系。而所有制问题，马克思是在谈到生产时论述的。马克思指出："一切生产都是个人在一定社会形式中并借这种社会形式而进行的对自然的占有。在这个意义上，说所有制（占有）是生产的一个条件，那是同义反复。……如果说在任何所有制形式都不存在的地方，就谈不到任何生产，因此也就谈不到任何社会，那么，这是同义反复。什么也不据为己有的占有，是自相矛盾。"这段话中的两个"同义反复"，再清楚不过地表明马克思认为所有制与人们借一定社会形式对自然的占有，即一定社会形式的

---

* 原文载于《学习与探索》1986 年第 2 期。

直接生产过程，是一回事。显然，在他看来，所有制就是直接生产过程的社会形式或直接生产过程中人们相互间的社会关系。这还可以从马克思的其他著作的有关论述得到印证。例如，在与《导言》同时期写成的《经济学手稿（1857～1858）》中谈到所有制（财产）时，他就说过："既然生产者的存在表现为一种在属于他所有的客观条件中的存在，那么财产就只是通过生产本身而实现的。实际的占有，从一开始就不是发生在对这些条件的想象的关系中，而是发生在对这些条件的能动的、现实的关系中，也就是实际上把这些条件变为自己的主体活动的条件。"虽然这段话说的是原始公社条件下劳动者通过共同体的生产关系对生产条件的占有，但对其他社会形态也是适用的。因为对于地主、资本家等剥削者来说，尽管不是由他们直接运用生产资料进行生产，但他们也必须通过自己与劳动者的一定生产关系，使生产资料同劳动者在直接生产过程中结合起来，使劳动者借一定社会形式对生产条件发生能动的关系，否则封建所有制和资本主义所有制就只能是一种"想象的关系"。

马克思在《导言》中考察生产和分配的关系时，区分了生产条件的分配和消费品的分配，指出生产条件的分配"这种决定生产本身的分配究竟和生产处于怎样的关系，这显然是属于生产本身内部的问题。"这也说明所有制只能是同狭义的生产关系即直接生产过程中的关系等价的。在解释这个观点时，马克思还指出，生产条件的分配是通过生产过程本身、作为生产的历史结果产生出来的，并且随着生产方式的改变而改变（只是在人类最初脱离动物界时，它才"表现为自然发生的东西"）。接着，他又举例说明，如果企图通过征服、掠夺、立法来确立一种与现存的生产不相适应的生产条件的分配方式，那是注定要失败的。生产条件的分配形式只有同生产方式相适应才能存在，只有在一定社会形式的直接生产过程内才能确立起来。例如，在奴隶制条件下，生产条件的分配表现为"奴隶直接被剥夺了生产工具"。"但是奴隶受到剥夺的国家的生产必须安排得容许奴隶劳动，或者必须建立一种适于使用奴隶的生产方式"。奴隶主之所以成为生产的主观条件和客观条件的所有者，决不仅仅是因为他占有了生产资料和奴隶本身，而是因为他把奴隶当做"会说话的工具"投入直接生产过程。如果他不这样做，而是像野蛮时代那样将被虏获的人吃掉，奴隶主与奴隶的生产关系就不可能存在，奴隶制形式的生产条件分配即奴隶主所有制也就无从谈起。同样，在现代雇佣奴隶制下，只有在直接生产过程中把工人的劳动力当做生产剩余价值的特殊使用价值来消费，资本家和雇佣工人的对立关系才会发生；而在不存在这种关系的情况下，单单劳动者与生产资料分离这一事实本身，是不可能导致资本主义形式的生产条件分配即资本主义所有制的。例如，在古罗马时代就存在过大量一无所有的自由民，但他们并没有成为从属于资本家的雇佣工人，从而也就不可能有资本主义所有制。因为那时能够形成资本家和雇佣工人对立关系的特定形式的直接生产过程还不存在。

既然所有制是直接生产过程的生产关系形式，那么这种关系就必然会随着直接生产的进行而作为过程展开。从这个意义上，又可以说所有制是在直接生产中发生的社会过程。而且，这种过程会像其他一切自然和社会过程一样，呈现出规律性。马克思在《资本论》第一卷中，考察资本的生产过程时，就不仅分析了直接生产过程中资本家和雇佣工人的关系，而且在此基础上阐明了资本这个私有制的现代形式的运动规律——绝对剩余价值和相对剩余价值的生产规律。由此，他又对资本积累的历史趋势进行考察，从机器大生产发展推动下形成的积聚和集中趋势中，揭示出剥夺者就要被剥夺，从而使“事实上已经以社会生产为基础的资本主义所有制转化为公有制”的历史必然性。《资本论》第一卷本身就是马克思把所有制问题当做直接生产中的关系和过程来研究的例证。

目前，国内外有不少经济学家认为马克思的所有制概念是对全部生产关系体系的概括。他们一般都把马克思在一封信中批判蒲鲁东时说过的一段话引为主要根据：“所有制形成蒲鲁东先生体系中的最后一个范畴。在现实世界中，情形恰恰相反：分工和蒲鲁东先生的所有其他范畴合起来构成现在称之为所有制的社会关系。”① 其实，这段话中的两个 Eigentum 都应译为“所有权”，而不应译为“所有制”。而其中的“社会关系”，则应理解为法律意志关系，而不是生产关系。因为蒲鲁东从来就没有过作为客观生产关系的所有制概念，而始终是把 propriété 作为社会意志关系即权利来理解的；马克思所要批判的只是蒲鲁东关于所有权这个法律范畴的谬论，而不可能是他关于所有制这个经济范畴的观点——批判别人根本没有的观点，岂不是无的放矢？蒲鲁东在谈到财产所有权时说：“它是由自私产生的，它是个人的见解产生的，它是理智的专制统治的直接后果。”② 可见，他根本就不懂得所有权这个法律上层建筑是建立在客观经济关系基础上的。马克思在前面所引那段话里，不过是针对蒲鲁东不懂得属于法律

① 《马克思恩格斯资本论书信集》，人民出版社 1976 年版，第 19 页。
② 《什么是所有权》，商务印书馆中译本，第 265 页。

上层建筑的所有权与经济基础的关系，说明所有权是建立在客观经济关系基础上的。他要加以解释的，并不是作为客观经济关系的所有制，而是法律上的财产所有权。在马克思批判蒲鲁东的专门著作《哲学的贫困》里有与这段话类似的另一句话："给资产阶级所有权下定义不外是把资产阶级的全部社会关系描述一番。"在这里，Eigentum 一词被正确地译为所有权。那么，为什么马克思认为要说明财产所有权这个法律范畴，需要把全部社会关系描绘一番呢？这是因为，在资产阶级社会中，法律所确认和保护的财产所有权包括规定在民法中的涉及生产、流通、分配等各方面的占有、使用、处分等权利，以至于不直接反映经济关系但具有经济内容的权利，例如与亲属关系有关的继承权。所以，财产所有权并不仅仅反映直接生产过程中的所有制关系，而是全部生产关系总和以及其他有关社会关系的反映。因此，尽管财产所有权是以所有制关系为最基本的根据的，但它与所有制的关系又不是物体和它在镜子中的影像之间那种一对一的简单反射联系。马克思就曾经说过，"虽然一定所有制关系所特有的法的观念是从这种关系中产生出来的，但另一方面同这种关系又不完全符合"，并且强调这是"极其重要的一点"①。总之，把马克思批判蒲鲁东等人的几段话当成所有制等于全部生产关系总和的论据，是不恰当的。

二、所有制的内部结构

马克思没有直接对所有制的内部结构问题做过一般方法论方面的论述。不过，还是可以根据他关于资本主义直接生产过程的分析，尤其是把这个过程看做是劳动者与生产资料相结合的一定方式的论述，来弄清分析所有制内部结构的一般方法论原则。因为，劳动者和生产资料的结合方式，也就是劳动者与客观生产条件发生能动和现实的关系即进行直接的物质生产的社会形式，与所有制是同义语。例如，马克思就曾把小生产者的私有制称为"把孤立的、自主的劳动者同劳动的外部条件结合在一起的私有制。"②

马克思在谈到劳动者和生产资料结合的资本主义方式时指出："自由工人和他的生产资料的分离，是既定的出发点，……二者在资本家手中……

① 《马克思恩格斯全集》第30卷，人民出版社1995年版，第608页。
② 《资本论》法文版中译本，第825页。

是作为他的资本的生产的存在方式结合起来的。”在分析作为直接生产过程的引导过程或劳动者与生产资料结合的媒介的G—A行为时，他又指出：劳动力“只有通过出卖而和生产资料相结合的时候，才能从事生产活动。……劳动力一经出卖而和生产资料相结合，它就同生产资料一样成了它的买者的生产资本中的一个组成部分。”① 从马克思的这些论述可以看出，劳动者与生产资料的资本主义结合方式包括三项内容：

（1）结合的出发点或前提，即自由劳动者和生产资料相分离。

（2）结合的引导或媒介，即劳动力的买卖。

（3）结合的实际形式，即劳动者在直接生产过程中同生产资料一起作为资本的生产的存在方式即生产资本结合起来。

能不能对劳动者和生产资料的资本主义结合方式加以抽象，把结合的出发点或前提、引导或媒介以及实际形式当做所有制的三个一般构成要素呢？要回答这个问题，需要回顾一下资本主义之前各种经济形态下占主导地位的劳动者和生产资料相结合的情况。

在原始社会，劳动者由于血亲关系而成为共同体的天然成员。存在于氏族共同体中，既是他与生产资料结合的前提，又是这种结合的媒介。结合的实际形式则是共同体全体成员的联合劳动。由于当时个人抗御和驾驭自然的能力极其低下，离开了共同体和以它为前提及媒介的联合劳动，很难谈得上劳动者个人对客观生产条件的能动的占有。因此，当时的所有制只能是公社所有制。原始公社末期，在生产力提高的条件下，原始共同体之间的征战造成了战胜者对战败者的统治，而共同体内部的贫富分化则造成了债权人对债务人的统治。这种统治表现在两个方面：一是对战败者或债务人的土地等生产资料的占有，二是对他们的人身的占有。前者构成随即出现的奴隶主所有制内劳动者与生产资料结合的前提，而后一种占有则构成结合的媒介。而结合的实际形式则是以奴隶被当做无机的自然条件来对待，作为“会说话的工具”与牲畜、农具等“哑巴工具”一起并入直接生产过程为特征的。到了封建主义时代，作为先行的历史过程的结果的领主或地主对土地这一主要生产资料的占有，构成劳动者与生产资料结合的前提。而劳动者对封建领主或地主的人身依附，则是这种结合的媒介。实际结合采取了劳动者作为封建地产的附属而被固定在土地上的形式。

从以上简略的分析可以看到，在原始公社所有制中，劳动者和生产资

① 《马克思恩格斯全集》第24卷，人民出版社1972年版，第44、37~38页。

料结合的前提和媒介都是一个东西即共同体的存在。但这并不妨碍对能否将结合的前提、媒介和实际形式当做所有制一般的三个一般要素这个问题做出肯定的回答。因为，共同体的存在，在当时客观上具有前提和媒介的双重作用。马克思在研究古代所有制形式时，就是从前提和媒介两个不同角度对共同体进行考察的。他一方面指出“自然形成的部落共同体，……是人类占有他们的生活的客观条件的第一个前提。”另一方面又指出“这种把土地当作劳动的个人财产看待的关系……要以他作为部落等等成员的自然形成的存在为媒介。”① 看来，把劳动者与生产资料相结合的前提、媒介和实际形式当做所有制一般的三个一般构成要素，是可以成立的。马克思在《资本论》中提出过一个著名的一般原理：“不论生产的社会形式如何，劳动者和生产资料始终是生产的因素。但是，二者在彼此分离的情况下只在可能性上是生产因素，只要生产，就必须把它们结合起来。实行这种结合的特殊方式和方法，使社会结构区分为各个不同的经济时期。”根据前面的分析，可以进一步把使社会区分为各个不同经济时期的不同结合方式的区别，归结为结合的前提、媒介和实际形式三个要素的区别。换句话说，不同社会经济形态的区别归结为它们在所有制方面的区别，而不同所有制的区别又取决于它们内部的三个构成要素的区别。在《资本论》第一卷中，马克思就是从结合的前提、媒介和实际形式三个方面对资本主义所有制展开分析的。他以劳动者与生产资料相分离为既定前提，在第二篇中分析了资本主义结合方式的媒介。然后带领人们进入门上挂有“非公莫入”牌子的隐蔽的生产场所，在第三篇到第六篇中说明了这种结合的实际形式即“资本的生产的存在方式”。在第七篇里，他又通过对资本积累过程的分析，说明资本主义结合方式的前提、媒介和实际形式，如何通过不断进行的生产过程，在日益扩大的规模上被再生产出来，从而使通过这三个要素而展开的资本家和工人的对立关系在日益扩大的规模上被再生产出来。而在第七篇末的“所谓原始积累”一章里，他则回过头来说明了资本主义结合方式即资本主义所有制的前提在前资本主义时期形成的先行的历史过程。

总之，劳动者与生产资料结合的前提、媒介和实际形式的统一，构成所有制关系的整体。现在需要进一步说明的是这三个要素在统一的所有制关系中的联系和作用。

---

① 《马克思恩格斯全集》第46卷（上册），人民出版社1979年版，第472、483页。

从《资本论》第一卷对资本的直接生产过程的论述，不难看出，结合的前提和媒介与实际形式的统一，决不是那种各要素间缺乏内在联系的机械组合，而是一种各要素相互依存、彼此具有不可分割的有机联系的整体。一定的实际结合形式，只有在具备了相应性质的前提和媒介的条件下，才可能形成。在没有与生产资料相分离的自由工人的地方，是不可能有什么“资本的生产的存在方式”的。而一定的前提和媒介也只有在与一定的实际结合形式相适应时，才能作为一定所有制关系的构成要素而存在，才能被不断更新或再生产出来。劳动者与生产资料的分离和劳动力的买卖，就是通过“资本的生产的存在方式”而被不断再生产出来的。

劳动者与生产资料相结合的前提、媒介和实际形式不仅是构成有机的所有制关系整体的三个要素，而且还是作为直接生产中的社会过程的所有制的三个循序展开的阶段。这三个阶段之间具有严格的逻辑序列关系。例如，对于资本主义所有制来说，劳动者与生产资料的分离先于劳动力的买卖，而劳动力的买卖又先于“资本的生产的存在方式”。《资本论》第一卷的结构就体现了这种逻辑序列关系。而且，前提→媒介→实际结合这个逻辑序列显然具有不可逆性。没有与生产资料分离的自由工人，就绝对不会发生劳动力买卖；而没有劳动力的买卖，“资本的生产的存在方式”就绝对不可能存在。当然，从再生产过程来看，前提和媒介又表现为实际结合的结果。但这并不等于实际结合形式在一次一次的生产过程中，可以先于前提和媒介。因为接着上一次过程开始的新过程，也必然是要按前提→媒介→实际结合这样一个序列展开，尽管在这一次过程中的前提和媒介是由上一次的实际结合更新的。

不过，也应当看到，正是由于前提和媒介是在不断的再生产过程中通过实际结合再生产出来的，所以在所有制的三个要素中，实际结合形式是最具能动性的要素。所有制这一社会过程的动能，就是蕴藏在劳动者与生产资料相结合的实际形式中的。还拿资本主义所有制来说，它的再生产以及这种再生产的规模，就取决于通过生产资本形式的实际结合而实现的对工人劳动剥削的深度和广度。除此之外，实际结合形式还具有另一个重要特点，即一定所有制形式由产生到成熟，集中地体现在相应的实际结合形式的发展上。因为生产力在一定所有制关系范围内的发展，首先是对该所有制内的实际结合形式发生影响的；而之所以如此，又是由于无论生产力的主观要素还是客观要素的变化，都是直接发生在一定形式的劳动者与生产资料的实际结合过程中的。从实际结合形式的变化体现所有制的发展这个意义上说，马克思揭示的，劳动者与生产资料结合的特殊方式和方法使社会结构区分为各个不同经济时期这一原理，不仅对考察由于结合方式总体的变化引起的性质完全不同的所有制的区别有指导意义，而且对于研究由一定所有制的实际结合形式的变化体现的该所有制的不同发展阶段的差别，也具有重要的指导意义。

三、所有制的基础

前面已经指出，所有制关系就是劳动者与生产资料相结合的方式。而劳动者和生产资料结合的过程，也就是劳动过程。因此，结合方式即所有制形式，也可以说是劳动过程的组织形式。马克思和恩格斯在谈到从城乡分离到资本主义机器大工业的发展过程时，曾经指出："这些不同的形式同时也是劳动组织形式，也就是所有制形式。在每一个时期都发生现存的生产力相结合的现象，因为需求使这种结合成为必要。"这段话是在《德意志意识形态》一书中讲的。虽然当时马克思还没有明确地提出结合方式的问题，但这里所谓"现有的生产力相结合的现象"，实际上就是指生产力的人和物两个因素的结合。这种结合的不同形式，也就是劳动组织的不同形式。既然劳动组织形式即结合方式即是作为全部生产关系基础的所有制形式，那也就可以说"整个社会经济结构是围绕劳动形式旋转的"。马克思之前的资产阶级学者理查·琼斯在研究各种土地所有制的历史区别时，对此已有所察觉。马克思肯定了他的看法，并指出这是"理解社会上各种经济结构的一个重要关键"①。应当看到，这里所说的劳动组织形式，当然是生产关系意义上的劳动的社会组织形式，而不是生产力意义上的劳动的技术组织形式。

但是，区分劳动的社会组织形式与技术组织形式，并不意味着二者是彼此外在的东西。前者是后者的生产关系形式，而后者则是前者的物质实体。而一定历史时期的劳动技术组织形式，则是由当时普遍使用的劳动工具的性质决定的。值得注意的是，马克思指出，关于生产资料决定劳动技术组织的理论，"应当放在专门探讨这个题目的第一卷里。"②《资本论》第一卷是以直接生产中的关系和过程即所有制为研究对象的。马克思所以

---

① 《马克思恩格斯全集》第26卷第3分册，人民出版社1974年版，第456页。
② 《马克思恩格斯全集》第31卷，人民出版社1972年版，第236页。

要把生产资料决定劳动技术组织作为这种研究的题目之一，是因为如果抛开由生产资料的性质决定的劳动技术组织形式这个物质实体，作为这个物质实体的生产关系形式的劳动社会组织形式即所有制形式，就很难得到科学的说明。

劳动技术组织形式与劳动力、劳动工具和劳动对象等生产力的简单要素不同。这些简单要素只有通过特定生产过程中执行不同职能的人之间的技术组织关系，才能结合起来形成现实的劳动过程。因此，劳动技术组织形式与这些简单要素相比，是更高层次的生产力，它是把各种简单要素有机地统一起来的联系，是物质生产方式即劳动方式的整体的集中体现，从而代表着一定历史发展阶段生产力的特殊性质。某种新出现的生产资料是否使生产力的性质发生变化，取决于它是否使劳动技术组织形式发生变化，即是否引起劳动方式的变革。马克思和恩格斯在谈到分工这一劳动的基本技术组织形式时曾指出："一个民族的生产力发展水平，最明显地表现在该民族分工的发展程度上。任何新的生产力都会引起分工的进一步发展，因为它不仅仅是现有生产力的量的增加（例如开垦新的土地）。"① 这也就是说，劳动技术组织形式的发展，体现着生产力性质的变化。因此，一定性质的生产力对于与之相适应的全部经济关系的决定作用，是直接通过劳动技术组织形式对于与之相适应的劳动社会组织形式即所有制形式实现的。换句话说，生产力对全部经济关系发生决定作用的"临界点"，就是劳动的技术组织形式和社会组织形式即所有制形式的统一。马克思在谈到原始共同体的所有制形式时说过："生产方式既表现为个人之间的相互关系，又表现为他们对无机自然界的一定实际关系，表现为一定的劳动方式"；同时又指出"特殊的财产形式"即特殊的所有制形式，"在一定的生产方式本身中具有其活生生的现实性。"② 这里所说的生产方式，就是指劳动的技术组织形式和社会组织形式的统一。因为劳动社会组织形式即所有制形式是在劳动技术组织形式即劳动方式基础上形成的，所以，研究所有制形式就必须联系劳动技术组织形式，必须在所有制形式与劳动技术组织形式的辩证统一关系中来把握所有制形式的活生生的现实性。

在《德意志意识形态》一书中，马克思和恩格斯把劳动技术组织形式的历史发展概括为分工的发展。他们指出："分工发展的各个不同阶段，同时也就是所有制的各种不同形式。"他们还具体说明了分工与所有

---

① 《德意志意识形态》，第 14 页。重点号是引者加的。
② 《马克思恩格斯全集》第 46 卷（上册），人民出版社 1979 年版，第 495 页。

制的关系：分工使物质活动和精神活动、享受和劳动、生产和消费由各种不同的人来分担成为可能和现实；“与这种分工同时出现的还有分配，而且是劳动及其产品的不平等分配……；因而也就产生了所有制”；因此，“分工和私有制是两个同义语，讲的是同一件事情。”从这些话可以看出，马克思关于一定所有制形式是一定劳动技术组织形式的社会表现即生产关系形式的思想，是在他创立历史唯物主义世界观时就已形成了的。不过，当时他对这一思想的表述有时还显得不太确切。

马克思和恩格斯在《德意志意识形态》中特别强调脑力劳动和体力劳动的分离，使分工成为“真实的分工”。这种分离，首先是作为与社会分工相区别的生产机构内部的分工出现的。从奴隶社会到资本主义社会的各种生产机构（如奴隶制大庄园、封建领地、资本主义企业）的内部分工，尽管千差万别，但精神活动和物质活动的分离，即从事单纯体力劳动的群众同从事监督和管理的特权分子之间的分工，始终是它们的一个共同特征。这种通过各种形式的生产机构内部分工形成的精神活动和物质活动的分离，是各种剥削阶级所有制内剥削者和被剥削者之间统治和从属关系的基础。也就是说，这些生产机构内剥削者与被剥削者之间的阶级关系，不过是特定形式的生产机构内部分工所采取的社会经济形式。这一思想后来以更加具体和明确的形式体现在《资本论》第一卷中。马克思在该书中说明了资本主义生产机构内部分工的发展，如何使工人一步步地变为局部工人，以至于最终成为机器的附属，与物质生产过程的智力完全相分离；而“物质生产过程的智力作为别人的财产和统治工人的力量同工人相对立”，成了支配工人的资本家的权力；这使得劳动对于资本的依附日益加深，使形式的隶属转变为现实的隶属。马克思指出：“这个分离过程在简单协作中开始，在工场手工业中得到发展，在大工业中完成”。这也说明，资本主义所有制关系由产生到成熟的发展，是以相应的劳动技术组织形式的发展为基础的。在《资本论》的草稿中，马克思还批评了亚当·斯密仅从一般劳动过程考察分工这一劳动技术组织形式，而没有把这种考察与它在一定历史条件下必然要采取的经济关系形式结合起来的缺点。他指出：斯密“没有从这样一种形式上来理解分工，在这种形式中，生产的经济对立，质的规定性本身，表现为一定分工方式的经济形式，而从属于这一规定性的个人则作为资本家和雇佣工人……而相互对立。”①“他没

① 《马克思恩格斯全集》第46卷（下册），人民出版社1979年版，第471页。

有看到分工同机器和简单协作一起不仅仅在形式上改变了劳动，而且由于把劳动从属于资本而在实际上使劳动发生了变化。”马克思认为，斯密和他的老师弗格森相比，在这个问题上后退了，“弗格森把‘隶属关系’直接看作‘技术分工和职业分工’的结果”，“资本和〔劳动〕之间的对立等等在这里明显地表现出来了”。正因为资本和劳动的关系即资本主义所有制形式是一定的劳动技术组织形式即工厂内部分工的经济形式，马克思又指出：这种分工“从某一方面来看，是政治经济学的一切范畴的范畴。”①

劳动技术组织形式对所有制的关系，不仅包含生产机构内部分工与所有制的关系，而且也包括社会分工对所有制的关系。自从社会分工出现以后，人们所参加的直接生产过程，总是社会劳动总体的某个特殊生产部门的直接生产过程。社会分工规定着人们从事生产活动的范围，使他们的劳动领域固定化、片面化，从而导致不同生产者占有生产资料的差别。这种差别是历史上私有制产生的一个重要原因。马克思和恩格斯曾在这种意义上指出：“分工从最初起就包含着劳动条件、劳动工具和材料的分配，因而也包含着积累起来的资本在各个私有者之间的劈分。”② 马克思在谈到简单商品流通时还说过：“生产交换价值的个人的生产和私有性质，本身表现为历史的产物。就是说，这种个人的孤立化，他在生产内部在单个点上的独立化，是受分工制约的。”③ 可见，社会分工是私有性质的生产即私有制产生的一个条件。恩格斯在《家庭、私有制和国家的起源》一书中，更详细地说明了由于社会分工慢慢地侵入共产制公社的生产过程，“破坏了生产和占有的共同性”，“使个人占有成为占优势的规则”的过程。

马克思和恩格斯这一系列关于分工与所有制关系的论述，为我们树立了从所有制形式与劳动技术组织形式的辩证统一关系中来把握所有制形式活生生的现实性的范例。

① 《马克思恩格斯全集》第47卷，人民出版社1979年版，第306~309、315、304页。
② 《德意志意识形态》，第64~65页。
③ 《马克思恩格斯全集》第46卷（下册），人民出版社1979年版，第467页。

分工的消灭和马克思恩格斯关于共产主义所有制的科学假设*

马克思和恩格斯关于共产主义所有制的科学假设，是与他们关于消灭分工的思想不可分割地联系在一起的。本文试图在说明这种联系的基础上，澄清一些关于共产主义所有制的误解，并根据科学技术革命发展的实践，对消灭分工的可能性和建立共产主义所有制的物质条件进行一点再探讨。

一

马克思和恩格斯关于共产主义所有制必然取代资本主义私有制的结论，是直接由生产的社会化与生产资料的私人占有这一资本主义社会的基本矛盾引出的。生产社会化大致包括两个方面的内容：第一，是指由机器大工业的技术上的必要性所决定的工厂内部生产资料使用的社会化，以及由此而产生的劳动过程的社会化。第二，是指一切生产融合成一个统一的社会生产过程，各种专业化的生产部门和单位处于全面的相互依赖关系中，社会生产的整体性日益加深。生产社会化的这两个方面的发展，是劳动组织形式的相应两个方面，即工厂内部分工和社会分工发展的表现。不过，马克思和恩格斯并不认为高度发展的分工是与取代资本主义所有制的共产主义所有制相适应的劳动组织形式。在他们看来，在资本主义条件下发展起来的机器大工业，已经将分工否定了。马克思在谈到工厂内部分工时曾指出："从技术的观点来看，机器体系推翻了旧的分工制度。"① 因为，机器已使人变成了自己的简单附件，执行不同生产职能的劳动之间的差别已变得微乎其微。他还指出，社会分工的界限也将消灭。因为，机器

* 本文发表在《哲学研究》1985 年第 10 期。

① 《资本论》第 1 卷，法文版中译本，第 426 页。

大工业是一种革命的生产方式，它使旧生产部门的衰落和新生产部门的涌现成为经常的现象，从而不断把大量生产资料和大批工人从一个部门投到另一个部门，因而“要求承认劳动的变换，从而承认劳动者尽可能多方面发展的能力是现代生产的普遍规律。”[①] 对机器大工业来说，保留旧的分工在技术上不仅多余，而且有害。马克思把继续实行分工及其僵化的专门化，看做是机器工业技术上的必然性和它在资本主义制度下具有的社会性之间的“绝对的矛盾”[②]，认为分工在机器生产条件下是被作为剥削手段强行恢复和巩固起来的。恩格斯则称之为机器的资本主义应用造成的“时代的错误”[③]。

马克思和恩格斯认为，要建立共产主义所有制，仅仅在以分工高度发展为内容的社会化基础上实行生产资料的公共占有是不够的，还必须消灭分工，建立一种能使劳动者先天和后天的各种能力得到自由发展的完全新型的劳动组织形式。恩格斯在《反杜林论》中明确地表达了这一思想。他说：“当社会成为全部生产资料的主人，可以按照社会计划利用这些生产资料的时候，社会就消灭了人直到现在受他们自己的生产资料奴役的状况。自然，要不是每一个人都得到解放，社会本身也不能得到解放。因此，旧的生产方式必须彻底变革，特别是旧的分工必须消灭。代之而起的应该是这样的生产组织：……生产劳动给每一个人提供全面发展和表现自己全部的即体力的和脑力的能力的机会，这样，生产劳动就不再是奴役人的手段”。“因此，生产劳动就从一种负担变成一种快乐。”他在阐述了消灭分工的可能性和必要性之后，还批判了杜林关于在保留分工的条件下实行社会对生产资料的占有的观点：“现在可以察看一下杜林先生的下述的幼稚观念：无需从根本上变革旧的生产方式，首先是无需废除旧的分工，社会就可以占有全部生产资料；……而与此同时整批的人却依旧为生产某一种物品所奴役，整批的‘居民’依旧被要求就业于一个生产部门，而人类却依旧和从前一样，分成一定数目的不同的畸形发展的‘经济变种’……。社会应该成为全部生产资料的主人，从而让每一个人依旧做自己的生产资料的奴隶，而仅仅有选择哪一种生产资料的权利。”[④] 这些论述清楚地说明，马克思和恩格斯认为消灭分工是实现社会占有全部生产

① 《资本论》第1卷，法文版中译本，第500页。
② 《马克思恩格斯全集》第23卷，人民出版社1972年版，第534页。
③ 《马克思恩格斯选集》第3卷，人民出版社1972年版，第333页。
④ 《马克思恩格斯选集》第3卷，人民出版社1972年版，第332～333、336页。着重号为引者所加，下同。

资料的共产主义所有制的先决条件之一。

那么，为什么马克思和恩格斯认为不消灭分工就不可能实现共产主义所有制？要回答这个问题，又需要先弄清另一个问题，即马克思和恩格斯所设想的共产主义所有制的具体内容是什么？而要弄清这个问题，还需要再回过头来从他们对资本主义条件下分工发展的看法谈起。

在《德意志意识形态》一书中，马克思和恩格斯指出，分工在资本主义条件下的发展，导致了两个方面的后果。首先，就大多数劳动者来说，随着工厂内部分工和社会分工的发展，“他们同生产力和自身存在还保持着的惟一联系，即劳动，在他们那里已经失去了任何自主活动的假象，它只是用摧残生命的东西来维持他们的生命。”① 后来，马克思在《资本论》中把这种情况称为劳动者成为“局部生产职能的痛苦的承担者”②。其次，就从事不同生产活动的私人生产者来说，随着社会分工的深化，一方面，这些私人生产者日益处于普遍的相互依赖关系之中，只有在这种关系中他们才能生存和生产；另一方面，受分工制约的不同私人生产者的自发活动又造成了一种同这些个人相对立的社会力量，它通过危机对私人生产者的生存和生产形成严重威胁。③ 马克思和恩格斯指出，“这样一来，现在情况就变成了这样：个人必须占有现有的生产力总和，这不仅是为了达到自主活动，而且一般说来是为了保证自己的生存”④。可见，共产主义所有制的一个基本内容，就是个人占有全部生产力的总和。而这也正是共产主义所有制优越于过去一切在历史上起过进步作用的所有制的地方。马克思和恩格斯说：“过去一切革命的占有都是有局限性的；个人的自主活动受到有限的生产工具和有限的交往的束缚，他们所占有的是这种有限的生产工具，因此他们只达到了新的局限性。他们的生产工具成了他们的财产，但是他们本身始终屈从于分工和自己所有的生产工具”⑤。显然，这样一种胜过过去一切占有方式的个人对全部生产力总和的占有，在分工这种劳动组织之上是不可能建立起来的。因为分工就意味着把劳动者个人固定在生产活动的一定点上，意味着他对相对于全部生产资料总和来说微不足道的有限的生产工具的依赖并受这些工具的支配。分工造成的这种物支配人的现象，“只能靠个人重新驾驭这些物的力量并消灭分工的

① 《马克思恩格斯全集》第3卷，人民出版社1960年版，第75页。

② 《资本论》第1卷，法文版中译本，第500页。

③ 《马克思恩格斯全集》第3卷，人民出版社1960年版，第37、65页。

④⑤ 同上，第76页。

办法来消灭”①。在消灭了分工的新型劳动组织基础上，才可能形成个人占有全部生产力总和的共产主义占有方式。而个人“对生产工具的一定总和的占有，也就是个人本身才能的一定总和的发挥”②，即后来马克思在《资本论》中称之为共产主义的“基本原则”的“每个人的全面而自由的发展”③。

当然，个人占有全部生产力总和还不是共产主义所有制的全部内容。这种占有只有在实行全体社会成员的联合，即由社会统一支配和调节全部生产这一先决条件下才能实现。因为全部生产力的总和“不可能通过任何其他的途径受一个个人支配，只有通过受全部个人支配的途径”④。可见，共产主义所有制的整体，是由个人对全部生产力总和的占有与全体社会成员联合起来统一支配和调节全部生产这样两个基本要素构成的。马克思和恩格斯所谓“联合起来的个人对全部生产力总和的占有消灭着私有制”，“在无产阶级占有制下，许多生产工具应当受每一个个人支配，而财产则受所有个人支配”⑤，就是对包含上述两个基本要素的共产主义所有制的完整概括。但是，长期以来，人们对马克思和恩格斯设想的共产主义所有制的理解却是不完整的，往往忽略了其中个人占有全部生产力总和这一要素，而把共产主义所有制仅仅理解为全体社会成员联合起来统一支配和调节全部生产。这样，对于马克思关于共产主义所有制的一系列论述，就无法作出合理的解释。马克思在《1861～1863年经济学手稿》中曾指出：资本主义所有制只有通过将其“改造为非孤立的单个人的所有制，也就是改造为联合起来的社会个人的所有制，才可能被消灭”⑥。在《资本论》第一卷末尾一段总结性论述中，他又指出：共产主义所有制对资本主义所有制的否定，“是在资本主义时代的成就的基础上，也就是说，在协作和对土地及靠劳动本身生产的生产资料的共同占有的基础上，重新建立个人所有制。”⑦ 这些话里的“个人所有制”，实际上就是指个人对全部生产力总和的占有。但是，这种“个人所有制”往往被错误地解释为消费品个人所有制。这种解释显然与马克思的原意不符。马克思把共产主义所有制取代资本主义所有制看做是一个否定之否定的过程的终点，

① 《马克思恩格斯全集》第3卷，人民出版社1960年版，第84页。
② 同上，第76页。
③ 《马克思恩格斯全集》第23卷，人民出版社1972年版，第649页。
④⑤ 《马克思恩格斯全集》第3卷，人民出版社1960年版，第76页。
⑥ 《马克思恩格斯全集》第48卷，人民出版社1985年版，第21页。
⑦ 《马克思恩格斯全集》第23卷，人民出版社1972年版，第832页。

而这一过程的起点则是为资本主义所有制所否定的小生产者的生产资料所有制。既然起点是生产资料所有制，那么终点也应该是生产资料所有制，而不可能是消费资料所有制，因为这不符合否定之否定规律的内在逻辑[①]。近来，还有人认为，“个人所有制”是指“联合起来的劳动者的共同所有权”[②]。可是，在马克思的话里，“共同占有”是“个人所有制”的基础，把二者等同起来，岂不等于说共同所有权是共同所有权的基础？看来，这种解释也是不能成立的。

二

在马克思和恩格斯所设想的共产主义所有制的两个要素中，全体社会成员联合起来统一支配和调节全部生产这一要素，在以分工为内容的生产社会化基础上也可以形成，因为分工的发展造成的各种社会生产活动的普遍相互依赖，客观上已经提出了由社会统一支配和调节全部生产的要求。但是，个人占有全部生产力总和这一要素，却只能建立在消灭了分工的新型劳动组织基础上。显然，如果分工不消灭，马克思和恩格斯所设想的共产主义所有制就不可能得到完全的实现。前面已经指出，马克思和恩格斯认为机器大工业已经使分工失去技术上的必要性，为新型劳动组织的建立提供了物质条件。但是，机器大工业发展的实践却证明，即使是在社会主义社会里，分工也并未因为机器运用的社会条件的改变而消灭，而是得到广泛深入的发展。分工在社会主义条件下的保存和发展，绝不像有些株守马克思和恩格斯的某些有关个别结论的西方“左”派学者认为的那样，完全是“官僚集团”出于统治的目的人为地保留下来的[③]。事实上，与其说英国工业革命以来逐渐形成和完备起来的传统机器生产使分工失去了技术上的必要性，毋宁说分工的空前广泛和深入的发展，恰恰是传统机器生产发展的技术上的必然。

马克思和恩格斯所处的时代，是机器大工业确立在生产中的统治地位不久的19世纪。这时，由于蒸汽机的普遍使用，合金工具钢和机床滑动刀架的发明等等，传统的机器在结构上已基本定形。这类机器一般都是由

① 参阅罗郁聪等：《“重新建立个人所有制”辨》，载《中国经济问题》1983年增刊。

② 李光远：《劳动者是社会主义公有制经济的主人》，载《红旗》1984年第11期。

③ The Division of Labour: The Labour Process and Class Struggle in Modern Capitalism, edited by A·Gorz, 1978.

工具机、传动机和动力机三个部分组成的。到了19世纪末、20世纪初，发电机和电动机的发明，远程大功率输电线的建立，使传统机器的动力结构和传动结构以及工厂的布局得到大大改善。但是，这些新发明并没有引起传统机器基本结构的变化，从而也未能使人们的劳动方式发生根本变化。在两次世界大战期间，出现了光电管、真空管和温差电偶等，才在传统机器的三个组成部分之外出现了自动监测和执行机构。这些装置提高了工作效率，但都很原始，而且往往只是应用在特殊生产过程的某些个别环节上。正如英国学者莱礼所说，“两次大战之间的年代，与其说是以惊人的新发明为标志的，不如说是以已经普及的机器在效率方面的显著进步为标志的。”① 第二次世界大战以来，虽然随着电子计算机技术的发展，自动控制正逐渐改变着传统机器生产的面貌，但在生产中普遍使用的仍然是由工具机、动力机和传动机构成的传统机器。由于这种机器不具有感知和处理外部信息的机构，它的运行就必须处于人的直接控制和把握之下。我国著名科学家钱学森在谈到这一点时指出：“蒸汽机和电力实现了生产过程的机械化；而监督与调整生产过程的工作仍需人工来完成，工人要不断照料机器的动作；用眼耳和神经系统来直接获取生产过程的信息，然后由大脑对这些信息进行处理，作出要不要改变机器运行状况的决定，并通过手对机器的直接调整来执行这一决定。”② 对于传统的机器生产，人对机器的直接控制和把握，是一个不可或缺的因素。没有人对机器运转过程中产生的各种信息的不断的接收和处理，就不可能形成能动的生产过程。但是，由于生理条件的限制，人处理信息的能力又是很有限的。苏联一位控制论专家指出：“如果人类操作者在复杂的工作条件下，加上还要接收信号，对控制器官产生作用，这时要实现令人满意的信息加工，信息流就必须不超过每秒6比特。如果信息流加大，输入信息的损失就迅速上升。操作者将不再察觉信息了，因为信息已超出了他的最大通过容量，这将在对所收到的信号作反应时造成更多的错误和延迟。”③ 因此，为了使人能够尽量迅速和准确地处理按照一定速度和节奏不断运动的机器所产生的信息，就不仅要使人进行的操作所包含的信息量与人本身可以承受的信息量相适应，而且需要把包含着较大信息量的复杂操作分解为较简单的、包含

---

① S. Lilley: Man, Machines and History-The Story of Tools and Machines in Relation to Social Progress, 1966, P. 162.

② 钱学森、宋健：《工程探制论》，科学出版社1983年版，第X页。

③ 雅·列尔涅尔：《控制论基础》，科学出版社1980年版，第308页。

较少信息量的操作。操作过程越简单，需要加工处理的信息量越小，加工处理的速度就越快，从而生产效率就越高。这可以说是传统机器生产由其特殊的技术和工艺条件决定的内在要求。而这种要求又只有通过统一的机器体系即工厂内部工人之间日益细密的分工才能实现。过去那种具有高度复杂手工技巧的装配工为流水线上高度分工的操作工所代替的过程，就是传统机器生产固有的技术和工艺条件推动分工发展的典型表现。莱礼正确地指出：机器使效率空前提高，"但是效率的增加有很大一部分是由于这种方法促进了分工的原因。这种情形在传送带上尤其明显……高度的劳动生产率是由于把操作过程分成细小而单纯的工作单位而产生的。"①

传统机器生产条件下工厂内部分工的发展，推动了社会分工的发展。现在，许多工厂内部的生产环节都日益独立化为特殊的社会生产行业，除了成品生产的专业化，又发展起零部件生产的专业化，工艺专业化，以至于技术后方专业化。这种独立化也是由传统机器生产的特性决定的。大批量生产是传统机器生产的一个特点。而社会分工越细，工厂的产品越专门，也就越是能大批量生产。

由于传统机器生产条件下分工的发展，人的某些劳动技巧（主要是手工技巧）日趋简化，但这并没有为实行全面的劳动变换创造出必要和充分的条件，这种变换仍然受到重重的限制。一般说来，在搬运、装卸等纯粹的非熟练辅助工种之间实行劳动变换，是不会使生产效率受到太大损害的。但是，在许多需要进行稍微复杂的操作的主要工种之间，这种变换显然会对生产效率发生很不利的影响。因为掌握这些操作技术并达到一定的熟练水平，仍需要较长时间。工人如果频繁地更换专业，无论生产的数量和质量，都会大大下降。此外，传统的机器只是代替了人的肌肉力和某些手工技巧，而随着机器的日益复杂和精密，人在生产过程中的脑力支出相对于体力支出大大增加了，要求工人具有比工业革命完成初期高得多的专业知识和一般文化水平。这样，虽然对工人手工技能的熟练程度的要求不如过去高了，但对于包括比较复杂的脑力劳动在内的整个操作过程的熟练程度的要求却有提高的趋势。某些苏联社会学家认为，现在工人熟练程度的概念已经发生了变化。据他们调查，在机械化程度较低的情况下，体力劳动和脑力劳动的消耗对比大约是90∶10，而在中等机械化情况下为60∶40。② 传统机器生产的发展对脑力劳动方面熟练程度要求的提

① 斯·莱礼：《自动化与社会进步》，中译本，三联书店1959年版，第14~15页。
② 《社会学和现时代》第1卷，中国人民大学出版社1980年版，第47、200页。

高，对实行全面的劳动变换也是一个极大限制。最后，还应当看到，传统机器生产的效率虽然极大地高于手工劳动，但还远没有达到把人所能支配的时间大部分变成自由时间的程度。相反，人们还必须把大部分所能支配的时间用在生产物质资料的劳动上。这也是对全面劳动变换的一个非常重要的限制。因为这使得大多数人很少有时间来学习和掌握本专业之外的其他职业或工种的必要知识。正如捷克经济学家锡克指出的："在这种条件下，很难设想大多数劳动者会掌握第二种技能，从而能够从事其他工作或交替地从事不同的工作。"① 总之，对于大多数人来说，在传统机器生产条件下实行全面的劳动变换，从而消灭分工，是不现实的。实际上，他们在一生能够劳动的时间内都要固定地从事某种工作，即受到分工的束缚。只有在发生较大的产业结构变动，旧的生产部门衰落、新的生产部门大量涌现时，才会有较大规模的劳动变换。但这种变换并不等于全面变换，而只是一种单向运动，如农业劳动者向工业部门转移，传统工业部门的劳动者向新兴工业部门转移等。

三

应当承认，传统机器工业的发展实践已经否定了马克思和恩格斯关于在传统机器生产中分工也失去了存在必要的论断。但是，这并不能成为否定马克思和恩格斯关于消灭分工的全部思想的根据。因为，尽管他们误把机器生产发展之初的某些现象当成了分工在技术上已无存在必要的征兆，但他们关于消灭分工的思想，却绝不仅仅是以这些现象为根据的，而是以对人类生产力进步历程中劳动组织形式演变的总趋势的科学认识为基本根据的。

马克思曾把人类生产能力的发展分为三个阶段："人的依赖关系（起初完全是自然发生的），是最初的社会形态，在这种形态下，人的生产能力只是在狭窄的范围内和孤立的地点上发展着。以物的依赖性为基础的人的独立性，是第二大形态，在这种形态下，才形成普遍的社会物质变换，全面的关系，多方面的需求以及全面的能力的体系。建立在个人全面发展和他们共同的社会生产能力成为他们的社会财富这一基础上的自由个性，是第三阶段。第二个阶段为第三个阶段创造条件。"② 分工的产生、发展

① 奥塔·锡克：《社会主义的计划和市场》，中国社会科学出版社1982年版，第146页。
② 《马克思恩格斯全集》第46卷〔上〕，人民出版社1979年版，第104页。

和消灭，是在人的生产能力发展的第一和第二大形态之间这一很大的历史跨度内展开的过程。在第一大形态的开端即原始公社时期，人们处在以血亲为基础的依赖关系中，个人脱离这种关系就无法生存，因而分工只是处于萌芽形式的自然分工。随着生产能力的提高，相继发生了三次社会大分工，人们逐渐摆脱原始的依赖关系，人类生产能力逐渐由第一形态向第二形态过渡。进入第二形态即资本主义时代，社会分工和生产机构内部分工获得了空前发展，过去存在过的各种原始和宗法依赖关系的痕迹被扫除殆尽，人与人的关系被物与物的关系所掩盖。在这个基础上，形成了被称为纯粹私有制的资本主义所有制。在第二大形态内，由于分工的充分发展，形成了普遍的社会物质变换。这一方面导致私人生产者与社会的对立，另一方面又造成劳动者及其活动的畸形。这样，分工这一历史上最强有力的生产杠杆开始显露出它的局限性即对人类生产能力发展的消极影响。因此，它最终必然会被一种有利于人的全面发展的劳动组织所代替。这样，人类生产能力的发展就由第二形态过渡到第三形态，即以人们的自由和全面发展为基本原则的共产主义阶段。正是基于对上述分工发展亦即人类生产能力发展的辩证的历史过程的科学认识，马克思和恩格斯才做出了分工应当消灭而且必然消灭的论断。在他们看来，分工是一种历史的生产形式，而绝不是什么永恒规律。同其他自然和社会现象一样，它也是一个有生有灭的过程。马克思在批评蒲鲁东时就指出："蒲鲁东先生竟如此不懂得分工问题，甚至没有提到例如在德国于九到十二世纪发生的城市和乡村的分离。所以，在蒲鲁东先生看来，这种分离是永恒的规律，因为他既不知道这种分离的来源，也不知道这种分离的发展。"① 可见，问题不在于分工是否能被消灭，而在于它在什么样的物质生产条件下才能被消灭。

我们在前面已经指出，在传统机器生产条件下无法消灭分工的根本原因，就在于机器运转离不开人的直接控制和把握，与人处理机器运动产生的信息能力的有限性之间的矛盾。正是这个矛盾推动了分工的发展。只有消除了这个矛盾，才能彻底消灭分工。消除这个矛盾的根本出路在于用具有与人类似的感觉和控制功能，而在处理信息的速度、可靠性、不疲劳和不受外界干扰方面又大大超过人的控制装置来代替人。这种自动装置不仅能使机器摆脱人工控制条件下人的生理状态对运转速度和工作效率的限制，使产品的数量和质量空前提高，而且能使人摆脱对劳动工具的繁琐的

① 《资本论书信集》，第17～18页。

直接控制，使人在直接生产过程中消失，从而使人们在生产过程中的分工失去存在必要。当代人类生产力的发展，尤其是电子计算机应用条件下的生产过程自动化，已经使做到这一点不再是不可能的事情了。尽管目前生产过程的自动控制还处于起步阶段，无疑还需要相当长的时间才能普遍取代旧式机器和臻于完善，但最终计算机控制下的自动机器体系肯定会将人从直接的物质生产过程中解放出来，从而导致分工的消灭。将来每个家庭都会装有电子终端设备，同时各种生产部门和组成这些部门的无人化自动工厂被电子计算机网络联结起来，处于一个社会中央机构的统一支配和调节之下。在这样的技术条件下，每一个人都可以使用电子终端设备，通过中央控制机构与任何一个物质生产机构发生联系，直接从社会的物质生产过程中各取所需。在这个基础上，现今因分工而畸形化为某种“经济变种”的人们的后代，将会以彻底摆脱了分工的共产主义新人的面貌出现，通过全社会范围的联合，实行对全部生产力总和的个人占有，从而使自己的各种能力得到自由和全面的发展。当然，那时，每个人也并不是无所不为、无所不能的，因为个人的精力和体力毕竟是有限的。然而，建立在消灭了分工的新型劳动组织基础上的共产主义所有制的实质性意义，决不在于它能神话般地使个人超越这些生理上的限制，而是在于能够消除迄今由于生产力发展不足而造成的对个人多方面才能自由发展的社会—经济限制。

最后，我们还要指出一点，所谓消灭分工，并不是要消灭不同物质生产过程的专业划分，例如纺织业和汽车制造业。分工一词在英文中是 Division of Labour，可以直译为“劳动的划分”。从较早使用这些词的威廉·配第和亚当·斯密等经济学家开始，分工一直是就劳动这种人的活动的划分而言的。这与生产过程和生产工具的专业划分意义有所不同。当然，直到目前为止，生产过程的划分是劳动分工的基础。但是，生产过程的专业划分所造成的对人的活动的分割，是以人被束缚或固定在直接的物质生产过程中为条件的。在普遍实现了高度完善的直接物质生产过程的自动控制的条件下，人从物质生产过程中超脱出来，生产过程的专业区分就不再导致对人的活动的分割。因此，尽管生产过程的划分不可能消灭，但分工可以消灭。

第二部分

经济体制改革研究

关于价格改革的几个理论问题*

形成能够灵活地反映经济中生产和交换条件变化的市场价格制度，是建立计划商品经济模式的一项基本要求。因此，价格体制的改革是整个经济体制改革中难以回避的问题，目前，物价问题已经成为困扰我国经济改革和发展的难题，甚至在某种程度上使我们陷入了进退维谷的境地。在这种情况下，认真地反思一下过去的经验教训，对于稳定经济、深化改革，显然是很有必要的。不过，本文并不打算详细评说各项具体的价格改革措施的得失。而是将讨论限制在几个对经济理论和实际工作发生着重要影响的认识问题上。

一、价格改革的目的与转换价格形成机制

所谓价格形成机制的转换，简单地说，就是改变旧体制下那种由国家定价的固定价格制度，使绝大多数产品的价格在各种市场力量的相互作用下自动地形成和调整。在这种转换实现之后，大多数产品的定价权将由国家物价管理部门转到企业手中，企业将根据生产耗费和供求关系，在市场竞争中自主地确定价格。但是，实行价格形成机制的转换，即“放开价格”本身，并不构成价格改革的目的。价格改革的目的是建立各类产品间的合理比价关系，从而一方面保证商品生产者以社会必要劳动为基准的利益平衡得以实现，刺激生产效率不断提高；另一方面为生产者的经济选择（投入产出组合等等）提供合理的决策参数，引导生产资源实现相对于社会需求的优化配置，以推动社会生产力的迅速发展。价格形成机制最终转换为以“放开价格”为形象特征的目标模式，以及在这种转换过程

---

* 原文载于《经济学家》1989 年第 1 期。

中采取的一系列过渡性措施，应当说都是服从于形成合理比价关系这一根本目的的。

在传统经济体制下，价格由国家规定，既不反映生产耗费，也不反映供求关系，只是为指令性计划制度服务的实物计量筹码。这种价格制度造成价格比例严重扭曲，带来一系列人所共知的恶果。而将“放开价格”作为改革价格体制的方向，将大多数产品的市场自由定价设想为新体制内价格制度的目标模式。正是期望借此释放出各种市场力量，通过它们的相互作用将扭曲的比价理顺，并凭借这种相互作用的自动校正作用，将合理的比价保持下去。这些年来改革的实践表明，放开价格确实在一定程度和范围内起到了促进比价关系合理化的作用。但是，如果因此就将放开价格与价格改革的目的等同起来，显然是一种概念上的混乱。而如果又从这种混乱的概念出发来规划和实施价格形成机制的转换，那就不仅会造成现实经济生活的混乱，而且最终会使改革本身陷入困境。

不幸的是，无论在理论上和实际工作中，目前这种混同都是相当普遍的。其表现就是否定由国家定价和市场定价并存逐步过渡到普遍市场自由定价的方针，主张在短期内将大部分产品的价格一举放开，认为只要放开一切问题就迎刃而解了。这实际上是将比价关系的理顺与价格的全面放开无条件地等同起来，忽视了将这二者联系起来需要具备一系列重要前提。在这种前提不具备的情况下，非但不可能出现“一放就顺”的奇迹，反而可能造成与理顺比价这一基本目的的南辕北辙的后果。

那么，将放开价格与比价关系合理化联系在一起的重要前提是什么呢？这涉及到经济系统的方方面面，例如是否存在较完善的市场竞争机制，作为市场基本元素的企业是否具有足够硬度的预算约束，各种市场组织和法规是否健全，等等。不过，我们在这里暂时只讨论一个最基本的前提。说来简单，这就是已经成了口头禅的总供给与总需求必须大致平衡。在总需求超过总供给的情况下，全面放价就是全面涨价，这是常识，本来毋庸多言，现在的问题是，我们能不能在短期内（比如半年或一年）将货币供应量大幅度压到使总需求同总供给大致相当的水平，最好稍低于总供给，从而造成全面放开价格的条件。也就是说，“管住货币，放开价格”的政策主张是否行得通。可惜，在我国现实的经济状况条件下，这是很难行得通的。

原因首先在于我们事实上还没有一个能够有效地控制住货币供应量的“总笼头”。不但中央银行仍然带有严重的财政出纳色彩，并未真正成为执行独立货币政策的机构，而且由于多年来“分灶吃饭”、“分级包干”，中央政府对整个经济中投资和消费流量的控制大大削弱，现在要压缩各地的建设规模，难度已越来越大。即使采取强硬手段压了下去，总需求与总供给的平衡也难以持久。一旦中央的控制有所松动，各地的建设规模往往以更大规模扩张，带动货币发行以更大幅度增长，从而在总供给与总需求之间造成更大缺口。在这种情况下，政府往往不得不把已经放开的价格重新管起来。

其次，如果采取一刀切的强硬办法压缩规模，还会造成经济萎缩，丧失对于我国这样一个发展中国家来说是必要的增长速度。我国之所以屡屡出现过热的经济增长，原因之一固然是传统体制下数量扩张冲动的强大惯性未能消除（把增长速度作为考察地方政府官员政绩的主要指标导致的扩张攀比，就是这种惯性的突出表现），但也与我国经济发展伴随着很高的人口增长速度从而承受着极大的就业压力，并且经历着急剧的二元结构变动即每年有大量劳动人口由低资本—劳动比率的农业部门转向高资本—劳动比率的工业部门，有着直接的联系，据测算，今后十年中，我国新增就业人口将以每年 1 600 万左右的速度增长，而且每年还有约 900 万农村劳动力转入工业和其他部门。因此，每年都需要有数以百亿计的新增的投资和工资基金支出。如果不保持一定的投资规模和增长速度，不仅人均收入水平有可能随着人口自然增长而停滞以至降低，而且每年数以千万计的新增劳动力就业以及农业人口向工业和其他部门的转移，也将成为严重问题。这使得我国经济处于一种形式上类似于非均衡理论所谓“古典失业均衡”的状况，即在劳动力供给大于需求的同时，商品的供给小于需求。但是即使撇开“工资刚性”造成的障碍不说，至少在我国的现实条件下，这种非均衡也不可能通过价格调整得到消除，即无法通过物价上升、实际工资下降使商品和劳动力两个方面的供求都达到均衡。因为我国的就业问题不是由于实际工资过高限制了对劳动力的需求，而是由于迅速增加的人口对有限的物质资源和生产能力的压迫，只有经过经济发展引起生活水平和生活方式的变化，生活水平和生活方式的变化又引起人口过程类型的变化这样一个渐进的历史过程，这种压迫才能逐渐解除。因此，就是通过紧缩政策成功地抑制了政府官员为追求政绩进行的扩张攀比，我国的经济在一个较长的时期内也仍然面对着很大的、不能说是不合理的增长压力，因而速度难显著降低（比如低于 7%），货币供应仍须维持相当增长比率。这当然不是说，在我国不应该或不可能造成总需求与总供给之间大致平衡的态势。为了避免过热增长造成的种种恶果，我们无疑应当努力追求这种平衡。而且，经过认真努力，这种平衡也是可以达成的。但是，在我国的现实条件下，在一个相当长的时期内，这种平衡只能是一种绷得很紧的、不巩固的平衡，经不起价格全面放开后比价自动调整引起的物价总水平上升的冲击。

再次，我们在谋求总量平衡时，不能撇开总供给和总需求的内在结构是否相符的问题。如果二者的结构不相适应，通过紧缩货币发行造成的总量平衡只能是一种虚假的、无效的平衡。在这种无效的总量平衡条件下全面放开价格，物价总水平难以稳定，比价扭曲也很难得到矫正。目前我国经济总量的不平衡，就恰恰是同供给结构与需求结构严重不对称纠缠在一起的。长期以来，我国的加工工业片面突进，造成了能源、原材料等初级产品的严重供不应求。价格体系中初级产品定价过低的不合理现象，既是鼓励加工工业片面突进的政策的产物，同时又是加重产业结构不合理状况的一个原因。因此，适当调高初级产品的价格，无疑有利于矫正产业结构的偏斜，有利于提高资源配置效率。但是，如果以为只要管住货币，就可以将这些产品的价格完全放开，那就错了。这些产品的生产能力增长，一般都受到有限自然资源的约束，而且由于生产的规模经济要求比较高，往往需要有较大数量和较长周期的投资，才能形成新的生产能力。因此，这些产品价格变动的供给弹性较小，价格上涨与产量增加之间时滞很长，现期价格的上涨不会引起即时的产量大增。同时，这些产品又是其他各个行业都离不开的基础产品，用其他产品来替代的可能性不大，因而其价格变动的需求弹性较小。价格上涨虽然也有抑制需求的作用。但需求不会即时大幅度减少。由于初级产品生产的这些特点，便即货币供应量已被固定在一个较低的水平上，将价格放开之后，至少在足以弥合需求和供给之间巨大缺口的大规模新增生产能力投产之前，这些产品的价格会在一个相当长的时期内持续上涨。在这种上涨不断吸纳有限货币供应的同时，后序加工环节的生产者则由于成本上升而需要不断增加货币支出。因强烈的涨价预期而强化的囤积倾向，还会促使这种货币支出加速增长。不仅如此，后序加工环节的生产者为了维护自己的利益，抵制初级产品生产者通过持续涨价对有限货币供应量的大量吸纳，维护自己在其中所得份额，或迟或早也会提高其产品价格。这样，就会发生由初级产品开始的连锁涨价。这一切都会迫使货币管理当局违背初衷而不断增加货币供应量，最终形成物价总水平的大幅度上涨。比价的结构性调整所以出乎意料地变成物价总水平猛增，原因或许就在于此。当然，也可以设想货币管理当局硬性将货币供应量卡死，但这必须以社会有在一定时期内承受严重的经济凋敝的能力为前提。庞大而且开工不足的加工行业加上上千亿元的在建规模，容纳着我国城市和乡镇就业大军的主力；这虽然决不能说是一个合理的现实，但毕竟是我们不得不面对的现实。在这种条件下，货币供应骤减，增长速度大幅度下降，不可避免地要造成巨大的失业压力，而这种压力已根本无法用二十几年前那种动员上千万人回到土地上去的办法来解决了。可见，在我国当前条件下，通货膨胀决不仅仅是一个货币供应与物价水平的数量关系问题，而是一种“结构综合症”。在这种情况下，货币数量并不是能够撇开结构问题而加以独立控制的外生变量。因此，在紧缩货币发行的条件下放开价格，很难说是解决价格比例扭曲问题的对症良方。我们这样说，当然不是反对实行适度的紧缩政策（这无疑是十分必要的），而是说单单靠控制货币发行无法创造出全面放开价格必须具备的基本前提。

总之，市场定价虽然是我们最终所要建立的价格模式，但在目前条件下，还不可能一举将其建立起来。如果不顾基本条件不具备这一现实，鲁莽地全面放开物价，很可能造成大的社会经济振荡，加大达到理顺价格比例这一基本目的的困难。同时，也不可幻想实行一二项总量性的政策，就可以解决具有“结构综合症”性质的复杂问题。在短期内创造出全面放开价格的条件。这些问题需要从发展和改革的各个方面进行极具韧性的长期努力，才能最终解决。目前，就价格体制本身而言，仍应根据不同产品生产条件和交换条件的变化趋向，该调则调，能放则放，经过较长时间的努力逐渐逼近市场定价模式。在经济处于较严重的非均衡状态，总供给和总需求之间的缺口很大且包含着短期内难以校正的结构问题的情况下，由国家有合理经济根据地分期分批统一提高牵动全局的短线产品价格，较之将其交给一个极不完善、缺乏正常运行基本条件的市场去左右，显然是更为现实和合理的选择。

二、市场定价与企业定价

在市场经济中，每个独立的商品生产者在形式上都有决定自己的产品价格的权利。但是，在一个竞争比较充分的市场中，生产者享有定价权并不意味着他们能够随意操纵市场价格、左右市场形势。生产者之间、生产者与消费者之间以及消费者之间的市场竞争，使得价格对生产者来说，成为一种不取决于他们主观意愿的外在力量。也就是说，竞争市场条件下的价格是独立于企业的，形式上享有定价权的企业实际上受着价格的支配。正是在这个意义上，W. 布鲁斯将维护市场的竞争性归结为维护价格对企业的独立性。[①] 虽然教科书上的完全竞争假设实际上不存在，但一般说来，市场竞争越充分，价格对生产和交换条件变动的反映就越是准确和灵敏，因而越有利于促进企业提高效率和实现资源的优化配置（就无大的结构变动的较短时期而言）。

在生产者与消费者之间力量对比悬殊，竞争不充分甚至存在垄断的市场中，在竞争条件下只具有形式上意义的企业定价权，却会转化为使价格变动取决于生产者意志的实际力量。在这种情况下，企业不再受价格支配，而成为价格和市场形势的支配者。生产者凭借垄断力量对价格和市场形势的操纵，必然会造成价格体系的严重扭曲，这不仅会导致企业效率低下、技术进步停滞、资源配置错乱，而且会引起收入分配的严重不公。

上述竞争市场和垄断市场的对比，也可以很容易地从教科书中找到，没有什么新道理。但是，从中却可以引出一个在目前很有意义的结论，即不能把市场定价与企业定价简单地等同起来，把定价权放给企业并不是在任何条件下都意味着竞争市场机制的形成。然而，在目前的经济理论和实际工作中，将市场定价与企业定价笼统地等量齐观，却不能说是个别现象。在市场竞争条件极不完善的条件下，过大范围地将定价权放给企业，结果不是“放活了经济”，而是放出了垄断，放出了生产者和流通领域内“倒爷”的竞相抬价，放出了收入分配的严重不公。可见，如果还不存在较完善的竞争性市场，无论是为了稳定经济、维护消费者利益、协调收入分配，还是为了维护相对公平的环境，都不能过早地全盘放弃国家定价，尤其是生产和经营具有很大垄断性、在经济中占据着举足轻重地位的产品。

这里需要强调的是，在机制转换过程中适当地保持国家定价方式，并不等于向传统经济体制下那种作为实物计算筹码的固定价格复归。仅仅价格由国家规定这一点，并不必然导致价格成为实物计量筹码。因为价格是否成为商品生产者经济决策的基本参数，主要取决于企业的行为方式和产生这种行为方式的企业经营机制。现在，虽然我国的企业经营机制还远不

---

① 参见 W. 布鲁斯：《社会主义经济运行问题》，中国社会科学出版社 1984 年版。

理想，但已发生了根本性的变化。企业经营自主权的扩大和指令性实物指标的大量削减以至取消，使其行为方式从追求计划任务完成，转向以利润为目标。由于经营机制和行为方式的这种变化，价格对企业来说就不再是没有太大经济意义的实物筹码，而成了与其自身利益息息相关的基本决策参数。因此，价格导向已经成为企业行为的一项基本特征。从理论上说，有了这个前提，无论价格是由竞争的市场条件决定的，还是由某个计划中心给出的，只要它比较准确地反映了生产和交换条件的现实状况，就可以引导企业作出比较合理的经济决策。兰格、勒纳和泰勒等经济学家就曾在关于“市场社会主义模式”的论述中，从理论上证明过这种可能性。当然，他们的模式是有严重缺陷的。它一方面要求国家无所不包地制定一切价格，另一方面又要求价格对生产条件和交换条件的反映要十分灵敏。在实践中，这两个方面的要求是无法同时满足的，因为中央计划机构不可能具有通过试销方式，及时准确地调整千百万种商品价格的能力。应当承认，与这种由国家模拟的市场相比，市场关系当事人之间的实际竞争，是远为有效的价格调节机制。但是，我们说国家无法及时准确地调整作为商品生产者决策参数的全部产品价格，并不等于说它无力较为准确地制定和灵活地调整任何产品的价格。在价格导向已成为企业行为的基本特征，而竞争性市场条件又不具备的情况下，国家对影响国民经济全局的某些关键产品的直接控制，不仅从理论上说与形成竞争市场定价的改革方向没有根本矛盾，而且在实际操作上也是可行的。这些产品一般都有供求弹性弱、替代可能性小、生产能力集中等特点，国家物价和计划部门对它们的需求变化趋向、发掘现有生产能力和新项目投产的可能性，是可以比较准确和及时地把握的。因此，国家完全有能力将这些产品的价格确定在一个比较合理的水平上。这样规定的价格，从一定意义上可以说是一种“准竞争价格”。这种价格虽然是由作为非市场力量的国家从外部给定的，但它在独立于企业这一点上与竞争市场价格是类似的，因而可以避免竞争条件不完备情况下企业垄断定价的种种弊端。

上述国家模拟竞争市场定价，当然不是改革的目标模式，而只是改革过程中不得不采取的过渡性措施。不用说，对国家定价所隐含的价格体系僵化和扭曲的危险，应当保持足够的警惕。随着竞争条件的逐步完善，国家定价的范围应当逐步缩小，以便最终造成市场竞争定价占优势的局面。但是，竞争条件的形成只能是渐进的，不可能一蹴而就。而且，创造竞争条件也决不仅仅是一个单纯的价格形成机制转换问题。除了受到由我国经济发展现实状况决定的不利供求格局制约之外，它还是与改革的其他方面不可分割地联系在一起的。例如，竞争性市场条件是否能够真正形成，就直接取决于作为市场原子的企业的经营机制改革的进展。在财产关系不清、预算约束软化、内部利益关系紊乱的情况下，企业之间难以形成充分和合理的竞争，竞争价格自然也就无法形成。又譬如。竞争条件是否完备还受到市场组织发育程度和市场法规完善程度的制约。市场竞争如同体育比赛，必须有统一的组织和裁判法则，否则就会演变成毫无公平竞争可言的大混战。总之，市场竞争定价制度的确立和完善，是经济发展和体制改革的综合产物。甚至可以说，这种价格制度真正形成之时，就是我国的经济发展跃上一个新台阶、体制改革取得决定性胜利之日。试图超前地造出一个在整个经济中起支配作用的竞争性市场价格制度，难免遭受挫折。在今后一段相当长的时期内，切实可行的做法是继续实行一定范围内的国家定价和市场自由价并存的过渡性措施。虽然这与目标模式相比是“非最优的”，但可以保证发展和改革顺利进行。

这里涉及如何评价钢材等工业生产资料价格双轨制的问题。目前对双轨制的批评，主要集中在它滋生了“倒爷”上。这种批评在收入分配不公的背景下，很能激起公众义愤，但却不能说是公允的批评。我们不妨暂且将目光由工业生产资料转向先于它实行双轨制的粮食等农产品，于是立即产生了一个问题：尽管工业生产资料价格双轨制是在总结农产品价格双轨制经验的基础上形成的，为什么在粮食等重要农产品的经营活动中却没有出现“倒爷”猖獗的情况？答案很明显：因为政府对粮食等重要农产品中按计划平价供应的部分，实行了比较严密的管理和有效的监督。相反，在钢材等工业生产资料的管理上，组织极不健全，监督软弱无力，而且负有组织管理责任的某些政府机构和政府官员自己就是“官倒”。可见，双轨制固然为“倒爷”提供了土壤，但其滋生的直接原因却是政府管理和监督的涣散和软弱，以及某些政府官员的以权谋私。正是这种涣散、软弱和以权谋私。使“倒”由可能大规模地变成了现实，而并不是只要实行双轨制就必然出现“倒爷”横行的局面。如果没有政府对市场的严密组织管理，没有对贪污受贿等以权谋私行为的严厉制裁，只要经济中仍然存在比较严重的短缺状态，即便是实行一轨制，“倒爷”也一样会大量滋生。在西方的一轨制市场经济中，不也存在囤积居奇、倒买倒卖吗？在竞争市场条件不完备、价格对供求的调整作用十分有限甚至失效的情况下，通过某种形式的“数量配额”，达成由“短边”决定的“配额均衡”，是不可避免的。问题不在于我们要不要“数量配额”，而在于如何组织和管理这种数量控制过程，在我国当前情况下，清廉的政府机构对“数量配额”（部分短线产品的平价计划供应）的严格管理，是保证交易正常进行，利益分配相对合理，“配额均衡”顺利实现的关键。

三、政府职能的弱化与强化

从上面关于价格改革的两个认识问题的讨论，可以得出这样一个结论：如果不顾客观条件制约，盲目地否定和削弱政府的必要管理职能，以为“放”得越迅速、越彻底，理想中的目标模式就会越迅速、越完备地变为现实，必然是成事不足，致乱有余。而这又涉及到一个不仅与价格改革有关，而是贯穿全局的重要问题，即通过改革引入市场机制的过程，是否就是一个不断弱化政府经济职能的过程？换句话说，在市场机制和政府经济职能之间是否存在一种此长彼消的一般关系？

对这个问题，不能给出一个笼统的“是”或“否”作为回答，问题的答案取决于所谓“政府职能”的具体含义。如果它是指传统体制下按行政系统和区划对企业实行的指令性计划控制，那么对问题的回答显然应当是一个“是”字。但是，如果它是指：（1）体制转轨过程中，为在不利制约条件下保证经济的稳定发展和改革的有秩序进行，由政府进行的适当集中管理；（2）根据有计划商品经济新体制的内在要求，由政府对国民收入分配和产业结构调整进行的宏观控制；（3）在微观领域内“市场失效”的场合，由政府对其不利的社会经济后果进行的校正或补救；（4）对于最放任自由的市场制度也是必不可少的政府制定和维护市场规则的职能，那么，对这个问题的回答只能是一个“否”字。可见，一般地提“弱化政府职能”、“大社会小政府”等等，至少是不确切、不全面的。如果赋予这些模糊概念以原则的意义，必然会产生严重的不利影响。一段时期以来，我国流通领域内“官倒”、“私倒”横行，不就是因为转轨过程中适当的集中管理被弱化甚至放弃，同时未能及时地健全和有效地维护必要的市场规则吗？而我国经济中之所以不断出现的“宏观失控”现象，不也是因为转轨时期的适当集中管理被削弱，新的政府调控功能未能得到及时强化吗？事实表明，对于政府在转轨过程中实施适当集中管理的职能，以及与正在形成中的新体制相适应的各项职能，只能强化而决不能弱化。而且，市场机制在经济生活中发挥的作用越大，上述四项职能中的后三项就越是应当得到强化。

政府必要职能的弱化。目前在我国突出地表现为中央政府的权力被不适当地分散。造成这种状况的主要原因，是在改革就是放权的片面认识的影响下，政府职能转换变质为地域性行政分权。以财政分灶吃饭、分级包干、地方包干为形式的地域性行政分权，为地方局部利益的恶性膨胀提供了强大刺激，引起一系列不良后果，由于各级预算按照行政隶属关系从企业中取得，地域性行政分权实际上将地方各级政府与企业之间的行政隶属关系强化了，阻碍了企业经营机制的转换。地方政府为了保护所辖企业，还阻止原材料和紧缺物资的流出和外地优质低价产品的流入，加剧市场分割，妨碍全国统一的竞争性市场的形成。地方政府为扩大自己的财政收入来源，竞相铺摊子、上项目，掀起一波又一波难以遏制的投资膨胀浪潮，成为国民收入超分配和货币超量发行的重要根源。更为严重的是，在有些地区已经出现中央政令不行的苗头，“灵活变通”、“三灯对策”（红灯绕着走，绿灯抢着走，没灯摸着走）成了某些地区对抗中央政令的手段。长此下去，必然形成“八百诸侯，各自为政”的割据局面。如果最后中央政府连制定和维护统一的“竞赛规则”的起码权力也丧失掉，国民经济必然陷入全面混乱。现在已经到了必须断然中止错误的地域性行政分权，剥夺地方政府过大的政治和经济权力的时候了。从这个角度来讨论政府职能的强化与弱化问题，结论就是必须弱化地方政府职能，强化中央政府职能。

中央政府和地方政府的职能问题，还包含着改革这一经济体制的革命性转变要不要强有力的集中统一领导，以及由谁领导的问题。国民经济系统是一个复杂的有机统一体。改革意味着这个系统的整体运行机制和基本运行原则的改变。这必然引起这个系统内各环节、各部分之间关系的大调整、大改组。因此，在改革进程的每一阶段都应当注意经济机制的各个环节和经济的各个局部的相互协调，尽量避免和减少运行原则改变造成的这些环节和局部间可能出现的“啮合不良”现象。这就要求改革由能够统揽全局的中央政府实行集中领导，按照经过深思熟虑的统一计划，自上而下有步骤、有纪律地进行。改革进程中，不应无条件地提倡各地“八仙过海，各显神通。”“神通”应当在遵守中央已经颁布的统一“竞赛规则”的条件下来“显”。由于各地的发展不平衡，可以对“竞赛规则”作一定范围的变通，但不能不要统一规则。在同一赛场上，不能是有的运动员用篮球规则，有的用足球规则，有的用手球规则，为了取得经验，在局部地区进行超前试点是必要的，但这并不等于放弃集中统一领导，任由各地去盲目碰撞。此外，试点不能过滥。一天一个新花样，一处一个新花样，实际上等于取消对改革的集中统一领导，放任自流，各行其是。在这种情况下，不仅改革的各个环节和局部难以互相配合和协调，而且改革试点往往可能沦为某些地区捞取不合理的局部利益的手段。

在今后一个相当长的时期内，我国将一直处于非均衡的经济结构和经济机制的大变动状态中。一个强有力的中央政府及其明智、有效的组织和干预，是顺利完成这种变动的必要保证。由于僵化的传统体制下政府包办一切造成的死水一潭，给人们的印象实在太恶劣，目前社会上已经形成一种厌恶一切政府干预的普遍心理。这种心理又同以静态均衡分析为基点的新古典理论相结合，于是在我国也出现了一股颇有势力的经济自由主义思潮。然而，尽管我们可以非常自由地将政府干预骂个狗屁不值，同时陶醉于一般均衡状态的和谐与优美，但要解决中国的现实问题，却无法在要不要政府干预之间作自由的选择，而必须回答：我们要什么样的政府干预，或者说，什么政府应该干预而且必须干预，什么它不应干预也不必干预。

关于公有制与商品经济兼容的两个问题*

目前经济学界对“公有制能否与商品经济兼容”问题的讨论，涉及两个关键的问题：一是能否从全民所有制自身中引出商品货币关系；二是能否在商品等价交换原则的基础上贯彻公有制所要求的等量劳动互换或等量劳动占有等量产品。如果我们能够对这两个问题做出肯定的回答，那就不仅是对“公有制与商品经济能否兼容”这一问题提供了一种答案，而且是证明了这一问题本身就是不成立的或虚拟的。因为，既然我们能够从全民所有制自身中引出商品货币关系，并且能够以等价交换为出发点导出等量劳动占有等量产品，那么，商品货币关系就显然是全民所有制自身的一个内在规定，而谈不上二者是否兼容的问题。

一、全民所有制的内在结构与商品货币关系

要想说明商品货币关系如何成为全民所有制的一个内在规定，需要对这种所有制形式的内在结构进行剖析。在进行这种剖析之前，有必要扼要地说明一下马克思主义经济学的所有制分析规范。在马克思主义经济学中，生产资料所有制是指劳动者与生产资料相结合的社会经济形式或生产关系形式。一般说来，它是由三个有机地相互联系的环节或结构要素组成的：（1）劳动者与生产资料结合的前提；（2）劳动者与生产资料结合的引导过程或媒介；（3）劳动者与生产资料结合的实际形式。分析某种所有制形式的内在结构，就是要说明在这种所有制形式内，劳动者是在什么样的前提下，通过何种媒介，以什么样的实际形式与生产资料结合起来

---

* 原文载于《学习与探索》1991 年第 3 期。

的。而一定所有制形式的内在结构，归根结底又是由体现一定历史发展阶段上生产力的性质的、在社会生产中通行的劳动者与生产资料相结合的技术组织形式决定的。只有在劳动者与生产资料结合的这种技术组织形式的基础上，作为劳动者与生产资料结合的社会经济形式或生产关系形式的一定所有制的内在结构，才能得到合理的阐明。

现在摆在我们面前的分析对象是实践中的社会主义全民所有制。那么，作为这种所有制形式的生产力实体或基础的劳动者与生产资料相结合的技术组织形式是什么呢？这就是与机器大生产相适应的发达的社会分工和生产机构内部分工。机器生产条件下的发达分工，一方面导致不同行业的生产机构之间以及同一生产机构内部执行不同生产职能的劳动者之间全面的相互依赖关系，另一方面又造成这些生产机构和劳动者的生产活动的片面性和狭隘性。这可以说是由分工这种劳动者与生产资料相结合的技术组织形式所决定的当代人类物质生产活动的一般矛盾。资本主义的基本矛盾——生产的社会化与生产资料的私人占有，不过是这个一般矛盾的一种特殊的社会经济表现形式。社会主义全民所有制的出现，克服了这个一般矛盾的资本主义表现及其社会经济后果（雇佣劳动关系、生产无政府状态等），但这并不意味着这个一般矛盾本身也被消除了。因为，要克服这个一般矛盾就必须消灭分工，而实践中的社会主义全民所有制却仍然是在分工这一现实的生产力基础上形成的一种劳动者与生产资料相结合的社会经济形式。显然，对实践中的社会主义全民所有制的内在结构的分析，必须以机器生产条件下的发达分工以及由其决定的人类物质生产活动的一般矛盾为基点。

首先让我们来说明社会主义全民所有制中劳动者与生产资料相结合的前提。社会主义全民所有制的形成和发展，是以在资本主义机器大工业条件下发展起来的发达分工所导致的生产社会化为条件的。社会化的生产力，要求全体社会成员结成覆盖整个社会生产的经济联合，成为全部生产资料的共同所有者，以消除资本主义条件下互不相属的私人生产者的盲目活动造成的危及社会生存的各种经济上的恶果。对于这种全社会范围的经济联合，每个劳动者都是以平等的社会成员的身份参加的。全民所有制之所以叫“全民”所有制，就是因为在参加这种全社会范围的经济联合时，每个劳动者除了“民”即社会成员的规定之外，不具有任何其他的社会经济规定性。作为社会成员，每个劳动者都具有运用全社会公有的生产资料进行生产活动的平等权利。这样，全体社会成员通过覆盖整个社会生产的经济联合而成为生产资料的共有者，就成为全民所有制生产关系内劳动者与生产资料相结合的前提。这里立即需要指出的是：这个前提仅仅是全民所有制生产关系的一个环节，而不是这种生产关系的全部内容。如果我们误将这个环节当作全民所有制生产关系的整体，那么我们是很难在其中找到任何商品货币关系存在的蛛丝马迹的。为了揭示全民所有制生产关系与商品货币关系之间的内在联系，还需要对全民所有制内劳动者与生产资料相结合的媒介和实际形式展开分析。

在全体社会成员取得生产资料共有者的地位这一前提下，由于存在分工，劳动者要实际地利用生产资料从事生产活动，必须以成为某种社会生产职能的专门化承担者，成为所谓特殊的“经济变种”为条件，如纺纱工或矿工、电工或钳工等等，我们已经知道，在全社会范围的经济联合之中，每个社会成员都是平等的生产资料共有者，他们之间不具有相互区别的特殊的社会经济规定性。但是，在涉及到他们与生产资料的实际联系时，由于分工使他们成为不同的“经济变种”，他们相互间就产生了具有性质区别的新属性，即作为不同从业者的社会经济规定。在社会主义全民所有制生产关系内，一切劳动者都具有生产资料共有者和从业者这样双重的社会经济属性。作为从业者，劳动者进行生产活动的范围，受到他所从事的职业的限制。这种限制使得从业者个人的劳动成为单调和重复的，而这种劳动的产品则是单一的。但是，劳动者个人的物质和文化生活需要又是多方面的。这样，为职业所束缚的从业者所从事的特殊形式的生产活动，就与他自身生存和发展的多方面需要相脱节。在存在这种分裂的情况下，作为从业者的劳动者，不能不把自己以特殊形式支出的脑力和体力，当作为满足自身多方面的需要而付出的代价。也就是说，劳动者作为受特定职业束缚的从业者而从事的劳动，必然具有谋生手段的性质。由于不同劳动者作为从业者所进行的特殊形式的生产活动及其产品与他们自身多方面的需要相脱节、相分裂，这就产生了在他们相互间交换产品的必要性。而由于他们作为从业者的劳动具有谋生手段的性质，他们之间的产品交换又不能不以劳动为尺度。可见，在劳动者所具有的从业者这一社会经济规定之中，已经隐含着使商品货币关系成为全民所有制生产关系的一个内在规定的基本根据。当然，我们还不能由此直接引出它。这还需要一系列其他的中介环节。

事实上，在机器大生产条件下，可以说劳动者个人作为具有片面生产技能的从业者，是无法生产产品的。只有通过具有不同生产技能的从业者在分工基础上的协作，劳动者才能实际地与生产资料结合起来，形成能动的生产过程。而这种从业者在技术上的分工协作，又只有通过他们相互间的一定社会生产关系才能形成。这种社会生产关系，就是从业者之间的经济联合关系——这也就是全民所有制内劳动者与生产资料结合的实际形式。这种从业者的联合关系，通常被称为企业。而从业者个人加入企业形式的从业者联合关系的过程，即就业，则是全民所有制内劳动者与生产资料结合的引导过程或媒介形式。这一过程是通过从业者个人与企业之间自主的相互选择来完成的。

既然作为全民所有制生产关系内劳动者与生产资料结合的实际形式的企业，不过是从业者的联合关系，那么我们在前面对从业者个人的生产活动的特殊性质的分析，移用到企业身上，也是基本适用的。企业劳动集体的生产活动也是局限在社会分工的某个领域或分支内的，因而其产品也是片面和单一的。这就决定了企业的产品不能不是为他人、为社会生产的使用价值。同时，这还决定了企业劳动集体的生产活动必然是与自身再生产的多方面需要相分裂的。要使自己的多方面需要得到满足，它就必须与其他企业发生交换关系。不仅如此，这种交换还必须以耗费在产品生产上的劳动为尺度。因为，既然从业者的劳动具有谋生手段的性质，那么作为从业者联合体的企业作为一个整体所支出的劳动，也必然会被当作为满足自身多方面需要而支付的代价。这一切，都使得企业不能不把它的产品当作商品来生产。也就是说，作为全民所有制内劳动者与生产资料结合的实际形式的从业者联合关系性质的企业，不能不具有商品生产者的属性。

在全民所有制经济中，不同企业的产品要作为商品彼此发生关系，它们的生产者也“必须作为有自己的意志体现在这些物中的人彼此发生关系，因此，一方只有符合另一方的意志，就是说每一方只有通过双方共同一致的意志行为，才能让渡自己的商品，占有别人的商品。可见，他们必须彼此承认对方是私有者。这种具有契约形式的……法权关系，是一种反映着经济关系的意志关系。这种法权关系或意志关系的内容是由这种经济关系本身决定的。”① 企业在发生交换关系时彼此承认对方是不同的所有者，这似乎是同全体劳动者成为生产资料共有者这一全民所有制内劳动者与生产资料相结合的前提相矛盾的。但是，如果我们不是将眼光仅仅停留在不同企业发生交换关系时彼此承认对方是不同所有者这一法权关系或意

① 《马克思恩格斯全集》第23卷，人民出版社1972年版，第54页。

志关系的表象上，而是深入地分析这种法权关系或意志关系的具体经济内容，那么就会发现，这种法权关系不仅不与全民所有制生产关系相矛盾，而且恰恰是全民所有制生产关系自身的内在结构特点的反映。这里，关键在于将全体社会成员通过覆盖整个社会生产的经济联合而成为不可分割的共有者这一劳动者与生产资料结合的前提，与从业者联合关系性质的企业这一劳动者与生产资料结合的实际形式，作为统一的社会主义全民所有制生产关系内的两个不同环节而明确区分开来。这两个环节的区别决不仅仅在于前者覆盖了整个社会生产，后者仅局限于社会生产的某一局部，而是在于二者性质上的根本不同。对于全社会范围的经济联合关系，劳动者是以社会成员的一般身份加入的。通过这种联合，全体社会成员作为一个不可分割的整体而成为生产资料的共有者。由此，显然是不可能引出以不同的所有者彼此对待的权利意志关系的。但是，劳动者要与生产资料实际地结合起来，还必须以把劳动当作谋生手段的从业者的身份，加入从业者联合关系性质的企业。而从业者联合关系性质的企业一经形成，就意味着一个在性质上与全体社会成员联合关系根本不同的生产关系环节的出现。于是，在全民所有制生产关系内就发生了两个层次的关系。首先是作为全体社会成员经济联合的有形组织和公共生产资料的所有权主体的国家，与作为公共生产资料占用者的企业之间的财产关系。劳动者一旦通过从业者联合关系性质的企业与公有的生产资料结合起来，就自动地负有了公有资产经营者的义务，不但必须保证这种资产的完整性，而且必须比例于自身占用的公有资产的数量，为国家提供财产收益，以使公有财产增殖。其次，在不同的从业者联合体即企业之间，则存在着对公有的生产资料的排他的“经营垄断”关系。这种“经营垄断”关系有两个方面的内容：第一，不同企业各自以有偿占用为原则独立地与国家发生财产关系，不能向其他企业转嫁自己承担的公有资产经营义务，同时也不容许其他企业干预自己对所占用的公有资产的支配和使用；第二，企业对自己的生产和经营成果具有排斥其他企业的占有权，不同企业的交换只有在双方同意的条件下才能成交。企业之间的这种“经营垄断”关系，是由全民所有制的内在结构所决定的客观的经济关系。这种关系在法律上表现为排他的企业法人经营权。而不同企业在发生交换关系时彼此以不同的所有者相对待，不过是这种排他的企业法人经营权的运用而已。虽然从形式上看，这与私有制条件下的商品交换所体现的那种抽象的权利意志关系没有多大差别，但它所包含的经济关系内容已经发生了根本变化。这已经不是生产资料私有者之间的交换关系，而是在全体社会成员成为生产资料共有者这一前提下，作为公有生产资料的经营者的不同从业者联合体即企业之间的交换关系。

通过以上分析，我们实际上已经证明，作为在发达的分工这一生产力基础上形成的劳动者与生产资料结合的社会生产关系形式，实践中的社会主义全民所有制由其自身的内在结构所决定，必然把商品货币关系作为一种内在规定包含进来。也就是说，全民所有制与商品货币关系之间不存在两个相互外在的事物之间的“兼容”或“对接”关系。商品货币关系在全民所有制生产关系中的存在，根源于在这种所有制关系中劳动者所必然具有的以劳动为谋生手段的从业者的社会经济规定，根源于他们通过这种从业者之间的联合关系即企业而实现的与公有生产资料的实际结合。既然从业者联合关系性质的企业作为劳动者与生产资料结合的实际形式，是全民所有制生产关系的一个不可或缺的结构要素，而企业又不能不具有商品生产者的属性，那么我们虽然有充分的理由认为，商品货币关系也是全民所有制的本质规定之一。如果说离开了全体社会成员联合成生产资料共有者这一前提，全民所有制就不成其为全社会范围的公有制；那么，如果离开了商品货币关系，这种所有制关系就不成其为实践中的社会主义全民所有制。在实践中的社会主义全民所有制中，商品货币关系通过劳动者的从业者的社会经济规定和从业者联合关系性质的企业而不可避免地成为这种所有制关系的一个本质规定，归根结底反映着由分工造成的人类物质生产活动的一般矛盾在这种所有制关系中的特殊表现：社会作为一个不可分割的整体对生产资料的占用，与不同劳动者实际占用生产资料的局部性和差别性的矛盾。要消除这个矛盾，就必须消灭分工，而在消灭了分工的新型生产力基础上，将会形成一种与实践中的社会主义全民所有制具有根本不同结构特点的公有制关系。只有到那时，商品货币关系才会被当作与公有制的本质相异化的因素排斥出去。

二、等价交换与等量劳动占有等量产品

全民所有制企业既然是商品生产者，企业相互间的产品交换就必须遵循等价原则。也就是说，它们必须将现有的社会正常生产条件下、在社会平均的劳动熟练程度和劳动强度下制造某种使用价值所需要的劳动时间，作为决定各种产品的交换比例的尺度。这一尺度不仅将不同熟练程度和强

度的劳动平均化了，而且将不同生产者之间物质生产条件的差别对劳动生产率的影响也平均化了。物质生产条件优越的企业的劳动生产率会较高，较之生产条件较差的企业，在支出了相同数量和质量的劳动的情况下，会生产出较多的产品。在按社会必要劳动量决定的价值出售商品时，它会因生产条件优越这一与自身劳动支出无关的因素而实现比那些生产条件较差的企业更多的价值额。显然，这是与全体劳动者成为生产资料共有者这一全民所有制内劳动者与生产资料结合的前提相矛盾的。既然生产资料是全体社会成员的公有财产，那么任何人都没有理由凭借有利的生产条件而在产品占有方面取得垄断的优势地位。人们取得收入或占有社会产品根据，不应当是他们的生产条件的差别，而应当是排除了这种差别的影响的劳动的质和量。这样，就产生了所谓商品等价交换原则与公有制生产关系所要求的等量劳动互换或等量劳动占有等量产品的矛盾。

应当承认，等价交换与等量劳动占有等量产品的矛盾在社会主义全民所有制生产关系中的存在是一个不容否认的事实。但是，这并不意味着商品货币关系是与公有制生产关系相异化的东西，更不意味着必须在商品经济和公有制之间作非此即彼的选择。我们知道，在资本主义经济中，等价交换与等量资本获得等量利润的要求之间也是存在矛盾的。但由于在这二者之间存在着资本家追求有利投资领域的竞争、资本在各部门、行业之间的转移等中介性机制，等价交换最终却合乎逻辑地转型为按生产价格交换，从而使资产阶级中不同成员之间的利益均衡得以实现。我们现在所面临的问题，也正是要弄清，在公有制生产关系中由等价交换到等量劳动占有等量产品的转型，应当通过什么样的中介机制来实现。

根据经济学界一种很有影响的看法，要解决等价交换与等量劳动占有等量产品之间的矛盾，就要由国家实行某种将物质生产条件较优越的企业的额外收益或“级差收入”收归全社会所有的分配政策。改革初期我国曾实行过的一户一率的调节税的理论依据就在于此。但是，即使撇开难以准确计量级差收入和适时调整税率等技术性的障碍不说，这种收入分配政策也很难说是使等价交换过渡到等量劳动占有等量产品的适当中介。因为，在实施这种收入分配政策来“校正”等价交换时，会造成企业技术进步停滞的严重经济后果。作为商品生产者的企业通过提高技术构成、改善物质生产条件而进行技术创新，正是因为这样做可以提高劳动生产率，从而获得由本企业个别劳动时间低于社会必要劳动时间而形成的超额价值或级差收入。级差收入在多大程度上被剥夺，企业技术进步的动力就会在多大程度上被削弱。对于这种后果，某些主张使用收入分配政策的人也是看到了的。因此，他们又以国家对企业级差收入的计量只是趋近其实际数额，而难以做到准确无误、包罗无遗为理由，说明全民所有制企业还是有实行技术进步的内在动力的。有些人还进一步主张国家应有意识地让企业在一定时限内分享级差收入，以刺激技术进步。但是，即使这些“补救”办法得以实施，全民所有制经济也必然会因企业内在动力不足而成为技术进步缓慢的经济。

那么，在公有制生产关系内是否存在或可能形成使等价交换与等量劳动占有等量产品统一起来的中介机制呢？如果有，它又是什么呢？如果说全民所有制因将商品货币关系作为自身的一个本质规定而导致了等价交换与等量劳动占有等量产品的矛盾，那么，也正是存在于这种所有制中的商品货币关系本身提供了解决这一矛盾的机制。这就是作为发达的商品货币关系伴生物的竞争机制。在这里，竞争机制的作用涉及经济运行中两个层次的关系：一是同一部门或行业内不同企业的关系，二是不同部门或行业之间的关系。

让我们先来讨论第一个层次的问题。在全民所有制经济中，同一部门内部不同企业之间存在着提高劳动生产率的竞争。不过，这种竞争所追求的经济利益目标，已经发生了与资本主义私有制条件下根本不同的变化。全民所有制企业通过改善生产条件、提高劳动生产率而追求的不是资本加速增殖或获得超额利润，而是由以劳动为谋生手段的从业者联合而成的企业劳动者集体的超额劳动收入。企业在这一目标驱使下进行的竞争，当然是在等价交换原则基础上发生的，或者说是以将包含着不同企业间生产条件差别的个别劳动平均化为社会必要劳动为前提的，从而也是以物质生产条件不同的企业支出了同质和同量的劳动而取得不等的收入为前提的。但是，原先在生产条件方面处于不利地位的企业在竞争压力下对先进企业的追赶，却会造成一种缩小它们之间生产条件差别，从而缩小企业间劳动收入差别的趋势。不仅如此，竞争还必然会导致通过优势企业对劣势企业的改组、联合或“兼并”而实现的生产集中，从而扩大优势企业的从业者联合关系的范围及其对公有生产资料的“垄断经营”范围。这样也会造成一种使同一部门或行业内原先存在的不同企业间生产条件差别缩小，从而劳动收入差别缩小的趋势。可见，部门内的竞争虽然是以创造差别为目标的，但竞争过程本身又会产生一种拉平差别的趋势。公有制经济中等量劳动占有等量产品这一劳动者之间的利益均衡原则，就是通过竞争所产生的这种拉平差别的趋势而在同一部门或行业内的不同劳动者之间得到贯彻的。当然，作为先前一轮竞争结果的利益均衡，最终又会为新的一轮竞争所打破。因此，这种利益均衡只能理解为一种作为长期趋势存在的动态均衡，它不断为竞争所破坏，而又不断作为竞争的结果被再生产出来。这不是一种在技术进步停滞的低水平生产力条件下强行维持的僵死的利益均衡，而是在竞争驱动企业技术进步的条件下，不断在更高的社会生产力水平基础上得到更新的利益均衡。

我们将部门内部的竞争说成是实现劳动者利益均衡的机制，显然与经典作家关于竞争必然导致两极分化的论述不符。但是不要忘记，经典作家所说的是资本主义私有制条件下的竞争，而我们在这里讨论的是在根本不同的生产关系条件下发生的公有制企业之间的竞争。一个资本主义私人企业在竞争中失败，意味着企业主丧失生产资料而沦为雇佣劳动者。但是，一个公有制企业在竞争中失败，却并不意味着在这个企业的范围内联合起来的从业者劳动集体失去了生产资料所有权。因为，作为全民所有制生产关系的一个环节的企业，原本就不是生产资料的所有者，而不过是通过一定范围的从业者联合关系形成的部分公有生产资料的占用者。全民所有制企业的“破产”，仅仅表明从业者通过在这个企业范围内形成的联合关系实现的与生产资料的实际结合，是无效率的。这种无效率的从业者联合关系因先进企业对之进行的改组、联合或“兼并”而解体，意味着这个企业的从业者有机会加入效率更高的从业者联合关系。这只会使他们在获取劳动收入时处于较过去有利的地位。这是已经为我国经济改革中的企业联合改组所证明了的事实。

至于等量劳动占有等量产品在不同部门或行业之间的贯彻，那也是通过竞争来实现的。如果说在一个部门或行业内部，由于产品和技术工艺过程的近似，各企业间客观生产条件有通过竞争而趋于接近的可能，那么在不同部门或行业之间，由于产品性质和技术工艺过程截然不同，通过竞争拉平生产条件差别的可能性是根本不存在的。部门或行业间生产条件的差别（包括资金周转方式和速度的差别），也会导致这些部门或行业之间劳动者收入的差别。在这些部门或行业的劳动者所从事的不同具体劳动还原为等量的一般人类劳动的情况下，仅仅由于产品和技术工艺过程的特殊性质所决定的生产条件差别，不同部门的劳动者也会得到不等量的社会产品或收入。但是，只要全民所有制生产关系的内在结构不排斥从业者在不同部门间的流动和转移，那么在以劳动为谋生手段的从业者们为争取最大劳动收入而展开的职业竞争作用下，各部门或行业的劳动者收入也会出现均等化趋势，从而造成部门间劳动者利益的均衡。

我们在本文前一节说明全民所有制生产关系的内在结构时曾指出，就业，即从业者加入企业形式的从业者联合关系这一劳动者与生产资料结合的媒介过程，是通过从业者与企业之间的相互选择来完成的。就从业者这方面来说，由于他在作为从业者进入就业这一媒介过程之前，已经以社会成员的身份通过全社会范围的经济联合而取得了生产资料共有者的地位，他也就有权在社会的各个生产部门或行业中进行选择，自主地加入或退出某个部门或行业中的某个企业。可见，从原则上说，在全民所有制生产关系中是不应当存在劳动者自由转移或流动的障碍的。在这个前提下，在获取最大劳动收入这一经济动机的驱使下，会发生从业者由收入较低部门向较高部门的流动。而从业者的这种转移，又会带动生产资金发生相应转移。结果是使有利的生产部门或行业由于生产要素供应的增加而扩大生产规模，而不利的部门或行业则因要素的流失而缩小了生产规模。前者的产品最终会因供大于求而跌价，而后者的产品则会因为供不应求而涨价，从而导致这些不同部门或行业的从业者劳动收入的均等化。显然，这是一个与资本主义条件下发生的利润平均化具有类似机理的过程。不过，在这一过程中，起推动作用的不是资本家对有利的投资场所的竞争，而是作为从业者的劳动者对有利的就业场所的竞争。

上述收入均等化过程的另一面，就是商品的价值转型为某种类似于生产价格的属于价值序列的特殊价格。不过，全民所有制经济中的这种价格体现的是作为从业者的劳动者之间的利益均衡，而不是生产资料所有者之间的利益均衡，因为对于公有制生产关系内作为一个不可分割的整体的生产资料共有者，利益均衡问题是无从提起的。为了与资本主义经济中的生产价格相区别，我们将这种价格称为从业者利益均衡价格。这种价格可以用下式表示：

$$P = k + a \cdot K + w \cdot l$$

其中，k 为生产单位产品的部门平均物化劳动耗费；a 为国有资产收益率，K 是单位产品生产的资金占用量，$a \cdot K$ 即单位产品中包含的国有资产收益；w 为全社会平均的收入/工时，即全社会平均的单位标准工时所创造的企业可支配收入，它是不同部门或行业收入均等化的结果；l 是某一部门内平均的单位产品生产所费工时，$w \cdot l$ 即为单位产品所包含企业可支配收入。全民所有制经济中的市场价格，应当是围绕着这个从业者利益均衡价格波动的。企业在按这个价格实现其产品价值之后，首先要用其中一部分补偿由 k 表示的原材料和设备消耗，其次交纳数额为 $a \cdot K$ 的国有财产收益，剩下的才是可用于企业内部分配的可支配收入。显然，全社会平均的收入/工时已定，则企业可支配收入的数额与其投入的部门内平均标准工时数的多寡成正比。因此，以从业者利益均衡价格为尺度的商品交换关系，使等量劳动占有等量产品的原则在不同部门之间得到贯彻。按照这种价格进行的产品交换，不仅能够使公有制经济中从业者的利益均衡得以实现，同时还会诱导社会劳动合乎比例地分配于各个不同生产部门。应当指出的是，在这种价格上体现出来的从业者利益均衡，也是一种在动态中以趋向平均数的方式表现出来的均衡，而不是一种僵死或一成不变的均衡。

总之，等量劳动占有等量产品作为公有制生产关系产生的一种经济必然性，并不是像行政命令那样直线传递的，而是以同样是全民所有制的内在规定的商品货币关系所要求的等价交换为基础，通过竞争这一中介机制迂回曲折地实现的。只要实践中的社会主义全民所有制仍然是以分工为基础的劳动者与生产资料相结合的社会生产关系形式，那么它就不能不将商品货币关系作为自身的一个内在规定包含进来，因而同样作为它的一项本质规定的等量劳动占有等量产品，就不能不通过商品货币关系所固有的竞争机制来实现。企图超越商品货币关系而用行政手段来实现等量劳动占有等量产品的原则，只会破坏社会主义全民所有制生产关系的各环节和各个本质规定之间的内在一致性，造成经济运行的无效率（技术进步停滞）。

国有企业经营机制的选择和转换*

改革以来，我国企业的活力较过去有所增强，但国有大中型企业活力不足仍然是经济中的突出问题。根据我国社会主义初级阶段经济发展的实际状况，选择恰当的国有企业经营机制目标模式，在完善承包责任制的基础上逐步实现经营机制的转换，仍然是今后经济体制改革的一项基本任务。

一、目标模式的比较和选择

对企业经营机制目标模式的不同选择，包含着对以下几个相互联系的问题的不同解答。

（一）以何种形式实现两权分离

国有企业经营机制改革所应遵循的基本原则是实行所有权和经营权的分离。通过这种分离要实现两方面的要求：（1）消除政府行政主管机构对企业经营活动的直接控制，使企业具有充分的经营自主性；（2）打破国家对企业的“资金大锅饭”，硬化企业的财产约束。对于以何种形式进行两权分离，从而实现这两个方面的要求，目前存在着两种基本思路。

1. 以建立国家与企业之间长期的资产债权和债务关系的形式实现两权分离。按照这种思路，国家与企业之间的财产关系，类似于资本主义条件下借贷资本和职能资本的关系。这种关系在法律上表现为国家和企业作为平等的民事主体发生的关系。作为债权人，国家具有对企业出资、维护

* 原文载于《学习与探索》1989 年第 2 期。

资产价值形态的完整、收取财产收益和对资产进行最终处理的权利。作为债务人的企业，则以保证国有资产价值完整和交纳财产收益为条件，取得在法律上表现为企业法人所有权的对资产进行占有、使用和支配的权利。只要企业履行了它与国家缔结的长期债务契约规定的财产义务，作为所有者的国家就不得以任何形式对企业的经营活动进行直接干预。这样，在国有经济内部就形成了国家所有权和企业法人所有权并存的双重财产权结构。

2. 以股份制的形式实行两权分离。具体的设想是：建立若干国有资产经营机构，使这些机构成为企业的股东，由股东代表组成作为企业最高决策机构的董事会；由董事会决定企业经营的大政方针，任命对企业营运享有管理权的企业经理。在股份制条件下，也形成一种双重的财产权结构：一方面是所有者的股权，另一方面是与股权相区别的企业法人所有权。

我们认为，社会主义国有经济内部国家与企业之间所有权与经营权的分离，应当是上述第一种形式的分离。如果以股份制形式进行两权分离，则这种分离的两个方面的要求都难以顺利实现。

1. 实行第一种形式的两权分离，国家与企业之间的行政隶属关系转变为具有平等权利的民事主体之间债务契约形式的经济关系。在此基础上形成的二重财产权结构中包含的企业法人所有权，排斥超越债务契约范围的国家干预。这就从根本上消除了政企不分的可能性，为企业的自主经营提供了可靠的制度保证。而在股份制的二重财产权结构中出现的企业法人所有权，原则上并不排斥所有者对企业经营的干预。股份企业法人所有权的形成，主要是为了使分散在各个股东手中的资产所有权结为“按份共有”关系下的统一所有权，以保证企业经营活动的规模和统一性。股份企业法人所有权与股权的区别，不过是全体股东结为一个整体对全部企业资产的共同所有权与单个股东对企业资产一定份额的个人所有权的区别。股份企业法人所有权虽然排斥单个股东对企业经营的干预，但并不排斥全体股东通过股东大会——董事会这一“民主代议制结构”对企业经营的干预。通过股东大会——董事会体系，资产所有者至少在形式上掌握着企业经营的决策权，而经理只是受雇于全体股东的企业管理人。从所有者掌握企业经营决策权这一点来看。股份制与政府行政机构作为所有者直接经营企业，并没有本质上的区别。因此，在社会主义国有制条件下，由若干政府机构持股人委派代表组成董事会来经营企业，是难以消除传统体制下政企不分的弊端的。当然，也可以设想通过分散国有企业股权和增强企业股票流动性的办法来弱化所有者对经营的约束，提高企业经营的自主性。在西方股份公司制度的现代发展中，由于股权的高度分散和股票流动性的增强，确实出现了被称为“经理革命”的所有权与管理权分离的趋势。但是，在社会主义国有制条件下，即便实行某种形式的股份制，企业股权也显然难以达到普遍由私人持股条件下那样高的分散程度和流动性，因而经理人员也就难以具备与联合起来的大股东们相抗衡的能力。

2. 实行第一种形式的两权分离，国家与企业之间以财产为根据的分配关系是简单明了的。国家根据企业占用的国有资产的多寡，按照统一的财产收益率与企业分享利润，国家对企业的财产约束具有预先确定的清晰和稳定的边界。而且，由于国家财产收益率是全社会统一的，国家的财产约束对所有企业都是公平的，谁占用的国有财产多，谁就必须承担较高的财产收益缴纳义务。这就排除了因不同企业在公有生产资料占用方面的差别而产生的收入上的不公平，使公有制经济中以劳动贡献为根据的平等得以在企业间贯彻。在社会主义国有制这样一个全社会范围的公有经济中，国家对企业的财产约束是否公平合理，正是这种约束能否硬化的一个重要前提。在实行股份制的条件下，由于企业股票的价格经常处于与企业拥有的现实资产数量无关的波动中，国家对企业的财产约束难以形成清晰、稳定的边界。而且，由于在资金利润率相同的情况下不同企业的股息率也必然是互不相同的，国家也就难以按统一的财产收益率标准对所有企业实行公平合理的约束。

3. 在实行第一种形式的两权分离条件下，国家和企业的利益分配边界是预先确定的，这有利于企业形成长期的经营和发展目标。而在实行股份制的条件下，未来企业利润的分配格局是无法预先确定的，这就不利于企业进行长期发展目标的规划。即便是在现代的西方股份公司里，虽然出现了管理权与所有权相分离的趋势，经理人员具有与股东相抗衡的一定能力，但面对股东抛售股票的压力，许多企业的经理也往往不得不把精力主要集中在短期收入上，以维持股票价格。有些西方学者针对这种情况指出，公司目前所管理的只是它们的账本而不是经营。[①]

① 努斯鲍姆等：《争夺公司控制权之战》，载《商业周刊》［美］1987 年 5 月 18 日。

（二）如何实现国有资产存量的结构性调整

实行上述第一种形式的两权分离后，企业对自己占用的国有资产取得法人所有权，其中包括在维护国有资产价值完整条件下转让固定资产的权利。企业间以固定资产买卖为内容的产权转让，加上国家统一规定的财产收益率标准，构成社会主义国有制经济中调整资产存量结构、保证国有资产使用效率的基本机制。在国家与企业之间普遍建立长期资产债权债务关系的条件下，由国家规定的财产收益率不仅是与企业分享利润的标准，而且是国有资产使用效率的统一评价尺度。这一尺度起着衡量企业占用国有资产的权利与其因此必须承担的财产义务是否平衡的作用。如果企业经营不善，不能按效率为自己占用的国有资产交纳相应的财产收益，并且今后较长时期内经营状况也无改善前景，作为资产债权人的国家就有权将这笔财产从该企业抽回，将其投向有能力承担相应财产义务的其他企业。而该企业为了归还国家财产，只有向经营效益好、有发展前途的企业出卖自己的一部分物质资产，或在国家指导下接受能够为该企业占用的国有资产提供相应财产收益的其他企业的改组和兼并（企业购买企业）。通过这种国有企业间的固定资产买卖，就会发生以统一的国家财产收益率为指针的资产在不同企业间的流动，即资金存量的结构性调整，从而使国有财产在整个社会范围内保持大体相等的较高使用效率（资金利润率）。在这种资产存量的结构性调整过程中，不同企业资产存量价值上的增减，直接伴随着物质生产要素向优化方面的流动和重组，资金的流动比较准确地引导和反映着物质生产要素的流动。

在股份制条件下，可谓产权转让主要是指股票的买卖。所有者一旦以入股形式将资金投入企业，就不能再直接将其抽回（只有在企业破产清盘时他才能按股份数额直接抽回部分剩余财产），而只能以向他人出售股票的方式间接地回收资金。但是，股票只是现实资产的纸制复本，代表的只是对一定未来收益的索取权，其票面价值是虚拟的，并不反映企业拥有的现实资产的价值。事实上，股票持有人在交易所内通过出售股票所转让的只是未来收益的索取权，而不是由其先前投资形成的企业现实资产的所有权。二级股票市场上行市波动引起的所谓企业资产的增值或贬值，并不代表企业内实际执行职能的现实资产存量的增减。在利息率一定的情况下，股息提高就会使股票价格上涨，但这并不意味着企业的现实资产已经增多。同样，股息不变，银行利率提高，股票价格下跌，也并不意味着企业的现实资产减少了。股票买卖条件下难以避免的投机活动，还会加剧与现实资产存量的结构变动完全脱节的、虚拟的企业资产增值或贬值。在西方国家的股票市场上，随时发生的重大政治事件甚至谣言，都会影响股票价格，这使得决定股票价格的因素更加难以捉摸。不少西方学者也十分怀疑证券市场究竟能在多大程度上反应企业的现实资产价值，因而将“金融资产流通”和“工业资产流通”加以区别对待。显然，与企业现实资产存量的变动脱节的、以企业未来收益索取权的转让为内容的股票买卖，很难说是实现资产存量结构调整的有效和可靠的机制。这并不是说股票交易对资产存量的调整毫无作用。股票交易也是企业间兼并的一种手段。但对于经常发生的企业资产存量的小规模调整，股票交易是不起什么作用的。即使在股票交易高度发达的西方，这种调整也是通过物质资产的买卖进行的。

（三）在投资问题上如何处理国家决策与企业决策的关系

在实行前述第一种形式的两权分离之后，国家以收取财产收益的形式执行着生产资金的积累职能，可以通过对积累的分配来实现自己的产业政策。国家也可以运用税收等经济杠杆来间接地影响增量资金的流向，但对自己直接掌握的积累基金的有计划的分配，无疑是国家用以塑造未来产业结构的最有力、最重要的手段。不少国家经济发展的实践表明，由政府实行有计划、有选择的资金分配，是加速产业结构转变的强大推动力。在这方面，建立了全社会范围公有制的社会主义国家，应当说是更具有优势的。我和目前的国家投资管理存在许多问题，必须进行改革，但改革应以保持和发挥而不是削弱这方面的优势为前提。在投资管理上，对国家集中决策和企业分散决策作非此即彼的选择是不可取的，而应将二者结合起来。可以考虑建立一个以专业化金融机构为中介，部门一级投资基金由国家集中分配，项目一级投资由企业分散决策的投资管理体制。除了一些特大的基础设施工程之外，国家不再直接进行项目投资决策，而是将积累基金有计划、按比例地委托给按产业政策要求设立的、以一定部门或行业为活动范围的专业化金融机构，由这些机构向相应部门或行业内具有投资意愿的企业提供资金。专业化金融机构向企业提供资金的基本条件，是企业具有为该项资金交纳相应财产收益的能力。但是，这些机构不干预资金的具体使用方式，项目一级的投资决策完全由企业自主地进行。这样一个体制既能保证国家产业政策的贯彻，又能提高投资项目的微观经济效益。

如果采用股份制形式的企业经营机制，就只能实行高度分散化的、完全由市场导向投资决策模式。企业将是惟一的决策主体，股票发行成为企业筹集投资资金的主要途径。作为企业股票购买者的国有资产经营公司是否购买股票的根据，主要是由企业当前盈利状况决定的企业股票价格的高低。而企业当前盈利状况又主要取决于它的投入品和产出品的现期市场价格。这样，投资活动就完全由现期市场的供求状况所左右，社会主义国有经济也就丧失了通过集中分配资金以支持产业结构调整的固有优势。

（四）建立什么样的企业领导体制

在社会主义公有制经济中，“劳动者当家作主”不应当是一句空泛的说教，而必须具有切实的制度保障。劳动者的主人翁地位不仅应当通过人民民主的国家政治结构，在国家一级的宏观经济管理决策中体现出来，而且应当通过一定的企业领导体制，在他们工作的企业中体现出来。在传统的经济体制内，企业经营决策权在上级主管机构，企业经理人员由上级作为一级行政官员任命；职工的收入既不取决于企业经济效益，也不取决于他们的劳动贡献，而是由国家的统一工资标准来规定。这一切，事实上使劳动者处于雇员而不是主人的地位。这是在旧体制下职工的企业主体意识日益淡化，企业对劳动者缺乏凝聚力的基本原因。党的十二届三中全会关于经济体制改革的决定曾指出：围绕增强企业活力这一中心环节，在确立国家与企业之间正确关系的同时，还要确立职工与企业之间的正确关系，保证劳动者在企业中的主人地位。但是，近些年的改革在这方面是重视不够的。职工的主体意识淡化、对企业的疏远化不但未能消除，反而有进一步强化的趋势。要改变这种状况，必须使劳动者自治成为处理企业内部关系的基本原则，并在劳动者自治的基础上建立厂长或经理的负责制。简单地说，这包括四个方面的内容：（1）职工代表大会或工人委员会成为企业的最高权力机构，有权招聘、选举和罢免企业主要领导人，有权作出关于企业经营目标的重大决策，规定企业内各种主要规章制度。（2）厂长或经理是企业的法人代表，负责根据职工代表大会或工人委员会决定的基本目标进行经营的规划、组织和指挥，并有权任命企业中、基层干部。（3）企业经营的总目标由厂长或经理负责分解落实到每一个劳动岗位，每个职工对各自承担的子目标负经济上的责任，并根据职工代表大会通过的原则和方法，对上下左右各生产环节实行保证和监督。(4) 职工收入基金与企业经营效益挂钩浮动，企业成为全体职工的利益共同体。

这里需要进一步说明的是企业领导人与一般劳动者的关系问题。厂长或经理作为现代化大生产的“乐队指挥”，在企业管理中居于核心地位，理应具有管理和指挥方面的绝对权威。而且，就我国目前的情况来看，企业家是一种十分稀缺的人力资源，他们在企业经营中的作用应受到高度重视。但是，这并不能成为使企业家超脱在劳动者自治关系之外，甚至在利益上与一般劳动者根本对立的理由。在劳动者当家作主的社会主义公有制经济中，企业家的权威是由劳动者的自治关系赋予的。在企业的重大决策和规章制度由工人委员会或职工代表大会通过的条件下，职工服从企业家的管理和指挥权威，并不是服从某种外在的强制，而是服从他们自身集体形成的统一意志。这不仅能够极大地调动职工劳动的自觉性、主动性和创造性，而且是使一般职工对企业经营损失负责的前程。如果职工无权参与企业经营决策，在企业经营出现亏损以至破产时，是没有理由要求他们以减少个人收入以至领取失业救济金的形式承担经济责任的。而在职工对经营损失不负责任的情况下，大锅饭就无法打破，划清国家与企业的财产关系、实行企业破产制度等改革措施就会在相当大的程度上失去意义。此外，在社会主义公有制企业应有的劳动者自治关系中，企业家与一般职工的权利应当是平等的（尽管他掌握着很大的管理和指挥的权力）。他获取个人收入的权利，也应以按劳取酬原则为根据。由于企业家的劳动是特种的复杂劳动，其收入应当高于一般职工。但是，不应使企业家得到过高的“风险收入”。事实上，国有企业的经营风险不可能由企业家一人承担，不仅作为财产最终所有者的国家要承担风险，而且全体职工也要以自己的收入和就业承担这种风险。

最后还要指出的是，在股份化条件下，是难以在企业内确立劳动者自治关系的。从原则上说，股份企业的股东大会——董事会决策体系是排斥一般职工参与企业决策的，企业中的劳动者主权原则难以通过这一决策体系得到顺畅和充分的贯彻。而在实行前述第一种形式的两权分离的条件下，国家不再通过任何代理人或机构直接经营企业，因而不存在建立企业劳动者自治关系的制度性障碍。

总之，不能将股份化当作国有大中型企业经营机制的目标模式，而应以在国家与企业之间建立长期资产债权债务关系为基点来设计这一模式。

当然，这并不等于说应当禁止一切合股形式的企业经营。我国目前存在多种所有制并存的格局，应当鼓励不同所有制形式的企业通过合股经营发展横向联合。但这种合股经营，似以采取股票不上市的“不公开公司”的形式为宜。

二、通过完善承包制向目标模式逼近

在选定了目标模式之后，需要进一步解答的问题是如何完成向目标模式的转换。目前已在全国普遍推行的经营承包责任制是向目标模式过渡的现实起点。

经营承包责任制是在改革深入发展面临两个严重障碍条件下实行的。这两个障碍是：（1）按行政系统和行政区划建立起来的政府主管机构在经济生活中仍然占据着举足轻重的地位。企业的机构设置、短缺原材料的供应、经营目标、收入分配、投资决策仍然处在这些机构的影响和控制之下，企业的经营自主权难以真正落实。传统经济管理组织的彻底改组，只有通过国家政治体制的改革才能完成，而这显然不是能够在短期内解决的问题。（2）价格体系仍然严重扭曲。在这种情况下，企业的盈亏往往与其经营努力脱节。其结果，一方面难以对企业占用的国有资产的使用效率作出准确评价，从而无法确定国家对企业财产约束的合理界限；另一方面，国家在许多情况下还不得不以各种形式将企业的亏损包下来，企业的预算约束也就硬不起来。由于国民经济中短缺现象严重，再加上其他社会因素的制约，价格体系的扭曲状况在短期内也是难以根本改观的。

由于存在上述两个短期内难以消除的障碍，而国民经济发展又迫切要求增强国有企业的活力，因此必须探索一种既可以暂时绕开这两个障碍，又能使企业活力有较大幅度提高的改革办法。经营承包责任制就是这样的办法。其优点在于：（1）可以在较短时期内刺激企业挖潜增产，提高效益，增加供给。（2）在行政主管机构管理企业的组织框架没有根本性变化的条件下，在一定期限和范围内造成“上下不干扰”的局面，使所有者职能与经营者职能初步分离。（3）不同企业分别对主管机构承包，并引入经营者竞争机制，绕开了价格不合理这一障碍，使对企业现有资产的增殖能力和发展潜力进行相对合理的评价成为可能。（4）清理过去累积下来的财产损失，解决承包期内到期债务的清偿问题。是缔结承包合同的先决条件，这为以后进一步确立企业产权边界、建立国家和企业的财产关系创造了条件。(5) 各种承包经营责任制的共同点都是“包死基数”，这使国家与企业的分配关系在一定时期内稳定下来，既保证了国家财政收入，又有利于企业形成自主的经济预期。(6) 承包中引入经营者的竞争机制，冲击了旧的企业干部任用制度，有利于培养和造就社会主义的企业家。

承包经营责任制虽然有上述优点，但毕竟是在面对前述两个严重障碍条件下形成的过渡性的企业经营机制，因而也具有一些不容忽视的缺点：(1) 由于承包是在保留企业对行政主管机构的隶属关系条件下实行的，某些地区已经出现了指标起包越来越多的不良倾向，从包上缴，包改造，一直到包成本、质量、安全、品种、资金周转、设备完好率、企业升级，甚至计划生育。这实际上是实行带“军令状”的指令性计划控制。(2) 由于经营承包制是以行政主管机构处于发包人地位为条件的，这就为政府机构的精简合并和职能转换设置了障碍。(3) 在确定企业承包基数时，不少地方将税利捆在一起，财政只认总额，这就将国家作为财产所有者的收益，与国家作为公共行政权力向包括各种非国有经济成分在内的一切企业强制征收的赋税混同起来了，不利于国家与企业之间合理的财产关系的形成。(4) 承包基数一般以企业上年实际利润水平或承包前二至三年上缴利润的平均数为标准，经过谈判商定，基数的大小与企业占用的国有资金之间缺乏有机联系，因而不能对企业形成合理的财产约束。(5) 承包经营责任制包含着“鞭打快牛”的内在倾向，随着时间的转移，基数越包越大，它对企业增产增收的刺激作用必然递减。(6) 承包虽然使企业有了自主的经济预期，但其时间长度受到承包期的限制，经营者往往追求“任期红”，这不利于企业行为的长期化。(7) 承包制不仅承认现有一切企业的存在都是合理的，而且促使一切企业都不断扩展，这就排斥了通过某些企业的收缩和关闭实现的资产存量结构调整。(8) 国有大中型企业由个人承包，虽然有利于造就企业家，但未能与职工民主管理结合起来，强化了职工对企业的疏远化情绪和雇佣劳动心理。此外，由经营者个人以家产抵押承包数以百万、千万计的国有资产，国家这个所有者承担的风险太大。显然，经营承包责任制必须进一步完善。

完善经营承包责任制的基本思路，是引入促进政企彻底分离、促进国家对企业的合理财产关系形成的新因素，逐渐向企业经营机制的目标模式逼近。今后一段时间应采取如下完善经营承包责任制的措施：

1. 为了防止承包制沦为行政控制手段，应参照各类企业的具体情况，制定和颁发若干承包合同范式，使合同双方的权利和义务的界定规范化，使主管机构不能任意增加合同条款。

2. 应与税制改革相配合，改变税利全额承包的做法，将税收和利润分开管理，实行税后利润承包。

3. 在确定利润承包基数时，应与企业占用的国有资金挂起钩来，明确赋予基数以国有资产收益的经济规定，限制基数谈判中缺乏客观根据的主观任意因素的影响。具体做法是：用企业资产净值（计算时可适当提高折旧比例）乘以国有资产收益率得出基数变动的中轴线，然后通过投标者竞争加以调整，最后确定允许与中轴线发生一定幅度偏离的实际承包基数。资产收益率可用国民经济中长期计划预定的积累率（应根据国有企业所创造的国民收入在全部国民收入中所占比重加以修正）乘以平均资金利润率的方式求得。由于我国目前不同地区和行业的资金利润率差别较大，可按行业和地区确定几个不同档次的资产收益率。采用这种办法，不仅可以使基数确定得比较合理，而且为评价资金使用效率提供了一条客观标准。同时，这还可以使国家通过收取财产收益，形成与经济发展计划目标相适应的积累基金和投资能力。

4. 在完善企业对企业承包的同时，应大力发展企业对企业的承包。由经营效益好、有发展前途的企业承包经营差的企业，是在价格体系不合理、不改变企业既定隶属关系和利润上交渠道的条件下，优化资产存量结构的可行办法。与此同时，还应发展企业之间固定资产的有偿转让。考虑到地区分割的经济管理组织格局一定时期内还无法消除，可先发展区域性的固定资产市场，但不应排斥跨地区的产权转让。此外，与实行新的承包基数方法相结合，可考虑将少数长期亏损、经营改善无望、无力交纳财产收益或交纳能力大大低于按新方法计算的上交基数的企业，在新的一轮承包开始前作破产处理，拍卖其固定资产。

5. 在国有大中型企业中推行全员承包。在全员承包条件下，企业承包方案经工人代表大会通过，而不仅仅是经营者个人的目标。承包方案层层分解落实到每个生产环节和岗位，每个职工都要以自己的收入为所承担的任务负经济责任。这不仅可以克服劳动者中存在的疏远化情绪和雇员心理，而且可以增大国有资产的保险系数。由于绝大多数职工不像经营者那样任期满后可以一走了之，而仍然要在企业长期工作下去，全员承包还可以抑制经营者追求“任期红”可能造成的拼设备等不良现象。这里需要解决的问题，是如何从经营者竞争与全员承包结合起来。可以采取这样的方式：先由职工代表大会的常设机构以招标方式选聘经营者，然而由主管机构和其他有关部门审查、批准；中选的经营者成为企业法人代表，他所提出的承包方案成为企业的承包方案。经营者组织职工对企业承包，全权指挥和管理企业的业务和经营活动。

三、完成向目标模式的转换

随着价格体系的逐步合理，尤其是生产资料价格扭曲状况基本消除，以及中央和地方政府经济管理组织系统的改组和职能转换的完成，就可以在注入了上述新因素的承包经营责任制基础上，实现向企业经营机制目标模式的过渡。这一过渡主要包括以下内容：

1. 将原来分散在各级各类行政主管机构中的国有资产所有权职能交给独立于财政部的国有资产管理局，建立与税收预算相分离的国有资产预算。国有资产管理局授权按部门或行业设立的专业化银行管理已形成的固定资产的增值和收益，并根据政府的产业政策和其他政策对企业的投资提供资金。各专业化银行通过收取财产收益形成的积累基金列入统一的国有资产预算，服从国有资产管理局的统一调度。国有资产管理局直接对国务院负责，地方政府无权干预其活动。

2. 经过承包经营确定下来的企业拥有的国有资产价值，列入专业化银行的账目，企业以向银行付息的形式交纳国有资产收益，与银行形成长期的债权债务关系。银行可对企业派驻专员或派出巡视员，了解企业盈亏状况，监督企业按率按期向银行付息，但无权干预企业经营。只要企业具有付息能力，它与银行的债权债务关系就永久延续，银行无权任意抽回资金。在企业经营不善、长期拖欠利息的情况下，银行有权会同法律机构，强制拍卖部分以至全部企业资产，迫使企业归还部分以至全部国有资产本金和补足拖欠的利息。

3. 在国有资产管理局通过专业化银行统一管理全部国有资产的条件下，以区域性固定资产市场的已有发展为基础，推行跨地区跨行业的固定资产转让，形成全国性的固定资产市场。在全国统一的固定资产市场形成之后，各地各类企业的资金利润率将趋于接近，这时就可以减少以至取消承包制条件下对不同地区和行业区分的财产收益率档次，形成统一的国有资产利息率。

4. 在全员承包激发了广大职工的参与意识的基础上，进一步完善企业内部的劳动者自治。在作为发包人的行政主管机构已不存在情况下，企业职工代表大会或工人委员会将真正成为企业的最高决策机构。企业通过民主选举或公开的招标选聘经营者。企业内部继续实行承包制条件下形成的与个人收入挂钩的全面经济责任制。

完成上述过渡后形成的企业经营机制，已经能够比较充分地实现两权分离原则的双重要求（彻底的政企分离和有效的财产约束），国有企业的经营效率将会有较大的提高。不过，这样一种企业经营机制模式，还只是与我国社会主义初级阶段前期即小康时期的经济发展水平相适应的模式。这一模式的确立，为在未来更为发达的经济发展水平上进行产业组织的创新，准备了必要的、基础性的条件。

国有企业改革思路评议*

目前，在深化国有企业体制改革的问题上有三种思路：（1）认为1987年开始在全国普遍推行、八五计划期间要继续实行的承包经营责任制已经构造出有计划商品经济条件下国有企业经营机制的基本框架，因而深化企业改革应归结为完善承包制；（2）认为推行承包制是理论和决策上的失误，是对旧体制的妥协和维护，因而必须尽快用股份制取代承包制；（3）认为在目前的实际情形下只能实行承包制，但改革的目标模式应当是股份制，承包制只是一种过渡形态。本文拟针对这三种思路，从如何评价承包制和能否将股份制当做改革的目标模式两个方面，谈一些意见。

一、如何评价承包制

实行政企职责分开、所有权和经营权适当分离，使企业成为自主经营的商品生产者，是经济改革的一项基本原则。虽然普遍推行经营承包责任制的直接诱因是1985年下半年到1987年第一季度企业经济效益的滑坡和财政收入的下降，但推行承包制的意义决不仅仅是实施一种促使企业增产和财政增收的政策，而是构造了一种与传统体制有显著区别的新型企业经营机制，使国有企业体制向着改革基本原则所指示的方向前进了一大步。这主要体现在以下几个方面。

第一，承包契约限制了行政主管机构对企业日常经营活动的干预，在一定范围和期限内造成“上下不干扰”的局面，增强了企业的经营自主性，减少了企业对行政主管机构的依赖性。

---

* 原文载于《教学与研究》1991年第4期。

第二，以利税上交和技术改造为主要内容的承包指标取代了各种具体入微的实物性指令性计划指标，企业生产和经营活动的市场化程度因而大大提高。

第三，在“包死基数、确保上缴”的前提下，使企业的留利和工资总额与经济效益挂钩，构造出国家、企业、职工三者利益相互联系、相互制约的分配机制，使得国家与职工收入增长的压力结合起来形成企业的经营目标和动力。同时，由于企业欠收原则上要自补，其盈亏意识增强，对企业行为形成了有一定硬度的约束。

第四，承包制还为政府部门职能的转换、企业内部领导体制和管理方式的改革创造了条件：（1）由于企业经营的自主性和市场化程度的提高，行业主管机构的职能削弱，综合部门（计划、财政、信贷）的职能增强；（2）明确厂长或经理是承包的第一责任人，强化了厂长负责制；（3）承包使企业有了自主的经济预期，有利于企业制定和完善经营发展规划；（4）工效挂钩带动了企业内部经济责任制的完善，促进了优化组合等用工制度的改革；（5）企业具有了自选分配形式、自定工资标准的一定权利，有利于根据实际情况更有效地贯彻按劳分配的原则。

推行承包制后国有企业经营机制所发生的上述变化，是有目共睹的事实。如果不抱有偏见，是得不出承包制是理论和政策上的失误的结论的。由于为克服严重的通货膨胀而实行紧缩政策，从 1989 年开始，企业经济效益滑坡，亏损面扩大，相当多的企业未能完成承包指标。有人将这种情况当做证明推行承包制是失误的论据。这是将宏观经济政策和环境的大变动造成的问题不恰当地归咎于微观的企业经营机制。对于任何企业经营机制的正常运行，宏观经济环境的相对稳定和国民经济的持续增长，都是必不可少的条件。承包制当然也不例外。目前，各地政府有关部门根据紧缩条件下出现的问题，对承包的具体办法做了一些调整，例如，对经济环境变动造成的某些企业的欠交利税实行挂账或部分减免，适当调低上交基数，减少工资随效益下浮的幅度，等等。采取这类措施引导企业走出低谷，帮助企业渡过难关，是无可厚非的。但也有人认为这说明承包制是一种负盈不负亏的企业体制，并将其当做否定承包制的一条主要理由。这是由于对公有制经济（全民所有制）中企业自负盈亏的真实意义的误解而产生的错误看法。须知，无论在以私有制还是以公有制为基础的商品经济中，盈亏最终都是由所有者承担的，所有者不承担盈亏的企业经营机制根本就不可能存在。因此，无论我们采用何种经营机制，只要它是公有制经济中的企业经营机制，盈亏最终总是要由作为公共所有权承担者的国家来负。这是由经济关系所决定的客观必然性。因此，所谓国有企业“自负盈亏”，只能理解为企业承担盈亏责任，即如果盈利则企业劳动者集体受到奖励（留利和工资总额增加），如果亏损则企业劳动者集体受到惩罚（留利和工资总额减少）。超过盈亏责任的范围，要求国有企业像私营企业一样自负盈亏，是没有道理的。当然，在实际经济生活中，确实存在某些企业逃避责任制意义上的“自负盈亏”的现象，但这并不是承包经营责任制本身的问题，而是责任制贯彻不力、约束强度不够的问题。此外，在现实中也确实存在企业短期行为，即一保（利税上交）硬、二保（技改和资产增值）软的现象。但这类问题在承包制自身的框架内是可以找到解决办法的。例如，在第二轮承包中，很多地区已采取了将技改和增值与留利和工资总额挂钩的办法，以解决一保硬、二保软的问题。

总之，对于承包制推进企业体制改革的作用应当给予充分的肯定。但是，这并不意味着承包制已经是国有企业体制的理想模式。事实上，承包制还只是刚刚从旧体制中脱胎出来的婴儿，它与旧体制这一母体相联系的脐带并未完全割断。而这又是由企业体制改革所面对的两个短期内难以消除的障碍决定的。这两个障碍是：第一，我国经济改革中经济管理组织结构的改组严重滞后于经济调节手段的变化。虽然改革以来指令性计划手段的地位和作用大大下降，但传统的计划管理组织系统并未受到根本触动，作为这个组织系统构成元素的各级各类行业行政主管机构（主管局和行政性公司），仍然居于企业的“上级”的地位。第二，价格体系严重扭曲，使得企业的盈亏与其经营努力脱节，因而难以实行适用一切企业的统一和合理的效益评价标准，企业的经营缺少起码的公平环境（第二步利改税改革的中止，原因就在于此）。由于承包经营责任制是在这两个严重障碍的限制下形成的经营机制，也就具有在其自身框架内无法克服的缺陷或局限性：

第一，由于部门或行业行政主管机构作为“上级”而居于发包方的地位，仍然对企业的人事、短缺原材料供应、投资决策、收入分配保持着强有力的控制和影响力，政企职责分开、所有权和经营权适当分离的原则不可能得到充分贯彻。这是《企业法》所规定的种种经营自主权难以完全落实，行政干预仍然过多的主要原因。

第二，作为发包方的主管机构与作为承包方的企业之间的关系仍然是行政隶属关系，作为资产所有者的国家与作为资产占用者的企业之间所应有的信用契约性质的财产关系，以及与这种关系相适应的合理的国有企业产权制度也就难以形成。

第三，在国家与企业之间未能形成合理的财产关系，而且扭曲的价格体系使企业经营缺乏公平环境的条件下，承包制中国家与企业之间的分配关系，也就缺少以企业的国有资产占用状况为依据的统一和客观的标准。通过一对一谈判形成的承包基数，与企业占用的国有资产的数量以及这些资产的运用效率无关，不具有国有资产收益的经济性质。此外，基数承包还具有“鞭打快牛、保护落后”的内在倾向，随着基数越包越大，承包对企业经营的激励作用必然递减。

由于承包制具有以上局限性，它就只能是过渡性的企业经营机制。这种过渡性的机制具有两重性：它一方面创造了新体制进一步生长发育的条件，另一方面又包含着退回旧体制的可能性。对这种可能性应有清醒认识。在完善承包制时，要防止指标越包越多，使承包变成带军令状的指令性计划。但是，只要传统的经济管理组织结构的彻底改组未完成，价格体系扭曲状况未能根本改观，企业体制改革的现实选择就只能是坚持和完善承包制。

二、股份制能否成为国有企业体制的目标模式

有些人相信，只要实行股份制，就可以克服承包制的局限性。但是，在行政性的经济管理组织未彻底改组为国有资产经营管理组织的条件下，国有股权只能由企业的上级主管机构持有，这些机构将在企业董事会中起支配作用，承包制条件下对这些机构干预企业日常经营的限制也将不存在，从而只能造成更严重的政企不分。而在扭曲的价格体系未得到校正的情况下推行股份制，显然只能使企业经营条件的不公平状况变得更为严重。因此，即使股份制从目标模式的意义上来说优于承包制，目前也不具备将其付诸实施的条件。更何况股份制并不是能够克服承包制的局限性的理想模式。

首先，通过股份制并不能充分贯彻所有权和经营权适当分开的原则。因为，在股份制的产权结构中出现的股权与企业法人所有权的区分，原则上并不排除所有者对企业经营的干预。股份企业法人所有权的形成，主要是为了使分散的资产所有权结合为“按份共有”关系下的统一所有权，

以保证企业经营的规模和统一性。企业法人所有权虽然排斥单个股东对经营的随意干预，但并不排斥全体股东通过股东大会——董事会这种所谓“民主代议制结构”对企业经营活动的操纵。只有在股权高度分散的情况下，这种操纵才会被削弱到使所有权与经营权相分离的程度。股权高度分散在私有制经济中有其现实性，但在社会主义国有制条件下，股权显然难以像私有制条件下那样分散。

其次，在股份制条件下也难以形成公有制经济中国家与企业之间应有的合理财产关系和相应的分配关系。在股份制条件下，虽然国有资产经营管理机构的收入是一种财产收益，但是，它们以持股形式掌握的资产，是一种与企业占用的公有资源的实际状况无直接联系的虚拟资产，这种资产所代表的只是对企业未来收益的一定索取权。在这种情况下形成的资产收益，是无法体现公有制经济的本质所要求的公平和合理的财产约束的。公有制经济中的以劳动贡献为根据的平等原则，要求国家根据企业占用的现实资产的多寡，按照统一的财产收益率与企业分享利润，以排除因不同劳动者集体在生产资料占用方面的差别而形成的收入上的不公平。在股份制条件下，股票的价格经常处于与企业拥有的现实资产数量无关的波动中，而且在资金利润率相同的情况下不同企业的股息率也并不相同，国家与企业的财产关系和分配关系难以形成清晰、稳定的边界，国家对企业的财产约束必然缺少统一和公平的尺度。

除了上述问题之外，还应当指出的是，主张股份制的同志所强调的股份化的其他种种优越性，大多也是不存在的。例如，有人认为只要在国家控股的前提下允许企业互相参股，再加上职工个人持有小额股份，就可以使国家控股企业像私营企业一样自负盈亏。其实，在这种控股企业中，亏损风险应当由国家、参股企业和职工个人分担，否则就不成其为股份企业。也就是，国家是无法避开为企业负亏的风险的。又如，有人认为通过股票买卖，能够使现实资产的存量结构得到调整和优化，有利于实现产业结构的合理化。这是一种不懂得虚拟资产与现实资产区别的想当然。事实上，出卖纺织厂的股票，然后购买钢铁厂的股票，是无法改变纺织工业和钢铁工业之间现实资产存量的比例的，因为这种股票交易不可能使纺织机变成高炉。

最后还要指出的是，如果实行股份制，还有可能使作为全民财产所有权主体的国家失去其应有的有计划宏观资源配置功能。在股份制条件下，国有资产管理机构将以购买和抛售企业股票的方式进行资产经营，其主要依据是股票行市的变动，这样，国家这个财产所有者的行为就变成了对私人投资行为的简单模拟，失去了资源宏观计划配置的作用。

总之，股份制很难说是国有企业体制改革的理想模式。替代承包经营责任制这一过渡性机制的目标模式应当是什么面貌，是一个需要在超越股份化思维定式的前提下，结合改革的实践进行深入探索的问题。

关于理顺国有制经济内部的产权关系*

——对两种流行观点的评析

一

转换企业经营机制，是建立社会主义市场经济体制的一个关键环节。而转换企业经营机制的关键，又在于理顺社会主义国有制经济内部的产权关系。因此，党的十四大报告将国有企业经营机制的转换，归结为“通过理顺产权关系，实行政企分开，落实企业自主权，使企业真正成为自主经营、自负盈亏、自我发展、自我约束的法人实体和市场竞争主体，并承担国有资产保值增殖的责任。”换句话说，政企职责的分离、企业自主权的落实、企业的法人实体和市场竞争主体地位的形成、国有资产保值增殖责任对企业经营的有效约束，都要通过理顺产权关系来实现。

但是，目前在理论界，却存在两种不利于完成“理顺产权关系”这一关键的改革任务的流行观点。一是以社会主义国有制条件下“只有一个利益主体”或“只有一个所有者”为理由，断言社会主义国有制条件下难以形成与市场经济体制相适应的体现利益主体多元化的产权关系，否认在坚持社会主义国有制条件下通过理顺产权关系转换企业经营机制的可能性。二是根据宪法和其他法律文件对企业财产归属有明确规定，认为社会主义国有制内部根本不存在产权关系不清或不合理的问题。

由上述第一种观点导出的结论是：要建立市场经济体制，就只能削弱以至取消社会主义国有制，实行经济的“民营化”或“私有化”。这样，就将理顺国有制内部的产权关系曲解成对国有制自身的否定，而这又等于

* 原文载于《高校理论战线》1993 年第 2 期。

否定了由以国有制为主导的公有经济的主体地位决定的我国市场经济体制的社会主义性质。而由上述第二种观点引出的结论则是：没有必要理顺社会主义国有制内部的产权关系。这种观点的出发点是维护社会主义国有制，但实际上是维护了传统体制下的国有制内部的不合理的权利配置状况，使转换企业经营机制的任务无法完成。

显然，上述两种观点对社会主义市场经济体制的建立都是必须克服的思想障碍。澄清这两种观点引起的认识上的混乱，有助于进一步明确“理顺产权关系”的真实含义和正确途径。

二

在具体评析上述两种观点之前，有必要对产权关系研究的方法论加以简要说明。

这里首先需要说明的是产权与生产资料所有制的区别。生产资料所有制是指作为一定社会经济形态基础的劳动者与生产资料结合的生产关系形式。所有制不仅包含对财产归属的界定，即表明谁是生产资料的所有者、谁是非所有者，而且包含着所有者与非所有者之间的经济关系。拿资本主义所有制来说，它不仅包含社会中部分人占有生产资料而其他人不占有生产资料这一适用于一切私有制的一般规定，而且包含所有者与非所有者之间的雇佣劳动关系。正是这后一方面的关系，使资本主义所有制与历史上存在过的其他私有制形式区别开来。换言之，劳动者通过与资本家发生的雇佣劳动关系与生产资料相结合，使得“资本”这种私有财产形式与其他私有财产形式相区别。因此，分析资本主义所有制或财富的资本形式，就不能仅仅着眼于生产资料归谁所有、不归谁所有，还必须说明作为这种私有制的特征的雇佣劳动关系。马克思在《资本论》中，尤其是在揭示资本主义的基本生产关系的该书第一卷中，正是按照这个方法论原则来分析资本这种私有财产的特殊历史形式的。这个方法论原则当然也适用于对其他所有制形式，包括社会主义国有制的分析。也就是说，不能仅仅将社会主义国有制的内涵归结为生产资料归全民所有或作为全民代表的国家所有，而应当将在这种所有制中围绕劳动者与生产资料的结合发生的经济关系也包括进来。这种经济关系，归根结底是该所有制中各个主要生产关系当事人之间的利益关系。

产权或财产所有权，是作为劳动者与生产资料结合形式的所有制的法律表现，其功能在于赋予一定所有制形式中的各主要生产关系当事人的利益，以及这些利益的相互联系与相互作用以合法的权利和责任的形式。所谓“产权界定”，绝不仅仅简单地规定谁是生产资料的所有者，而是对一定所有制形式中不同利益主体之间关系的界定。对于这一点，某些西方产权经济学者也是懂得的。他们所谓“产权包括一个人或其他人受益或受损的权利”，“产权是界定人们如何受益及如何受损”，从一定意义上说，也不过就是这个意思。一个产权体系对一定所有制形式中包含的基本利益关系的界定，表现为由使用、转让、收益等权能组成的一个权利束，以及与权利束相对称的各种责任组成的责任束。一定的权利束与对称的责任束构成一种财产契约关系。一定的财产契约关系，不仅规定了一定所有制形式中各主要经济关系当事人之间利益边界的具体位置，而且规定了这些当事人各自的利益相互联结和作用的具体方式。所谓产权关系，就是指这种财产契约关系。

一种所有制形式一旦形成，其中包含的主要经济关系当事人或基本利益主体，以及这些主体间的基本关系，就是恒定不变的。基本利益主体以及不同主体间基本关系的变更，意味着所有制形式的变革。但是，在所有制形式不变的条件下，反映这种所有制的产权关系，即权利和责任在不同利益主体间的具体配置状况却可以有所不同。也就是说，在一定所有制形式基础上，可以形成不止一种财产契约关系或产权关系。当然，这并不是说产权关系具体形式的选择可以是任意的。首先，在所有制形式确定的条件下，产权关系具体形式的选择，以这种选择不致引起一种所有制形式固有的基本利益主体以及这些主体之间基本关系的变更为前提。例如，与古典的个人或家族或企业及现代股份公司的转变相伴随，资本主义的私有产权关系发生了很大变化，但这种变化始终是在不变更社会成员分为经济资源的所有者和非所有者，不变更作为这二者之间经济关系基本形式的雇佣劳动的前提下发生的。其次，由于一定所有制形式所容许的产权关系的各种具体形式，对这种所有制中的基本利益主体之间利益边界的具体位置规定不同，对这些主体的利益联结和作用的具体方式规定不同，这些主体的行为机制以及行为方式是不同的，而行为方式的差异又会导致资源配置效率的差异。在一定的所有制形式基础上，当人们要对若干可行的产权关系具体形式进行选择时，决定取舍的标准是这些产权关系具体形式的资源配置效率。人们对一定产权关系进行调整的诱因，往往是提高资源配置效率。通过调整现有产权关系中的权利——责任束，可以使经济利益主体的行为机制从而行为方式发生变化，而这种变化又会影响经济资源的配置效率。

三

上述第一种观点的基本论据，是认为在“只有一个所有者”的社会主义国有制中，只存在一个利益主体，不可能像私有制条件下那样形成具有排他性的多元利益主体，因而市场主体之间在生产要素和产品占有上的排他性权利不存在，由这种权利派生出来的硬预算约束也不存在。持这种观点的论者还认为商品货币关系与私有制具有天然联系的理论“逻辑上无懈可击”，认为关于商品货币关系对于社会主义国有经济只是一个没有实质性意义的“外壳”的论断“没有错”。

众所周知，摒弃社会主义公有制与商品货币关系和市场不相容的传统观念，认为社会主义国有制能够而且必须与商品货币关系相兼容，必须以市场为资源配置的基础性手段，是经济体制改革的一个基本理论支柱。而这一理论的提出，又是以对社会主义国有制内部的利益关系的重新认识为前提的。不仅理论研究的进展，更重要的是改革前后正反两方面的历史经验，已经充分地说明，社会主义国有制内部存在着复杂的利益差别和利益矛盾，而绝非利益主体单一的一块铁板；与作为所有者的国家所代表的社会利益并存的还有微观经济主体的个别利益，而不同微观经济主体的利益又是相互区别的；社会利益与微观经济主体的个别利益之间并不存在绝对排斥的关系，二者有可能被有机地结合起来；传统体制的弊端就在于不承认微观经济主体的个别利益，排斥和否定作为这种利益的必然实现机制的商品货币关系和市场，导致微观经济主体活力的丧失和资源配置的无效率；而改革的目的，就是将市场机制引入国有制经济，使客观存在的微观经济主体的个别利益获得恰当的实现机制，激发微观经济主体对自身利益的关心以提高整个社会的资源配置效率，并通过与市场机制相适应的有效的国有资产管理和宏观调控，使微观经济主体的活动按有利于实现社会整体利益的方向进行；而要实现这一目标，就必须理顺国有制内部的产权关系；对权利—责任束进行重新配置，合理地规定国家与微观经济主体之间的利益边界和利益联结方式。

以社会主义国有制中只有一个利益主体为理由，断言在坚持国有制条件下无法形成与市场体制相适应的产权关系，实际上是对上述关于社会主义国有制内的利益关系的再认识和基于这种认识的改革思路的否定。从方法论上说，是将所有制简单地归结为财产的归属，而丢掉了作为所有制的不可或缺的重要内容的基本经济关系当事人之间的利益关系。按照这种分析方法，谁是生产资料的所有者，谁就是某种生产资料所有制中的惟一利益主体。这种方法恐怕除了适用于小生产者的私有制之外，很难用于对任何其他所有制形式的分析。就是在古典的私人资本主义条件下，也并不因为某个企业归一个资本家所有，这个企业中就只有一个利益主体。作为所有者的资本家的利益，离开了与之对立的另一个利益主体即雇佣工人的利益，是无法单独存在的。看来，尽管社会主义国有制中并非仅仅存在国家一个利益主体、国有制内部的利益关系使这种全社会范围的公有制能够同商品经济相兼容早已成为大多数人的共识，但为了澄清否认在国有制内部能够形成与市场经济体制相适应的产权关系的观点，还是有必要再一次说明一下社会主义国有制内部的真实利益关系格局，以及在这种利益关系格局基础上形成与市场经济体制相适应的产权关系的可能性和现实性。

生产资料归作为全民代表的国家这惟一的所有者，是社会主义国有制的一项基本规定。但是，这并不意味着社会主义国有制中只有一个利益主体。生产资料属于国家这样一个惟一的所有者，意味着生产资料的所有权具有不可分割性：它属于由国家代表的或通过国家组织为一个整体的全体人民，但又不属于其中任何一个个人或部分个人组成的局部集团。乍一看，好像正是所有权的这种不可分割性，使得社会主义国有制中除了国家之外难以形成其他利益主体。但事实上，除了国家之外的其他利益主体的形成，恰恰与所有权的这种不可分割性有关。所有权的不可分割性，使得每一个社会成员都具有双重的身份：当他与其他社会成员结为一个整体的时候，他是所有者；而当他作为与其他社会成员相区别的个别劳动者的时候，他又是非所有者。同时，在生产活动必须凭借分工这个基本组织形式进行的条件下，作为非所有者的劳动者个人必然要将自己以片面形式支出的脑力和体力当做满足自己多方面物质和文化生活需要的代价，即劳动者个人的劳动还具有谋生手段的性质。在任何劳动者个人都是非所有者因而不能凭借对经济资源的所有权在产品占有上提出特殊要求，而作为非所有者的个人的劳动又具有谋生手段性质的条件下，任何个人占有产品的根据只能是自己在生产过程中付出的劳动。当全体成员作为一个整体成为生产资料所有者时，其利益在于使共同所有的财产保持完整并不断增殖。而当劳动者以个体的形式作为以劳动为谋生手段的非所有者存在时，其利益则在于根据自己在社会生产过程中支出的劳动的数量和质量，在社会产品中占有一个相应的份额。显然，在社会主义国有制内部，代表作为一个整体而成为所有者的全体人民的国家，与劳动者个人，是两个不同的利益主体。由于劳动者个人只有在与其他一切劳动者结为一个整体的条件下才成为所有者，因而在作为共同所有者的全体劳动者之间，是不存在排他的利益关系的。但是，当不同劳动者作为个人、作为以劳动为谋生手段的非所有者发生关系时，相互间却存在着排他的利益关系，即排斥他人对自己的劳动产品的无偿占有。正是这种劳动者作为以劳动为谋生手段的非所有者之间的排他的利益关系，使得社会主义国有制这个只有一个所有者的公有制内部，形成利益主体多元化的格局。而不同的社会主义国有企业之间的排他的利益关系，即它们相互间作为不同利益主体相互对待的关系，也正是从不同劳动者个人排他的利益关系中派生出来的。因为企业不过是以劳动为谋生手段的非所有者联合而成的劳动者集体。而所谓企业利益，从根本上说不过是劳动者个人利益的集团形式，尽管它与企业中的个别劳动者的利益又是有区别的。可见，社会主义国有制是一个既包含由所有者的惟一性决定的全体人民利益的一元性，又包含着不同劳动者个人、不同企业之间利益多元性的复杂的利益关系体系。在这个体系中，全体劳动者作为一个整体成为所有者而形成的利益一元性，并不排斥他们作为个人、作为不同的劳动者集体的利益多元性。这也就是在社会主义国有制条件下形成与市场体制相适应的产权关系的基本根据所在。

从适用于一般市场关系的抽象权利形式的角度来看，在社会主义国有制经济中，不同企业在发生交换关系时，也应当像在私有制条件下一样以产品的不同所有者的身份相互对待，否则就谈不上商品交换。但是，交换双方以不同所有者的身份相互对待这种排他的权利形式，在社会主义国有制经济中，是以不同于私有制的利益关系为内容的。它形成的根据，不是生产资料的私人所有，而是我们前面指出的由劳动者个人以自己的劳动为根据的排他的产品占有派生出来的企业劳动者集体产品占有的排他性。这种以自己的劳动为根据的产品占有的排他性，又只有在企业自负盈亏的条件下才能实现。如果一个企业劳动者集体的亏损能够通过某种途径（例如传统体制下的国家统收统支）由其他企业劳动者集体的盈利来弥补，那就等于亏损企业无偿占有了其他企业的劳动成果。这显然是同以自己的劳动为根据的排他的利益关系相冲突的。可见，自负盈亏是社会主义国有制内部固有的企业间排他的利益关系的要求。而这一要求的实现，又意味着企业作为市场主体所必需的硬预算约束的形成。通过更深入的分析还可以看到，以自己的劳动为根据的产品占有的排他性，以及它所要求的自负盈亏或硬预算约束，又必须以企业对国家交给它使用的生产资料的排他性的占有为实现条件。这里所谓企业对生产资料的排他性占有，是指企业在履行它对国家这个所有者承担的保持资产完整和增殖的义务的前提下享有的对资产的排斥其他企业的支配权。这种排他的支配权，是使企业间资产转让具有有偿性的保证。而在资产可以在企业间无偿转移的条件下，以自己的劳动为根据的产品占有的排他性，以及自负盈亏或硬预算约束，显然是不能在不同企业劳动者集体的相互关系中得到贯彻的。企业的这种排他的资产占有权，具有与所有权相似的权能，可以称之为企业产权。企业产权的形成，与国家的所有者地位并不矛盾。因为企业取得这种产权，是以对国家这个所有者承担资产经营义务为条件的。这样，在社会主义国有制经济中，完整的产权关系框架应当是两个层次的：一是在国家与企业关系层次上，国家是所有者，而企业是承担着对国家的资产经营义务的资产占用者；二是在企业相互关系的层次上，各自独立地与国家发生资产关系的不同企业，又是资产的不同所有者。显然，如果在社会主义国有制中确实形成了这个意义上的企业产权，那么它与市场经济体制“对接”就具备了必要的制度性前提。

当然，在传统体制下，是谈不上什么企业产权的。在这种情况下，社会主义国有制中固有的企业劳动者集体之间排他的利益关系也就未能获得合法的存在形式。认为在只有一个所有者的国有制条件下不能形成与市场经济体制相适应的产权关系的人们，正是将传统体制中企业产权的不存在当做支持自己的论点的证据的。但是，传统体制并不是能够使社会主义国有制中固有的利益关系得到合理表达的产权制度，而是一种在种种主客观因素影响下形成的不完善的权利体系。这种体制的弊端，是不能被当成国有制条件下不可能形成与市场经济体制相适应的产权关系的证据的。只要我们根据社会主义国有制经济固有的利益关系的要求，理顺产权关系，对权利—责任束重新进行合理配置，就一定能够使国有企业成为充满活力的市场竞争主体。

四

现在，让我们转入对本文一开头指出的第二种观点的评析。从方法上说，这种观点的问题在于将作为客观经济关系的所有制，与作为所有制的法律表现或权利意志反映的产权关系等同起来了，不了解在同一个所有制基础上有可能形成不同的产权关系，因而错误地将产权关系的调整看做是对社会主义国有制的否定。

支持这一观点的基本论据，是我国的宪法条文和其他法律文件对国有企业的产权作了极其明确的规定，因而在国有制企业的产权关系中“丝毫不存在不确定或模糊不清的问题”。不错，社会主义国家的法律对企业资产属于作为全民代表的国家确实有极其明确的规定。从这个意义上，确实可以说社会主义国有制中从来就不存在什么“所有权主体缺位”、“虚所有制”的问题。但是，由此并不能引出理顺产权关系等于无的放矢的结论。因为关于财产归属的规定并不是产权关系的全部内容；法律上对财产的归属有明确的规定，并不意味着围绕企业资产的所有、占有等关系作出的实际的权利—责任配置，即产权关系，就一定是社会主义国有制中各主要经济关系当事人之间基本利益关系的明确和合理的体制。而产权关系的不明确和不合理，会使得各主要经济关系当事人在自身固有利益支配下的行为发生扭曲，最终在资源配置效率上造成不利后果。这正是传统体制下发生的实际情况。传统体制条件下产权关系的不明确和不合理，主要体现在以下两个方面。

第一，在政府直接经营企业的情况下，行政主管部门一身而二任：既代表国家这个所有者又代表企业这个经营者，缺少一个与经营职能相分离的、能够明确代表所有者的利益单独地承担资产管理和监督职能的独立机构。在这种情况下，所有者的利益和经营者的利益难以明确区分，以资产完整和增殖为内容的所有者的利益因而难以形成对企业行为的有效约束，国家的所有权在经济上的实现也就缺少切实保障。事实上，在以所有权与经营权合一为重要特征的传统体制的权利—责任配置状况下，国家这个资产所有者与企业这个资产占用者之间的关系并不具有国有制的基本利益关系所要求的财产关系的性质，资产所有者和资产占用者之间的利益边界是模糊的，甚至可以说是不存在的。而这种利益边界的模糊甚至消失，又意味着企业占用国有资产的权利和责任是不对称的：作为国营企业，它具有占用国有资产的“天然权利”，但却不必承担保持资产完整和增殖的义务。由于权利和责任失衡，企业在其作为以劳动为谋生手段的非所有者集体所固有的利益支配下，必然形成损害国家这个所有者利益的行为方式。前面已经说明过，企业劳动者集体的利益在于以自己的劳动为根据在社会产品中占有一个相应的份额。在这一利益的驱使下，企业行为的合理取向必然是以尽可能少的活劳动支出取得极大的收入。抽象地说，企业的这一行为取得与争取减少投入—产出比这个人类经济活动的一般效率准则是完全一致的，无可非议。但是，在占用国有资产的权利和责任失衡的条件下，它却导致了以增加属于国家的物化劳动即物质生产资料的消耗为代价，来替代企业劳动者集体自己的活劳动支出的“不良行为”。这大体上可以解释为什么传统体制下企业总是对上级提出过高的物资需求，形成较普遍的“囤积倾向”，以及企业对物质消耗高而新增价值少的“傻、大、粗”产品的生产偏好。这也可以解释在改革进程中形成的过渡性企业体制条件下的所谓“企业短期行为”。这些企业不良行为的后果，就是资源的浪费和低效率利用。

这里要顺便指出的是，一些西方的产权经济学者正是根据上述传统体制下的不合理的产权关系，将社会主义国家对经济资源的所有权，曲解为人们对可以无代价地随意取用的空气等等物质的共用权或非实在所有权，从而断言公有制必然导致稀缺经济资源配置上的无效率。应当承认，在传统体制下，国家的所有权确实在一定程度上变形为共用权了。但是，这并不是社会主义国有制固有的利益关系造成的。恰恰相反，这是因为具体的权利和责任配置与国有制中固有的利益关系不相吻合。通过改革理顺产权关系，就是要使社会主义国有制固有的利益关系获得合理的权利和责任配置的保障，还国家所有权以稀缺经济资源所有权的本来面目。而做到这一点的关键，就是使企业对国有资产的共用权与企业因此必须承担的财产义务相平衡，在国家与企业这一对所有者和经营者之间建立起权、责、利相结合的产权契约体系。随着这种产权契约体系的形成，国家利益同企业利益将有机地结合起来，企业在自身固有利益支配下形成的行为取向，将导致根本不同于传统体制的后果，整个社会的经济资源配置效率必将大大提高。

第二，在政府对所有企业实行统收统支的情况下，社会主义国有制内企业间以自己的劳动为根据的排他的利益关系未能形成，企业不具有合法利益主体的地位，不同企业之间应有的利益边界模糊不清甚至消失了。在这种情况下，企业对自身的盈利和亏损都毫不关心，所有企业都可以依靠国家的“大锅饭”旱涝保收。通过“大锅饭”即统收统支下国家在不同企业间实行的平均主义的收入再分配，一部分企业劳动者集体可以不断地无偿占有另一部分企业劳动者集体的劳动成果，形成无论经营状况如何大家都按统一工资等级表取得收入的局面。这使得企业既缺少经营的动力，又缺少经营的约束，根本不成其为市场竞争主体。事实上，传统体制下的企业形成了一种与积极进取的竞争主体完全相反的行为方式，即对上级隐瞒生产能力以争取所谓“松弛计划”（较低的因而容易完成的计划指标）。企业的这种行为，也是前面指出过的基于企业自身固有利益的行为取向（以极小的劳动获取极大收入）的一种片面的表现形式。在旱涝保收的平均主义“大锅饭”条件下，劳动支出的增加不能带来收入的增加，片面减少劳动支出、尽可能多地“偷懒”，从企业劳动者集体自身利益的角度来看是完全合乎“经济理性”的。但是，这种“经济理性”却造成社会的资源配置的低效率。显然，要改变企业的这种行为方式，激发企业的竞争精神，强化经营约束，就必须赋予企业的独立利益主体地位以合法性，在企业的相互关系中消除通过国家的统收统支“侵犯”他人利益边界的状况。而要做到这一点，就必须确立企业对资产和经营成果的排他性的支配权，即企业产权。

以上关于传统体制下事实上存在的产权关系不明确和不合理状况的分析，还是相当粗略的。但这种分析已足以说明理顺产权关系的必要性和重要性。事实上，一些认为产权关系不明确、不合理的问题不存在的同志，也认为上面指出的问题必须通过对国家与企业之间资产经营的授权和委托关系的调整来解决，并正确地指出调整的原则应当是实行责、权、利的有机结合。殊不知，他们在这里谈论的，正是“理顺产权关系”。只不过由于将产权问题十分偏狭地归结为法律条文对财产归属的规定，他们错误地将围绕国有资产发生的权、责、利关系划到产权关系之外去了。

社会主义全民所有制条件下三种企业制度的经营机制、经济主体行为和营运效率的比较研究*

这里涉及的社会主义全民所有制条件下的三种企业制度是：（1）传统计划经济体制下的国营企业制度；（2）作为改革过渡形式的“经营决策二元化”模式即承包经营责任制；（3）作为改革目标模式的“自主企业制度”。[①] 本文是对这三种企业制度的经营机制、经济主体行为方式和经营效率的一个比较分析。

一、企业的经营机制、经济行为和效率的一般含义

由于不同的企业制度对经济关系当事人的利益关系的规范或权利安排不同，形成不同的企业经营机制。可以将企业经营机制简单地定义为激励和制约企业经济活动的若干基本经济因素的组合。它包含两个方面的内容，一是企业的经营目标，二是企业经营所面对的经济约束。这里需要指出的是，作为企业经营机制构成要素的企业经营目标，不是指企业制定的生产计划指标（如月度和年度计划指标等等），而是指由企业的基本利益动机决定的企业经济活动的基本取向。企业的经营目标，是企业制定和调整具体的经营指标的根本依据。企业对一定经营目标的追求，是受到各种

---

* 本文是作者与韩小明合写的《市场化的国有企业制度》（陕西人民出版社 1992 年出版）一书的部分内容。收入本书时作了一些结构上的调整。

① 关于三种企业制度的详细分析见《市场化的国有企业制度》一书。“自主企业制度”是我们当时设想改革目标模式。在这种企业制度下，企业作为全民所有的生产资料的占用者，以对作为全民代表的国家承担财产义务（提供财产收益，使资产增殖）为条件，取得资产控制权和完整的经营权，成为自主经营的市场主体。

内外因素制约的。这些制约因素中，有些是非经济的，不属于企业经营机制中的经济约束，例如舆论约束、法律约束等。企业经营约束，特指制约企业行为的经济因素。

企业的经营机制决定其行为方式。因为，所谓企业行为，也就是企业在其经营目标的支配下，对经济约束（或经济环境）的变动所做出的反应。经营机制不同，亦即企业的经营目标和经营约束不同，企业的行为也就不同。在一定的经营目标和经营约束条件下，企业的行为会呈现出一定的规律性。这种规律性也就是所谓企业行为方式。

企业经营机制从而企业行为方式形成的最深层次的根据，是一定所有制形式所包含的经济关系主要当事人之间的基本利益关系。所有制形式给定，则无论企业制度即经济关系当事人之间具体的权利安排采取何种形式，这种基本利益关系都必然会通过相应的企业经营机制以一定形式表现出来，而不会随企业制度的变化而变化。在这个意义上，可以说所有制形式所包含的基本利益关系，对于表现为不同的具体权利安排的不同企业制度，是中性的或恒常不变的。但是，企业制度的变化，却会使这种基本利益关系在企业经营机制中的具体表现形式发生变化。也就是说，在相同的所有制形式下，由于围绕企业发生的主要经济关系当事人之间具体权利安排的差异，即企业制度的不同，企业的经营目标和经营约束是十分不同的。而经营目标和经营约束的差异，又会使不同企业制度下的企业行为方式发生差异。企业行为方式的差异，又是经济效率的差异形成的直接原因。

在我国的经济体制改革中，变革企业制度模式即对围绕企业发生的各种具体权利安排进行带根本性的调整，目的归根结底是要重塑企业经营机制，改进企业的行为方式，提高其经营效率。因此，在研究全民所有制企业制度的改革时，探讨不同经营机制与相应的企业制度模式的关系，并对不同经营机制下的企业行为方式及其效率后果进行比较，是非常必要的。

评价企业行为效率后果的基本标准有两个。一个是企业所拥有的生产要素的利用程度。一般说来，相对于一定的产出，如果要素的利用程度越是接近100%，企业的产出与投入之比就越高，企业行为后果也就越优。不过，必须指出的是，要素利用程度的提高，有一个合理的限度，这个限度是指不损坏生产要素和不使产品质量下降。机器设备的超负荷运转、危害劳动者健康的加班加点等，虽然短期内会提高产出与投入之比，但同时带来缩短要素寿命、降低产品质量的恶果，因而不应看做是企业要素利用优化的表现。

另一个评价标准是企业生产要素配置的合理程度。这从企业的投入方面来说，是指企业的各种生产要素的使用量和可相互替代的生产要素的组合比例，与这些要素的相对稀缺和丰裕状况相适应的程度。一般说来，判断企业投入方面的要素配置合理程度的简单原则是，企业对某种要素的使用量或需要量越是与该要素的稀缺程度成反比，而与其丰裕程度成正比，企业投入方面的要素配置就越是合理。也就是说，企业越是具有节约稀缺要素的行为趋向，其投入方面的要素配置就越合理，而这又必然导致企业依据生产要素稀缺程度的变化对可替代的生产要素的组合比例进行调整。从企业产出方面来说，所谓生产要素配置的合理程度，则是指企业的产量、产品组合与社会需要量和需要比例相适应的程度。一般说来，判断产出方面的要素配置效率的原则是，企业越是将生产要素用于生产社会需要程度高的产品，越是能够使产品组合与社会需要比例相吻合，企业在产出方面的要素配置效率就越合理。也就是说。企业越是能够根据社会需要的变动调整其产量和产品品种，其产出方面的要素配置效率就越高。企业投入和产出两个方面的要素配置合理程度，是决定整个社会的财富增进程度以及物质文化需要满足程度的最基本的因素。

二、围绕全民所有制企业形成的主要经济关系

在具体分析不同企业制度的经营机制、经济行为方式和营运效率之前，需要了解围绕企业形成的主要经济关系。

全民所有制经济内围绕企业发展的重要经济关系，包括三个层次的内容：（1）社会与企业之间的关系；（2）企业之间的相互关系；（3）企业与劳动者个人的关系。

首先让我们说明企业与社会之间的经济关系。简单地说，社会与企业之间最根本的经济关系，是全部生产资料的所有者与局部生产资料占用者之间的关系。作为生产资料所有者的社会和作为生产资料具体占用者的企业，是两个具有性质差别的生产关系环节，前者并不等于后者的机械加总。作为所有者的社会，是全体劳动者联合而成的不可分割的所有权主体，而不同企业则是在社会生产的某个局部形成的、相互分离的以劳动为谋生手段的生产者的联合体。社会与企业的关系，是全民所有制条件下每

个劳动者所具有的所有者和以劳动为谋生手段的生产者的双重规定的外在化。也就是说，全体劳动者联合为一个整体而成为生产资料所有者，同劳动者个人作为以劳动为谋生手段的生产者和其他劳动者个人结成的企业相对立。部分劳动者以企业的形式占用社会的部分生产资料，从而完成与生产资料的结合，是以企业对作为所有者的社会承担相应义务为前提的。事实上，企业这个以劳动为谋生手段的生产者的联合体，以向作为所有者的社会承担一定义务为条件而取得部分生产资料的占用权，也就是全民所有制经济中企业与社会相互关系的基本内容。在不同的企业制度下，由于企业资产控制、经营决策和生产管理三个方面的具体权利安排，以及由这种权利安排所决定的社会利益与企业利益的联系和实现方式的不同，企业与社会之间的这种所有和占用关系具有不同的表现方式。

再说企业与企业之间的关系。全民所有制经济中企业之间的相互关系包含两个方面的基本内容：（1）在生产活动只有依托社会分工体系才能进行的条件下，不同企业之间必然发生产品的交换关系；（2）由于生产资料归社会所有，而企业又具有以劳动为谋生手段的生产者联合体的基本性质，不同企业之间的交换必然以劳动为尺度，而且这里的“劳动”应当是排除了生产条件差别的影响的劳动。也就是说，从分配角度来看的等量劳动占有等量产品的原则，同样适用于企业之间的相互关系。

最后是企业与劳动者个人（职工）之间的关系。在全民所有制条件下，企业与职工的关系并不是两个相互外在和对立的经济主体之间的关系，因为企业本身就是作为以劳动为谋生手段的生产者的职工的联合体。因此，不能将全民所有制企业与职工之间的关系当做是雇主和雇员的关系。由于劳动者作为以劳动为谋生手段的生产者联合为企业的前提，是所有劳动者作为一个整体取得生产资料所有者的地位，因而，在企业中，无论劳动者是承担一般生产工人还是管理者的职能，都具有平等经济权利。这里需要将劳动者的经济权利与管理和指挥生产经营的权力区别开来。全民所有制企业的职工当然也必须服从掌握在企业厂长、经理等管理者手中的权力，但这并不意味着管理者因此具有与一般职工不同的经济权利。职工服从管理者权利，从本质上说是服从他们作为具有平等经济权利的劳动者结成的生产集体的统一意志。这是所谓企业内劳动者的平等经济权利所包括的具体内容，虽然在不同的企业制度下其表现形式有所不同，不过，从理论上说，至少有两项基本内容在一切企业制度下都应以一定方式体现出来：（1）影响企业经营决策的权利，即通常所谓“当家作主”；（2）根据按劳分配原则取得个人收入的权利。与享有这些经济权利相对称，劳动者还负有对企业的相应义务。在迄今存在过的全民所有制企业制度下，劳动者的平等经济权利和义务实现的具体方式和程度，是有差异的。

三、全民所有制条件下劳动者个人和企业的“经济理性”

一般说来，所谓“经济理性”，是指支配着在经济主体的各种经济选择中体现出来的完整而有序的偏好序列的基本价值标准。这种价值标准本身具有主观性，但其形成都有着客观的经济关系根据。从根本上说，经济主体的“理性”，是由客观存在的、作为一定所有制形式构成要素的经济关系主要当事人之间的利益关系派生出来的。在资本主义社会中，资本家以利润的有无和多寡为判断一切经济选择是否合理的基本标准，就是由以雇佣劳动为特征的资本主义所有制所包含的无偿占有工人剩余劳动的利益关系决定的。

在社会主义全民所有制条件下，由于劳动者还是以劳动为谋生手段的生产者，由于在分工限制下劳动者在生产活动中以片面、单调形式支出的脑力和体力还是为了满足自身多样化的物质和文化需要而支付的代价，劳动者作为经济行为人所面对的最基本的经济问题，始终是将作为代价支出的劳动与由其带来的需要满足的程度进行比较，力图以最小的劳动获得最大的需要满足。在劳动者个人的需要满足主要取决于他所得到的货币收入的多寡的条件下，以最小的劳动获得最大的需要满足，同以最小的劳动获得最大的收入是等价的概念。这也就是社会主义全民所有制中劳动者个人的经济理性。这种经济理性作为基本的价值标准支配着劳动者个人的经济选择。无论全民所有制经济中的具体权利安排即企业制度如何，这种经济理性都必然通过这样或那样的形式表现出来。也就是说，劳动者的经济理性是由全民所有制的基本利益关系决定的稳定不变的因素，而企业制度则决定其表现形式。

在全民所有制条件下，企业不过是以劳动为谋生手段的生产者的联合体，因而其经济理性是直接从劳动者个人的经济理性中派生出来的，企业劳动者集体与单个劳动者的利益之间具有基本的一致性。正是这种基本的一致性，使得企业的经济理性不能不成为劳动者个人经济理性的派生物。

作为劳动者集体的企业生产经营活动，也同单个劳动者的生产活动一样，具有以最小劳动获得最大收入的内在趋向。而且，在不同的具体权利配置即企业制度背景下，企业经济理性的表现形式也是不同的。这集中地体现为不同企业制度下的经营机制所包含的经营目标的不同，而这种不同又使不同的经营机制下企业的行为方式及其效率后果呈现出明显差异。

从劳动者个人的经济理性派生出来的企业经济理性，作为由全民所有制包含的基本利益关系决定的因素，是不随企业制度的变化而变化的。发生变化的，只是它的表现形式。即便是在企业的独立利益主体的地位根本不被承认的传统国营企业制度下，它也对企业行为起着支配作用。事实上，改革以前的企业，并非人们通常所说的那样，仅仅是“拨一拨、动一动”的算盘珠。如果真是如此，那么在传统国营企业制度下就不会普遍发生“松弛计利”、“投资饥渴”等令政府计划管理部门头痛的“不良企业行为”了。实事上，这类从生产要素利用程度和配置效率角度来看的“不良”行为，在国营企业制度的权利配置格局下，从企业的以最小劳动获得最大收入的经济理性角度来看，却又是合理的。对于这一点，我们在后面还要详细分析。

这里需要说明的是，作为企业经济理性的以最小劳动获得最大收入中的“劳动”，是指企业劳动者集体的活劳动支出。因为，作为物化劳动的生产资料是社会的财产，对于企业劳动者集体来说，并不像活劳动那样是“属于自己的东西”。但是，这里应当避免这样的一种误解，即在全民所有制经济中，企业在节约活劳动支出的同时，必然浪费作为物化劳动的生产资料。其实，问题不在于企业是否追求活劳动支出的极小化，而在于资产控制权是否掌握在企业手中，以及企业这个社会所有的生产资料的占用者对社会承担财产义务的形式和这种义务对企业的约束效力。在资产控制权属于企业，并且它对社会承担财产义务的形式恰当，以及这种义务对它的约束有效力的情况下，活劳动支出与作为其凝结形态的物化劳动支出之间固有的联系，会在企业的营运中清晰明确地体现出来，因而不会导致生产资料形式的物化劳动的浪费。而在相反的情况下，活劳动支出与生产资料形式的物化劳动之间固有的联系则有可能在企业营运过程中消失，而借助于外在于企业的某种渠道来实现，例如传统国营企业制度下通过统收统支、无偿调拨进行的再分配。在这种情况下，活劳动支出与生产资料形式的物化劳动之间的联系在企业的意识和行为中是不存在的，生产资料的浪费就难以避免，而这种浪费又成为企业活劳动支出极小化的条件。总之，由企业经济理性所决定的对活劳动极小化的追求，在物质生产要素利用效率方面会产生什么样的后果，取决于采用的企业制度模式和与之相适应的经营机制及行为方式。

四、传统国营企业制度下企业的经营要机制、行为方式和经济效率

（一）国营企业制度下的企业经营机制

前面，我们已将企业经营机制定义为包括经营目标和经营约束两个方面内容的激励和制约企业经济活动的基本经济因素。现在，让我们首先来讨论国营企业的经营目标。

按照通常的看法，在传统的国营企业制度下，由于资产控制权和经营决策权掌握在政府手中，政府对企业微观经济活动进行具体入微的直接管理，因而完成政府下达的以产值为主的指令性计划指标，就成为企业经济活动的基本职能。据此，许多人要么认为在传统的国营企业制度下不存在独立的企业经营目标，要么认为完成政府下达的产值计划就是企业经营目标。但是，正如前面我们已经提到过的，从国营企业制度下的各种“企业不良行为”来看，它事实上是受到某种与完成政府指令性计划不同的经营目标支配的。国营企业制度下普遍存在的企业与政府讨价还价，争取“松弛计划”和超额的物资供应，就充分表明，企业并不将不折不扣完成政府的指令性计划，当做自身的经济活动的基本价值取向。而我们说明过的在劳动者个人经济理性基础上派生出来的企业经济理性，才是企业行为的基本支配因素。那么，企业经济理性在国营企业制度特有的权力安排下所采取的形式，即国营企业的经营目标，究竟是什么呢?

在国营企业制度下，与资产控制权和经营决策权集中于政府中相适应，政府对企业实行统收统支，企业职工的个人所得是由政府统一颁行的工资标准规定的。至少在短期内，每个企业职工的工资收入都基本上是一个定数。在企业职工人数不变的条件下，整个企业劳动者集体的所得也是一个定数。无论企业所承担的政府指令性计划任务多大，每个职工从而整个企业劳动者集体的所得水平都不变。但是，企业的活劳动支出，

却是随着政府的计划指标的增大而增大的。在这种固定的个人所得水平与变动的计划指标相对应的情况下，企业的经济理性，必然促使其追求尽可能少的活劳动支出。也就是说，由于企业经济理性即以最小活劳动支出取得最大收入中的收入，在国营企业制度下被定死了，而只有劳动投入是可以由劳动者自身加以增减的变数，因而企业经济理性采取了追求劳动极小化的片面形式。可见，在国营企业制度下，企业的经营目标就是使活劳动支出极小化。更准确地说，是使职工人均活劳动支出极小化。这一经营目标，为解释国营企业制度下企业的所谓“不良行为”，提供了基本的依据。

在人均活劳动支出极小化这一经营目标的支配下，国营企业的行为呈现出两种倾向：一是通过与政府主管部门的讨价还价及其他方法，隐瞒生产能力，使政府下达的产值指标尽可能低，从而减少企业职工的活劳动支出；二是通过讨价还价和夸大完成给定计划指标的困难，由政府的再分配渠道取得尽可能多的生产资料形式的物化劳动来替代活劳动支出，减少完成给定的指令性计划指标的活劳动投入量。当然，后一种倾向不仅与人均活劳动支出极小化这个经营目标有关，而且与国营企业的经营约束有关。这一点将在下面讨论经营约束时说明。

企业的上述经营目标以及由其决定的行为倾向，是由以劳动为谋生手段的劳动者的经济理性派生出来的企业经济理性在国营企业制度下的必然表现。只要保留国营企业制度所特有的权利安排，企业固有的经济理性就不能不通过上述经营目标和行为倾向表现出来。从这个意义上说，站在经济效率立场来看的“不合理企业行为”，例如“松弛计划”、“投资饥渴”等等，又是完全合乎国营企业制度的权利结构之理的。

从以上的分析不难看出，我们在前面提到的认为国营企业制度下企业无自身的经营目标，或经营目标就是完成计划产值指标的看法，是一种囿于最表层的现象而未能深入地分析企业行为的制度结构背景所产生的误解。持这种看法的人天真地认为，既然在国营企业制度下企业的独立利益不被承认或不“合法”，那么，它就真的不存在，不发挥作用了。其实，作为由全民所有制固有的利益关系所决定的不随企业制度变动的“中性”因素，无论它在某种企业制度下是否被承认，是否合法，企业的利益以及它的经济理性，总是会以这样或那样的形式（包括片面和扭曲的形式）表现出来。我们已经看到，在国营企业制度下，它采取了追求人均活劳动支出极小的片面形式。

既然完成政府下达的指令性产值指标并非企业的经营目标，那么指令性计划指标在国营企业制度的经营机制中居于何种地位、发挥什么作用呢？集中下达指令性计划是国营企业制度的一个重要特征。毫无疑问，如果忽视这一特征，是不可得到关于国营企业经营机制的正确认识的，尽管完成指令性计划产值指标并不是企业的经营目标。在国营企业制度下，完成计划指标是企业生产活动发生的前提，是任何企业都必须承担的对政府的义务。因此，指令性计划指标构成国营企业制度下的经营机制中企业经营的最基本的约束。事实上，在国营企业制度下，企业的人、财、物、产、供、销，无不处于行政计划指令的约束之下。企业经济活动的展开，是以接受这种约束为条件的。企业在其经济活动中对人均活劳动支出极小化经营目标的追求，就是在这种约束下进行的。

可见，在国营企业制度下，在政府与企业这两个经济行为人之间，前者的经济目标即指令性计划指标，构成后者经济活动的约束。认为国营企业制度下企业经营目标是完成指令性计划指标，是将政府目标与企业目标混同起来，从而误将企业的经营约束当成其经营目标。实际上，从企业的立场来看，指令性计划指标只能是自身开展经济活动的约束；而从政府的立场来看，企业追求人均活劳动支出极小化这一经营目标，又构成达成体现在指令性计划指标中的政府目标的约束。正因为如此，在国营企业制度下，政府主管部门与企业之间的相互作用，具有约束和反约束的性质。而这种相互作用借以发生的机制，则是“讨价还价”或谈判。一年一度计划制定过程中的所谓“几上几下”过程，实际上就是进行这种谈判的过程，在谈判中，政府主管部门向下施加压力（“压任务”），企图强化对企业的约束，以保证计划指标的完成和超额完成；企业则向上施加压力，企图弱化政府的计划约束，以便轻松愉快地完成和超额完成任务，亦即使人均活劳动支出极小化，谈判的结果取决于政府主管部门对企业实际生产能力和要素需要水平了解的准确程度，企业对上级主管部门进行有选择的信息沟通的成功程度，企业领导人在行政等级系统中的级别及社会关系，以及主管部门的监督是否完善等等。由于这些决定谈判结果亦即企业实际领受的指令性计划指标的因素，对不同企业是有差异的，因而即便是同类型、同规模的企业，经营约束也是有差异的。

当然，在国营企业制度下，也存在抑制企业对主管部门讨价还价倾向的因素。其中一个重要因素，是企业的厂长、经理作为一级行政官员来任命，他们的职位升迁取决于完成指令性计划指标的成绩。但是这一因素的抑制作用是极其有限的。一个根本的原因，就在于厂长、经理的个人利益在根本上与一般职工的一致性。厂长、经理本人实际上也是以劳动为谋生手段的生产者；在企业这样一个以劳动为谋生手段的生产者集体中，厂长、经理也具有与一般职工一样的经济权利。他们也和一般职工一样通过国家的统一工资等级标准取得收入，而且也同样只是特殊生产职能（管理）的执行者，并不掌握企业经营大计的决策权。因此，厂长、经理的行为，也不能不受以劳动为谋生手段的生产者集体的经济理性所支配。而在国营企业制度下，也就不能不受人均活劳动支出极小化经营目标的支配。同时，厂长和经理接受的政府指令性计划指标越是容易完成，他们的“政绩”就越是显著，因而升迁的可能性越大。因此，即使厂长、经理只是单纯的行政官员，自身并不具有以劳动为谋生手段的生产者的社会经济规定，追求人均活劳动支出的极小化，也与其利益（升迁）无根本的矛盾。

政府下达的指令性计划指标，从投入和产出两个方面对企业加以全面约束。产出方面的约束，主要体现为政府对企业下达的产值、产品指标。其中产品指标在不少场合只是规定产品品种的大类别，企业在规格、型号方面有一定的选择自由。投入方面的约束，体现为政府对企业下达的生产要素供应指标。按照国营企业制度下集中计划控制的逻辑，从原则上说，产出和投入两个方面的约束应当是对称的，即政府计划部门根据企业所接受的产出指标，根据计划消耗定额标准，确定调拨给企业的生产要素的数量。这可以称为国营企业制度下的经营机制中企业经营约束的对称原则。而计划消耗定额标准，是政府主管部门和企业双方通过谈判机制“制定计划”时，判断对称原则是否得到遵守的根据。但是，在现实中，由于政企双方的谈判力量的消长或不均衡，投入和产出两个方面的约束不一定总是对称的。此外，谈判或讨价还价本身，还会导致消耗定额标准的修改，从而改变在过去的消耗定额标准基础上形成的产出与投入之间的对称状态或均衡水平。因此，投入和产出两个方面的计划约束并不是固定不变的，而有一个可以通过讨价还价在一定幅度内变化的区间，可以称之为计划约束区间或谈判区间。

在国营企业制度下，计划指标具有实物和货币的双重形式，但真正对企业行为具有约束作用的是实物指标。货币指标不过是对各种实物指标进行加总的工具，只是被动地反映实物指标的变动。国营企业制度下产品和生产要素价格的几十年一贯制，充分表明了货币指标的这种消极作用。因此，至少在典型形态的国营企业制度条件下，价格等市场约束因素在企业经营机制中基本上不具有经济活动制约因素的作用。因此，在国营企业制度下，不仅企业经营约束就是计划指标约束，而且计划指标约束又等于实物性的计划数量配额，货币形式只是计划数量配额的一层无足轻重的外壳。

因此，对于传统的国营企业来说，是谈不上有什么“以货币收入控制其货币支出”的预算约束的。——无论软的还是硬的预算约束，对于企业都是不存在的。科尔内在提出其传统体制下企业的软预算约束理论时，实际上犯了一个文不对题的错误：为了将传统体制下的企业行为同以货币经济为背景的西方新古典理论描述的企业行为相对比，忘记了传统体制下经济活动的实物化。另外需要附带说明的是，科尔内所谓预算约束软化条件下企业对其行为后果不负责任的说法，也只有在一定意义上才是正确的。从企业实现其人均活劳动支出极小化的经营目标来看，它是要承担其行为的全部后果的：它在对政府主管部门的讨价还价方面所作努力的大小和成功程度，决定其经营目标的实现程度。当然，从经济效率后果的角度来看，国营企业确实是不对其行为负责的。而且，从这两个不同角度来看的企业行为后果，在国营企业制度下往往是相反的，人均活劳动支出极小化这一企业经营目标实现程度越高，即从企业自身利益的角度来看的行为后果越是良好，经济效率就越低，即从社会利益或社会财富增进的角度来看的行为后果就越是不良。这是我们在下面分析国营企业行为时要进一步论证的问题。

综上所述，可以将国营企业的经营机制概括为：以人均活劳动支出极小化为经营目标，以通过谈判机制形成的实物性计划配额为经营约束的企业经济活动的激励和制约因素的结合。

（二）国营企业制度下的企业行为方式及其效率后果

在上面对国营企业制度下的经营机制的分析中，实际上已经涉及到关于企业行为方式及其效率后果的一些重要问题。在明确了传统国营企业的经营机制之后，就可以进一步展开对这些问题的讨论了。在前面，已经给出了判断企业行为的效率后果的两条基本标准，即要素利用程度和配置合理程度这样两个方面的评判原则。让我们先来看国营企业的要素利用程度。

这里先给出国营企业制度下企业的要素利用行为的基本模型：

$$\min l = f(p) - f(k) \tag{1}$$

$$s.t.$$

$$P^{\min} \leqslant P \leqslant P^{\max} \tag{2}$$

$$K^{\min} \leqslant K \leqslant K^{\max} \tag{3}$$

其中，式（1）表示企业的经营目标或目标函数，即人均活劳动支出的极小化。该式中的 l 为人均活劳动支出；P 为产出计划指标（产值）；K 为投入计划指标（物质生产要素的计划配额，这里暂且不考虑劳动力要素）。等号右端的 $f(p)$ 表示产出计划指标与人均活劳动支出的关系。P 越大，人均活劳动支出就越大。而且，如果物质技术条件不变，随着产出指标的加大，每个职工需要支出的活劳动会呈递增趋势，即有 $\frac{\partial f}{\partial p} > 0$。$f(k)$ 表示人均活劳动支出与物质生产要素计划配额的关系。K 越大，意味着企业的物质技术条件越优越（技术构成越高），如果企业的劳动力数量不变。则企业在完成计划产出指标时所需的人均活劳动支出就越小，亦即有 $\frac{\partial f}{\partial k} < 0$。

不等式（2）和（3）是模型的约束条件，即前面提到过的谈判区间。其中 $P^{\min}$ 表示为政府所能接受的最低产出指标，$P^{\max}$ 则表示企业生产能力利用程度达到 100% 时所能完成的产出，即能够为企业接受的最高产出指标。政府最终向企业下达的产出计划指标，是在以讨价还价为内容的“几上几下”的“计划制定过程”中确定的介于 $P^{\min}$ 和 $P^{\max}$ 之间的某个数值。$K^{\min}$ 表示能够为企业所接受的最低物质生产要素计划配额，而 $K^{\max}$ 则表示政府愿意向企业提供的物质生产要素最大数额。K 的实际取值，也是通过企业与政府的讨价还价确定的处于 $K^{\min}$ 与 $K^{\max}$ 之间的数值。

假定使目标函数（1）取极小值的 P 和 K 存在于模型的谈判区间式（2）和式（3）内，那么，求式（1）的一阶导数并令其等于零（假定满足二阶条件 $[(\frac{\partial f}{\partial p \partial k})^2 - \frac{\partial^2 f}{\partial p^2} \cdot \frac{\partial^2 f}{\partial k^2}] < 0$ 及 $\frac{\partial^2 f}{\partial p^2} > 0$），即可得出企业人均活劳动支出极小化的必要条件：

$$\frac{\partial f}{\partial p} = \frac{\partial f}{\partial k}$$

或

$$\frac{\partial l}{\partial p} = \frac{\partial l}{\partial k} \tag{4}$$

这个条件的经济意义是：产出计划指标变动引起的人均活动支出的边

际增量，等于物质生产要素计划配额变动引起的活劳动边际增量（由于$\frac{\partial l}{\partial k}<0$这是一个负增量）。满足了这一条件，企业的人均活劳动支出极小化的经营目标就得到实现。因此，这个条件又可以说是国营企业的一条行为规则。当$\frac{\partial l}{\partial p}>\frac{\partial l}{\partial k}$时，即产出指标的增加引起的人均活劳动支出大于物质生产要素计划供应的增加引起的人均活劳动支出的边际减少，企业会认为政府提高产值指标但却没有增加足够的物质生产要素供应，因而会通过谈判机制向上施加压力，促使政府主管部门增加物质生产要素的供应或调低产值指标。在相反的情况下，即$\frac{\partial l}{\partial p}<\frac{\partial l}{\partial k}$，产出指标增加引起的人均活劳动支出小于物质生产要素计划供应增加引起的人均活劳动支出的边际减少，企业会认为自己占了便宜，因而乐于接受较高的产值指标，因为由此而引起的物质生产要素供应的增加会使人均活劳动支出进一步减少。而当$\frac{\partial l}{\partial p}=\frac{\partial l}{\partial k}$时，无论再做哪方面的努力，企业的人均活劳动支出不仅不会减少，反而会增加，因此，这时形成一种均衡。可以称之为国营企业的生产均衡。企业争取使自己的P和K的取值向满足均衡条件（$\frac{\partial l}{\partial p}=\frac{\partial l}{\partial k}$）的水平逼近的努力，是在它与政府主管部门的不断讨价中作为一种趋向存在的。

或许企业的厂长和经理是根本就不懂得什么生产均衡，但在企业经营目标的驱使下，他们总是要不断地将产值指标的增加引起的人均活劳动支出的增加，与因接受较高的计划产值指标而获得的物质生产要素所带来的人均活劳动支出的减少，加以比较，在与政府主管部门的谈判中尽量争取有利的结果。由此而导致的我们在前面已经提到过的两种趋向，即隐瞒生产能力以压低产值指标和提出过高的物质生产要素需求，以用“不属于自己”的物化劳动来替代自己的活劳动支出，必然使企业的生产要素利用程度低下，至于企业生产要素的利用具体低下到什么程度，取决于企业与政府之间的力量均衡，即政府的约束力量和企业的反约束力量的对比状况。这可以称为企业与政府间的谈判均衡。我们借助于下面两个函数来描述这种均衡。

$$k_e=f_1(p) \tag{5}$$

$$k_g=f_2(p) \tag{6}$$

式（5）表示相对于一定产值指标，企业所提出的物质生产要素的需要量，亦即企业的生产要素需求函数。式（6）表示相对于一定产值指标，政府计划部门愿意向企业提供的物质生产要素的数量，亦即企业的生产要素供应函数。企业对生产要素的需要是随产值指标的加大而递增的，即$\frac{df^2}{dp}>0$，而作为对企业过高的要素需要倾向的约束，政府计划部门总是尽量压低供应水平，因而$\frac{df^2}{dp}<0$。可以将这两个函数描绘在一个坐标平面上，以便找出均衡点。

图1中曲线 k_e 与 k_g 的切点 h，就是我们要找出谈判均衡点，由该点决定的产值指标为 a，要素供应指标为 b，而在这种均衡条件下的产出与投入之比为 a/b，应当指出，在国营企业制度下，这种均衡必然存在，因为企业必须生产，而政府主管部门也不能不让企业生产，因此，在谈判过程中，双方总是可以对各自的曲线的位置和弯曲程度加以调整，最终找到双方都能接受的产值指标和物质生产要素供应指标 a 和 b，当然，这种调整是在前面给出的不等式（2）和（3）的范围内进行的，此外，由于谈判是一对一地进行的，而不同企业的谈判地位和条件是有差异的，因而不存在适用于一切企业的谈判均衡，其结果，就是国营企业制度下不同企业产出与投入之比的参差不齐，而在这种参差不齐背后，往往隐藏着产值水平相近的企业的人均活劳动支出的差异。由此不难看出，在传统的国营企业制度下，至少从企业相互关系的层次上来看，按劳分配原则的实现程度是不高的。

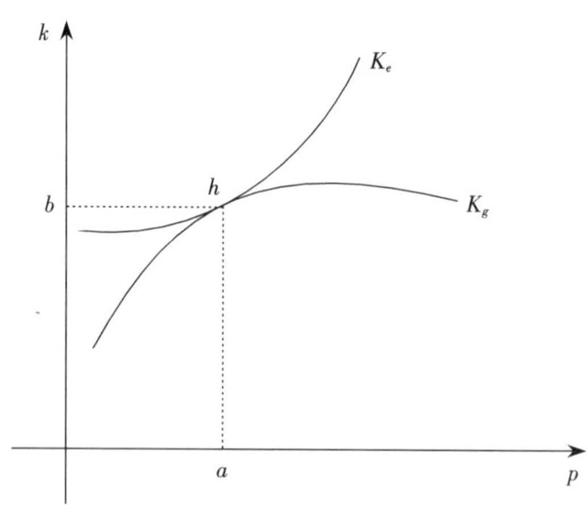

图1

以上关于企业的生产要素利用程度的分析，是仅就物质生产要素而言的，没有涉及劳动力要素的问题，现在让我们来看一看这方面的问题。企业对人均活劳动支出极小化目标的追求，是否意味着劳动力的节约或高效利用？回答是否定的。事实上，企业保有大量冗员，正是实现人均活劳动极小化目标的一个重要条件。这里的关键，在于将活劳动与劳动力区分开来。在国营企业制度下，劳动力也像物质生产要素一样，是由政府有关部门统一分配给企业的，派给企业一个劳动力，企业的工资基金就按国家标准相应增加一个份额，每个职工的工资水平无论劳动力增减，都是不变的。但是，在产值指标给定或产值指标的增加程度低于企业得到的劳动力供应的增加程度时，企业的每个职工的活劳动支出就会减少，因此，企业对吸纳劳动力，一般采取多多益善的态度，其结果，就是企业内劳动力的利用程度低下，造成所谓大量的在职失业，人们在分析产生这种问题的原因时，往往将其归咎于铁饭碗式的用工制度，以及人口增长过速造成的就业压力，应当承认，这些因素对于我国企业劳动力程度的低下，确实起了重要作用。但是，在企业原则上可以解雇职工、劳动力供应不足的前苏联和东欧国家，“在职失业”也曾经是普遍存在的现象。这表明，主要原因还在于国营企业制度下企业的经营目标。

现在，让我们转入对企业行为方式和效率后果的另一个方面，即生产要素配置合理程度的讨论，首先从投入的角度来分析这个问题。一般说来，要使企业对要素使用量和组合比例随要素的相对稀缺程度作出灵敏的调整，应当具备两个基本条件：（1）存在能够为企业及时地直接接受到的要素稀缺程度变化的信号；（2）企业具有由其特殊利益决定的对信号作出反应的内在冲动和约束。我们知道，在货币化经济或市场经济中，上述第一个条件是由一个比较完善的生产要素市场提供的；而第二个条件则是由企业自负盈亏、面对硬预算约束提供的；通过要素市场发出的价格信号和企业的硬预算约束，是西方微观经济学教科书中用等产量线和等成本线描述的要素组合优化行为的基础。但是，这种基础在国营企业制度内是不存在的，生产资料被排除于商品范畴之外，要素市场也就不可能存在；价格仅仅是实物加总计量的筹码，而并不具有稀缺信号的性质；在统收统支的实物经济中，企业的预算约束根本就不存在；要素的供应通过行政性的数量配额进行，企业根本就不可能成为具有选择自由的要素采购者。在种种情况下，企业是不可能有依稀缺程度高速要素使用量和组合比例子的优化行为的。事实上，企业只能在与上级的谈判中间接地感受到要素的稀缺程度，企业提出的对某种要素的需要越是难以被“上级”允准，意味着这种要素的稀缺程度较高。作为一种谈判策略，企业往往“漫天要价”，夸大对这种要素的需要量，也就是说，在国营企业制度下，企业的要素配置行为具有某种反优化的倾向，越是稀缺的要素，企业提出的需要量越大。

从产出方面来看，传统的国营企业的生产要素配置也很难说是有效率的。由于产品由政府统购包销、计划调拨，皇帝的女儿不愁嫁，企业对产品的社会需求状况必然是漠不关心的。不过，如果企业对产品品种、数量有在政府的大类指标限制下的选择自由，那么它也不是毫无自己的偏好。在人均活劳动支出极小化的经营目标支配下，企业偏向于选择容易生产即耗费活劳动较少的产品，这大体上可以解释传统体制下产品的“傻大粗黑”和品种的单调以及式样的划一。事实表明，企业的偏好与提高产出方面的配置效率也是有矛盾的。

总之，无论从要素利用程度，还是要素配置合理程度来看，传统的国营企业的效率都是比较低下的，不然，在国营企业制度内，也存在着抑制或在某种程度上纠正企业低效率状况的因素，但这种因素不存在于企业内部，而是来自政府方面的监督。在经济结构比较简单、企业数量有限的初级工业化阶段，政府从外部对企业实行的监督、约束，是有一定效果的，但在经济结构变得日益复杂、企业数目以十万计的情况下，这种监督和约束就日益难以奏效了。

五、“经营决策主体二元化”模式（承包制）下企业的经营机制、行为方式及其效率后果

（一）“经营决策主体二元化”模式下的企业经营机制

首先以承包经营责任制为背景，讨论企业经营目标的变化。与经营决策主体的二元化相适应，企业的经营目标二重化了。企业的经济理性，即以最小活劳动支出获得最大收入，现在获得了两种表现形式。我们将这两种表现形式分别称为经营目标Ⅰ和经营目标Ⅱ。

企业的第一重目标，即经营目标Ⅰ，仍然是人均活劳动支出的极小化，这体现了“经营决策主体二元化”企业制度与国营企业制度之间的继承性。经营目标Ⅰ对企业行为的支配，鲜明地体现在企业与政府主管部门通过一对一的谈判确定利润基数、工资基数和工效挂钩比例的过程中。企业在承包基数谈判过程中的行为，从实质上说并未超越国营企业制度下通过另一形式的谈判（“几上几下”的计划制定过程）确定产值指标的基本逻辑，尽管利润这一价值指标已取代实物指标而成为谈判的核心。在工效挂钩比例已定的情况下，一定三、四年不变的利润上缴基数的高低，决定着企业劳动者集体争取工资收入增长的难易。换句话说，这决定着为争取同量工资收入增长而需要付出的活劳动的多寡。利润上缴基数定得越低，越是小于企业实际的创利能力，企业劳动者集体就越是能以较小的活劳动支出实现工资收入的较大幅度增长。在承包经营责任制条件下，企业压低在承包期内固定不变的利润基数，与在国营制度下争取相对于固定工资收入的人均活劳动极小化，具有一脉相承的联系。

经营目标Ⅰ可以说是企业在与政府的基数谈判中要争取达到的目标。一旦谈判结果确定一来，企业与政府之间的利益边界已定，对企业行为起支配作用的目标就转变为经营目标Ⅱ。可以将这一目标表述为以极小的人均活劳动支出获取极大的人均工资收入。由于在承包制的利益格局中，利润居于联结国家、企业和职工三者利益的枢纽地位，无论企业留利还是职工收入的增加，都取决于超基数利润的多寡，因而又可以说企业的经营目标Ⅱ是以极小的人均活劳动支出获取极大的超基数利润。经营目标Ⅱ与经营目标Ⅰ的区别在于，后者是在利润基数固定的条件下，片面地追求活劳动支出的极小化；而经营目标Ⅱ则是在追求人均活劳动支出极小化的同时，追求超基数利润从而人均工资收入极大化。在经营目标Ⅰ中，只有活劳动支出一个变数，而在经营目标Ⅱ中，人均活劳动支出和人均收入都是变数。从这个意义上说，经营目标Ⅱ与经营目标Ⅰ相比，是全民所有制经济中企业固有的经济理性的比较完整的表现形式。由于收入可以随活劳动支出的增加而增加，在经营目标Ⅱ发挥作用的条件下，企业对人均活劳动支出极小化的追求，不像经营目标Ⅰ起作用的条件下那样，表现为追求人均活劳动支出的绝对减少。而是争取相对于收入增长而言的活劳动支出增长的极小化。

虽然经营目标Ⅰ和经营目标Ⅱ有上述区别，但二者又是有联系的。在承包基数已定条件下企业对经营目标Ⅱ的追求，对于经营目标Ⅰ在基数谈判过程中对企业发生的支配作用，具有刺激和强化作用，因为，正是为了获得尽可能多的超基数利润从而工资收入增长，企业才要在与上级的谈判中尽量压低基数。

在了解了“经营决策主体二元化”条件下的企业经营目标之后，再让我们看一看企业的经营约束，与传统的国营企业制度相比，“经营决策主体二元化”条件下企业经营约束的显著变化，是货币预算约束和市场约束的引入。

在“经营决策主体二元化”条件下，由于利润这一货币范畴成为企业经营活动的核心指标，企业必须对其货币成本和货币收益加以比较。同时，由于固定资产拨改贷和流动资金全额信贷的实行，政府对企业统负盈亏的范围有所缩小。此外，从原则说，企业还必须以其“自有资金”承担部分亏损责任。这一切，都使得“经营决策主体二元化”模式下的企业具有了以自己的预期货币收入控制货币支出的初步意识，预算约束因而开始成为企业经营活动的制约因素，不过，“经营决策主体二元化”条件下刚刚形成的预算约束还比较软。这主要是由于在“经营决策主体二元化”模式下，政企并未彻底分离，政府仍未失去企业经营者的身份（尽管形式有所变化），因而企业未能取得主要的资产控制权和完整的经营决策权，它只对政府主管机构承担带有奖惩制度色彩的承包责任，不必也不能承担财产责任，更无破产之虞。预算约束的软，主要表现在对完不成税利上缴任务的减免、“挂账”，企业任意拖欠银行贷款和商业信用，以及政府对亏损企业的补贴等方面。由于基数一定几年不变的承包制本身具有不能适应经济环境变动的缺陷，经济环境越是恶化，企业的预算约束就变得越软。1989 年下半年以来市场疲软后出现的大面积的承包任务“挂账”，以及几乎已经成为经济灾难的“三角债”，充分证明了这一点，不过，话还得说回来，尽管企业的预算约束还未能硬起来，但它毕竟已经形成并影响着企业的经济行为，厂长、经理们已不能像国营企业制度下那样“不计工本”，而必须计较经营的货币成本与收益。

预算约束的形成，是以市场约束的引入为前提的，在“经营决策主体二元化”条件下，随着以利润为核心的货币指标上升到企业经营活动的中心地位，以及大量实物形式的指令性计划指标的取消，企业的产供销对横向的市场关系的依赖日益加深，价格等市场信号对企业的经营活动具有了积极的诱导作用，不再仅仅是实物加总计算的工具。价格和其他市场信号，日益成为企业直接感知生产要素和产品稀缺程度的主要信息来源。

可以说，完全不考虑市场约束的企业，在经营决策主体二元化条件下几乎是不存在的，不过，由于预算约束较软，市场对企业的约束强度受到限制，企业并非在任何情况下都能对市场信号做出积极的反应。一般的情况是，企业对产品价格的变动反应比较积极，而对物质生产要素价格的变动反应比较迟钝，这是软预算约束条件下企业负盈不负亏的结果。

在市场约束形成的同时，指令性计划约束仍然存在。但是，从总体上说，指令性计划约束的范围已大大缩小，这样，就形成了所谓企业对计划和市场的双重依赖，在实际中，计划约束和市场约束交错并存，形成十分复杂的格局，而且，不同类型的企业对计划和市场的依赖，或计划和市场对不同类型的企业的约束效力，是十分不同的。

若以计划调节和市场调节在经营活动中所占的比重为标准，可以将企业区分为以下三种类型：（1）企业经营活动受指令性计划控制程度较高，产品产量大部分由指令性计划指标规定，产品销售主要采取国家计划收购方式，企业根据市场安排的供、产、销在经营活动中所占比重较小。这种类型的企业多是生产能源、原材料等基础产品的“上游企业”。（2）企业经营活动受计划调节和市场调节的比重随产品供求状况变动而变动，这种变动往往与国民经济的扩张和收缩具有同期性。属于这种类型的多为机加工行业的企业。（3）企业的经营活动基本上由市场调节，政府对这类企业很少下达指令性计划指标，即便有也只是一些总量指标，而且不作为考核企业的根据。这种类型的大多是一些产品品种、规格多样化，需求样式变化快的消费品生产企业。

若以计划调节和市场调节的具体组合方式为标准，也可以将企业区分为三种类型：（1）计划调节和市场调节在同一企业内部的板块式组合，亦即企业的产、供、销活动仅仅部分受市场调节，还有一部分（通常是大部分）受指令性计划的调节。这具体表现为同一产品的一部分列入指令性计划范围，按牌价统购统销，同时这部分生产也有计划的要素供应保障，另一部分，由企业根据市场供求自定，价格随行就市，所需原材料由企业自行解决（按市场价采购或搞物资交换）。（2）产品价格由计划控制，但产量、品种等由企业根据市场需求自定。（3）企业的产出由计划调节，而投入由市场调节。这三种指令性计划调节与市场调节的组合方式，甚至在一个企业内并存交错，形成十分复杂的局面。

由于计划约束和市场约束在不同企业经营活动中所占比重以及组合方式的不同，“经营决策主体二元化”条件下的不同类型企业的具体行为是有所不同的，但一般说来，所有企业都具有一种相同的行为趋向：在物质生产要素供应比较紧张，市价看涨时，力争尽量多的平价计划配额；在产品供不应求，市场上价看涨时，则力争减少计划调拨，扩大自销比重；在市场疲软时，往往埋怨政府撒手不管，甚至希望恢复统购包销。企业在不同经济环境下对计划和市场的“偏爱”，说明在企业对计划和市场双重依赖条件下，企业把市场单纯看做是获取利益的途径，而没有看到走向市场同时意味着必须承担风险、付出代价；而计划则被看做不利经济环境条件下逃避风险、旱涝保收的避风港。总之，在“经营决策主体二元化”条件下，无论对于计划还是市场，企业都抱有“半心半意”、又爱又恨的心理。企业行为方式的这种特征，从一个方面表明了“经营决策主体二元化”作为新旧体制转换中介的性质。这种中介或过渡性的企业制度，既包含着体现未来发展方向的新因素，同时又未能完全摆脱出国营企业制度的羁绊，包含着倒退的可能性。

（二）“经营决策主体二元化”模式下企业行为方式的效率后果

现在的问题是，在这种过渡性的企业制度下，生产要素的利用程度和配置的合理程度，是不是较国营企业有所改进?

先看生产要素利用程度方面的情况。这里需要将有关的企业行为方式分成短期和长期来讨论。就承包经营责任制而言，所谓短期，是指长度为三四年的一个承包期；所谓长期，则是指包括若干承包期的较长时间跨度。在短期内，由于企业劳动者集体的工资收入的活动与利润在基数基础上的增减同方向变化，企业劳动者集体为了最大限度地增加工资收入，具有积极增加活劳动支出的倾向，随着活劳动支出的增加，企业的物质生产要素的利用程度有接近100%的可能。当然，由于市场约束的引入，在实际中企业的生产要素利用能在多大程度上趋近100%，还要看产品的需求状况。在1987～1989年的高速增长时期，由于市场需求极旺，企业的生产能力利用一般都比较充分，也就是说要素的利用程度较高，一些企业甚至出现要素的过度利用，机器设备超负荷运转，必要的更新和维修也无法顾及。要素利用程度的提高，与传统国营企业制度下普遍存在的“松弛计划”状况相比，应当说是一种积极的变化。但是，应当看到，由于企业在“经营决策主体二元化”条件下仍然不掌握资产控制权，劳动者集体的活劳动支出与生产资料形式的物化劳动之间的转化关系未能完整和有机地在一个企业内部体现出来。因而国营企业制度下片面地用物化劳动消耗来替代活劳动支出的倾向，仍然存在。承包制的“两保一挂”中的“二保”即保技术改造落实的普遍不落实，虽然还有其他种种原因，但这不能不说是最重要的原因之一。此外，在这种情况下，物质生产要素利用程度的提高甚至过度利用，往往并不伴随产出与投入之比的提高，换句话说，要素的高利用程度与其低使用效率往往并存不悖。承包之后，虽然企业的实现利税绝对额增长很快，但除劳动生产率之外的其他反映投入—产出效率的相对指标，如资金利润率、资金净产值率等，却没有提高甚至出现下降，就充分证明了这一点。

更值得注意的是，在提高物质生产要素利用程度的同时，由于收入随利润浮动而成变数，一些企业为了追求极大的人均收入，还有意降低账面上的成本，以提高账面上的利润，其手法，一是少提或不提固定资产折旧和大修理基金。很多企业的折旧基金不是按国家规定提取的（尽管法定折旧率本来就偏低），而是倒算出来的，每年年终用该年企业的销售收入扣除折旧之外的其他支出，剩下来的才是折旧基金。二是该摊入成本的管理费用、车间经费、销售费用等不摊入成本，从而造成利润的虚增。这也是一种以属于社会的物化劳动支出来替代企业自身的活劳动支出的行为。在这种情况下，企业无需增加丝毫活劳动支出，就可以“降低成本”，增加利润，从而增加人均工资收入，这实际上是将属于社会的财产转化为企业职工的工资收入。长此下去，社会的财产会被吃空。这种现象表明，在企业经营目标中收入成为变数的条件下，如果不同时赋予企业以资产控制权并使其承担相应的财产义务，是无法根治国营企业制度留下的痼疾的，反而有可能使之以更为恶劣的形式表现出来，造成对社会利益的更大损害。

在长期中，承包制条件下的企业生产要素利用程度，可能在一度提高之后重新回落。之所以如此，原因在于承包制所固有的“鞭打快牛效应”。承包基数的谈判是以所谓“历史法”为基本根据的。本期基数的谈判依据，是上期企业实际利润的实际水平，为了促使企业“挖掘潜力”，政府主管部门在与企业续签合同时，总是力图使本期基数高于上期基数，因而承包基数在长期中呈刚性上升趋势，企业在谈判中虽然有可能压低上升的幅度，但改变不了上升的趋向。

承包基数在长期中的刚性上升，可以用下式表示：

$$\overline{m}_{t+1}=\overline{m}_t+C\cdot(m_t-\overline{m}_t) \tag{7}$$

其中，$\overline{m}_t$ 为本期利润承包基数；m_t 为本期实际创利水平；C 为下期利润基数与本期超基数利润，（$m_t - \overline{m}_t$）加码的幅度，$0 < C < 1$；$\overline{m}_{t+1}$ 为下期的承包基数，企业职工工资收入随利润变化的长期增长，则可以表示为：

$$w_{t+1} = w_t(1 + \frac{m_{t+1} - \overline{m}_{t+1}}{\overline{m}_{t+1}} \cdot b) \quad (8)$$

其中，w_t 为本期人均工资水平；b 为工效挂钩比例；$\overline{m}_{t+1}$ 为由（7）式决定的下期利润基数；m_{t+1} 为下期实际创造的利润。将式（7）代入式（8），得到：

$$w_{t+1} = w_t \cdot (1 + \frac{m_{t+1} - \overline{m}_t - c \cdot (m_t - \overline{m}_t)}{\overline{m}_t + c \cdot (m_t - \overline{m}_t)} \cdot b) \quad (9)$$

由式（9）容易看出，当承包基数加码系数 C、工效挂钩系数 b，以及本期利润基数 $\overline{m}_t$ 已定的情况下，下期的工资水平取决于两个因素，即本期收入水平 w_t 和本期的实际创利水平 m_t。而 w_t 通过工效挂钩又取决于 m_t。m_t 增大会引起 w_t 的增长，但同时又会使 $\overline{m}_{t+1} = \overline{m}_t + C \cdot (m_t - \overline{m}_t)$ 即下期的承包基数增大，而 $\overline{m}_{t+1}$ 的增大，意味着在长期中，企业劳动者集体的人均收入增长，会变得越来越困难，要想获得与上一个承包期限量的收入增长，需要比上期付出更多的活劳动。因此，从长期利益的立场来考虑问题，而不是仅仅顾及本期收入 w_t，企业会适当地压低本期的实际创利水平，以便在续签承包合同时能够争取到一个较低的基数，从而使企业职工收入能够在长期中比较容易地（即在人均活劳动支出较小的情况下）持续稳定增长。企业的这种长期考虑，对其使生产要素利用程度趋近于100%的短期考虑，是一种抑制因素。

上面的分析假定基数加码系数 C 不变，但在实际中它是变化的，其变化的总趋向是：企业本期的超基数利润水平越高，C 就越大。所谓“鞭打快牛效应”，就体现在 C 随超基数利润的增大而增大上，随着时间的推移，亦即一个承包期向另一个承包期的不断过渡，由于 C 的不断增大，上述企业的长期考虑对短期考虑的抑制作用会日益得到强化，而短期考虑对企业的生产要素利用程度的影响，将逐渐削弱，最终很有可能完全消失。这时，企业的行为目标又会向国营企业制度条件下单纯追求活劳动支出极小化复归。由于我国的承包经营责任制才搞了两个周期不到，这一判断还缺少足够的经验根据，但在签订第二期承包合同时某些厂长、经理的态度由第一个承包期的“我要包”变为“要我包”，说明已经有了这方面的苗头。当然，这种态度转变还与不利的宏观经济环境有关。

总之，在“经营决策主体二元化”企业制度模式下，由于经营目标Ⅱ的形成，企业的生产要素利用程度较国营企业制度下是有所提高的，但同时由于不具有资产控制权的企业的行为缺少相应财产义务的约束，又造成了生产要素利用方面的一些新问题，此外，以上的分析还说明，承包制还包含着企业经营目标向单纯追求活劳动支出极小化退化的可能，从而在长期中企业的生产要素利用程度有可能重新下降。

接下来，让我们转入对“经营决策主体二元化”条件下要素配置的合理程度的分析。就投入而言，由于已经形成了局部的（而且是不断扩大的）物质生产要素市场，要素的稀缺程度的变化，已经在不少“议价”物资的价格升降中表现出来，同时还由于利润成为企业经营的核心指标而使企业必须比较其成本和收益，因而企业初步具有了以较丰裕的（价格低廉的）生产要素替代稀缺的（价格昂贵的）生产要素的行为趋向。但在通过市场取得要素的同时，还存在平价计划供应，企业又具有力争以计划供应物资来替代市场采购的趋向。一般说来，企业根据市场价格调整其要素使用量和组合的积极性，与其享受平价计划供应的“待遇”成反比。此外，同一种要素的平价和议价之间的差额，造成反映要素稀缺程度的价格信号的紊乱，使得“待遇”不同的企业对同一生产要素的主观评价十分不同，这显然是不利于提高要素配置的合理程度的。不过，市场价格诱导下的物质生产要素替代行为的出现，还是使得生产要素配置的合理程度较国营企业制度下有了较大改善，因为企业对要素价格的变动不再是漠不关心的，而且市场议价为企业提供了直接感知稀缺信息的渠道。随着价格双轨并一轨，企业的要素配置的合理程度会进一步提高，但统一的要素市场和同一要素的统一价格的形成，还不是进一步改善要素配置的充分条件，而仅仅是一个必要条件。正如前面已经提到过的，即便有了一个完善的投入品市场，如果企业不掌握资产控制权，从而不承担财产责任，其预算约束就必然是软的，而在软预算约束条件下，企业依据要素价格调整要素配置的灵敏性，又必然是不太高的。

产出方面的情况与投入类似，由于市场约束的引入和收入动机的强化，企业对产品价格的变动已有了积极主动的反应，不再像国营企业制度条件下那样无动于衷。由此而产生的一个积极结果，就是企业具有了根据价格信号反映出来的社会需求变动调整产品、产量的较强意识。这种有利于社会需要的满足即社会福利增进的积极变化，意味着要素配置效率的提高。

产出方面的计划约束也仍然存在，尽管范围已大大缩小，议价与平价调拨产品的差价，诱使企业千方百计将计划内产品转为计划外，以便获得高额收入。这被看做是一种不良行为。但是，在平价和市价并存的情况下，这种企业行为是不可避免的，解决的办法不是“加强指令性计划指标的严肃性”，而是使价格双轨并一轨，消除市价与平价的区分。对于双轨如何并一轨的问题，我们不想多加论述。这里之所以提到这个问题，是因为由此可以看出，在企业经营目标中引入了收入动机之后，企业对产品价格差异的反应相当积极，这应当看做是企业通过“经营决策主体二元化”这一过渡性企业制度模式，逐渐发育成自主的、完全的市场主体的合理变化。

如果将企业对产品价格变动的反应与其对生产要素价格变动的反应相比较，那么不难发现，前一种反应比后一种更为积极。这表明，在“经营决策主体二元化”条件下，企业的生产要素配置的投入和产出两个方面的行为是不对称的，形成这种不对称状况的原因，就是所谓企业“负盈不负亏”。正因为企业不负亏，它才对要素价格变动引起成本变化反应较迟钝。

综合以上的分析，可以得出一个结论：在“经营决策主体二元化”条件下，从生产要素利用程度和配置合理程度两方面来看企业效率，都较国营企业制度下有所改进。但这种改进还不稳固，而且伴随着新的问题。因此，需要对“经营决策主体二元化”条件下的权利安排进行更具根本性的调整。

六、“自主企业制度模式下企业的经营机制和行为方式”

取代“经营决策主体二元化”企业制度的，应当是“自主企业模式”。与“经营决策主体二元化”模式相比较，“自主企业制度”的权利安排的根本变化，是企业取得完全的资产控制权和完全的经营决策权，政企之间的关系由行政隶属转变为从资产保值增殖为基本条件的财产契约关系。企业的经营目标和经营约束，当然会随着这些变化而改变，由于“自主企业制度”还只是一种理论假设，下面对企业在这种制度模式下的经营机制、行为方式和效率后果的分析，只能看做是逻辑上的推论。

像讨论其他两种企业制度下的经营机制一样，我们还是先分析企业的经营目标。以极小的人均活劳动支出获取极大人均收入这一企业经济理性，在“自主企业制度”下的表现形式，较“经营决策主体二元化”模式下的变化有三个：第一，企业经营目标由双重转变为一元。这是政府放弃企业资产控制权和全部经营决策权，不再在任何意义和范围内直接经营企业，真正实现了政企分开的必然结果。第二，企业经营目标的一元化，同时意味着企业经济理性完全摆脱了国营企业制度下那种单纯追求人均劳动极小化的片面形式。由于政府从企业经营中完全退出，政府目标与企业经济理性之间的矛盾消除了，企业经济理性获得了全面、顺畅表达出来的可能性，不再被扭曲。第三，企业追求的经营目标，转变为人均纯收入或净产值的极大化，“经营决策主体二元化”条件下作为企业经营目标Ⅱ的利润或超基数利润最大化已不再是企业追求的目标。这是因为政府与企业之间的利益结构和分配程序已经发生了变化，即不是在工资总额或工资基础数由政府事先规定的前提下，以扣除包括工资在内的成本之后的剩余的利润，作为联结政府、企业和职工利益的枢纽，而是在政府与企业分享净收入的前提下，使劳动者的工资成为净收入中减去各种“上缴”、企业再生产需要及其他集体需要之后的余额。在这种情况下，企业劳动者集体所关注的必然是人均净收入，而不会是利润。事实上，也只有人均净收入才是与公有制企业相称的经营目标。对于公有制经济而言，利润是作为一种会计范畴从资本主义经济中继承过来的，并不是由公有制经济的本质决定的经济范畴。在资本主义经济中，利润是剩余价值的转化形式。利润的确定，必须以工资的数额在生产过程之前已定，并成为资本家的垫支费用的一部分即可变资本为前提。在公有制经济中，具有生产资料所有者地位的自主劳动者以及由他们以企业形式组成的劳动集体，没有理由将自己的工资收入看做是在生产过程开始前由某个与他们对立的经济主体投入的垫支费用。而且，公有制企业中的工资也不应当是在生产过程前就已确定的常数，而应当是随劳动者在生产过程中的劳动投入状况变动的。将工资列入垫支费用即成本，是与公有制企业中劳动者的主体地位，以及劳动者通过自主劳动而不是雇佣劳动创造收入的活动性质相抵触的。

至于“自主企业制度”下的经营约束，则发生了以下与经营决策主体二元化条件下不同的变化：第一，在“经营决策主体二元化”条件下开始形成但较软的预算约束硬化了。这是因为企业在取得资产控制权和完整的经营决策权的同时，又独立地承担着相应的财产责任。在财产责任的约束下，企业必须对其经济行为的一切积极和消极的后果负责，而不再像“经营决策主体二元化”条件下那样只负盈不负亏。第二，企业彻底走向市场，各种市场信号对企业经营活动发生全面约束作用。由于政府完全退出企业经营，伴随政府直接经营企业而来的指令性计划约束最终消失，或只在极其有限的范围和某种特殊形势下存在。在企业内部条件不变的情况下，其成本和收益，从而作为二者之间差额的纯收入，主要依赖于市场信号变动。加上预算约束的硬化，市场信号对企业经营活动的约束效力充分发挥出来了。

总之，以人均净收入最大化为经营目标，加上以硬预算约束和市场约束为基本内容的经济约束，这就是“自主企业制度”企业下经营机制的基本结构。

在上述企业经营机制的作用下，企业的行为方式会发生使生产要素利用达到最大限度，并尽力提高生产要素配置合理化程度的变化。在单一的人均纯收入极大化目标的激励下，企业劳动者集体必然不遗余力地使其所控制的生产要素得到尽可能充分的利用，因为承包制条件下的基数、比例等等羁绊统统随着政府退出企业经营而不存在了，企业不必顾虑什么“鞭打快牛”，可以“放心大胆”地开足马力进行生产。而预算约束的硬化以及市场约束的全面化和强化，使得企业无法将“国家计划调节”当做旱涝保收的避风港，而只能面对市场“背水一战”，因而不能不对市场信号的变动作出灵敏的反应，而且是对投入品和产出品两方面的市场信号都作出灵敏的反应，“经营决策主体二元化”方式下这两方面反应的不对称状况，因而得到校正，特别需要指出的是，由于预算约束因企业取得资产控制权并独立承担财产责任而硬化，企业以最小活劳动支出取得最大收入的企图，不再会导致过度支出或浪费生产资料形式的物化劳动。在企业独立承担财产责任，政府不再通过再分配渠道为企业提供生产基金或资产，企业资产只能来自自我积累的情况下，为传统企业制度的权利安排所切断的企业劳动者集体的活劳动与企业资产形式的物化劳动之间的有机联系，在企业内建立起来。“在自主企业制度”下，企业劳动者集体要想用机器设备等物化劳动的支出来替代活劳动支出，必须以由自身活劳动转化而来的物化劳动的积累为前提。从原则上说，任何企业都无法通过政府的再分配而无偿地获得物质生产要素，要想使企业劳动集体的活劳动支出减少，只有增加自我积累一条路。

可能有些读者会对上述关于“自主企业制度”下企业行为方式及其

改善的推断表示怀疑。这种怀疑，又可能是由自主企业的人均收入极大化目标引起的。自从美国学者沃德以南斯拉夫自治企业为背景提出所谓"伊利里亚企业行为模式"，并引出一系列对以人均收入极大化为经营目标的企业的不利结论，在许多经济学者中似乎形成了一种思维定式，即以人均收入极大化为目标的企业，与新古典理论中的利润最大化企业相比，效率是低下的。我国一些学者对人均收入极大化目标的批评，以及主张企业以利润极大化为目标"天然合理"，在很大程度上就是以沃德的理论为根据的。看来，要想使我们在上面作出的关于自主企业经营机制、行为方式和效率改进的简要推断性描述在理论上站得住脚。有必要对这个问题作一番辨析。

沃德将工人管理的、以人均纯收入最大化为目标的企业称为"伊利里亚公司"，并将这种企业的目标写成如下形式：

$$\max y = \frac{PQ - (\sum PX + K)}{L} \quad (10)$$

而利润最大化的资本主义企业的目标函数是：

$$\max \pi = PQ - (W \cdot L + \sum PX + K) \quad (11)$$

在这两个目标函数中，y 是人均纯收入；π 是利润；P 是产品价格；Q 是产量；PQ 是各种可变投入的价格；X 是可变投入数量；W 是资本主义企业工资；L 代表劳动者人数；K 是固定成本。

沃德由上述企业目标函数引出两种行为方式，一种是利润最大化企业的合理行为；另一种是人均收入最大化企业的不合理行为。在利润最大化企业中，其目标函数最大值的一阶条件产生通常的边际均等（边际产品的价值等于有关生产要素的价格，即边际收益等于边际成本）。其结果是，各种生产要素的价格提高时，产量和就业就减少，而产品价格提高时产量和就业便增长。同时，规模收益递减假设保证了生产函数具有良好凸性（二阶偏导数取负值），从而保证了资本主义企业最佳产量均衡的稳定性。但是，工人管理的企业由其人均收入最大化目标所决定，几乎一切行为都与资本主义企业相反，因而产生一系列悖理行为：

第一，在工人管理的企业中，劳动者收入高于资本主义企业的工资（$y > W$），按收益递减规律，工人管理的企业与相同的资本主义企业相比，将吸收较少工人，因而产量低，将导致失业。

第二，如果产品的价格上涨，每个工人的收入随之增长，而边际工人的贡献变得低于其收入（$pq' > y$），为使工人的边际收入等于其边际产品，就应该解雇若干工人。这样，工人管理的企业的供给曲线的斜率取负值，即价格上涨反而引起生产规模收缩。而价格下落却刺激生产规模扩大，这又会造成市场的极端不稳定。

第三，固定成本（K）的增长会使人均纯收入减少。为了使固定成本为更多劳动者分摊，企业又倾向于增加新成员。因此，固定成本的增大是企业扩大生产、增加就业的刺激。

第四，资本主义企业的工资是由竞争市场决定的，在均衡条件下一切完全竞争企业的工资都相等，能够实现劳动力的有效配置（帕累托意义上的）。在同样的工人管理的企业中，根据按劳取酬原则，每个工人的收入互不相同，因而边际工人的收入在不同企业和岗位互不相同，劳动的配置不能满足边际均等原则（工人收入等于边际产品），因而必然是无效率的。

第五，由于一切资本都是社会的财产，工人管理的企业中的劳动者倾向于最大限度地将企业纯收入转化为个人所得，因而会出现投资不足的倾向①。

沃德的这套理论是经不起推敲的。其问题有如下述：

第一，经不起实证检验。南斯拉夫学者通过经验研究提出的结论是：在工人自治企业中，从来没有看到过供给以逆反的方式做出反应，相反，企业很快放弃不能盈利的产品，而消费者也很了解这一点；在 20 世纪 60 年代南斯拉夫取消资本税时，谁也没有看到沃德学说预言的生产萎缩，相反，南斯拉夫的长期趋势是投资过多。一位捷克学者也在其实证研究报告中指出：没有实践经验足以证明南斯拉夫企业具有一种同沃德模式相一致的行为：最明显的证据是，它们明显地在不符合沃德的“伊利里亚”盈利标准的条件下稳定地存在和经营；它们在价格上涨和成本下降的场合扩大生产和就业，在需求疲软时收缩或停止生产②。

第二，沃德提出的人均收入最大化目标不符合自治企业目标形式的实际程序。实际情况是：在计划期开始时，工人委员会确定了一个个人收入所要达到的期望水平，这个期望水平包括上期个人收入水平（W）和它的一个增量（ΔW），由于个人收入期望水平已定，工人自治企业所要最大化的是销售收入中扣除了个人收入和物质要素成本之后的剩余（π）。因此，自治企业的目标函数应当是：

---

① 本·沃德：《伊利里亚企业：市场工团主义》，载《美国经济评论》1958 年第 48 期。
② 扬·瓦奈克：《工人管理的经济——南斯拉夫情况剖析》，上海译文出版社 1982 年版。

$$\max\pi = PQ - [(W + \Delta W) \cdot L + \sum PX + K] \qquad (12)$$

计划期终了时，企业根据经营实绩对期望的个人水平（$W+\Delta W$）进行向上或向下调整后的个人实际收入水平有区别。但进入企业目标函数的不是实际收入，而是期望收入或会计收入。由于期望收入水平在目标函数中是定值，上述目标函数具有与利润最大化企业目标函数相同的数学性质，因而工人自治企业的行为能够达到新古典的效率标准，但不能将上列目标函数中的剩余（π）与资本主义企业的利润等同起来，上列目标函数的正确意义是：在期望的个人收入已定这一约束条件下，使企业的全部纯收入最大化①。

第三，沃德提出其的“伊利里亚公司”目标与资本主义企业目标不具有对称性，因而是不可比的。新古典的利润最大化是指利润绝对量的最大化，而工人自治企业界目标函数却是一个相对量即企业全部纯收入与人数之比。事实上，对于资本家来说，像新古典理论所假设的那样追求利润绝对量是不合理的，他们的合理目标在于追求最大利润率。因此，资本主义企业的目标函数应改写为：

$$\max\pi' = \frac{PQ - (W \cdot L + \sum PX)}{K} \qquad (13)$$

只有这一公式才与工人自治企业的人均纯收入最大化目标函数相对称。这一公式在数学上与沃德的“伊利里亚公司”目标函数等价，因而会导致一样荒谬的结果，使新古典中的各种边际均等化为泡影。不过这时问题不是出在劳动收入上，而是出在单位资本或每股资本的收益上：当增加的股本的收益低于原有股金收益时，即便能够募集到新股金，资本主义股份公司也会拒绝增加本企业的资金，等等。为避开这种困难，新古典经济的创始人马歇尔区分了企业的长期行为和短期行为，规定短期内资本设备固定不变，以使上列利润率最大化目标转化为利润绝对额最大化目标。但是，沃德却有意不让这种区分运用于对工人自治企业目标函数的规定。事实上，在短期内，也可以假定企业的劳动数量不变。这样就可以使人均收入最大化公式转变为企业收入绝对额最大化公式：

$$\max y = PQ - (\sum PX + K) \qquad (14)$$

其中，y 代表企业纯收入绝对额。这一公式才与利润绝对量最大化公

① 希·霍尔瓦特：《社会主义政治经济学》，1982 年英文版。

式相对称，从而才可以用于从数学上证明，当上式得到极大值时，是否可以产生类似于利润最大化条件下的边际均等①。

总之，沃德的理论是不能当做否定公有制企业的人均收入最大化经营目标的凭据的。当然，我国一些学者对人均收入目标的否定，并不仅仅是依据沃德的理论，而是以承包经营责任制条件下出现的所谓“企业短期行为”，如少提折旧、“二保软”等等为根据的。但是，这些学者忘记了，承包制条件下的企业恰恰是以利润最大化（或超基数利润最大化）为经营目标的。其实，很多企业虽然更新改造资金不足，但却不愿多提折旧费，对更新改造不积极，原因在于我们多次强调过的企业不掌握资产控制权利和不承担相应的财产义务，而不是因为“工效挂钩”使企业具有了收入动机。我们相信，在企业掌握了资产控制权并承担相应财产责任的“自主企业制度”下，企业劳动者集体对人均收入最大化目标的追求，必然带来企业生产和经营的高效率。

① 乌·希默尔斯特兰德等：《工人自治的社会经济学》，载《国际社会科学》1998 年第 3 期。

国有企业经营自主权不能滥用*

企业只有在人、财、物、产、供、销各个方面都具备了自主权的条件下，才有可能成为积极主动的市场主体，灵敏地适应市场供求变化，而展开高效率的生产经营活动。所以，赋予企业以充分的经营自主权，成为国有企业转换经营机制的一项重要内容。在企业的营运过程中，经营自主权又具体体现为作为企业经营指挥核心的厂长或经理的管理和决策权。从改革以来的实际情况来看，许多厂长或经理在进行管理和决策时，都能够正确地运用手中的自主权，使企业的经营焕发出蓬勃的活力。但是，也有少数人误认为经营自主权是不受任何约束的权力，个别人甚至假自主之名任意胡为，滥用权力，给企业经营和国家财产造成严重损失。对经营自主权的这种模糊认识，有必要加以澄清。

首先需要明确的是，在市场经济条件下，厂长或经理对经营自主权的运用，必然会受到市场经济运行规律的约束。市场经济的基本规律是价值规律。这一规律具体地通过供求规律和竞争规律得到强制性的贯彻。这些规律是厂长或经理运用所掌握的自主权进行经营决策的依据。厂长或经理对自主权运用是否得当，也就是其经营决策是否正确，取决于他们对市场规律的认识和把握程度。决策越是符合规律，企业的经营活动就越是具有活力。而决策违背规律，则必然会受到经济规律的惩罚。要想在市场经济的大海中畅游无阻，就必须研究市场规律，按照规律的要求正确地运用经营自主权。可见，在经济规律的制约下，厂长或经理对经营自主权的运用不可能是任意的。

除了经济规律的制约之外，厂长或经理对经营自主权的运用，还要受到国家的法规和法令的约束。经济法规和法令的一个基本作用，是维护正常的市场秩序，保证市场竞争和交易在公平和稳定的环境中进行。即使是

---

* 原载《真理的追求》1995 年第 9 期。

在所谓极端自由的资本主义市场经济中，遵纪守法也是企业自主经营的前提条件，如果将企业的经营自主权与法律和法令对立起来，借口自主经营而无视和违背法律，那么市场运行的公平原则和正常秩序必然会遭到破坏，最终经营者自身会置身于欺诈和腐败盛行的恶劣环境中，根本无法进行正常的经济活动。要知道，国家的法规和法令，并不是对企业经营自主权的侵害，恰恰相反，它们是企业正常运用其经营自主权的保障。至于极少数触犯法律的经营者，理所当然地要受到法律制裁，经营自主权是不可能成为他们为自己开脱罪责的理由的。

还需要强调的是，由于我国实行的不是一般的市场经济体制，而是以公有制为主体的社会主义市场经济体制，因而企业厂长或经理的经营自主权，除了要受到上述一般市场经济体制具有约束之外，还不能不受到公有制经济关系的限制。就国有企业而言，首先是受到国家对企业的财产经营委托—代理关系的约束。国有企业的厂长或经理取得企业经营自主权，是以对国家这个财产所有者承担资产经营责任，即保证国家财产的保值和增值为条件的。在竞争性的行业中，国有企业的厂长或经理的经营自主权，可以大到根据市场状况自主地决定国家委托给他经营的资产的具体形式，自主地决定国有资金的具体投向，但有一条不能逾越的限制，那就是不能使国家的财产在价值上遭受损失。经营者如果不能履行使国有资产保值增值的义务，他就丧失了掌握国有财产自主经营权的资格，国家就应解除与他的资产经营委托—代理关系。国有资产的经营者，是没有任何理由用自主经营来为因自己不负责任造成财产损失辩护的。给国有财产造成严重损失者，是要受到法律制裁的。但是，现在却有极少数经营者忘记了自己对国家承担的财产责任，不仅由于不负责任的经营造成国有资产损失，其中个别人还通过各种渠道，擅自动用国有财产为个人谋利益，化公有财产为私人资本以至个人奢侈消费。例如，挪用国有资金做证券交易，赚了钱归自己，赔了本算在国家账上；将国有资产转到私人企业账上，自己坐收利息；在与外商的合资交易中，以低估国有资产价值换取个人出国旅游和子女留学以至外商的金钱和实物回报；用国有奖金为自己购买豪华轿车、包租高级宾馆、购买别墅，等等。这些人的行为实际上已经构成严重犯罪。但当群众加以检举，政府主管部门和司法部门加以查处时，这些犯罪分子却往往将经营自主权当做挡箭牌，说什么这是“妨碍了企业自主经营”，打击了“改革派”。这些人实际上是将通过国家对企业的委托—代理关系取得的国有资产的经营权，当做了自己的私人财产权。国有资产管理部门应当毫不犹豫地从这类盗窃国库的败类手中收回经营权。对他们在“自主经营”幌子下肆意侵吞国有财产的行为，必须绳之以法，绝不宽贷。

除了国家与企业之间财产关系的约束，国有企业中厂长或经理对经营自主权的运用，还要受到公有制企业中劳动者主权即民主管理的约束。在社会化的集体生产过程中，厂长或经理居于指挥中心的地位。毫无疑问，在生产经营过程中，每个劳动者都应服从厂长或经理的指挥，服从厂长或经理组织和协调生产的权威。这种服从，无论是在私有制还是公有制条件下进行的在社会化生产过程中都是必需的。但是，在不同的所有制条件下，这种服从的经济内容是不一样的。在私营企业中，老板与劳动者之间的关系是劳动力买卖即雇佣劳动关系。老板对工人的支配，是对自己花钱买来的活的生产要素的支配，体现了剥削者对被剥削者的压迫。而在公有制企业中，由于不存在雇佣劳动关系，每个劳动者都具有平等地位，厂长或经理本身也是劳动者。不过他们执行的是管理和决策这一特殊的劳动职能。“工人当家作主”、“企业民主管理”这一公有制企业内部关系特征，正是在这种劳动者的平等关系基础上产生的。在这种情况下，劳动者服从厂长或经理的指挥和权威，并不是服从某个作为剥削者的老板的个人意志，而是服从在劳动者经济民主基础上形成的企业劳动者集体的整体利益和统一意志。也就是说，厂长或经理的权威，是劳动者集体整体利益和统一意志的体现。正因为如此，厂长或经理在行使权威，运用经营自主权时，要发扬民主，自觉接受工人群众的监督，认真听取工人群众的意见。但是，我们有少数厂长和经理对这一点却缺乏清楚的认识，往往将自己作为生产经营指挥核心的权威，将自己手中掌握的经营权，与“工人当家作主”和企业民主对立起来，听不得不同意见，动辄用罚款、辞退等手段对提意见的工人群众进行打击报复。更有甚者，还滥用干部任用权，大搞任人唯亲，拉帮结伙，在企业内实行家族统治。其中极少数盗窃国库的腐败分子，正是以此来营造自己的独立王国，掩护其侵吞国有财产的罪行。逃避群众的监督。国有企业的厂长和经理应当将自己的指挥权威与民主管理统一起来，不能沾染上剥削制度下的那种老板习气。

“政企分开”绝不是“政企彻底分家”*

“政企分开”是国有企业改革的一项基本原则。实行这一原则，才能消除传统计划经济体制条件下政府包揽企业经营管理造成的种种弊端，使企业取得社会主义市场经济条件下应有的独立市场主体和法人实体地位，自主经营，自负盈亏，在市场竞争中焕发出勃勃的生机和活力。在十几年的改革进程中，这可以说已经成为社会的共识。

当然，在如何理解“政企分开”，以及通过何种途径实现“政企分开”方面，人们的意见并不完全一致。使社会主义国有经济与市场对接，是我们党在体制改革中的独创，在这一过程中出现这样那样的意见分歧，本来是不足为怪的。而且，这些意见分歧大多数是在搞好国有经济这一大前提下发生的。但是，值得注意的是，近些年来，有一种将“政企分开”等同于“政企彻底分家”的意见，并日益在社会上流行。根据这种意见，要“真正实现政企分开”，只有取消社会主义国有制，将国有企业“民营化”即私有化。因为，国有制就意味着政府掌握企业资产的所有权，而在政府掌握资产所有权的条件下，“政企分家”是不可能的。换句话说，这种意见认为，“政企不分”并不仅仅是传统计划经济体制的弊端，而是社会主义国有制自身无法消除的固有特点。显而易见，如果按照这种思路来实行“政企分开”，必然导致对社会主义基本经济制度的否定，使作为我国经济改革目标模式的市场经济失去其社会主义性质。不用说，我们是绝不能接受这种意见的。对这类假改革之名行颠覆之实的言论造成的思想混乱，必须坚决加以澄清。

那么，我们应当如何正确地理解“政企分开”的含义？实现“政企分开”的正确途径又是什么？

---

* 原载《真理的追求》1995 年第 5 期。

我国实行的是社会主义制度。这一制度的经济基石，是生产资料占有的社会化。而生产资料占有的社会化，只有通过全体人民以国家的形式组织为一个整体占有生产资料的社会主义国有制，才能成为现实。因此，由我国社会制度的社会主义性质所决定，"政企分开"必须以坚持社会主义国有制为前提。这个意义上的"政企分开"，绝不是什么以国有资产私有化为途径的"政企彻底分家"，而是要对政府和企业的职责加以恰当区分，在政企之间形成合理的权责利关系。一方面，使政府能够对国民经济运行实行有效的管理和控制，并在经济上充分实现其作为全民代表所享有的国有资产所有权；另一方面，又适应市场成为资源配置基础性手段的要求，确立企业的自主市场主体和独立法人实体的地位。

实行这种"政企分开"（更完整的说法是"政企职责分开"），涉及由社会主义经济中政府的双重经济管理职能引起的两个方面的政企关系。所谓政府的双重经济管理职能，一重是指政府作为公共行政权力所承担的一般经济管理职能。这包括制定经济和社会发展的中长期规划，以经济合理快速增长、抑制通货膨胀、实现充分就业、保持国际收支平衡、促进产业结构的合理化和高度化为目标对整个国民经济进行的宏观调控，以及维护社会经济秩序，保护资源和生态环境，等等。政府作为公共行政权力具有的这种一般经济管理职能，并不为社会主义国家的政府所特有。在实行资本主义制度的市场经济国家，政府一般也承担着这类经济管理职能。由政府执行这一般经济管理职能而产生的政府与企业之间的关系，可以称为公共行政性的政企关系。在我国目前除国有经济以外，还存在其他经济成分的情况下，政府在执行其一般经济管理职能时，不仅要与国有企业发生这种政企关系，而且要与非国有企业发生这种政企关系。

政府的另一重经济职能，是代表作为一个整体的全体人民行使国有资产的所有权。政府的这一经济管理职能，与作为公共行政权力实行的一般经济管理职能具有不同的性质。在这个职能基础上形成的政企关系，仅仅发生在国有经济范围内，是作为所有者和投资人的政府与作为投资对象和资产经营者的企业之间的财产关系。政府作为所有权主体管理和监督国有资产的基本目的，是实现资产的保值增值，以增进全体人民的整体利益。

在传统计划经济体制条件下，无论从公共行政性的政企关系，还是从财产关系性质的国有经济内部政企关系来看，都存在政府与企业之间权责利不明确、职责划分不清的现象。这不仅使企业缺少活力，而且严重削弱了政府行使国民经济管理职能的效率。就公共行政性的政企关系而言，政府是通过行政等级体系层层分解下达指令性计划的方式来实现其一般经济管理职能的。这实际上是由政府直接管理企业的经营，企业不过是政府的一个基层行政机构。这就造成了公共行政性的政企关系方面的“政企不分”格局。而在“政企不分”的条件下，企业被剥夺了经营决策权，成了由上级行政主管拨来拨去的算盘珠，其生产经营活动与社会需要脱节，资源利用效率低下。同时，由于政府陷在企业日常经营管理事务堆中，以及经济管理中行政命令盛行，政府对整个国民经济的宏观管理不可避免地染上官僚主义色彩，难以保持应有的科学性。结果就是“小的管死了，大的没管住”，即企业活力不足，政府的行政管理效能下降。

就国有经济内部财产关系而言，传统计划经济体制下的政企关系也存在严重弊端。传统体制下政府与企业的财产关系的特征，是所有权和经营权合一。这可以说是财产关系方面的“政企不分”。作为所有者的政府直接经营企业，对国有资产实行实物管理，而不是着眼于资产的保值和增殖。在繁复的实物指令往往与实际供求不符的情况下，这必然导致国有资产利用的低效率。同时政府这个所有者还对企业实行统收统支，对企业债务承担无限责任，而企业自身则对盈亏不负责任，躺在国家身上吃“资金大锅饭”。这不仅使企业经营活动失去内在动力和有效的约束，而且造成作为所有者的政府与作为经营者的企业之间的财产关系不清，利益边界模糊，国有资产的保值增殖缺少制度上的保证，政府的资产所有权因而不能在经济上得到充分实现。

改革以来，我们党和政府一直坚持将“政企职责分开”作为企业改革的原则，其针对性就在于上述传统计划经济体制条件下的两个方面的“政企不分”。更具体地说，所谓“政企职责分开”，就是要在公共行政性的政企关系和国有经济内部财产关系两个方面，合理地区分政府与企业的职责，明确界定双方的权利和义务，以克服传统计划经济体制的种种弊病。

在传统计划经济体制下，公共行政性的政企关系和国有经济内部财产关系两方面的“政企不分”是纠缠在一起的。换句话说，就政府对国有企业的行政控制和干预而言，其公共行政权和所有权是双管齐下，混淆不清的，即政府同时以公共行政当局和所有者的身份来控制企业。事实上，在公共行政性政企关系和国有经济内部财产关系这两方面“政企不分”的背后，是政府作为公共行政权力的一般经济管理职能与作为所有者的资产管理职能的混淆。因此，要实行公共行政和财产关系这两方面的“政企职责分开”，首先应将政府的一般经济管理职能与所有权职能分开，在政府的经济行政管理部门和国有资产管理部门之间实行明确分工，恰当地界定这两个部门的职责和管理范围。在这个前提下，才有可能分别实行公共行政范围和国有经济内部财产关系范围内的“政企职责分开”。

在公共行政性政企关系方面，实行“政企职责分开”的途径，在于转换政府经济行政管理部门的职能和工作方式，即由从内部用行政指令控制企业的微观经济活动，转为运用财政、金融等经济调控手段，发布和实施有关政策法令，从外部诱导、制约、规范和监督企业的经济活动，并为企业提供信息和咨询服务。而企业则在遵守政府法令的前提下，根据处于政府宏观调控下的市场状况，自主地展开经营活动。企业的这种经营自主权，应当受到法律保护，任何政府经济行政管理部门不得随意加以侵夺。

在国有经济内部财产关系方面，实行“政企职责分开”的途径，则是理顺政府国有资产管理部门与企业的产权关系，在作为所有者代表的国有资产管理部门与作为资产经营者的企业之间构建明晰的权、责、利体系，形成合理的资产委托—代理经营关系。这种委托—代理经营关系，应当既能确保所有者的权益，又能使企业在自负盈亏条件下自主经营。这就要求将政府对国有资产的实物管理以保值增殖为目标的价值管理，并将统收统支造成的对企业债务的无限责任转变为以出资额为界线的有限责任。而从企业这方面来说，则要从单纯的实物资产使用者，转变为价值形态资产的经营者。在承担国有资产保值增殖义务的前提下，企业在资金运用上具有充分的自主性，并以国家委托给它经营的资金独立地承担民事责任，自负作为自身经济活动后果的盈利和亏损。

回顾十几年来我国国有企业改革的实际进程，虽然还不能说“政企职责分开”已经最终实现，但无论在公共行政性的政企关系方面，还是国有经济内部政府和企业的财产关系方面，已经取得了不少进展。尤其是在党的十四届三中全会提出建立现代企业制度之后，人们对在坚持社会主义国有制前提下实行“政企分开”的正确途径的认识，更加趋于成熟和完善。那种将“政企分开”与私有化联系起来的谬论，必将为改革向深层次的推进所彻底否定。

如何度量国有资产的保值增值*

在现代企业制度条件下，企业中的国有资产所有权属于国家，企业拥有包括国家在内的出资者投资形成的全部资产的法人财产权。企业法人财产权的取得，是以企业对出资者承担资产保值增值的责任为条件的。这就产生了一个问题：国有资产管理部门应当如何对资产的保值和增值进行度量？解决好这个问题，才能在作为资产所有者的国家与作为资产经营者的企业之间形成合理的利益边界，使国家的所有者权益得到切实保障。

要想度量国家投入企业的资产的保值和增值状况，首先要弄清“保值增值”中的“值”的含义。按照通常看法，这个“值”就是指由国家投资形成的各种实物资产（例如厂房、土地、机器设备、存货等）的价格总额。这样，所谓“保值”，就是使国家投资形成的实物资产的价格总额，保持在企业初创时的水平；而所谓“增值”，就是通过对实物资产的新增投资或更新改造，使实物资产的价格总额增加。事实上，“两保一挂”的承包经营责任制中的第二“保”，就是从这个意义上要求企业确保国有资产“保值增值”的。

现在看来，将“保值增值”中的“值”定义为实物资产的价格总额，以这个价格总额的变动来度量资产保值增值，是有问题的。这样的保值增值，实质上是要求企业保证国家投入的资本金不减少并有增加。但是，在市场经济条件下，资本金对于其所有者的价值，主要不在于这笔资金自身数额的大小，而在于它给所有者带来收益的大小。国家投资于企业的目的，并不是保全和增加资本金，而是要取得资产收益。如果国家在盈利性的行业投资，那么它也应当像其他投资者一样，要求获得不低于正常或平均水平的资产收益。国家投资所带来的收益低于平均水平，意味着资产的贬值，而高于平均水平则意味着资产增值。这也就是说，应当从资产经营

---

* 原载《中国人民大学学报》1994 年第 4 期。

效率的角度来度量和评价企业完成保值增值责任的状况。这会迫使企业高效率地运用国家投资，而不仅仅是保全国有资本金。至于企业拥有的实物资产价格总额的变动，一方面取决于包括国家在内的出资者是否对企业追加投资，另一方面取决于投资品市场价格的变动。这是作为资产经营者的企业自身所无力左右的，因而没有理由要求企业承担这个意义上的资产增值责任。

那么，具体地说，应如何从资产经营效率的角度来度量资产的保值和增值呢？这里的关键问题是确定与实物资产价格总额相区别的“资产效率价值”。由于国家作为投资者要求获得不低于正常或平均水平的收益，可以根据社会平均资金利润率来计算资产效率价值。举例来说，假定一个企业利用国家投资创造了20万元利润，社会平均资金利润率为20%，那么国家资本金投入这个企业的效率价值为100万元（20÷0.2）。如果国家资本金的数额正好也是100万元，那么可以断定这个企业完成了使资本金保值的义务。如果企业用这笔资本金创造了50万元利润，那么国家资本金投入这个企业的效率价值为250万元（50÷0.2）。这时可以断定企业使资本金增值了，增值额为150万元（250－100）。而如果企业用这笔资本金只创造了10万元的利润，则效率价值为50万元（10÷0.2），这意味着企业未完成资产保值任务，造成了资产贬值，贬值额为50万元（100－50）。这个例子说明，国有资产的保值和增值，应当通过比较资产效率价值与资本金来判断。可以从这个例子中引出度量国有资产保值增值的简单公式：

资产效率价值－资本金

或

（企业利润÷社会平均资金利润率）－资本金

如果由该式得出的计算结果为零，那么企业仅仅完成了保值的责任。若计算结果为正数，则企业完成了增值的责任。若结果为负数，则企业未完成保值增值任务。这时，即便企业账目上的实物资产价格总额没有减少甚至有所增加，它也给国家这个所有者造成了财产损失。

市场经济与社会主义国有制结合的内在依据及其他*

正确认识和处理计划与市场问题，是决定经济体制改革成败的核心问题。现在，党的十四大用“社会主义市场经济体制”这个新提法来概括改革的目标模式，必将极大地促进改革的深化。

一

过去很长时期内，在我国理论界占统治地位，并对社会主义经济发展实践产生巨大影响的，是公有制与商品货币关系不相容，计划经济与市场经济截然对立的传统观念。1978 年召开的理论务虚会认为，应当承认商品货币关系在社会主义经济中存在的必然性，在经济工作中应当利用价值规律和市场机制。这可以说是突破传统观念束缚的第一步。但是，直到十二大，人们对计划与市场关系的认识还是相当粗浅的，并未真正摆脱传统观念的影响。当时占主导地位的看法是所谓“板块论”，即认为国民经济是由互不相属的计划调节部分和市场调节部分拼合而成的。

1984 年，党的十二届三中全会通过的《关于经济体制改革的决定》指出：“要突破把计划经济同商品经济对立起来的传统观念，明确认识社会主义计划经济必须自觉依据和运用价值规律，是公有制基础上的有计划的商品经济。”这实际上已经包含着计划与市场内在结合，在以市场为作用机制的价值规律基础上实行计划调节的含义。与“板块论”相比，这是认识上的一个重大进展。

此后，社会主义经济是有计划的商品经济逐渐成为全党不可逆转的共识。党的十三大报告在沿用“有计划商品经济”这个提法的前提下，进一步明确了有计划商品经济体制应该是“计划与市场内在统一的体制”、

---

* 原文载于《教学与研究》1993 年第 1 期。

“计划和市场的作用都是覆盖全社会的”，并提出了建立不仅有商品市场，而且包括资金、技术、劳务等市场在内的完善的市场体系的任务。事实上，十三大报告所描绘的经济体制改革的目标模式，大体上已经可以说是一个社会主义条件下的市场经济体制模式。不过，由于市场经济等于资本主义的传统观念紧箍咒还未解除，十三大文件仍然回避了“市场经济”这个范畴，未能直接将社会主义与市场经济联系起来。

现在，党的十四大报告明确提出经济体制改革的目标，“就是要建立社会主义市场经济体制”。与十三大报告相比较，十四大报告有两个明显的进展：第一，断然否定了市场经济等于资本主义的传统观念，用“社会主义市场经济体制”代替了十二届三中全会以来沿用的“有计划商品经济”的提法；第二，突出强调了处于国家宏观经济政策和计划指导下的市场在资源配置中的基础性作用，毫不隐讳地揭示出实践中的而不是某些教条中的社会主义经济运行的市场经济性质，将经济体制改革的实质归结为建立与社会主义基本经济制度紧密结合的、以市场为基础的资源配置方式。这两个进展，使人们的思想进一步获得解放，为改革的深化提供了基本依据。

二

在商品经济条件下，以货币为媒介的商品交换是人们相互间发生经济联系的基本形式，因而要借助市场来解决生产什么、生产多少、用什么方法进行生产的问题，亦即将市场当做资源配置的必不可少的手段。也就是说，商品经济必然是市场经济。当然，从概念上说，商品经济与市场经济是有区别的。商品经济定义的是一种经济关系，即生产是为了交换，而且交换要以产品生产的社会必要劳动为尺度的经济关系。而市场经济定义的则是一种资源配置方式，即与商品经济相适应的资源在不同部门和生产单位之间分配的机制。尽管有这种概念上的区别，但商品经济与市场经济之间又有不可分割的联系。不以市场作为资源配置方式的商品经济是无从设想的。既然商品经济的充分发展是社会主义经济发展的不可逾越的阶段，那么社会主义经济就必须建立完善的市场机制，并充分发挥其资源配置的功能。因此，社会主义经济不能不是一种市场经济。这在现在看来是一个顺理成章的结论。但是，正如我们在前面回顾计划和市场问题认识历程时看到的，达到这一结论并不是径情直遂的。障碍主要来自将市场经济与社会主义对立起来、与资本主义等同起来的经济学传统观念。

这里所说的经济学传统观念，既存在于社会主义经济理论中，也存在于西方资产阶级经济理论之中。对社会主义经济理论中的这种传统观念，我们是比较熟悉的，不必多说。这里要引证一下敌视社会主义的西方经济学者的说法。那个挑起20世纪二三十年代关于社会主义社会资源配置论战的奥地利自由主义经济学者米塞斯的言论，是具有典型意义的。米塞斯认为，社会主义以公有制为基础，因而与市场经济不相容，其资源配置注定是无效率的。他说："要把市场和它的价格形成的功能同以生产资料私有制为基础的社会分离开来是不可能的"；"市场是资本主义制度的核心，是资本主义的本质，只有在资本主义条件下，它才是可行的；在社会主义条件下，它是不可能被'人为地'仿制的"。当代西方新自由主义经济学的代表人物弗里德曼1988年访问我国时，正是根据米塞斯的这种逻辑，认为对中国经济体制改革"最重要的是建立一个自由、私营的市场"，而且特别强调私营。前不久，新自由主义经济学的另一个代表人物科思，在谈到东欧国家经济的"市场化"问题时也说，市场经济要有三个条件，即私有产业、契约制度和自由市场。总之，没有私有制就没有市场经济，这就是敌视社会主义的西方经济学者的结论。

受这种敌对思想营垒的看法的影响，有些人担心搞市场经济会导致资本主义，对建立市场经济体制的改革方向忧心忡忡；有些人则认为不用私有制取代公有制就无法完成"市场取向的改革"。例如，较早提出将市场机制引入社会主义经济的波兰经济学家布鲁斯，前几年在一篇文章中说，只有私有制才能满足商品经济或市场经济的要求，因而经济改革不应寻求使公有经济进入市场轨道，而应扩大私人经济的比重，计划与市场的结合只能是公有制与私有制的并存。东欧剧变发生之后，以分析"短缺经济"著名的匈牙利经济学家科尔内，在其新著《通向自由经济之路》中，也强调只有在私有制条件下才能形成"真正的"自由竞争，改革的目标应当是大力发展私有制。他还嘲笑在公有制经济中搞市场化改革是"模拟华尔街"，注定要失败。作为这种国际思潮的回声，在最近我国开展的关于社会主义市场经济问题的讨论中，也出现了一种有些影响的看法，即认为要发展市场经济，就必须实行经济的"非国有化"或"民营化"，大大增加经济中的非国有成分，因为社会主义国有制（全民所有制）条件下"只有一个所有者"，而在只有一个所有者的条件下是不会有"真正的商品经济"或"严格意义上的市场经济"的。之所以如此，是因为只有一个所有者的社会主义国有经济无法满足市场经济存在的两个基本条件：一是所谓“权利的排他性”，即不同生产者之间要发生市场交换关系必须以不同的所有者的身份相互对待；二是对生产者的“硬预算约束”，也就是通常所谓自负盈亏。确实，如果在社会主义国有制之中不存在形成这两个条件的根据，那么它就根本无法同市场经济“对接”起来。

但是，党的十四大报告却指出：“社会主义市场经济体制是同社会主义基本经济制度紧密结合在一起的”。而社会主义基本经济制度的首要特征，就是在所有制结构上以公有制经济为主体。如果在作为经济主体的公有制中，全民所有制或社会主义国有制这个起主导作用的成分无法与市场经济对接，那么所谓“社会主义市场经济体制”，岂不是在与社会主义的本质相异化的东西上硬贴一个社会主义标签？显然，如果不能说清楚为什么市场经济可以同社会主义基本经济制度尤其是社会主义国有制紧密结合在一起，我们还是没有真正摆脱传统观念阴影的笼罩。市场成为社会主义经济中的基础性资源配置手段的根据，应当到作为这种经济形态基础的公有制，尤其是社会主义国有制中去寻找。具体地说，就是要弄清在社会主义国有制经济之中是否存在生产者权利的排他性和硬预算约束的内在要求。

如果仅仅将所有制理解为关于财产归属的法律规定，那么社会主义国有制的内容就仅仅是生产资料所有权属于作为全民代表的国家这样一个惟一的主体。由此当然无法引出与“严格意义上的市场经济”相适应的权利排他性和硬预算约束来的。但是，这样一种法律规定，并不等于社会主义国有制的全部经济内容。对社会主义国有制的经济分析，应当是在这种所有制形式形成的生产力基础上，具体地揭示它作为劳动者与生产资料相结合的特定社会关系形式所包含的利益和权利结构。只有在经过这种分析之后，才能得出社会主义国有制之中是否存在与市场经济相兼容的内在根据的正确答案。

社会主义国有制形成的生产力基础，是较高发展水平的社会化生产。而较高发展水平的社会化生产，又是以机器生产条件下社会分工和生产机构内部分工的发达为内容的。发达的分工造成各行业、各部门的生产者之间的普遍相互依赖，从而要求全体人民作为一个整体（社会主义国家是这个整体的有形组织）占有生产资料，以使国民经济按照增进社会福利的目标协调地发展。同时，分工的发达，又使劳动者的生产活动片面化。这种片面的生产活动是同劳动者个人多方面的物质和文化生活需要相脱节的，劳动者个人因而不能不将自己以片面形式支出的脑力和体力当做满足自身多方面需要的代价即谋生手段。生产活动的片面性，使不同劳动者之间的产品交换成为必要。而生产活动的谋生手段性质，又使劳动成为产品交换的经济尺度。在这样一种劳动者之间的经济利益关系基础上，形成了劳动者个人以自己的劳动为根据的排他的产品占有权。这种权利不允许任何人无偿地占有他人的劳动产品。而劳动者之间的这种排他的权利关系，正是作为商品生产者的社会主义国有企业之间的权利排他性产生的根据。在社会主义国有制条件下，企业从社会经济性质上来说，不过是以劳动为谋生手段的生产者的联合。由构成这种联合的劳动者的生产活动的谋生手段性质决定的产品占有上的排他性权利，当然也适用于不同企业之间的相互关系。在形式上，这种权利关系与私有制条件下商品交换双方以产品的不同所有者的身份相互对待，没有什么区别。但是，权利关系的经济内容却根本不同。在私有制条件下，生产者的排他性权利以生产资料的私人所有为根据。而在社会主义国有制条件下，这种排他性权利以生产者自己的劳动为根据。

上述以自己的劳动为根据的排他性产品占有权，又必然派生出企业的自负盈亏或经营活动的硬预算约束。因为不同企业或劳动者集体之间的产品占有排他性权利，是同一个劳动者集体通过国家这个所有者而无偿占有另一些劳动者集体的生产成果不相容的。每个企业都必须以自身的销售收入抵偿一切成本。在严重亏损的情况下，企业还要破产解体。这也是从企业间产品占有的排他性权利引出的合乎逻辑的结论。不许企业破产，由国家将其亏损包下来，实际上是要求全社会的劳动者为其中少数人的无效率的生产和经营负无限责任，让他们通过国家的“大锅”无偿地占有他人的劳动成果。

从以上的简略分析不难看出，生产者权利的排他性和硬预算约束，是社会主义国有制的利益关系和权利结构中固有的或者更准确地说是应有的东西。也就是说，社会主义国有制与市场经济的对接是完全可行的。事实上，对于我们的一些同志来说，认为在国有制经济中不具备以市场为资源配置手段的条件，是由高度集中的传统计划经济体制所引起的对社会主义国有制的误解。在传统体制下，确实是谈不上什么权利的排他性和预算约束硬化的。但是，这只能说明的体制是社会主义经济发展初期，由于种种主客观因素限制而未能使社会主义国有制应有的内在结构要素充分和合理体现出来的体制。而今天我们通过深化改革建立社会主义市场经济体制，转换企业的经营机制，使之成为自主经营、自负盈亏的市场主体，实质上就是要为社会主义国有制应有的利益关系和权利结构创造出恰当的实现形式。从这个意义上说，社会主义经济之所以要以市场为资源配置方式，恰恰是社会主义国有制自身发展和完善的内在要求。因此，党的十四大报告在市场经济体制之前冠以“社会主义”这样一个定语，并不是在与社会主义的本质相异化的东西上硬贴一个社会主义的标签，而是科学地定义了一种市场经济的新类型，即同以私有制为基础的资本主义市场经济相区别的、以公有制尤其是全社会范围的公有制（社会主义国有制）为基础的市场经济。如果有人因此而批评我们党任意更改了“严格意义上的市场经济”的定义，那么可以回答他说：建立社会主义的市场经济体制，正是要重新“定义”一种与东西方经济学的传统教条中那种所谓“严格意义上的市场经济”不同的市场经济。这个新的定义来自活生生的社会主义发展实践，当然不可能符合传统教义上的既有定义。也正因为如此，社会主义市场经济体制的提出，才能称为理论上的重大突破。

三

在整个社会生产由千百万个作为商品生产者和经营者的微观经济单位的活动组成，这些单位之间的经济联系要借助市场实现的条件下，市场必然要在资源配置中起基础性的作用。但是，很长时期以来，因为受到计划经济与市场经济相互对立和排斥的传统观念的束缚，即使在社会主义经济是商品经济已经成为共识的情况下，许多人仍然不愿或不敢进一步承认市场在资源配置中的基础性作用，以为承认了市场的这种作用，就会使社会主义经济的计划性遭到淡化以至否定。

其实，在微观经济单位之间的经济联系必须通过市场实现的条件下，国家对于国民经济的计划调控主要是对市场活动主体的行为的调控。因此，计划调控起作用的基础，不能不是作为众多市场主体的经济关系总和的市场。政府的宏观经济计划管理信息，不仅要通过市场传导到作为市场主体的微观经济单位中去，而且由市场反馈回来的信息又是政府宏观经济管理部门对计划管理信息加以调整的根据。这样，在社会主义市场经济体制条件下的社会资源配置过程中，计划与市场两种调节机制的作用就是相互重叠、相互渗透的，二者的作用范围同时覆盖全社会。这也就是所谓计划与市场内在统一的基本含义。在计划和市场内在统一的条件下，作为资源基础性配置手段的市场，同时又是计划管理信息的载体。国家的各种宏观经济政策，无论是财政政策、货币政策、收入政策还是产业政策，都主要是通过对相应的市场信号的影响来贯彻的。因此，强调市场在资源配置中的基础性作用，并不等于削弱计划机制的作用和否定社会主义经济发展的计划性。这里还需要强调的是，将市场当做资源配置的基础性手段，并不意味着过去那种“计划为主、市场为辅”的旧“板块论”，被颠倒成了“市场为主、计划为辅”的新“板块论”。也就是说，将市场成为基础性的资源配置手段，说成市场成为主要手段，而计划成为辅助的、从属的手段，是不恰当的。在社会的资源配置中，市场和计划两种手段各自具有对方所不能替代的重要功能，不应在二者中区分什么主辅。二者之间的正确关系应当是内在统一条件下的优势互补。事实上，新“板块论”的思想基础，仍然是将计划与市场对立起来，将二者的关系看成是相互排斥、此消彼长的传统观念。

要坚持计划与市场的内在统一，实现二者之间的优势互补，必须对它们各自的优缺点有一个正确的认识。

市场作为资源配置手段有两条明显的优点。(1) 它能够使资源配置状况灵敏地随社会供求状况的变化而自动调整。市场的自动调整功能，是以不断自发地随供求变动的价格信号对市场活动主体的个别或局部利益的刺激为动力的。在不断变动的价格信号的作用下，市场主体不断比较自己的销售收入和成本，判断盈亏，从而作出投入和产出两方面的决策，随时使自己的生产规模、生产方法和生产方向与市场供求状况相适应。(2) 市场作为价值规律的作用机制，促使市场主体展开竞争。竞争一方面促成技术创新和生产要素的节约，导致社会生产率的提高；另一方面又造成优胜劣汰的形势，使资源向效率较高的生产和经营单位转移，资源配置因而得到优化。市场的这些优点对经济发展的积极作用，已为越来越多的人所认识。我国改革的实践也表明，走向市场之路是一条通向经济繁荣的必由之路。

在充分肯定市场的优点的同时，也不应忽视其局限性和弱点。市场的局限性在于，其合理配置资源的功能的发挥，至少需要具备两个条件。(1) 市场竞争是充分的，不存在人为或自然的垄断，因而价格信号能够准确和及时地反映现实的供求对比。因此，市场对一些垄断性行业、规模经济显著的行业的资源配置，效果并不理想。(2) 总供给与总需求大致平衡。在这个条件下，市场上各种商品的比价波动，才能不断地自动引起资源配置结构的边际性调整（微调），以维持产品和要素市场的均衡。而在总需求与总供给严重偏离的条件下，市场自身并不具有消除由此引起的经济衰退或通货膨胀的能力。此外，还应当看到，即使在上述两个条件得到满足的理想状态下，市场作为资源配置手段也还有一些先天的弱点。（1）市场的资源配置功能以微观经济单位对自身利益的关心为基础，因此，一些与微观经济单位的个别或局部利益无直接关系但关系社会整体利益的公共设施的建设，以及不能作为获利手段的某些公共物品（环境保护设施、免费医疗卫生服务等）的供应，是难以通过市场得到使社会满意的解决的。（2）市场调节以既定的有支付能力的需求状况为前提，而支付能力的结构或需求结构又以收入分配状况为前提；对贫富悬殊、两极分化等不公平现象，市场是不能加以校正的，而只会将其再生产出来。（3）市场价格反映出来的供求只是特定时刻的状况，不一定表示长期发展趋向，因而至少不能将其作为长期决策的惟一根据。（4）市场价格是供求状况的事后反映，因而市场在优化资源配置的同时，也难免造成一定程度的资源浪费。众多厂家根据现期价格上涨纷纷扩大生产能力，可能不久之后就会造成某种产品的严重积压和生产能力过剩。当然，市场竞争本身就是以一定程度的“重复建设、重复生产”为条件的。这可以说是发挥市场的自动调节和竞争优势不能不支付的一种代价。但是，通过适当的计划指导将这种代价限制在社会能够承受的范围内，仍然是十分必要的。

对于市场的上述局限性和弱点，我们应当有清醒的认识。神化市场，与过去在传统体制下神化计划一样，也会给经济发展造成不利后果。市场的不足之处，正是国家宏观计划调控应当发挥其优势的场合。当然，在社会主义市场经济体制中，计划调节必须与市场成为资源配置的基础相适应，应当坚决摒弃传统的无所不包的指令性计划方式。这种计划方式必然导致官僚主义的空想和微观经济单位活力的丧失。传统体制给我们的深刻教训可以归结为对计划的弱点和局限性的认识。与市场调节相比较，计划的弱点就在于对细致、复杂的供求结构变动反应僵硬和呆滞，不能激励微观经济单位出于对自身利益的关心来自动地提高资源利用效率。事实表明，计划所应有的从社会整体利益出发集中调节资源配置的优势，只有与市场调节下微观经济单位为追求自身利益主动进行的分散决策结合起来，才能充分发挥出来。代替市场直接包办微观经济单位的经营决策，只能使计划的优势变成劣势。因此，除了少数例外，国家的大多数宏观经济计划或政策目标，都应当采用与市场调节相适应的手段来实现，而不能采取直接干预微观经济单位经营的方式。这样，就能把计划和市场的长处有机结合起来，使市场在资源配置中起基础性的作用，同时市场又不是完全自发地起作用，而是在国家政策和计划的宏观指导下，按照增进社会整体利益和促进社会主义价值标准实现的方向，有秩序地运行。

关于建立现代企业制度的几个问题*

我国的经济改革已进入整体配套推进的阶段。随着财税、金融、计划、投资等方面的一系列改革措施的出台，社会主义市场经济的基本框架正日益清晰地呈现出来。不过，与其他方面的改革相比，用现代企业制度改造国有经济这一基础工程，虽然也取得了一些进展，但从总体上说还处于相对滞后的状态。在建立现代企业制度的过程中，还有不少理论和实际问题需要解决。本文拟就其中几个问题谈一些看法。

一

产权清晰是现代企业制度的一项基本特征。要建立现代企业制度，就必须对传统的国营企业制度所包含的产权关系进行改造，这已经成为人们的共识。但是，对于产权关系改造的含义，却存在着两种带原则性分歧的意见。一种意见认为，所谓产权改造，是在不改变资产属于作为一个整体的全体人民共同占有，亦即国有资产的所有权不可分割这一社会主义国有制的基本属性的前提下，按照使企业成为独立的市场竞争主体的原则，对国有经济内部国家与企业之间围绕资产的占有、支配、收益、转让发生的权利关系进行调整和重组。换句话说，国有经济的产权改造，本质上是要创造一种社会主义国有制与市场经济相结合的形式，而不是否定作为社会主义基本经济制度的国有制。这可以说是改革以来我们的党和政府一贯奉行的方针。

另一种相反的意见，则将产权关系改造与否定国有制等同起来。这种意见认为，企业要成为市场竞争主体，必须具有排他的资产占有权，而在

* 原文载于《教学与研究》1994 年第 5 期。

财产属于国家（作为一个整体的全体人民的代表）这样一个惟一的所有者的社会主义国有制的条件下，企业不可能具有这种占有权。由此而作出的推论，就是在经济的大多数部门和行业中，只有取消国有制，实行“非国有化”（这不过是私有化的一种遮遮掩掩的表述方式），才能使企业成为独立的市场竞争主体。根据这种看法，有人还提出了所谓“体制外革命”的政策主张，鼓吹放弃在国有经济中推行现代企业制度这种被认为是“注定徒劳无功”的努力，令国有经济在其他成分的蚕食和兼并中自然萎缩，最终将其放逐到私人没有兴趣经营的狭小领域中去。这种错误看法的传播对于按照党的正确方针在国有经济中实行企业制度创新，造成了很大干扰。要打好建立现代企业制度这一“攻坚战”，首先应当清除这种错误看法的影响。

要清除上述错误看法的影响，给持这种看法的人扣几顶政治上的大帽子是无济于事的，只有通过对与国有经济中实际存在的利益关系相适应的合理权关系的分析，说明在社会主义国有制条件下建立产权清晰的现代企业制度的可行性，才能从根本上驳倒上述错误看法，从而消除其不良影响。

让我们将社会主义国有制的基本属性——资产归作为全民代表的国家这个惟一的所有者——当做分析的出发点。资产属于国家这个惟一的所有者，意味着资产所有权具有不可分割性：它属于由国家代表的或通过国家组织为一个整体的全体人民，但又不属于全民中的任何一个个人或部分个人组成的小集团。乍一看，似乎正是所有权的这种不可分割性，使得社会主义国有制中除了国家之外难以形成其他具有排他性的利益主体，因而企业的资产占有权也就无从谈起。但是，事实上，国有经济内部除了国家之外的其他利益主体的形成，恰恰与所有权的这种不可分割性有关。

所有权的不可分割性，使得每一个社会成员都具有双重的身份：当他与其他社会成员结为一个整体的时候，他是所有者；而当他作为与其他社会成员相区别的个别劳动者的时候，他又是非所有者。同时，在生产活动必须凭借分工这个基本组织形式进行的条件下，作为非所有者的劳动者个人必然要将自己以片面形式支出的脑力和体力当做满足自己多方面物质和文化生活需要的代价，即劳动者个人的劳动还具有谋生手段的性质。在任何劳动者个人都是非所有者因而不能凭借对经济资源的所有权在产品占有上提出特殊要求，而作为非所有者的个人的劳动又具有谋生手段性质的条件下，任何个人占有产品的根据只能是自己在生产过程中付出的劳动。当全体社会成员作为一个整体成为生产资料所有者时，其利益在于使共同所有的财产保持完整并不断增殖。而当劳动者以个体的形式作为以劳动为谋生手段的非所有者存在时，其利益则在于根据自己在社会生产过程中支出的劳动的数量和质量，在社会产品中占有一个相应的份额。显然，在社会主义国有制内部，代表作为一个整体而成为所有者的全体人民的国家，与劳动者个人，是两个不同的利益主体。由于劳动者个人只有在与其他一切劳动者结为一个整体的条件下才成为所有者，因而在作为共同所有者的全体劳动者之间，是不存在排他的利益关系的。但是，当不同劳动者作为个人、作为以劳动为谋生手段的非所有者发生关系时，相互间却存在着排他的利益关系，即排斥他人对自己的劳动产品无偿占有。正是这种劳动者作为以劳动为谋生手段的非所有者之间的排他的利益关系，使得社会主义国有制这个只有一个所有者的公有制内部，形成利益主体多元化格局。而不同的社会主义国有企业之间的排他的利益关系，即它们相互间作为不同利益主体相互对待的关系，也正是从不同劳动者个人排他的利益关系中派生出来的。因为企业不过是以劳动为谋生手段的非所有者联合而成的劳动者集体。而所谓企业利益，从根本上说不过是劳动者个人利益的集团形式，尽管它与企业中的个别劳动者的利益又是有区别的。可见，社会主义国有制是一个既包含由所有者的惟一性决定的全体人民利益的一元性，又包含着不同劳动者个人、不同企业之间利益多元性的复杂的利益关系体系。在这个体系中，全体劳动者作为一个整体成为所有者而形成的利益一元性，并不排斥他们作为个人、作为不同的劳动者集体的利益多元性。这也就是在社会主义国有制条件下形成与市场体制相适应的产权关系的基本根据所在。

从适用于一般市场关系的抽象权利形式的角度来看，在社会主义国有制经济中，不同企业在发生交换关系时，也应当像在私有制条件下一样以产品的不同所有者的身份相互对待，否则就谈不上商品交换。但是，交换双方以不同所有者的身份相互对待这种排他的权利形式，在社会主义国有制经济中，是以不同于私有制的利益关系为内容的。它形成的根据，不是生产资料的私人所有，而是我们前面指出的由劳动者个人以自己的劳动为根据的排他的产品占有派生出来的企业劳动者集体产品占有的排他性。这种以自己的劳动为根据的产品占有的排他性，又只有在企业自负盈亏的条件下才能实现。如果一个企业劳动者集体的亏损能够通过某种途径（例如传统体制下的国家统收统支）由其他企业劳动者集体的盈利来弥补，那就等于亏损企业无偿占有了其他企业的劳动成果。这显然是同以自己的劳动为根据的排他的利益关系相冲突的。可见，自负盈亏是社会主义国有制内部固有的企业间排他的利益关系的要求。而这一要求的实现，又意味着企业作为市场主体所必需的硬预算约束的形成。通过更深入的分析还可以看到，以自己的劳动为根据的产品占有的排他性，以及它所要求的自负盈亏或硬预算约束，又必须以企业对国家交给它使用的生产资料的排他性的占有为实现条件。这里所谓企业对生产资料的排他性占有，是指企业在履行它对国家这个所有者承担的保持资产完整和增殖的义务的前提下享有的对资产的排斥其他企业的支配权。这种排他的支配权，是使企业间资产转让具有有偿性的保证。而在资产可以在企业间无偿转移的条件下，以自己的劳动为根据的产品占有的排他性，以及自负盈亏或硬预算约束，显然是不能在不同企业劳动者集体的相互关系中得到贯彻的。企业的这种排他的资产占有权，具有与所有权相似的权能，可以称之为企业产权。企业产权的形成，与国家的所有者地位并不矛盾。因为企业取得这种产权，是以对国家这个所有者承担资产经营义务为条件的。这样，在社会主义国有制经济中，完整的产权关系框架应当是两个层次的：一是在国家与企业关系层次上，国家是所有者，而企业是承担着对国家的资产经营义务的资产占用者；二是在企业相互关系的层次上，各自独立地与国家发生资产关系的不同企业，又是资产的不同所有者。显然，如果在社会主义国有制中确实形成了这个意义上的企业产权，那么它与市场经济体制“对接”就具备了必要的前提。

当然，在传统体制下，是谈不上什么企业产权的。在这种情况下，社会主义国有制中固有的企业劳动者集体之间排他的利益关系也就未能获得合法的存在形式。认为在只有一个所有者的国有制条件下不能形成与市场经济体制相适应的产权关系的人们，正是将传统体制中企业产权的不存在当做支持自己的论点的证据的。但是，传统体制并不是能够使社会主义国有制中固有的利益关系得到合理表达的产权制度，而是一种在种种主客观因素影响下形成的不完善的权利体系。这种体制的弊端，是不能被当成国有制条件下不可能形成与市场经济体制相适应的产权关系的证据的。只要我们根据社会主义国有制经济固有的利益关系的要求，理顺产权关系，就一定能够在国有制基础上建立起产权清晰的现代企业制度。

二

从理论上确认了在国有经济中推行现代企业制度的可行性之后，进一步的问题是如何按照现代企业制度的要求，在国有经济的产权结构中形成与国家的最终所有权相区别的企业法人财产权。

现代企业制度可以说就是法人企业制度。法人企业是相对于自然人企业（具体形式有无限责任公司、两合公司以及股份两合公司等）而言的。与后者相比较，前者具有四个方面的不同特征。首先，自然人企业没有法人地位，而法人企业具有独立于出资人的法人地位。企业享有法人财产权，是企业取得法人地位的基础。有了这个基础，企业才能对资产进行支配和控制，从而获得作为民事主体的充分行为能力，即在自负盈亏基础上自主经营的能力。其次，自然人企业中的企业主或合伙人对企业债务具有无限连带清偿责任。而法人企业的出资人则只以其出资额为限，对企业债务承担有限责任。这意味着，如果法人企业破产，而且全部剩余资产不足以抵偿债务，出资人损失的最大限度是丧失他对公司的全部投资，而不必像自然人企业主那样要用自己个人的其他资产来抵偿企业债务。可见，在法人企业制度下，企业的法人财产是与出资者的个人资产相区别的。第三，在自然人企业中，企业主或出资人亲自经营企业，所有权与经营权合一。而在法人企业制度下，出资人与法人企业之间则是以信用为基础，以资产经营的委托代理为方式，形成财产契约关系。第四，法人企业内部具有法人治理结构，而自然人企业内部不具有这种治理结构。在股份制条件下，企业内部的法人治理结构由股东大会、董事会和监事会构成。法人治理结构有两方面的功能：一是既保证出资者的权益，又使企业管理人员能够自主经营，二是在企业内部形成所有者与经营者之间相互制衡的机制。

法人企业的上述特征，只有在企业具有与出资者的最终所有权相区别的法人财产权的基础上才能产生。因为企业成为独立法人的基本条件，就是具有能够用以承担经济责任的法人财产。一个没有法人财产权的企业，不可能成为真正的法人企业，从而企业在自己的财产基础上自负盈亏、在财产约束下正确行使经营自主权、出资人承担有限责任以及在企业内部形成所有者与经营者相互制衡的机制，就无从谈起。可见，确立企业法人财产权，是建立现代企业制度的关键。换句话说，要将具有上面列举的四个特征的现代企业制度引入国有经济，首先需要确立企业的法人财产权。这不仅是理论上的推论，而且也是从实践中得出的结论。在过去十几年的改革中，人们想了很多办法想实现企业自负盈亏、自主经营，但收效有限，原因就在于企业缺少作为自负盈亏和自主经营基础的法人财产权。

在社会主义国有制条件下赋予企业以法人财产权，意味着对国家与企业之间的关系加以重新构造。在法人企业制度条件下，作为所有者的国家与企业之间相互关系的性质，应当与企业成为拥有法人财产的独立民事主体的地位相适应。传统国营企业制度下那种国家与企业之间的行政隶属关系，是与企业法人地位和法人产权格格不入的。事实表明，在国家与企业之间行政隶属关系的框架内，即使在法律条文中规定企业是法人，企业还是难以具有名实相符的法人地位。我国的《企业法》和《民法通则》实际上早就有过这种规定，但由于承包经营一系列改革举措都囿于行政隶属关系的框架，企业的法人地位和法人产权始终只是名义上的，未能落到实处。

那么，与企业法人产权的确立相适应的国家与企业的关系应当是什么性质的呢？这应当是出资者与企业之间以资产经营的委托——代理为内容的经济契约关系。在这种关系中，国家的所有权代表机构与企业，从法律形式上说，是作为不同的民事主体发生财产契约关系的。也就是说，政府行政管理部门不再是企业的“上司”，而是作为民事主体与同样也是民事主体的法人企业发生经济关系。为了使作为所有者的国家能够以民事主体的身份与企业建立契约关系，就应当将国家作为财产所有者的私权（民法意义上的所有权）划分开来，将国家作为出资者与企业法人的关系，纳入民商法的规范和调整范围。

三

要在区分国家作为行政管理者的公权和作为所有者的私权的基础上，实现政企关系由行政隶属向经济契约的转变，显然需要在国有资产经营体制方面实行改革和创新。这是建立现代企业制度所必须解决的另一个重要问题。解决这一问题的途径，是实行“政资分离”和国有资产管理与经营职能的分离。

所谓“政资分离”，就是在国家机构内实行公共行政职能与国有资产所有权职能的分离。只有实行这种职能分离，国家作为行政管理者的公权才能与其作为所有者的私权区别开来。而所谓国有资产管理与经营职能的分离，是指将国家作为所有者的职能划分为管理和经营两个方面，分别由不同部门承担。国有资产管理部门负责从宏观上监控国有资产，但不直接经营国有资产，即不直接与生产企业发生关系，而是与国有资产经营机构建立委托—代理关系。国有资产经营机制则通过这种关系取得资产的经营权，按照企业化的方式展开经营活动，以控股、参股等方式与生产企业发生财产契约关系，进入生产企业内部的法人治理结构，直接在生产企业内部行使所有权职能。国有资产经营机构显然是代表国家进行资产经营的，但由于它本身具有企业性质，具有民事主体的身份，它与接受其投资的生产企业的关系，完全可以纳入民商法的调整范围。

由以上分析可以看出，与现代企业制度相适应的国有资产管理体制分为两个层次。第一个层次是国有资产管理机构。其主要任务是实行国有资产的宏观管理，制定有关的方针和政策，对国有资产价值总量的安全和增殖进行监控，组织实施对国有资产经营机构业绩的评估等等。目前，我国有的地区已经建立了这样的管理机构（称为国有资产管理委员会），统一管理当地的国有资产。这显然有利于与现代企业制度相适应的国有资产管理体制的形成。但是，也应当看到，建立地区性的国有资产管理部门，只是一种过渡性的措施。党的十四届三中全会决定明确规定“国有资产实行国家统一所有”，地方只负责分级监管。地方政府并不是国有资产的所有者，建立地区性的国有资产管理部门，决不意味着国有资产分级所有或国有资产的地方政府所有制。因此，地方的国有资产管理部门应进一步纳入全国统一的国有资产管理体制，成为中央国有资产管理部门的派出机构。这样，才能保证国有资产管理权不被肢解，避免地方政府行政权与国有资产所有权的混淆。目前的当务之急，是建立全国统一的国有资产管理体制。具体做法可以是全国人民代表大会下设国有资产管理委员会，而现有的各级国有资产管理局则成为这个委员会的执行机构，与政府行政管理部门脱钩。

与现代企业制度相适应的国有资产管理体制的第二个层次是国有资产经营机构。在某些地区这种经营机构已建立起来，称为国有投资管理公司、国有资产经营公司或国有信托投资公司。这类经营机构成为联结国有资产管理部门与生产企业的桥梁。它们在按企业化方式经营的同时，接受国有资产管理部门的监督和指导。还有一些地区委托大型企业集团负责国有资产经营。但这也只是一种过渡性办法。因为，随着生产企业筹资渠道的多元化，这些大型企业集团的出资者不只国家一家，将国有资产委托给它们经营，难以使国家作为所有者的权益得到全心全意的维护。此外，在建立国有资产经营机构时，要防止形成寡头垄断。应当设立足够数量的国有资产经营机构，在它们之间引入竞争机制，以提高国有资产经营的效率。

四

现代的法人公司制度有三种类型，即股份有限公司、有限责任公司和独资公司（或称一人公司）。在对企业实行法人公司制改造的过程中，要在这三种类型中进行选择。这就提出了一个按何种标准来选择不同企业所应采取的法人公司类型的问题。这也是建立现代企业制度所要解决的重要问题。

这种选择应以企业的产品和行业性质以及在国民经济中的地位为标准。一般说来，“公共产品”生产企业应采取国家独资公司的形式。公共产品的社会价值难以用货币直接计量，以利润最大化为基本经营目标的竞争性企业也对这种产品的生产无兴趣，但这种产品又是提高社会福利水平所必需的，因而只能由国家独资经营。此外，那些不属于公共产品，但对国家的经济和技术安全以及防务有重大影响的产品生产，也应采取国家独资公司的形式。但是，需要强调的是，即便是国家独资公司，也应当是具有法人财产权的现代企业，国家作为惟一的出资者也只对企业承担有限责任。

除了上述行业之外，其他行业从原则上说都可以采取股份有限公司和有限责任公司的形式。但在这类企业中，国家应根据企业所在行业的性质和在国民经济中的重要性，采取控股和参股两种不同方式。对于某些重要的基础产业和支柱产业，应实行国家控股，即国家在这些产业的企业中的出资额，应当占50%以上。铁路运输、航空、通讯、冶炼、采矿等基础产业，是整个国民经济的命脉所系。只有通过控股，国家才能牢牢地将经济命脉掌握在自己手中。而诸如机械电子、重型工业设备、化工、汽车制造等支柱产业，则是带动整个经济增长和产业结构升级的主导力量。国家要想对整个经济的增长速度和演化方向实行有效控制，也需要通过控股将这些产业中的大中型骨干企业掌握在自己手中。至于重要性较低的其他行业的企业，则可以采取国家参股的方式，国家股权份额可以低于其他经济成分的出资者。

“抓好大的放活小的”*

——国有经济改革和发展的战略抉择

国有企业改革滞后已成为制约整个经济体制改革进展的突出矛盾。以更大的决心、更大的魄力，加快深化国有企业改革，是今后经济体制改革的一项事关全局的重大任务。要完成这一任务，关键是要认真贯彻党中央和国务院提出的“抓好大的放活小的”国有经济改革和发展战略。

一

“抓好大的放活小的”战略的精神实质，是以搞好整个国有经济为着眼点，调整国有经济的发展布局，合理确定国有经济发展的重点领域、重点行业和重点企业，以及进一步放开放活的产业和企业，优化国有资产的分布结构，更好地发挥国有经济在国民经济发展中的主导作用。

具体地说，所谓“抓好大的”，就是要集中力量重点抓好一批关系国民经济命脉、体现国家经济实力的大型企业和企业集团；按照社会主义市场经济的要求，尽快在这些大型企业和企业集团中推行现代企业制度，创造条件使这些企业适应国际国内两个市场、两种竞争，使它们在国内市场上发挥辐射和带动作用，在国际竞争中成为民族经济成长的支柱。

所谓“放活小的”，就是要放活一般国有小型企业，区别不同情况，因地制宜，通过改组、联合、兼并、股份合作制、租赁、承包经营和出售等多种方式，使这些企业迅速成为自主发展的市场主体。对一些产品无市场、资不抵债、扭亏无望的小型国有企业，要下决心实行破产、兼并，通过国有资产的合理流动和重组，达到优化国有资产分布结构的目的。

有人担心对小企业实行“放活”的方针，会损害国有经济在国民经

---

* 原文载于《前线》1996年第4期。

济中的主导地位。这种担心是不必要的。事实上在国民经济中发挥主导作用的，并不是为数众多的小企业，而是少数关系国民经济命脉、体现国家经济实力的大型企业和企业集团。这些大型企业和企业集团，虽然只占工业企业总户数的4%，但所拥有的资产占全部国有资产的62%，产值的44%，实现利税占59%。其中1 000户重点企业，虽然只占国有企业总数的0.33%，但资产达28 000亿元，占国有企业资产总额的48%，销售收入的46%，利税总额的71%。这些大型企业和企业集团，大都属于基础产业和支柱产业，是国家经济命脉所系和高科技的集中点，具有很高的社会化程度，是整个国民经济发展的中坚力量。在近两年企业亏损面扩大的情况下，尽管不能说所有国有大型企业和企业集团的经营状况都很理想，但多数国有大型企业和企业集团是处于相对稳定的盈利状态的。1994年当整个国有工业的增长率为5.6%时，大企业的增长率高达12%，不仅高出国有工业平均增长率64个百分点，而且高出全国平均水平。只要抓住这些大型企业和企业集团，进一步提高它们的效率，特别是着力搞好其中一些经营状况由于各种原因还不太理想的企业，整个国有经济的发展态势就会有很大改善。而随着国有经济发展态势的改善，其主导作用才能更好地发挥出来。因此，搞好国有经济必须有抓有放，突出搞好国有大型企业和企业集团这一重点。如果眉毛胡子一把抓，不切实际地追求将所有亏损企业统统搞活，最终很可能阻碍整个国有经济的健康发展。

二

在实施“抓好大的放活小的”战略时，首先必须明确，“抓好大的”决不意味着对企业“收权”，更不是要恢复和强化行政主管部门对企业的直接控制。“抓好大的”的关键，是抓好大型国有企业和企业集团的现代企业制度建设，着重转变企业经营机制。从当前实际情况来看，“抓好大的”就是要解决好如下几个方面的问题。

1. 切实实行政企职责分开，转变政府经济管理职能。改革以来，虽然政府主管部门对企业的指令性计划控制已基本取消，行政干预有所弱化，但由于企业对行政主管部门的隶属关系仍然保持着，企业的各项经营自主权并未完全落实。这是许多国有企业难以做到自主经营，未能成为富有活力的市场竞争主体的重要原因。要使大型企业和企业集团尽快建立现代企业制度，成为在国际国内两个市场上游刃有余的竞争主体，必须解除它们对专业主管部门的行政隶属关系，切实实行政企职责分开。而要做到这一点，又需要加快政府经济管理机构的改革，进一步转变政府职能，对依托专业主管部门建立起来的各级政府经济管理组织系统进行改组，重新界定行政主管部门的职能。行政主管部门职能转换有两条途径：一是在取消其政府部门地位的前提下，使之转变为与市场经济相适应的行业管理组织；二是在原专业主管部门所辖企业实行集团化经营的基础上，使之企业化，成为所辖企业的母公司。这两条途径对于推动政府经济管理职能的转换，实现切实的政企分开，应当说都具有积极作用。不过，应当特别注意的是，在实行专业行政主管部门的企业化时，要防止“翻牌公司”式的虚假职能转换。

2. 理顺国有资产经营的委托——代理关系，落实资产经营责任制，使大型企业和企业集团由产品经营向资产经营转变。除了政企不分之外，传统国有企业制度还有资产经营责任不明的弊端。资产经营责任不明，又导致企业负盈不负亏，预算约束严重软化。克服这一弊端，要在国家对企业仅承担有限责任的原则下，建立起严格的资产经营责任制，既赋予企业充分的资产经营权（法人财产权），又对企业实行有效的财产监督和约束，以确保国有资产的保值和增值。要建立资产经营责任制，首要的问题是形成统一的国有资产所有权代理主体。在所有权职能统一的前提下，可以实行分级委托管理。这种委托管理，从性质上说，不应当是实物型的，而应当是价值型的。也就是说，除少数对国家安全和社会稳定具有重要影响的战略性行业之外，国有资产管理应以价值增值为目标，而不是以保全和增加实物资产为目标。只有在实行价值型资产管理的条件下，企业才能充分运用其经营自主权，灵敏地适应国际国内市场需求的变化，通过变换资产实物形态来调整其投入和产出价值，改变经营范围和经营方向，使自身的经济活动与需求结构以至产业结构的变动保持同步。

3. 对大型企业和企业集团实行择优扶持，为其转机建制创造良好条件。这方面要解决的突出问题，是通过有重点的增量资金注入，减轻企业债务负担，盘活企业存量资金。据有关部门测算，目前我国国有企业负债率高达 74.3% 。在这样的高负债重压下，企业的改革和发展都举步维艰。如何将国有企业从“债务经济”中解脱出来，目前有两种意见。一种是要求对所有企业的银行债务全部豁免，至少贷款本金挂账，利息停付。这种意见显然是行不通的。因为贷款来自老百姓的存款，政府不能要求老百姓放弃存款本金和利息。另一种意见是将所有企业的银行债权都变股权。

但这对严重亏损的企业来说，并不能使之起死回生。因为这类企业占压的银行贷款多数已成为呆账，变成股权后依然是呆滞资金。而且，这还会使银行无法向存款人还本付息。显然，要解决“债务经济”的问题，不能采取这两种一刀切的办法，而应按照“抓好大的放活小的”的战略，将解困的重点放在大型企业和企业集团上，分门别类地采取措施。对少数关键性大企业，可以通过将企业对银行的债务改为国家财政对银行负债（由财政每年用预算收入的一部分向银行还本付息）的途径，将“拨改贷”形成的债务转换为国家投资。对一些符合国家产业政策、产品有销路并有一定盈利，只是由于财政上缴负担过重而无力还贷的大企业，可以允许它们税前还贷，由国家和企业分担债务。

4. 将改革和管理结合起来，努力提高大企业经营管理水平。大型企业和企业集团是高度社会化的经营组织，内部若无科学和严格的管理，很难高效率地运转。前一段时间存在的重改革而轻管理的倾向是错误的。应当看到，深化改革和加强管理是相辅相成的。没有改革所创造的与市场经济相适应的激励和约束机制，管理就没有可靠的制度依托，很难有效实行。而没有严格和科学的管理，经济上的激励和约束机制很可能会以扭曲的方式发挥作用，并不必然带来效益的提高。在抓改革、抓管理的同时，要下大力气加强国有大型企业和企业集团领导班子的建设。体制是重要的，但不是万能的。现代企业制度能否顺利建成，建成后能否有效运转，都取决于企业领导者的素质和水平。为了抓好国有大型企业和企业集团，党和国家要下决心将最优秀的干部派到这些企业中去任职，还要善于从市场上选择优秀企业家。从目前的实际情况来看，还有必要对国有大型企业和企业集团的中高层经理人员进行系统的现代工商管理教育和培训。这应当看做是抓好国有大型企业和企业集团的一项基础性工作。

三

“放活小的”是“抓好大的”的条件。只有放活一般小型国有企业，国家才能集中力量抓好那些关系国民经济命脉的大型企业和企业集团。放活一般国有小型企业的具体方式，有改组、联合、兼并、股份合作制、租赁、承包经营和出售等等。在“放活小的”过程中，不可避免地要对某些资不抵债且扭亏无望的企业，实行破产和兼并。中小企业的破产和兼并，在市场经济中是常见的现象。在西方资本主义市场经济国家中，每年就有数以万计的小企业破产。我国非国有经济中，每年倒闭的企业恐怕也要以万计。一部分小企业的破产、兼并，是市场的优胜劣汰、新陈代谢机制发生作用的必然结果。一般说来，这不是坏事而是好事，因为这是优化资产存量结构，提高资源配置效率的一条重要途径。对于我国国有经济的发展来说，这也有好处。因为这既可以使国家避免进一步的财产损失，减轻由亏损补贴造成的财政压力，又可以使被这些企业无效占用的资源找到发挥效用的新天地。从一定意义上说，放开放活国有小型企业，就是要在国有经济中建立一种与市场竞争机制相适应的资产存量调整机制，使资产可以由低效企业向高效企业转移。可见，放开放活国有小型企业，本身就是国有经济的一项重大改革。

但是，放活国有小型企业，绝不意味着一放了之，撒手不管。"放活小的"要在统一领导下，有步骤有秩序地进行，防止一哄而起。在实施"放活小的"过程中，要注意把握好如下原则和政策界限。

1. 国有小企业经过联合、兼并、租赁、股份合作、出售等形式放活之后，其中绝大部分仍应是不同组织形式的国有经济或集体经济，出售给私营企业或个人的应当是少数。由国有经济和集体经济组成的公有制经济，任何时候都是我国社会主义经济制度的基石。"放活小的"从根本上说是为了加强而不是削弱这一基石。在一定条件下，不是不可以将少数小企业转让给私营企业或个人，但"放活小的"决不等于对大量小型国有企业普遍实行私有化。

2. 具体采取何种形式放活小企业，要根据不同地区、不同行业、不同企业的实际情况，因地制宜，分类指导，不要一刀切、一个模式。在目前国有小型企业亏损面较大，失业和养老等社会保障还不够完善的情况下，由优势的大型企业对劣势小企业进行改组、联合、兼并、收购，应当成为放活小型企业的主要形式。采用这些形式，不仅可以减少"放活小的"过程中产生的社会问题，还可以在国有经济内部形成"以强带弱"的格局，以优势大型企业为龙头和骨干，组成企业集团，以此为依托进行企业法人产权的重组，实现国有资产存量的优化配置。这样，就既救活了大批小型国有企业，同时也增强了优势大企业的实力。

3. 无论采取何种形式放活小企业，都要制定具体办法，严格和全面地进行资产评估，防止包括有形和无形两类财产在内的国有资产的流失。应当谨记，放活企业不等于放跑国有资产。实行资产产权可以流动和转移，但国有企业的资本金要收回，价值形态的资本不能流失。需要指出的是，在以股份合作制形式进行小企业的改革时，不能以个人劳动对企业资产积累有贡献为理由，将国有资产分割为个人股份。这样做是将公有财产无偿地转化为私人财产。小型国有企业改为股份合作制企业，应当在增量扩股的前提下进行，否则会导致国有资本金的流失。这里所谓“增量扩股”，是指在保持企业存量资产的国家所有性质的条件下，通过职工个人投资的形式增加企业的资本金。在这种股份合作制企业中，由企业存量资产形成的国家股权，应与由职工投资形成的个人股权具有平等权益。

4. 在将少数小型国有企业出售给私营企业或个人，要实行“卖弱留强”的方针，而不应当搞什么“靓女先嫁”或“卖强留弱”。曾有人主张先将经营得较好的国有企业卖掉，用拍卖收入对面临困境的其他企业进行技术改造。但这只是一种想当然。根据一些地区的实际做法，出售国有企业的收入，首先要用于偿还债务、安置多余职工、弥补烂账，剩下的还要上缴政府作为基础设施建设基金，实际上根本就没有资金再可用于其他企业的解困。

公有财产不等于共用品*

要在全民所有制或社会主义国有制条件下，建立现代企业制度，必须在国家和企业之间合理地界定产权。如果在国家与企业之间无法进行产权界定，那么要在坚持社会主义国有制的同时，又形成现代的企业制度，只能是一种幻想。而无论在国内或国外，都确实有人力图证明，我们党提出的建立以公有制为主体的现代企业制度的改革目标，注定要成为这种幻想。这些人经常使用的一个论据，就是全民所有制使经济资源变成了产权无法界定的“公共产品”，因而作为全民代表的国家的生产资料所有权，实质上是“非实在所有权”或“虚所有权”；在这种“虚所有权”条件下不可能形成产权清晰、责任明确的现代企业制度，要建立现代企业制度就必须变公有制为私有制。

这种说法能不能成立呢？要回答这个问题，需要弄清楚公有的生产资料究竟是不是所谓“公共产品”。“公共产品”是产权经济学的一个范畴，在英文中写作 public goods（又可译作“共用品”）。根据萨缪尔森的经典定义，应是指社会成员共同享用的集体消费品，全体社会成员可以同时享用这种物品，而每个人对这种物品的享用都不会减少其他人对它的享用。

根据上述定义，纯粹的共用品具有两个基本属性：一是不可分性，即社会中每个人享用该物品的数量都是相同的；二是非排他性，即增加一个人对它的享用量不会减少其他人的享用量。在现实生活中，能够列入纯粹共用品的物品，有空气、大海以及政府为全体公民提供的国防之类的服务等等。全民或国家所有的生产资料，是不是也具有这类共用品的属性呢？我们知道，全民所有制的本质特征之一，就是全体社会成员作为一个整体成为生产资料的所有者，即全体人民对生产资料的所有权是不可分的。这意味着任何一个社会成员都只有在与其他一切社会成员结为一个整体的条

---

* 原载《真理的追求》1996 年第 11 期。

件下，才具有生产资料所有者的资格，因而这种所有者的权利，又具有非排他性。如此看来，全民所有制似乎真的使生产资料成了所谓共用品了。但是，如果不是大而化之地“顾名思义”，而是稍微仔细地将全民所有制条件下所有权的不可分性和非排他性，与共用品的不可分性和非排他性比较一下，就会发现它们是含义和性质根本不同的东西，不能混为一谈。二者的区别在于，前者是就物品的所有关系而言的，而后者是就物品的使用关系而言的。全民财产的所有权具有不可分割性和非排他性，并不意味着全民的财产像空气等等一样成了任何人都可以无条件任意享用的共用品。虽然全民财产的所有权是不可分的，而且不具有排他性，但这种财产的使用，又必然具有可分性和排他性。全民所有的生产资料是由众多企业分别加以使用的，而且生产资料数量既定，则一个企业的全民财产占用量的增加，必然意味着其他企业的占用量减少。可见，只要将物品的使用关系和所有关系这两个性质不同的问题区分开来，是不会得出公有财产等于共用品的错误结论的。

既然将公有财产与共用品等同起来是错误的，那么建立在这个错误基础上的推论，即在全民所有制条件下无法在国家与企业之间界定产权的推论，也必然是错误的。全民财产所有权的不可分性，意味着财产属于通过国家组织成一个整体的全体人民，但又不属于全体人民中的任何一个人或部分人组成的集团。所有权的这种不可分性，使得每个社会成员都具有双重身份：当他与其他社会成员结为一个整体时，他是所有者；而当他作为个人时，他又是非所有者。而国家与企业的关系，实质上就是作为所有者的全民与作为非所有者的个别劳动者集体的关系。作为所有者的全民或国家，具有排斥作为非所有者的任何企业任意占用自己的财产的权利。任何一个企业对全民财产的占用，都必须对国家这个所有者承担相应的财产契约义务，即必须按照它占用的国有资产的数量，向国家提供资产收益并保证资产完整和增殖。为了实现这个由全民所有制本质特征引出的要求，又必须在国家与企业之间发生资产经营的委托和受权关系时，明确地规定二者之间的各种权利和义务，即在二者之间清晰地界定产权，形成合理的产权关系。

在国家对企业实行“资金大锅饭”的传统体制下，上述社会主义国有制条件下国家与企业之间应有的产权关系是不存在的。企业的经营活动缺少有效的产权约束，全民所有的财产在一定程度上确实变形成了人们可以任意取用的共用品，国有资产因而遭受了很大损失。但是，这并不是由全民所有制本身造成的。恰恰相反，这说明传统体制未能使全民所有制的内在要求得到实现。通过改革理顺国家与企业之间的产权关系，建立现代的企业制度，就是要使全民所有制的内在要求得到实现。随着国家与企业之间合理的产权关系的形成，全民所有的资产的利用效率必将大大提高。

在改革中发展壮大国有经济*

——学习江泽民同志在企业座谈会上讲话的体会

今年5月，江泽民同志在上海、长春召开的企业座谈会上作了题为《坚定信心，明确任务，积极推进国有企业改革》的重要讲话。他在这篇讲话中号召全党同志，一定要全面正确地分析当前国有企业的状况，认清搞好国有大中型企业的重要性和紧迫性，既要充分地看到国有企业的优势和改革取得的成效，坚定搞好国有企业的信心；又要正视国有企业存在的困难和问题，清醒地认识国有企业改革的艰巨性和长期性，从而扎扎实实地、锲而不舍地下苦功夫解决这些困难和问题。本文拟谈几点学习这篇讲话的体会。

一

我国经济体制改革的目标是建立社会主义市场经济体制，而不是搞资本主义的市场经济。社会主义市场经济体制与资本主义市场经济的根本区别就在于，前者以公有制为主体，国有经济是国民经济发展的主导力量；而后者以私有制为主体，国有经济只是服务于私有经济的仆从和附庸。我国市场经济体制的社会主义属性，要求我们在全面推进市场化改革的同时，使国有经济和整个公有制经济在市场竞争中不断发展壮大，始终保持公有制在国民经济中的主体地位，尤其是要发挥国有经济的主导作用。

但是，改革以来出现的一些新情况，却使一些人对国有经济在各种非国有经济成分有了较大发展的今天是否仍然在经济中起着主导作用，对今后国有经济是否仍然能够成为推动经济成长的主要力量，发生了怀疑，以至动摇了搞好国有企业的信心。而这种怀疑和动摇情绪的形成，又成为某

---

* 原文载于《教学与研究》1995年第6期。

些否定国有经济主导作用的错误理论和政策主张在一定范围内蔓延的条件。

引起部分人的怀疑和动摇的情况主要有两种。一是改革十几年来，国有企业在我国工业产值中的比重呈持续下降趋势，每年平均下降约两个百分点，目前这一比重已不足 50%；二是近些年来国有企业亏损面扩大，按照通常的说法，有 2/3 的国有企业处于明亏和暗亏的状态，许多企业负债率高达 70% 以上。

毫无疑问，这两个情况应引起高度重视。应当承认，尽管在由单一所有制结构向多种经济成分并存的格局转变的过程中，国有企业在工业产值中所占比重的下降具有合理性，但这种下降决不应当是无休止的，否则国有经济的主导作用最终会丧失掉。企业亏损面扩大，也确实是必须通过深化改革来解决的急迫问题。如果亏损面继续扩大，时间长了也会导致国有经济发展的停滞甚至萎缩。但是，倘若仅仅根据这两个情况，就作出国有经济江河日下、大势已去的判断，那就大错特错了。

这种看法首先错在简单地将国有企业产值比重的下降与国有经济实力的削弱等同起来。须知，衡量一种经济成分在国民活动中的实力，主要指标还不是产值比重，而是它所拥有的资产数量。据国有资产管理局的最新统计，目前我国国有资产总量已达 4.29 万亿元。这一数字意味着，改革开放以来，国有资产以平均每年 18% 的幅度持续、稳定增长。① 国有净资产总量的增大，在最近三个五年计划期间还呈现出加速态势："六五"期间年平均递增 7%，"七五"提高到 14%，1988 年以后又进一步升至 18%，1985 年至 1993 年 8 年间，经营性国有资产增加了近 6 倍，由 5 457.9 亿元增加到了 34 950 亿元。② 这些数字雄辩地说明，仅仅根据产值比重下降就认为国有经济处于萎缩状态的看法，是根本站不住脚的。

至于这些年来国有企业亏损面扩大的问题，要做具体分析。亏损面只是按企业户数来计算的，单单根据这一指标让难以对国有工业企业的盈亏状况做出准确的判断。去年，按户数计算的国有企业亏损面是 34.3%，但从产值上算，大体不到 20%，③ 两种算法得出的亏损程度相差十几个百分点。此外，还应当看到，亏损面的扩大，主要是由技术陈旧和管理落后的小企业亏损造成的。1994 年，我国注册国有企业为 220 万户，其中大

① 《经济日报》，1995 年 9 月 15 日。
② 《经济日报》，1995 年 7 月 24 日。
③ 《教学与研究》1995 年第 3 期，第 24 页。

中型企业 1.44 万户。这些大中型企业大多数是有活力的。它们在增长速度、资产负债率、盈亏状况方面，都大大优于占总数 96% 的小企业。去年，当整个国有工业的增长率为 5.6% 时，国有大中型企业的增长率达到 12%，不仅高出整个国有工业 6.4 个百分点，而且高出全国平均水平。在企业负债率实际达到 83%，地方中小企业超过 100% 时，中央企业只有 68%，[①] 接近国外企业的负债经营水平。除少数政策性亏损行业和受短期市场波动影响较大的企业之外，绝大多数国有大中型企业处于相对稳定的盈利状态。这些经营较好的国有大中型企业，是整个国民经济发展的中坚力量。它们虽只占工业企业总户数的 4%，但所拥有的资产占全部国有资产的 62%，产值占 44%，实现利税占 59%。其中 500 家特大型企业，数量只占国有企业总户数的 0.75%，资产却占 37%，销售税金占 46%，利润占 63%。[②] 而数量巨大的小型国有企业，产值还不足工业增加值的 10%。可见，按企业户数计算的亏损面的扩大，是不能成为把整个国有经济与低效率画等号的根据的。正是因为作为国民经济支柱的国有大中型企业大多数经营较好，整个国有工业在百元销售收入实现利税这一指标上，要优于其他活动成分的企业。1992 年，国有工业企业每百元销售收入实现利税为 11.7 元，集体企业为 9 元，其他活动类型企业为 10.2 元。[③]

当然，这并不是说以中小企业为主体的国有企业亏损面扩大无关痛痒。事实上，各级政府部门目前正在采取各种积极的办法来解决这些企业的问题。但是，也应当看到，企业出现亏损，尤其是经济实力较弱的中小企业的破产和改组，在市场经济中是正常现象，没有必要惊惶失措。在西方资本主义市场经济国家中，不是每年也有数以万计的企业破产吗？我国非国有经济中每年破产倒闭的企业，恐怕也要以万计。有些人之所以看到亏损面扩大，就以为整个国有经济前途暗淡，原因之一就是习惯于传统计划经济体制下那种企业无论盈亏都天然地应当生存下去的思路，不了解市场竞争中的优胜劣汰、新陈代谢，是推动经济发展——也包括国有经济发展——的强大动力。近些年，技术陈旧、管理落后的中小企业的大面积亏损，正是在传统体制下缺少优胜劣汰竞争机制而长期累积起来的恶果。当改革沿着市场化的轨道不断深化时，问题就尖锐地暴露出来了。同时，这些中小企业有很大部分是 20 世纪 80 年代以前建立起来的，随着产业结构的调整和升级，其中不少产品已不符合社会需要的企业，被淘汰掉是不可

---

①②　《经济日报》，1995 年 7 月 24 日。

③　《中国统计年鉴 1993 年》，中国统计出版社 1993 年版。

避免的。因此，不能不适当地追求所有企业都扭亏为盈，不能以为国有企业就不能亏损。可以预料，即便是国有企业改革完成之后，亏损企业仍会存在，亏损面和亏损程度还是会随经济波动幅度和结构调整强度的变化而变化。问题的关键不在于国有企业会不会亏损，而在于能不能建立一种国有资产存量的调整机制，使资产不断由低效率企业向高效率企业转移。这正是需要通过改革来解决的问题。事实上，在近几年的改革中，各地已经在这方面创造出不少经验。

二

与如何看待国有经济的发展态势相联系的问题，是如何看待国有企业在改革中的作用。在某些人看来，国有经济在改革中纯粹起着负面影响，广大国有企业职工是拖改革后腿的“既得利益集团”。这些人鼓吹改革成功的希望在于国有经济的瓦解和非国有经济尤其是私营经济的发展。这里，我们暂且不讨论这种看法的意识形态含义，而仅看一看它是否符合实际。

从国有经济自身的改革来说，虽然目前一系列过去未能从根本上解决的深层次问题表面化、尖锐化了，但谁也不能否认，在从放权让利、承包经营到建立现代企业制度的不懈探索中，现在的国有企业与传统计划经济中的国营企业相比，无论经营机制还是行为方式，都已经发生了很大变化。

首先，从企业经济行为目标来看，传统计划经济条件下的产值指标已经丧失了作为企业行为目标的意义。市场经济中的利润范畴，已居于企业经济效益评价的核心地位，追求利润的最大化。对于大多数竞争性领域的国有企业，已成为最重要的经营目标。

其次，从经营约束方面看，虽然目前国家与企业之间的产权关系还有待理顺，企业还未能做到自负盈亏，但传统计划经济体制条件下那种统收统支的“资金大锅饭”毕竟已开始打破，企业经营的预算约束较过去要硬得多了。

第三，从企业经营决策来看，虽然政府主管部门的行政干预仍然不少，但传统计划经济体制下那种无所不包的指令性计划对大多数企业来说毕竟已不复存在。按照市场供求和价格信号决定自身的产出和投入，可以说已经成为多数国有企业的基本行为特征。

正是由于过去十几年国有企业改革沿着市场化的方向取得了这些主要进展，才使得潜藏在企业制度中的一系列深层次问题暴露出来。而问题的暴露又成为改革进一步深化的契机。可以说，如果没有过去十几年改革的进展，建立现代企业制度这一重大的制度创新，是难以被提到议事日程上来的。总之，国有企业改革的进展有目共睹，应当充分肯定。正如江泽民同志在企业座谈会上的讲话中所说："通过十几年的改革，从总体上说，国有企业面貌发生了较大变化，企业活力得到增强，而且涌现出一批搞得比较好、在国内外享有盛誉的国有大中型企业，培养和造就了一批素质比较高的国有企业管理者和经营者。同时，在搞好国有大中型企业方面还积累了一定的实践经验。"

国有经济不仅在自身的改革方面取得了重要进展，而且对经济体制改革的其他领域也发挥着保障和推动作用。这里仅以所有制结构的调整为例。改革以来，为了鼓励在传统体制下受到压制的各种非国有经济成分的发展，在长达近十年的时间里，政府对国有企业和非国有企业实行差别所得税率。国有企业适用税率为55%，而其他经济成分仅为33%。在某些时候，国有企业的财政上缴甚至占到其实现利税的85%左右。当国有企业工业产值比重下降到不足50%时，却提供了百分之六七十的财政收入。正因国有企业承担了大部分财政负担，才使其他经济成分能在"轻徭薄赋"的环境下快速地积累资本和扩大市场份额。非国有经济成分的税负大大轻于国有企业，但却可以获得政府用主要来源于国有企业的财政收入投资形成的基础产品和基础设施提供的利益。有人说国有企业虽然税负重，但容易得到国家银行贷款，在这方面占了非国有经济成分的便宜。但不要忘记，这是以"拨改贷"，即国家基本上停止对既有国有企业的投资和企业承担高额利息为条件的。

此外，目前我国工业中的科技人员和熟练工人，也主要是由国有企业培养出来的。而近十几年来，他们大量流向非国有企业。同时，在我国现行的教育体制下，大学本科以上的高级人才的培养费用，绝大部分是由作为国有部门的教育机构提供的，这些高级人才也有相当大的部分为非国有经济所吸收。这意味着国有经济为非国有经济承担了很大一部分人才培养费用。

美国的诺贝尔经济学奖获得者米勒，将这类现象称为国有部门对非国有部门的"利益让渡"，认为由这种利益让渡引起了"增长速度让渡"。他不同意认为目前中国国有企业在社会经济活动中主要起负作用的看法，认为“对国有企业过早或过大地动手术”（即实行全面私有化），“可能对非国有企业产生间接的不良影响。”① 虽然这位西方经济学界的头面人物，由其意识形态背景所决定，认为中国改革的最终目标是私有化，但比起某些拾国际反共反华势力牙惠的人，似乎更具实事求是的精神。因为他承认了国有经济在所有制结构调整中的积极作用，而不像后者那样违背基本事实，硬在国有经济对改革的贡献前面画一个负号。

三

我们强调要充分肯定国有经济在我国经济发展中的主导作用，不能低估国有企业改革的成效和它对整个经济体制改革的贡献，当然不是要否认国有企业在转轨过程中面对的一系列深层次的矛盾和困难。对待这些矛盾和困难的正确态度，应当是正视它们，并在坚持国有制主导地位这一社会主义基本原则的前提下，以现代企业制度为目标，积极探索解决矛盾、克服困难的途径和方法，而不是通过渲染和夸大矛盾和问题，引出否定公有制的主体地位和国有经济主导作用，实行私有化的结论。但是，近些年来，社会上却确实有人利用国有企业前进中的问题，兜售各种牌号的私有化理论，试图从理论上摧毁人们搞好国有经济的信心。

错误理论之一，是认为在只有国家这个惟一所有者的国有经济内部，不能形成真正的市场关系。由此得出的结论是：要使企业成为真正的商品生产者和市场竞争主体，出路只能是私有化。不错，不同企业以不同所有者的身份相对待，是市场关系形成的必要前提。但是，不同企业的资产属于同一最终所有者，并不必然地排斥这些企业在发生经济关系时以不同所有者的身份相互对待。这在现代资本主义经济中，也是随处可见的事实：同一大财团或母公司所属的子公司，都是作为相互独立的法人实体而以不同产权主体的身份发生经济联系的。按照只有一个最终所有者就不能形成市场关系的逻辑，是否应当建议西方国家的政府将这些大财团或母公司解散，以便保证其市场经济的真实和纯正呢？持这种观点的人还宣布，要为公有制与市场不兼容、国有企业的产品充其量只能有一个“商品外壳”的传统观点平反。这就从根本上否定了改革以来社会主义经济理论取得的重大突破。

① 《美国著名经济学家谈中国经济体制改革》，载《经济研究资料》1995年第1期。

错误理论之二，是认为企业预算约束软化是公有制的不治之症，而这种软化使市场机制不能发生作用。要硬化企业预算约束，就必须实行私有化。确实，在传统计划经济体制下，由于国家对企业统收统支，对企业盈亏承担无限责任，造成了预算约束的严重软化。但是，预算约束软化与公有制并无必然联系。在公有制经济内部，也完全能够通过国家的最终所有权与企业法人产权的分离，引入国家对企业的有限责任制度和破产机制，使企业的预算约束硬起来。

错误理论之三，是照搬西方经济学中的“公共产品”理论，主张国有经济退出竞争性行业，仅仅从事“公共产品”的生产。西方经济学的公共产品，按严格定义，是指在使用上不排他和不可分的产品，典型的例子是无线电波、国防等等。由于在这类产品的使用上容易形成“搭便车”，私人是没有兴趣生产的，所以只能由政府来生产。这一理论的本质，是要论证在以私有经济为主体的资本主义经济中，某些不赚钱但对社会经济的正常运行又必需的产品的生产，要由作为资本家政治代理人的政府来承担。将这种理论运用到国有企业的改革上来，结果必然是国有经济被从大多数生产行业放逐出去，经济的绝大部分私有化。我国实行社会主义国有制的根据，是马克思的生产社会化必须要有与其相适应的社会化生产资料占有方式的理论。将其偷换成“公共产品”理论，就是要将公有制为主体、其他经济成分为补充的社会主义经济，改变为私有制为主体、公有经济部门为补充的资本主义“混合经济”。我国实行社会主义国有制的目的，是要使作为全民代表的社会主义国家，能够从社会整体利益出发，引导国民经济健康发展，实现全体人民的共同富裕，而不是像西方国家那样，将国有经济当作为私人老板发财致富服务的仆从和工具。

错误理论之四，是认为在社会主义公有制条件下，国家与企业之间资产经营的委托代理的监督成本太高，而私营经济监督成本低。这样，私有化又成了提高企业经营效率的灵丹妙药。然而，国有企业与私人企业监督成本谁高谁低的判断，应当以切实的计量为依据。问题是，至今没有人能拿出这种计量数据来。因此，这种理论顶多只是一种大可怀疑的假设。而且，就是资本主义经济中的大中型股份公司，也包含着复杂的多级委托代理关系，而因此引起的所谓监督成本，不知要比个体户之类原始私人经济单位高多少倍。按照上述理论的逻辑，岂不是应当认为大公司的效率低于个体手工作坊。

类似的错误理论还有一些，这里不再一一列举。这类理论的共同宗旨，就是要论证私有制是市场经济的惟一前提。但是，就连被奉为私有化理论经典的产权经济学的创始人科斯，也不是无条件地赞同这一命题。前不久，他在谈到中国的经济改革时指出：由于西方经济学的整个理论体系是以私有制度已经存在为假定前提的，这就很容易推出私有制是市场经济惟一前提的结论，但历史并没有对公有制基础上的市场经济做出证伪；中国可能会找到某种替代私有制的财产制度，这种制度在公有权的基础上，通过明确明晰各产权主体的地位和关系，建立起市场交易；如果公有制下也能建立起市场经济，这则是真正的中国特色。①

由上述错误理论的共同宗旨所决定，它们开出的改革药方，都是否定社会主义国有经济。江泽民同志在企业座谈会上的讲话针对这些错误理论指出："当然，目前还有一些企业面临着不少困难和问题。其原因是多方面的，情况比较复杂。但是，有一点可以肯定，部分国有企业缺少活力，不是由于所有制问题，而是由于企业机制问题、外部环境问题和历史遗留问题，这些问题是完全可以通过深化改革逐步加以解决的。"这就从根本上澄清了上述错误理论造成的思想混乱，坚定了人们在建立社会主义市场经济体制的过程中发展壮大国有经济的决心和信心。

① 《美国著名经济学家谈中国经济体制改革》，载《经济研究资料》1995 年第 1 期。

国有企业改革的历史演进及发展趋势*

我们的人民共和国已经走过了50年的历程。这是在半殖民地的废墟上，以社会主义的方式在一个落后的农业国中实现国家的工业化和现代化的50年。这50年历程的前半期的发展主线，可以说是采取超越发达国家渐进发展常规的“跳跃战略”，以发展钢铁、采矿、机械等传统的重工业为重点，凭借高度集中的指令性计划管理体制，由政府自上而下地组织和动员社会资源，建立一个又一个的国有企业，从无到有组建起一个又一个的现代工业部门。作为我国工业化的初始阶段，这一时期的主要成果是初步建立了一个门类比较齐全的现代工业体系，奠定了将工业化和现代化推上新的发展阶段的基石。以党的十一届三中全会为转折点，我国工业化和现代化的历程进入了一个新的阶段。在这个新阶段，与发展战略由外延型逐步向集约型转变相适应，经济体制和资源配置方式由传统计划体制向全面市场化的方向转型。为实现这种转型进行的全面改革，在加快了已经形成的城市现代工业发展的同时，极大地拓展了工业化和现代化的两翼，国有企业的改革则是城市经济体制改革的中心环节。

20年来国有企业改革的实践，在不懈的探索中前进，取得了一系列重大进展，也经历了种种坎坷曲折。今天，我们回顾国有企业改革演进的历史，可以看出，国有企业改革是沿着一条基本线索展开并不断深化的。这条基本线索就是：创造与资源配置市场化相适应的社会主义国有制的实现形式，改造以至重塑国有经济运行的制度框架，确立国有企业的市场竞争主体地位，增强国有经济的控制力，使国有经济中的主导作用充分发挥出来。这条基本线索具体地体现在以下三个方面。

---

* 原载《中国特色社会主义研究》1999年第3期。

一、以确立企业的市场竞争主体地位为立足点，从放权让利到建立现代企业制度，建立与市场经济相适应的社会主义国有企业治理结构，转变政府经济管理职能，真正实行政企分开

在社会主义经济中，政府必然具有双重职能：一是一般公共行政管理的职能，二是代表全体社会成员管理国有企业所占用的公有资产的职能。在由政府自上而下发动和组织的工业化初始阶段，大量的国有企业是由政府直接创办的，而且在当时的特殊历史条件下也只能由政府直接经营。加上前苏联高度集中的计划经济模式的影响，在我国形成了国家的一般公共行政职能与所有者职能合而为一，政府通过各级专业主管部门用层层分解的行政指令管理企业经营活动的经济体制。在经济规模较小、产业结构和社会需求结构都比较简单的工业化初始阶段，这种管理体制确实具有强制地动员和组织社会资源，最大限度地增加工业投资的优势。而这种体制所固有的政企不分的弊端，以及由这一弊端所带来的一系列严重的低效率问题，在一段时间里被这种优势所掩盖了。随着经济的发展，经济的供应和需求结构日益复杂多变，政企不分的弊端以及它所造成的种种恶果也日益凸显出来。在党的十一届三中全会“解放思想、实事求是”路线的激励下，改革国有企业管理体制被提上了议事日程。

与现在所达到的认识水平相比，改革前期解决政企不分问题的思路，是相当朴素的。当时，一般的看法是：既然企业低效率问题的产生是因为缺少经营自主权和利益上的激励，那么，只要政府对企业放权让利，企业就可以焕发出所谓“其应有的生机和活力”。从十一届三中全会到十四大的十多年的时间里，国有企业的改革基本上是按照放权让利的思路展开的。1979 年 4 月召开的中央工作会议提出要扩大企业自主权，同年 7 月国务院颁发了《关于扩大国营工业企业经营管理自主权的若干规定》，在京津沪选择 8 家企业进行扩权改革试点，1980 年试点企业迅速发展到 6 600 多家。从 1981 年起，在国营工业企业全面扩大自主权。1984 年召开十二届三中全会，通过了《中共中央关于经济体制改革的规定》，指出社会主义经济是“有计划的商品经济”，从而将经济运行的基础由计划经

济变为商品经济，并强调要围绕增强企业活力这个中心，确立国家与企业之间的正确关系，实行所有权与经营权的适当分离，使企业成为自主经营、自负盈亏的商品生产者。1988 年 3 月，国务院颁布《全民所有制工业企业承包经营责任制暂行条例》。到年底，有 95% 的国营工业企业实行了承包制。1988 年 4 月，七届全国人大一次会议通过的《中华人民共和国全民所有制工业企业法》用法律的形式对企业的权利和义务、政府与企业的关系等进行了规范。1992 年 7 月国务院颁发了《全民所有制工业企业转换经营机制条例》，详细规定了企业享有生产经营、投资决策、产品定价、进出口经营、劳动人事、工资奖金分配、内部机构设置等 14 项经营自主权。这一系列放权让利的改革措施调动了企业的积极性，在一段时间里取得了较明显的效果。

但是，由于放权让利的改革是在保留政企不分的传统国营企业制度前提下进行的，它并未使企业所处的行政主管机构附属物的地位得到根本的改变。事实上，在旧的企业制度框架内，不但政府主管部门对企业日常经营活动的行政干预没有真正消除，企业的经营自主权有很多不落实，而且企业软预算约束、负盈不负亏等深层次的问题也未被认真触及。除此之外，在承包经营条件下，还出现了短期行为盛行，国有资产难以保值增值，政企间“一对一”的承包基数和挂钩比例谈判导致“鞭打快牛”的“棘轮效应”，公平有效的市场竞争环境无法形成等新的问题。在探索解决这些问题的有效途径的过程中，确立企业的法人主体地位，区分国家作为出资者的所有权与企业法人产权，按照市场经济条件下的经济契约原则来规范政府与企业的关系，进行企业制度创新，形成国有企业内各经济关系当事人之间相互制衡的法人治理结构的新一轮改革思路，逐渐明确起来。以党的十四大为标志，国有企业改革进入了制度创新的阶段。

党的十四大明确我国经济体制改革的目标是建立社会主义市场经济体制，十四届三中全会又进一步勾画出我国社会主义市场经济体制的基本框架，指出国有企业改革的方向，是建立“产权清晰、权责明确、政企分开、管理科学”的现代企业制度。之后，国家颁布了《国有企业财产监督管理条例》、《企业财务通则》、《企业会计准则》、《中华人民共和国公司法》、《中华人民共和国劳动法》等一系列重要法律法规，为现代企业制度的建立提供了一系列立法上的重要保障。从 1994 年开始，国家选择了 100 户企业进行建立现代企业制度的试点，各地区、各部门也选择了一部分企业进行试点。到 1997 年底，在参加试点的 2 500 多户企业中，有

2 082 户完成了公司制改革。几年来，试点企业按照公司法的要求，初步建立了较为规范的法人治理结构，促进了企业投资主体的多元化，在加强企业管理、深化内部改革、分流富余人员、分离办社会职能等方面，做了大量扎实有效的工作，普遍增强了实力，提高了活力。同时，通过试点摸清了建立现代企业制度的必要条件，在解决重点、难点问题上进行了探索。

1997 年召开的十五大，提出探索与市场经济相适应的公有制实现形式，对国有大中型企业实行规范的公司制改革。同时，进一步转变政府职能，真正实现政企分开，把企业生产经营管理的权力切实交给企业。在十五大精神指导下，政企分开迈出了新的步伐。去年进行的国务院机构改革，不仅部委从 40 个减为 29 个，人员减少了一半，更重要的是在职能转变上发生了实质性的变化。国务院各部门转变给企业、社会中介组织和地方的职能有 200 多项，一些专业部改为国家局，由国家经贸委管理，政府部门不再直接管理企业。各级地方政府接着也要进行机构改革。同时，针对国有资产严重流失的问题，深化了国有资产管理体制改革的探索，建立了国有重点企业稽察特派员制度。这是解决政企分开、所有权与控制权分离条件下可能发生的“内部人控制”问题，防止国有资产流失，保障国家的所有者权益的重要措施。

二、将企业自身的改革与整个经济制度环境的改革结合起来，从企业管理体制改革单项突进到各项改革措施综合配套，使企业改革与其他领域的改革相互衔接、相互促进、整体推进

国有企业经营机制和行为方式的市场化，离不开其运作的各种制度环境的市场化。很难设想，在财政、金融、税收、计划、外贸等管理体制还沿传统体制轨道运行的情况下，企业会真正成为市场竞争主体。但是，改革的前期，人们对此认识得并不是很清楚。当时，由于改革的实践还不够深入，围绕企业改革所产生的各深层次的矛盾还未充分暴露，提出和进行综合配套改革的客观条件事实上也不具备。因此，在一段时间里企业改革是以“摸着石头过河”的方式进行的。在这个过程中，企业改革的单项

推进不断与外部经济制度发生冲突，而这种冲突又迫使人们对外部经济制度作一些以“双轨制”为主要特征的过渡性或局部性的调整，调整不了的则暂时绕过去。这也就是所谓“撞击反射”。不断发生的“撞击反射”，使得企业改革引致的各种矛盾日益由经济生活的底层浮现到表面：各种过渡性的“双轨”措施，也渐渐丧失了在旧体制的躯体上打开缺口的积极作用而成为经济秩序紊乱的根源。于是，围绕企业改革对整个经济体制改革进行综合配套，实现市场化改革的整体推进，成为继续深化改革的迫切任务。这个任务由党的十四大明确地提了出来。

十四大以后，适应计划经济体制向社会主义市场经济体制转变的要求，党和政府将企业改革与市场化制度环境的建设作为一个系统工程来抓，加大了综合配套改革的力度。1994 年起，对财政、金融、投资和计划等宏观经济体制相继进行了重大改革。财税体制按照统一税法、公平税负、简化税制和合理分权的原则，进行了分税制的改革，实行了以增值税为主体的流转税制度。金融体制改革以银行商业化、利率市场化为取向，实行资产负债比例管理和风险管理，加快了证券市场的建设，建立和健全了金融监管制度。投资体制改革以实现资金来源多元化和投资主体多元化为目标，逐步建立法人投资和银行信贷的风险机制。计划体制改革逐步由高度集中的直接管理转向间接宏观调控为主。外经贸体制改革扩大了企业的外贸出口经营自主权，逐步降低了进口商品的关税税率，缩小了非关税措施管理的范围。外汇体制改革实现了汇率并轨，人民币经常项目下的自由兑换，等等。这一系列的配套改革，按照市场经济的要求规范了国有企业与国家的关系，改变了政府与国有企业一对一谈判等不规范做法，使国有企业以普通市场主体身份与其他各种类型的企业一起参与市场竞争，为现代企业制度的建立和企业市场竞争主体地位的真正确立创造了必要的外部条件。

近两年来，围绕解决企业人浮于事、债务负担过重等重点、难点问题，又推进了社会保障制度等方面的配套改革。与“鼓励兼并、规范破产、减员增效、下岗分流和实施再就业工程”相配套，建立了城镇居民最低生活保障制度，企业下岗职工基本生活保障制度。社会统筹与个人账户相结合的养老和失业保险制度，初步建立起了有中国特色的社会保障体系。党中央、国务院召开的国有企业下岗职工基本生活保障和再就业工作会议，要求有下岗职工的企业普遍建立再就业服务中心，保障下岗职工的基本生活，资金由财政、企业和社会共同承担。据劳动社会保障部统计，截至1998年9月底，有下岗职工的企业都建立了再就业服务中心或类似机构，全国714.4万国有企业下岗职工，有701.1万人进入了再就业服务中心，占98.1%，其中80%领到全额基本生活费。企业离退休人员的养老金基本做到了按时足额发放。与分离企业办社会职能相配套，逐步将企业所办的学校、医院、托儿所等移交给社会，实行社会化管理。与降低企业资产负债率优化企业资本结构相配套，国家通过多渠道帮助国有企业补充资本金。1997年，已有577亿元“拨改贷”转为国家资本金，1998年有500亿元的经营性基金转为国家资本金。1996年以来，国家三年分别拿出200亿、300亿和400亿元核销企业的银行呆坏账；同时还在部分有条件的企业通过股票上市直接融资，并开始了发行企业可转换债券的试点。1997年，通过股票上市为企业筹集资本金1 300亿元。1998年又筹集了1 000多亿元。这既优化了资本结构，也增强了国有经济的控制力。

三、以提高国有经济的整体素质和控制力为出发点，从着眼于搞好每个企业到着眼于搞好整个国有经济，对国有企业实施战略性改组

国有经济是国民经济中的主导力量，而其主导作用又体现在它对整个国民经济的增长态势和结构变动趋势的控制力上。我们进行国有企业改革，根本的出发点就是要通过提高国有经济的整体素质来增强其控制力。

在改革开放之前，由于脱离社会主义初级阶段的实际，在现代工业部门中遏制和排斥国有经济之外的其他经济成分的进入和发展，国有经济的主导作用和控制力主要是通过企业户数上的绝对优势来实现的。改革开放之后，随着所有制结构的调整，其他经济成分快速成长，国有经济在经济总量中所占比重下降了。就国民生产总值而言，已由“一统天下”变为“三分天下有其一”。在多种经济成分并存的社会主义市场经济条件下，国有经济的主导作用和控制力不能靠遏制其他经济成分的行政命令来维持，而要通过国有企业与其他经济成分的市场联系和市场竞争来实现。在这种情况下，提高国有经济的整体素质，加强国有企业竞争实力，就成为发挥国有经济的主导作用，保持其控制力的关键。这又需要我们痛下

“壮士断腕”的决心，将优胜劣汰的市场竞争法则引入国有经济，放弃改革前期那种力图将每个国有企业都搞好的不切实际的追求，对国有企业实行战略性改组。目前我国经济正处在深刻的结构调整过程中，国有经济也只有经过痛苦的市场选择才能顺应结构调整的要求，获得新的发展。硬要把几十万个国有企业无一例外全部搞活，不仅不可能，而且会迟滞结构调整的步伐。

为提高国有经济的整体素质和竞争能力，1995 年 9 月党的十四届五中全会明确提出，要着眼于搞好整个国有经济，通过存量资产的流动和重组，对国有经济进行战略性改组。党的十五大再次强调要“抓好大的、放活小的”，进一步推动了国有企业改革向纵深发展。

集中力量搞好大的，采取多种形式放活小的，是从整体上搞好国有经济的重大方针。国有大中型骨干企业是国有经济的中坚，它们数量虽少，但资产总额、销售收入、实现利税在国有经济中占有绝大比重，既是国内经济发展的支柱，又是参与国际竞争的主导力量。搞好国有经济，首先要集中力量把这些企业搞好。1996 年国家确定重点抓好在各个行业、各个领域起主导作用的 300 户大企业，1997 年又扩大到 512 户。这些企业虽然户数只占独立核算国有工业企业的 0.8%，但销售收入、实现利税分别占 61% 和 85%，对国有工业增长的贡献率高达 88%。对这些企业除明确主办银行、贷款重点支持外，国家关于企业兼并破产、技术改造、技术进步、扩大企业外贸进出口权等方面的政策，也优先在这些重点企业中实施。在股票上市方面，对这些企业给予优先考虑，1997 年年底，512 户重点企业中，已有 183 家在上海、深圳证券交易所挂牌上市。国家采取的一系列“抓大”的措施，有力地促进了国有重点企业的改革与发展。对于量大面广的国有小企业，则根据不同情况，采取改组、联合、兼并、租赁、承包经营和股份合作制、出售等多种形式放开放活，使一大批国有小企业寻找到适合自身发展的具体形式，促进了经营机制的转换，增强了活力。

结构调整和市场选择的要求，实行兼并破产，促进国有资产向优势企业集中，是优化国有资产结构，充分发挥国有资产作用的有效途径。多年的重复建设，造成国有资产布局、结构不合理，在市场竞争中，也有一些国有企业由于种种原因，难以继续生存下去，致使相当一部分国有资产的作用难以发挥。同时，也有一批具有优势的国有企业需要扩大生产经营规模。为了盘活存量国有资产，同时使优势企业实现低成本扩张，1994 年国家选择天津、唐山、太原、沈阳、长春等18个城市进行“优化资本结构”试点，1996年扩大到58个城市，1997年进一步扩大到111个城市。几年来，国家用于国有企业兼并破产的银行呆坏账准备金核销规模三年已达900亿元，兼并破产和减员增效涉及企业5 800多户，其中兼并企业2 765户，破产企业1 959户，减员增效企业1 104户，齐鲁石化兼并淄博化纤厂和淄博化工厂、邯钢兼并舞阳钢厂，就是成功的例子。试点城市之外也有一大批国有企业通过兼并破产，优化了资产结构，使现有资产得到有效利用。通过资产重组，抓紧培育一批大企业大集团，是提高国有企业竞争力的战略措施。我国国有企业数量多，规模小，生产经营集中度低，越来越不适应国内外市场竞争。提高我国企业在国内外市场上的竞争能力，可以说是关系球籍的严重问题。1991年底，国家选择57户大企业进行企业集团试点，1997年扩大到120户。试点企业集团按照现代企业制度的要求，建立以资本为纽带的母子公司体制，通过联合、兼并、控股等形式，进行资产重组，扩大规模，壮大实力。像长春一汽集团通过兼并吉林轻型、长春轻型、哈尔滨星光机器厂、沈阳金杯等企业，以较少的投入盘活了资产存量，形成了较大规模的轻型车基地；保定乐凯集团大力进行结构调整，开发新产品，彩色胶卷八年实现了三次更新换代，并实现了彩色胶卷系列化；联想、北大方正集团重视技术开发和市场营销网络的建立，近年来资产、销售收入、利润连续翻番。各地也根据情况，抓了一批企业集团。其中相当一部分是比较成功的，在市场竞争中发挥了重要作用。近年组建起来的中国石油天然气集团和中国石油化工集团，实现了上下游、内外贸和产销一体化，大大提高了我国石油石化工业的集约化程度和国际竞争能力。以宝钢为主体的上海钢铁企业本着“做高”、“铸强”的原则进行联合重组，成立了上海宝钢集团，为发展我国冶金行业的重要精品基地奠定了基础。

虽然目前国有企业改革还面临不少难题，但是，从上面关于国有企业改革的历史演进和发展趋向的回顾和分析，我们有充分的理由认为，在持续20年的反复的“实践—认识—再实践—再认识”过程中，国有企业改革的目标已经明确，方向已经定准，症结已经找到，途径已经开通，已经取得了不可低估的重大成就。看到这些成就，对于我们正确地认识和把握国有企业改革和发展的形势，坚定实现国有企业改革和脱困三年目标的信心，是很有意义的。今年是实现国有企业改革和脱困三年目标的第二年。不久前，江泽民同志在四川召开国有企业改革和发展座谈会时指出，全面推进国有企业的改革和发展，是一个非闯不可、也绕不过去的关口。打好这场攻坚战，不仅关系到国有企业改革的成败，也关系到整个经济体制改革的成败。在我国这样一个实行社会主义制度，有 12 亿人口的发展中大国，提高综合国力和人民生活水平，巩固和发展社会主义制度，促进社会全面进步和保持社会安定，必须形成独立的、比较完整的工业体系。国有企业，特别是国有大中型骨干企业，是我国国民经济的中坚力量。只有千方百计地把国有企业搞好，进一步在改革和发展中壮大国有经济，我们才能加快我国工业化和现代化的进程，我国经济才能在日益激烈的国际竞争中稳步发展，在 21 世纪中叶基本实现现代化；我们已经走过 50 年光辉历程的社会主义共和国，才能在新世纪的风雨中处于不败之地。

细说国有经济的“进”与“退”*

一、“有进有退”的必然性

党的十五届四中全会提出要对国有经济布局进行战略性调整，坚持有进有退、有所为有所不为。这不仅是当前国有企业改革的指导方针，而且是国有经济在“公有制为主体、多种所有制并存”的社会主义初级阶段条件下发展所应当始终坚持的一项原则。

实行有进有退、有所为有所不为的方针，首先是为了克服传统计划经济体制时期推行“一大二公”，以及长期重复建设造成的阻碍国有企业改革和国有经济进一步发展的国有资本分布上的一系列严重问题，以便顺利实现改革和脱困的目标。十五届四中全会决定将国有经济布局存在的问题概括为“分布过宽，整体素质不高，资源配置不尽合理”。具体说来，这种不合理表现在行业分布太广、建设战线过长、资金使用分散、投资形式单一、企业规模狭小等等问题上。改革以来的经验和教训说明，在保持这种不合理布局的条件下，执著于把每一个国有企业都搞好，只能是步履维艰、事倍功半。只有着眼于搞好整个国有经济，突破不合理布局的限制，国有企业的改革和国有经济的发展才能获得广阔的新天地。而要改变不合理布局的限制，就不能不将国有资本撤出一些行业和企业，同时将由此集中起来的国有资本投向另一些重要行业和关键企业。这可以说是“有进有退、有所为有所不为”的第一层意义。

除此之外，“有进有退、有所为有所不为”还具有更为长远的意义。这种更为长远的意义是由社会主义初级阶段始终存在的“公有制为主体、

* 原文载于《北京日报》1999 年 12 月 4 日第 338 期：理论周刊。

多种经济成分共同发展”的经济制度格局所赋予的。由我国现实的生产力状况决定，社会主义初级阶段必然存在多种经济成分，国有经济不应该脱离生产力状况去追求自己的一统天下，这已经成为社会的共识。而且，在经过20多年的所有制结构调整，各种非国有成分在经济总量中所占的比重已有很大提高的情况下，除非付出使社会生产力遭到严重破坏的代价，要想恢复国有经济在产值比重上的绝对优势，也是不可能的事情了。也就是说，社会主义初级阶段固有的所有制结构决定了国有经济不可能无所不为而只能有所为有所不为。而根据增进全体人民福利这一基本目标和一定时期国民经济发展的状况，国有资本在不同行业、地区以及企业之间的进和退，则是有所为有所不为的必然结果。

二、“进”与“退”是互为条件的

在多种经济成分共同发展的条件下，作为起主导作用的经济成分，国有经济的资本和产值当然应该保持与其作用相当的数量。将社会主义市场经济中的国有经济等同于西方资本主义市场经济中那种单纯为私人经济拾遗补阙的国有经济，因而认为调整国有经济布局就是最大限度地缩小国有经济的规模，甚至主张国有企业改革的出路在于“非国有化”，是明显错误的，——因为这已经不是要调整国有经济的布局，而是要取消社会主义国有经济。不难看出，这种看法和主张是直接违背党的十五大精神和四中全会决定精神的。党和政府实行国有经济布局战略性调整的宗旨，是要从总体上提高国有经济的素质，增强国有经济的市场竞争力，从而更好地发挥国有经济的主导作用。在这个宗旨下，“进”与“退”，“有所为”与“有所不为”是相互依赖的。在某些或某些领域、某些时期的“退”或“有所不为”，恰恰是在另一些领域或时期“进”或“有所为”的条件。所以，“有进有退、有所为有所不为”的方针与“有退无进、无所作为”的各种“非国有化”主张是毫无共同之处的。

当然，话又得说回来，在社会主义初级阶段的经济中，国有经济的主导作用毕竟不是体现在它相对于其他经济成分的绝对数量优势上，而是体现在它对国民经济的控制力和影响力上。所谓国有经济的影响力和控制力，是指它左右国民经济整体态势和长期发展趋向的能力。

国有经济在社会经济不同领域间的无论进还是退，都是为了使它始终保持足够的这种能力。将为了集中力量、加强重点而在某些领域的“退”，以及由此而引起的国有经济在经济总量中比重的合理下降，说成是“削弱国有经济的主导作用”，也是没有多少根据的。

三、“进”、“退”的三个基本制约因素

至于国有经济如何进退，即它在国民经济中的比重如何增减，在社会经济的不同领域中怎样分布，在不同时期应该是有所不同的，并无一成不变的界限。但是，从原则上说，我国的社会主义国有经济的进退受到三个基本因素的制约。

第一是不同经济领域市场调节的完善和完全程度。我们知道，市场虽然是资源配置的基础性手段，但它不是万能的。无论怎样发达的市场经济，其中总是存在市场调节失灵的领域。例如，产权无法明确界定的公共产品生产行业，投资回收慢且利润小的基础设施和公益设施建设，需要巨额投资且风险很高因而一般市场主体无力或不愿进入的高科技领域，直接关系国家安全的领域，等等。即便在西方资本主义国家，这些领域也往往是由国有经济控制的。国有经济进入这类领域，是任何社会性质的现代市场经济正常运行的一般要求，其作用仅在于弥补市场的缺陷。尽管在我国国有经济也必须进入和控制这些领域，但单靠这个领域的国有经济并不足以确立国有经济在整个国民经济中的主导地位。事实上，西方资本主义国家的这类国有经济扮演的只是占统治地位的私人经济的附庸的角色，对整个国民经济并无多少影响力和控制力。

第二是我国社会主义基本经济制度的特殊要求。我国的市场经济是与社会主义基本经济制度结合在一起的社会主义市场经济。以公有制为主体、国有经济在整个国民经济中起主导作用，是这种特殊类型的市场经济与西方国家的市场经济相区别的基本特征。在考虑我国国有经济的功能定位从而决定其进退的原则界限时，必须给予这个极其重要的制约因素以充分的重视，而不能照搬作为资本主义市场经济理论概括的西方经济学教科书的过时说法，例如国有经济只应该在少数垄断行业存在，因而必须彻底退出一切竞争性领域等。显然，这种主张是对国有企业改革的基本目标——使国有企业成为充满活力的市场竞争主体——的否定。

第三，在西方资本主义国家，随着反垄断立法的完善，在许多因规模

经济效应显著而易于形成垄断的领域，竞争也早已被成功地引入。在近几年的改革实践中，我国的航空和电讯等原先的垄断行业，也已有不少成功地引入竞争机制的事例。在这种情况下，退出竞争领域就等于退出除极少数自然垄断行业（例如矿产资源开发）在外的几乎所有一切生产行业，而这又意味着国有经济在一系列作为国民经济支柱的重要部门中的消失，这样还谈得上什么影响力和控制力，这也就是这种主张为什么未被党的十五届四中全会所接纳的原因。

中国的经济改革道路*

党的十一届三中全会以来，中国在从计划经济向市场经济的过渡中逐步形成了一条有中国特色的渐进式改革道路，中国的社会主义经济充满了生机和活力，为全世界所瞩目。那么，中国渐进式改革道路的实质是什么呢？它有什么意义呢？它的发展前途是什么呢？借此机会我愿谈一谈对上述问题的看法。

一、中国改革道路的实质

对于中国改革道路的实质，不同学派的经济学家们的认识存在很大的分歧。一些新古典经济学家认为，中国的成功主要得益于特殊的初始条件如二元经济结构、传统体制的松散性等，而与改革的政策和改革的道路无关；另外一些经济学家则强调了中国市场化过程特殊的方式方法，如局部改革、双轨制、以农村为突破口、先试验后推广等。上述观点都存在一个根本的缺陷，即一般只涉及到了市场化的制度安排问题，而没有涉及宪法制度问题，尤其没有考察宪法制度与改革路径的相互关系。但是，从实际的改革过程看，中国渐进式改革与苏东激进式改革的分野，主要不是由对市场化的速度、方式和次序的不同安排造成的，而是由 20 世纪 80 年代末 90 年代初苏联东欧国家发生剧变以后社会的领导集团对于社会主义宪法制度的否定态度造成的。宪法制度的不同对于改革的道路的形成起着决定性的作用。中国渐进式改革的根本特征在于，它是以社会主义宪法制度为基础并与这种宪法制度的改革与创新结合在一起的，改革的目标是通过建立社会主义市场经济体制来完善社会主义经济体制，更快地发展社会主义

* 本文是在“世界政治经济学学会首届论坛”上的发言，发表在《海派经济学》第 14 辑。

社会的生产力，实现国家经济和社会的现代化。中国改革的这种根本性质，决定了它在改革道路的选择上必然强调连续性、稳定性和渐进性；必然在积极发展非公有制和非国有制经济的同时，坚持公有制的主体地位和主导作用；必然要在不断扩大市场调节的同时充分发挥政府的调节作用；必然要在经济转型过程中保持共产党领导下的多党协商的政治构架，稳步推进政治体制改革；必然要在积极参与全球化的过程中实行自主的有控制的对外开放政策，坚持制度和政策上的独立性。苏东激进式改革则是对社会主义宪法制度的根本否定，是在彻底推倒原有的宪法制度的基础上引入西方资本主义的宪法制度，因而，在传统的社会主义计划经济体制与新的私人资本主义市场经济之间必然会出现制度断层，从而也就无法避免经济和政治秩序的混乱和经济的停滞与下降。

二、中国改革道路的意义

迄今为止中国渐进式改革的经验给了我们以下重要启示：

1. 社会主义和市场经济不是对立的，而是可以统一的。建立社会主义市场经济的目的就是要把社会主义的优点与市场经济的长处结合起来，实现公有制与市场经济、公平与效率、计划与市场的统一。

2. 市场经济是一个历史的范畴，不同历史阶段和不同社会结构下的市场经济所面临的制度环境、技术基础和文化背景各不相同，因此，不同的市场经济体制既有共性，也有差别。向市场经济过渡的道路选择必须从国情出发。

3. 解放和发展生产力、更好地满足最广大人民群众的根本利益，既是改革的根本动力，也是改革的目的。是否有利于发展社会主义社会生产力，是否有利于增强社会主义国家的综合国力，是否有利于提高人民的生活水平的三个“有利于”是判别改革成败的根本标准。

4. 传统与现代、公有制与非公有制、政府与市场、自由与秩序、开放与自主、稳定与变革不是对立的，相反，只有使不同的因素相互结合和相互促进，才能保证经济持续稳定的发展，才能实现最终实现改革的成功。

5. 由于市场经济的自发性质和人类理性的有限性，向市场经济的过渡在一定程度上难免是一个“试错”的过程；另一方面，充分发挥国家在经济转型过程中的主导作用对于克服市场的缺陷、保证改革的顺利推动和实现经济的持续稳定发展也具有十分重要的意义。

中国的渐进式改革道路和改革的经验虽然是中国特殊国情的产物，反映了中国特殊的经济结构、政治结构和特殊的历史文化传统以及特殊的改革路线，但是，它同时也反映了经济转型和经济发展中的一些普遍规律，具有一定的普遍性的意义。中国经济转型和经济发展的丰富实践大大扩展了人类社会发展的视野，深化了人们对市场经济和制度变迁过程的认识，为发展中国家的经济和社会的现代化提供了新的思路。

三、中国进一步改革面临的形势和前景

迄今为止，中国的经济转型经历了以下三个阶段：（1）从 1978 年改革开放开始到 1992 年社会主义市场经济目标的确立，是中国经济转型的前期或初级阶段。（2）从 1992 年社会主义市场经济目标的确立到中国加入 WTO 中国经济转型的中期。（3）以加入 WTO 为标志，中国的经济转型开始从中期进入后期。这一时期，中国的经济改革面临的形势、任务、矛盾和路径等方面都有了新的特点，主要表现为以下方面：

（一）新的改革形势

经过 20 多年的深入改革，中国的社会主义市场经济体制的基本框架已经建立。2003 年，中国的市场化指数达到了近 74%，非国有经济对 GDP 的贡献已经达到了 69%，90% 以上的产品价格完全由市场来确定，关税税率已经降到低于发展中国家的平均水平，因此，经济改革的任务已经从建立社会主义市场经济转变为了完善社会主义市场经济。但是，改革的任务并没有完成，国有企业改革任务繁重、生产要素市场化相对滞后、市场秩序还不完善、分配关系尚未理顺、经济结构不合理、农民收入增长缓慢、就业矛盾突出、资源环境压力加大、经济整体竞争力不强等问题依然存在，已经建立的社会主义市场经济只能说是初级的市场经济。

（二）新的发展阶段

2004 年中国的 GDP 已经达 13.65 万亿元人民币，人均 GDP 已经超过

了1 000 美元，实现温饱和小康的任务初步完成，全面建设小康社会成了为新时期经济发展的目标。同时，中国工业化的进程也取得了长足的进步，1978 ~2002 年，农业在 GDP 中的比重由 28.1% 降到 15.4%，农业劳动力在就业中的比重由 70% 下降到 50% 左右，城市化的水平从 18% 上升到 39.1%，工业化已经进入了中期阶段，并与信息化相结合构成了新型工业化道路。特别是随着“统筹城乡发展、统筹区域发展、统筹经济社会发展、统筹人与自然和谐发展、统筹国内外发展”以及以人为本的科学发展观的确立，标志着中国的经济发展进入了一种新的历史阶段。

（三）新的国际环境

20 世纪末和 21 世纪初，经济的全球化也进入了一个急剧扩张的新阶段。随着中国正式加入 WTO，中国的经济改革和经济发展日益融入了世界经济体系之中，中国的对外开放也进入了一个在“更大范围、更广领域、更高层次上参与国际经济技术合作与竞争”的新阶段。2004 年，中国对外贸易额达到 11 547.4 亿美元，当年实际利用外资额达到 606 亿美元。中国经济与世界经济的一体化进程不断加强，相互联系日益密切。经济的全球化对中国的经济改革与发展来说既是机遇，也是挑战，如何应对全球化的挑战是经济转型后期改革和发展必须面对的重要问题。

（四）新的矛盾与风险

主要有：

1. 在经济发展过程中城乡、区域和不同阶层收入差距呈持续扩大的趋势，贫富分化问题开始凸显，较低收入阶层对经济增长成果的分享与他们在总人口中所占的较大比重不相称，由此而产生的重要后果是国内有效需求的形成或国内市场的成长滞后于 GDP 的快速增长，以及经济增长对外需的较大依赖（贸易依存度偏大）。

2. 随着中国经济的持续高速增长以及经济规模的不断扩大，能源、原材料等资源的短缺和紧张问题日趋严重，需求不足与资源短缺的并存可能成为经济生活中的一种常态。

3. 一方面经济的市场化和货币化日益发展，另一方面政府的行政干预和对要素价格的控制依然广泛存在，这导致了权钱交易的腐败现象的广泛蔓延。

4. 农村剩余劳动力大规模转移的需要、经济结构调整和国有企业改革导致的隐性失业的显性化和庞大的新增人口的就业需要，使失业等问题逐步成为了经济生活中的主要矛盾。

5. 随着中国日益融入经济全球化的进程，世界范围内的两极分化、对于全球生态系统的过度开发与破坏、全球性的经济混乱和金融危机的不断爆发、发展中国家对发达国家依附的加深以及国际化与国家主权之间的冲突等问题对中国经济的影响越来越大。

在新的改革和发展阶段，中国的改革道路应当怎么走呢？对这一问题目前存在着两种截然对立的观点：一种观点认为，当前中国的经济已经出现了过分市场化的问题，面临着经济停滞、失业严重、腐败盛行、贫富分化和社会动荡等问题并发的“拉美化陷阱”，因此，应当停止和放慢市场化进程，强化政府管制；另一种观点则相反，认为腐败和两极分化是政府管理和双重体制的产物，因此应当实行激进的市场化和自由化路线，进行所谓的宪政改革，颠覆社会主义的宪法秩序，消灭公有制，实行全面的私有化，尽量弱化以至取消政府的调节作用。这两种思路从“左”和右两个方面，否定中国进行的以完善了社会主义制度为目标的经济改革。然而，正是这种改革造成了中国经济持续高速的增长和繁荣。这两种观点当然是不可能为大多数中国人所接受的。

我们认为，渐进式改革道路的形成从根本上来说取决于社会主义宪法秩序的约束，而社会主义宪法秩序则是中国社会经济、政治、文化等各种因素长期作用的产物，符合中国的国情，有利于经济与社会的持续发展。当然，由于主客观条件的变化，在经济转型后期的渐进式改革与以前相比必然会有一些新的变化，比如：

在改革前期，国有企业改革是经济改革的中心环节，而在经济转型后期，以公有制为主体多种所有制经济共同发展成为社会主义初级阶段的基本经济制度。

在经济改革的初期，商品市场的发育是市场化的主要内容，而在经济转型后期，资本市场、土地和劳动力市场的发育和规范成为了市场化的关键。

在改革初期，渐进式改革主要采取了增量改革、双轨过渡的改革形式，而在经济转型后期，随着新体制的逐步确立，存量改革成为了改革的主要形式。

在改革的初期，渐进式改革主要由行政指令加以推动，而在经济转型后期，经济改革的推进必须纳入法制化的轨道。

在经济改革初期，渐进式改革的动力以内源为主，而在经济转型后期，经济改革的议程受全球化和国际规则的极大影响，等等。

中国的渐进式改革已经取得了很大成功，但是与社会主义市场经济的改革目标相比，改革的任务还没有完成，还面临着一系列无法回避的难点问题。中国渐进式改革能否获得最终成功的关键，是要不断进行的边际上的调整，使社会主义宪法制度更好地适应生产力发展和现代化建设的要求，在社会主义宪法制度与市场经济之间形成一种稳定、持续、动态的合理关系，避免在它们之间产生不可解决的严重冲突和无法化解的累积性矛盾。同时，为了使渐进式改革能够持续推进下去直至取得最后的成功，作为改革的领导者的党和政府需要具有应付持续变迁、消弭转型冲突、不断自我更新的能力，从而在制度变迁的过程中有效发挥主导作用，在稳健的改革中实现社会主义现代化建设的伟大目标。

第三部分

经济增长和发展的理论与实践问题研究

农业落后是我国人口迅增的根本原因*

一

历史上，我国经历了两千多年的封建统治。这两千年的社会物质生产基本上是自然经济条件下的单一的农业生产。在这样的生产结构之下，生产的发展主要表现为农产品总量的增长。这是通过扩大土地垦殖面积和提高单位面积产量这两条途径取得的。而在生产技术水平基本处于停滞状态，繁重的手工劳动一直是主要生产形式的情况下，农业生产的发展又是和人力的巨大耗费联系在一起的。因此，我国封建社会生产的每一步发展，都是和使用数量更大的劳动力分不开的，因而也是和总人口的增长分不开的。

从历史记载看，我国封建社会垦田面积的扩大和人口增长，并不是直线上升的。频繁的战乱不断造成土地荒芜，人口锐减。只是在社会比较安定的时期，人口随垦田面积扩大而增长的趋势才是明显的。战国时期，我国已经开发的农业用地主要集中在黄河中下游地区。战国中期人口约3 000万，到秦汉统一时，下降到600万左右。[①] 汉平帝元始二年，全国垦田面积达到8 275 000顷[②]，人口增加到5 959万。[③] 经过魏晋南北朝到隋唐之际的连续动乱，大量土地抛荒，唐初，人口又减至约1 500万，[④] 垦田数量也不及两汉。到玄宗天宝年间，天下应授田增至14 308 000顷，人口又增至5 200多万。五代十国大变乱后的宋初，土地荒芜的现象也是

---

* 原载《人口研究》1981年第1期。

① 梁启超：《中国历史上人口之统计》。

② 马端临：《文献通考·田赋四》。

③ 《中国历史研究》1980年第1期，第1页。

④ 据《新唐书·食货志》。

严重的。真宗景德年间，人口3 000多万，垦田面积大约在1 000万顷左右。60年后的英宗治平年间，垦田面积增加到3 000余万顷，又30年后的徽宗统治时期，人口已接近1亿。[①] 明清之际，垦田面积大约在7亿～8亿亩，人口不多于9 000万。到了清末，垦田面积接近14亿亩，人口则增至4亿以上。[②] 总之，战国时期，秦国开发巴蜀，楚国开垦江淮，秦汉统一，因而有两汉人口上升；魏晋南北朝时期进一步开垦江淮，隋唐统一，因而有唐代人口上升；宋元明清开垦两湖、两广、云贵、东北、新疆、内蒙、台湾，因而有宋元明清的人口上升。这正如范文澜同志所说，在生产技术极其落后的封建社会，“只要还有土地可耕，人们总要循着旧路走下去，人口逐渐增长，土地逐渐扩大，农业经济就在这种情况下得到它的发展。”[③]

和扩大垦殖面积同时进行的，是争取提高单位面积产量。从战国到清末，虽然从总的趋势来说，我国耕地面积是不断扩大的，但随着较易开垦的土地数量的减少，耕地占用上的相对紧张状态也出现了。据《宋史·食货志》记载，北宋庆历、嘉祐年间，已出现“盗湖为田”的事情，此后关于围海造田、围湖造田以及开垦梯田的记载越来越多。南宋虽偏安江南一隅，人口却占南北总人口的50%以上。这种空前的人口密度，使耕地更加紧张。在这种情况下，加上已有耕地上的劳动密集程度，精耕细作，提高单位面积产量，使农业总产量增长的趋势逐渐加强了。汉唐时期，谷物亩产一般在140斤左右，两宋提高到200斤。到了清朝中期，全国人口平均耕地面积已由汉代的4.8亩下降到2.3亩略多，亩产则增至250斤左右。劳动密集程度提高带来的单位面积产量的增长，到两宋以后，已成为我国人口增长的重要刺激。

但是，产量的增长并不是随着劳动密集程度的增大而成比例上升的。在生产技术水平不变的情况下，在一定土地面积上投入的劳动力增加到一定程度，产量增长的速度就会呈递减趋势。如果用函数图式表示，就是一条总产量随人口变动的凹面向下的曲线 $W(p)$（见图1）。

这条曲线的斜率，就是所谓边际生产率，也可以用图式表示出来。这是一条钟形线（见图2）。这条曲线更加清楚地表明了劳动人口数量增加到一定点（图中 N）后，每增加一个劳动力所增加的产量的下降趋势。

① 李剑农：《宋元明经济史稿》。

② 《中国社会科学》1980年第3期，第24～29页。

③ 《范文澜历史论文选集·论中国封建社会长期延续的原因》。

从两宋亩产对于汉唐的增长，再从清代亩产对于两宋的增长，已经可以约略窥见这种下降趋势：两宋人口是汉唐一般水平的2倍，而清代中期人口是宋代的3倍，但两宋亩产比汉唐增加60斤，清代比两宋只增加50斤。边际产量的下降，意味着劳动生产率水平下降。而在劳动生产率水平下降的情况下，要想继续增加总产量，又必须投入更多的劳力，结果又会使劳动生产率进一步下降。这种循环，加大了两宋以后为争取亩产提高而导致的劳动密集程度增大对于人口增长的刺激力。所以，两宋以后人口增长的速度，比汉唐时期高得多。

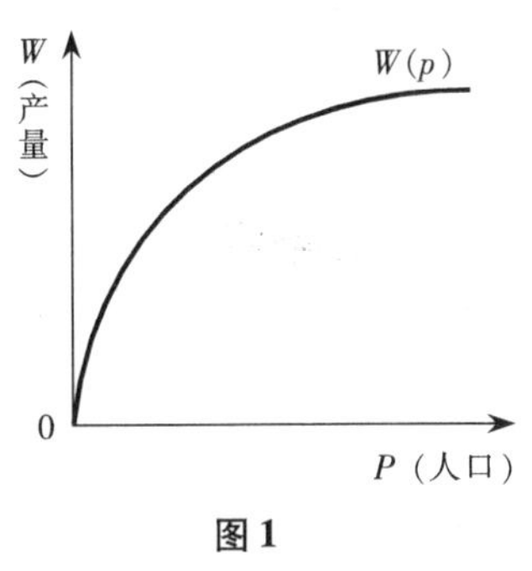

图1

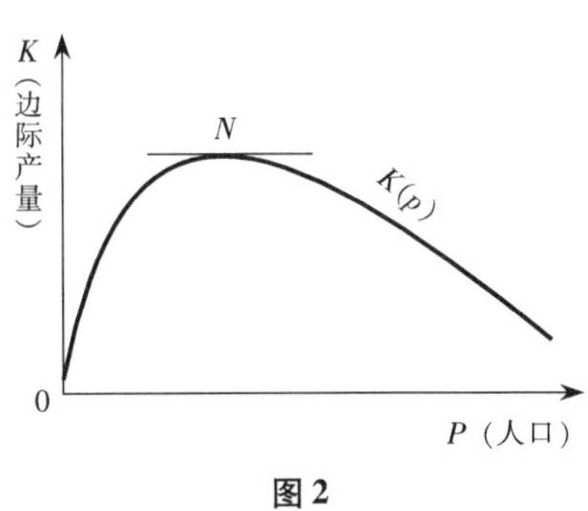

图2

总之，生产技术水平长期没有根本性的进步、劳动生产率停滞甚而下降的封建农业的发展，客观上要求在生产过程中投入越来越多的劳动力，从而要求人口不断增长，——这可以说是支配我国封建社会人口过程的一条基本规律。在这条规律的作用下，人口增长就意味着经济实力的增长。所以我国历代封建王朝的极盛时期，都是以"生齿日繁"、"户口繁衍"，出现人口增长高峰为标志的。历代王朝推行的鼓励生殖的政策，民间的早婚风俗以及"五世其昌"等传统观念，也都是这条基本规律的反映。但是，还应当看到，在封建时期，这条规律的作用是经常被从相反方向起作用的因素打断和抑制的。不断的战争造成人口锐减。沉重的赋役负担和高达50%以上的地租剥削率，又往往使农民必需的生活资料也遭到侵夺，人民群众生活水平和健康水平都极低。结果，人口增长的速度大大减缓。总的看来，我国两千多年封建社会的人口发展，是属于高（出生率）—高（死亡率）—低（自然增长率）类型的。从汉平帝元始二年到鸦片战争爆发，1 800年间，人口平均每年递增仅1‰。鸦片战争以后，我国沦为半殖民地半封建的国家，现代工业的发展是很可怜的。至1949年，农业产值仍占整个国民经济总产值的70%，农业技术水平较之宋元明清，没有什么大的进步。因此，封建社会人口发展的基本规律仍然支配着我国从1840～1949年的110余年的人口发展。这一时期，人口的年平均自然增长率在2.6‰左右，仍然属于高—高—低的人口类型。

二

1949年新中国成立，开始建设社会主义。历史上形成的以技术水平极其低下的农业为主体的国民经济，是我们当时整个建设事业的基础。30年来，这个基础并没有得到根本改造，农业还是手工劳动为主，走的仍然是历史上的老路。因此，在封建社会极其低下的农业生产水平的基础上产生的人口规律，仍然在占全国总人口80%的广大农村起着支配作用。而且，随着封建压迫和剥削的消灭，抑制这一规律的作用的种种因素也归于消失。人民的生活水平和健康水平普遍提高。这一规律的作用在我国解放以后的人口过程中，可以说发挥得更加充分和迅速。土改以后，无地少地的广大贫苦农民分得7亿亩土地，免除了每年几百亿斤粮食的地租负担。农业生产力得到大解放，农业生产迅速地恢复和发展起来。与此俱来的，就是1952～1957年我国出现的第一个人口出生高峰期。这一段时间全国人口每年增加1 200万到1 300万，自然增长率高达2%以上。① 当然，这段时间的人口大增，带有一定程度的补偿性质。

此后，我国的工业，特别是重工业，有了迅速的发展。1949年重工业在国民经济总产值中只占8%，一五以后增加到26.6%。② 这样的增长速度，就我国农业的负担能力来说，在当时也嫌稍快。这时，本来应当下大力进行农业技术改造，大大提高农业劳动生产率，使工业发展和随之而来的城市人口增长对农产品的增长的需求得到满足。但可惜没有这样做，仍然是靠投入更多的劳动力求得农业总产量的增长，以满足工业发展对农产品日益增大的需求。二五以后，随着片面地发展重工业而出现的国民经济比例失调，更使这种情形得到强化。结果，也强化了在极其低下的农业生产水平上产生的人口规律的作用，形成新中国成立以来人口增长的第二个高峰期。这个高峰期从1962年到1971年，持续达10年之久，每年出生的人口比邻近时期多出数百万乃至1 000万。

---

① 马寅初：《新人口论》。

② 薛暮桥：《中国社会主义经济问题研究》，人民出版社1979年版，第162页。

为了具体说明二五以后重工业片面发展与新中国成立以来人口增长第二次高峰期的关系，先作出一个劳动人口在农业和重工业两大部门之间分配的图式（见图3）。图中曲线 $W_1(p)$、$W_2(p)$ 分别表示农业和重工业两个部门产量随劳动人口而变化的情况（在现实中 $W_2(p)$ 的形状可能是别的样子，但这并不影响我们要说明的问题的实质），射线 A_1、A_2 分别表示随人口变化而对农产品和重工业产品提出的总需求量（假定平均需求已知且不变）。横轴上点 p 为这两个部门的全部劳动人口。从 p 点引垂线与射线 A_1 交于 R_1，得到农产品总需求量。从 A_1 向纵轴方向引垂线交于曲线 $W_1(p)$，并由交点向横轴引垂线交于 p，我们就确定了生产 R_1 所需的农业劳动人口 Op_1、剩下的人口 pp，就是重工业劳动人口。曲线 $W_2(p)$、射线 A_2 以及 p 点垂线的交点 R_2，为重工业产品需求总量。重工业的片面发展，可以用 W_2 的向上旋转，即重工业产品总量的增长来表示。如果 A_2 现在旋转到图中虚线的位置，则重工业产品总量增加到 p 点垂线上的 R_0。由 R_0 向曲线 $W_2(p)$ 引垂线，再由交点引向横轴的垂线交于 p_0 点，那么，pp_0 就表示由于 R_2 增长到 R_0 所需的重工业劳动人口增量（图中虚线所示）。显然，这一增量短期内是不可能由总人口的自然增长来补充的。惟一的办法，就是从农业劳动人口中强行抽调。这样，农业总产量 R_1 的位置必然下降，射线 A 必然向下旋转。这意味着全部人口平均粮食占有量的下降。反过来，这又要求增补从事农业生产的劳动人口，以便恢复原来的平均生活水平。这时，农业生产不仅需要把数量等于 pp_0 的被重工业抽调的人口补上，而且需要增加一个其生产的剩余农产品足以养活新增重工业人口 pp_0 的劳动人口量，重工业片面发展压力下的这种农业生产对劳动力的双重需求，必然刺激整个人口加速增长。

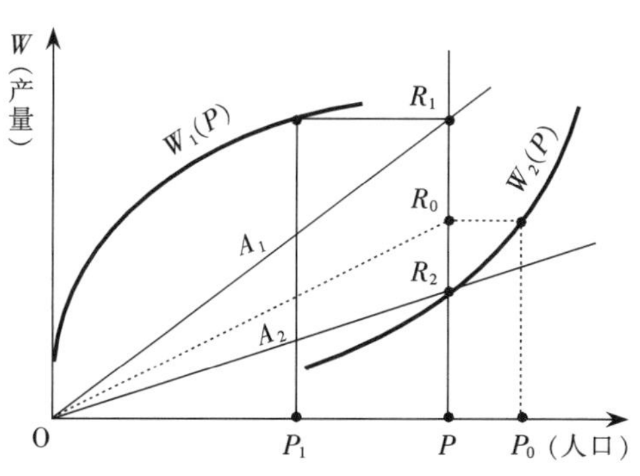

图3

上面凭借图式描述的过程，在我国“二五”开始以后的几年里，表现得特别鲜明。1958 年计划钢产量翻一番，冶金投资将近翻两番，迫使整个重工业投资翻一番多，重工业产值猛升 78.8%。重工业劳动人口因而猛增，相应地，城镇人口和非农业人口也大大增长，如表 1 所示。

表 1　　重工业劳动人口与非农业人口 1957 ~ 1958 年的增加　　单位：万人①

年　份	重工业劳动人口	非农业人口	城镇人口
1957	557	10 618	9 949
1958	3 550	12 210	10 721
增加数	2 993	1 592	772

重工业劳动人口增加的速度是惊人的。这种增加主要来自农业人口的转移。1957 ~ 1958 年，农业劳动力从 1.92 亿减少到 1.51 亿，净减 4 100 万人。与此同时，每个农业劳力负担的耕地面积由 1957 年的 8.8 亩增加到 11 亩。加上同期耕畜减少，实际负担还要大。于是造成农业大大减产：1957 年粮食产量 3 901 亿斤，1960 年下降到 2 870 亿斤，净减 1 000 多亿斤。②全国人均粮食占有量因而急剧下降，吃饱肚皮成了严重问题。1960 年后，只好下放工业职工 2 000 万人。但还不足以补偿这几年减少的农业劳动力（工业抽调的和 1959 ~ 1961 年期间因死亡率提高而绝对减少的）。1959 ~ 1961 年后，人民生活水平有所恢复，结果，人口出生率剧升，1962 年高达 40‰，自然增长率为 33.5‰，出现了新中国成立以来人口增长的最高峰。

“三五”以后，由于 1970 年农业丰收，工业职工数又有较大增加，其中重工业职工增加比轻工业职工快得多。（见表 2）这时，农业劳动人口数不断增加，但它与工业劳动人数之比却明显下降了。

表 2　　1970 ~ 1972 年工业职工增加情况　　单位：万人③

年　份	1970	1971	1972
新增职工数	444	423	263
其中：轻工业	131	85	110
重工业	313	338	153

①②③　《中国社会科学》1980 年第 3 期，第 24 ~ 29 页。

表 3　　工农业劳动人口之比①

1965 年	1970 年	1971 年	1972 年
1:12.8	1:9.9	1:9.8	1:8.1

农业劳动人口相对减少，意味着每个农业劳动力负担的农产品商品量增大。实际上，每增加一定数量的工业劳动人口，就要相应地增加几倍于这个数量的吃商品粮的人口（商业、服务、教育文化、建筑等行业的人口），从而使农业增添更重的负担。这种日益加大的负担，现在基本上只有靠加大劳动密集程度，提高单位面积产量这一个办法来解决了。解放以来，整个农业的技术水平没有革命性的进步，农业劳动生产率不但没有提高，反而下降了。1955 年每个农业劳动力年产值为 298 元，1978 年达到 456 元，由于农产品收购价格 23 年来提高了 68.8%，所以，按不变价格计算，1978 年每个农业劳动力的年产值只有 270 元，农业劳动生产率下降了 10%。在这种情况下，农业生产要取得与过去数量相等的剩余产品的增长，就得耗费更多的劳动。因此，我们在前面谈到两宋以后的情况时指出的为提高亩产而增大劳动密集程度导致的劳动生产率下降和人口上升的循环，其周期，现在已大大缩短。这也是我国从 1962 年开始的第二次人口高速增长持续 10 年之久的一个重要原因。

三

我国解放以来第二个人口增长高峰期的形成，可以说是在重工业片面发展的压力下，农业生产发展落后以及由此而决定的人口迅速增长，已经开始向其尽头加快迈进步伐的信号。所谓尽头，是指随着人口增长和劳动力使用量的增长，农业劳动的边际生产率最终下降到与农业劳动人口最低平均生活水平相等这样一种状况。这也可用图式表示（见图 4）。图中边际生产率曲线 $K_{(P)}$ 与纵、横轴以及由横轴向上引出的垂线围成的面积 $\int_{O}^{P} K_{(P)}$，代表农业总产量。平行于横轴的直线 R 代表农业劳动人口最低平均生活水平，它分割总产量形成的矩形 $QOPM$，代表总产量中用于维持农业劳动人口生存必需的农产品量。剩下的面积是可用于维持非农业人口生存的剩余产品部分。当边际生产率曲线上的始点 Q 随着农业劳动人口

① 《中国社会科学》1980 年第 3 期，第 24～29 页。

的增大而移到 M 点时，边际生产量与最低生活水平相等。这时，农业剩余产品量等于零，工业生产的发展成为不可能，国民经济将处于停滞状态。如果再增加农业劳动人口，则边际产量下降到最低生活水平之下，即新增农业劳动人口生产的产品量不够养活自己，这必然使整个社会的平均最低生活水平标准也降低。整个社会的人口增长将因此受到饥饿的抑制而趋于停滞。这体现了落后的农业生产和由其自身决定的人口过程的矛盾：一方面，它的发展要求人口增长有较高的速度；另一方面，它自身最终又使人口的继续增长成为不可能。这个矛盾在我国目前还没有发展到顶点。我国的农业生产发展和人口增长要走到刚才所说的尽头，还得沿着老路行进较长一段时间。但是，这个矛盾日趋尖锐，则是确定无疑的。农产品商品率的下降就是证明：1955 年我国政府征购粮食 880 亿斤，商品率为 29.4%；1978 年征购粮食 940 亿斤，但商品率仅为 18.7%。1978 年同 1965 年相比，调出粮食的省区由 15 个减少到 8 个，调出数量由 94 亿斤减少到 41 亿斤，即减少 53 亿斤；调入粮食的省、市、自治区由 12 个增加到 18 个。调入数量由 131 亿斤增加到 190 亿斤，即增加了 59 亿斤。

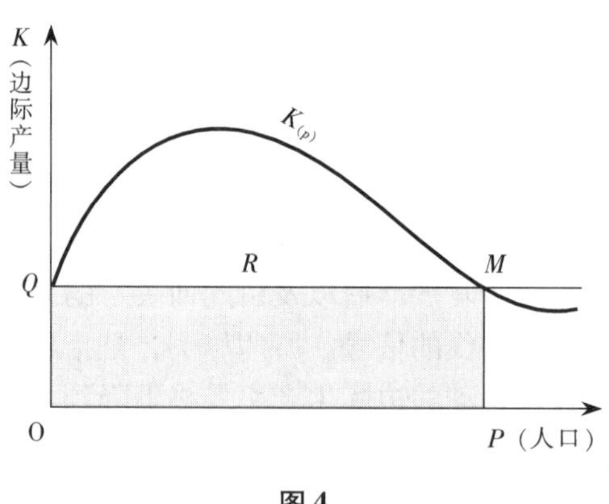

图 4

20 世纪 60 年代末，人口增长与生活资料增长不相适应的问题在我国引起普遍重视。由于大抓计划生育，1971 年后人口自然增长率出现逐年下降趋势，1978 年降到 12‰，与 1971 年的 23‰相比，下降了几乎一半。这么快的下降速度在全世界也是罕见的，这将对我国的经济发展产生良好的影响。但是，我们也应清楚地看到，农业生产落后这一人口迅速增长的根本原因还没有被克服。在这种情况下，农村人口的增长仍然快于城市。1978 年城市人口自然增长率已下降到 8. 8‰，而县以下则为 12. 5‰。因此，尽可能迅速地对落后的农业实行技术上的彻底改造，大大提高农业劳动生产率，是彻底解决我国的人口问题的根本。

马尔萨斯人口论中有“站得住脚的东西”吗？*

《经济研究》1979年9月号刊登了张立中同志的题为《马克思、恩格斯是怎样批判马尔萨斯人口论的——兼论我们今后的人口研究工作》一文。文章的第一部分对马尔萨斯人口论的反动性的批判，我们完全同意。但是，在文章的第二部分中，作者又引证了马克思、恩格斯的一些论述来证明马尔萨斯人口论中存在“科学成分和站得住脚的东西”，并且归纳为三点，认为这三点对我国“有十分重要的现实意义”。对此，我有不同意见，特提出来与张立中同志商榷。

张立中同志首先引证了马克思的话：“甚至马尔萨斯也承认，过剩人口对于现代工业来说是必要的，虽然他按照自己的偏狭之见，把它解释成工人人口的绝对过剩，而不是工人人口的相对过剩。”① 我认为，马克思说马尔萨斯也承认剩余人口对现代工业是必要的，并不等于马克思肯定了马尔萨斯关于资本主义条件下人口过剩必要性的理论。因为承认这种必要性，并不等于对这种必要性做了正确的解释和说明。而马尔萨斯的解释恰恰是根本错误的。对于这种错误，就在张立中同志引证的这段话中，马克思已经非常明确地指出来了。张立中同志还引证了马克思在《资本论》中关于马尔萨斯反对延长劳动日、认为计件工资增加了劳动强度和长度的论述。但这与马尔萨斯的人口论没有什么联系，即使这些观点“站得住脚”，也不能成为他的人口论中有“站得住脚的东西”的证明。

至于恩格斯的有关论述，张立中同志引证的第一段话是：“马尔萨斯的理论却是一个不停地推动我们前进的、绝对必要的转折点。由于他的理论，总的说来是由于政治经济学，我们才注意到土地和人类的生产力，而且只要我们战胜了这种绝望的经济制度，我们就能保证永远不再因人口过

---

* 原载《经济研究》1980年第5期。

① 《资本论》第1卷，人民出版社1975年版，第695~696页。

剩而恐惧不安。我们从马尔萨斯的理论中为社会改革取得了最有力的经济论据，因为即使马尔萨斯是完全正确的，也必须立刻进行这种改革，原因是只有这种改革，只有通过这种改革来教育群众，才能够从道德上限制生殖的本能，而马尔萨斯本人也认为这种限制是对付人口过剩的最容易和最有效的办法。……”①。在恩格斯这段话中最使张立中同志注意的，大概是我加了着重号的两句话。因为，“从道德上限制生殖本能是对付人口过剩的最容易最有效的办法”，是他后来所引出的三点“站得住脚的东西”中的第二点。而他所以认为这一点“站得住脚”。大概又是因为恩格斯的这段话中有“即使马尔萨斯是完全正确的……”这样的字样。但是，这并不能成为恩格斯同意所谓“道德上的限制”是解决资本主义人口过剩问题的“最有效、最容易的办法”的论据。因为恩格斯在这里只是在假定马尔萨斯的理论是正确的前提下，才同意马尔萨斯的办法的。而马尔萨斯的人口过剩问题解决办法的前提，恰恰是根本错误的。众所周知，马尔萨斯人口理论的核心，就是所谓人口按几何级数增长，生活资料则只按算术级数增长，因而人口增长超过生活资料增长的速度是永恒的自然规律。他认为，资本主义人口过剩是这个自然规律作用的结果。如果恩格斯真的同意马尔萨斯提出的办法是“最有效、最容易”的，那么他也就必须承认马尔萨斯从中引出这套办法的全部人口理论。但是，正是在《政治经济学批判大纲》中，恩格斯对这套理论进行了严厉的批判。恩格斯指出：“马尔萨斯断言，人口总是威胁着生活资料，随着生产的增加，人口也同样地增加，人口生来就有一种超过它所支配的生活资料的倾向，这种倾向就是一切贫穷和罪恶的原因。因此在人太多的地方，就应当用某种方法把他们消灭掉：或者用暴力将他们杀死，或者让他们饿死。……他们整个阶级的惟一出路就是尽量减少生育，此外就不应该为他们做任何事情；……。”恩格斯接着愤怒地提出：“我是否还需要更详尽地阐述这种卑鄙下流的学说，这种对自然和人类的恶毒的诬蔑，并追究其进一步的结论呢？”② 可见，恩格斯既不同意马尔萨斯对人口过剩原因的荒诞解释，也根本没有把马尔萨斯所提出的解决办法，看做是解决资本主义人口过剩的“最有效、最容易的办法。”恩格斯指出：资本主义人口过剩的根本原因

① 恩格斯：《政治经济学批判大纲》，载《马克思恩格斯全集》第1卷，人民出版社1956年版，第620～621页。

② 恩格斯：《政治经济学批判大纲》，载《马克思恩格斯全集》第1卷，人民出版社1956年版，第617～618页。

在于资本主义私有制，在于工人劳动力沦为商品，在于资本主义竞争下的生产过剩，在于科学技术在生产中的资本主义运用导致工人的失业，在于广大小生产者破产而沦为雇佣工人，因而解决资本主义人口过剩问题的最根本、最有效的办法，是实行社会改革，战胜资本主义制度。至于恩格斯在张立中同志所引的那段话中说的“马尔萨斯的理论却是一个不停地推动我们前进的，绝对必要的转折点，……”也不能成为恩格斯认为马尔萨斯的那套谬论中有什么“站得住脚的东西”的证明。恩格斯的意思只是说，马尔萨斯最厚颜无耻、最冷酷无情地把另外一些资产阶级经济学家如萨伊之流所千方百计企图掩盖的血淋淋的资本主义人口过剩的现实公开说了出来，并宣称这是无法避免的自然规律，从而引起人们对解决问题的正确途径的探索，对资本主义制度的否定。

张立中同志还引证了恩格斯的另一段话：“人口总是威胁着就业手段，……劳动力的生产迄今仍然由竞争的规律来调节，因而也同样受周期性的危机和波动的影响，这是事实，确定这一事实是马尔萨斯的功绩。”① 恩格斯在这里所说的马尔萨斯的“功绩”，只是在于他确认了资本主义条件下就业手段和人口之间存在尖锐矛盾这一事实。但马尔萨斯根本错误地把这一事实说成是人口增长率天然地会超过资本的生产力、资本的积累率的结果。就在张立中同志所引这段话的开头，恩格斯指出：“要是马尔萨斯不这样片面地看问题，他就会看到，人口过剩或劳动力过剩是始终同财富过剩、资本过剩和地产过剩联系着的。只有在生产力过大的地方，人口才会过多。”正因为马尔萨斯错误地解释资本主义人口和就业手段之间的矛盾，他对于这个事实的确定，也是片面的、极不准确的。“人口总是威胁着就业手段”，就是对事实进行最皮相的观察后做出的片面的描述。事实上，在资本主义条件下，不但人口总是威胁着就业手段，而且就业手段也总是威胁着人口。人口威胁就业手段只是就业手段威胁人口的表现形式。随着技术的进步和竞争的加剧，资本的有机构成越来越高，作为资本主义就业手段的重要组成部分的生产资料，即不变资本，与就业手段的另一个组成部分，即用于购买工人劳动力的可变资本相比，所占比例就越来越大，因此，就有越来越多的工人被抛入失业大军，成为相对过剩的人口。马克思对此已经做出极为严正精密的科学论证了。②

① 恩格斯：《政治经济学批判大纲》，载《马克思恩格斯全集》第1卷，人民出版社1956年版，第619页。

② 参见《资本论》第1卷，人民出版社1975年版，第691页。

至于张立中同志所引的《英国工人阶级状况》中的两段话，也只是肯定马尔萨斯确认了某种事实。但这些事实同样是说得极不准确的。具体的理由和前面重复，这里就不多谈了。

下面让我们具体分析一下张立中同志引出的“站得住脚的东西”。

“（1）生活资料的生产和人类自身的生产有一定关系。虽然马尔萨斯创立的两个级数的理论以及由此推导出来生活资料的生产永远落后于人类生产的结论是完全错误的，但是，他提出生活资料的生产和人类自身的生产之间要相适应这是一个客观事实。这个关系在各个社会都是存在的，起作用的。……（2）马尔萨斯主张从道德上限制人类生殖的本能（后来被新马尔萨斯主义者普雷斯发展成为避孕、节育的办法），这已被实践所证明是一项必要和可行的措施，因为这是对付人口过剩的最容易和最有效的办法；（3）……这种过剩人口形成对就业手段的威胁，……这个问题实际上就是人口增长同生产资料之间的关系问题，人口增长的速度快于或慢于生产资料所能吸收的能力，都会对生产的发展带来不利影响。”

关于第一点。马尔萨斯的原话是“人口必然要受生活资料的限制。”这实际上就是说人要生存和繁衍，就得穿衣吃饭，因此必须生产出供自己生存和繁衍的生活资料，没有必需的衣食，人就活不下去，更谈不上繁殖后代。这种“生活资料的生产和人类自身的生产”之间的“一定关系”，确实是在各个社会都存在的。但与其说这是社会规律，倒不如说是生理学上的基本常识。人要活，要生孩子，就得有相应的衣食，这和各个不同社会形态人口运动的特殊规律有什么关系呢？马尔萨斯把这个像 1 + 1 = 2 一样不容置疑的论点提出来，作为自己整个人口论的前提，实际上是玩弄诡计迷惑读者，企图使人们相信他那个真正作为其人口论基础的论点，即生活资料的增长按算术级数、人口的增长按几何级数的谬论，是谁也驳不倒的。但是，从这种所谓“生活资料的生产和人类自身的生产有一定关系”的论点出发，无论如何也推论不出马尔萨斯关于人口增长必然超过生活资料增长的结论。总之我们很难看出马尔萨斯这种生理学上的常识，对于说明我国的人口规律有什么现实意义。

至于张立中同志从就业手段总是被人口威胁的论点引出“人口增长同生产资料之间的关系问题”，也无非是想说我国现时存在的就业手段与人口不相适应的问题，起因在于我国人民的生殖能力太强，高过用于扩大再生产的社会资金的积累力。而他们所说的第二点“站得住脚的东西”，则是从前两点出发而得出的合乎逻辑的结论。因为既然产生前两种不适应状况的原因在于人口增殖过快，那么解决的办法就只有节制生育“最有效”了。

但是，我国人口增长率高真的是因为中国人繁殖力太强吗？解决我国人口和生活资料、生产资料不相适应状况的问题，节制生育当然是非常重要的，但是否只有“节制生育”“最有效”？我认为，对这些问题只有以马克思主义为指导，具体地分析我国历史的和现实的经济状况，才能得出正确的答案。

布哈林的社会主义经济思想及苏联工业化论战*

被列宁称为"学识卓越的马克思主义经济学家"① 的布哈林，是在苏联建国初期严峻的党内斗争中殉难的最重要的布尔什维克领导人之一。虽然布哈林的"理论观点里面有一种烦琐哲学的东西"②，但作为一位马克思主义的经济学家，尤其是由于对从资本主义向社会主义过渡的经济规律、落后农业国的社会主义工业化等重大问题的理论阐述，他在社会主义经济学说史上无疑应占有一席适当的地位。

布哈林社会主义经济思想的发展，可以划分为两个阶段。第一阶段是战时共产主义时期，第二阶段是新经济政策以后的时期。前一阶段布哈林最重要的经济论著是《过渡时期经济学》。布哈林在该书中认为，过渡时期的基本趋势是消灭商品货币关系，建立社会的自然经济体系；无产阶级国家政权应成为无所不包的"行政经济和行政技术机构"，通过"超经济强制"推动向共产主义的过渡。《过渡时期经济学》一书的观点不仅反映了战时共产主义时期苏联党内的普遍看法，而且以后很长时期内在社会主义政治经济学中占支配地位的许多观点，例如"自然经济论"、"商品外壳论"、"价格与价值脱钩论"、"经济管理行政化"等，都滥觞于《过渡时期经济学》。

1921 年，苏联结束了战时共产主义体制，转而实行新经济政策。这时，布哈林脱离了"左派共产主义者集团"，成为新经济政策的坚定拥护者。在整个新经济政策时期，以托洛茨基为代表的极左倾向，始终是苏联党内的主要危险。布哈林在这个时期内的政治和理论活动，主要是反对托派的极左倾向。在与托派的斗争中，他一方面对列宁关于新经济政策的思

---

* 原载《马克思主义研究》1988 年第 2 期。

① 《列宁选集》第 3 卷，人民出版社 1960 年版，第 550 页。

② 《列宁全集》第 36 卷，人民出版社 1959 年版，第 617 页。

想做了大量宣传和阐释工作，另一方面对自己在《过渡时期经济学》中提出的某些左的主张进行了反省和自我批判，逐渐形成了关于过渡时期经济的一套比较成熟的看法。本文着重评述新经济政策以后布哈林的社会主义经济思想，必要时将对其前后两个时期的思想做一些比较。

一、新经济政策的经济学

如果说“左派共产党人”布哈林的《过渡时期经济学》一书仅仅是“赤卫队冲击”时期缺乏实践根据的不成熟理论，还不能算是严格意义上的“过渡时期经济学”，那么，在新经济政策具体实践的基础上，他才有了真正的“过渡时期经济学”，即新经济政策的经济学。布哈林的新经济政策经济学，反映了以列宁为首的苏联共产党人在总结战时共产主义教训的基础上，对从资本主义向社会主义过渡的条件和方式的重新认识。1924年列宁去世以后，在联共（布）党内，布哈林事实上成了新经济政策理论的权威表述人。

新经济政策时期布哈林经济思想的一个最突出的特征，就是强调保持各种经济成分、各种阶级和社会力量的平衡，以渐进的方式或“发展的进化形式”① 完成向社会主义的过渡。在《过渡时期经济学》一书中，布哈林曾断言在过渡时期“平衡假说是无效的”，② 认为这个时期的基本趋向是通过无产阶级国家的“超经济强制”破坏原有的平衡，重新组合各种社会要素。现在，他放弃了这种非平衡过渡的看法。认为实行新经济政策，是找到了一条在无产阶级国家掌握经济命脉、同时各种非社会主义成分大量存在（特别是农民的小私有经济占优势）的情况下，通过各种经济成分的相互联系和促进来发展生产力，从而逐渐过渡到社会主义的“进化类型”的发展道路。布哈林说，在社会革命时期，无产阶级的任务是“加剧对立，打破社会的‘统一’，分裂社会，发动将成为新的‘统一’到新的社会历史制度的起点的革命”，相反，“在过渡时期的社会中，整个工人阶级的基本利益和长远利益就是巩固社会，加强它的统一，在这个社会的社会主义成分的比重日益增大的基础上克服矛盾。”因此，“在过渡时期的社会中，社会向高级形态的发展是一种进化的过程”：“既然

---

① 《布哈林文选》中册，人民出版社1981年版，第205页。

② 布哈林：《过渡时期经济学》，东方出版社1988年版，第114页。

发展的类型基本上是进化发展的类型，那么显然，我们在当前实践方面所采取的方法就可以相对地称为‘改良主义的’方法，这不外是伟大的无产阶级革命（在新形式下）的继续。”①

布哈林指出，全部社会主义经济政策的基本点应当是促进生产力以大大高于旧社会的速度发展，而以进化方式实现向社会主义的过渡，优越性就在于可以保证生产力正常发展，从而有利于社会主义经济成分在稳固的基础上发展壮大。要实现这种进化发展，关键又在于保持掌握着经济命脉的社会主义成分与其他经济成分，尤其是汪洋大海般的农民小私有经济的平衡。布哈林的这些认识，是从对战时共产主义政策给和平时期正常经济发展的严重不利影响的反思中引出的。他在谈到用粮食税取代余粮收集制这一新经济政策的基本措施时说，战时共产主义的政策“实质上不可能是以发展生产力为目的的政策”，当时的“‘突击式’的而又是无所不包的任务，就是要对国家进行红色的保卫。”② 余粮收集制等战时共产主义政策，只有在农民通过革命得到的土地所有权受到地主资本家复辟的威胁，需要与工人阶级结成军事政治联盟的情况下，才能为农民所容忍。布哈林指出：“内战中形成的各阶级之间的平衡，不是以‘正常的’经济过程，而是以工农相互间在军事上的利害关系为基础的。……一旦战争结束，纯经济方面的矛盾就必然会尖锐到极点。”③在内战之后的和平时期，余粮收集制使“个体生产者即农民失去了对广大生产的兴趣和刺激”，因而“农业危机是必然要尖锐起来”。“由于我国工业的基础是农业，所以，总的说来，这也是整个国民经济危机的尖锐化。”要使国民经济从战争的创伤中迅速恢复过来，关键在于发展农业生产力，“而在农业方面要发展生产力，只有通过发展小资产阶级的经济才可以设想。”在这种情况下，“建立无产阶级与农民之间在经济方面的正确相互关系，即建立一种使生产力有发展余地的相互关系，十分尖锐地提到日程上来了。”④ 布哈林还进一步指出，农业的发展不仅是消除国民经济危机的关键，而且是进一步发展社会主义大工业的条件。“按照发展生产力的路线而制定的经济政策的根本任务，就是要加强大工业”，而这立即“碰到一个‘令人头痛’的问题——为了加强大工业需要‘储备’（粮食、原料、补充设备的储备等等）”。在一个工业化程度很低的农业国，这些“储备”需要“取之于

① 《布哈林文选》中册，人民出版社 1981 年版，第 201 ~ 205 页。

②③ 《布哈林文选》上册，人民出版社 1981 年版，第 26 页。

④ 同上，第 29 ~ 30 页。

外”，“即不是从工人国家掌握的大工业本身当中取得，而是从旁边、从其他的、外面的来源取得”，而个体的小资产阶级的农民经济是最重要的“储备”来源之一。因此，“如果不大力发展、提高这种经济，我们就寸步难行。相反地，这种经济的高涨是发展我国大工业的必要条件。”① 为了发展生产力，除了农民小资产阶级经济之外，还应当允许私人资本主义和租让制等经济形式存在并在一定范围内发展。因为，“经济政策的全部策略就在于要迫使（‘动员，）那些弃置不用、成为‘死资本’的生产要素发挥作用。”② 在无产阶级国家掌握经济命脉的条件下，资本主义经济的发展不会造成严重威胁，而可以促进经济增长，并为取得发展社会主义大工业所需的“补充产品”提供可能。布哈林说：“新经济政策的最深刻的意义在于，我们第一次开辟了各种经济力量、各种经济成分互相繁荣的可能性，而只有在这个基础上才能得到经济的增长。只有从这种联系和从这些经济成分的相互影响中，才能得到这种经济的增长，即生产力的增长和经济的高涨。”③

要建立各种经济成分之间的有机联系，保持它们相互间的平衡关系，必须借助商品货币关系和市场机制。在新经济政策初期，列宁曾设想用“国家资本主义的商品交换制”来代替“自由贸易”即市场机制。新经济政策实行约半年之后，列宁发现，由于合作社供应的工业品价格太高，又不够灵活及时，农民宁愿把农产品拿到市场上去同私商交易。根据这种情况，列宁提出把“国家资本主义商品交换制”改为“国家调节商品买卖和货币流通”。列宁指出：“在目前商业竟是我国经济生活的试金石，是无产阶级的先头部队同农民惟一可能的结合，是促使经济开始全面高涨的惟一可能的纽带。”④ 布哈林对列宁的这一思想做了重要的阐释和发挥，留下不少关于过渡时期计划和市场关系的引人注目的观点。在《过渡时期经济学》一书中，他曾认为过渡时期经济的基本趋势之一是排斥和消灭商品货币关系，但现在他认为必须通过市场走向社会主义。在谈到向“国家调节商品买卖和货币流通”转变时，布哈林解释说：“我们首先在贸易方面前进，这完全不是偶然的，因为贸易恰恰是这样一种联系，这种联系使得一种经济成分能够影响另一种成分，首先是使得城市和农村能够

① 《布哈林文选》上册，人民出版社 1981 年版，第 29～30 页。
② 同上，第 207 页。
③ 同上，第 357 页。
④ 《列宁全集》第 33 卷，人民出版社 1957 年版，第 143 页。

相互影响。”[①] 他还指出：“市场关系的存在——在某种程度上——是新经济政策的决定性因素。这是确定新经济政策的最重要标准。”新经济政策条件下市场关系的本质是什么呢？“这不是别的，而正是特种生产关系的表现，这种生产关系的特征是形式上独立的个体小生产者的分散劳动”。在苏联，“整整一个历史时期里毫无疑问还将存在小生产者，他们是不可能靠一挥手就组织起来的，这种小生产者的存在就表现在市场关系上，市场关系表现在货币关系上……任何现象都可以由存在市场关系这个基本事实引申出来……问题的实质就在这里。从阶级的观点来看，这是无产阶级和农民的相互关系问题，这是把小生产者吸引到社会主义经济轨道上来的方法问题”。[②] 布哈林还以检讨的口吻说：“如果我们过去关于社会主义制度发展的想法是，实行无产阶级专政之后我们立即消灭市场，从而立即消灭资本主义经济和立即实行计划经济，那么在这里我们是错了。不是立即，而是通过排挤、战胜和改造一系列过渡的形式。在这个过程中，市场关系、货币、交易所、银行等等起着非常巨大的作用”。[③]

基于对市场关系在过渡时期的上述作用和性质的认识，布哈林进一步阐述了他对国家计划与市场关系之间关系的看法。他认为，既然无产阶级工业和小资产阶级农业之间的经济联系必须通过市场机制来实现，那么国家在制定经济计划时就不能撇开市场因素，无论国有企业的经营还是国家计划都要以在合理价格基础上的货币计算为基础。布哈林在反驳托洛茨基反对派分子皮达可夫在苏共十三大上关于将农民经济和市场关系排除在国家计划之外的提议时指出，在制定计划时不可不考虑农业税收，而农业税收又取决于由农业收成和工业品价格决定的“农民市场容量”，因此国民经济计划必须以工农之间的市场关系为基础。进一步说，国营工业内部的各种比例和相互关系，也“决定于同农民市场的相互关系”，“管不着这种相互联系的‘计划’就不是计划，因为这种相互关系正是整个计划的基础。”[④] 布哈林认为，国家应当通过对市场自发过程的干预，把有计划的合理因素引入这一过程。而国家对市场的干预或计划调节，应当根据经济类型的不同而采取不同的形式。他反对实行无所不包的计划，认为不能把“计划”、“计划因素”、“机动性计划”等等“看作免除一切经济以及

① 《布哈林文选》上册，人民出版社 1981 年版，第 357～358 页。
② 《布哈林文选》下册，人民出版社 1983 年版，第 392～393 页。
③ 《布哈林文选》上册，人民出版社 1981 年版，第 360 页。
④ 同上，第 310 页。

其他灾祸的灵丹妙药"，不能让党中央和政府陷入"讨论玻璃的用途"之类"计划工作"中去。[①] 正确的做法应当是"抓住主要的经济命脉，安排主要的东西"，通过国营经济在市场上与私人企业的竞争，逐渐把落后的农民小资产者的活动纳入苏维埃国家的组织过程。[②] 布哈林还讨论了"从经济上的合理性的观点"来看的计划与市场的比例问题，并指出了如果二者比例失当可能带来的后果。他说，在社会主义革命胜利之初，"任何一国的执政的无产阶级都面临着一个极其重要的经济组织问题，即如何安排两种生产形式之间的比例：一种生产形式无产阶级能够使之合理化、加以组织、有计划地进行管理；另一种生产形式无产阶级在自己的发展初期不能使之实现合理化和有计划地进行管理。……如果无产阶级没有正确地规定这个比例，就是说它拿到自己手中的东西太多，超过了客观情况所容许的限度，那么无产阶级就不可避免地要遇到下列的形式：生产力不会得到发展而会受束缚；无产阶级不可能组织一切，无产阶级不可能强制地用自己的计划去代替拥有自己的个体经济的小生产者、小农。结果，无产阶级不能起到给社会提供真正实际的东西的阶层的作用，反而一无所成。周转可以说会被堵塞。这就意味着生产力的进一步下降以及一般经济生活的进一步下降。"除此以外，如果无产阶级竭力"把过多的东西拿到自己手中"，那就需要建立一个包括很多工作人员的行政管理机构来代替千百万小生产者、小农等等履行经济职能，而这种企图"会造成如此巨大的官僚机构，以致它的开支比由小生产领域中的无政府状态而产生的耗费还要大得多，而那时我们就会遇到这样的情景：无产阶级国家的整个经济机构，不是发展生产力的形式，而是束缚生产力发展的桎梏。"[③]

由于布哈林认为从资本主义向社会主义的过渡，是一个在通过市场联系保持各种经济成分之间平衡的前提下，随着生产力的发展而逐步实现的"进化过程"，在对农民小资产经济以及其他非社会主义经济进行社会主义改造的方式问题上，他的看法也发生了与战时共产主义时期截然不同的变化。他抛弃了凭借国家政权的"超经济强制"，将旧社会遗留下来的落后"社会要素"尤其是农民小生产者硬性纳入社会主义劳动组织的观点，转而认为农民小私有经济，甚至资本主义性质的富农经济，可以自发地"长入社会主义"。尽管布哈林在新经济政策时期的讲话和文章中不止一

① 《布哈林文选》上册，人民出版社 1981 年版，第 306 页。
② 同上，第 360 页。
③ 同上，第 65 页。

次提到“小资产阶级多头蛇”的“自发资本主义倾向”，看到了自由贸易条件下农村出现的阶级分化和富农经济发展所引起的种种矛盾，但他始终认为，在无产阶级国家掌握了经济命脉（大工业、交通运输手段，特别是金融体系），而且实行土地国有化的条件下，这些东西并不构成对社会主义经济成分的真正威胁。他反对用“打掉门牙”、“脱去裤子”、“拆掉铁皮屋顶”（当时富农才盖得起铁皮顶房屋）等暴力手段来消灭富农经济。他认为，“应当对全体农民，对农民的所有阶层说：发财吧，积累吧，发展自己的经济吧！只有白痴才会说，我们永远应当贫穷；现在我们应当采取的政策，是要能在我国消除贫穷的政策。”[①] 富农经济的发展及其积累的增加，不仅会使工业品市场扩大从而促进国有工业的发展，而且可以缓解农村的隐蔽失业现象。此外，这还可以使国家的税收增加，而国家又可以将从富农征得的税收用于扶助贫苦农民的共耕社、集体农庄等社会主义农业组织。因此，布哈林认为，“过分害怕雇佣劳动，害怕积累，害怕资本主义农民阶层，等等，这会使我们在农村采取不正确的经济战略。”[②] 不过，布哈林也反对“完全放开富农”的做法，主张通过一定的经济和法律手段加以限制。1928 年以后，由于联共（布）党内“向富农进攻”、实现农业集体化的呼声越来越高，布哈林不再谈论允许富农经济发展的问题，但仍然坚持不能对富农实行暴力剥夺和消灭的政策。

布哈林根据自己对列宁的合作制思想的理解，设计了一套使落后的农民小私有经济逐渐长入社会主义体系的步骤。他认为，第一阶段应当是发展流通领域的合作制，通过销售、信用、采购等合作社来实现分散的农民个体经济的组织化。在这一阶段，将出现一幅中农类型的小资产阶级流通合作社、富农类型的资产阶级流通合作社以及集体农庄形式的贫农生产合作社并存的“五彩图画”。而这些不同类型的合作社，“都将长入我们的银行、我们的信用机关的体系”。[③] 但布哈林反对在条件不成熟的情况下强制推行集体农庄形式的生产合作社。他说：“许多同志现在惯于根据战时共产主义的原则夸大各种集体生产联合组织吸引农民参加社会主义事业的作用。我们应当在农民中间千方百计进行联合成集体农庄的宣传，这是正确的。但是，断言这是推动农民群众走向社会主义道路的康庄大道，这

① 《布哈林文选》上册，人民出版社 1981 年版，第 369 页。
② 同上，第 367 页。
③ 同上，第 386 页。

就不正确了。"[①] 因为千百年来形成的农民的小私有者心理不可能在短时期内改变，同时由一家一户的分散耕作方式向集体劳动过渡的物质条件也不具备。只有首先大力发展流通领域的合作社才是引导农民经济向社会主义过渡的现实道路。发展这种合作社，是"单个农民经济在丝毫不破坏它的习惯的经营方式的条件下，在私人小经济的利益的影响下，建立公共组织"，[②] 因而易于为农民接受。布哈林强调："事情不是从生产开始，而是从流通开始"。[③] 在实现了流通领域的合作化之后，才谈得上实现生产的合作化。过渡到集体劳动的前提，是随着国家工业化的完成而实现的农业物质技术装备的改造，即农业生产的机械化和电器化。布哈林说："农民将通过共同购买机器过渡到集体使用机器。"[④] 20 世纪 20 年代末，布哈林这个先流通后生产的农业社会主义改造模式，以及关于富农问题的看法，成了把他打成"右倾机会主义首领"的重要"罪证"。

当布哈林被当做"右倾机会主义首领"写入联共（布）党史之后，他关于新经济政策的上述观点自然难逃"修正主义经济理论"的骂名。然而，在五六十年以后社会主义各国进行的经济改革过程中，人们却日益发现布哈林的某些观点，例如国家掌握经济命脉前提下各种经济成分相互促进、计划与市场的恰当关系等等，竟同正在实施的改革措施十分相似。而且，当代经济学家对经济改革的论证，甚至在某些用语上也与布哈林的措词类似。这说明，布哈林的某些理论，在当代社会主义实践中确实还有借鉴意义。但是，如果据此认为布哈林是目前正在进行的经济改革的预言者或先知，那就错了。事实上，布哈林本人在阐述自己的理论时，是始终将其适用范围限制在社会主义改造完成之前的过渡时期之内的。例如，在布哈林的心目中，商品价值规律和市场关系就不可能是过渡时期结束后的社会主义经济的调节者。即使在与托洛茨基派的极左看法进行激烈论战时，他也始终认为随着过渡时期的结束，市场机制将被有计划的劳动集中分配所代替。总之，只有注意过渡时期这一特殊的历史背景，才能正确理解和评价布哈林新经济政策时期的经济思想。

---

① 《布哈林文选》上册，人民出版社 1981 年版，第 375 ~ 376 页。
② 同上，第 415 页。
③ 同上，第 376 页。
④ 同上，第 420 页。

二、社会主义工业化模式的两种对立选择

在 1921～1926 年的国民经济恢复时期，由于推行新经济政策，在战争受到严重创伤的苏联工农业生产迅速复苏，一些重要的国民经济指标开始接近或回复到战前水平。这时，如何以社会主义方式实现落后农业国向先进工业国转变的问题，日益紧迫地提到苏联共产党的议事日程上来了。布尔什维克又一次必须作出历史性的抉择——关于社会主义工业化模式的抉择。联共（布）党内又一次酝酿着不同思想派别的斗争。以 1923 年秋季出现的工业品销售和粮食收购危机为导火线，托洛茨基反对派首先挑起一直延续到 20 世纪 20 年代末的"工业化论战"。这场论战不仅深刻地影响了苏联社会主义经济建设的实践，而且也在以后的社会主义经济理论上打下了烙印。

在这场论战中，布哈林和普列奥布拉任斯基是对立阵营的两员主将。普列奥布拉任斯基以其"社会主义原始积累"的经济理论，对托派的工业化模式作了集中的概括和阐述，成为布哈林的主要批判对象，正是在以普列奥布拉任斯基为主要对手的论战中，布哈林逐步形成了自己关于社会主义工业化的比较完整的理论。在托洛茨基"左"派被放逐，布哈林与斯大林的矛盾日益尖锐，被打成"右派"的厄运已经迫近时，对普列奥布拉任斯基为代表的"托派经济思想"的攻击，又成为布哈林用以自卫和批评所谓"斯大林模式"的重要武器。可以说，布哈林的"右"与普列奥布拉任斯基的"左"，是互为前提的。

普列奥布拉任斯基的《新经济学》是托洛茨基反对派经济思想的"经典著作"。1924 年这本书的主要部分（第二章）以《社会主义积累的基本规律》为题发表在《共产主义科学院学报》上以后，布哈林立即撰文进行批判。1926 年这本书出版后，布哈林再次撰文进行批判。这导致了 1926 年 9 月由历史学家波克罗夫斯基主持的共产主义科学院的大辩论。

这场论战的核心问题，是在一个落后的农业国如何取得实现社会主义工业化所需要的巨量资金。普列奥布拉任斯基将这种工业化资金的形成过程，称为"社会主义原始积累"。

普列奥布拉任斯基认为，在一个受到外部资本主义包围和内部资本主义发展威胁的落后的社会主义农业国，要巩固和发展社会主义生产关系，

必须建立现代化的大工业；而要建立和发展社会主义的大工业，又必须为社会主义的国有部门进行生产资金的“预先积累”或“原始积累”。这是过渡时期不可抗拒的客观规律、是经济必然性，这也是普列奥布拉任斯基在《新经济学》一书中反复强调的一个基本观点。这不仅以极其尖锐的形式提出了任何落后国家在工业化起步阶段都要碰到的资金形成这一头号难题，而且由于将这个问题与苏联社会主义制度的生存和发展，与“社会主义和资本主义谁战胜谁”联系起来，就更加突出了问题的紧迫性和严重性。

在《新经济学》一书中，普列奥布拉任斯基模仿马克思资本主义积累规律的表述方法，给自己的“社会主义原始积累规律”以如下“经典的表述”。“向社会主义生产组织过渡的某一国家在经济上越落后，小资产阶级性即农民性越严重，该国无产阶级在社会革命时能得到充作自己社会主义积累基金的遗产越小，这个国家的社会主义积累就越要被迫依赖于社会主义以前的经济形式的部分剩余产品的转让，靠在它自己的生产基础上来积累的比重就越小，就是说，这个国家的发展越不依赖社会主义工业工作者的剩余产品。”① 在工业品与农产品的不等价交换之外，普列奥布拉任斯基还谈到其他一些“社会主义原始积累”手段，例如牺牲国营工业工人的正常消费，对私人工商业征税，发行国家公债，超量发行纸币，对外贸易垄断，等等。但是，他始终认为工业与农业的不等价交换是最根本的手段。因此，以不等价为宗旨的价格政策，就成为“社会主义原始积累规律”发生作用的核心机制。普列奥布拉任斯基还认为，通过工业品垄断价格政策进行积累，“比向小生产征收直接税和间接税的其他形式更优越。最重要的优越性就是征收非常方便，不需要在专门的税收机关上花一个戈比。”② 尽管他没有进一步阐述垄断价格较税收的优越性，但除了“方便”之外，这一特殊的征税形式恐怕还有更加重要的“优越性”：这是在商品货币交换形式下进行的“暗取”，较之强制征税形式的“明夺”，为农民小生产者容忍的可能性更大些。在普列奥布拉任斯基看来，如果农民小生产能够无限容忍工业品垄断价格不断高出其价值的趋向，那就可以实现“最理想的社会主义原始积累”。“社会主义原始积累规律”也就获得了“抽象掉小私有者的反抗”这一实际限制的最理想的实现形式。当然，他也知道，农民的容忍不可能是无限的，因而“最理想的社

① 普列奥布拉任斯基：《新经济学》，生活·读书·新知三联书店1984年版，第78页。
② 同上，第66页。

会主义原始积累迫使我们采取的决定”与“由于私有经济和代表它的阶级的反抗而使这种最理想的积累打折扣的必然性迫使我们采取的决定”，是有很大差别的。但是，普列奥布拉任斯基始终没有从社会再生产过程中工农业两大部门比例关系的角度，给“社会主义原始积累”规定一个客观的经济界限。从他的论述中，人们很容易得出这样一个印象：只要农民主观上还能容忍，就可以把工业品“卖贵一些”，而不管这样做是否已经造成农业的衰败，从而威胁整个社会再生产过程的正常进行。这显然是十分荒谬的。

在对以垄断价格为实现机制的“社会主义原始积累规律”的论述过程中，普列奥布拉任斯基提出了一整套关于过渡时期经济的两个相互冲突的调节者的理论。他将过渡时期的苏联经济称为“混合的商品社会主义经济制度”，认为与这一制度内并存的国有经济和私人商品经济这两大部分相对应，存在着两个经济调节者：一个是价值规律，另一个就是“社会主义原始积累规律”。过渡时期国有经济同私有经济（主要是农民小资产阶级经济）之间的对立，表现为价值规律和“社会主义原始积累规律”的冲突。价值规律虽然要通过价格围绕价值的不断波动来实现，但其基本要求是等价交换，这体现了农民小资产者和资本主义商品生产者的利益，集中了自发的“商品资本主义成分趋向的总和”。而“社会主义原始积累规律”则要求使不等价交换成为准则和常规，而不仅仅是价格对价值的偶然和短期的偏离，以便将非社会主义成分中的生产资源转移到国有工业部门。这体现着工人阶级的根本利益。这两个冲突的规律决定着不同的“生产资料分配和劳动力分配”，即生产资源在不同产业部门的不同配置比例。“社会主义原始积累规律”要打破革命前在无政府状态下自发形成的农业国的落后经济比例，价值规律的作用则以原有落后比例为基础并力图保持这种比例。普列奥布拉任斯基说：“如果说第一种规律是表现我们的未来经济的趋向，那么，第二种规律则反映我们的过去极力迫使我们停留在现阶段并且使历史的车轮倒转。”[①] 在整个过渡时期，“社会主义原始积累规律”与价值规律之间的冲突和斗争都始终存在。普列奥布拉任斯基特别强调这两个规律没有统一的内在基础，它们之间的所谓统一只是一种“对抗的合力”。但是，值得注意的是，尽管普列奥布拉任斯基将“社会主义原始积累规律”绝对对立起来，但又认为“社会主义原始积累规

① 普列奥布拉任斯基：《新经济学》，生活·读书·新知三联书店 1984 年版，第 100 页。

律”与“货币商品交换”或市场关系并非决不相容。他说：“在货币商品交换的扩展领域和价值规律的作用之间无论如何不能画等号。”① 他的理由是：在垄断资本主义条件下，垄断价格长期背离价值，就已经表明“货币商品交换”不再受价值规律左右；在社会主义条件下，全部大工业都归国家所有，垄断程度更高；虽然国有工业还必须通过货币商品交换与私有农业发生经济联系，但国家完全可以利用其独一无二的垄断地位，使工业品价格有计划地长期背离价值规律的要求，以获取某种“变形的”垄断利润来进行“社会主义原始积累”。因此，在过渡时期的“混合商品社会主义经济制度”条件下，“货币商品交换”或市场关系已经部分具有与价值规律的要求相对立的经济内容，即体现在有计划的垄断价格上的“社会主义原始积累规律”的要求。

普列奥布拉任斯基根据国家是否居于垄断地位以及垄断程度的高低(其反面就是价值规律是否起作用以及作用的强度)，具体分析了各种货币商品交换关系的实际经济内容。他区分了四种货币商品交换关系：一是国有企业之间的交换。这种交换从总体上说只在形式上还是商品货币关系；二是国家作为垄断生产者但不是垄断卖者进行的货币商品交换。这主要是指城市工商机构向农村出售工业品；三是国家作为买者进行的货币商品交换。这主要是指国有工业购买农民生产的原料；四是城市居民购买消费品时发生的货币商品交换。价值规律的作用在这里具有强制性，即价格政策必须遵循平衡供求的原则。总之，在普列奥布拉任斯基看来，市场关系是一种可以兼容根本对立的经济关系的外壳，国家可以利用它进行计划调节，与价值规律的自发作用相抗衡。不过，他对利用市场关系进行计划调节的适用范围的认识，并未超出过渡时期。按他的理解，市场关系只是社会主义国有经济在与非社会主义经济共存和发生联系时不得不穿上的一件外套，而且是一件很不合身的外套。随着过渡的完成，这件外套应该脱下来扔掉。

普列奥布拉任斯基的“社会主义原始积累理论”或“托派工业化模式”，与战时共产主义时期的“左派共产主义者”布哈林在《过渡时期经济学》一书中阐述的论点，是有着密切的渊源关系的。现在，改变了立场的布哈林是如何批判普列奥布拉任斯基理论的呢？布哈林自己的工业化模式又是怎样的呢？布哈林与普列奥布拉任斯基的分歧，主要表现在以下

① 普列奥布拉任斯基：《新经济学》，生活·读书·新知三联书店1984年版，第94页。

三个方面。

（一）巩固还是毁灭工农联盟？

在与以普列奥布拉任斯基为代表的托洛茨基反对派的经济论战中，布哈林反复强调的一点，就是托派经济理论和政策主张付诸实行必然会带来的严重政治后果：工农联盟的毁灭和无产阶级国家政权基础的崩溃。布哈林批评普列奥布拉任斯基的第一篇文章，就题为《苏维埃经济的新发现或如何毁灭工农联盟——关于托洛茨基主义的经济论据问题》。他一开始就如此尖锐地从政治上提出问题，决不是要避开"工业化积累从何而来"这一现实经济问题而玩弄扣政治帽子的派别斗争游戏。正如布哈林在批评《新经济学》一书的方法论错误时指出的那样，既然问题涉及国有经济和私有农民经济这两种经济形式之间的关系，就不能在"抽象掉私有农民经济的反抗"，抽象掉存在于这两种经济形式中的不同阶级主体（工人和农民）之间关系的假设下来考虑问题。而阶级之间的关系就是政治。而政治的奥秘又在于阶级利益之间的对立和联系。布哈林指出，1923 年秋的经济危机表明，随着经济的高涨和农民生产商品率的提高，工人和农民这两个劳动阶级的利益差别和矛盾日益鲜明地显现出来。这种"直接的利益差别，甚至直接利益的对立，首先是以卖主和买主双方利益对立的姿态出现的。"①"日益商品化的农民"已经认识到工农业产品的比价是不合理的，认为城市掠夺了他们，应抬高粮价压一下城市工人。而在工人方面，也有某些人不了解长远利益和与农民阶级的共同利益，具有狭隘的"工联主义和行会习气"（布哈林说，应将普列奥布拉任斯基的著作"当做不正确的、完全不是无产阶级的，而是工联主义的、行会的意识形态的典型来批判。"②），以为我们政治上已经巩固了，不需要"对乡下佬让步了"，应该从乡下佬那里攫取更多的东西来加速工业积累。在包含着这种利益对立的经济增长中，"蕴藏着苏维埃社会两个劳动阶级分裂的可能性"。③ 工人阶级如果不能正确处理自己与农民的利益关系，弥补工农关系上出现的裂痕，那么它就会丧失对国家政治领导权，从而也丧失对国民经济的领导权。

---

① 《布哈林文选》上册，人民出版社 1981 年版，第 203 页。
② 同上，第 217 页。
③ 同上，第 203 页。

布哈林指出，托洛茨基反对派在以工农联盟为基础的社会主义国家内，主张对农民采取“原始积累骑士”的强暴态度，鼓吹“剥夺农民”、“吞没农民”、“使农业成为无产阶级工业的殖民地”，甚至“实行工人对农民的阶级奴役”，是荒谬绝伦的。他认为，社会主义的工业化过程不应当是资本主义原始积累过程的重复。社会主义国有工业要从农民小生产者那里取得部分剩余价值作为积累基金，这是“毫无疑问的”，[①] 但绝不能将其与资本主义的原始积累相提并论。因为国有工业的这种积累决不是、也不可能成为生产和再生产出工人对农民的阶级奴役和阶级剥削关系的手段。布哈林说：“价值从小生产者手中转到无产阶级工业手中表现了什么呢？表现了截然相反的趋向，也就是克服城乡之间、无产阶级和农民之间、社会主义经济成分和小资产阶级经济成分之间的对立的趋向。因为我们根本不是要去巩固阶级之间的关系，而是要去消灭这些关系”。[②] 农民小生产者的落后，是他们的不幸而不是他们的罪恶。无产阶级的任务不是压迫和奴役他们，而是将他们提高到自己的水平。社会主义国家从小生产者那里取得一定剩余价值充作积累，加速工业的发展，目的就是要用先进的物质技术装备改造落后的农业，从而提高农民的文化和组织水平。布哈林认为，这就是“我们的工业化的形式”同资本主义工业化过程中发生的工业对农业的“寄生性”掠夺的根本区别。他反复强调：“我们必须经常记住，我们的工业化必须有别于资本主义的工业化，它是由无产阶级实行的，为了社会主义的目标，它对农民经济的影响在性质上是不同的，它对农业的‘态度’一般地说也是不同的。资本主义使农业受轻视。但是社会主义工业化对农民来说不是寄生性过程……，而是对农业进行巨大改造和使农业得到巨大增长的手段。”[③] 如果说普列奥布拉任斯基的“社会主义原始积累理论”是在与早期资本主义工业化模式的历史类比中强调了一种冷酷的经济必然性，那么，布哈林从维护工农联盟这一现实政治问题角度提出的反对意见，最终则归结为一种新的、社会主义工业化的伦理观。即使社会主义工业化过程中工农之间的关系客观上不可能毫无痛苦，但如果布哈林的工业化伦理观得以支配人们的判断，这种痛苦肯定是会大大减轻的。

---

① 《布哈林文选》上册，人民出版社 1981 年版，第 219 页。
② 同上，第 220 页。
③ 《布哈林文选》中册，人民出版社 1981 年版，第 291 页。

（二）“静止、孤立的工业国”还是工农业之间“动的平衡”？

在与普列奥布拉任斯基的论战中，布哈林还反复指出了“社会主义原始积累理论”的一个基本方法论错误：撇开工业和农业在社会再生产中的相互联系和相互作用，静止和孤立地考察工业积累问题。他说，普列奥布拉任斯基等反对派分子主张通过垄断高价从农民那里“拿取经济上可能和技术上可以达到的一切”，实际上是把社会再生产过程中不同部门之间复杂的平衡关系，“归结为算术的加法、减法和除法问题”，把工业积累仅仅当做是为了“使无产阶级工业获得更多的东西”而尽可能“从农民经济中扣除”，把全部问题简单化为与农民“瓜分现有的国民收入”。布哈林认为，“问题的关键在于增加‘国民收入’，即提高生产力”，“而这根本不能归结为对现有的储备进行的简单的分配”。[①] 在农民经济占很大比重的情况下，广大农村是国有工业的主要市场，因而国有工业的积累规模和速度要取决于“农民市场的容量”。农民市场容量又取决于农业生产的发展状况，而农业生产的发展状况又取决于农民是否有足够的积累进行扩大再生产。可见，“社会主义工业中的积累是农民经济中积累的函数”，[②] 私有农民经济的发展是国有工业发展的前提。布哈林挖苦普列奥布拉任斯基是“建议无产阶级杀掉会生金蛋的母鸡”。[③]

事实上，布哈林并不反对从农业领域抽取资金，加快工业的积累速度。他不止一次说过，“谁也不否认，工业从小生产者那里得到和还将得到额外价值作为自己的积累基金。”[④] 但他认为不能对农民经济搞竭泽而渔，而要寻求“社会主义积累的适度条件”。他解释说，所谓积累的最适点问题，“也就是这样一个问题，从经济观点来看，国营经济的工业积累基金或国营经济成分积累基金可以取自农民经济中的剩余产品量的最优的（最适当的）数字是什么。”[⑤] 由于工业只有在与农业保持正常商品货币联系的条件下才能发展，工业积累基金的大小要受国内市场容量的制约，在确定“最适点”时，必须首先考虑国内市场（主要是农村市场）的容量问题。布哈林将1923年危机后联共（布）中央的对策与反对派的主张作

---

① 《布哈林文选》上册，人民出版社1981年版，第232页。
②③ 同上，第233页。
④ 《布哈林文选》中册，人民出版社1981年版，第108页。
⑤ 同上，第116页。

了比较，指出，“中央不是笼统地主张最低利润，而是主张单位商品的最低利润。中央不是笼统地主张积累的低速度，而是主张不脱离农民经济，归根结底是要获得比较高的，最高的积累速度。”① 布哈林所说的中央路线，就是实行工业品对农村的薄利多销政策：降低工业品价格，在单位商品中少拿些利润，从而扩大农民市场容量，促进国内市场发展；而市场容量的扩大会促使国有工业企业缩短生产时间和流通时间，加速其资金周转，提高其积累能力。布哈林说：“如果我们这样来加速城市和乡村，国营工业和农业，社会主义工业和农民经济的相互影响，那么，我们开始走得慢些，随后可以赶上、超过我们经济政策的第一种（‘反对派的’）方案所要求的积累速度，并把它远远抛在后面。”② 相反，如果像反对派主张的那样，“靠卡特尔的高价获得高额利润”，农民经济受到打击，国内市场容易就会缩小，资金周转速度就会降低，国有经济的积累能力就会削弱。这样，“在我们的经济行动的最初阶段，无论我们拿多少，归根到底我们会受损失，因为积累的速度不可避免地会减慢。”③

从布哈林的这些比较分析中，可以清楚地看到两个对立的工业化模式——托派模式和布哈林模式。这两个模式都以取得工业化所需积累为目标，而且都以市场价格为关键变量。在托派模式中，工业品价格是包含着高额垄断利润的“卡特尔价格”，其功能主要是实行国民收入再分配，将农民创造的国民收入大规模地转移到国有工业部门，以便在短期内完成资源配置结构的急剧变革，实现落后农业国向工业国的跃进。托派模式的致命弱点，一是没有解决农民问题的切实可行的纲领，一旦它对农民的剥夺超过广大私有者农民的容忍限度，就会导致工农联盟破裂、政治剧烈动荡的局面；二是在对待工农业相互关系问题上的极端片面性，它毫不隐讳地强调了在农业国工业化的一定时期内工业积累不得不由农民提供这一严峻的事实，但没有看到正因为如此工业就不能脱离农业而孤军突进，对农业采取杀鸡取卵的极端措施只能使工业化进程本身难以为继。在这两个方面，主张“动的平衡”（政治上工人和农民两个阶级的平衡，经济上国有工业和私有农业的平衡）的布哈林，确实显得比普列奥布拉任斯基有见识。但是，布哈林模式也不是没有问题。虽然布哈林原则上不反对从农民那里“拿取”，但始终认为这只是工业积累的第二位的、补充的来源。而且，他主张以税收形式“明拿”，反对将价格当做再分配的基本手段。这

① 《布哈林文选》上册，人民出版社 1981 年版，第 329 页。
②③ 同上，第 330 页。

样，在他的模式中，价格的主要功能是平衡国有工业和私有者农民之间的利益关系，工农业产品的比价不能长期过大地偏离价值规律的要求。在这种情况下，工业品价格中不包括额外利润，工业积累主要来自企业的正常利润，因而工业积累的规模和速度在一个相当长的时期内会相当有限（尽管有可能呈现布哈林预言的不断加速的趋势），工业化所需要的时间会相当长。而布哈林模式是否可行的关键也就在时间上：国际政治环境是否为苏联提供了一个相当长的和平发展时期。而这里立即出现了一个两难的问题：在帝国主义列强环峙之下，孤立无援的苏联如果不能较迅速地实现由农业国向工业国的转变，大大提高自身的经济实力从而加强国防潜力，它就很难争得所需的和平发展时间。人们有理由怀疑，假如苏联是按布哈林模式发展的，到第二次世界大战时它是否能够具备抗衡法西斯德国的军事经济实力。显然，与普列奥布拉任斯基相比，布哈林过低地估计了工业化速度在当时条件下的严重意义。虽然他也希望有高速度，但认为“蜗牛速度”并不必然是“致命危险”。[①] 布哈林做出这种过分乐观的估计，又是因为他将1923～1926年间在苏联出现的恢复性质的短期繁荣，当做了制定长期发展战略的依据。在与托派经济思想进行论战时，他经常将这种短期繁荣引为论据。

（三）两个对立的调节者还是统一规律的不同社会经济表现？

我们已经知道，普列奥布拉任斯基认为过渡时期存在着两个根本对立的经济调节者，即“社会主义原始积累规律”和价值规律。布哈林从引证马克思致库格曼的信开始对普列奥布拉任斯基的批评。布哈林说，根据马克思的看法，“在一切社会历史形态中，按比例的劳动消耗规律，或者简单地说‘劳动消耗规律’，是社会平衡的必要条件。它可以有不同的‘表现形式’。特别是在商品社会（无论在商品资本主义社会，无论在任何一个商品社会），它给自己穿上了价值规律的拜物教外衣。”[②] 而在向社会主义过渡的时期，“社会主义计划原则胜利的过程无非是劳动消耗规律脱去自己身上罪恶的价值外衣的过程，也就是说，是价值规律转变为劳动

---

① 转引自斯蒂芬·F·科恩：《布哈林与布尔什维克革命》，人民出版社1982年版，第306～307页。

② 《布哈林文选》中册，人民出版社1981年版，第91～92页。

消耗规律的过程，是社会基本调节者消除拜物教的过程。”[①] 布哈林将这种转变称为“规律的换毛”，认为劳动消耗规律这一“经济平衡的普遍的和万能的规律”，在社会主义计划原则中得到了最直接、最纯粹的表现。但是，他认为，不能将这一规律的社会形式的变化，当做是它的“物质内容”（按比例分配劳动）的改变，杜撰出与作为这一规律的一种特殊表现的价值规律有根本不同物质内容的“社会主义原始积累规律”。他指出，“普列奥布拉任斯基的基本错误在于：他用价值规律转变为自己所喜爱的‘社会主义原始积累规律’的过程来‘替代’价值规律转变为劳动消耗规律的过程。”[②]

布哈林认为，在过渡时期，一方面发生了价值规律到纯粹劳动消耗规律的“换毛”，计划原则起着越来越大的作用；另一方面，由于国有经济与农民私有经济和资本主义经济的联系只有通过商品货币交换才能建立，简单商品经济的价值规律以及作为其变态形式的生产价格规律也仍然在起作用。计划原则、价值规律和生产价格规律在共同调节经济生活时会发生矛盾甚至冲突，但“不论这些形式怎样多种多样，它们都可以归结为某种统一体”[③]，即归结为根据社会需要按比例分配劳动的规律或劳动消耗规律。因此，社会主义国家的计划原则与价值规律之间，并不存在无法调合的冲突。实行计划原则时不能忽视价值规律的作用，要充分考虑到由这个规律决定的国内市场容量。布哈林进一步分析道，有计划地分配生产力的出发点是社会需求，而过渡时期的社会需求在很大程度上是私有农民的需求，“从这里可以得出的结论是，决定需求的国内市场容量，是直接决定轻工业规模，部分地决定冶金和其他工业规模的最重要的因素之一。根据‘连锁联系’，这又决定其他部门间的比例。”因此，想要制定任何撇开私有农民经济发展状况以及价值规律作用的“自在的”工业计划，是根本不可能的。[④] 布哈林认为，普列奥布拉任斯基将有计划的工业积累同价值规律绝对对立起来，看不见二者的统一性，等于主张“无产阶级计划是要使社会经常地失去平衡、经常地破坏不同生产部门之间的社会必要的比例，也就是说，经常同社会存在的最基本条件作斗争。”[⑤] 他将普列奥布拉任斯基的观点讽刺为与马克思主义的传统相对立的“经济未来

---

① 《布哈林文选》中册，人民出版社 1981 年版，第 93 ~ 94 页。
② 同上，第 94 页。
③ 同上，第 99 页
④ 同上，第 117 页。
⑤ 同上，第 94 页。

主义。”

从布哈林与普列奥布拉任斯基关于过渡时期经济规律问题的分歧，可以看到托派工业化模式与布哈林模式的又一个重要区别：在产业发展顺序上的区别，也就是所谓“发生论”（又译“遗传论”）观点与“目的论”观点的区别。由于布哈林认为计划的根本任务就是按劳动消耗规律的要求保持各生产部门之间的正确比例，他自然会认为过分脱离历史上形成的现有社会再生产比例，在产业发展顺序上实行大幅度跳跃（即在传统农业占优势条件下，越过轻工业充分发展的阶段，重点突出重工业）是不可取的。布哈林之所以称托派工业化模式为“超工业化”或“经济未来主义”。原因就在于此。从上面所引布哈林关于部门间“连锁联系”的话来看，他显然是倾向于当代发展经济学所谓“常态模式”的，即在农业发展的基础上发展轻工业，在农业和轻工业“相互繁荣”的基础上发展重工业。这种“发生论”的观点在苏联二三十年代的经济学家中是比较普遍的。格罗曼、康德拉季耶夫、巴扎罗夫都不同程度地持有这种见解。在参与编制苏联最初的几个五年计划时，他们认为“经济制度的均衡规律”应该是拟制远景计划的支柱，并断言“我们正在复兴的经济在自发地力求达到”这一均衡。[①] 在“发生论”者中甚至存在这样一种极端的观点：经济平衡和社会劳动消耗比例性要求苏联保持战前的工农业比例，即1/3∶2/3。[②] 格罗曼就是持这种极端看法的人之一。他说：“我们正在从经济灾难中恢复过来，达到反映经济平衡条件的战前比例关系，这对我们现今的经济过程来说在很大程度上是真正客观意义的调节规范。”[③] 后来，持“目的论”观点的沃兹涅辛斯基在批判“发生论”者时说：“马克思曾强调指出，任何一个人类社会都必须在物质生产各个部门之间按照一定的比例分配劳动。然而这些比例的内容和各种规律——上述比例是在规律基础上形成的——对于资本主义社会和社会主义社会在原则上是各不相同的……苏联社会主义工业化的成就使历史上形成的劳动分配发生了变化，彻底粉碎了资产阶级和机会主义关于国民经济各个部分和各种成分平衡的‘理论’，揭露了布哈林机会主义的‘劳动消耗规律’。”[④] 就布哈林而言，这种批评有欠公道，因为他并不属于极端的“发生论”者之列，尽管他

---

① 参见《苏联社会主义经济史》第3卷，三联书店1982年版，第13页。
② W. 布鲁斯：《社会主义经济运行问题》，中国社会科学出版社1984年版，第57页。
③ 转引自沃兹涅辛斯基：《沃兹涅辛斯基经济论文选》，人民出版社1983年版，第102页。
④ 沃兹涅辛斯基：《沃兹涅辛斯基经济论文选》，人民出版社1983年版，第125页。

具有发生论的倾向。他在批评普列奥布拉任斯基时曾强调过，在社会主义条件下，由于国民收入分配、需求结构等基本条件的变化，劳动消耗规律所规定的比例会不同于旧社会的比例。他并不否认改变旧的经济结构的必要性，但主张在发展过程中保持生产部门间的“动的平衡”。事实上，布哈林曾经批评过康德拉季耶夫、魏恩斯坦等极端“发生论”者将经济生活中的一切弊端都归之于工业发展，认为必须大大压缩工业生产，先发展个体农庄的主张。布哈林称他们是“民粹派的有学问的专家”。[①] 但是，从布哈林主张按发达国家正常的产业发展顺序逐步实现工业化来看，他无疑是个“发生论”者。与布哈林主张的“常态模式”相反，托派的工业化模式是以急剧改变落后农业国传统产业结构，实行高度“倾斜式工业化”为特征的。普列奥布拉任斯基在《新经济学》一书中就轻蔑地嘲笑了“社会主义曼彻斯特派道路”[②]。所谓“曼彻斯特道路”，正是资本主义国家常态发展模式的一个典型。“发生论”和“目的论”孰是孰非？从苏联和其他社会主义国家以及第二次世界大战后某些欠发达国家的经验和教训来看，这二者都是片面的，应当相互补充。

三、对斯大林模式的某些痼疾的初次诊断

在20世纪20年代末被逐出政治舞台之前，布哈林一直没有停止过对托派“超工业化”的批判。在他与斯大林结成联盟反对托洛茨基的一段时间内，他所阐述的思想，对苏联的工业化进程是起过实际影响的，尽管为时短暂。从1927年年底联共（布）十五大决议中关于经济问题的提法，就可以看到这种影响。这个决议指出，党的战略目标是获得长期的高速度发展，而不是就要在明年达到最高速度，并告诫人们不要投资过度，不要过分突出重工业，还强调了保持市场平衡的必要性和发展轻工业的重要性，认为轻工业是为进一步发展经济而积累资金的良好途径。然而，以对苏联20世纪20年代发生的又一次粮食收购危机即1927年危机的不同认识为直接原因，布哈林与斯大林发生了严重分歧，最终导致前者被清除出政治舞台。

从20世纪20年代末全面展开的苏联工业化进程，采取的不是布哈林

---

① 《布哈林文选》中册，人民出版社1981年版，第227～228页。

② 普列奥布拉任斯基：《新经济学》，生活·读书·新知三联书店1984年版，第81页。

主张的模式，而是所谓“斯大林模式”。对这个模式的全面分析超出了本文的论述范围，但这里可以简单地指出的是，它既不同于布哈林模式，也不像某些西方学者认为的那样，完全是对托派理论的“剽窃”。在托派工业化模式中，没有包含着解决农民问题的可行纲领，而斯大林模式中却有这种纲领。这就是以集体农庄的形式将农民组织起来，为工业化过程的物资和资金来源提供比分散的私有小农条件下稳定得多的保证。而且，斯大林还进一步将托派模式明确为“建设就是一切”和“突出重工业”两个口号。实践证明，正如斯大林在批评布哈林时所说，这是找到了一把迅速开启工业国大门的“钥匙”。[①] 第二次世界大战的考验，显示了斯大林所做选择的政治远见。但是，正如布哈林曾经说过的，“政治上的适应性”与“经济上的合理性”并不总是一致的。斯大林模式虽然在恶劣的国际政治环境中，使苏联避免了战败灭亡的厄运，但它毕竟具有与托派模式相似的经济上的不合理性，而这又造成至今难以治愈的许多后遗症。可以说，布哈林是第一个对斯大林模式的某些痼疾进行早期诊断的经济学家。布哈林自己主张的模式虽然当时由于其“政治上的适应性”不够而在历史上落选，但对于今天在根本不同于当年的国际政治环境中建设社会主义的人们，认真地倾听这种早期诊断，无疑是很有教益的。

首先应当提到的是布哈林对“速度病”的批评。他不同意“速度就是一切”的口号，提醒人们不要一味“迷信”速度，而应当在正确处理积累和消费以及部门间比例的前提下争取合理、“最佳”的高速度。他还批评了“迷信速度”而造成的一系列弊端，例如投资膨胀。他指出，为了加快发展速度，并不意味着应当不顾一切把全部家当都用在基本建设上。如果这样做，最后必然会形成“用未来的砖头建造现实的厂房”的荒谬局面。他说，在投资问题上，人们“常常有一种特殊的‘货币拜物教’的奇怪观点，认为有了钱就有了一切。然而，如果没有必要数量的这种或那种材料……如果生产这些材料所需要的期限超过它们应在生产中被消费的期限，那么任何金钱也帮不了我们。”[②]

对速度病的批评；还促使布哈林思索了由不断发生的“商品荒”引起的一个问题：社会主义经济中是否存在与资本主义生产过剩相颠倒的商品短缺规律？布哈林不同意“问题的这种提法”，认为“这里混淆了两种完全不同的东西：一种是不断发展的生产力落后于（在每一特定时刻）

① 参看《论联共（布）党内的右倾》（载《斯大林选集》下卷）。
② 《布哈林文选》中册，人民出版社 1981 年版，第 293 页。

更为迅速增加的需要（落后于广义的‘需求’）；另一种是特别尖锐的‘危机’形式即商品荒形式（这里问题在于有支付能力的需求）。”他指出，“第一种现象只是表明一个事实：社会确实在向社会主义过渡，需要的增长是社会的经济发展的直接动力，生产成为手段，等等。破坏再生产过程的危机性质的因素则完全是另一回事。它只在经济平衡的各种条件遭到破坏的情况下才能存在，也就是在再生产的各种因素（包括消费因素在内）不能正确协调的时候产生的。这种和资本主义相比是歪曲的‘危机’性质，是由群众需要和生产之间确实崭新的关系所决定的。但是，这种关系不是一种发展着的对抗（恰恰相反，生产不断追赶作为整个发展基本动力而走在前面的群众消费）因此，这里没有危机规律的基础，不可避免的危机规律的基础。但在这里也可能出现危机，它是由相对的无政府状态即由过渡时期经济的相对无计划性产生的。”① 布哈林的这一看法，对于正确看待社会主义经济中的短缺现象，现在也是有启发意义的。

尤其值得注意的是，布哈林对权力过分集中和由此而来的官僚主义的批评。他说：“我必须把那些为社会主义工作的经济成分最大限度地开动起来，使之变得极其灵活机动。这就要求把个人的、集团的、群众的、社会的和国家的主动精神错综地配合起来。我们是过分集中化了。由于集中化，我们使自己丧失了额外的力量、资金、后备和潜力。如果我们从个别的国营企业开始，能够使我们更适应实际的具体条件，而不干成千上万带来很大损失的大小蠢事，我们就会灵活得多，机动得多，取得的成果就会大得多。”② 1929 年，布哈林在被迫公开认错之前，还发表了一篇题为《有组织的经营不善》的读书笔记，通过对西方垄断资本主义工业组织的官僚化和低效率的评论，隐晦曲折地对高度集权的苏联工业组织中正在形成的官僚主义做了最后一次公开批评。

布哈林对处在形成阶段的斯大林集权模式的批评，显示了他作为经济学家的洞察力。时至今日，这些批评仍有其现实意义。但是，我们现在肯定他的这些批评，并不意味着当代社会主义的改革可以用他的观点来概括和说明。目前进行的改革无论在深度和广度上都远远超过了处在过渡时期的布哈林的认识。

---

① 《布哈林文选》中册，人民出版社 1981 年版，第 276 页。

② 同上，第 298 页。

论社会主义经济中的最优积累*

一、引　言

（一）本文的研究目的

国民收入用于积累和消费的比例，是社会主义经济中最重要的宏观比例之一。正确地处理积累和消费的关系，合理地选择积累率，不仅对于国民经济的持续健康发展具有决定性的意义，而且关系到社会主义的政治和经济制度的稳定和巩固。社会主义的实践已反复向人们表明，积累和消费比例选择上的失误，在直接导致经济发展的巨大波折的同时，往往还会成为诱发严重的社会和政治危机的间接原因。基于这种经验，一些东欧和苏联的经济学家甚至将积累率的重大变动看作是测知社会的经济和政治气候变化的“可靠的晴雨表”。①

如何合理地规定国民收入用于积累和消费的比例，长期以来一直是社会主义国家的政府决策和经济理论探索所关注的重大问题。本文试图在历史经验和前人理论探索的基础上，通过建立和求解社会主义经济中最优积累的理论模型，回答以下几个具有重要的理论和政策意义的问题：（1）什么是社会主义经济中的最优积累？（2）实现最优积累必须满足哪些基本条件？（3）最优积累的动态特征是什么？

---

* 本文写于1989年6月至1990年5月，曾在《经济纵横》杂志1991年4、5、7三期上连载。收入本文集时恢复了发表时因篇幅限制删去的内容。

① 波利亚佐夫、M. C. 阿特拉斯主编：《社会主义社会的国民收入》，中国财政经济出版社1981年版，第177页。

（二）从适度积累到最优积累

在展开本文的探讨之前，有必要回顾一下我国以及苏联和东欧国家关于积累问题的研究进展，让我们先从我国的研究说起。

我国经济学界关于积累问题的研究，一开始就是密切地联系着我国经济发展中的有关经验教训进行的。新中国成立以来，我国国民收入的年平均增长率为7%以上，这样的增长速度在世界上是不多见的。但是，在我国经济增长的时间轨线上，却多次出现振幅很大的波动，国民收入的年增长比例最高时超过了20%，最低时竟为-30%，最高增长比例与最低增长比例之间相差50多个百分点，尤其值得注意的是，增长比例的大起大落每隔3~5年就发生一次，具有某种周期性的特征。从1950年迄今，振幅较大的这种起落大体上发生了六次。近些年来，我国一些学者对这种具有周期性规律的波动提出了各种各样的新解释，先后出现了粮食周期说、工业周期说、价格水平周期说、基础产业生产波动说等见解。这些见解当然都有一定道理，用它们或许可以说明增长时间轨线上出现的振幅较小的正常波动。但是，用这些见解却无法说明我国经济增长的时间轨线上屡次出现的大起大落。我国经济学界大多数人认为，这种周期性的大起大落发生的原因，主要是不切实际地追求经济的高增长比例导致的积累率选择上的周期性失误。如果将我国生产性积累率（生产性积累在国民收入中所占比例）变动的时间轨线与国民收入增长比例的变动轨线相对照，不难看出，我国国民收入增长比例的大起大落同积累率的大起大落大致是同步的。事实上，我国经济增长过程中的大波动，几乎每一次都是由过度积累产生的。这种周期性波折的运行机理是：过度积累→过热增长→增长速度大幅度回跌→被迫调整→积累率下降→经济增长速度回升→过度积累……。由过度积累产生的波折，每一次都给国民经济造成严重损失。其中以1958年大跃进至1962年的第一次波折为最甚。正是大跃进的惨痛教训，使人们对亚当·斯密以来的积累越多增长越快的教条发生了怀疑。事实表明：积累率过高，不仅不能带来高增长率，反而会引起增长率的下降，人们由此断定：积累率的提高只有在一个适度范围内才能推进经济增长。基于这种认识，我国经济学界开始了对适度积累的研究，这种研究大体上是按照两条思路展开的。

第一条思路，在兼顾生产增长和人民生活改善的大原则下，将过去不同时期积累率的经验数据和相应的经济发展实绩相比较，找出适度积累率。在对本国不同时期的经验数据进行“纵比”的同时，往往还利用其他国家的经验数据进行“横比”，为“纵比”得出的结论提供旁证。因此，可以将这种研究思路称为经验数据比较法。迄今为止，这种研究方法一直是我国适度积累研究的主流方法，对国民经济计划的具体制定发生着重要的影响。我国著名经济学家薛暮桥是运用这种方法的一个主要代表。早在讨论制定第二个五年计划时，他就根据“一五”时期的经验，认为积累率最好应为25%左右，在1979年出版的《中国社会主义经济问题研究》一书中，他仍然坚持这一看法。他指出：第一个五年计划时期积累率最好应为25%左右，在1979年出版的《中国社会主义经济问题研究》一书中，他仍然坚持这一看法。他指出：“第一个五年计划时期积累率在百分之二十四左右，工农业生产增长较快，人民生活逐年有所改善；而第二个五年计划实施后没有执行预定的25%的积累率。积累率猛升到30%以上甚至40%上下，结果是工农业生产大幅度下降，国民经济比例失调，人民生活困难；经过三年调整，积累率恢复到25%上下，经济全面好转，人民生活又恢复到1957年的水平；在第三、第四个五年计划期间，积累率又超过百分之二十五的限度，达到百分之三十以上，结果是投资效果很差。人民生活水平停滞”。他还指出：“现在发达资本主义国家的投资率一般是在百分之二十上下。只有个别国家有些年份超过百分之三十”。根据对经验数据的比较，薛暮桥得出的结论是：“积累率最好控制在百分之二十五上下，至多不超过百分之三十。”① 应当承认，运用经验数据比较法得出的积累率应为25%左右的结论，对我国政府的有关决策尤其是对“二五”以后的几次经济调整，是起了积极影响的。

但是，经验数据比较法在理论上的缺陷是显而易见的。第一，这种方法没有提供对国民收入、积累、消费等宏观经济变量以及有关的重要参数之间相互联系和制约机制的明确理论阐释，因而无法令人信服地从理论上证明其通过经验数据比较得出的结论。

1961年，我国已故的著名经济学家孙冶方在给国家计委的一份报告中说：“有的同志指出，正常的积累率只能象第一个五年计划时期那样，在25%左右。我认为不能笼统地说40%的积累率就一定太高，而不正常，25%的积累率就一定正常而不算多，问题在于：第一，生产增加多少，特

① 薛暮桥：《中国社会主义经济问题研究》，人民出版社1979年版，第152～155页。

别是收入（即国民收入或净产值）增加多少；第二，在增加收入的条件下，人民的消费水平能否有所提高，如果收入不增加，或收入增加很少，人民生活没有提高，甚至降低了，那么即使是25%的积累率也是过高的。反之，则40%的积累率也不一定就过高而不正常”。① 显然，孙冶方对“积累率应限制在25%左右”这一结论的怀疑，就是由经验数据比较法的理论上的缺陷而起的。第二，虽然历史的经验数据具有不可忽视的参考意义。但经济决策，尤其是关于中长期经济发展的决策，却不应仅仅以历史上的经验为依据。决策所涉及的未来时间越长，历史数据作为决策依据的意义就越是有限。我国一位经济学家在谈到这个问题时指出：“历史上较好的积累消费比例经验数据，是在当时的经济条件下形成的。它和当时的生产构成及经济发展状况相适应，当经济条件没有多大变化时，经验数据确实是考察比例关系是否协调的简便方法。可是经济条件一旦发生变化，经验数据便不适用，因此还有必要从理论上探索如何确定积累率的数量界限。”②

我国经济学界研究适度积累的第二条思路，就是试图在对各个有关的变量和参数的相互联系和作用机制进行比较严密的理论分析的基础上，从理论上确定适度积累的数量界限。虽然这种理论研究对政府宏观经济决策的影响不像经验数据比较法那么直接和明显。但却一步步加深了人们对适度积累问题的理论认识，具有较大的学术价值。这方面的文献很多，散见于各种报纸和书籍，很难一一列举，这里只想提一下两位对这方面的探索较早并做出贡献的经济学家。一位是刘国光，他在发表于20世纪60年代前期的一组关于社会主义再生产问题的论文中，通过对社会主义再生产的比例和速度的数量关系的研究，提出了若干关于积累与经济增长速度、积累与两大部类比例之间的关系，以及积累与人口增长、消费水平提高等其他制约因素关系的有价值的见解。③ 另一位是董辅礽，他的有关著作也发表在20世纪60年代，其突出之点是从使马克思的再生产理论具体化的角度，较系统的研究了积累和消费的比例问题，尤其是较早地考察了积累水平和消费水平的上下限。④ 在70年代末80年代初我国出版的许多宏观经济学著作中，对适度的积累和消费比例的讨论都占有重要的位置；许多在60年代提出的观点，得到进一步的深化和发挥，这些研究成果是我们从

① 孙冶方：《社会主义经济的若干理论问题》（续集），人民出版社1979年版，第291页。
② 戴园晨：《社会主义宏观经济学》，中国财政经济出版社1986年版，第115页。
③ 参见刘国光：《社会主义再生产问题》，三联书店1980年版。
④ 参见董辅礽：《社会主义再生产和国民收入问题》，三联书店1980年版。

适度积累到进一步探讨最优积累的基础。

说到最优积累，有必要说明一下它与前面所说的适度积累的区别。过去我国经济学界关于适度积累的研究成果，归结起来，可以说是从理论上确定了积累和消费比例选择的容许范围。超出这个范围的选择是非适度或不可行的，会引起经济增长的大起大落；而在这个容许范围内作出的选择，则都是适度或可行的，不会引起经济增长轨线的大幅度振荡。因此，我国的一些学者将适度积累率概括为："社会主义经济增长过程中的适度投资率（即积累率——引者）是这样一种投资率，在这种投资率下，国民经济显示出比较稳定而且较高的增长，没有大幅度起落。"① 但是，人们可以在容许范围内作出的，满足这一适度积累定义的选择绝不止一种。于是就产生了一个问题：在所有的容许选择中，哪一个是最优的？而要确定最优的选择，又要以建立一个最优性的评价标准为前提，多大的积累规模或积累率最优，完全以所采用的最优性评价标准为依归，在不同的评价标准下得出的最优积累是有很大差别的。如果暂时撇开应当采用什么样的最优性评价标准这个问题不说，那么最优积累可以一般地定义为：在容许的选择范围内，能够满足给定的最优性评价标准的积累。

这里需要指出的是，在我国不少有关的经济文献中，对适度积累和最优积累这两个概念是不加区别地混用的。这些文献在使用"最优积累"这个字眼时，其实际意义仍然是指适度积累，因为它们的讨论焦点都集中在积累规模或积累率选择的容许范围上。虽然在近些年发表的一些文献中，从合理或适度积累中找出最优积累的提法日益增多，但其中大多数除了重述"一要吃饭、二要建设"或"既要改善生活，又要增加生产"之类一般原则之外，既未给出严格的最优性评价标准，也没有说明应当如何从适度积累中找出最优积累。据我们所见，在我国有关的文献中，从比较严格的意义上探讨积累优化问题的著作，只有梁文森和田江海二位学者在1983年发表的《积累与消费比例及其优化的若干问题》一文，② 以及田椿生等人在1987年出版的《积累形成与扩大途径》一书。③

田椿生等人的著作给出了严格的最优性评价标准和求解方法。但该书主要是使用比较简单的条件极值方法来确定最优积累率，对最优积累的动态特征分析不够深入；而且，该书对"最佳折旧积累率"、"最佳工资积

① 符钢战等：《社会主义宏观经济分析》，学林出版社1986年版，第270页。
② 载杨坚白主编：《社会主义社会国民收入若干理论问题》，中国社会科学出版社1983年版。
③ 田椿生等：《积累形成与扩大途径》，经济科学出版社1987年版。

累率”、“最佳总产品积累率”、“最佳国民收入积累率”进行的多侧面讨论，也不利于对国民收入、消费和积累这些宏观经济变量的总体关系和最优积累的基本性质的把握。此外，还值得注意的是龚德恩等人在1984年发表的《积累率控制模型探索》一文。[①] 这篇文章的特点是引入最优控制的数学方法来求解最优积累率。由于该文的目的只是对“积累率应为25%”这一运用经验数据法得出的结论进行论证，它对于有关最优积累的一些基本理论问题仍讨论不够。而且，它为自己的积累率控制模型提出了多至八个的不同最优性评价标准（目标函数），使得最优积累变得难以确定。总之，我国经济学界关于最优积累问题的研究还处在起步阶段，无论研究的深度和广度都有很大拓展余地。

苏联和东欧国家的经济学家对最优积累问题的研究比我国起步得早。从20世纪60年代开始，由于涅姆钦诺夫、兰格等著名经济学家的倡导，最优控制技术就被引入了对经济增长和积累与消费比例的理论分析。到70年代，苏联和东欧在这方面的研究成果已经被写进了这些国家的教科书。[②] 在这些国家，最优控制方法在积累和增长优化分析上的应用，不仅革新了经济学的分析手段，而且引发了对什么是社会主义经济运行的最优目标等一系列具有重要的理论和政策意义的问题的讨论，苏联和东欧国家的经济学界在这方面所取得的研究成果，对于开展我国的最优积累和最优增长的研究，是具有重要的借鉴价值的，不过，在苏联和东欧的经济学家中，也有少数人对最优增长和最优积累的研究持怀疑和反对的态度，匈牙利经济学家科尔内就是其中之一。他认为，社会主义国家的经济增长应当是一种多目标的和谐增长，而和谐的增长应当从“国际主流”和本国“技术可能性”集合的交集中，“以某种随机的方式选定，并不经过一种学究式的最优化程序”。[③] 其实，正是科尔内本人对经济优化研究的意义作了过分学究气的理解。政府的实际经济决策所要考虑的具体目标固然不止一个，但这些目标应当服从由社会主义经济关系的本质所决定的基本目标（这个基本目标构成优化模型的最优性评价标准）。经济的优化研究并不要求政府的实际决策与优化模型的解分毫不差，其目的在于揭示社会主

---

① 载《理论研究》1984年第4期。参见中国人民大学数学教研室编：《经济控制论讲义》第五章的有关介绍。

② 参见［苏联］H. E. 科布林斯基等著：《经济控制论导论》，中国人民大学出版社1987年版；［罗马尼亚］N. 康斯坦丁内斯库主编：《政治经济学》第十二章“社会主义的经济成长和经济最优化”，人民出版社1981年版。

③ 亚诺什·科尔内：《突进与和谐的增长》，经济科学出版社1988年版，第52页。

义经济的基本目标所要求的经济运行的基本趋势，从而为政府在实际决策中协调各种相互竞争的具体目标提供依据。同样，对积累或增长进行优化研究，也并不要求实际发生的经济过程与求解数学模型得出的最优轨线完全重合。实际的经济过程在各种复杂和变动的因素作用下，不可避免地会在或大或小的程度上偏离社会主义基本经济目标的要求。但这并不意味着最优化研究失去了意义。恰恰相反，正是因为存在着这种偏离，才有必要通过优化研究为政府不断通过随机方式校正这种偏离提供基本依据，从而使实际经济运行尽量逼近体现社会主义基本经济目标要求的理论轨线。

(三) 规范的动态经济学

在了解了我国和苏联以及东欧的有关研究成果之后，让我们再看一看西方国家的经济学家在这方面做了哪些事情。

在西方经济学中，最优积累（储蓄）的研究属于所谓“规范的动态经济学”的范围。所以说它是“规范的”，是因为这种研究一般以所谓社会福利或社会效用的最大化为最优性评价标准，而这种标准在西方经济学家看来是源于主观价值判断或伦理判断的范畴。所以说这种研究属于动态经济学范围，则是因为资本积累和经济增长是不可分割地联系在一起的，而对于经济增长的研究必须运用动态分析的方法。

有趣的是，西方经济学中关于储蓄优化的最早文献并不是针对资本主义经济写的，而是针对社会主义经济写的，这就是拉姆齐在 1988 年发表的《储蓄的数学理论》一文。该文的出现是以 20 世纪 20、30 年代西方经济学家中发生的关于“社会主义经济计算”的论战为背景的。在这篇文章中，拉姆齐依据福利经济学意义上的社会效用最大化原则，并借助于新古典的生产函数，在一系列极其抽象的假设下（如人口不变、无技术进步等等），运用古典的变分法，为假想的“社会主义中央计划经济”的最优储蓄计算制定了一个简单的规则：“储蓄速率乘以货币的边际效用总是等于总享乐水平的净值与最大可能的享乐水平之差。”这里的“享乐水平”就是“效用水平”或“福利水平”。而所谓“最大可能的享乐水平”又被拉姆齐称为“极乐”（Bliss）。这使社会在无穷时间内不断趋近但永远达不到的理想的“享乐水平”。满足上述简单规则的最优储蓄，就是能够使无穷时间内整个社会的实际享乐水平的总和与“极乐”状态之差最小的储蓄。而导出上述简单规则的必要条件是边际效用或边际享乐水平的下降速率等于资本的边际生产率。[①] 后来这个条件被称为拉姆齐—凯恩斯条件，成为西方经济学家的最优储蓄或最优增长模型中不可或缺的条件。

拉姆齐的文章发表以后，在很长时期内并未受到西方经济学界的重视。第二次世界大战以后，随着增长经济学成为热门的研究课题，拉姆齐才被重新想起，他的文章也被奉为规范的动态经济学的经典，拉姆齐建立的理论分析框架，不断得到改进和发展，针对拉姆齐的“极乐”无法识别的缺陷，丁伯根在20世纪60年代建立了一个由更一般的效用极大化目标函数和哈罗德—多玛型的增长方程组成的模型。[②] 此后，其他一些西方经济学家也建立了各种大同小异的模型。这类模型一般都包括两个基本的组成部分：一是“社会效用”或“社会福利”最大化目标泛函，二是以新古典的生产函数（科布—道格拉斯型）为基础的描述产出、消费和资本积累相互关系的状态方程。随着最优控制技术在优化研究中的应用，用某些西方经济学家的话来说，优化模型变得更具有“内在的优美性”了。[③] 这类模型中比较有代表性的有凯恩斯的总量模型，[④] 尤扎瓦的两部门模型[⑤]和伯米斯特等人的多部门模型。[⑥] 尽管这些模型具有所谓“内在的优美性”，但对西方国家的经济政策却几乎没有发生过什么实际影响，这一方面是因为，在以私有制为基础的资本主义制度下，积累完全是资本家个人的事情，而资本家的积累决策又受自发的市场力量的支配；作为资产阶级的政治代言人的西方各国政府，是不会真正从增进社会整体福利的立场来关心积累的优化问题的。难怪因研究优化问题得过诺贝尔经济学奖的美国著名经济学家库普曼说：“在实行市场经济的国家所进行的大多数这类研究工作，找不到一个适当的人可以把研究结果作为政策性的建议送交给他。”[⑦] 另一方面，这是因为西方经济学家的优化模型依以建立的基本理论假设，具有很大的庸俗性，不仅在理论上难以自圆其说，而且与实际相差太远，无法操作。这种理论前提的庸俗性，使得这些模型的科学价

---

① Rmsay, A Mathematical theory of savings, Economic Journal, vol. 38, 1928.

② Tinbergen, The optimal rate of saving Economic journal vol. 66, 1960.

③ Pierre N. V., Tu Introductory Optimization Dynamics, Sprîger-Verlag, 1984.

④ Cass, D., Optimum Growth in an Aggregative Model of Capital Accumulation Ecomomica vol. 34. 1966.

⑤ Uzawa, On a two sector model of Economic Growth, Review of Economic Studies, June, 1963.

⑥ Burmeister and Dobell, Mathematic theory of economic growth 1970.

⑦ T.C. 库普曼：《最优概念及其应用》，载《现代国外经济学论文选》（第二辑），商务印书馆1981年版，第83页。

值和实际应用价值都大大降低。

但是，对西方经济学的积累或增长优化研究，也不应当持一概否定的态度，而应当在马克思主义基本原则的指导下，批判其庸俗的理论前提，同时吸收其合理的成分。事实上，西方经济学的优化研究不仅在分析技术方面有许多可以借鉴的地方，而且某些学者通过这种研究得出的某些制度性和政策性的结论，对于我们研究社会主义经济中的积累优化问题也是有借鉴意义的。

二、最优积累的评价标准

（一）最优积累的评价标准与社会主义生产目的

我们在上面已经指出，要确定最优的积累规模或积累率，前提是建立一个最优性的评价标准，由于我国经济学界的最优积累研究还处于起步阶段，在我国学者当中还没有展开过对最优性评价标准的系统讨论。从苏联和东欧国家的有关文献来看，经济学家们在这个问题上的看法是有分歧的。概括起来有三种意见：（1）最优化标准是使社会生产规模达到最大限度；（2）是使国民收入达到最大限度；（3）是使生活水平达到最大限度。[①] 我们认为，最优性评价标准应当体现由社会主义的基本经济关系客观地决定的整个国民经济运动的价值取向，即社会主义的生产目的，要确定最优性评价标准，首先必须明确社会主义生产目的的内涵。

关于社会主义生产目的的内涵，马克思主义的经典作家有过一系列表述，马克思早在《1857～1858 经济学手稿》中就曾指出：在消灭了资本主义剥削的未来社会中，“生产将以所有的人富裕为目的。”[②] 恩格斯在《反杜林论》中指出：当生产资料归全社会占有时，“通过社会生产，不仅可能保证一切社会成员有富足的和一天比一天充裕的物质生活，而且还可能保证他们的体力和智力获得充分的自由的发展和运用”[③]。后来，列

① 参见［罗马尼亚］N. 康斯坦丁内斯库：《政治经济学》，人民出版社 1981 年版，第 568～569 页。

② 《马克思恩格斯全集》46 卷（下），人民出版社 1980 年版，第 222 页。

③ 《马克思恩格斯选集》第 3 卷，人民出版社 1972 年版，第 322 页。

宁又把社会主义的生产目的表述为“充分保证社会全体成员的福利和使他们获得自由的全面发展。”① 斯大林在《苏联社会主义经济问题》一书中，将社会主义生产目的作为社会主义基本经济规律的主要内容提出来，认为社会主义的生产目的就是“保证最大限度地满足整个社会经常增长的物质和文化需要。”② 斯大林的表述同马克思、恩格斯和列定是一致的。对他的提法，马克思主义的经济学者中大多数人是赞同的，事实上，斯大林的表述长期以来一直是社会主义生产目的定义的标准范式。

但是，在对上述经典作家的论述的理解上，人们却长期存在意见分歧，在我国，曾流行过这样一种观点：“整个社会的物质和文化需要”是指“国家和人民的全面需要”，这种全面需要不仅包括个人的物质和文化需要以及公共福利的需要，而且包括扩大再生产、政府行政、巩固国防乃至援外的需要。对这种观点是不能赞同的。我国的一位经济学家在批评这种观点时指出：把社会主义生产目的定义为包罗所有的“社会需要”，“表面上似乎十分全面，考虑到了社会生活各个方面的要求，实际上恰恰模糊了社会主义生产的真正目的。”③ 这就是说，目的多元化，等于没有明确和统一的目的，在没有明确和统一的目的的条件下，是谈不上建立什么最优性评价标准的。进一步说，这等于取消了对积累等宏观经济变量进行优化控制的问题：既然社会主义的生产目的包罗万有，那么不论选择多大的积累规模和多高的积累率，都不会也不可能偏离社会主义的生产目的，因为它们总是可以使“全面的社会需要”中的扩大再生产的需要得到满足。

“全面需要论”的根本错误在于将社会主义的生产目的同社会产品或国民收入的分配这样两个不同性质的问题混淆起来了，任何社会经济形态的生产目的，都体现着该社会经济形态的基本生产关系的本质。拿资本主义社会来说，其基本的生产关系是资本家榨取工作创造的剩余价值的剥削关系，这就决定了资本主义的生产目的只能是追求剩余价值。但是，资产阶级追求剩余价值是一回事，而剩余价值被分配到什么具体用途上又是另一回事。显然，我们不能因为资产阶级要将部分剩余价值用于满足国家行政和国防等需要，同时还要将部分剩余价值用于满足扩大再生产的需要，

① 《列宁全集》第6卷，人民出版社1959年版，第11页。

② 《斯大林选集》下卷，人民出版社1979年版，第569页。

③ 吴树青：《正确认识社会主义生产的目的》，载《社会主义生产目的论文选》，辽宁人民出版社1981年版，第81页。

就断言资本主义的生产目的也包括满足资产阶级国家行政和国防的需要以及扩大再生产的需要。同样，在社会主义经济中，国家行政和国家的需要、扩大再生产的需要等等，都不表明社会主义生产关系的本质。因为这类需要对于任何社会经济形态都是必要的。只要国家存在，就会有行政和国防费用的支出；而只要有社会生产，也总会有将总产品的一部分用于再生产的要求，虽然不同社会形态下社会总产品或国民收入的不同分配方式反映着这些社会形态的生产目的的区别，但社会总产品或国民收入的分配与体现生产关系本质的社会生产目的，毕竟不是一回事。不是社会总产品或国民收入的分配方式决定着社会生产目的，恰恰相反，是社会的生产目的决定着社会总产品或国民收入的分配方式，社会主义经济中积累规模和积累率的确定，就是属于社会总产品或国民收入分配范畴的问题。显然，一定的积累规模和积累率本身并不会告诉我们它们自己是优还是劣，我们只有依据它们是否有利于以及在多大程度上有利于社会主义生产目的的实现，来断定其优劣。

那么，我们应当怎样准确地把握社会主义生产目的的内涵呢？20 世纪 80 年代初，我国经济学界对社会主义生产目的的富有成效的大讨论，已经对这一问题做出了明确的回答，在这场讨论中为大多数人赞同的意见是：社会主义生产所要满足的全体社会成员的需要，“既包括满足人们直接的个人的物质和文化生活需要，也包括社会公共的集体福利的需要”，但不包括国家行政和国防等需要，也不包括扩大再生产的需要。[①] 为了简便，我们将“直接的个人物质和文化生活的需要”和“社会公共的集体福利的需要”，浓缩为“社会成员的消费需要”，这样，社会主义生产目的的内涵就可以确定为：使社会成员不断增长的消费需要得到最大限度的满足。这里应当注意两点：社会主义的生产目的第一是要使社会成员的消费需要得到最大满足，第二是要使这种满足不断增长。这是社会主义生产目的的两项基本要求。第一项要求规定社会成员的消费需要满足的量应是最大的（相对于社会的现实生产可能性而言）。第二项要求则规定了消费水平必须有一定增长速度，不能是停滞不变的，更不能下降。

根据上面确定的社会主义生产目的的内涵，很显然，在本节一开头提到的苏联和东欧经济学界关于最优性评价标准的三种意见中，只有第三种意见，即“使生活水平达到最大限度”是可以接受的。事实上，这也正

① 卫兴华：《关于社会主义生产目的的几个理论问题》，载《自修大学》1985 年第 4 期。

是在苏联和东欧经济学界得到大多数人支持的观点，一些罗马尼亚学者在谈到这个问题时指出："拥护这种观点的人不断在增加，他们把生活水平达到的最大限度看作为最优化的标准。选择这一标准的依据是因为它适应社会主义基本经济规律的要求，是因为它以概括的形式表现生产和消费之间的比例关系，是因为它保证在生产水平和结构为一方同社会需求水平和结构为另一方之间的协调一致。"① 在本文中，我们也将"生活水平达到最大限度"——更准确地说应当是"社会成员的消费需要得到最大满足"——当做最优性的评价标准。这里要指出的是，这一最优性评价标准反映的只是前面强调过的社会主义生产目的的第一项要求，而没有反映第二项要求（消费水平必须有一定增长速度）。在我们的优化模型中，第二项要求将体现在消费和积累增长速率的容许选择范围上，这个问题将在本文第三部分中讨论。

根据前面确定的最优性评价标准，可以将最优积累定义为：能够使社会成员的消费需要得到最大满足的积累规模或积累率。由于积累决策是属于长期经济计划制定范围内的问题，最优积累所要保证的不是社会成员消费需要在某个时刻或很短时间内的最大满足，而是长期的最大满足。因此，又可以将最优积累定义为：能够使社会成员的消费需要长期得到最大限度满足的积累规模或积累率。对"社会成员的消费需要得到最大限度满足"加上"长期"这样一个限制词，实际上就将时间界限的问题引入了对积累的最优性标准的讨论。显然，这里所说的"长期"是一个含义不确定的概念。我们既可以将它理解为无限的时间过程，又可以理解为一个有限但相当长的时间过程。这就对最优积累的选择提出了一个重要的问题：这种选择所涉及的时间应有多长？积累无疑代表了社会的未来利益或长远利益。但是，社会是由生命有限的人群组成的，如果"长远利益"长远到超出了这些人的生命周期，这种"长远利益"对他们来说就不成其为利益了。由生命有限的人群在其生命周期较早的各时点上进行的积累，应当在其生命期内较晚的各时点上转化为能够切身感受到的"当前利益"即消费。否则，所谓"使社会成员的消费需要长期得到最大限度满足"就会成为一句永远不会兑现的空话。正如我国一位经济学家所指出，"如果永远'把重点放在长远利益上'，长远利益永远转化不成现实的目前利益，工资福利永远不能增多，那么，这样的长远利益还有什么利

---

① ［罗马尼亚］N. 康斯坦丁内斯库等著：《政治经济学》，人民出版社 1981 年版，第 569 页。

益可言呢？它对人民群众有什么实际意义呢？在这样的永恒方针下，怎么能够保证最大限度地或充分地满足人们的物质文化生活的需要呢？"① 可见，不对最优性的评价标准加以确定的时间限制，将积累规模或积累率选择的时间跨度放大至无限（这是西方学者建立最优储蓄模型时的一种流行做法），是不合理甚至荒谬的。从原则上说，最优性评价标准的时间界限不应超过人的正常生命周期，即一代人生活的时间，在这个大界限内，具体的时间界限定为多长最好，取决于社会成员的主观价值判断，一般说来，这种时间界限应与国民经济发展的中长期计划的时间长度相一致，例如五年或十年，本文以后在提到最优性标准的时间界限时，将简单地称之为"计划期"，并用时域［0，T］来表示它（0 和 T 分别表示计划期的初始时刻和终端时刻）。在引入了计划期这样一个时间界限之后，可以将最优性评价标准更为精确地定义为：计划期内各时点上（例如每一年）全体社会成员的消费需要满足的总和最大。

为了避免误解，这里立即需要申明的是，确定这样一个最优性标准，绝不意味着人们在计划期内应当将社会拥有的全部资源都消费光（这同时意味着在计划期内的某一时点上积累将停止，并继之以负积累即"吃老本"），某些反对以消费需要满足最大为最优性标准的学者，正是以此为理由来批评所谓"最大限度消费模式"的。例如，保加利亚经济学家波利亚佐夫就认为："有些学者建议从消费的最大限度出发，实行积累与消费比例的最优化，这种态度的研究工作听起来十分诱人，但目光是短浅的。"② 但是，我们在本文第四部分中将看到，通过为最优积累模型适当地设定边界条件（生产资金存量终值），以消费需要的最大满足为最优性标准，是不会导致将社会资源在有限时间内吃光用光的荒谬结果的。相反，我们将得到一条与不断上升的最优消费水平轨线相伴随的、在整个计划期内持续上升的最优积累水平轨线。

（二）主观效用函数（福利函数）批判

在对最优性评价标准进行了定性的分析之后，需要进一步将定性分析

① 卫兴华：《关于社会主义生产目的的两个问题》，载《论社会主义生产目的》，吉林人民出版社 1981 年版。

② ［保加利亚］波利亚佐夫，［苏联］M. C. 阿特拉斯主编：《社会主义社会的国民收入》，中国财政经济出版社 1981 年版，第 196 页。

的结论量化为目标函数，即给出对“社会成员的消费需要的最大满足”的具体度量。对于“消费需要的最大满足”中的“满足”这个概念，可以做两种解释：一是将其理解为消费活动所引起的心理效应，例如快乐、幸福等等；二是将其理解为对人们所需要的物质或文化的消费资料的实际供应，如果我们对“满足”做第一种意义上的理解，我们的目标函数就应当是对在消费活动中产生的社会成员的心理反应或精神感受的度量，于是，我们就会得到一个同西方经济学中“社会效用函数”或“社会福利函数”意义类似的目标函数。

自从英国哲学家边沁在十九世纪初提出以“快乐和痛苦的计算”为内容的“效用原则”之后，对消费者心理上感受到的满足即效用的计算，就一直是使西方经济学家绞尽脑汁的问题。主观效用原则不仅是西方微观经济学的基础，而且还衍生出专门研究“社会效用”（即全社会所感受到的满足）的福利经济学。我们在本文的引言中曾提到，在西方经济学家的最优储蓄或增长模型中，都包含着一个旧福利经济学意义上“社会效用”或“社会福利”最大化目标函数，这种目标函数的具体形式是泛函

$$\max \int_0^T L(t)U(c)e^{-\delta t}dt$$

其中，$L(t)$ 是时刻 t 的人口数；U 是个人效用函数，它是消费水平 $c(t)$ 的函数，并且对 $c(t)$ 具有负的二阶导数：$d^2U/dc^2<0$，这意味着消费的边际效用是递减的；δ 则是贴现率，亦即所谓“纯粹时间偏好率”，$L(t)U(c)e^{-\delta t}$在时域［0，T］内的积分，表示从初始时刻 0 到终了时刻 T 的各时点上社会福利（效用）的总和。而最优储蓄问题，就是要在一定的状态约束下，选择一条最优的消费时间轨线 $c(t)$，使社会福利总和最大；而一旦最优的消费轨线选定了，最优的储蓄轨线也就同时决定了。

现在问题是，我们能不能对“满足”做前述第一种意义的理解，从而能否在社会主义经济的积累化研究中“借用”西方经济学的上述社会福利极大化目标泛函？我国有的学者对这个问题作了肯定的回答，认为“现代西方福利经济学中的社会福利函数理论，完全可以用来研究计划经济中的目标选择问题”。① 某些苏联学者在探讨社会主义经济的最优发展时也认为：“如果认为各种社会需要可以进行比照和排队”，那么，“逻辑上必然导致将满足整个社会需要的各种物质资料和劳务的社会效用，即社会消费价值，作为整个社会需要的尺度”。他们还强调说：“还是马克思

---

① 赖平耀、肖麟：《社会福利函数与计划经济中的目标选择》，载《经济科学》1987 年第 1 期。

主义关于经济方法论的最重要原理之一的逻辑发展。这个原理认为物质的联系和比例在社会主义生产过程中居首要地位。既然承认物质联系的首要地位，就必须选择不同物质流内部所固有的经济关系作为尺度”。[①] 尽管这些学者一再强调“逻辑”，但它们的话却意义含混。不过有一点是清楚的：对于具有不同使用价值的“物质资料和劳务”，在他们看来是可以用某种“效用”或“消费价值”来加以直接比较和加总的，这正是西方经济学的效用论的一个基本假设。但是，怎么才能找到比如说直接比较电视机和面包的根本不同的使用价值的统一尺度呢？显然，这种尺度是无法从“物质流内部所固有的经济关系”中找到的。那就只好像西方经济学那样，去比较电视机和面包给消费者带来的“快乐”、“幸福”的大小。然而，对这种因人而异的主观心理反应，又怎么可能用统一的计量单位来度量呢？事实上，即便要想在对电视机和面包的需要之间排出统一的社会偏好顺序，也有无法克服的困难。对于一个不愁吃穿的富裕居民来说，电视机当然优先于面包；但对一个温饱未足的穷苦居民来说，则无疑是面包优先于电视机。也就是说，实际上不存在全社会统一的对各种物质资料和劳务的偏好排序。

这里涉及到了导致以庇古为代表的旧福利经济学破产的基本问题。旧福利经济学认为社会福利是组成社会的个人的福利或效用的总和。这就是说，不同个人间的主观效用水平具有可比性和可加性。旧福利经济学就是以这种所谓基数效用论为基础的。我们在前面列出的那个社会效用最大化目标函数，就是在这个基础上得出来的。但是，即使是西方经济学界，大多数人现在也承认这种可比性和可加性的假设难以自圆其说。英国经济学家罗宾斯的论点，首先给了这种假设以致命的打击。他指出：“没有办法能够检查出，在和 B 比较以后，A 的满足的大小。……内心省察不能使 A 衡量 B 的心理活动，也不能使 B 衡量 A 的心理活动。因此，没有办法对不同人的满足加以比较。”[②] 既然无法对不同人的心理上的满足加以比较，也就没有理由用个人效用加总的办法得出社会效用或社会福利。新福利经济学用序数效用论取代旧福利经济学的基数效用论，试图绕开加总问题得出社会福利函数的努力，也是不成功的。新福利经济学认为，社会福利不是个人效用的加总，而是相互无法比较的所有个人的效用的函数；必须根据各个社会成员对于社会福利的各种情形的评价，以及根据个人的偏好次

① H. E. 科布林斯基等著：《经济控制论导论》，中国人民大学出版 1987 年版，第 188 页。
② 罗宾斯：《论经济科学的性质和意义》，1953 年英文第 2 版，第 139 ~ 140 页。

序，推导出社会的偏好，从而确定社会的最大福利。但是，有无可能从个人偏好次序中推导出社会偏好次序呢？即使撇开这样做所面临的巨大的技术上的困难不说，仅仅从理论上来看，这也是办不到的。美国经济学家阿罗在《社会选择和个人价值》一书中，详细地分析了这样做所必须满足的各种条件之间不可避免的冲突，得出了“在任何情况下从个人偏好次序推导出社会偏好次序的想法都不可能实现”的结论。① 因此，即使将最优储蓄模型中的目标泛函换成萨缪尔森——柏格森式的社会福利函数，也是无从确定社会的最大福利的，有的经济学家干脆断言，以主观效用为基础的“福利函数不存在”。②

作为前面列出的那个社会效用极大化目标泛函理论基础的另一个庸俗假说，是所谓边际消费效用递减或“欲望饱和律”。著名经济学家斯恩在评论西方经济学中关于最优储蓄的研究时认为，“效用极大化方法的主要力量在于边际效用随消费的增加而递减这一与日常观察相吻合的概念”，它“提供了一个很好的有常识根据的理由来反对实行太高的储蓄率从而导致当前（满足）与未来（满足）的不平衡”。③ 但是，日常的观察同样告诉我们，在现实生活中存在着不少“边际消费效用递减”的反例。这种反例，就连把“欲望饱和律”作为自己的需求学说基础的马歇尔，也是注意到了的。他曾举例说：“如果糊满房内的墙壁需要十二张糊壁纸，十张就不够，则任何人从十张糊壁纸所得的愉快，比从十二张糊壁纸所得的愉快在比例上为少。又如，一个很短的音乐会，或一天的假期，恐怕不能达到慰藉和消遣的目的；而加倍长的音乐会或假期恐怕会又超过加倍的全部效用。”在这种情况下，“当消费者得到足够的数量，使他能达到所要达到的目的时，他的愉快就有超过比例的增加。”④ 也就是说，这时消费的边际效用是递增的，虽然马歇尔断言这类事实“没有多大的实际重要性”，但在现实中这类事情并不是某种偶尔发生的例外，恐怕每个人都有亲身体验。除此之外，消费的边际效用递减这个“常识”，只有在某些限制条件下才是正确的。其中一个条件是消费者的偏好固定不变，这也是马歇尔强调过的。还有马歇尔没有强调过的另一个条件，即消费结构或消费模式不变，只有在不断增加某一种或某一组固定不变的物品的消费时，

① 肯尼思·阿罗：《社会选择和个人价值》，四川人民出版社“走向未来丛书”。
② 亚诺什·科尔内：《突进和谐的增长》，经济科学出版社 1988 年版，第 49 ~ 50 页。
③ A. Sen, On Optimizing the Rate of Saving, Resource, Value and Development, 1984。
④ 马歇尔：《经济学原理》上卷，商务印书馆 2005 年版，第 113 页。

消费水平的提高才有可能导致边际效用递减。但是，在现实生活中，生产力的发展不断地创造出新的消费对象，并且改变着旧的消费对象。消费水平的提高总是伴随着消费结构的多样化和高级化，因此，没有理由认为效用递减是无条件适用的常识。退一步说，就算这个“常识”对于个人的消费行为普遍适用，也不能将它搬用到整个社会身上。社会是由消费水平不同的各社会阶层和年龄不等的几代人组成的，消费水平较高的社会阶层或年龄较大的一代人对某种物品的消费已感餍足时，消费水平较低的社会阶层或较年轻的一代人对这种物品的消费可能还没有开始，可能正具有获得这种物品的强烈欲望。因此，从个人的消费行为中，不可能直接导出整个社会的消费行为。再退一步说，即便承认消费的边际效用递减适用于整个社会，我们也无法确定边际效用究竟按何种比率递减，斯恩在谈到这个问题时也不得不承认：“我们应如何选择一个准确的消费效用函数？无数的函数都具有负的二阶导数，而我们的结果（指最优储蓄率）就取决于选择哪个函数。选择的方法之一是将这个问题交给公众。然而，很难指望公众关于‘我们是否应当使消费的对数极大化’的政治辩论会有什么结果。”①

最后，再让我们来看一看前面列出的目标泛函中包含的贴现率或纯粹时间偏好率。某些苏联学者建立的优化模型，也把这种所谓“表现社会需要的满足程度在时间上不等值”的“递减权函数”包含在它们的目标函数中。② 西方经济学对这个贴现因子的经济意义的传统解释是：重视眼前、轻视未来是人的本性（庇古称之为“近视”）。因而人们对于未来的一定量消费的评价低于对当前同量消费的评价。而纯粹时间偏好率就是将未来消费折算成当前消费的比率。在西方经济学界，早就有人对最优储蓄模型中引入这个贴现因子表示怀疑，认为这是缺乏根据的。例如。拉姆齐就认为，这样做“仅仅是由于想像力的虚弱”。③ 而著名增长经济学家哈罗德则称之为“对贪心和狂热压倒理性的客气描述”。④ 斯恩还指出了对贴现因子的传统解释在逻辑上的含混之处：“如果说现在和未来的消费之间的差别仅仅取决于时间的远近。那么时间位置应当是对称的：未来的东西在现在看来不那么重要，但同样现在的东西在未来看来却不如未来重

① A. Sen，On Optimizing the Rate of Saving，Resource，Value and Development，1984。

② 参见 H. E. 科布林斯基等著：《经济控制论导论》。中国人民大学出版社 1987 年版，第 199 页。

③ F. P. Ramsay：A Mathematical Theory of Savings，Economic Journal，vol. 38. 1928.

④ 哈罗德：《动态经济学》，中译本，商务印书馆 1981 年版。

要。尽管决策是在现在做出的。但没有必然的理由视明天为今天的折扣，或视今天为明天的折扣”。[①] 当然，也有不少西方经济学家为纯粹时间偏好辩护。在他们提出的辩护理由中，稍有道理的是将其归因于未来的不确定性。由于未来不确定，有风险，所以人们有必要对未来的消费打折扣。但是，正如斯恩指出的，消费者个人和社会所面临的不确定性是不一样的，例如个人可能在未来的某一天因衰老而寿终正寝，或因意想不到的事故而夭折，但社会却将永远存续下去，[②]因而未来的不确定这一具有“部分合理性”的理由，也不能成为社会的储蓄优化模型中引入个人时间偏好的依据。目前，在西方经济学家的大多数最优增长或储蓄模型中，尤其是关于无穷时域的模型中，所以还保留着一个贴现因子，实际上主要是出于技术上的需要，因为如果没有它，福利积分就无法收敛。这是为技术的可行性牺牲了理论上的正确性。

总之，西方经济学家的社会福利极大化目标函数。虽然乍一看很诱人，但它所依以建立的各种理论假设，即使在西方经济学自身的逻辑框架内，也是漏洞百出，难以自圆其说的。如果我们“借用”这个目标函数来度量社会主义社会中社会成员消费需要的最大满足，那就等于承认和接受以主观效用论为基础的一系列庸俗理论假设，从而陷入与马克思主义经济学的传统相背离的主观唯心主义泥潭。

（三）社会成员消费需要最大满足的客观度量

根据以上对西方经济学的主观效用函数的批判，我们显然应当对“社会成员消费需要的最大满足”中的“满足”作上一节开头提到的第二种理解，即将其理解为对社会成员所需要的消费资料的实际供应。根据这种理解，度量社会成员消费需要的满足程度，也就是度量他们的实际享用到的消费资料的数量和构成（这具体地表现为按不变价格计算的消费水平），这是以这样一个能够为大多数人理解和接受的朴素认识为依据的，即消费资料的供应越充分，人们所能够享用到的消费资料的数量和品种越多，人们的物质和文化生活的需要就在越大的程度上得到了满足。在消灭了贫富悬殊的剥削制度，全体社会成员共同富裕，不同社会集团和阶层之间的收入水平差距有限，各种畸形腐朽的资本主义消费方式遭到禁止和抵

①② A. Sen：On Optimizing the Rate of Saving，Resource，Value and Develcpment，1984.

制的社会主义社会，这个朴素的认识显得尤其雄辩有力。有些西方经济学家曾根据西方资本主义社会的经验指出，消费水平的提高并不必然意味着社会的满足程度的提高。就贫富两极分化、消费方式中畸形和腐朽的东西比比皆是的西方社会而言，这种看法无疑是有道理的。但是，我国有的学者却根据这种看法，认为在社会主义经济中用消费水平来度量社会的满足程度是"拜物教的"观点。① 这种批评显然是无的放矢的。

在上述朴素认识所体现的唯物主义原则指导下，马克思主义经济学者对社会主义社会中消费需要最大满足的度量问题的研究，已取得了一些值得重视的成果。苏联的《经济科学》杂志 1973 年第 6 期的文章提出了这样一个度量公式：

$$1 > \frac{\text{生产}}{\text{需要}} \rightarrow 1$$

这个公式的意义是：在社会主义经济中，社会的需要的增长快于消费资料的生产（供应），因而生产和需要之比总是小于 1；但是，社会成员消费需要的最大满足要求这个比例尽可能趋近于 1。在这个公式中，没有捉摸不定的主观效用，生产和需要都表现为确定的实物量。这一公式以最一般的形式表示出必须通过最大限度地增加消费资料生产的办法，使社会需要得到最大限度的满足。它还表示出，需要和生产之间的矛盾，促进生产不断增长。后来，斯米尔诺夫等人在这个公式的基础上又提出了一个更为复杂的公式：

$$1 > \frac{M + H}{(1 + S_M)M + (1 + S_H)H} \rightarrow 1$$

在这个公式的分子中，M 表示消费品的生产，即消费品的供应能力；H 表示劳务的生产，即劳务的供应能力。在它的分母中，S_M 和 S_H 分别表示消费品和劳务相对社会需要的不足部分。社会成员消费需要的最大限度满足，表现为 S_M 和 S_H 日益减少，从而整个分式日益增大、日益趋近于 1 的趋势。但是，S_M 和 S_H 永远不会等于零，因为社会需要在不断增长和发展，不断对生产提出新的要求。这个公式的突出优点在于说明了社会成员消费需要的最大限度满足是在生产和需要的相互矛盾推动下，作为一种持续不断的过程实现的。斯米尔诺夫等人认为，用这个公式"可十分精确地确定一定期间社会主义基本经济规律的实现程度"。②

① 参见赖平耀等：《社会福利函数与计划经济中的目标选择》，载《经济科学》，1987 年第 1 期。

② 《社会主义经济规律体系与基本经济规律》，江苏人民出版社 1981 年版，第 87～88 页。

但是，斯米尔诺夫等人的公式事实上是有严重缺陷的。用它并不能准确地反映社会需要的满足程度。其缺陷在于没有对“需要”这个概念加以明确的定义，因而整个公式的含义是不明确的。一般说来，对需要可以作三种理解，即有支付能力的需要、实际需要和理想需要。斯米尔诺夫等人没有说明他们的公式中的需要是指其哪一个。给需要以不同的定义，斯米尔诺夫等人的公式也就具有不同的含义。

如果将“需要”定义为有支付能力的需要，那么斯米尔诺夫等人的公式的含义就是物质产品和劳务的供应能力与有支付能力的需要之比最大限度地趋近于1，但始终小于1，即 S_M 和 S_H 始终大于零。也就是说，在全部有支付能力的需要中，始终有一部分得不到满足。这显然与有支付能力的需要的本来含义相矛盾。我们知道，有支付能力的需要是由名义货币收入的数量和商品的价格水平决定的。在价格不变的情况下，名义收入增加，则人们可以得到的物质产品和劳务的数额增大；相反，如果名义收入不变，价格上涨，则人们可以得到的物质产品和劳务的数额减少。有支付能力的需要体现为多大的实物和劳务量，是随名义收入和价格水平的变动而变动的。如果价格可以自由变动，有支付能力的需要总是可以通过价格的升降而与商品的实际供应量相平衡。在这种情况下，有支付能力的需要总是会全部得到满足，而不可能发生部分有支付能力的需要得不到满足的情况。只有在实行固定价格和配额管理的条件下，有支付能力的需要才可能超过物质产品和劳务的实际供应能力而得不到完全的满足。这时，消费者的部分购买意愿无法实现。从而会发生排队、等待以及部分货币收入转化为强迫储蓄的现象。固定价格和配额管理是传统经济体制的特征。经济改革的重要目标之一，就是要在国家计划指导下放活价格，充分发挥价格机制平衡消费品的供给和需求的作用，最终取消数量配额。因此，固定价格和数量配额条件下发生的有支付能力的需要超过实际供应能力的情况，不能说是社会主义经济中固有的正常现象。更何况，就是在传统经济体制条件下，也不能认为发生这种情况是合理的。有支付能力的需要超过消费品的实际供应能力，意味着国家制定的工资收入计划与实物供应计划脱节。而按照以实物平衡为核心的传统计划机制的内在逻辑，工资收入这类货币指标不过是实物计划指标的计算筹码，应当是实物计划的忠实和被动的反映；前者与后者的不平衡，表明计划决策出了错。可见，即使是在实行固定价格和数量配额的传统体制条件下，实际供应能力与有支付能力的需求之比最大限度地趋近于1，也只能用于衡量货币指标与实物计划指标是否平衡，而并不表明社会的消费需要得到了最大限度的满足。

如果我们将“需要”定义为实际需要，那么，斯米尔诺夫等人的公式的含义就变成物质产品和劳务的供应能力与实际需要之比最大限度地趋近于1，但始终小于1。所谓实际需要，也就是社会现有的生产能力充分和有效地发挥作用条件下所能满足的需要。举例来说，如果社会当前拥有每年生产十万台彩色电视机的生产能力，那么对彩色电视机的每年十万台的需要就是实际需要。超过十万台的额外需要，只能看做是有待于扩大彩色电视机的供应能力来满足的理想需要。既然实际需要也就是有实际供应能力保证的需要，那么，在正常情况下，这二者之间的比例就应当总是等于1，而不应小于1。只有在实际供应能力处于闲置和低效率运行的状态、不能充分和有效地发挥作用的非正常情况下，这个比例才会小于1。产生这种非常情况的原因，或者是投资方向错误，生产结构与需要结构脱节；或者是企业经营管理不善，生产达不到设计能力；或者是流通渠道不畅，生产者有货卖不出，消费者想买买不到；或者是货币发行等宏观政策出了问题，造成市场萧条；等等。从原则上说，通过克服这些原因造成的实际供应能力与实际需要的脱节，应当使既有的供应能力与实际需要之比等于1，而不仅仅是趋近于1。但是，即便实际供应能力与实际需要之比等于1，也并不必然意味着社会的消费需要得到了最大满足。因为这个比例等于1仅仅意味着实际生产能力充分和有效地发挥着作用，而并不表明现有的实际生产能力就是经济、技术和资源条件所容许的最大生产能力。只有当既有实际生产力等于这种容许的最大能力时，实际供应与实际需要之比等于1才意味着社会成员的消费需要得到了最大限度满足。不妨再以彩色电视机为例，假设在一定的市场、技术和资源的条件下，建设十五万台彩色电视机生产能力是合理的，但实际上只建设了十万台的生产能力。在这种情况下，即使既有的十万台的生产能力是充分和有效地发挥作用的，也不能说社会对彩色电视机的需要已经得到最大限度满足。

最后，如果斯米尔诺夫等人的公式中的“需要”是指理想需要，那么这个公式的含义就变成了物质产品和劳务的供应能力与理想需要之比趋近于1，但始终小于1。我们在前面已经说明，在正常情况下，既有的实际供应能力与实际需要应当是相等的（即二者之比等于1）。因此，在将需要定义为理想需要之后，又可以将斯米尔诺夫等人的公式理解为实际需要与理想需要之比最大限度地趋近于 1，但始终小于 1。显然，用实际需要和理想需要之间的比例是否最大限度地趋近于 I 来判断社会成员的消费需要是否得到最大限度的满足，要比前两种含义的斯米尔诺夫公式合理得多。看来，通过对斯米尔诺夫公式中“需要”这一概念的辨析，我们已经接近了解决问题的正确出发点。

用实际需要与理想需要之比来度量社会成员消费需要的最大满足程度的观点，是由苏联著名经济学家鲁米扬采夫首先提出的。他在一篇论述社会主义基本经济规律的数量表现的文章中，在将社会需要区分为实际需要和理想需要的前提下，认为理想需要的总和取决于整个人类科学技术进步的成就的总和，而实际需要的总和则是由生产力发展的既有水平决定的，并进一步指出：“在国家现有生产能力得到合理利用的情况下，理想需要总额和实际需要总额的对比关系，表明每一时刻社会可能满足自己的总需要的最佳程度”。[①] 不难看出，鲁米扬采夫的思路同我们在本文引言中简要介绍过的拉姆齐的思路有某种共同之处。不过鲁米扬采夫的“理想需要”体现为实在的消费资料数量和构成，而拉姆齐的“极乐”则是指“快乐”、“幸福”等心理反应。按照鲁米扬采夫的思路，社会成员消费需要的最大限度满足，要求我们在充分利用既有生产能力的条件下，使实际需要（或实际消费水平）与理想需要（或理想消费水平）之间的差距极小。如果用 B 表示理想需要，$C(t)$ 表示由时刻 t 的既有供应能力决定的实际需要水平，则在计划期 $[0,\ T]$ 内社会成员消费需要的最大满足的总和，可以表示为如下泛函：

$$\min\int_0^T (B - C(t))\,dt \qquad (1)$$

式（1）可以用图形直观地描绘出来（见图 1）。图中横轴表示时间，纵轴表示需要的满足水平（消费水平），图形上方横轴的平行线表示相对于一定计划期的理想需要水平或理想的消费水平；图中的曲线表示每一时刻由既有生产能力决定的实际需要或实际消费水平。图中的阴影部分表示 $[0,\ T]$ 内理想需要与实际需要之差的总和。要使 $[0,\ T]$ 内社会成员的消费需要得到最大限度的满足，就必须使消费水平轨线 $C(t)$ 尽量靠近理想水平线 B，从而尽可能缩小这个阴影部分的面积$\left(\int_0^T (B - C(t))\,dt\right)$。

① 《经济问题》1968 年第 10 期。

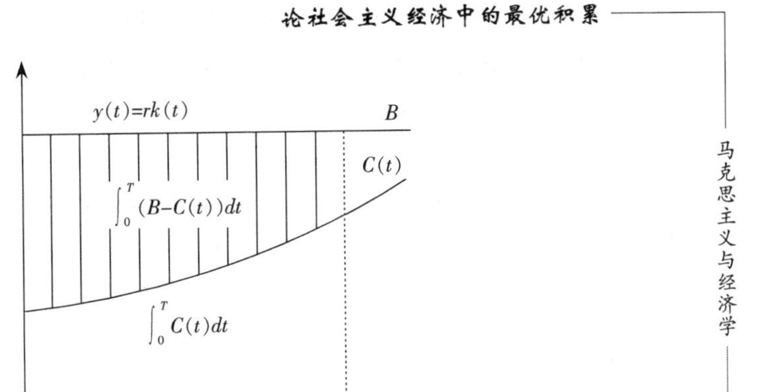

图 1　理想需要与实际需要之差

但是，目标泛函式（1）事实上很难用于对社会成员消费需要最大限度满足的实际度量，因为它包含一个无法确定的理想需要水平 B。同拉姆齐的“极乐”一样，鲁米扬采夫的“理想需要”也是难以识别的。我们无从设想一个固定不变而又永远不会被实际需要水平追赶上的理想需要水平。事实上，由于科学技术的进步和生产力的发展，新的消费需要不断被创造出来，图 1 中代表理想需要水平的横线是不断沿着纵轴向上移动的。

那么，是不是没有办法度量社会成员消费需要的最大限度满足了呢？其实，图 1 已经暗示了某种解决办法。在假定存在一个确定的理想需要水平的条件下，要使图 1 中阴影部分的面积最小，也就是要使这个阴影部分之下的面积$\left(\int_0^T C(t)dt\right)$最大，亦即使［0，$T$］内实际需要的总和最大。因此，目标泛函式（1）与下面这样一个目标泛函是等价的：

$$\max \int_0^T C(t)dt \tag{2}$$

但是，在式（2）中不存在理想需要水平 B，因而消除了由于 B 的难以识别和确定造成的困难。式（2）中的经济含义是简单明了的：计划期［0，T］内各时点上社会成员的实际消费需要（消费资料的实际供应）的总和最大。它是对前面给出的最优性标准的定性描述的定量化。事实上，式（2）又将我们带回到了本节一开头提到的那个朴素的认识：人们可以得到的消费资料的数量和品种越多，社会的消费需要就在越大程度上得到了满足。它以确定的形式表明：如果计划期内各时点上消费资料实际供应的总和最大，那么社会的消费需要在该计划期内就得到了最大限度的满足。显然，无论理想需要的水平是否确定，式（2）都是对社会成员消费需要最大满足的合理度量。

式（2）中的 $C(t)$ 表示时刻 t 全体社会成员的实际需要（或消费资料的实际供应）。如果我们用 $c(t)$ 表示时刻 t 的人均实际需要水平或消费水平，$L(t)$ 表示该时刻的社会成员数，则：

$$C(t) = L(t)c(t)$$

上式还可以写为：$C(t) = L(0)e^{nt}c(t)$，其中，$L(0)$ 是计划期初始时刻的人口数；n 为人口增长率。将上式代入式（2），我们有：

$$\max \int_0^T L(0)e^{nt}c(t)dt \tag{3}$$

这就是本文所要建立的最优积累模型的目标函数。

三、国民收入、积累和消费的基本关系及最优积累选择的约束条件

（一）国民收入、积累和消费的基本关系

在确定了积累的最优性评价标准之后，还需要给出最优积累模型的状态方程和约束条件（容许控制）。而状态方程和约束条件的建立，又以对社会主义经济中国民收入、积累和消费的基本关系的正确把握为前提。

马克思在分析资本主义社会的社会总产品价值构成时指出，全部年产品的价值分成 C、V、M 三个部分。C 代表生产中消耗掉的生产资料的价值，V 代表补偿预付的可变资本的价值，M 代表超过预付可变资本的剩余价值。C 是社会总产品中的转移价值，而 $V+M$ 是新增价值。将社会总产品分为 C、V、M 三个部分，是马克思的资本再生产理论的基本前提之一。这也可以说是马克思研究资本积累的基本前提之一。

对社会主义经济中的积累问题的研究，无疑也必须从弄清社会总产品的价值构成入手。但是，能否将马克思关于资本主义经济中社会总产品价值构成的公式用到社会主义经济中来，却是一个有争论的问题。长期以来，照搬马克思的公式，是社会主义政治经济学研究中占主流地位的做法。这反映到积累问题的研究上，就是将全部积累区分为“折旧积累”、

"工资积累"、"剩余价值积累"。[①] 我们认为，这样照搬马克思的公式是不妥当的。因为这等于抹杀了社会主义经济关系与资本主义经济关系的本质区别。在以私有制为基础的雇佣劳动关系条件下，从资本家的立场来看，生产成本不仅包括不变资本，而且包括以工资的形式支付出去的可变资本。对资本家来说，可变资本和不变资本一样，都是他自己在生产过程开始前垫支的费用。在以公有制为基础的社会主义经济关系中，由于不存在雇佣关系，生产资金中不存在可变资本这样一个体现资本和雇佣劳动之间关系的组成部分。作为生产资料的共同所有者，劳动者不仅没有理由将自己的个人收入看做是劳动力的价格，而且这种个人收入事实上也不是在生产过程开始前由与劳动者对立的资本家投入的垫支生产费用。既然社会主义公有制经济的产品价值构成中不包括可变资本，那么作为可变资本自行增殖的剩余价值自然也就失去了立足余地。可见，社会主义公有制经济中的产品价值构成只包括两个部分：（1）生产资料的转移价值（数量上相当于 C）。（2）新增加的价值，即净产值或国民收入（数量上相当于 $V+M$）。如果用 D 表示转移价值，Y 表示新增加的价值，则社会主义经济中社会总产品的价值构成可表示为：

$$W = D + Y \tag{4}$$

由 D 和 Y 构成的社会总产值，通过这种分配使用渠道，最终又分解为四个部分：（1）生产补偿基金，用于补偿消耗掉的生产资料；（2）消费基金，用于满足全体社会成员的消费需要，其中包括个人消费需要和公共福利的需要；（3）积累基金，用于扩大再生产；（4）其他社会基金，用于满足国家行政、国防和社会后备等需要。

在关于社会总产品最终用途的上述区分中，没有像通常那样包括"非生产性积累"这样一个项目。因为从最终用途来看，所谓"非生产性积累"，或者可以归入上述区分中的第 2 项，即用于满足社会的消费需要中的公共福利需要；或者可以归于上述区分中的第四项，用于满足国家行政等方面的需要。按照经济研究和统计中沿用至今的传统做法，积累基金包括用于扩大再生产的生产性积累和用于非生产建设及物资储备的非生产性积累。我们认为，这种做法是不科学的。因为它未能在积累和消费之间划出明确的界线，而是将这二者混淆起来了。事实上，在所谓非生产性积累中，无论非生产性建设投资还是物资储备，都有很大部分应划入

① 参见田椿生等：《积累形成与扩大途径》，经济科学出版社 1987 年版。

消费基金的范畴。通过非生产性建设投资形成的许多固定资产，例如居民住宅、图书馆、体育馆、电影院、游泳池等等，同粮食、布匹、家用电器等等一样，都属于消费资料。而在国家的物资储备之中。除了生产所需的原材料的后备之外，也有很大部分是由消费资料的储备构成的。因此，按传统方法计算的积累基金，实际上包含着很大一部分消费基金。显然，运用这样一种与消费基金相混淆的"积累基金"概念，不仅无法作出关于国民收入中积累和消费所占实际份额的正确判断，而且也难以弄清积累和扩大再生产之间的现实联系。根据这一理由，在本文以后的分析中，将不使用传统的积累基金概念。我们将积累基金重新严格地定义为国民收入中用于扩大再生产的追加生产资金，即生产资金存量的净增长额。与此相对应，我们还将消费基金定义为一切用于满足社会成员个人和共同的消费需要的基金，而无论其是否具有固定资产的形式。

在这里，我们还想顺便指出的是，从物质内容来看，作为生产资金净增加额的积累，完全是由生产资料（包括机器设备等固定生产设施和原材料）构成的。但是，长期以来，我国经济学界却流行着一种看法，认为生产性积累的物质内容，虽然基本上由生产资料构成，但同时也包含消费资料。其根据是马克思关于资本积累的这样一段论述："要积累，就必须把一部分剩余产品转化为资本。但是，如果不是出现了奇迹，能够转化为资本的，只是在劳动过程中可使用的物品，即生产资料。以及工人用以维持自身的物品，即生活资料"。[①] 对于资本主义的社会再生产来说，马克思的论断无疑是绝对正确的。因为资本家为扩大生产而追加的资本，即资本积累，包括实物上分别体现为生产资料的不变资本和体现为消费资料的可变资本两个部分。但这一论断并不适用于消灭了雇佣劳动关系的社会主义经济。在社会主义的扩大再生产过程中，新就业的劳动者得到的消费资料，从经济性质上说，并不是由资本家垫支的追加可变资本，而是这些劳动者通过自主的生产活动创造的劳动收入。显然，这种劳动收入是不能被列入生产资金积累的范畴的。认为积累中包括消费资料，正如同将生产性积累与非生产性积累混同起来一样，会使积累和消费的区分变得含混不清。

我们可以用下面这样一个表式来描绘社会总产品的价值构成与其最终

① 《马克思恩格斯全集》第2卷，人民出版社1995年版，第637页。

使用的关系：

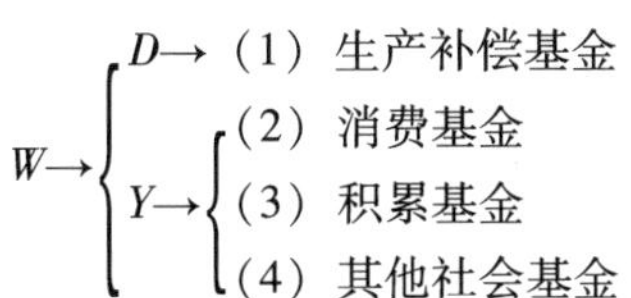

由这个表式容易看出，社会总产品中国民收入或净产值的最终使用包括消费基金、积累基金和其他社会基金三个部分。其中的其他社会基金一项所占份额越大，消费基金和积累基金所占份额就越小。虽然其他社会基金的存在是必不可少的，但无论对于社会成员消费需要的最大满足，还是对于社会生产的增长，它都始终是一个抑制因素。在没有发生社会动乱、战争或自然灾害的正常情况下，应当尽可能将这项基金在国民收入中所占的份额保持在必要的最小限度内。

为了简化本文的分析，我们舍掉其他社会基金。假定国民收入只有消费和积累两项最终用途。在这个假设下，消费和积累所能达到的绝对水平，都取决于国民收入或净产值的绝对水平，在消费和积累在国民收入中所占比例不变时，国民收入的绝对水平越高，消费和积累的绝对水平也越高。不仅如此，随着国民收入水平的增长，消费和积累的相对水平，即它们在国民收入中所占的比例，也可能在一定范围内发生变化，在国民收入水平较低、增长较慢的情况下，变动积累和消费比例的回旋余地较小。而在国民收入水平较高、增长较快的情况下，则变动的这种比例的回旋余地较大。举例来说，假设某年的国民收入总额为 3 000 亿元，其中 2 250 元用于消费，消费率为 75%；余下的 750 亿元用于积累，积累率为 25%。第二年国民收入增长 5%。总量达到 3 150 亿元；如果维持原有的消费基金绝对水平不变，则积累基金可增加 150 亿元，积累率可以提高到 28. 5%，较上年增长 14%。以此类推，当国民收入增长 10% 时，如果消费基金绝对水平不变，积累率可进一步提高到 31. 8%，较上年增长 7. 2%。而当国民收入增长 15% 时，积累率可以达到 34. 7%，较上年增长 38. 8%。相反，随着国民收入的增长，我们也可以在维持积累的绝对水平不变或令其有所增长的情况下，使消费在国民收入中所占比例提高。不过，从世界上许多国家的经验材料来看，一般的趋势是积累在国民收入中所占的份额随国民收入水平的提高而上升。有人曾根据 1950 ~ 1965 年之间一些国家的统计资料，对不同人均国民生产总值水平与投资率的关系进行了分析，用表 1 描述了这种一般趋势。

表 1

人均国民生产总值（美元）	净投资所占份额（%）
50	7.0
100	9.1
200	10.9
300	11.8
400	12.5
600	13.3
800	13.8
1 000	14.2
2 000	15.2

资料来源：戴园晨，《社会主义宏观经济学》，中国财政经济出版社 1986 年版，第 116 页。

积累率随国民收入水平的提高而逐渐上升，不仅是因为国民收入增长扩大了变动积累和消费比例的回旋余地，而且因为积累是经济增长的第一推力，国民收入本身的增长是以积累的增长为前提的。上面，我们强调了国民收入水平及其增长对积累和消费比例选择的制约作用，现在我们又看到积累和消费比例的选择会反过来制约国民收入的增长。根据马克思在《资本论》第二卷第三篇所给出的扩大再生产的第一个数字例子，生产资料积累（在资本主义社会为不变资本积累）同社会总产品的增长之间，具有表 2 所示的关系：①

表 2　生产资料积累与社会总产品的增长的关系

时期	生产资金		社会总产品		
	总额（k）	积累（Δk）	总额（w）	比上年净增（Δw）	增长比例（w）
0	5 500	—	9 000	—	—
1	6 000	500	9 800	800	8.9%
2	6 600	600	10 780	980	10%
3	7 260	660	11 858	1 078	10%
4	7 985	725	13 043	1 185	10%
5	8 784	799	14 348	1 305	10%

表 2 用具体数字表示的社会总产品增长比例与积累的关系，可以用下列公式更一般地表示为：

① 《马克思恩格斯全集》第 24 卷，人民出版社 1972 年版，第 576 ~ 580 页。另参见刘国光：《社会主义再生产问题》，三联书店 1980 年版，第 71 页。

$$w = \frac{Dw_t}{w_{t-1}} = \frac{Dk}{w_{t-1}} \cdot \frac{Dw_t}{Dk} = \frac{Dk}{w_{t-1}} \Big/ \frac{Dk}{Dw_t}$$

其中，Dk/w_{t-1}表示积累在时期 $t-1$ 时期的社会总产品中所占的比例，亦即 $t-1$ 时期的总产品积累率；Dk/Dw_t 表示增量资金产出率。这个公式的意义是：总产品积累率除以增量资金产出率等于总产品增长比例。如果我们用国民收入或净产品替换这个公式中的总产品，并用资金净产出率（资金产出率减去补偿系数）代替增量资金产出率，则我们可以得到一个表示国民收入增长比例与积累率（积累在国民收入中所占份额）之间关系的等式：

$$g = \frac{s}{r}$$

这也就是所谓的哈罗德—多玛增长方程式。其中，g 表示国民收入增长比例；s 表示积累率；r 表示资金净产出率。

从上列等式不难看出，假定资金净产出率不变，则国民收入增长比例的高低，取决于积累率的大小。积累率较高，则国民收入增长比例就较高。而一定时刻的积累率越高，该时刻的消费率，即消费在国民收入中所占的份额（$=1-s$），就越低。但是，从长期来看，如果国民收入因积累过小而增长缓慢或处于停滞不变状态，消费水平的提高也必然很慢或停滞不变。可见，一定时刻积累在国民收入中所占份额的扩大固然意味着消费所占份额的同时缩减，但这又可能成为以后消费水平增长的源泉。相反，一定时刻积累份额的缩减固然意味着消费基金份额的扩大，但这又可能导致以后消费水平的停滞或降低，这就提出了一个正确处理积累和消费之间长期关系的问题，也就是积累和消费比例的选择为什么只能是属于长期经济计划决策范围内的问题的原因。著名的波兰经济学家卡莱茨基在谈到这个问题时曾指出："国民收入中生产性积累相对份额的提高，当然意味着消费的相对份额等量下降。短期消费状况的这种恶化，是为提高国民收入增长率所付出的代价，因而也是为长期消费水平付出的代价。更高国民收入增长率的累积效应对长期消费水平产生有利的影响。这样，关于增长率水平的决策，包含了更高增长率产生的不利的短期效应和有利的长期效应之间的调和。"① 提高积累率的这种短期消费效应与长期效应之间的矛盾，可以用图 2 来说明。假定国民收入按一固定比例 g 增长，因而在任一时刻

① 卡莱茨基：《社会主义经济增长理论导论》，上海三联书店 1988 年版，第 28 ~29 页。

t 国民收入为 $y_0(1+g)^t$，其中，y_0 是国民收入的初值，已知积累率为 s，则任一时刻 t 的消费水平为 $(1-s)y_0(1+g)^t$，如果增长率提高到 g，积累率必须相应地提高到 s。所以，t 年之后消费水平将为 $(1-s)y_0(1+g)^t$。如果用 $c_1(t)$ 和 $c_2(t)$ 分别表示两种不同积累率（从而增长率）条件下的消费水平，我们有下列关系式：

$$c_1(t)=y_0(1-s)(1+g)^t$$
$$c_2(t)=y_0(1-s)(1+g)^t$$

两边取对数得到：

$$\log c_1(t)=\log y_0+\log(1-s)+t\log(1+g)$$
$$\log c_2(t)=\log y_0+\log(1-s)+t\log(1+g)$$

以上两式和图 2 中的两条直线 $c_1(t)$ 和 $c_2(t)$ 相对应。这两条直线的斜率分别为和 $(1+g)$ 和 $1+g$。将 $c_2(t)$ 与 $c_1(t)$ 相比较可以看出，由于国民收入增长率 $g'>g$。从而积累率 $s'>s$。在计划期 $[0,\ T]$ 内的时段 0 到 t_s 之间，消费水平 $c_2(t)$ 低于 $c_1(t)$，但是，超过时刻 t_s 之后。$c_2(t)$ 变得高于 $c_1(t)$；时间越是往后延伸，$c_2(t)$ 就越是高出 $c_1(t)$。

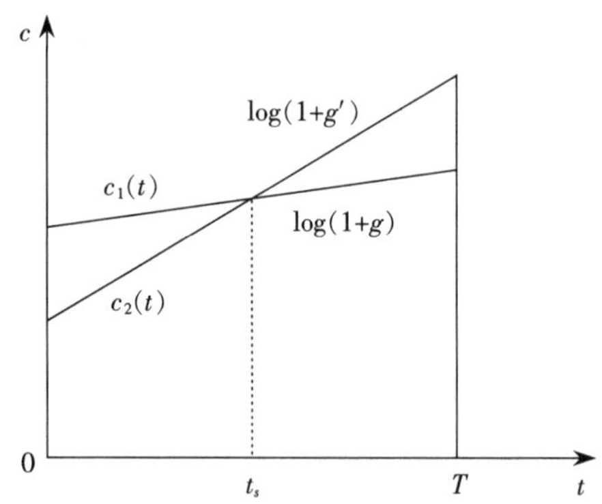

图 2　提高积累的长、短期消费效应

我们在本文第二部分第一节曾指出，积累和消费比例选择的时间跨度不能过大，以至使长远利益的实现变得遥遥无期。现在需要强调的是，这个时间跨度也不能太小。事实上，在很短的时间内或孤立的时点上来探讨积累和消费比例的优劣，意义是不大的。只有在一个时间跨度相当长（但有限）的计划期内，根据使社会成员的实际消费需要在计划期内的满足总和最大这一最优性标准，从计划期内各个时点（例如每一年）上的积累和消费状况的相互联系和相互作用中，才能判定一定积累和消费比例选择的优劣。可见，积累和消费比例的选择问题，绝不只是为一定时期简单地规定一个积累率的问题，而是要根据最优性标准，在一定计划期内的各个时点上适当地分配积累（或消费）的问题。这实质上是一个资源的最优时际配置问题，即将社会预期可得的经济资源在计划期的每一时点上均衡地配置于积累和消费两项用途，以使该计划期内社会的实际消费需要的满足总和最大。说白了，这也就是人们通常所说的在处理积累和消费的关系时，要兼顾长远利益和当前利益。不过，经济分析不应停留在“兼顾长远利益和当前利益”这类带有浓厚哲学意味的抽象命题上（尽管它们的正确性是不容置疑的），而应当具体地说明资源时际均衡配置的特性，确切地告诉人们兼顾长远和当前利益所必须满足的具体条件。

（二）状态方程和约束条件

在明确了国民收入、积累和消费的基本关系之后，我们就可以进一步确定最优积累模型的状态方程和约束条件了。一定时期内积累的形成和变动，即积累的状态，取决于该时期内各时点上的国民收入在积累和消费之间的分割。从一定时点上来看，如果已知国民收入的数额，那么其中消费基金所占的份额扩大，显然意味着积累基金份额的同时减少。根据积累和消费之间的这种简单明了的此消彼长关系。我们可以用一个一阶微分方程来描述积累状态随时间的连续变化：

$$\begin{aligned}\dot{K} &= aK(t) - dK(t) - C(t) \\ &= (a-d)K(t) - C(t)\end{aligned} \tag{5}$$

其中，$\dot{K} = dk/dt$，表示任一时刻的生产资金存量的净增长额，即该时刻的积累；$K(t)$ 表示任一时刻的生产资金存量；a 是产出资金率，即每一单位生产资金创造的产值；$aK(t)$ 为任一时刻的社会总产值。

由前面的式（4）我们有：

$$W = Y + D = \delta K(t) \tag{6}$$

其中，δ 是补偿系数，即消耗掉的生产资料的价值在生产资金存量中所占的比例；$\delta K(t)$ 是任一时刻社会总产值中用做补偿基金的部分，即：

$$D = \delta K(t) \tag{7}$$

其中，$C(t)$ 表示任一时刻全体社会成员的实际消费需要，亦即消费基金；$(a-\delta)K(t)$ 表示扣除了补偿基金后的净产值或国民收入，即：

$$Y = W - D = (a - \delta)k(t) \tag{8}$$

方程式（5）的含义是：任一时刻的社会总产值减去该时刻的补偿基金和消费基金等于该时刻的积累，或任一时刻的国民收入减去消费基金等于该时刻的积累。如果我们用净产值资金率，即每一单位生产资金创造的净产值或国民收入，代替式（5）中的（$a - \delta$），则式（5）可以简化为：

$$\dot{K} = rK(t) - C(t) \tag{9}$$

其中，r 为净产值资金率，$r = a - \delta$。以任一时刻的国民收入（$Y(t) = rK(t)$）除式（9）的两端，我们就得到该时刻的积累率：

$$s(t) = \frac{\dot{K}(t)}{rK(t)} = 1 - \frac{C(t)}{rK(t)} \tag{10}$$

如果我们再以时刻 t 的社会成员数除式（9）和式（10）的两端，还可以得到按人均水平表示的任一时刻的积累水平：

$$\dot{k} = \frac{rk(t) - c(t)}{L(t)} = rk(t) - c(t) \tag{11}$$

以及积累率：

$$s = \frac{\dot{k}(t)/L(t)}{rk(t)/L(t)} = 1 - \frac{c(t)}{rk(t)} \tag{12}$$

其中，$L(t)$ 为任一时刻的社会成员数（$L(t) = L(0)e^{nt}$）；$k(t)$ 为人均生产资金存量；$\dot{k} = dk/dt$ 为人均积累；$c(t)$ 为人均消费。显然，式（9）和式（11）并无性质上的区别。不过，为了与本文第二部分建立的包含人均消费水平的目标泛函式（3）相对应，在本文以后的讨论中我们将使用表示人均积累水平的式（11）。

将由方程式（11）决定的一定计划期内各时点上的人均积累水平按时间顺序联结起来，我们就得到一条人均积累水平在该计划期内的变动轨线，而一旦积累水平的变动轨线确定下来，由方程式（11）又不难反解出该计划期内相应的人均消费水平随时间变化的轨线。通过上一节的分析我们已经知道，最优积累的决定问题本质上是经济资源的最优时际配置问题，而所谓最优时际配置，实际上就是要根据给定的目标函数或最优性标准，找出一条能够使计划期内全体社会成员的实际消费需要总和最大的积累轨线。从方程式（11）容易看出，人均积累水平的变动轨线，是以计划期内各时点上人均国民收入（$= rk(t)$）在消费与积累两项最终用途之间的一定分配状况为基础而形成的。因此，方程式（11）所体现的积累和消费在一个时点上的此消彼长的关系，是选择最优积累轨线的最基本的约束条件。

如果暂时不考虑其他约束条件。那么仅仅根据方程式（11），在任一时刻，社会可以在不等式

$$0 < \dot{k}(t) < rk(t) \tag{13}$$

所规定的范围内来选择人均积累水平（其中 $rk(t)$ 为人均国民收入）。同样，社会也可以在不等式

$$0 < c(t) < rk(t) \tag{14}$$

所限定的范围内来选择消费水平。显然，人们在约束式（13）和式（14）的范围内能够做出的选择绝不止一种。因此，在计划期［0，T］内可行的积累或消费时间轨线也就不止一条。这种情形可以用图形来描绘。在图3中，横轴代表时间；（a）和（b）两个部分中的纵轴分别表示积累水平和消费水平；虚线 $y(t)=rk(t)$ 代表人均国民收入，纵轴上的点 $y(0)=rk(0)$ 为计划期初始时刻的人均国民收入；$\dot{k}_1(t)$ 和 $\dot{k}_2(t)$ 以及 $c_1(t)$ 和 $c_2(t)$。分别表示约束式（13）和式（14）范围内两条可行的积累轨线和消费轨线。不用说，积累和消费轨线的可行选择远不止图3所描绘的两种情况。在约束所容许的范围内，一旦选定一条积累轨线，就会有一条确定的消费轨线与之相对应。反过来看也一样：一旦选定了一条消费轨线，也必然有一条相应的积累轨线确定下来。至此，我们又可以将最优积累的决定问题归结为：找出这样一条积累轨线，与这条积累轨线相对应的消费轨线同纵横轴以及终端时刻线围成的面积，比任何其他可行选择条件下都要大。

我们在上面给出的不等式（13）和式（14）的经济含义是显而易见的：一定时刻的人均积累或人均消费水平大于零但小于该时刻的人均国民收入。这两个不等式所规定的选择范围，要比人们实际面对的约束宽松得多。现在我们要进一步引入更为严厉的约束。让我们先从消费水平说起。对于任一时刻，人们在进行积累和消费比例的选择时，碰到的第一个约束就是该时刻之间历史地形成的某个正常的人均消费水平。这种正常的消费水平取决于生产力发展的既有状况，以及某些一般的生理和伦理方面的要求。除非发生天灾人祸，社会是不会容许实际消费需要的满足程度低于这个正常的历史水平的。但是，这还不是人均消费水平的下限。事实上，人们总是希望自己的消费需要的实际满足程度，即消费水平，能够不断提高，而不是停滞在某个历史地形成的水平上。不仅如此，人们还要求消费水平的提高是能够经常感受得到的。也就是说，消费水平的提高必须维持一个起码的速率。这也是我们在本文第二部分中强调过的社会主义生产目

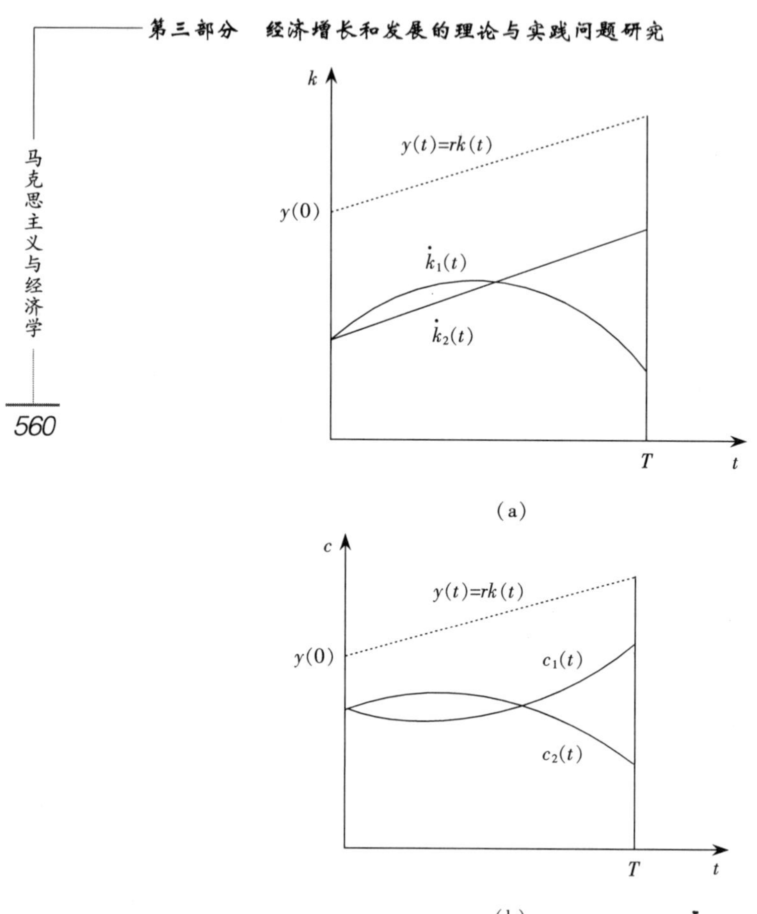

图3　式（13）和式（14）约束下积累和消费轨线的可行选择

的的第二项要求。这样，人均消费水平的下限就是：

$$c_L = c_0 + tv_{\min} \tag{15}$$

其中，c_L 表示人均消费水平的下限或容许的最低取值；c_0 表示历史地形成的正常消费水平或计划期初始时刻的消费水平；$v_{\min}$ 表示社会所要求的起码的消费增长速率；t 表示时间。需要说明的是，这里所说的起码的或社会所能容许的最低消费增长速率，不是通常所说的用百分数表示的增长比例，而是每一时点上消费的瞬时增量。举例来说，如果取年为时间单位，某年人均消费基金增加 20 元。那么 20 元就是该年的消费增长速率。

与式（15）表示的人均消费下限相对应，还存在一个人均消费水平的上限。由于两个方面的原因，这个上限必须低于人均国民收入。首先，社会主义社会必须保证劳动者充分就业，因而在将国民收入用于消费之前，必须扣除新增劳动人口就业所需的追加生产资金，即起码或最低的积累。其次，社会还应当保证新增劳动人口的人均资金拥有水平不低于原先已经达到的水平，以避免出现社会资金有机构成降低，从而劳动生产率下降的不利情况。这就要求必须将人均国民收入中一个数额为人口增长率与人均资金存量乘积的部分用做积累。人均国民收入中扣除了这个部分之后的余额，才是人均消费水平的上限：

$$c_u = rk(t) - nk(t) = (r-n)k(t) \tag{16}$$

其中，c_u 表示人均消费水平上限或容许的最高取值；n 为人口增长率。

综合式（15）和式（16），我们得到关于人均消费水平选择范围的完整表达式：

$$c_0 + tv_{\min} \leqslant c(t) \leqslant (r-n)k(t) \tag{17}$$

这个不等式表明，任一时刻的人均消费水平。即人均消费需要的实际满足程度，不得低于由历史地形成的正常水平加上最低容许增长速率与时间的乘积决定的下限，不得高于由国民收入与容许的最低积累之差决定的上限。

此外还需要强调的是：在正常情况下，显然不可能发生人均消费水平的上限 c_u 与下限 c_L 重合在一点上的情况，在 c_u 与下限 c_L 之间总是存在一个或大或小的差幅，即恒有：

$$(r-n)k(t) > c_0 + tv_{\min},\ t \in [0,\ T] \tag{18}$$

这是对消费水平选择的一个附加约束条件。

由于就一定时刻而言，积累与消费之间存在此消彼长的关系，一旦确定了人均消费的下限和上限，也就很容易推知积累的上限和下限，用人均国民收入减去人均消费水平的上限，我们就得到人均积累的下限（$\dot{k}_L$）：

$$\dot{k}_L = rk(t) - (r-n)k(t) = nk(t) \tag{19}$$

这个等式表明，人均积累的下限或容许的最低取值，是保证新增劳动人口在不低于既有人均资金拥有水平条件下就业所需的起码积累。再用人均国民收入减去人均消费水平的下限，我们又得到人均积累的上限（$\dot{k}_u$）：

$$\dot{k}_u = rk(t) - (c_0 + tv_{\min}) \tag{20}$$

这个等式意味着，人均积累的规模必须控制在不使人均消费水平降至其下限之下的范围内。综合式（19）和式（20）。可以将人均积累选择的约束范围写为：

$$nk(t) \leqslant \dot{k}(t) \leqslant rk(t) - (c_0 + tv_{\min}) \qquad (21)$$

这个不等式的经济意义是：任一时刻的人均积累不得低于保证新增劳动人口在不低于既有人均资金条件下就业所要求的数额，但不得高于人均国民收入与人均消费水平最低容许取值或下限之差，与人均消费水平相类似，人均积累的选择也有一个附加约束条件，即：

$$rk(t) - (c_0 + tv_{\min}) > nk(t),\ t \in [0,\ T]$$

至此，我们已完成了对人均积累水平的状态方程及有关约束条件的讨论。下面需要进一步引出关于积累增长速率的状态方程以及相应的约束条件。为此，对方程式（11）求对时间的导数，得到一个二阶微分方程：

$$\ddot{k} = r\dot{k}(t) - \dot{c}(t) \qquad (22)$$

其中，$\ddot{k} = d^2k/dt^2$ 是人均积累的瞬时增量，亦即人均积累的增长速率；$\dot{c} = dc/dt$，是人均消费的瞬时增量，亦即人均消费的增长速率；而 $r\dot{k}(t)$（净产出资金率与人均积累的乘积）则是人均国民收入的瞬时增量，亦即人均国民收入的增长速率。方程式（22）的经济含义是简单明了的：人均积累增长速率等于人均国民收入增长速率与人均消费增长速率之差。由这个方程容易看出，在消费增长速率 $\dot{c}$ 与积累增长速率 $\dot{k}$ 之间，也存在着同消费水平 c 与积累水平 $\dot{k}$ 一样的此消彼长的关系。

在前面关于消费水平选择的约束范围的讨论中，我们已经规定了消费的最低容许增长速率 $v_{\min}$。现在，可以直接将消费增长速率的下限 $\dot{c}_L$ 写为：

$$\dot{c}_L = v_{\min} \qquad (23)$$

对前面给出的人均消费水平上限式（16）求对时间的导数，又可以得到消费增长速率的上限 $\dot{c}_u$：

$$\dot{c}_u = (r - n)\dot{k}(t) \qquad (24)$$

即消费增长速率的上限等于任一时刻国民收入的瞬时增量（$r\dot{k}$）减去人口增长率与该时刻的人均积累的乘积（$n\dot{k}$）。综合式（23）和式（24），就得到消费增长速率选择的约束范围：

$$v_{\min} \leqslant \dot{c}(t) \leqslant (r - n)\dot{k} \qquad (25)$$

即任一时刻消费的增长速率不得低于其最低容许取值 $v_{\min}$，同时不得高于国民收入增长速率与积累水平和人口增长率的乘积之差。相应的附加约束条件是：

$$(r-n)\dot{k} > v_{\min} \quad t \in [0,\ T] \tag{26}$$

对表示积累水平上下限的式（19）和式（20）求对时间的导数，则可以得到积累增长速率上限（$\ddot{k}_u$）：

$$\ddot{k}_u = r\dot{k}(t) - v_{\min} \tag{27}$$

和下限（$\ddot{k}_L$）：

$$\ddot{k}_L = n\dot{k} \tag{28}$$

式（27）的经济意义是：国民收入增长速率与消费增长速率的下限之差，等于积累增长速率的上限。而式（28）的经济意义是：人口增长率与积累水平的乘积等于积累增长速率的下限，综合式（27）和式（28），得到积累增长速率的选择范围：

$$n\dot{k} \leqslant \ddot{k}(t) \leqslant r\dot{k} - v_{\min} \tag{29}$$

即任一时刻人均积累的增长速率不得低于人口增长率与该时刻人均积累水平的乘积，同时不得大于该时刻人均国民收入增长速率与人均消费最低增长速率之差。相应的附加约束条件是：

$$r\dot{k}(t) - v_{\min} > n\dot{k} \quad t \in [0,\ T] \tag{30}$$

消费和积累增长速率的选择范围也可以用图形表示出来。图 4 的（a）、（b）两个部分分别表示消费增长速率和积累增长速率的选择范围。从该图中可以看出，在计划期［0，T］内，除了消费增长速率的下限是一个常数 $v_{\min}$，从而表现为一条与横轴平行的水平线之外，消费增长速率的上限和积累增长速度的上、下限，都是随着时间上升的。$\dot{c}_u$、$\ddot{k}_u$ 和 $\ddot{k}_L$ 所以随时间上升，是因为积累水平 $\dot{k}$ 在［0，T］内是上升的，而这又是因为已经规定任一时刻新增就业人口的人均资金拥有量都不得低于前一时刻已经达到的水平。

对于以上关于积累的消费增长速率选择范围的讨论，读者可能会提出这样的疑问：既然已经规定了积累和消费水平的选择范围，还有必要不厌其烦地规定增长速率的选择范围吗？我们说，这是极其必要的。由水平约束进一步引出速率约束，绝不是单纯的数学形式变换。这对于最优积累（或消费）轨线的选择具有实质性的重要意义。在有速率约束和无速率约束两种不同条件下，积累水平或消费水平变化的时间轨线是大不相同的。

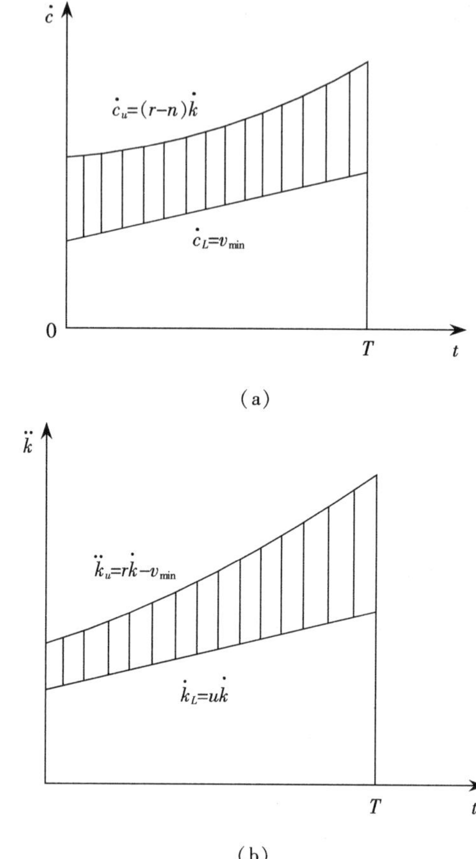

图 4 消费和积累增长速率选择的约束范围

观察和比较图 5 所示的两条消费水平变化轨线，有助于说明速率约束的重要性。该图中的实线是在无速率约束条件下形成的轨线。沿着这条轨线，在时域［0，T］包含的时段［0，t_s］内，消费水平一直处于下限规定的水平上；到了时刻 t_s，它突然发生大幅度跳动，一跃而达到消费水平的上限。显然，这样一条轨线即便能够满足目标泛函式（3）的要求（这在数学上是完全可能的，参见附录），也是无法接受的，因为消费水平的这种大幅度跳动必然对整个国民经济的发展造成严重的不良影响。我国从 20 世纪 50 年代后期到 80 年代消费水平的实际变动轨线，在某种程度上就类似于图 5 中的那种跳动轨线。从 50 年代后期到 70 年代末，由于实行高积累政策，我国的消费率一直保持在 60% 的低水平上，人民生活水平的提高比较慢，有时甚至处于停滞状态。到了 80 年代，开始是由于还欠账，后来则因为不恰当地鼓吹高消费，使我国的消费水平发生了大幅度的跳跃。1979 ~1981 年这三年中，新增加的国民收入（共计 874 亿元）几乎全部被用于消费（用于个人消费和社会消费的共计 871 亿元）。这种跳跃所带来的后遗症，直至今日也未能消除。显然，在选择最优消费或积累轨线时，应当摒弃图 5 所示的不合理轨线。要想获得持续和稳定的增长，就不仅要对积累或消费的水平加以约束，而且要对它们的增长速率加以约束，使之在计划期内逐段连续，避免大幅度跳动。

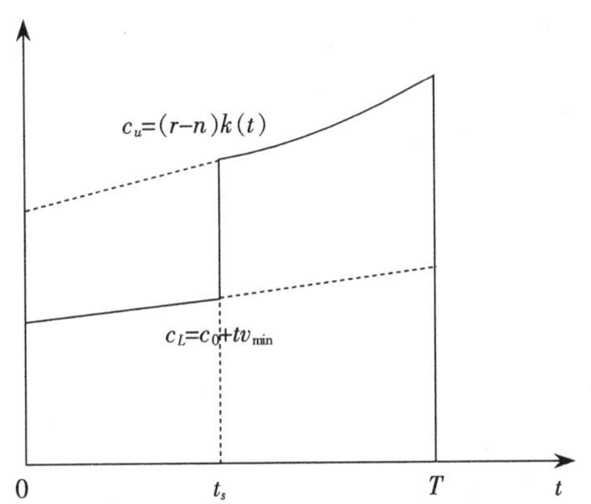

图 5　有、无速率约束条件下的不同消费轨线

这里要顺便指出的是，国外的一些经济学家曾试图抛开社会效用函数，用类似本文第二部分提出的式（3）的线性目标泛函来建立最优储蓄（增长）模型，结果得出了图 5 所示的那种不合理的跳动轨线（参见附录）。产生这种结果的原因，就是他们只给出了对消费水平的约束，而没有对增长速率加以约束。但是。这些学者却认为问题出在消费总和最大目标函数上，必须退回到那个理论上漏洞百出的社会效用最大目标函数上去。例如。有一位学者说：由于采用消费总和最大目标函数得出的轨线是“非现实和不合理的”，“看来用边际效用递减的总效用函数作为非线性的目标函数……是避免跳动（bang-bang）的合意手段”。[①] 我们将在后面表明，只要对增长速度加以约束，即便采用线性的消费总和最大目标函数，也可以得到逐段连续的最优轨线，尽管它不像在使用效用函数条件

① R. S. Eckaus, Absorptive Capacity, The New Palgrave: Economic Development, 1989.

下得出的轨线那样“优美”，但更合乎实际，实际的政策操作意义更大。

（三）有关参数对约束范围的影响

在上一节的讨论中，我们涉及三个重要的经济参数：净产值资金率 r，消费增长速率的最低容许取值 $v_{\min}$ 和人口增长率 n。这三个参数的取值大小，对约束范围的宽窄有着直接的影响，因而有必要对它们进行一番讨论。

1. 净产值资金率。净产值资金率 r 是各种技术，经济和社会因素作用下形成的生产资金利用效率的综合反映。严格地说，r 并不等于积累效率，因为积累效率只是一定时期生产资金增量与国民收入增量之比，而 r 则是包括存量和增量在内的全部生产资金与国民收入总量之比。如果我们将 r 看作是人均生产资金的函数，即 $r=f(k)$，那么积累效率就是 r 对于 k 的边际变化率，即 $dr/dk=f'(k)$。假定生产资金存量的利用效率不变，则 r 的大小主要是受生产资金增量即积累的利用效率的影响。积累效率越高，r 就越高；反之则反是。从这个意义上说，对 r 的讨论大体上等价于对积累效率的讨论。

首先让我们来看一看 r 的不同取值对积累和消费选择的约束范围的影响。为了避免重复。这里只考虑积累和消费的增长速率的约束范围。由上一节的讨论可知，在消费增长速率的上限式（24）$\dot{c}_u=(r-n)\dot{k}$ 和积累增长速率的上限式（27）$\ddot{k}_u=r\dot{k}(t)-v_{\min}$ 中都含有参数 r。由这两个等式很容易看出，假定其他条件不变，则 r 的提高或降低，意味着人均民收入增长率（$\dot{y}=dy/dt=r\dot{k}$）的同幅度提高或降低。而人均国民收入增长速率的变动，又必然会引起消费和积累的增长速率上限的变动。这种变动可以用图6表示出来。图6中（a）和（b）两部分分别描绘 $\dot{c}_u$ 和 $\ddot{k}_u$ 随 r 变化的情况。图6（a）中居于 $\dot{c}'_u$ 和 $\dot{c}''_u$ 之间的曲线 $\dot{c}_u$，表示由某个既定的净定产值资金率 r_0 决定的消费增长速率上限。当 r_0 提高到 r_1、$\dot{c}_u$ 上移至 $\dot{c}'_u$，而当 r_0 降低 r_1、$\dot{c}_u$ 下移至 $\dot{c}''_u$。图6（b）反映了积累增长速率上限 $\ddot{k}_u$ 随 r 的上升和下降发生的类似移动。可见，无论对于消费增长速率还是积累增长速率，净产值资金率的提高都将使我们的选择范围扩大，而它的下降则会使我们的选择范围缩小。

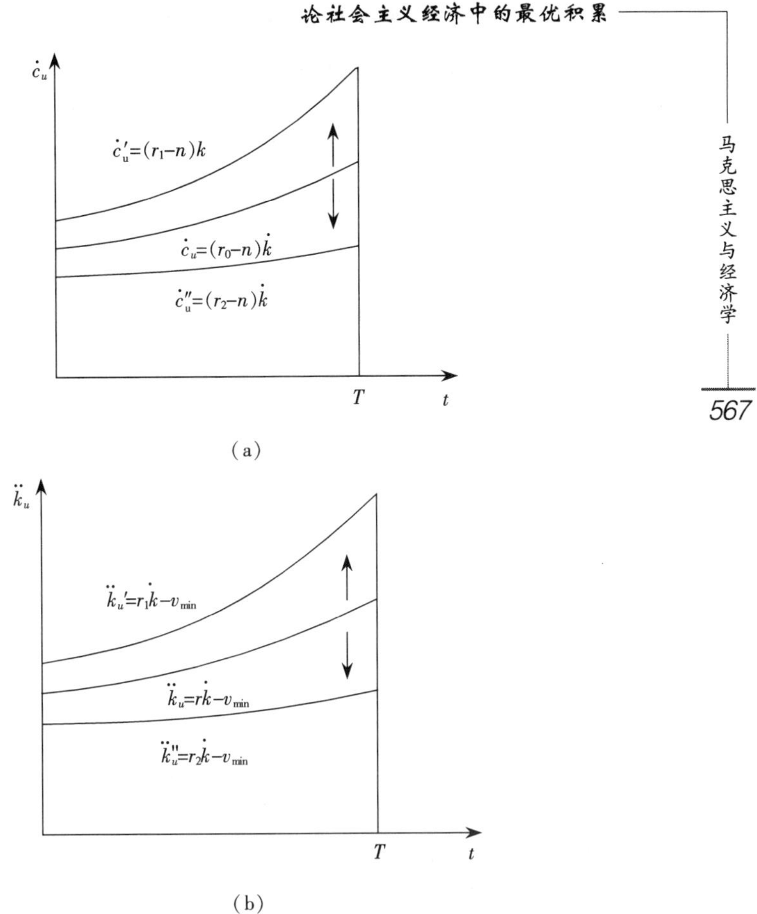

图 6　净资产资金率变动对消费和积累的增长速度的影响

那么，是哪些因素决定和影响着净产值资金率的升降呢？

（1）技术进步。技术进步体现在三个方面：①生产设备和原材料等的技术水平的提高；②生产管理组织和劳动者技能的改善；③产品的创新。显然，生产设备和原材料越先进，生产管理组织越完善，劳动者的技能越熟练，生产和经营的效率就越高，从而积累效率和净产值资金率也越高，而产品创新的速度和水平越高，则高盈利的投资机会就越多，积累效率和净产值资金率因而也会越高。因此，可以说参数 r 是技术进步的增函数。如果我们使用积累基金进行投资时，总是尽可能地利用技术进步的最新成果，净产值资金率就会随积累效率的提高而提高。

（2）积累规模和积累率。南斯拉夫著名经济家霍尔瓦特曾根据本和其他东欧国家的经验，提出过一个在经济发展理论中很有影响的“投资（积累）吸收能力”假设（这个假设后来又为其他经济学家对一些亚洲国家的经验的研究所印证）。[①] 其内容是：投资所带来的国民收入增量是随投资规模的扩大和投资率（积累率）的提高而递减的。这可以用图7来描述，图7中横轴表示投资（积累）在国民收入中所占比例（I/Y），纵轴表示投资的边际生产率（单位投资增量带来的国民收入增量$\Delta Y/\Delta I$）。图7中A点表示经济对投资的吸收能力。在该点，投资的国民收入增长

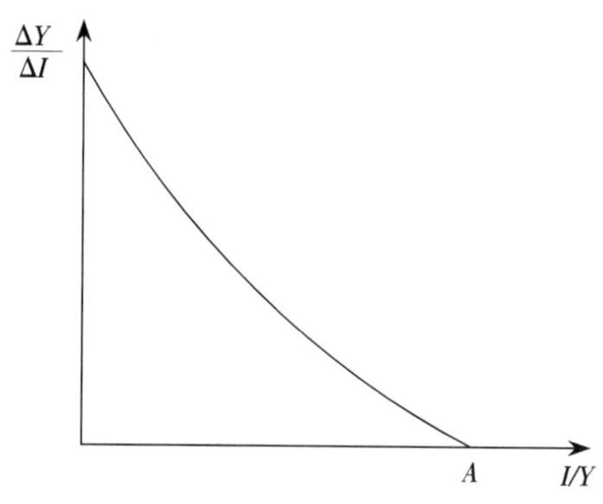

图7 吸收能力假设

效应为零。显然，当积累效率随着积累规模的扩大和积累率的提高而递减时，净产值资金率也会递减。为什么会出现这种效益递减的情况呢？原因主要有两条：①当积累规模和积累率都较小时，盈利高的有利投资机会相对来说较多，因此积累效率和净产值资金率也较高；而当积累规模和积累率都较大时，有利的投资机会相对变少，积累基金中较大的部分将投向比较不利的项目，因而导致积累效率和净产值资金率的下降。②当积累规模和积累率较小时，资源约束相对宽松，投资时使用高效能的设备、机器、能源和原材料以及熟练劳动力的可能性较大。投资项目的建设周期因资源供应较充分而较短，从而生产效率和资金周转速度较高，因而积累效率和净产值资金率也较高。而在积累规模和积累率较大的情况下，资源约束相对变紧，投资时不得不越来越多地使用效能较低的资源，甚至停工待料，从而导致生产效率下降、建设周期拉长、资金周期速度变慢，积累效率和

① B. Horvat, The Optimal Investment Rate, Economic journal, 1985; Towards a Theory of Planed Economy.

净产值资金率因而降低。在积累规模或积累率的选择越出适度约束范围的极端情况下，积累效率和净产值资金率会变成负数，国民收入会出现负增长（例如我国大跃进时期）。但是，我们也不能由此得出积累越小越好的结论，因为判断积累优劣的标准不是资金的利用效率，而是社会成员实际消费需要的最大满足。在积累规模的扩大和积累率的提高并未超出约束范围，并且在满足社会成员实际消费需要在计划期内的满足总和最大这一最优性标准的条件下，也可能会发生积累效率和净产值资金率的一定程度下降。这种下降应看做是不正常现象，不能以此判断积累决策的得失。同样，积累规模较小和积累较低情况下的较高积累效率和净产值资金率，也并不必然意味着积累状况较优。正如我国一些学者指出的："人为地采取低积累率、低积累规模，虽然可能获得较高的积累效果系数，但却未必能够增加较多的国民收入和消费基金。"①

（3）积累的有效性。如果积累基金的使用方向不对，不符合社会需要，由此形成的生产能力就不能向社会提供有效的供给。用在这种无效生产能力形成上的积累，就成为无效积累。此外，如果投资项目的建设过程中浪费现象严重，很大部分积累基金无谓地损失掉，未能形成实际生产能力。这部分积累基金也属于无效积累。在我国经济建设的历史上这类无效积累在积累总额中所占的比例是相当大的。从1950年到1979年，我国的基建投资总额达6 500亿元。其中形成固定资产的仅4 500亿元，占投资总额的69.8%，报废损失等达700多亿元，占全部投资总额的百分之十几。在4 500亿元形成的固定资产中，由于投资方向选择不当等问题，真正发挥效益的只占70%，近30%闲置着。除了固定资产形的无效积累之外，流动资产形式的无效积累也相当可观。以1978年为例，存货积压占到全民所有制企业流动资金的15%～20%，超定额储备达400多亿元。②由于积累总额中包含着数额很大的无效积累，我国的高积累从一定程度上说是一种虚假的高积累。从中扣除无效积累之后，真正发挥效益的有效积累是否也过高，就难说得很了。积累总额中包含的无效积累越大，能够发挥效益的有效积累就越小。在这种情况下，积累效率和净产值资金率当然越低。相反，积累的有效性越高，积累效率和净产值资金率也越高。

---

① 田椿生等：《积累形成与扩大途径》，经济科学出版社1987年版，第209页。

② 刘国光主编：《国民经济综合平衡的若干理论问题》，中国社会科学出版社1981年版，第172页。

（4）补偿系数。净产值资金率是产出资金率 a 与补偿系数（或折旧系数）δ 之差。从短期来看，在 a 一定的情况下，δ 越大，净产值资金率 r 就越小。但是，人为地拉长设备的服役期（尤其是无视无形损耗）、压低补偿系数，从较长期来看却会导致净产值资金率的下降。这不仅因为折旧率过低、服役期过长会造成设备带病运转，生产效率下降，而且因为在这种情况下无法及时将技术进步的成果注入既有生产能力。补偿系数过低，可以说是我国经济建设的一个顽疾。虽然20世纪70年代末以来政府一直强调更新改造，但近十几年来折旧率非但没有提高，反而有减少的趋势。根据固定资产当年重置价格和历年全民所有制企业实际提取的折旧额计算，从1981～1987年，全民所有制固定资产实际折旧率只有2.55%～3.97%，比同期偏低的法定折旧率还要低许多。这种状况对于净产值资金率的长期提高，是极其不利的。

（5）体制因素。我国的传统经济体制所具有的资金“大锅饭”等弊端，对净产值资金率造成的极其不利的影响，是人们熟知的事实。通过十几年来对投资和企业管理体制的改革，这些弊端正在逐步消除，净产值资金率的状况有所改善。我国净产值资金率状况的进一步改善，显然在很大程度上取决于投资管理体制和企业管理体制改革的深化。

一定时期内净产值资金率的具体数值，是由上述各种因素的作用决定的。如果对它起积极作用的因素的力量，超过起消极作用的因素的力量，其数值就会上升。消费和积累的增长速率上限就会随着上移。如果发生相反的情况，则 r 下降，消费和积累的增长速率上限会随之下移。但是，经验表明，r 在一定时期内是相对稳定的，总是围绕着一个恒常水平波动，大体上可以看做是一个常数。这表明对 r 发生反方向作用的各种因素的力量是互相抵销的。因此，对于一个不太长的计划期，如果其他条件不变，则消费和积累的增长速率上限也具有相对的稳定性，不会发生明显的上移或下移。根据我国1983年以前的数据，在1953～1969年的18年中，除了1957～1961年和1966年这6年非常时期之外，在其他12年中我国的积累系数（积累效率的倒数，即积累与国民收入增量之比）全部落在3.3附近；而1970～1983年的14年中，则一直稳定在2.46左右。积累效率从而净产值资金率具有这种相对稳定性，并不意味着我们可以放松提高净产值资金率的努力。通过一切可能的途径来最大限度地削弱导致积累效率和净产值资金率下降的因素的作用，同时最大限度地发挥使它们上升的因素的作用，从而拓宽消费和积累的增长速度选择范围，应当是我们长期不懈的追求。

2. 消费增长速率的最低容许取值。由上节的讨论已知消费增长速率的下限式（23）：

$$\dot{c}_L = v_{\min}$$

以及积累增长速率的上限式（27）：

$$\ddot{k}_u = r\dot{k}(t) - v_{\min}$$

由这两个等式不难看出，假定其他条件不变，$\dot{c}_L$ 和 $\ddot{k}_u$ 都会随消费增长速率的最低容许取值 $v_{\min}$的高低而发生数量相同的上升或下降，如图 8 所示，在图 8（a）中，$\dot{c}_L$ 是由某个既定的 $v_{\min}$决定的消费增长速率下限。当 $v_{\min}$被提高到 $v_{\min}$时，$\dot{c}_L$ 向上平移至 c''_L，而当 $v_{\min}$被降低到$v''_{\min}$时，$\dot{c}_L$ 向下平移至 c''_L图 8（b），表示积累增长速率上限随 $v_{\min}$取值大小

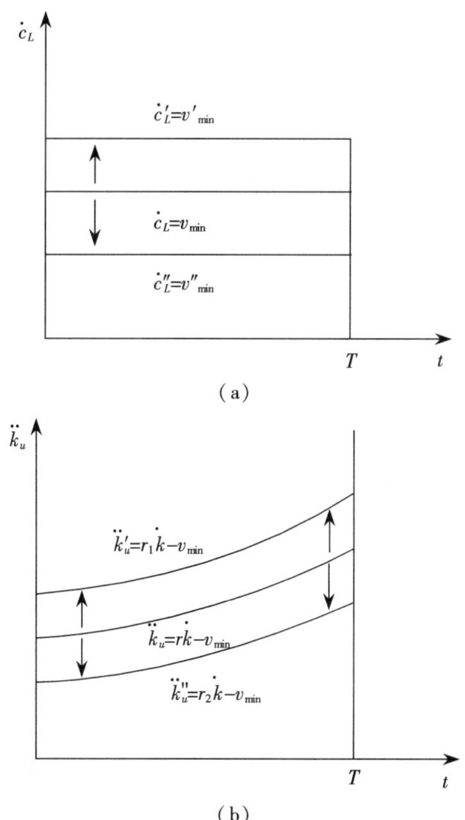

图 8　$v_{\min}$的不同取值对消费增长速率下限和积累增长速率上限的影响

而发生的类似平移。显而易见，在消费增长速率的上限不变的情况下，v_{min}的提高会使其选择范围变窄；相反，则会使之变宽。对于积累增长速率，在其下限不变的条件下，v_{min}的提高也会使选择范围变窄；相反，则会使之变宽。

我们在上一节中谈到v_{min}的取值时，只是简单地指出，根据社会主义生产目的的第二项要求，消费水平不能停滞在原有水平上，而应当保持一定的增长速率。而v_{min}则是社会所能容许的最低增长速率。现在需要进一步讨论的问题是这个最低增长速率是如何确定的。如果说净产值资金率这个参数主要取决于难以在较短时期内改变的宏观因素，那么v_{min}则主要取决于人的主观意愿，在较短时期内改变的可能性比较大。社会能够容许消费增长速率低到何种程度，取决于社会成员决心在多大程度上为了未来利益而延缓和牺牲自身的当前消费。人们做出这种延缓和牺牲的意愿越强烈，v_{min}的取值就可以越低。而v_{min}的取值较低，意味着积累增长速率的上限$\ddot{k}_u$较高，从而积累将以较大规模进行，国民收入将以较快速率增长，社会的未来利益将有较充分的保障。国际政治压力、对发达国家的赶超意识、民族自尊和自强的信念，对奢侈还是节俭的社会风尚的提倡等不能纳入纯经济分析的因素，都会影响人们的这种意愿。我们的前辈在社会主义建设的英雄时期所表现出来的这种意愿的强烈程度，在今天正享受着前人牺牲成果的某些后辈看来，简直是难以置信的。但是，也应当看到，人们所能够做出的牺牲并不是无限度的。如果政府要求人们长期做出超出自身意愿的牺牲，是会遭到抵制的。这种抵制的主要表现，就是人们劳动热情的减弱和劳动生产率的下降。卡莱茨基甚至根据有关经验，提出反映人们反对削减短期消费的强度的所谓“抵制系数”，并将其纳入对增长率的决策分析。[①] 卡莱茨基指出，人们忍受低消费的时间长度与劳动生产率成反比。消费增长速率很低或停滞的时间越长，人们对提高积累率的抵制就越强烈，即抵制系数越大，从而劳动生产率越低。

要想得到v_{min}的正确取值，就必须了解民众为未来利益而延缓和牺牲当前消费的意愿的真实强度。而了解民众意愿的最有效的途径，应当是社会主义的民主制度和政治程序。也就是说，v_{min}的正确取值应当到人民代表大会的投票箱中去寻找。

3. 人口增长率。人口增长率这一参数出现在消费增长速率的上限式

---

① 卡莱茨基：《社会主义经济增长理论导论》，三联书店1988年版，第四章。

（24）和积累增长速率的下限式（28）中，即：

$$\dot{c}_u=(r-n)\dot{k}(t)$$

及

$$\ddot{k}_L=n\dot{k}$$

显然，$\dot{c}_u$ 和 $\ddot{k}_L$ 都随人口增长率变动的。图 9 中的（a）、（b）分别表示这种变动对消费和积累的增长速率选择范围的影响。图 9（a）表明，消费增长速率上限的变动方向与人口增长率的变动方向相反：当人口增长率由某个既定的 n_0 上升到 n_1 时，消费增长速率的上限由 $\dot{c}_u$ 下移至 $\dot{c}'_u$；而当人口增长率由 n_0 下降至 n_2 时，消费增长速率的上限则由 $\dot{c}_u$ 上移至 $\dot{c}''_u$。这表明，在其他条件不变的情况下，较高的人口增长率使消费增长速率的选择范围变窄；反之亦然。也就是说，与较高的人口增长率相伴随着的是较低的消费增长速率。与此相反，较高的人口增长率却要求有较高的积累增长速率，而在人口增长率低时，积累也可以相应较低。图 9（b）

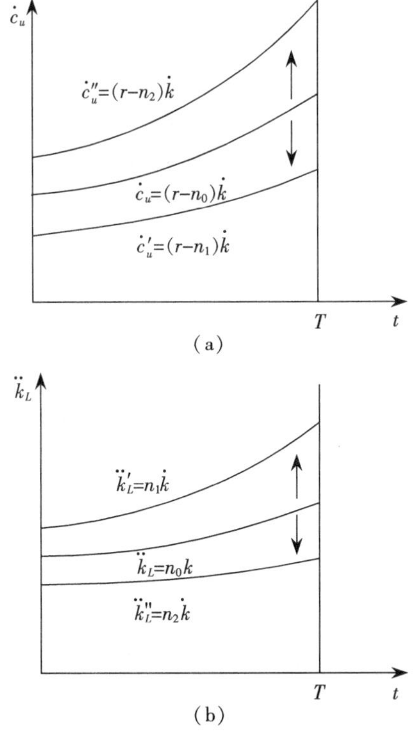

图 9　人口增长率对消费增长速率上限和积累增长速率下限的影响

表明了人口增长率与积累增长速率的同方向变化。当 n_0 上升至 n_1 时，$\ddot{k}_L$ 上移至 $\ddot{k}'_L$，而当 n_0 下降至 n_2 时，$\ddot{k}_L$ 下移至 $\ddot{k}''_L$。可见，较高的人口增长率使积累增长率的选择空间变窄；反之则反是。就我国的具体情况而言，由于人口增长率提高，消费增长速率的上限因而压得较低，而积累增长速率的下限则抬得较高，这都限制了我们选择积累和消费比例的回旋余地。

附录　无增长速率控制条件下不合理的最大消费轨线

系统的状态方程：

$$\dot{k} = rk(t) - c(t)$$

目标函数：

$$\max J = \max \int_0^T L(0)e^{nt}c(t)dt$$

容许控制（对 c 的约束）：

$$c_0 + tv_{\min} \leqslant c(t) \leqslant (r-n)k(t)$$

边界条件（给定的人均资金存量的初值和终值）：

$$k(0) = k_0 k(t) = k_T$$

根据以上条件写出系统的汉密尔顿函数：

$$H = L(0)e^{nt}c(t) + \lambda(rk - c(t))$$

为了简化讨论，令 $\widetilde{H} = H/L(0)e^{nt}$，$\widetilde{\lambda} = \lambda/L(0)e^{nt}$，得到：

$$\widetilde{H} = c(t) + \widetilde{\lambda}(rk - c)$$

根据最大值原理，注意到 $\widetilde{H}$ 对于控制变量 $c(t)$ 是线性的，因此，最优控制策略是 bang-bang 型的，即：

$$c^* = \begin{cases} c_0 + tv_{\min}, & -\lambda < c \\ (r-n)k, & 1-\lambda > 0 \end{cases}$$

由 $\widetilde{H}$ 可确定系统的伴随方程：

$$\frac{d\widetilde{\lambda}}{dt} = -\frac{\partial \widetilde{H}}{\partial k} = -\lambda r$$

该方程的解即伴随变量为：

$$\widetilde{\lambda}(t) = \widetilde{\lambda}(0)e^{-rt}$$

对不同的伴随变量初值 $\tilde{\lambda}(0)$，$\tilde{\lambda}(t)$ 和 t_1 可有三种情况：

（1）在［0，T］内始终有 $1-\tilde{\lambda}<0$，因而最优控制始终为 $c_0+tv_{\min}$；

（2）始终有 $1-\tilde{\lambda}>0$，因而最优控制始终为 $(r-n)k$；

（3）在［0，T］内的一个时段 0 到 t_s 之内有 $1-\tilde{\lambda}<0$，相应的最优控制为 $c_0+tv_{\min}$；在另一时段 t_s 到 T 之内有 $1-\tilde{\lambda}<0$，相应的最优控制为 $(r-n)k$。为了说明无增长速率控制条件下所得到的最大消费总和轨线的不合理和非现实性。让我们只考虑最后一种情况。在这种情况下，由 $(1-\tilde{\lambda})$ 的取值变化决定的消费轨线可用图 10 表示出来。该图下半部分 $c^*(t)$ 轨线就是我们在本部分第二节的图 5（a）中描绘的无增长速率条件下的消费水平跳变轨线。从纯数学的立场来看，它是一条满足目标函数（3）和给定约束条件的最优轨线。但从经济上说，它是一条无法接受的不合理轨线。

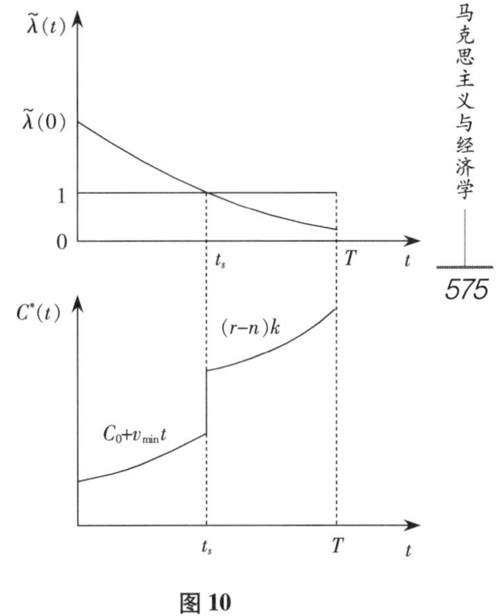

图 10

四、最优积累控制模型

（一）模型

综合本文第二部分关于最优积累评价标准和第三部分关于状态方程及有关约束条件的讨论，可以进一步得出社会主义经济中最优积累的控制模型。

在本文第三部分中，我们曾用一阶微分方程式（11）来描述人均积累水平随时间的连续变化状态，即

$$\dot{k}=rk(t)-c(t)$$

我们还用二阶微分方程式（22）描述人均积累的增长速率随时间的连续

变化状态，即：

$$\ddot{k} = r\dot{k}(t) - \dot{c}(t)$$

这两个微分方程也就是我们的最优积累控制模型的状态方程。其中，$k(t)$ 即人均生产资金存量和 $\dot{k}(t)$ 即人均积累水平，则是这两个方程所描述的经济系统的两个状态变量。为方便书写，现在我们令：

$$k(t) = x_1$$

$$\dot{k}(t) = x_2$$

并令人均消费增长速率：

$$\dot{c}(t) = v(t)$$

这样，上述两个状态方程就可以改写为：

$$\begin{cases} \dot{x}_1 = x_2 \\ \dot{x}_2 = rx_2 - v(t) \end{cases} \tag{31}$$

在本模型中，我们把 $v(t)$ 当作控制变量或策略变量，即要通过人均消费增长速率的控制来使人均生产资金存量 x_1 和人均积累 x_2 达到最优状态。

在第三部分中，我们用不等式（25）规定了人均消费增长速率的选择范围，即：

$$v_{\min} \leqslant \dot{c}(t) \leqslant (r-n)\dot{k}$$

这也就是本模型关于策略变量 $v(t)$ 的容许控制。用 $v(t)$ 代替上列不等式中的 $\dot{c}(t)$，同时用 x_2 代替其中的 $\dot{k}$，我们可将这个容许控制改写为：

$$v(t) \in [v_{\min},\ (r-n)x_2(t)] \tag{32}$$

其附加条件是：

$$(r-n)x_2(t) > v_{\min} \quad \forall t \in [0,\ t] \tag{33}$$

在本文第二部分中，我们已给出了目标泛函式（3）：

$$\max J = \max \int_0^T L(0)e^{nt}c(t)dt$$

由于

$$\dot{k} = rk - c(t)$$

亦即：

$$x_2 = rx_1 - c$$

所以：

$$c(t) = rx_1 - x_2$$

将上式代入式（3），最优性评价标准或目标函数可改写为：

$$\max J = \max \int_0^T L(0)e^{nt}(rx_1 - x_2)dt \tag{34}$$

在确定了状态方程、容许控制和目标函数之后，还需要规定模型的边界条件。本模型有四个边界条件。一是计划期开端时刻的人均资金存量或人均资金存量初值 $x_1(0)$。二是开端时刻的人均积累 $x_2(0)$。显然，作为计划期［0，T］之前发生的经济过程的结果，$x_1(0)$ 和 $x_2(0)$ 都是给定的已知数，无须多加解释。至于模型的第三个边界条件，即计划期终端时刻的人均资金存量（或人均资金存量终值）$x_1(T)$ 则需要加以较详细的说明。为计划期事先给定资金存量终值具有极其重要的经济意义。这一点，我们在本文第二部分第一节的末尾曾简单地提到过。如果不为人均资金存量规定一个终值，那么在计划期终了时就会发生社会拥有的全部资源都被消费殆尽的荒谬结局。这种结果同时将最优积累选择的时间界限放大至无限一样，也是不合理的。事实上，现在活着的一世人，不仅必须超出一个计划期的时间范围，通过积累增加资金存量，从而为自身的未来准备足够的生产手段，而且必须超出自身生命期的范围，通过积累为社会的未来即子孙后代做好准备。如果说他们为自己的未来消费所进行的积累，意味着自身当前消费的延期；那么他们为子孙后代所进行的积累，则意味着他们对自己生命期内可以得到的部分消费的永远放弃或牺牲。当代人应为自身的未来和子孙后代做出多大程度的延期和牺牲，从本质上说是一个伦理判断问题。这个问题不可能仅仅从经济分析和优化计算中得到解答。合理的解答最终还要取决于全体当代人组成的社会作为一个整体而做出的政治决定（只有在以公有制为基础的社会主义经济中才有可能形成这种政治决定）。这种决定实际上就是关于计划期内的国民收入增长比例的决定（国民收入增长比例与资金存量终值得关系我们将在本部分第三节中说明）。在计划期开始前事先规定了国民收入增长的比例，等于事先给出了人均资金存量的终值。不过，国民收入增长比例和资金存量终值的选择绝不是完全任意的，而必须遵循由优化计算产生的一定约束。但现在我们暂且简单的假设人均资金存量终值已经给定。模型的第四个边界条件是人均积累终值 $x_2(T)$，我们令其自由，但给以约束 $x_2(T) \geqslant 0$，于是，本模型的边界条件是：

$$\begin{cases} x_1(0) = x_{10} \\ x_2(0) = x_{20} \\ x_1(T) = x_{1T} \\ x_2(T) = 0 \end{cases} \tag{35}$$

及给定的终端时间 T。

根据上列式（31）~式（35），可以得出经济系统的汉密尔顿函数：

$$\bar{H}(x_1, x_2, v, t) = L(0)e^{nt}c(t) + \bar{\lambda}_1(t)x_2(t) + \bar{\lambda}_2(t)\dot{x}_2(t)$$
$$= L(0)e^{nt}(rx - x_2) + \bar{\lambda}_1 x_2 + \bar{\lambda}_2(rx_2 - v)$$

为了讨论方便，用 $L(0)e^{nt}$（人口数）除以上式两边，且令：

$$H(x_1, x_2, v, t) = (L(0)e^{nt})^{-1}\bar{H}(x_1, x_2, v, t)$$
$$\lambda_1 = (L(0)e^{nt})^{-1}\bar{\lambda}_1(t)$$
$$\lambda_2 = (L(0)e^{nt})^{-1}\bar{\lambda}_2(t)$$

则汉密尔顿函数可简化为：

$$H(x_1, x_2, v, t) = c(t) + \lambda_1 x_2 + \lambda_2 \dot{x}_2$$
$$= rx - x_2 + \lambda_1 x_2 + \lambda_2(rx_2 - v) \quad (36)$$

由于 $L(0)e^{nt} > 0$，做以上简化不会对模型的解产生任何影响。式（36）中的两个拉格朗日乘子 λ_1 和 λ_2 在最优控制模型中称为伴随变量。

由于汉密尔顿函数式（36）关于控制变量 $v(t)$ 是线性的。我们立即可以确定出系统的最优控制 $v^*(t)$（即最优的消费增长速率控制策略）是开关型的：

$$v^*(t) = \begin{cases} v_{\min} & \text{当 } \lambda_2(t) > 0 \text{ 时} \\ (r-n)x_2(t) & \text{当 } \lambda_2(t) < 0 \text{ 时} \end{cases} \quad (37)$$

这个最优控制策略的意义是：当伴随变量 $\lambda_2(t)$ 大于零时，消费增长速率取其最低容许值 $v_{\min}$ 是最优的；而当伴随变量 $\lambda_2(t)$ 小于零时，消费增长速率取其最大容许值 $(r-n)x_2(t)$ 是最优的。以 $\lambda_2(t)$ 取正号还是负号为依据采取 $v_{\min}$ 和 $(r-n)x_2(t)$ 两种不同的控制策略，就可以使人均资金存量 $x_1(t)$ 和积累 $x_2(t)$ 沿最优的时间轨线运动，从而使计划期 $[0, T]$ 内全体社会成员的消费总和最大。

当 $\lambda_2(t) > 0$ 时，$v^*(t) = v_{\min}$（= 常数），决定两个伴随变量 $\lambda_1(t)$ 和 $\lambda_2(t)$ 的伴随方程是：

$$\begin{cases} \dot{\lambda}_1 = -\dfrac{\partial H}{\partial x_1} = -r \\ \dot{\lambda}_2 = -\dfrac{\partial H}{\partial x_2} = 1 - \lambda_1 - r\lambda_2 \end{cases} \quad (38)$$

相应的状态方程是：

$$\begin{cases} \dot{x}_1 = x_2 \\ \dot{x}_2 = rx_2 - v_{\min} \end{cases} \quad (39)$$

而当 $\lambda_2(t)<0$ 时，由于 $v^*(t)=(r-n)x_2(t)$ 是 $x_2(t)$ 的函数，将其代入汉密尔顿函数式（36）求得的两个伴随方程是：

$$\begin{cases}\dot{\lambda}_1=-\dfrac{\partial H}{\partial x_1}=-r\\[2ex]\dot{\lambda}_2=-\dfrac{\partial H}{\partial x_2}=1-\lambda_1-n\lambda_2\end{cases}\tag{40}$$

相应的状态方程是：

$$\begin{cases}\dot{x}_1=x_2\\ \dot{x}_2=rx_2-(r-n)x_2=nx_2\end{cases}\tag{41}$$

（二）伴随变量、汉密尔顿函数和伴随方程的经济意义

在利用上一节得到的结果对最优积累（以及消费）轨线的特征进行分析之前，有必要首先说明最优策略（37）的经济意义，即说明为什么在伴随变量 λ_2 大于零和小于零两种情况下要相应的采取两种不同的消费增长速率控制策略。而要说明这个问题，又必须先弄清楚伴随变量 λ_1 和 λ_2 的经济意义。在此基础上，又可以进一步对本模型的汉密尔顿函数 H 和两个伴随方程做出经济上的解释。

1. 伴随变量：积累和积累增长速率的“消费价格”。为了说明伴随变量 λ_1 和 λ_2 的经济意义，先写出下面这样一个小等式：

$$J(x_{10},x_{20},\bar{v})=\int_0^T L(0)e^{nt}c(t)dt\tag{42}$$

这个等式左端的 $J(x_{10},x_{20},\bar{v})$ 表示给定人均资金存量的初值 x_{10} 和人均积累的初值 x_{20}，在计划期［0，T］内采用某个容许的（即满足式（32）的）消费增长速率控制策略 $\bar{v}(t)$，全体社会成员可以得到的消费总额。该式的右端是［0，T］内全体社会成员在各个时点上的消费的加总。从初始时刻开始，作为采取一定消费增长速率控制策略 $v(t)$ 的结果，人均资金存量 $x_1(t)$ 和人均积累 $x_2(t)$ 两个状态变量会由它们的初始状态出发，沿着相应的时间轨线变动。在这种轨线上，x_{10} 和 x_{20} 是时刻 0 之后的时刻 1 的初始状态，而时刻 1 时的人均资金存量 x_{11} 和人均积累 x_{21} 又成为时刻 1 之后的时刻 2 的初始状态……。同时我们由两个状态方程可以看出，［0，T］内任一时刻的人均消费 $c(t)$ 取决于采用的消费增长速率控制策略 $v(t)$ 以及人均资金存量 $x_1(t)$ 和人均积累 $x_2(t)$。也就是说，$c(t)$ 是 $x_1(t)$ 和

$x_2(t)$ 的函数：

$$c(t) = f(x_1, x_2, v, t) \quad (43)$$

根据该式，我们又可以将式（42）改写为：

$$J(x_1, x_2, \bar{v}, t) = \int_t^T f(x_1, x_2, \bar{v}, t)dt \quad (44)$$

式（44）与式（42）无本质的区别，只不过是用［0，T］内的某一时刻 t 以及该时刻的 $x_1(t)$ 和 $x_2(t)$ 代替了式（42）中的初始时刻 0 和初始状态 x_{10} 和 x_{20}，同时剔除了人口因子 $L(0)e^{nt}$。做这种变换，可以便利下面的分析。

现在，让我们设想，以某一个时刻 t 为出发点引入一个非常短的时间间隔 δ_t 会发生什么情况。这时，

$$J(x_1, x_2, \bar{v}, t) = \int_t^{t+\delta t} f(x_{1t}, x_{2t}, v_t, t)dt + \int_{t+\delta t}^T f(x_1, x_2, \bar{v}, t) \quad (45)$$

这个等式表明，如果时刻 t 的人均资金存量和人均积累是 $x_1(t)$ 和 $x_2(t)$，并且从该时刻起采用某个容许的消费增长速率控制策略 $v(t)$（上式中第一个积分中的 v_t 是由 $v(t)$ 决定的 t 时的消费增长速率），那么，从时刻 t 到终点 T 的消费总和由两个部分组成，第一个部分是上式右端的第一项，即从时刻 t 开始到 $t+\delta t$ 这一非常短的时间间隔内的消费数额。第二部分是从时刻 $t+\delta t$ 直至终点 T 的消费总额。由于 $f(x_1, x_2, v, t)$ 是时间的连续函数，我们可以将式（45）改写为：

$$J(x_{1t}, x_{2t}, \bar{v}, t) = \{f(x_1, x_2, v_t, t)\delta t + J(x_{1t+\delta t}, x_{2t+\delta t}, \bar{v}, t+\delta t)\} + o(\delta t) \quad (46)$$

式（46）与式（45）的意义是相同的。式（46）中大括弧中的两项分别与式（45）中的两个积分相对应。式（46）中的 $o(\delta t)$ 是 δt 的高阶无穷小量，即 $\lim\limits_{\delta t \to 0} \frac{o(\delta t)}{\delta t} = 0$。

现在，进一步假设我们已经从满足约束条件式（32）的若干容许的消费增长控制策略中找到了最优策略 v^*，运用 v^* 能使从 t 到 T 的时段内的消费总和最大。如果用 J^* 表示这个最大的消费总额，那么：

$$J^*(x_1, x_2, t) = \max_{v^* \in \Omega} \{f(x_1, x_2, v, t)\delta t + J^*(x_{1t+\delta t}, x_{2t+\delta t}, t+\delta t)\} + o(\delta t) \quad (47)$$

其中，$v^* \in \Omega$ 中的 Ω 表示容许控制的集合。注意，在上式左端的 J^*

(x_1, x_2, t) 中不包含自变量 v，这是因为已假定找到了最优策略，或者说最优策略已经确定下来。从这个等式可以看出，t 到 T 这一时段内消费最大总和 J^* 的主体（撇开高阶无穷小量 $o(\delta t)$）是由两个部分组成的。第一部分是 $f(x_1, x_2, V, t)\delta t$，即从 t 到 $t+\delta t$ 的非常短的时间间隔内 J^* 的相应增值。它取决于时刻 t 的人均资金存量 x_{1t}、人均积累 x_{2t} 和消费增长率 v，而这三者都是时刻 t 之前的经济过程的结果，亦即事先给定的。式（47）右端大括弧中的第二项，即 J^* 的二个组成部分 $J^*(x_{1t+\delta t}, x_{2t+\delta t}, t+\delta t)$，是从 $t+\delta t$ 时刻直至终了时刻 T，在运用最优消费增长速率控制策略 v^* 的条件下，消费总额的最大值。与最优策略 V^* 相适应，$t+\delta t$ 时刻之后人均资金存量 x_1 和人均积累 x_2 的变动都是最优的，即都是最有利于实现消费总和最大化这一目标的。由于最大化目标函数 J^* 对其自变量 x_1，x_2，t 都有连续的偏导数，可将式（47）中的第 2 项，即 $J^*(x_{1t+\delta t}, x_{2t+\delta t}, t+\delta t)$ 对 δt 进行泰勒展开：

$$J^*(x_{1t+\delta t}, x_{2t+\delta t}, t+\delta t) = J^*(x_1, x_2, t) + \left[\frac{\partial J^*}{\partial x_1}\frac{dx_1}{dt} + \frac{\partial J^*}{\partial x_2}\frac{dx_2}{dt} + \frac{\partial J^*}{\partial t}\right]\delta t + o(\delta t) \tag{48}$$

式（48）中第二项又可以写为：

$$\left[\frac{\partial J^*}{\partial x_1}\frac{dx_1}{dt} + \frac{\partial J^*}{\partial x_2}\frac{dx_2}{dt} + \frac{\partial J^*}{\partial t}\right]\delta t = \frac{\partial J^*}{\partial x_1}x_1\delta t + \frac{\partial J^*}{\partial x_2}\dot{x}_2\delta t + \frac{\partial J^*}{\partial t}\delta t$$

注意，其中$\frac{\partial J^*}{\partial x_1}$和$\frac{\partial J^*}{\partial x_2}$两个因子具有特别重要的经济意义。$\frac{\partial J^*}{\partial x_1}$是人均资金增量即人均积累对最大目标值的边际影响，或者说是人均积累对最大消费总和的边际贡献。$\frac{\partial J^*}{\partial x_2}$则是积累的瞬时增量即积累增长速率对最大目标的边际影响，或者说是积累增长速率对最大消费总和的边际贡献。从这个意义上，我们可以将$\frac{\partial J^*}{\partial x_1}$和 $\frac{\partial J^*}{\partial x_2}$分别看做是积累和积累增长速率的“消费价格”，即积累和积累增长速率的每一单位增减“值”多少消费。有了这样的“消费价格”，我们就能对积累水平 x_1 和积累增长速率 x_2 的升降对最大消费总和 J^* 的影响作出正确的估价。用任一时刻积累水平的“消费价格” $\frac{\partial J^*}{\partial x_1}$乘以该时刻的积累 $x_2\delta t$，我们就得到相对于最大消费总和来说的积累的“价值”，即积累对 J^* 的贡献（等于上式等号右端的第一项：$\frac{\partial J^*}{\partial x_1}x_2\delta t$）。类似地，用任一时刻积累增长速率的“消费价格”$\frac{\partial J^*}{\partial x_2}$乘以该时刻的积累增长速率（积累的增量）$\dot{x}_2\delta t$，我们就得到相对于最大消费总和来说的积累增长速率的“价值”，即它对 J^* 的贡献（等于上式等号右端的第二项：$\frac{\partial J^*}{\partial x_2}\dot{x}_2\delta t$）。

其实，经过上面这一番推导得出的积累和积累增长速率的“消费价格”早就包含在本部分第一节写出的本模型的汉密尔顿函数中了。汉密尔顿函数式（36）中的两个伴随变量的经济含义实际上就是积累和积累增长速率的“消费价格”，即

$$\begin{cases}\lambda_1 \triangleq \dfrac{\partial J^*}{\partial x_1}\\ \lambda_2 \triangleq \dfrac{\partial J^*}{\partial x_2}\end{cases}$$

至此，我们在第一节写出的最优控制策略式（37）

$$v^*(t)=\begin{cases}v_{\min} & \text{当 } \lambda_2(t)>0 \text{ 时}\\ (r-n)x_2(t) & \text{当 } \lambda_2(t)<0 \text{ 时}\end{cases}$$

也就不难理解了。这里 $\lambda_2>0$ 意味着积累增长速率的“消费价格”大于零，也就是说，这时积累增长速率提高对最大消费总和的贡献是正数。显然，在这种情况下，消费的增长速率应被控制在最低容许水平 $v_{\min}$，以便尽可能提高积累增长速率，使之达到我们在第三部分第二节中规定的上限式（27）（即 $\ddot{k}_u=\dot{x}_{2u}=r\dot{k}-v_{\min}$）。只有这样做，计划期［0，$T$］内的消费总合才能达到最大值 J^*。相反的情况，即 $\lambda_2<0$，则意味着积累增长速率的“消费价格”小于零。这时积累增长速率提高对于［0，T］内的最大消费总和 J^* 的贡献是负数。不用说，在这种情况下，消费增长速率应被提高到其上限［$\dot{c}_u=(r-n)\dot{k}=(r-n)x_2$］，而这又意味着应当将积累增长速率压低至其最低容许值或下限（即第三部分第二节中的式（28）：$\ddot{k}_L=\dot{x}_{2L}=n\dot{k}=nx_2$）。只有这样做，［0，$T$］内的消费总和才能达到最大值 J^*。如果 λ_2 在计划期的一个时段上小于零，而在另一时段大于零，那就需要在这两个不同时段分别采用 $v^*=(r-n)x_1$ 和 $v^*=v_{\min}$ 两种策略，以使整个计划期的消费总和最大。

2. 汉密尔顿函数：当前和长远利益的最优结合。在说明了汉密尔顿

函数中两个伴随变量 λ_1 和 λ_2 的经济意义的基础上，就可以进一步解释整个汉密尔顿函数式（36）的经济意义了。为此，让我们将前面导出的式（48）代入式（47），并将等号两端的 $J^*(x_1, x_2, t)$ 消去，且除以 δt，得到：

$$0=\max_{v^*\in\Omega}\left\{f(x_1, x_2, v, t)+\frac{\partial J^*}{\partial x_1}x_2+\frac{\partial J^*}{\partial x_2}\dot{x}_2+\frac{\partial J^*}{\partial t}\right\}+\frac{o(\delta t)}{\delta t} \quad (49)$$

在上式中令 $\delta t\to 0$，我们又得到：

$$0=\max_{v^*\in\Omega}\left\{f(x_1, x_2, v, t)+\frac{\partial J^*}{\partial x_1}x_2+\frac{\partial J^*}{\partial x_2}\dot{x}_2+\frac{\partial J^*}{\partial t}\right\} \quad (50)$$

观察式（50）不难发现，该式等号右边大括弧中的头三项加起来就是本模型的汉密尔顿函数式（36）。这三项中的 $f(x_1, x_2, v, t)=c(t)$（见式（43）），$\frac{\partial J^*}{\partial x_1}x_2=\lambda_1 x_2$，$\frac{\partial J^*}{\partial x_2}\dot{x}_2=\lambda_2(rx_2-v)$，因此，式（50）又可以写为：

$$0=\max_{v^*\in\Omega}\left\{H+\frac{\partial J^*}{\partial t}\right\} \quad (51)$$

这就是所谓汉密尔顿—雅可比—贝尔曼方程。现在，让我们设 $x_1^*(t)$ 和 $x_2^*(t)$ 是在时刻 t 时的最优状态变量，并设 $\lambda_1^*(t)$ 和 $\lambda_2^*(t)$ 是该时刻 t 的最优伴随变量。由式（51）不难看出，对于所有容许的消费增长速率控制策略 $v(t)\in\Omega$，最优策略 $v^*(t)$ 必须满足条件：

$$H(x_1^*(t), x_2^*(t), \lambda_1^*(t), \lambda_2^*(t), v^*(t), t)+\frac{\partial J^*}{\partial t}$$
$$\geqslant H(x_1^*(t), x_2^*(t), \lambda_1^*(t), \lambda_2^*(t), v(t), t)+\frac{\partial J^*}{\partial t}$$

消去上式两边的$\frac{\partial J^*}{\partial t}$，得到：

$$H(x_1^*(t), x_2^*(t), \lambda_1^*(t), \lambda_2^*(t), v^*(t), t)$$
$$\geqslant H(x_1^*(t), x_2^*(t), \lambda_1^*(t), \lambda_2^*(t), v(t), t) \quad (52)$$

这就是说，如果已知最优状态 $x_1^*(t)$ 和 $x_2^*(t)$，即已知能够使计划期内社会的实际消费需要总和得到最大满足的人均资金存量和积累，那么对于所有容许的消费增长速率控制策略 $v(t)\in\Omega$，最优策略 $v^*(t)$ 必须使汉密尔顿函数达到最大值。换句话说，汉密尔顿函数作为容许的消费增长速率 v 的函数，必然在 $v=v^*(t)$ 时达到最大值。

由于汉密尔顿函数：

$$H=c(t)+\lambda_1 x_2+\lambda_2\dot{x}_2$$

显然，运用最优策略 $v^*(t)$ 使 H 取得最大值，也就是使计划期内任一时刻的实际消费需要 $c(t)$ 与该时刻的积累和积累增长速率的“消费价值”$(\lambda_1 x_2+\lambda_2\dot{x}_2)$ 之和取最大值。如果我们对汉密尔顿函数的两边乘以一个微小的时间增量 dt，那么

$$Hdt=c(t)dt+\lambda_1 x_2 dt+\lambda_2\dot{x}_2 dt \tag{53}$$

式（5－3）等号右边第一项 $c(t)dt$，即当前的消费增量，代表在遵循最优控制策略 $v^*(t)$ 条件下发生的经济过程从 $t+dt$ 的微小时间内对［0，T］内最大消费总和 J^* 的直接贡献，它是我们的当前利益。而第二项和第三项之和 $(\lambda_1 x_2+\lambda_2\dot{x}_2)dt$ 则是对 J^* 的间接贡献，它代表我们的未来利益。所以，汉密尔顿函数又可以看做是相对于整个计划期［0，T］，在每一时刻当前利益和未来利益的结合，而使汉密尔顿函数在每一时刻达到最大值，也就是使当前利益和未来利益之和达到最大值，亦即按照使计划期内社会的实际消费需要的满足总和最大这一最优性标准，实行当前利益（消费）和未来利益（积累）之间的最优结合。如果我们在某一时刻只是使 $c(t)$ 即当前消费最大，那就不可能使计划期［0，T］这一整个时期内的消费总额达到最大值 J^*。因为这样做忽略了未来利益，即忽略了这一时刻直至终点 T 的时期内 x_2 和 $\dot{x}_2$ 对 J^* 的作用，亦即忽略了当前的积累对以后消费增长的贡献。而实现由汉密尔顿函数所体现的当前利益和未来利益的最优结合，也就是实现计划期内各时点上消费和积累满足最优性标准的时际配置。

3. 伴随方程：资源最优时际配置的基本原则。积累和积累增长速率的“消费价格”由伴随方程（38）和方程（40）决定。伴随方程也有明确的经济意义。为了说明这种经济意义，让我们先来看看伴随方程是如何导出的。由前面给出的汉密尔顿—雅可比—贝尔曼方程（51）可知，在给定最优状态轨线 $x_1^*(t)$ 和 $x_2^*(t)$ 的情况下，最优控制使方程式（51）的右边最大，且最大值为零。现在，试设想状态变量 x_1 和 x_2 在最优轨线上发生了一个微小扰动，比如，我们在由最优轨线决定的某个时刻的最优资金存量和积累水平之外，又稍稍增加一点资金存量和积累，或者相反，使资金存量和积累稍低于最优水平，于是：

$$\begin{cases}x_1(t)=x_1^*(t)+\delta x_1(t)\\ x_2(t)=x_2^*(t)+\delta x_2(t)\end{cases}$$

其中，$\delta x_1(t)$ 和 $\delta x_2(t)$ 表示状态变量偏离最优轨线的扰动，即在最优状态之上额外添加或减少一点点资金存量和积累。在既定瞬时 t，由汉

密尔顿—雅可比—贝尔曼方程有：

$$0 = H(x_1^*(t), x_2^*(t), \lambda_1^*(t), \lambda_2^*(t), v^*(t), t) + \frac{\partial J^*}{\partial t}$$

$$\geqslant H(x_1(t), x_2(t), \lambda_1^*(t), \lambda_2^*(t), v(t), t) + \frac{\partial J}{\partial t}$$

由上式可见，只有在 $x_1(t) = x_1^*(t)$ 和 $x_2(t) = x_2^*(t)$ 时，上式最右端的表达式才能达到极大值（因为讨论限于 x_1^* 和 x_2^* 的邻域内，因而是局部极大值）。这时，$H + \frac{\partial J}{\partial t}$对 x_1 和 x_2 的偏导数为零，即：

$$\begin{cases} \dfrac{\partial H}{\partial x_1} + \dfrac{\partial^2 J}{\partial x_1 \partial t} = 0 \\ \dfrac{\partial H}{\partial x_2} + \dfrac{\partial^2 J}{\partial x_2 \partial t} = 0 \end{cases} \tag{54}$$

这意味着，如果我们的积累活动遵循着最优轨线，那么状态变量围绕这一轨线发生的任何扰动，都不会使消费的最大总和 J^* 发生变动。否则，我们遵循的轨线就不是最优的：如果以上两式大于零，那么我们就可以通过扩大积累、增加资金存量，使消费总和增大；相反，如果以上两式小于零，我们则可以通过缩减积累、减少资金存量，使消费总和增大。

由前面关于伴随变量 λ_1 和 λ_2 的经济意义的说明，我们已经知道：

$$\begin{cases} \lambda_1 \overset{\Delta}{=} \dfrac{\partial J^*}{\partial x_1} \\ \lambda_2 \overset{\Delta}{=} \dfrac{\partial J^*}{\partial x_2} \end{cases}$$

而 λ_1 和 λ_2 对时间的导数 $\dot{\lambda}_1 = \frac{d\lambda_1}{dt}$和 $\dot{\lambda}_2 = \frac{d\lambda_2}{dt}$也就是（54）式中的$\frac{\partial^2 J}{\partial x_1 \partial t}$和$\frac{\partial^2 J}{\partial x_2 \partial t}$，即：

$$\begin{cases} \dot{\lambda}_1 = \dfrac{\partial^2 J}{\partial x_1 \partial t} \\ \dot{\lambda}_2 = \dfrac{\partial^2 J}{\partial x_2 \partial t} \end{cases}$$

将以上两式代入式（54），就得到伴随方程的一般表达式

$$\begin{cases} -\dot{\lambda}_1 = \dfrac{\partial H}{\partial x_1} \\ -\dot{\lambda}_2 = \dfrac{\partial H}{\partial x_2} \end{cases} \tag{55}$$

以上两式右边的$\dfrac{\partial H}{\partial x_1}$和$\dfrac{\partial H}{\partial x_2}$分别表示任一时刻积累和积累增长速率的边际变动对体现当前和长远利益结合的汉密尔顿函数 H 的影响。而等式右端的 $\dot{\lambda}_1$ 和 $\dot{\lambda}_2$ 则分别是 x_1 和 x_2 的“消费价格”的瞬时变化率。$\dot{\lambda}_1$ 和 $\dot{\lambda}_2$ 都带负号，意味着 x_1 和 x_2 的“消费价格”是随着 x_1 和 x_2 的增大而递减的。这是因为积累规模 x_1 越大，积累增长速率 x_2 越高，消费水平和消费增长速率就越低，从而 x_1 和 x_2 对最大消费总额的边际贡献减少。

将伴随方程（55）的两边都乘以时间增量 dt，可以得到：

$$\begin{cases} -d\lambda_1 = \dfrac{\partial H}{\partial x_1}dt \\ -d\lambda_2 = \dfrac{\partial H}{\partial x_2}dt \end{cases} \tag{56}$$

以上两式左端的 $-d\lambda_1$ 和 $-d\lambda_2$，是从 t 到 $t+dt$ 这一微小时间内 x_1 和 x_2 的“消费价格”的下降幅度，可以将它们理解为扩大积累规模和提高积累增长速率的边际成本。而以上两式右端的$\dfrac{\partial H}{\partial x_1}dt$ 和$\dfrac{\partial H}{\partial x_2}dt$，则是从 t 到 $t+dt$，x_1 和 x_2 对汉密尔顿函数的边际贡献，可以将它们理解为社会从扩大积累规模和提高积累增长速率中获得的边际收益。这样，整个伴随方程就可以解释为：扩大积累规模和提高积累增长速率的边际成本等于其边际收益。这是最优积累轨线所必须满足的条件，也可以说是最优积累的基本特征。只有满足了这个条件，汉密尔顿函数所体现的当前利益和长远利益的总和，才能达到最大。因此，伴随方程又是协调当前利益和未来利益的依据，即在计划期内各时点上实行资源的最优时际配置所必须遵循的基本原则。

为了进一步说明以上论点，对式（56）中的两个伴随方程的两端从 t 到 T 积分，得到：

$$\begin{cases} \lambda_1(t) = \lambda_1(T) \displaystyle\int_t^T \dfrac{\partial H}{\partial x_1}dt \\ \lambda_2(t) = \lambda_2(T) \displaystyle\int_t^T \dfrac{\partial H}{\partial x_2}dt \end{cases} \tag{57}$$

在以上两式中，$\lambda_1(T)$ 和 $\lambda_2(T)$ 分别是积累水平和积累增长速率在终了时刻的“消费价格”。其中 $\lambda_1(T)$ 是由给定的边界条件 x_{1T}（人均资金存量终值）决定的常数，可以看做是社会对本计划期内人均资金存量的增加总额给未来计划期的消费贡献的估价。而根据最大值原理的横截条件，$\lambda_2(T)$ 为零。如果撇开 $\lambda_1(T)$ 和 $\lambda_2(T)$ 不说，式（57）的经济意义就是：资源的时际最优配置要求积累和积累增长速率在时刻 t 的“消费价格”，等于该时刻积累和积累增长速率的边际增量在从 t 到 T 的每一时点上对汉密尔顿函数的边际贡献的总和（即上式中的两个积分）。这其中的道理是不难理解的：如果我们在时刻 t 削减 1 单位消费。将其用做积累，使生产资金存量增加，然后在从 t 到 T 的时间内，将由这 1 单位积累形成的生产资金创造的净产品增量用于消费，那么从 t 到 T 这一时段内由于 t 时缩减 1 单位消费而增加的生产资金存量提供的消费增量的总和，至少必须补偿 t 时的消费缩减，否则我们就得不偿失，从 t 到 T 时段内的消费总和也就不可能达到其最大值。如果 $\lambda_1(t) < \lambda_1(T)\int_t^T \frac{\partial H}{\partial x_1}dt$，$\lambda_2(t) > \lambda_2(T)\int_t^T \frac{\partial H}{\partial x_2}dt$，即扩大积累、提高积累增长速率的成本小于收益。那么很显然，我们应当通过进一步扩大积累规模，提高积累增长速率来改善资源的时际配置，增大消费总和，直至成本和收益相抵，即满足式（57）的要求。在相反的情况下，则应当缩减积累规模，降低积累增长速率，直至成本和收益之和为零。在成本和收益正好相抵的情况下，资源的时际配置就达到均衡状态。在均衡状态下，积累时间轨线上任一瞬时的积累水平，都满足伴随方程式（55），可见，伴随方程蕴含着一套对积累进行最优化调节和控制的规则。

（三）关于最优积累时间轨线的三个命题

通过上一节的讨论，我们已经弄清了最优积累模型的伴随变量、汉密尔顿函数和伴随方程的经济意义，尤其是由于将伴随变量 λ_1 和 λ_2 解释为积累和积累增长速率的“消费价格”，我们对“为什么在 λ_2 大于零和小于零的两种情况下要采取不同的控制策略”这一问题，已做出了明确的经济解释。现在需要进一步回答的问题是：

（1）在给定的计划期［0，T］内，如果由于 λ_2 的变化需要在不同时段上采取不同策略，那么两种策略之间的转换是否存在一定的必然顺序？

是先将消费增长速率控制在最低容许值 v_{min}，经过一段时间之后再将其切换为最高容许值 $(r-n)x_2$，还是相反？也就是说，积累增长速率的“消费价格” λ_2 在正负之间的变动是否有一定必然顺序：是先有 $\lambda_2>0$，还是先有 $\lambda_2<0$？

（2）如果 λ_2 在 $[0, T]$ 内按一定顺序发生大于零和小于零的变化，从而引起消费增长速率按相应顺序的切换，那么可能的切换次数是多少？

（3）决定 $\lambda_2>0$ 或 $\lambda_2<0$ 的条件是什么？也就是说，决定消费增长速率切换的条件是什么？

（4）在发生消费增长速率切换的情况下，切换时刻是由什么因素决定的？

在本节的讨论中，我们将用三个命题来回答上述四个问题。其中命题1回答问题（1）和（2），命题2和命题3分别回答问题（3）和（4）。这三个命题就是对最优积累的时间轨线特征的概括。

1. 关于切换顺序和次数的命题1。

首先，让我们证明切换顺序 $v_{min}\to(r-n)x_2$（即在 $[0, T]$ 内先将消费增长速率控制在最低容许值，经过一段时间后再将其提高到最高容许值）是存在的。为此，设将 v_{min} 切换为 $(r-n)x_2$ 的时刻是 $t=t_1$，且在 $0<t_1<T$（即切换时刻 t_1 是初始时刻0和终点时刻 T 之间的某个时刻）。根据最优控制策略式（37），在 $0<t<t_1$ 时段上，$\lambda_2(t)>0$；在 $t_1<t<T$ 时段上，$\lambda_2(t)<0$。而在切换时刻 t_1 处，必有：

$$\lambda_2(t_1)=0 \tag{58}$$

即在切换点积累增长速率的“消费价格”等于零。再注意到终了时刻的积累 $x_2(T)$ 可自由变动，根据最大值原理的横截条件，又有：

$$\lambda_2(T)=0 \tag{59}$$

即在终端时刻积累增长速率的“消费价格”也等于零。

先考虑 $t_1<t<T$ 时段上的情况。根据假设，这时 $\lambda_2(t)<0$。解相应的伴随方程式（40），得到：

$$\begin{cases}\lambda_1=-r(t-t_1)+d_1\\ \lambda_2=d_2e^{-n(t-t_1)}+\dfrac{r}{n}(t-t_1)-\left(\dfrac{r}{n}-1\right)\dfrac{1}{n}-\dfrac{d_1}{n}\end{cases} \tag{60}$$

其中，d_1，d_2 为待定系数。为了确定 d_1 和 d_2，利用条件式（58）和式（59），有：

$$\begin{cases}\lambda_2(t_1)=0=d_2-\left(\frac{r}{n}-1\right)\frac{1}{n}-\frac{d_1}{n}\\ \lambda_2(T)=0=d_2e^{-n(T-t_1)}+\frac{r}{n}(T-t_1)-\left(\frac{r}{n}-1\right)\frac{1}{n}-\frac{d_1}{n}\end{cases}\tag{61}$$

由此可解出：

$$\begin{cases}d_1=\frac{r(T-t_1)}{1-e^{-n(T-t_1)}}-\left(\frac{r}{n}-1\right)\\ d_2=\frac{r(T-t_1)}{n(1-e^{-n(T-t_1)})}\end{cases}\tag{62}$$

及

$$\begin{cases}\lambda_1(t)=-r(t-t_1)+\frac{r(T-t_1)}{1-e^{-n(T-t_1)}}-\left(\frac{r}{n}-1\right)\\ \lambda_2(t)=\frac{r(T-t_1)}{n(1-e^{-n(T-t_1)})}e^{-n(t-t_1)}+\frac{r}{n}(t-t_1)-\frac{r}{n}\frac{(T-t_1)}{1-e^{-n(T-t_1)}}\end{cases}\quad t_1<t<T\tag{63}$$

注意到：

$$\lambda_2(t_1)=\lambda_2(T)=0$$

及

$$\frac{d^2\lambda_2(t)}{dt^2}=\frac{nr(T-t_1)}{1-e^{-n(T-t_1)}}e^{-n(t-t_1)}>0$$

这说明 $\lambda_2(t)$ 在 $t_1<t<T$ 时段上是凹的，故在此时段上必有 $\lambda_2(t)<0$，这显然与最优控制策略式（37）相一致。

再考虑 $0<t<t_1$ 时段上 $\lambda_2(t)$ 的表达式，由于假设在时段 $0<t<t_1$ 上 $\lambda_2(t)>0$，解相应的伴随方程（38），有：

$$\begin{cases}\lambda_1(t)=-rt+d_1\\ \lambda_2(t)=d_2e^{-rt}+t-\frac{1}{r}d_1\end{cases}\tag{64}$$

其中，d_1，d_2 也是两个待定常数。又由于 $\lambda_1(t)$ 和 $\lambda_2(t)$ 在 $[0,T]$ 上的连续性，故可以根据式（62）来确定 d_1 和 d_2。事实上，只要令式（63）和式（64）中的 $\lambda_1(t_1)$，$\lambda_2(t_1)$ 分别相等，就有：

$$\begin{cases}d_1=\frac{r(T-t_1)}{1-e^{-n(T-t_1)}}-\left(\frac{r}{n}-1\right)+rt_1\\ d_2=\left[\frac{(T-t_1)}{(1-e^{-n(T-t_1)})}-\frac{1}{r}\left(\frac{r}{n}-1\right)\right]e^{rt_1}\end{cases}\tag{65}$$

故在 $0 \leqslant t \leqslant t_1$ 时，有：

$$\begin{cases} \lambda_1(t) = -r(t-t_1) + \dfrac{r(T-t_1)}{1-e^{-r(T-t_1)}} \\ \lambda_2(t) = \dfrac{T-t_1}{(1-e^{-n(T-t_1)})} e^{r(t_1-t)} + (t-t_1) - \dfrac{T-t_1}{1-e^{-r(T-t_1)}} \end{cases} \tag{66}$$

容易证明，在 $0 \leqslant t \leqslant t_1$ 时段上，处处有 $\lambda_2(t) > 0$，为此，将式（66）中的 $e^{r(t_1-t)}$ 展开成级数：

$$e^{r(t_1-t)} = \sum_{h=0}^{\infty} \frac{[r(t_1-t)]^h}{h!} = 1 + r(t_1-t) + \sum_{h=2}^{\infty} \frac{[r(t_1-t)]^h}{h!} \tag{67}$$

则：

$$\lambda_2(t) = \left[\frac{(T-t_1)}{(1-e^{-n(T-t_1)})} - \frac{1}{r}\left(\frac{r}{n}-1\right)\right] \left[r(t_1-t) + -\sum_{h=2}^{\infty} \frac{[r(t_1-t)]^h}{h!}\right] + (t-t_1) \tag{68}$$

能够证明，在式（68）中有：

$$\frac{T-t_1}{(1-e^{-n(T-t_1)})} = \frac{(T-t_1)e^{n(T-t_1)}}{e^{n(T-t_1)}-1} > \frac{1}{n}$$

当 $0 < t_1 < T$ 时成立。为此，我们只要注意到有不等式：

$$\alpha e^{\alpha} + 1 > e^{\alpha} \tag{69}$$

对于所有的 $\alpha > 0$ 都成立即可。事实上，若令：

$$f(\alpha) = \alpha e^{\alpha} + 1 - e^{\alpha}$$

易见 $f(0) = 0$ 以及 $f'(\alpha) = \alpha e^{\alpha} + e^{\alpha} - e^{\alpha} = \alpha e^{\alpha} > 0$（$\forall \alpha > 0$），于是式（69）立即得证。现在，我们令 $\alpha = n(T-t_1)$，代入式（69），有：

$$n(T-t_1)e^{n(T-t_1)} + 1 > e^{n(T-t_1)}$$

亦即：

$$n(T-t_1)e^{n(T-t_1)} > e^{n(T-t_1)} - 1$$

所以：

$$\frac{n(T-t_1)e^{n(T-t_1)}}{e^{n(T-t_1)}-1} > 1$$

此即：

$$\frac{(T-t_1)e^{n(T-t_1)}}{e^{n(T-t_1)}-1} > \frac{1}{n},\quad 0 \leqslant t_1 < T$$

于是，我们就证明了式（69）。将以上结果代入式（68），就有：

$$\lambda_2(t)=\left[\frac{T-t_1}{(1-e^{-n(T-t_1)})}-\frac{1}{r}\left(\frac{r}{n}-1\right)\right]\left[r(t_1-t)+\sum_{h=2}^{\infty}\frac{[r(t_1-t)]^h}{h!}\right]$$

$$+(t-t_1)>\left[\frac{1}{n}-\frac{1}{r}\left(\frac{r}{n}-1\right)\right]\left[r(t_1-t)+\sum_{h=2}^{\infty}\frac{[r(t_1-t)]^h}{h!}\right]$$

$$+(t-t_1)$$

$$=\frac{1}{r}\sum_{h=2}^{\infty}\frac{[r(t_1-t)]^h}{h!}>0\quad 0\leqslant t<t_1 \tag{70}$$

以上不等式也与最优控制策略式（37）相一致。至此，我们已证明了由 $v_{\min}\rightarrow(r-n)x_2(t)$ 的切换是存在的。在［0，T］内发生这种切换时，$\lambda_1(t)$ 和 $\lambda_2(t)$ 随时间变化的图形如图 11 所示。

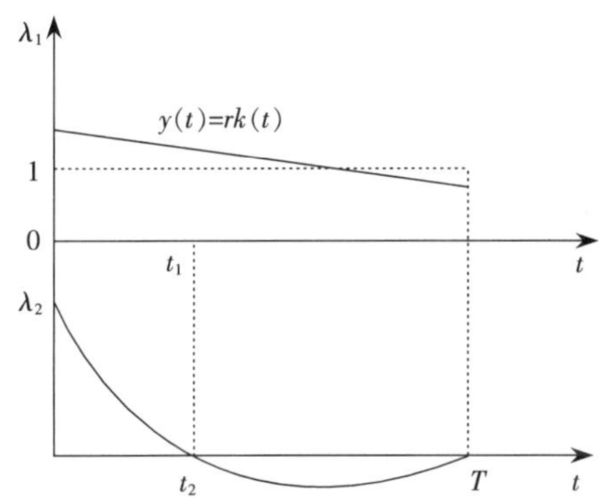

图 11　$v_{\min}\rightarrow(r-n)x_2$ 切换条件下 $\lambda_1(t)$ 和 $\lambda_2(t)$ 的时间轨线

根据伴随方程（40）及条件式（59），$\dot{\lambda}_2=1-\lambda_1(T)-n\lambda_2(T)=1-\lambda_1(T)$，容易看出，$\dot{\lambda}_2(T)>0$，故有 $\dot{\lambda}_2(T)=1-\lambda_1(T)>0$，由此又有 $\lambda_1(T)<1$（见图 11）。

下面，我们将证明，与 $v_{\min}\rightarrow(r-n)x_2$ 顺序相反的切换 $(r-n)x_2\rightarrow v_{\min}$，即在［0，$T$］内先取消费增长速率的最大容许值，经过一段时间以后切换成其最小容许值，是不可能存在的。若切换 $(r-n)x_2\rightarrow v_{\min}$ 成立，仍设切换时刻为 t_1，则由最优控制策略式（37），当 $0<t<t_1$ 时，有 $v^*=(r-n)x_2$，而在 $t_1<t\leqslant T$ 时，有 $v^*=v_{\min}$。与前面的讨论相似，我们有条件：

$$\lambda_2(t_1)=\lambda_2(T)=0 \tag{71}$$

尤其是，切换 $(r-n)x_2\rightarrow v_{\min}$ 要求 $t_1<t<T$ 时段上 $\lambda_2(t)>0$，其伴随方程

式（38）的解为：

$$\begin{cases}\lambda_1(t) = -r(t-t_1)+d_1 \\ \lambda_2(t) = d_2 e^{-rt(t-t_1)} + (t-t_1) - \frac{1}{r}d_1\end{cases} \tag{72}$$

将式（71）代入式（72）可解出：

$$\begin{cases}d_1 = \frac{r(T-t_1)}{1-e^{-r(T-t_1)}} \\ d_2 = \frac{T-t_1}{(1-e^{-r(T-t_1)})} > 0\end{cases} \tag{73}$$

所以：

$$\begin{cases}\lambda_1(t) = -rt(t-t_1)+\frac{r(T-t_1)}{1-e^{-r(T-t_1)}} \\ \lambda_2(t) = \frac{T-t_1}{(1-e^{-n(T-t_1)})}e^{r(t_1-t)} + (t-t_1) - \frac{T-t_1}{1-e^{-r(T-t_1)}}\end{cases} \tag{74}$$

注意到式（73）中的

$$d_2 = \frac{T-t_1}{(1-e^{-r(T-t_1)})} > 0$$

及

$$\frac{d^2\lambda_2(t)}{dt^2} = r^2\ \frac{T-t_1}{1-e^{-r(T-t_1)}}e^{-r(t-t_1)} > 0$$

这说明 $\lambda_2(t)$ 是凹的，故在时段 $t_1 < t < T$ 上，$\lambda_2(t) < 0$，这与 $\lambda_2(t)$ 在该时段上大于零的要求相矛盾，故切换顺序 $(r-n)x_2 \rightarrow v_{\min}$ 是不可能的。

根据以上结果，不难进一步推断出：$[0, T]$ 内若有切换发生，则至多只有一次。理由很简单：由于切换只能按 $v_{\min} \rightarrow (r-n)x_2$ 的顺序进行，而多于一次的切换必然包含已经证明为不可能的由 $v_{\min} \rightarrow (r-n)x_2$ 的切换在内。所以在 $[0, T]$ 内消费增长速率的切换最多只有一次。

总结以上的讨论，我们就得到：

命题 1 状态方程式（31）在满足目标函数式（34）及给定的边界条件式（35）时的最优控制若有切换，则至多只有一次。且切换顺序只能是：$v_{\min} \rightarrow (r-n)x_2$。命题 1 的现实经济政策含义是明确的：要想使一定计划期内全体社会成员实际消费需要的满足总和最大，必须对该计划内积累和消费水平变动的时间表做这样的安排，即在计划期开始以后的一段时间内（我们在下面关于命题 3 的讨论中将说明这段时间的长度是如何决定的）将消费增长速率控制在社会所容许的最低限度（$v_{\min}$），以保证积累增长速率达到容许的最高限度（$r\dot{k}-v_{\min}=rx_2-v_{\min}$），而在此后的一段时间内，则应当将消费增长速率提高到容许的最高限度［$(r-n)\dot{k}=(r-n)x_2$］，同时使积累增长速率保持在容许的最低限度（$n\dot{k}=nx_2$）。也就是说，对于任一时间长度确定的计划期来说，积累和消费变动的最优时间安排必然具有“积累增长领先，消费增长殿后”的特征。从这个意义上说，过去我国和苏联、东欧国家强调在处理积累和消费问题时贯彻“先积累，后消费”或“先生产，后生活”的政策取向，并无原则性的错误。问题在于这一正确的政策取向在实践中未能得到完整的实现，实际经济政策走向了无限期持续高积累的错误极端。不仅在积累高增长之后未能继之以消费高增长，而且消费增长速率长期被压得低于民众的最低期望，有时消费水平甚至处于零增长即停滞状态。面对社会的不满，一些国家先后对这种错误政策进行纠正，但是，遗憾的是，在纠正这种失误时，有的国家又矫枉过正，走向另一个错误极端，即推行所谓“消费领先”。波兰盖莱克政府从 20 世纪 70 年代初开始推行的经济政策，就是一个矫枉过正的典型，被称为“消费领路”和“进口领路”型的发展战略。这种发展战略以忽视本国积累，靠大量进口和举借外债来支持高消费和高增长为特征，一时造成波兰经济的虚弱和畸形繁荣。但最终结果是商品严重短缺，负债累累。当外债无法继续扩大而又碰上农业歉收的时候，波兰经济的虚荣和畸形繁荣终于无法维持，整个国民经济在 70 年代末发生大崩溃，导致社会大动乱。① 毋庸掩饰，我国 80 年代以来的一段时期的经济发展，也或多或少地罩上了这种“消费领路”战略的阴影。总之，正确的策略是避免上述两种错误的极端。在每个计划期贯彻命题 1 所体现的“积累增长领先，消费增长殿后”的原则。

2. 关于切换条件和生产资金存量终值上下限的命题 2。

上面，我们说明了在计划期［0，T］内发生消费增长速率切换的情况下，这种切换所必须遵循的顺序以及切换的次数。现在要进一步讨论发生这种切换的条件，亦即决定积累增长速率的“消费价格”$\lambda_2>0$ 或 $\lambda_2<0$ 的条件。这里需要指出的是，除了上面讨论的计划内发生切换的情形之外，

① J. Drewnovski, Crisis in the East Europen Economy, 1982.

还可能存在整个计划期内无消费增长速率切换的两种情形：①在［0，T］内始终有 $\lambda_2(t)<0$，从而消费增长速率始终取其最大容许值；②在［0，T］内始终有 $\lambda_2(t)>0$，从而消费增长速率始终取其最低容许值。为了引出切换条件，有必要先对这两种无切换的情形加以分析。

（1）无切换的第一种情形：$\lambda_2(t)<0$，$\forall t\in[0,T]$。让我们先来考虑无切换的上述第一种情形。为此，研究这种情形下 λ_1 和 λ_2 的表达式。在方程式（63）中，令 $t_1\to 0$。则：

$$\lambda_1(t)=\lim_{t_1\to 0}\left[-r(t-t_1)+\frac{r(T-t_1)}{1-e^{-n(T-t_1)}}-\left(\frac{r}{n}-1\right)\right]$$

$$=-rt+\frac{rt}{1-e^{-nT}}-\left(\frac{r}{n}-1\right)$$

$$\lambda_2(t)=\frac{r}{n}\frac{T}{1-e^{-nT}}e^{-nt}+\frac{r}{n}t-\frac{r}{n}\frac{T}{1-e^{-nT}} \tag{75}$$

于是，在整个时域 $0<t<T$ 上，都有 $\lambda_2(t)<0$，而最优控制始终是 $v(t)=(r-n)x_2(t)$，即消费增长速率则始终取最小容许值：即 $\ddot{k}=\dot{x}_2=nx_2$。这意味着积累规模在整个计划期内都仅足以保证新增劳动力以不低于既有水平的人均资金就业。显然，这种情况下自动地在计划期终了时刻形成的（而不是事先给定的）人均资金存量终值 $x_1(T)$。无论较之存在消费增长速率切换的情形，还是较之无切换的第二种情形，都必然是最低的。因此，我们可以将在这种情形下自动形成的人均资金存量终值，确定为容许控制作用下人均生产资金存量终值的下限。如果 $x_1(T)$ 被定得低于这个下限，那么保证新增劳动力以不低于现有水平的人均资金就业这一起码的积累要求就无法实现。我们在本部分第一节已经说明，人均资金存量终值是最优积累模型的一个边界条件。事实上，如果给出的这一边界条件低于这个下限，那就意味着关于人均资金存量终值的选择超出了容许控制的范围，因而不可能求得最优解。

解第一节给出的 $\lambda_1(t)<0$ 时的状态方程式（41），我们就得到在无切换的第一种情形下人均生产资金存量 $x_1(t)$ 和人均积累 $x_2(t)$ 的表达式：

$$\begin{cases}x_1(t)=x_{10}+\dfrac{1}{n}x_{20}(e^{nt}-1)\\ x_2(t)=x_{20}e^{nt}\end{cases} \tag{76}$$

其中，x_{10}和 x_{20}分别为初始时刻的人均资金存量和积累。从式（76）容易发现当 $\lambda_2(t)$ 在（0，T）内始终小于零，从而消费增长速率始终大于容许值时，$x_1(t)$ 和 $x_2(t)$ 的增长都仅仅取决于人口增长率 n，只要将终了时刻 T 代入式（76）中的 $x_1(t)$ 就得到容许控制作用下人均资金存量终值的下限或最低容许取值，即：

$$x_1^{\min}(T)=x_{10}+\frac{1}{n}x_{20}(e^{nT}-1) \tag{77}$$

给定 x_{10} 和 x_{20}，已知人口增长率 n 和终点时刻 T，就可以具体确定 $x_1^{\min}$（T）的数值。

根据式（76）和状态方程式（31），可以求得无切换的第一种情形下人均消费水平的时间轨线：

$$\begin{aligned}c(t)&=rx_1(t)-x_2(t)=rx_{10}+\frac{r}{n}x_{20}(e^{nT}-1)-x_{20}e^{nT}\\&=c_0+\left(\frac{r}{n}-1\right)x_{20}(e^{nT}-1)\end{aligned} \tag{78}$$

其中，c_0 是初始时刻的消费水平（$c_0\triangleq rx_{10}-x_{20}$）。将式（78）代入目标泛函式（3），又可以得到无切换第一种情形下在［0，T］内的消费总和 $J_{1\max}$，即：

$$\begin{aligned}J_{i\max}&\triangleq\max J=\max\int_0^T L(0)e^{nt}c(t)dt\\&=L(0)\int_0^T\left[c_0+\left(\frac{r}{n}-1\right)x_{20}(e^{nt}-1)\right]e^{nt}dt\\&=L(0)\left[c_0\frac{1}{n}(e^{nT}-1)+\left(\frac{r}{n}-1\right)x_{20}\frac{1}{2n}(e^{2nT}-1)\right.\\&\qquad\left.-\left(\frac{r}{n}-1\right)x_{20}\frac{1}{n}(e^{nT}-1)\right]\end{aligned} \tag{79}$$

（2）无切换的第二种情形：$\lambda_2(t)>0$，$\forall t\in[0,T]$。现在，让我们转入对无切换的第二种情况的讨论。在这种情形下，在［0，T］内始终有 $\lambda_2(t)>0$，因此消费增长速率始终取其最低容许值。在方程式（66）中，令 $t_1\to T$，再注意到式（68）的结果，就有：

$$\begin{cases}\lambda_1(t)=r(T-t)+1\\\lambda_2(t)=\dfrac{1}{r}e^{r(T-t)}+t-T-\dfrac{1}{r}\end{cases} \tag{80}$$

与前面关于无切换的第一种情形的讨论相类似，容易证明在 $0<t<T$ 上始终有 $\lambda_2(t)>0$，因而始终有 $v(t)=v_{\min}$ 相对应，积累的增长速率将始终取其最大容许值，即 $\ddot{k}-\dot{x}_2=rx_n-v_{\min}$。显然，这种情形下自动地在计划期终了时刻形成的人均资本存量终值 $x_1(T)$，无论较之存在消费增长速率切换的情形，还是较之前面讨论的无切换的第一种情形，都必然是最高的。因此，可以将无切换的第二种情形下得到的人均资金存量终值，确定为容许控制作用下人均生产资金存量终值的上限。如果资金存量终值定得高于这个上限，那么给定的消费增长最低容许速率 $v_{\min}$ 就无法达到。这就意味着边界条件 $x_1(T)$ 的确定超出了容许的控制范围，因而也不可能求得最优解。

解本部分第一节给出的 $\lambda_2(t)>0$ 时的状态方程式（39），可以得到无切换的第二种情形下人均生产资金存量 $x_1(t)$ 和人均积累 $x_2(t)$ 的时间轨迹：

$$\begin{cases} x_1(t)=x_{10}+\frac{1}{r}\left(x_{10}-\frac{1}{r}v_{\min}\right)(e^{rt}-1)+\frac{1}{r}tv_{\min} \\ x_2(t)=\left(x_{20}-\frac{1}{r}v_{\min}\right)e^{rT}+\frac{1}{r}v_{\min},\ 0\leqslant t\leqslant T \end{cases} \tag{81}$$

从式（81）容易看出，当 $\lambda_2(t)$ 在 $0<t<T$ 时段上始终大于零时，$x_1(t)$ 和 $x_2(t)$ 的增长都取决于净产值资金率 r。而只要将终了时刻 T 代入式（81），就可以得到容许控制作用下人均资金终值的上限或最大值，即：

$$x_1^{\max}(T)=x_{10}+\frac{1}{r}\left(x_{10}-\frac{1}{r}v_{\min}\right)(e^{rT}-1)+\frac{1}{r}Tv_{\min} \tag{82}$$

给定 T，x_{10} 和 $v_{\min}$，且已知 r，就可以具体地确定 $x_1^{\max}$ 的数值。

根据式（81）和状态方程式（31），得到无切换第二种情形下人均消费水平的时间轨线：

$$c(t)=rx_1(t)-x_2(t)=c_0+tv_{\min},\ 0\leqslant t\leqslant T \tag{83}$$

而此种情形下全体社会成员消费的最大总和为：

$$\begin{aligned} J_{2\max} &\overset{\Delta}{=} \max J = \max\int_0^T L(0)e^{nt}c(t)dt \\ &= L(0)\left[\int_0^T C_0e^{nt}dt+\int_0^T tv_{\min}e^{nt}dt\right] \\ &= L(0)\left[c_0\frac{1}{n}(e^{nT}-1)+v_{\min}\frac{1}{n}Te^{nT}-v_{\min}\frac{1}{n}(e^{nT}-1)\right] \end{aligned} \tag{84}$$

以上关于无切线的两种情形的讨论所引出的最重要的结果，是人均资金存量终值的最大容许值 $x_1^{\max}$ 和最小容许值 $x_1^{\min}$。若令式（81）中的 $x_1(t)$ 与式（76）中的 $x_1(t)$ 之差为 $h(t)$，我们有：

$$h(t)=x_{10}+\frac{1}{r}\left(x_{10}-\frac{1}{r}v_{\min}\right)(e^{rt}-1)+\frac{1}{r}tv_{\min}-x_{10}-\frac{1}{n}x_{20}(e^{nt}-1)$$
$$=\frac{1}{r}\left(x_{10}-\frac{1}{r}v_{\min}\right)(e^{rt}-1)+\frac{1}{r}tv_{\min}-\frac{1}{n}x_{20}(e^{nt}-1) \tag{85}$$

注意到：

$$h(0)=0 \tag{86}$$

以及

$$h'(t)=\frac{1}{r}(rx_{20}-v_{\min})e^{rt}+\frac{1}{r}v_{\min}-x_{20}e^{nt}$$
$$=\frac{1}{r}(rx_{20}-v_{\min})e^{rt}+\frac{1}{r}v_{\min}-\frac{1}{r}rx_{20}e^{nt} \tag{87}$$
$$=\left[\frac{1}{r}(rx_{20}-v_{\min})e^{rt}-x_{20}e^{nt}\right]+\frac{1}{r}v_{\min}$$

和

$$h'(0)=0 \tag{88}$$

同时，又有：

$$h''(t)=(rx_{20}-v_{\min})e^{rt}-nx_{20}e^{nt}>(rx_{20}-v_{\min})e^{rt}-x_{20}e^{rt}$$
$$=e^{rt}[(rx_{20}-v_{\min})-nx_{20}]$$

根据上式和容许控制的附加条件式（33），有：

$$h''(t)>0 \tag{88a}$$

由式（88）及式（88a），对所有的$t\in[0, T]$，有：

$$h'(t)>0 \tag{88b}$$

最后注意到式（86），就有：

$$h(t)>0,\ \forall t\in[0, T]$$

于是，我们就证明了$x_1^{\max}$必定大于$x_1^{\min}$。无切换的两种情形下人均生产资金存量的时间轨线以及由它们决定的$x_1^{\max}$和$x_1^{\min}$，可以用图12表示。

由以上的讨论可知，只有人均生产资金存量终值恰好等于其上限$x_1^{\max}(T)$或其下限$x_1^{\min}$这两种极端情况下，积累增长速率的“消费价格”$\lambda_2(t)$在［0，T］内才会始终大于零或者始终小于零，从而不发生消费增长速率的切换。由此可以进一步推定：如果所选择的人均生产资金存量终值落在$x_1^{\max}(T)$和$x_1^{\min}$之间，那么$\lambda_2(t)$就必然会在（0，T）内发生由正到负的变化，从而引起顺序为$v_{\min}\to(r-n)x_2$的消费增长速率的切换。可见，$\lambda_2(t)$在正负之间的变化，从而消费增长速率的切换，是由

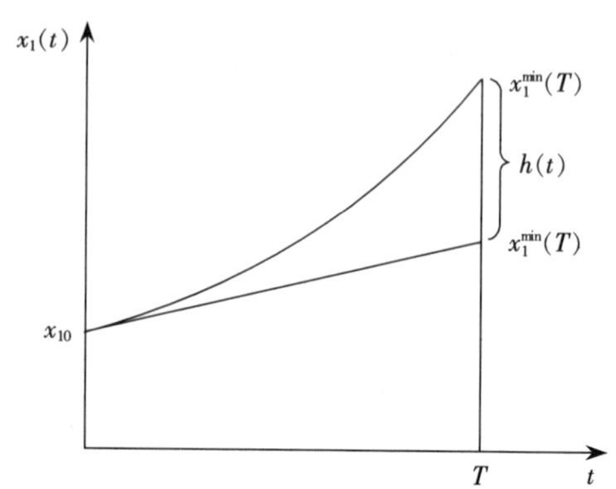

图 12　无切换条件下的 $x_1(t)$ 及资金存量终值的上下限

人均生产资金存量 $x_1(T)$ 这一边界条件的取值决定的。同时，由以上的讨论我们还知道，如果 $x_1(T)$ 定得大于其上限或小于其下限，那都不可能得到最优解。

根据以上的讨论，就有：

命题 2　状态方程式（31）在满足目标函数式（34）及给定的边界条件式（35）时的最优控制产生切换的条件是，所选边界条件 $x_1(T)$ 满足：

$$x_1^{\min}(T) < x_1(T) < x_1^{\max}(T) \quad 0 < t < T \tag{89}$$

特别地，如果取 $x_1(T) = x_1^{\min}(T)$，则 $t_1 = 0$；如果取 $x_1(T) = x_1^{\max}(T)$，则 $t_1 = T$。这里，t_1 表示切换时间。若所选边界条件 $x_1(T)$ 不满足：

$$x_1^{\min}(T) \leqslant x_1(T) \leqslant x_1^{\max}(T) \tag{90}$$

即有 $x_1(T) > x_1^{\max}(T)$ 或 $x_1(T) < x_1^{\min}(T)$，则最优控制不存在。

命题 2 的重要性不仅在于说明了［0，T］内发生最优控制切换的条件，而且在于给出了人均资金存量终值的取值范围。我们在本部分第一节规定模型的边界条件时曾指出，人均资金存量的规定取决于关于计划期内的人均国民收入增长比例的事前政治决定。现在，我们要说明，由于确定了资金存量终值的选择式（90），这种事前的政治决定也必须遵循一定的约束，而不是可以靠“拍脑袋”任意做出的。为此，首先需要弄清人均资金存量终值与国民收入增长比例的关系。

由本文第三部分第二节的讨论，我们已经知道，在净产值资金率不变的条件下，人均国民收入 $y(t)$ 与人均生产资金存量 $x_1(t)$（$=k(t)$）之间存在如下关系：

$$y(t) = rx_1(t) \tag{91}$$

根据上述关系式，计划期初始时刻的人均国民收入 $y(0)$ 是：

$$y(0)=rx_1(0)$$

而终端时刻的人均国民收入 $y(T)$ 是：

$$y(T)=rx_1(T)$$

由 $y(0)$ 和 $y(T)$ 的表达式又可以得到整个计划期人均国民收入的增长比例 g：

$$g=\frac{y(T)-y(0)}{y(0)}=\frac{r(x_1(T)-x_1(0))}{rx_1(0)}=\frac{x_1(T)-x_1(0)}{x_1(0)} \quad (92)$$

式（92）表明，在净产值资金率不变的条件下，[0，T] 内国民收入的增长比例等于人均生产资金存量的增长比例。如果将关于命题 2 的讨论中得出的人均资金存量终值的上下限 $x_1^{\min}(T)$ 和 $x_1^{\max}(T)$ 代入式（92），我们就得到在容许控制作用下的计划期国民收入增长比例取值的上下限，即：

$$g_{\max}=\frac{x_1^{\max}(T)-x_1(0)}{x_1(0)}$$

$$g_{\min}=\frac{x_1^{\min}(T)-x_1(0)}{x_1(0)}$$

由式（92）又可以得出计划期国民收入增长比例的容许取值范围：

$$\frac{x_1^{\max}(T)-x_1(0)}{x_1(0)}\leqslant g\leqslant\frac{x_1^{\min}(T)-x_1(0)}{x_1(0)} \quad (93)$$

作为事前政治决定的计划期国民收入增长比例取值超出式（93）的约束，也就意味着人均资金存量终值取值超出了命题 2 中式（90）的约束。而由命题 2 可知，在这种情况下无最优解，即满足最优控制的全体社会成员在计划期内消费需要满足总和的最大化无法实现。在确定计划期国民收入增长比例时，决策者必须将自己的选择严格地约束在式（93）的范围内，而不能超出这个范围去驰骋自己的“增长冲动”或“消费冲动”。可见，人均资金存量终值的上下限的确定。为最优经济增长的航道树起了两个不能逾越的航标。用这两个航标，可以对政府的增长比例决策的现实性和合理性进行检验，这就是前述命题 2 的最重要的经济政策含义所在。

3. 关于切换时刻与人均资金存量终值之间的关系的命题 3。

由命题 2 已知，当选择的人均资金存量终值满足式（89）时，会发生由 $v_{\min}\rightarrow(r-n)x_2$ 的消费增长速度率切换。在这种情况下，根据所给定的边界条件，可以求得切换时刻 t_1（$0<t_1<T$），因为在计划期

$[0, T]$ 内的时段 $0<t<t_1$ 上 $\lambda_2(t)>0$，$v^*(t)=v_{\min}$。于是由相应的状态方程式（39）解得该时段上人均资金存量 x_1 和积累 x_2 随时间变化的轨线：

$$\begin{cases} x_1(t)=x_{10}+\dfrac{1}{r}\left(x_{20}-\dfrac{1}{r}v_{\min}\right)(e^{rt}-1)+\dfrac{1}{r}tv_{\min} \\ x_2(t)=\left(x_{20}-\dfrac{1}{r}v_{\min}\right)e^{rt}+\dfrac{1}{r}v_{\min},\ 0\leqslant t\leqslant t_1 \end{cases} \tag{94}$$

而在 $t_1\leqslant t\leqslant T$ 时段上 $\lambda_2(t)<0$，$v^*(t)=(r-n)x_2(t)$，于是由相应的状态方程式（41）解得该时段上人均资金存量 x_1 和积累 x_2 的时间轨线：

$$\begin{cases} x_1(t)=x_1(t_1)+\dfrac{1}{n}x_2(t_1)[e^{n(t-t_1)}-1] \\ x_2(t)=x_2(t_1)e^{n(t-t_1)} \end{cases},\ t_1\leqslant t\leqslant T \tag{95}$$

其中，$x_1(t_1)$，$x_2(t_1)$ 是令式（95）中取 $t=t_1$ 时得到的。将给定的边界条件式（35）代入式（94）和式（95），并给定终端时间 T，则由式（95）中的 $x_1(t)$ 有：

$$x_1(T)=x_1(t_1)+\frac{1}{n}x_2(t_1)[e^{n(T-t_1)}-1] \tag{96}$$

由式（96）即可反解出切换时间 t_1。

若 t_1 已求出，就可进一步求得消费水平变动的最优时间轨线 $c^*(t)=rx_1(t)-x_2(t)$，显然

$$c^*(t)=\begin{cases} c_0+tv_{\min},\ 0\leqslant t\leqslant t_1, \\ c(t_1)+\left(\dfrac{r}{n}-1\right)x_2(t_1)(e^{n(t-t_1)}-1),\ t_1\leqslant t\leqslant T \end{cases} \tag{97}$$

而由式（97）又可以求得在有切换条件下社会成员的实际消费需要的最大满足总和：

$$\begin{aligned} J_{\max} &= L(0)\int_0^T e^{nt}c^*(t)dt \\ &= L(0)\left[\int_0^{t_1}e^{nt}(c_0+tv_{\min})dt+\int_{t_1}^{T}c(t_1)\right. \\ &\quad \left.+\left(\frac{r}{n}-1\right)x_2(t_1)(e^{n(t-t_1)}-1)dt\right] \end{aligned} \tag{98}$$

依据以上结果，可以画出有切换情况下模型的各变量随时间变化的轨线（见图13）。将图13中的最优消费水平时间轨线与本文第三部分第二节及附录中的无增长速率约束条件下的不合理轨线相对照，不难看出，在有增

长速率约束条件下，计划期内的消费水平轨线是逐渐上升的，不存在无增长速率约束条件下的那种突然的大幅度跳变，与最优消费轨线 $c^*(t)$ 对称的积累轨线 $x_2(t)$ 也是持续稳定上升的。可见，消费增长速率 v^* 的切换，不会像无增长速率约束条件下的消费水平切换那样导致消费水平以及对称的积累水平的陡起陡落。

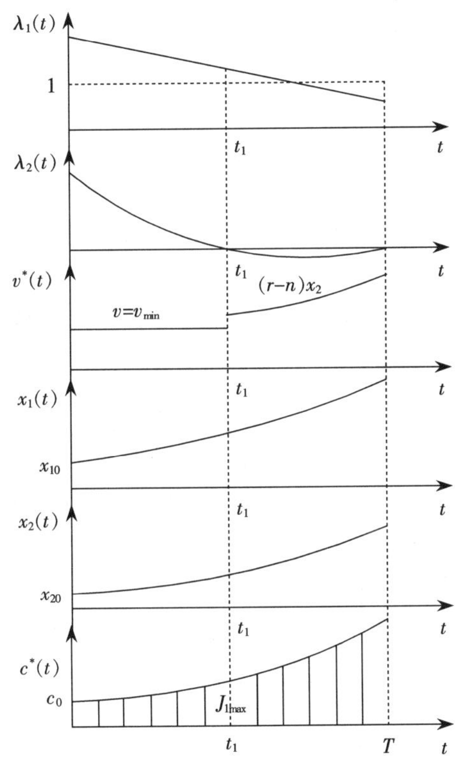

图 13　有切换条件下各变量的时间轨线

现在需要进一步解决的问题是：v^* 的切换时刻 t_1 的大小是由什么因素决定的？不难得出一个直观的判断：人均资金存量的终值 $x_1(T)$ 取得越大。t_1 也就越大；反之则反是。如图 14 所示。

图 14 中 $x_1^2(0)=x_1^1(0)$，但 $x_1^1(T)>x_1^2(T)$，相应地，$t_1>t_2$。人均资金存量终值切换时刻之间之所以具有图 14 所示的关系是因为：在资金存量初值一定的条件下，其终值定得越高，[0，T] 整个时期内资金存量的增量（$x_1(T)-x_1(0)=\Delta x_1$）即积累总额必然相应地越高，因而消费增长

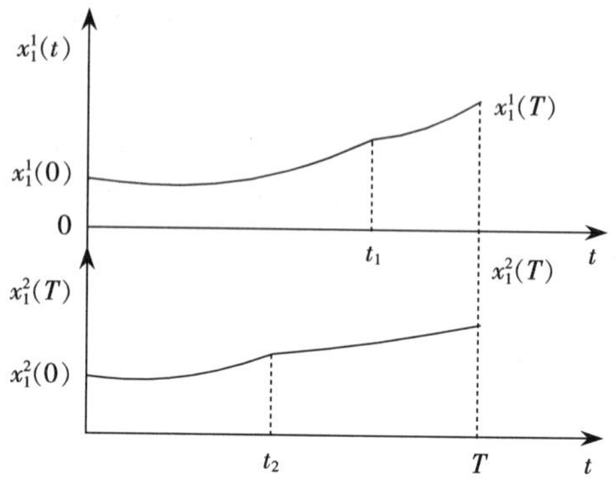

图 14 资金存量终值与切换时刻的关系

速率取其最低容许值 $v_{\min}$，从而积累增长速率取其最高容许值（$rx_1-v_{\min}$）的时间越长；反之亦然。于是，我们有：

命题 3 设 $x_1^1(t)$，$x_1^2(t)$ 均满足命题 2 所给的条件式（89）即有：

$$x_1^{\min}(T)\leqslant x_1^1(T)\leqslant x_1^{\max}(T)$$

$$x_1^{\min}(T)\leqslant x_1^2(T)\leqslant x_1^{\max}(T)$$

且 $x_1^1(t)$ 和 $x_1^2(t)$ 均是由相同初始点出发的轨线，则 $x_1^1(T)>x_1^2(T)$ 的充分必要条件是 $t_1>t_2$，这里，t_1 和 t_2 分别是 $x_1^1(t)$ 和 $x_1^2(t)$ 上的切换时刻。

对命题 3，可给出如下证明。

首先证明充分性。假定 $t_1>t_2$，并定义 $x_1^1(t)$ 与 $x_1^2(t)$ 之差为：

$$f(t)\triangleq x_1^1(t)-x_1^2(t) \tag{99}$$

由式（94）、式（95），有：

$$\begin{aligned}f(t_1)=&\underbrace{\left[x_{10}+\frac{1}{r}\left(x_{20}-\frac{1}{r}v_{\min}\right)(e^{rt_1}-1)+\frac{1}{r}t_1v_{\min}\right]}_{x_1^1(t_1)}\\&-\underbrace{\left[x_{10}+\frac{1}{r}\left(x_{20}-\frac{1}{r}v_{\min}\right)(e^{rt_2}-1)+\frac{1}{r}t_2v_{\min}\right]}_{x_1^2(t_1)}\\&+\frac{1}{n}\left[\left(x_{20}-\frac{1}{r}v_{\min}\right)e^{rt_1}+\frac{1}{r}v_{\min}\right](e^{n(T-t_1)}-1)\\&-\frac{1}{n}\left[\left(x_{20}-\frac{1}{r}v_{\min}\right)e^{rt_2}+\frac{1}{r}v_{\min}\right](e^{n(T-t_2)}-1)\end{aligned} \tag{100}$$

若令 $t_1=t_2$，则：

$$f(t_1)\big|_{t_1=t_2}=0 \tag{101}$$

另一方面，对式（100）中的 t_1 求导：

$$f'(t_1)=\left(\frac{r}{n}-1\right)\left(x_{20}-\frac{1}{r}v_{\min}\right)e^{rt_1}e^{n(T-t_1)}$$
$$-\left(\frac{r}{n}-1\right)\left(x_{20}-\frac{1}{r}v_{\min}\right)e^{rt_1}-\frac{1}{r}v_{\min}\left(e^{n(T-t_1)}-1\right)$$

在上式中记 $e^{n(T-t_1)}=1+\sum\limits_{h=1}^{\infty}\frac{[n(T-t_1)]^h}{h!}$，有：

$$\begin{aligned}f'(t_1)&=\left(\frac{r}{n}-1\right)\left(x_{20}-\frac{1}{r}v_{\min}\right)e^{rt_1}\sum_{h=1}^{\infty}\frac{[n(T-t_1)]^h}{h!}\\&\quad-\frac{1}{r}v_{\min}\sum_{h=1}^{\infty}\frac{[n(T-t_1)]^h}{nh}\end{aligned} \tag{102}$$

在注意到本部分第一节给出的附加约束条件式（33），有：

$$rx_{10}-v_{\min}>nx_{20}$$

将其代入式（102），有：

$$\begin{aligned}f'(t_1)&>\left[\left(\frac{r}{n}-1\right)\frac{r}{n}x_{20}e^{rt_1}-\frac{1}{r}v_{\min}\right]\sum_{h=1}^{\infty}\frac{[n(T-t_1)]^h}{h!}\\&>\frac{1}{r}\left[(r-n)x_{20}-v_{\min}\right]\sum_{h=1}^{\infty}\frac{[n(T-t_1)]^h}{h!}\end{aligned} \tag{103}$$

根据不等式（33），显然有：

$$f'(t_1)>0,\ (0<t_1<T) \tag{104}$$

从式（104）可知，$f(t_1)$ 式单调递增的。再注意到式（95），立即可知若 $t_1>t_2$，必有 $f(t_1)>0$，即 $x_1^1(T)>x_1^2(T)$ 成立。

其次证明必要性。运用反证法。若有 $x_1^1(T)>x_1^2(T)$，竟有 $t_1\leqslant t_2$，则：（1）当 $t_1=t_2$ 成立时，由式（100）立即可得 $f(t_1)=0$，即 $x_1^1(T)=x_1^2(T)$，这显然与 $x_1^1(T)>x_1^2(T)$ 的假设相矛盾；（2）当 $t_1<t_2$ 成立时，注意到 $f(t_1)=0$ 及 $f(t_1)$ 关于 t_1 的单调性。根据充分性证明的结果，应有 $f(t_1)<0$，即 $x_1^1(T)<x_1^2(T)$。这也与 $x_1^1(T)>x_1^2(T)$ 的假设相矛盾。于是命题 3 得证。

命题 3 也具有十分现实的政策含义。它所说明的资金存量终值 $x_1(T)$ 的取值（由关于命题 2 的讨论已知，这等价于国民收入增长比例的取值）与消费增长速率切换时刻的关系，应受到决策者的充分注意。

计划期国民收入增长比例从而 $x_1(T)$ 的取值越高，由低消费增长转换至高消费增长的时刻就是越接近于终了时刻 T。这意味着对较高国民收入增长比例的追求，必然以较长时间内消费的低增长为代价。在极端情况下，即我们所追求的国民收入增长比例高到要求 $x_1(T)$ 等于其容许上限 $x_1^{\max}(T)$，消费在整个计划期内都只能按最低容许速率增长。可见，既要使经济高增长，同时要求消费也高增长，是不现实的。这样做不仅不能实现能够使人民群众的实际消费需要满足总和最大的最优增长，而且正如我们在命题 1 的讨论中提到的波兰的经验以及近几年我国的投资和消费双膨胀的事实所表明那样，甚至连适度的稳定增长也无法维持。事实上，消费的高增长在时间上应该是滞后于国民收入的高增长的。这个滞后时间的长度，就是由相应的 $x_1(T)$ 取值决定的计划期初始时刻到切换时刻的距离。就我国的具体情况而言，考虑到今后相当长的历史阶段中所面临的经济增长任务，以后若干计划期内 $x_1(T)$ 的取值只能是更接近于其上限 $x_1^{\max}(T)$，而不是其下限 $x_1^{\min}(T)$。因此，在这些计划期内，上述滞后时间必然较长。但是滞后时间不宜太长，尤其是应当避免使 $x_1^2(T)=x_1^{\max}(T)$，从而每个计划期内从头到尾都只有 $v(t)=v_{\min}$ 的极端情况。也就是说，在根据我国经济增长的任务适当提高 $x_1(T)$ 的取值，相应推迟切换时刻的前提下，在每个计划期内还是要适时地实行由 $v_{\min}\rightarrow(r-n)x_2$ 的消费增长速率切换，以保证人民群众的消费水平在每个计划期内都有明显提高。

（四）积累率的最优时间轨线

在已知计划期内积累水平和消费水平的最优时间轨线的情况下，进一步得出积累率的最优时间轨线就没有什么困难了。我们在本文第三部分第二节中曾用式（12）将人均积累率，即人均积累在人均国民收入中所占比例定义为：

$$s(t)=\frac{\dot{k}(t)}{rk(t)}=1-\frac{c(t)}{rk(t)}$$

用 $x_1(t)$ 和 $x_2(t)$ 分别替换上式中的 $k(t)$ 和 $\dot{k}(t)$，人均积累率的表达式又可以改写为：

$$s(t)=\frac{x_2(t)}{rx_1(t)}=1-\frac{c(t)}{rx_1(t)} \tag{105}$$

显然，只要将上一节讨论中得出的状态方程式（31）的最优解代入式（105），就可以确定积累率的最优时间轨线。

如果计划期内发生由 $v_{\min} \to (r-n)x_2$ 的消费增长速率切换，只要 $0 \leqslant t \leqslant t_1$ 时段上的 $x_1(t)$ 和 $x_2(t)$ 轨线式（94）代入式（105），就得到该时段上积累率的时间轨线：

$$s(t) = \frac{\left(x_{20} - \frac{1}{r}v_{\min}\right)e^{rt} + \frac{1}{r}v_{\min}}{rx_{10} + \left(x_{20} - \frac{1}{r}v_{\min}\right)(e^{rt} - 1) + v_{\min}t} \quad 0 \leqslant t \leqslant t_1 \qquad (106)$$

而在切换时 t_1 之后的 $t_1 \leqslant t \leqslant T$ 时段上，积累率的表达式是：

$$s(t) = \frac{x_2(t_1)e^{n(t-t_1)}}{r\left[x_1(t_1) + \frac{1}{n}x_2(t_1)(e^{n(t-t_1)} - 1)\right]} \quad t_1 \leqslant t \leqslant T \qquad (107)$$

只要令式（106）中的 $t_1 = T$，我们又可以得到上一节讨论过的整个计划期内无消费增长速率切换的第一种情形下积累率的时间轨线。而令式（107）中的 $t_1 = 0$，则得到无消费增长速率切换的第二种情形下积累率的时间轨线。

（五）模型最优解的存在性证明

1. 基本定义。前面，我们利用最大值定理得出了模型的最优解。但是，严格地说，最大值原理只是求解最优控制的一个必要条件，运用这一原理得到的实际上还只是极值控制。现在，我们要证明，前面得到的极值控制确实就是最优控制。为此，先给出一些基本定义。

我们将系统的模型式（31）写成矩阵形式：

$$\dot{x} \triangleq \begin{pmatrix} \dot{x}_1 \\ \dot{x}_2 \end{pmatrix} = \begin{pmatrix} 0 & 1 \\ 0 & r \end{pmatrix}\begin{pmatrix} x_1 \\ x_2 \end{pmatrix} + \begin{pmatrix} 0 \\ -1 \end{pmatrix}v(t) \triangleq Ax + \tilde{b}v(t) \qquad (108)$$

这里：

$$A = \begin{pmatrix} 0 & 1 \\ 0 & r \end{pmatrix}, \quad \tilde{b} = \begin{pmatrix} 0 \\ -1 \end{pmatrix}$$

再令：

$$f(t, x(t), v(t)) \triangleq Ax + \tilde{b}v(t)$$

则状态方程式（108）又可写成如下一般形式：

$$\dot{x}=f(t,\ x(t),\ v(t)) \tag{109}$$

目标泛函式（34）可写为：

$$J(x,\ v)=\int_0^T L(0)(rx_1-x_2)e^{nt}dt \overset{\Delta}{=} \int_0^T f_0(t,\ x,\ v)dt \tag{110}$$

另外，给出如下定义：

集合 A：代表所有容许对（$x(t)$，$V(t)$）的集合，

端点集合 B：在我们所讨论的模型中，B 定义为：

$$B \overset{\Delta}{=} \{x_{10},\ x_{20},\ t_0,\ x_1(t_1),\ x_2(t_1),\ t_1:$$

$$t_0=0,\ t_1=T,\ x_{10},\ x_{20},\ x_1(T)\ \text{均预先给定},\ x_2(T)\geqslant 0\} \tag{111}$$

R：令 R 表示（t，x）－空间的区域；

U：令 U 表示 $V(t)$－空间的区域；

映射 Ω：

$$\Omega:\ (t,\ x)\rightarrow\Omega(t,\ x) \overset{\Delta}{=} \{v: v_{\min}\leqslant v(t)\leqslant(r-n)x_2(t)\} \tag{112}$$

集合 $Q^+(t,\ x)$：

$$\begin{aligned} Q^+(t,\ x) \overset{\Delta}{=} \{\hat{y}=(y_0,\ y):\ & y_0\geqslant f_0(t,\ x,\ v),\\ & y=f(t,\ x,\ v),\ v(t)\in\Omega(t,\ x)\}\\ =\{\hat{y}=(y_0,\ y):\ & y_0\geqslant(rx_1-x_2)L(0)e^{nt},\\ & y=Ax+\tilde{b}v(t),\ v(t)\in\Omega(t,\ x)\} \end{aligned} \tag{113}$$

上半连续：映射 Λ 称为在 R 上是上半连续的，如果对 R 中的每一点（t_i，x_i），有 $\bigcap\limits_{\delta>0} cl\Lambda(N_\delta(t,\ x))\subseteq\Lambda(t_i,\ x_i)$，其中：$cl$ 表示闭包，$N_\delta(t_i,\ x_i)$ 表示（t_i，x_i）的相对闭 δ 邻域，即

$$N_\delta(t_i,\ x_i) \overset{\Delta}{=} \{(t,\ x):(t,x)\in R,\ dist((t,\ x),\ (t_i,\ x_i))\leqslant\delta\},$$

其中，$dist(a,\ b)$ 表示（a，b）两点间的欧氏距离；$u\cdot s\cdot c\cdot l$：映射 Λ 称为在 R 上是关于包含上半连续的或 $u\cdot s\cdot c\cdot l$，若对 R 中任意的点（t_i，x_i）及每一个给定的 $\varepsilon>0$，存在 $\delta>0$，使得对 $N_\delta(t_i,\ x_i)$ 中的每一点（t，x），满足 $\Lambda(t,\ x)\subseteq[\Lambda(t_i,\ x_i)]_\varepsilon$，这里：

$$[\Lambda(t_i,\ x_i)]_\varepsilon \overset{\Delta}{=} \{Z:\ Z\in E^m,\ \Lambda\in E^m,\ dist(Z,\ \Lambda(t_i,\ x_i))\leqslant\varepsilon\}$$

而

$$dist(Z,\ \Lambda(t_i,\ x_i)) \overset{\Delta}{=} inf\{dist(Z,\ \eta):\eta\in(t_i,\ x_i)\}$$

2. 存在性的证明。为了证明本模型的最优控制是存在的，利用如下定理：

假定容许对集合 A 非空，且以下假设成立：

（1）存在致密集 $R_0 \subset R$，使得所有大如许轨线 $X(t)$ 及所有 $t \in (t_0, t_1)$ 有 $(t, x(t)) \in R_0$；

（2）集合 B 是闭集；

（3）映射 Ω 在 R_0 上是包含上半连续的即 $u \cdot s \cdot c \cdot l$；

（4）对每一个 $(t, x) \in R_0$，集合 $\Omega(t, x)$ 是致密的；

（5）对每一个 $(t, x) \in R_0$，集 $Q^+(t, x)$ 是凸的；

（6）函数 $f_0(t, x, v)$ 在 $Y = R \times U$ 上是半连续的，而 $f(t, x, v)$ 在 Y 上是连续的；则存在 $(x^*(t), v^*(t)) \in A$，使得所有 $(x(t), v(t)) \in A$，都有：$J(x^*, v^*) \geqslant J(x, v)$。

根据以上定理，我们有：

命题 A 由式（108）所描述的系统在目标泛函式（110）及约束条件式（111）和式（112）下的最优控制是存在的。

证明：只须证明本模型与上述存在性定理逐条吻合即可。

首先，容许对集合 A 是非空的。事实上，在以前的讨论中，我们运用最大值原理所求得的极值控制（注意：在没有证明该极值控制就是最优控制之前，我们暂且使用“极值控制”一词）以及相应的轨线就是一个容许对。

其次，与前述定理中的假设（1）~（6）相对应。我们有：

（1）由于 $v_{\min} \leqslant v(t) \leqslant (r-n)x_2(t)$，根据本章前几节讨论的结果。容易看出，对任何满足不等式的 $V(t)$ 有：

$$x_{20}e^{nt} \leqslant x_2(t) \leqslant \left(x_{20} - \frac{1}{r}v_{\min}\right)e^{rt} + \frac{1}{r}v_{\min} \tag{114}$$

及

$$x_{10} + \frac{1}{n}x_{20}(e^{nt}-1) \leqslant x_1(t) \leqslant x_{10} + \frac{1}{r}\left(x_{20} - \frac{1}{r}v_{\min}\right)(e^{rt}-1) + \frac{1}{r}v_{\min} \tag{115}$$

再注意到终端时间 $t = T$ 是有限的，上两式表明所有轨线均处于一个致密集 R_0 中。

（2）由式（111）可知，集合 B 显然是闭集。

（3）由式（112）可知，映射 Ω 在 R_0 上显然是 $u \cdot s \cdot c \cdot l$ 的。

（4）同样由式（112），可知集合 $\Omega(t, x)$ 对每一 $(t, x) \in R_0$，不仅是致密的，且是闭和凸的。

（5）可以证明 $Q^+(t, x)$ 对每一 $(t, x) \in R_0$ 是凸的，由于：

$$Q^+(t, x) \triangleq \{\hat{y} = (y_0, y): y_0 \geqslant f_0(t, x, v), y = f(t, x, v),$$
$$v(t) \in \Omega(t, x)\} = \{\hat{y} = (y_0, y): y_0 \geqslant (rx_1 - x_2)L(0)e^{nt},$$
$$y = Ax + \tilde{b}v(t), v(t) \in \Omega(t, x)\}$$

设 $\hat{y}_1$，$\hat{y}_2$ 是 $Q^+(t, x)$ 中的任意两点，则存在 $\Omega(t, x)$ 中的点 $v_1(t)$，$v_2(t)$，使有：

$$y_{01} \geqslant (rx_1 - x_2)L(0)e^{nt} \quad y_1 = Ax + \tilde{b}v_1(t) \tag{116}$$

$$y_{02} \geqslant (rx_1 - x_2)L(0)e^{nt} \quad y_2 = Ax + \tilde{b}v_2(t) \tag{117}$$

再设 $\alpha \geqslant 0$，$\beta \geqslant 0$，$\alpha + \beta = 1$，并令：

$$\hat{y}_0 = \alpha\hat{y}_1 + \beta\hat{y}_2$$

其中，$\hat{y}_1 \triangleq (y_{02}, y_2) = \alpha(y_{01}, y_1) + \beta(y_{02}, y_2)$。这样，就只须证明 $\hat{y}_2 \in Q^+(t, x)$ 即可。由于：

$$\begin{aligned} y_{01} &= \alpha y_{01} + \beta y_{02} \geqslant \alpha(rx_1 - x_2)L(0)e^{nt} + \beta(rx_1 - x_2)L(0)e^{nt} \\ &= (rx_1 - x_2)L(0)e^{nt} \end{aligned} \tag{118}$$

及

$$\begin{aligned} y_0 &= \alpha y_1 + \beta y_2 = \alpha(Ax + \tilde{b}v_1(t)) + \beta(Ax + \tilde{b}v_2(t)) \\ &= AX + b(av_1 + \beta v_2) \end{aligned} \tag{119}$$

由于在前面已经说明，对每一 $(t, x) \in R_0$，$\Omega(t, x)$ 是凸的，故：

$$v_2 \triangleq (aV_1 + \beta v_2) \in \Omega(t, x)$$

所以，由式（118）和式（119），及 $Q^+(t, x)$，可知 $\hat{y}_2 \in Q^+(t, x)$，亦即 $Q^+(t, x)$ 是凸集。

（6）由于：

$$f_0(t, x, v) = L(0)(rx_1 - x_2)e^{nt}$$

及

$$f(t, x, v) = Ax + \tilde{b}v$$

在 $Y = R \times U$ 上是连续的，当然满足前述存在性定理的假设（6）。

可见，前述存在性定理的所有假设均满足，因此，本模型的最优解必然存在。证毕。

下面，进一步证明本部分前几节得出的极值控制就是最优控制。为此，给出：

命题 B　由式（108）所描述的系统在目标泛函式（110）及约束条件式（111）和式（112）下的极值控制就是最优控制。

证明：首先，由命题 B 已知最优控制是存在的。再注意到任何最优控制必须满足最大值原理；其次，容易看出，我们运用最大值原理求得的极值控制是惟一的，故该极值控制就是最优控制。证毕。

未来15年我国经济发展的若干基本条件简析*

目前，我国已进入由低收入国向中等收入国过渡的时期。这一时期可能会持续到21世纪头10年。工业化和城市化进程加速，农业现代化步伐加大，市场化和国际化程度加深，是这段时期我国经济发展的基本趋向。本文拟以这些基本趋向为背景，从人口、自然资源、市场需求、资金供应四个方面，对未来15年我国经济发展的基本条件作一简要分析。

一、人　口

适度的人口规模和人口密度是一国经济发展的重要条件。我国的人口规模居世界之首，人口密度在世界上也名列前茅。人口的过度增长，一直是制约我国经济发展的首要因素。20世纪70年代以来，由于计划生育政策的有效推行，我国人口的年平均自然增长率由60～70年代初的20‰以上，逐步下降到1993年的不足12‰，已经低于世界发展中国家的人口平均自然增长率。但是，由于人口基数很大，近些年来每年新增人口的绝对数，仍高达1 500万。据国家统计局用要索法进行的预测，如果总和生育率由90年代初的2.25逐年下降，到2000年减至2.0，且自然增长率在20世纪最后10年内控制在年平均12.5‰的水平以下，则20世纪末我国大陆总人口不会突破13亿。如果在21世纪总和生育率仍保持逐年下降势头，到2050年降至1.8，则有可能在2040年后实现人口零增长，总人口最大值为15.6亿。按照这一预测，2000年我国人口将增至12.94亿，2010年为13.94亿。也就是说，我国的人口总量将增加约2亿，每年新

---

* 原文载于《兰州商学院学报》1995年第4期。本文引用数据，除行文中特别说明出处者，均引自历年《中国统计年鉴》，或根据该年鉴数据推算。

增人口的绝对额仍将达1 300万的高水平。

在总人口年增长量保持高水平的条件下，我国的劳动年龄人口呈快速增长趋势。劳动年龄人口的国际通用标准是15～64岁，我国目前法定劳动年龄人口标准为男16～59岁，女16～54岁。按照我国的标准，根据四次全国人口普查资料，1982年我国劳动年龄人口约为5.5亿，到1990年增至6.8亿，每年增长约1 600万。今后我国劳动年龄人口的增长速度会趋缓，但总量仍将呈不断增长的趋势。据国家统计局的预测，1996年我国法定劳动年龄人口约为7.4亿，2000年增至7.8亿。估计到2000年，我国法定劳动年龄人口将达到8亿左右。需要强调的是，目前我国劳动年龄人口有70%以上分布在农村，而农村中有1.2亿的劳动力处于非充分就业状态，被称为“剩余劳动力”。据有关部门预测，农村剩余劳动力在20世纪末可能增至1.8亿，到2010年可能接近3亿。这一预测可能偏高，但今后农村剩余劳动力不断增长的趋向是确定无疑的。将每年新增劳动年龄人口与需要向非农产业转移的剩余劳动力相加，今后十几年内，平均每年需要创造上千万个新的就业岗位。

今后十几年我国人口过程的一个新特点，是人口类型迅速由成年型向老年型转变。按照国际通行标准，一国60岁人口在总人口中所占比重超过10%，或65岁以上人口比重超过7%，该国人口类型即为老年型。根据全国四次人口普查的结果，从1982～1990年男60岁，女55岁以上的人口比重已由9%上升为10.3%，我国65岁以上（含65岁）人口比重已由4.9%上升到5.6%，年平均老年人口增长率为32‰，是总人口增长率的2倍多。据有关部门预测，到2000年，我国60岁以上（含60岁）人口在总人口中所占比重将进一步上升到10.1%，65岁以上（含65岁）人口的比重将增加到7%，也就是说，还有不到5年的时间，我国的人口类型将迈入老年型门槛。

由以上分析可见，今后十几年我国人口过程具有三个基本特征，即人口总量继续以较大幅度增长，劳动年龄人口增长率较高，老龄化过程加快。显然，今后十几年我国的经济增长能够保证有十分充裕的劳动力供应。但人口过程的上述特征，也会从三个方面压迫经济的发展。首先，由于每年新增人口数量巨大，与很高的经济总量增长率相伴随的，很可能是一个较低的人均增长率。其次，由于劳动年龄人口快速增长，农村中又存在大量剩余劳动力，强大的就业压力将继续存在。最后，由于人口迅速老龄化，我国在刚刚达到小康水平时，就不得不承受日益沉重的养老保障负担。这三个方面的压力，加上尽快缩小与发达国家差距这一政治目标的压力，我国的经济必须保持快速增长，想慢也难以慢下来。今后15年，我国的增长速度至少要达到8%~9%，才能承受住这些压力。

二、自然资源

与相近规模的国家相比，我国各类自然资源的总量并不算少。但由于人口众多，人均资源拥有量较小。

1. 土地。我国有960万平方公里的土地面积，但人均土地面积只是世界平均水平的1/3。土地资源中最重要的耕地的人均占有水平，只及世界平均水平的2/5。随着工业化和城市化的发展以及人口的增长，加上后备资源不足（据比较乐观的估计，我国宜作耕地的后备资源约为2亿亩），近十几年来我国的耕地面积呈不断减少的趋势，而且减少的规模相当惊人。按国家统计局公布的数据，1978年，我国实有耕地面积为9 938.95万公顷，合149 084.25万亩。到1993年，这一数字下降为9 510.14万公顷，合142 652.1万亩。13年间实有耕地面积减少了约494.78077万公顷。同期，人均耕地面积由约1.5亩减少到约1.2亩。如果这种下降趋势继续下去，到21世纪头10年终了时，我国人均耕地将不足1亩。一般认为，前述国家统计局公布的实有耕地总面积的数据偏低。据国家土地管理局编制的《全国土地利用总体规划纲要》中的数据，1990年全国耕地面积应当是18.6亿亩。按当年人口平均，人均拥有耕地面积为1.6亩。按照这一规划，如果能将年均耕地净减少量控制在250至300万亩左右，到2010年耕地面积将下降到17.7~17.2亿亩，人均耕地则降至1.23~1.26亩。即便根据这一较高的数据，我国耕地资源在未来十几年的发展趋势也是不容乐观的。

2. 矿产及能源。我国已探明的矿产资源总量比较大，矿种比较齐全。我国有关部门曾根据现有矿产资源消费情况，参考发达国家相应发展阶段的需求水平，按国民生产总值年均增长率为8%，对国内40种主要矿产资源对经济增长的保证程度进行过预测。结果表明，20世纪末将有15种主要资源难以保证需要。21世纪，随着需要量的持续上升，矿产资源供应不足对经济发展的制约将变得更加严峻。尤其是铁、铜等金属矿产和石油及天然气将成为经济发展的主要瓶颈。

目前，我国的铁、铝等大宗矿产储量的耗损速度远大于探明储量的增长速度。根据有关部门的资料，我国现有铁矿的生产能力将缩减10%。全国现在有2/3的有色金属矿的主金属生产已至中晚期，一些铜矿的可采储量已近枯竭。到1990年底，原油探明储量中有一半左右在现有技术和经济条件下难以开采，天然气大规模开采利用的后备储量不足，发展前景上不太理想。我国能源矿产中煤所占比重很大，但煤矿集中在华北、西北和西南，而煤炭消费量的60%在东部经济发达地区。我国的水能资源多集中于西南、中南。能源资源地理分布的不平衡，导致北煤南运、西电东送，制约着能源供应的增长。我国能源消费水平，不仅低于发达国家，而且大大低于世界平均水平。1991年世界人均能源消费量为2 029公斤标准煤，而我国仅为896公斤，只为世界人均消耗水平的44%。

3. 木材。1993年，我国森林资源总面积12 863万公顷，森林覆盖率为13.4%。森林总面积和活立木蓄积量，大约居世界第5位，但人均拥有量只是世界人均水平的1/7。根据我国环境科学院用系统动力学方法预测的中位方案，我国森林覆盖率在2000年和2010年分别达到15.72%和18.27%。但是，这要以长期以来存在的森林采伐量大于生长量的趋势在今后被扭转为条件。由于采伐量大于生长量，活立木积蓄量减少，木材产量不断下降。1990年我国木材产量为5 571万立方米，比1985年产量减少27%。1981~1987年，木材供应缺口每年递增16%。据林业部《我国速生丰产林研究综合报告》的预测，2000年我国木材产量可达1.27亿立方米，木材需要量2.1亿立方米，缺口为7 814万立方米。如果按大大低于世界平均水平（人均0.68立方米）的人均消费木材0.45立方米计算，2010年我国近14亿人口的木材需要量为6.3亿立方米。即便2010年的木材产量比2000年增长2倍，也还有2.5亿立方米的巨大缺口。

4. 淡水。我国水资源总量为28 124.4亿立方米，居世界第6位。人均水资源只有2 400立方米，耕地亩均水资源为1 460立方米，是世界平均水平的1/2。随着经济的发展，用水量不断增加，我国北方地区的供水不足问题日益严重。近些年来，因灌溉供水不足，减产粮食年均5亿多斤。全国缺水城市达300多个，日缺水量1 000万吨以上。某些沿海城市地下水超采，致使海水入侵。按有关部门根据世界主要工业国家用水量历史变动规律和我国多年来需水量变化情况所做的估计，90年代内我国供水能力需增加1 500亿~2 000亿立方米；21世纪头10年，需增加供水能力1 000亿~1 300亿立方米。这是一个相当艰巨的任务。

综合以上情况，可以得出这样的判断：随着人口增加和经济的高速增长，我国自然资源禀赋呈不利的变化趋向，对经济发展的承载和支持力量相对变弱。其不利后果主要有以下几个方面。

第一，粮食和其他农产品供应的压力增大。这是人均耕地面积日益缩小的必然结果。我国20世纪末的粮食需要量，如按人均400公斤（小康标准）计算，在13亿人口条件下，为5 200亿公斤。而粮食产量按现在的农业生产技术水平，在保有18亿亩耕地时为5 300亿公斤，耕地17.5亿亩时为5 200亿公斤，人均粮食占有量为408 ~ 400公斤，刚刚达到小康人均占有标准。这还是以风调雨顺和农业投入比较充足为条件的。事实上，今后十几年难保不出现较严重的自然灾害。而且，随着经济市场化程度加深，如果缺少有力的政策支持和诱导，农业投入还会在比较利益原则作用下的其他部门流失。同时，保有18亿亩耕地这一前提，不经过艰苦努力也是难以维持的。至于2010年的粮食消费量，若按人均500公斤计算，为7 000亿公斤。据有关部门预测，扣除了经济作物占用的耕地，假设亩产年均增长率为2%，复种指数1.65，则当耕地面积为17.7亿亩时，粮食总产量为5 400亿公斤，当耕地面积为17 .2亿亩时，为5 000亿公斤。此时人口按接近14亿计算，则人均粮食消费量只有386 ~ 357公斤，比2000年时的预测数字还要小。估计粮食需求缺口可能会高达2亿吨。这一需求缺口是难以完全靠进口来弥补的，因为80年代以来世界粮食库存持续下降，1988年的结转序存量一共才2亿吨，同时许多发展中国家粮食进口需求今后也会大幅度增加。此外，巨量的粮食进口还有可能使我国的国际收支状况严重恶化。那么出路何在呢？惟一的选择是加快农业现代化步伐，通过技术进步大幅度提高粮食单位面积产量。目前，我国耕地中有近2/3是亩产不足300公斤的中低产田，平均亩产只及美国的82%，日本的66%，单位面积产量的提高是大有潜力可挖的。

第二，相当一部分经济发展必需的大宗资源国内供应不足，以及结构性短缺日趋严重，将迫使我国较大幅度地扩大这些资源的进口。也就是说，今后我国经济发展对国外资源供应的依赖在今后十几年内将逐步增大。一般说来，这并不可怕。事实上，世界上没有一个国家仅仅依靠本国的资源供应，国家之间的资源调剂是一种正常现象。日本国内矿产资源匮乏，几乎完全靠国外供应，但也实现了经济的起飞和持续增长。美国虽然资源丰裕，但也十分重视按全球资源战略建立矿产开发、储备和供应体系。我国通过国际市场，积极分享全球资源，也是合理的。当然，某些资源进口的较大幅度增加，会对国际收支平衡形成较大压力。这要求我国的制成品出口能力也要有相应的增长。同时，还要依据比较优势原则，合理地确定国内生产和进口规模。更重要的是，要强化国家对自然资源使用的管理，并通过强有力的政策诱导，促进资源节约的技术创新。

第三，在资源供应相对不足的条件下实现快速的经济增长，会伴随持续的通货膨胀。在今后十几年内，我国将要面对的通货膨胀压力，将主要来自由资源供应不足引起的成本上升。即使随着中央宏观调控的完善和强化，需求拉动因素能够得到有效控制，物价总水平也会不可避免地在成本推动下呈上升趋势。只有当资源利用效率的提高幅度大于资源价格的上涨幅度时，成本推进因素才会消失。资源利用效率的大幅度提高，只有通过较长时期内持续的技术进步才能实现。而这一“较长的时期”可能持续10～15年。换句话说，在未来10～15年中，将通货膨胀控制在人民所能接受的范围内，很可能始终是政府的重要政策目标。

三、市场需求

市场容量或需求总量不断扩大，需求结构不断升级，既是经济增长的结果，又是经济持续增长的重要条件。我国是一个疆域辽阔、人口众多的大国，经济增长的拉力主要来自国内市场的扩展，来自内部有效需求的增加。忽视国内市场而将国际市场需求不恰当地抬高为我国经济增长的主要条件，是一种本末倒置的观点。对于未来国内市场发展趋向，可以从消费需求和投资需求两个方面展开分析。

1. 消费需求。20世纪在过去十几年中，我国的国民生产总值和国民收入年平均增长率超过10%。城乡居民消费水平随之显著提高。1978年，全国居民年平均消费水平为175元，1993年增加到1 148元。15年来累计平均年增长速度为6.5%。在消费数量增长的同时，消费质量也有很大改善。1978～1993年，城镇人均居住面积由3.6平方米增加至7.1平方米，农村则由8.1平方米增加到18.9平方米。目前，我国居民某些耐用消费品的普及程度已接近中等发达国家。据有关部门估算，在国民收入年平均增长8%左右，消费率保持在目前水平的条件下（65%左右），在城镇，按1990年不变价格计算，人均消费水平到2000年可达2 650元，到2010年约为4 500元，电话、住房、小汽车将依次成为消费热点，各种服务性需求将有较大增加；在农村，消费水平和结构到2000年将接近城镇居民90年代初的水平，到2000年会有进一步的提高。除了短期的波动，消费需求在今后十几年中变动的总趋势是不断增大。

2. 投资需求。20世纪80年代中期以来，我国轻纺工业由卖方市场转为买方市场，这标志着工业化进程由初级阶段进入中级阶段，重化工业开始从80年代前期的不景气中摆脱出来，重新在经济增长中占据主导地位。在这一阶段，耐用消费品工业的迅速发展，企业技术装备的更新换代，城市化进程的加速，形成对相应投资品的旺盛需求。在今后十几年中，这种发展态势将保持下去。交通、通讯、能源等基础产业和基础设施的投资需求将保持高增长；机电装备类投资品的需求将有较大增加。乙烯、钢材、新型建材等原材料的需求也将有较大增长。同时，随着传统农业的现代化，农业生产对作为投资品的工业产出的现代物质投入的需求，也将迅速增加。根据钱纳里（Chenery）等人对世界各国经济增长历史经验的分析，在工业化初期（按1964年美元计算，人均国民生产总值100~200美元），农业物质投入占农业总产出的比重为16.4%，人均国民生产总值增大到400美元后，这一比重提高到32.2%，而当人均国民生产总值增大到1 500美元，这一比重将增至45.8%。据我国计划部门对全国30个省市区农业总产值与物质消耗的回归分析，农业总产值对物质投入的弹性已由1979年增至1989年的0.86，上升到1991年的0.91。今后十几年中，这一弹性将继续增大。农业生产对现代物质投入的依赖日益增大，意味着相应投资品需求的扩张。

总而言之，我国未来15年的国内市场条件是良好的，能够从消费和投资两方面为经济增长提供足够强劲的需求拉力。但是，应当注意，这一判断有一个隐含的重要前提，即农业的增长，从而农村居民收入的增长，要有足够的速度，跟得上工业化和城市化的前进步伐。须知，我国人口的70%以上在农村从事农业生产活动，因而无论是国内市场的消费需求还是投资需求状况，在很大程度上都取决于农业劳动者的收入状况。农业劳动者收入增长缓慢，结果必然是整个国内市场需求扩展乏力。80年代中期以来，我国农业生产持续徘徊，农民收入增长缓慢，不仅拉大了城乡消费水平差距，而且是农业投入不足的主要原因之一。如果不解决这一问题，城市工业发展的速度最终会因市场需求不足而放慢。

四、资金供应

投资是经济增长的重要动力，而投资又要以国民收入中扣除了现期消费之后的储蓄（积累）为基础。

1978年以来，我国的积累率除个别年份（1980年）低于30%以外，其余年份都高于30%，其中不少年份为35%左右，1993年甚至高达38.7%。在最近五六年内，大部分城市居民千元级耐用消费品的需求会渐趋饱和；而万元级消费品（住房、汽车等）的购买当需时间进行积蓄。大部分农村居民的消费率在最近五六年中估计也不会有显著提高。因此，至少在“九五”期间，我国的储蓄率或积累率，不仅仍会保持在30%以上，而且有可能超过过去十几年的平均水平。1993年高达38.7%的积累率，很可能就是一个征兆。到21世纪初，随着城镇居民消费由千元级向万元级商品过渡的实现，以及农村居民消费向90年代初城镇水平的升级，我国的积累率可能会有所回落。但是，即便如此，今后15年中我国的积累率仍完全有可能保持在30%左右。根据国际和国内的经验，这样一个国内积累率是能够支持8%～9%的经济增长率的。只要我们不追求过高的经济增长速度。今后15年国内资金供应可以说是较充裕的。就是今后国际资金供应形势由相对充裕变为短缺，国内储蓄也足以保证我国实现快速经济增长。

除了国内储蓄之外，外资的流入会形成补充的资金供应。但是，对于我国这样一个自身积累率很高的国家，今后引进外资的主要目的并不在于补充资金的不足，而在于获得先进技术。事实上，仅就增加资金供应而言，过去几年大规模的外资引进到底起了多大作用，是很值得怀疑的，因为我国并未因此而成为资金净流入国，反而成了资金净流出国。我国的经济增长要立足国内积累，这一点应当十分明确。

为了使我国的资金供应发挥出最大限度的增长效应．要十分注意提高资金的利用效率。在这方面，有两个问题需要特别的关注。一是加快金融改革的步伐，进一步理顺储蓄转化为投资的渠道，提高资金的配置效率。这里的关键是实现专业银行的商业化，确立市场化的银行利率形成机制。二是防止泡沫经济的形成。应当清楚，我国还处在工业化的中级阶段，发展实业才是经济增长的真正基础，绝不能允许任何形式的泡沫经济损害这一基础。投机性的泡沫经济一旦形成气候，就会人为地抬高资金价格，使实业难以与其竞争，裹挟走大量资金，造成物质财富生产领域资金的短缺。因此，应强化国家对宏观资金流向和流量的控制，为实业发展提供切实的资金保障。为了实现这一点，今后十几年，我国应着重发展以国有商业银行为主体的间接融资体系，避免直按融资的过快和无序扩张。

深化经济改革，促进经济增长方式转换*

党的十四届五中全会通过的《中共中央关于制定国民经济和社会发展“九五”计划和2010年远景目标的建议》，将实现经济增长方式从粗放型向集约型的转变，确定为今后15年我国经济和社会发展必须贯彻的一条重要方针。这是在全面分析我国经济发展现状和未来变动趋向基础上作出的重大决策。

解放以来，经过四十多年的建设，我国已从无到有地建成了门类比较齐全的工业体系，经济发展的规模已相当可观。特别是改革开放以来，我国经济更是持续快速增长，取得了举世瞩目的成就。但是，迄今我国的经济增长从总体上说还是沿着粗放发展或外延扩张的轨道进行的。也就是说，巨额资金投入和大量资源消耗，仍然是我国经济增长的主要动力。虽然改革开放以后，技术进步对我国经济增长的贡献日益增大，经济增长的效益较改革前提高了不少，但与发达国家相比，还有较大的差距。经济学家常用综合要素生产率增长来反映技术进步对经济增长的贡献。目前发达国家综合要素生产率增长对整个经济增长的贡献一般在50%左右。而据估算，1979~1993年期间，我国综合要素生产率对经济增长的贡献约为36%。而且，值得高度重视的是，1987年以后，技术进步对我国经济增长的贡献呈现出下降趋势。综合要素生产率增长对经济增长的贡献在1987~1993年期间比1979~1986年期间下降了7个百分点以上，而资金投入的贡献则提高了近10个百分点。在我国经济生活中，资源消耗高、资金周转慢、损失浪费多、经济效益低的问题很突出。以能源消耗为例，我国综合能源消耗是日本的5倍、美国的2.6倍。事实表明，我国经济增长从总体上说还是粗放型的，还没有转到主要依靠技术进步和提高劳动者

---

* 原文载于《真理的追求》1996年第1期。

素质、讲求效益和质量的集约型发展轨道上来。

如果继续沿着高投入、高消耗的粗放型发展轨道走下去，我国经济要想继续以较高速度增长是难以为继的。目前我国经济增长的基数已较大，同时今后十五年还将增加近2亿人口。这使得我国的经济增长面临着资金和资源相对不足的巨大压力。换句话说，我国已在很大程度上丧失了以粗放方式实现经济快速增长的基本条件。在这种情况下，走集约化的道路，通过科技进步和提高劳动者素质，大幅度地提高有限资金和资源的使用效率和配置效率，已成为实现我国经济持续发展的惟一选择。

事实上，高投入、高消耗、低质量、低产出的粗放型经济增长，已成为目前我国经济生活中许多剪不断、理还乱的矛盾和问题的症结所在。例如，低效益的巨量投资，在造成超量货币发行的同时，不能提供足够数量的产品供应，结果是使总需求超过总供给，导致通货膨胀；热衷于铺新摊子而忽视对老企业和老工业基地的技术改造，造成了大批国有企业活力不足；产品技术含最低和质量不高，使我国产品缺少竞争力，削弱了民族工业抗御来自国际市场的冲击的能力；土地和矿产资源的低效利用和开发，加剧了资源供应的紧张状态，不仅通过成本上升为通货膨胀火上浇油，而且造成生态和环境的破坏；低水平的重复建设、互相攀比，在浪费了大量人力、物力和财力的同时，还扭曲了产业结构，妨碍合理的部门和区域分工体系的形成……这些矛盾和问题，从反面说明了实现由粗放增长向集约增长转换的迫切性。只有坚定不移地实行增长方式的转换，这些问题才能从根本上得到解决。

我们党和国家并不是直到现在才认识到实现增长方式转换的必要性和迫切性。20世纪70年代末、80年代初，随着以创建门类比较齐全的工业体系为主要内容的工业化初级阶段的结束，粗放式增长的种种弊端已明显地暴露出来。针对这些弊端，早在党的十二大上，就提出了转到以提高经济效益为中心的轨道上来的方针。党的十三大、十四大以及历次政府工作报告，又反复强调了这一方针。尽管十几年来在这方面也取得了一定进展，但总体效果并不明显，增长方式的转换并未实现，传统的粗放增长显示出强大的惯性，仍然是国民经济发展的主要方式。为什么早就提出的转变增长方式的任务迟迟不能落实？长期以来妨碍增长方式转换的障碍是什么？

首先是思想认识上的障碍，目前，有相当数景的地方党和政府的负责同志对转换增长方式的必要性和迫切性还缺乏足够认识，在领导和推动本地经济发展时，受到粗放式增长思维定式的束缚，往往习惯于搞低水平、低效益的重复建设。对于这些同志来说，转换增长方式首先要转换思维方式，树立科学技术是第一生产力、教育是经济增长最深厚的基础的观念，将工作的着重点由争投资、立项目、铺摊子转到抓科技进步和提高劳动者素质上来。应当认识到，依赖巨额资金和资源投入的粗放式增长是有局限的，而提高教育水平以及在此基础上形成的持续的科学进步和技术创新，其所提供的增长潜力是无限的。

除了转换观念之外，要转变增长方式，更重要的问题是深化改革。江泽民同志在《正确处理社会主义现代化建设中的若干重大关系》一文中指出，虽然增长方式转换效果不明显的原因是多方面的，但是，“最主要的是经济体制和运行机制的问题”。他号召全党在提高对转变经济增长方式重大意义的认识的同时，“通过深化改革，加快建立有利于提高经济效益的社会主义市场经济体制及运行机制”。

为什么说阻碍增长方式转换的主要原因是经济体制和经济运行机制问题呢？传统的计划经济体制是与粗放式增长相适应的经济体制。在这种经济体制下，政府凭借指令性的数量计划指标来推动经济增长和管理国民经济。产值、产量等指令性指标，不仅是政府主管部门考核企业工作成绩的基本依据，而且是中央计划计管理部门考核部门和地方经济主管机构政绩的基本依据。在这样一种管理体制基础上，形成了一种追求数量扩张的经济激励机制。为了得到上级的表扬和奖励，下级单位往往以不计工本、不讲效益的方式来完成和超额完成数量指标。目前，上级政府在评价下级政府的政绩时，事实上仍然是以数量指标性质的总产值增长速度为基本依据的，而且这种评价又与政府官员的升迁有密切联系。这是为什么提高经济效益喊了十几年，而各级政府数量扩张冲动势头不减的原因。显然，要使各级领导干部转换增长观念，就必须通过深化改革，转换政府职能，建立起有利于促进集约增长、抑制粗放增长的激励机制，将各级领导干部的注意力引导到抓技术进步和教育，以提高经济效益上来。

传统经济体制不仅为政府官员提供了错误的激励，而且未能为企业微观经济活动提供有力的约束。传统体制排斥市场机制，企业不成其为市场主体。无论产品是否符合社会需要，无论生产经营成本高低，也无论是盈是亏，企业都可以躺在国家身上吃“大锅饭”。这造成了企业预算约束的严重软化，而预算约束软化又导致资金和资源的浪费。改革以来，虽然企业经营机制发生了有利于提高微观经济效益的变化，但预算约束软化的问题并未解决，企业还是负盈不负亏。这样，粗放式增长方式就仍然具有它发挥作用的微观基础。显然，要改变整个国民经济的增长方式，就必须改变作为国民经济细胞的千千万万企业的微观经济行为。而要改变企业的微观经济行为，又必须改变作为企业行为模式的经营机制。因此，用现代企业制度改造企业，使企业成为真正的市场竞争主体，从而形成有利于节约资源、降低消耗。增加效益的经营机制，是顺利实现经济增长方式转换的重要条件。

企业改革的关键，是明确和合理地界定作为出资者的国家与作为经营者的企业之间的权利和责任，实现所有权与经营权的分离，确立国家对企业的有限责任制度，从而硬化企业的预算约束，使之成为自负盈亏的市场竞争主体。在企业真正做到了自负盈亏的条件下，由个别生产成本与社会平均成本的关系所决定的盈亏，对企业来说将成为生死攸关的问题。这样，就会在企业内部形成节约资源、降低消耗，从而减少成本的冲动。这种冲动又会促使企业强化管理，不断进行技术创新。这样，微观经济活动中的低效率行为就会得到有效抑制。整个国民经济每增长一个百分点所需的资金投入和资源消耗，就会因为其每个细胞经济效益的提高而大大减少。这样，整个国民经济的增长就会转上集约化的轨道。

国际投资与中国经济的战略性调整*

作为经济全球化的重要组成部分，国际投资既是在世界分工体系中生产要素配置的重要形式，也是科技革命的各种重要成果和企业管理方面的制度创新在各国传播的重要载体。恰当地利用国际投资，可以缓解发展中国家在实施赶超战略时所面临的资金“瓶颈”和技术“瓶颈”。这不仅有利于缩小投资—储蓄缺口、促进经济的“起飞”，而且有利于校正产业结构中存在的缺陷，促进产业结构的升级。

在过去20多年中，中国已经成功地实现了经济“起飞”。在这个过程中，充分利用外资，尤其是国外直接投资，起了不可忽视的重要作用。多年来，我国吸纳外资的数量稳居发展中国家之首。截至2000年年底，来自180个国家和地区的投资者在中国建立了36万家企业，累计实际利用外资3 500亿美元，合同利用外资达6 700亿美元。大量外资的进入，无疑增强了我国经济“起飞”的推力。

目前，我国已进入了基本实现“小康”目标之后的新发展阶段。这个阶段的关键任务，是实行经济结构战略性调整，而其重点是产业结构调整和升级。实行产业结构调整，除了要加快落后生产能力的淘汰和劣势企业的退出之外，重点在以下几个方面。

第一，用高新技术和先进适用技术改造和提升传统产业。我国的工业化任务还未最终完成，这决定了我国经济不同于美、日、欧等发达国家。今后一个时期，冶金、石化、轻纺、机械、建材等传统产业在我国还有广阔的市场。这些产业仍然是国民经济的重要支柱，也是我国参与国际竞争的比较优势所在。要利用好这一优势，就必须充分利用以信息技术为代表的新技术革命的成果，围绕增加品种、改善质量、防治污染和提高劳动生

---

* 这是作者在2004年北京国际投资论坛上的演讲稿。

产率，对这些产业进行技术改造。在这方面，发达国家有许多可以为我所用的成熟技术。吸引外资参与我国的传统产业改造，是我们掌握这些技术的一个重要途径。

第二，加快高新技术产业的发展。高新技术及其产业化是21世纪世界经济发展和市场竞争的制高点。就我国经济来说，高新技术产业的发展既是改造传统产业的前提，也是推动产业结构升级的核心力量。“十五”期间，我国要有选择地加快信息技术、生物工程和新材料等高新技术的发展。在高新技术的发明和产业化方面，与发达国家相比，我国还存在很大的差距。创造条件，在这些领域引进外国的直接投资，对于形成我国的自主创新能力，加快高新技术的产业化，是大有助益的。

第三，进一步加强基础设施的建设。改革开放以来，我国的基础设施建设有了很大的发展，但要满足经济的进一步快速增长和人民消费水平提高的需要，避免新的基础设施“瓶颈”的出现，仍然需要大力加强以水利、交通和能源为重点的基础设施建设。因此，通过适当方式，将外资引入我国的基础设施建设领域，是很有必要的。

第四，提高服务业在国民经济中所占的比重。这是促进产业结构升级和增加就业的重要途径。在这方面，无论是发展信息、金融、会计、咨询等现代服务业，还是改造商贸、餐饮、旅游等传统的服务业，也都有如何充分而合理地利用外资的问题。

为了促进上述产业结构调整任务的顺利完成，我国必须继续坚持积极、合理、有效利用外资的政策，抓住加入世贸组织的机遇，努力提高利用外资的水平。

首先，继续保持吸纳国际投资的规模。在确保国家经济安全的前提下，我国将根据本国经济发展的需要，并按照加入世贸组织的承诺，进一步扩大允许国际投资进入的领域，包括有步骤地开放银行、保险、电信、商贸、旅游等行业，拆除国际投资进入的地域和行业壁垒，逐步对国际投资实行国民待遇。

第二，探索吸纳国际投资的新形式。这包括采用兼并、收购、风险投资、投资基金和证券等形式利用国外长期投资，扩大外商以BOT、项目融资、项目经营权转让等形式进入基础设施建设的范围，支持有条件的本国企业到境外发行股票，等等。

第三，优化外国投资的产业结构。这包括鼓励外商投资高新技术产业，鼓励跨国公司在我国成立研究开发中心、设立总部和采购公司，鼓励外商参与国有企业的改组和改造，等等。

第四，进一步改善外商投资的环境。这包括按照加入世贸组织的要求，抓紧清理、修订和完善有关的经济立法，建立符合国际通行规则并充分考虑我国国情的涉外经济管理体制，培养熟悉国际投资规则的专业人才，等等。

我们相信，正如过去我们通过合理地吸纳外资成功地促进了本国的经济"起飞"一样，在新的经济发展阶段，我们通过提高利用外资的水平，必将使我国的产业结构调整和升级完成得更快、更完美。

这里，我想强调的是：国际投资的利益导向以及国际资本固有的运动规律不可能完全与我们实行经济战略性调整的要求完全一致。因此，完全自由放任的、没有战略规划以及适当的政策诱导的国际投资吸纳，可能会使我们得到同自己的美好愿望相反的结果。产业结构的调整和升级都涉及大量的外部性（Externalities）问题、信息不全（Information Incompleteness）问题和公共品（Public Goods）问题。简单地开放投资领域，一味扩大引资规模，是无法促进一国产业结构的合理化和提高产业的国际竞争力的，反而会导致产业结构的扭曲和竞争力的衰退。正如华盛顿国际经济研究所在 2000 年的一份关于利用外资的研究报告所说，战后所有较好利用外资的国家都只是那些能够制定加速经济增长的投资战略的国家和那些具有相应的制度应付外部冲击的国家，任何简单追赶时髦的国家都注定是失败的。其中所列举的成功例子，包括改革以来中国大规模利用国外直接投资，20 世纪 70 ~ 80 年代中期东亚各国利用外资；而失败的例子就是拉美的自由化所导致的债务危机，90 年代东南亚各国在制度条件存在重大缺陷条件下，草率进行资本项目自由化所导致的金融危机。

国际资本不是免费的午餐。国际资本向发展中国家转移的目的在于利润的最大化，在于市场份额的占有。因此，盲目地扩大引进外资的规模，是无法完成我国经济结构战略性调整目标的。要避免盲目性，利用外资促进我国经济结构战略性调整，必须处理好以下问题：如何在扩大国际投资规模的同时，将外资引向战略性结构调整中资金和技术最为紧缺的环节？如何在扩大引进外资途径和范围的同时，把外资进入与形成本国的自主创新能力有机结合起来？如何在全方位开放国际投资进入领域，放松资本项目管制的同时，加强我国金融体系的改革和建设，创造必要的制度条件和政策环境，有效防止国际资本大规模进入可能对我国的经济独立、金融安全以及产业合理性产生的负面影响，尤其是如何抵御国际投机资本的冲击？等等。对于这些问题，目前还没有现成的完备答案。在今后利用国际投资和实行经济结构调整的实践中，我们将找到关于这些问题的正确答案。而寻找正确答案的途径，应当是我们在 20 多年改革中所一直遵循的渐进路线。

中国的经济结构调整与中日经济合作*

对经济结构进行战略性调整，是中国“十五”计划的核心任务，这包括产业结构调整、地区结构调整和城乡结构调整。其中，产业结构的调整是一个关键的环节。实行经济结构调整既是中国自身经济进一步发展的需要，也是正在进行的全球范围的经济结构调整的一个有机组成部分。为了完成经济结构调整的任务，中国有必要进一步拓展对外经贸合作关系。这也为经济上具有明显互补性的中日两国之间的贸易和投资，提供了更为广阔的发展空间。

近年来，在生产需求变化的引导下，中国经济结构调整的步伐明显加快。这主要表现在以下五个方面。

首先是农业种植结构调整力度加大。在前几年调整的基础上，种植业的品种和品质结构进一步发生重要变化，生产继续向优势产区集中。2004年粮食种植面积约16亿亩，比上年减少2 800多万亩，夏粮面积减少3 300万亩。在传统的低品质粮食作物种植面积减少的同时，优质水稻、专用小麦、特种玉米的种植面积却有较大幅度的增加。更重要的是，许多地区的农民都在大力发展高附加值的经济作物，如蔬菜、水果、花卉等的生产，并积极引进外资，开辟出口渠道。在比较优势的作用下，农业的专业化分工进一步深化，形成了许多农产品的优势产区。

其次是工业结构的调整取得重大进展。电力、电信、航空、铁路等行业都在研究制定或开始实施战略性重组方案，一些大企业集团也在积极进行产业整合。最近，中国政府还公布了机械、汽车、冶金、石化、医药、建材、煤炭、电力、轻工等13个行业的“十五”规划，强调要“有所为有所不为”，突出重点，集中力量，大力进行技术改造和升级，提高产品

* 这是作者在2004年5月举行的中日21世纪友好委员会年会上的发言。

和技术创新能力，抓好对经济全局有重大影响、产业关联度高、有可能成为新的经济增长点的行业和产品。在以信息化带动工业化原则的指导下，许多传统工业部门的技术改造和升级的步伐大大加快，一系列重大的技术研究和开发项目、高新技术示范工程陆续启动。工业的技术改造和技术升级，可以说是工业结构调整的核心问题。

三是第三产业和一些新兴工业部门快速发展，有望成为国民经济的新增长点。经过多年的努力，目前第三产业在 GDP 中的比重已达到 33%。到 2005 年，这一比重将上升为 36%。第三产业发展的重点是加快服务业的发展，在扩大总量的同时，优化结构，提高水平，增加金融、保险、现代物流管理等行业的比重。电子和通讯设备等新兴工业部门已成为中国最大的制造业。过去 5 年间，微机产量年均增长率高达 54.46%。2004 年前三季度，移动通讯设备产量增长 3 倍以上，程控交换机产量增长 46.9%。

四是西部大开发大力度实施。西气东输、西电东送、青藏铁路、生态恢复和保护等重点工程逐一上马，西部与中、东部的经济合作发展迅速，西部各省区普遍推出了促进外资参与开发的政策。在政府重大项目的带动下，2004 年前三季度，西部地区投资增长 24.5%，比东部高出 7.2 个百分点。

五是环境保护在经济结构调整中取得明显进展。在结构调整过程中，中国政府特别重视环境保护，关闭了大量污染严重的工厂，对各类工业企业的技术改造都提出了明确的环境保护方面的要求。

中国的经济结构调整需要经过较长时间才能完成。上面谈到的五个方面，在今后相当长的时期内，至少在 21 世纪初的 5～10 年内，仍然是中国经济结构调整的着力点。

中日两国既是一衣带水的近邻，又是重要的经济合作伙伴。邦交正常化以来，双边贸易额由 1972 年的 10.38 亿美元增长到 2000 年的 800 多亿美元，2004 年可望达到 1 000 亿美元。中国已成为日本的第二大贸易对象国。日本企业对华投资额，也从 1990 年之前 10 余年间的协议投资金额 32.9 亿美元，累计增加到 2000 年年底的实际到位资金 280 亿美元。直接投资成为日本企业进入中国市场和扩大从中国进口的主要手段。过去 10 余年，中日经济在合作中优势互补，双方都获得了巨大的利益。中国正在进行的经济结构调整，为大大扩展中日贸易和经济合作的空间提供了新的机会。从中国经济结构调整的需要来看，可以从以下几个领域求得 21 世纪初的中日经贸合作的进一步发展。

1. 科学技术合作。中国工业结构调整中技术升级产生的对高新技术的巨大需求，以及日本在这方面的优势，有可能使技术贸易和技术交流成为两国经贸合作的新增长点。

2. 农林部门合作。为了加快实现农业结构的调整，中国政府积极鼓励农业的国际合作，一直采取优惠措施鼓励外商以各种形式投资于农业项目。在这方面，中国具有生产成本包括人力成本、能源成本低的优势，而日本则具有栽培技术先进和资金方面的优势，因而两国在农业上有着巨大的合作潜力。在林业方面，两国也有很大的合作空间。中国政府在经济结构调整中十分重视生态保护，而植树种草、养护和恢复森林、水资源科学管理、克服荒漠化，正是维护生态的重要途径。中日两国在这方面的合作也有着广阔的前景。

3. 环境保护合作。日本在环境保护方面有很多经验教训，拥有先进的技术设备。环境保护是中国经济结构调整的重要课题，可以从与日本的合作中获得助益。中日已在酸雨预防监视、发电站脱硫设备等项目上展开合作。这类项目有必要大大增加。

4. 产业合作。中国目前正处于经济结构调整时期，而日本则已陷入衰退期，也面临结构调整。在这种情况下，双方有可能在互惠互利的条件下，实行跨国的产业合作，通过股份制的形式重组企业的人力、技术、资金和市场等资源，实现优势互补，在国际竞争中实现双赢。中国政府已经制定了允许跨国公司参与中国国有大中型企业改组和改造的政策，中日企业在这方面的合作是具有可行性的。

5. 地区开发合作。在中国的西部开发中，除了政府的援助项目之外，还应当进一步改善投资气候，吸引日本企业进一步增加投资。中国政府为了吸引更多外资投资西部实施了一系列优惠政策，包括扩大外资进入领域、实行税收优惠、扩大服务贸易领域的对外开放、鼓励外商开发非油气资源等。

6. 金融合作。健康和稳定的国际金融秩序，不论对于中国的经济结构调整，还是对于日本的经济振兴，都是必不可少的条件。作为亚洲地区的大国，中日双方有责任加强金融领域尤其是汇率、金融风险防范与监控等方面的协调与合作。此外，在是否建立和如何建立亚洲货币体系及金融合作机制方面，中日两国也应与其他亚洲国家一道，认真地进行富有建设性的探索。

不难看出，中日之间的经贸合作有着良好的发展前景。但是，以

2003 年 4 月日方对中国大葱等农产品实行“紧急进口限制”引发的贸易摩擦和其他消极现象，却为这种前景蒙上了阴影。如果真如某些报道所说的那样，日方制造贸易摩擦是因为执政党要拉“农林族”的选票，那么，对这种置日本社会整体利益于不顾的某些政客的不负责任的行为，有远见的日本领导人就应当果断地加以抵制。如果这是贸易保护主义在日本抬头的信号，那就更应引起高度的重视，及时加以纠正，因为贸易保护主义不可能提高产业的国际竞争力，更不可能使一国的经济走出衰退。最近，在第九次中日经济讨论会上，日本贸易振兴会理事长在谈到日本的经验时指出：“竞争力如何提高？从日本来看，就是要坚决实施进口自由化。日本 1965 年汽车整车进口实行自由化，彩电 1964 年实行进口自由化。在这个过程当中，丰田、富士通等企业，做了大量的努力，培育了一批有国际竞争力的产品。反观一些受保护的产业，如农业、石油、化学、肥料等，它们并没有变强，相反变弱了。美国的钢铁业经常采用反倾销，但并没有变强。”这条经验不仅对已经加入 WTO 的中国有借鉴意义，对某些日本政客来说也显然有必要认真重温。

当然，在国际经济交往中发生摩擦是难免的，但只要双方从大处着眼、从长远着眼，在互相信任的基础上通过协商解决问题，就可以使双方的利益都得到合理的保护。我们相信，中日目前的贸易争端最终是会在这种理智的精神影响下得到合理解决的。同时，我们也相信，只要本着这一精神行事，中日两国的经济合作和贸易一定会健康发展，促进两国的经济结构调整顺利实现。

论作为一个产业部门的教育及其非营利性[*]

按照国民收入核算体系的三次产业的统计方法，教育是第三产业中的一个行业。仅从统计学的意义上说，所谓教育的产业化，应当是一个不成问题的问题。但是，现在为什么又要提出教育的产业化问题？事实上，这个问题的提出，对于我国社会经济的发展，具有远远超乎统计行业分类的重要意义。

一

根据现代教育理论的看法，教育具有文化、政治、经济三项主要功能。但是，在漫长的古代社会的历史中，人们所强调的主要是教育的政治和文化功能，而对其经济功能则几乎没有什么明确的认识。以儒学为主体的我国古代教育，可以归结为“内圣外王”的封建伦理和统治方法的教化和传授。西欧中世纪大学中的所谓“博雅教育”，所注重的也是包括基督教神学在内的人文知识的传承。只是到了工业革命的前夜，人们才开始重视教育的经济功能。经济学的鼻祖亚当·斯密可以说是明确指出教育经济功能的第一人。他在《国富论》中说：“一种费去许多功夫和时间才学会的需要特殊技巧和熟练的职业，可以说等于一台高价机器。学会这种职业的人……必然期望除获得普通劳动工资之外，还收回全部学费，并至少取得等值资本获得的一般利润。”① 这段话被认为是现代教育经济学的源头之一。当然，从现代教育经济学已经达到的眼界来看，斯密对教育经济功能的认识是极其狭隘和粗浅的。

前苏联经济学家斯特鲁米林最早分析了教育投资对整个国民经济发展

---

* 原文题目为《论教育产业化》，载于《特区理论与实践》1999 年第 9 期。

① 亚当·斯密：《国民财富的性质及原因的研究》，商务印书馆中译本，第 257 页。

的影响。在发表于1924年的论文《国民教育的经济意义》中，他提出了教育投资是比修公路、建电站、筑大坝收益更高的生产性投资。① 20世纪50年代以后，美国经济学家舒尔兹明确地提出了人力资本的概念。在《教育的经济价值》等著作中，他对教育对社会经济发展的作用作了比较全面和系统的分析，指出："长期以来，人们就抱有一种顽固的偏见，认为资本只包括物质设施、建筑物、器材和物质库存等等，这种偏见在很大程度上成为政府贬低人力资本、抬高物质资本投资固执态度的原因。"舒尔兹认为，通过教育实现的人力资本投资，不仅可以产生作为经济的直接和间接推动力的"知识效应"和"非知识效应"，而且可以产生递增收益，抵偿物质生产要素连续投入产生的边际收益递减，保证经济持续增长。根据他的测算，1929~1957年，美国全部国民收入增长额的33%是通过教育投资获得的。② 另一个经济学家丹尼森的计算也表明，1948~1982年，美国的CDP以3.2%的年率增长，其中1/3来自国民教育水平的提高，约1/2来自与教育水平提高直接相关的技术更新和推广，只有15%来自物质资本投入的增加。③ 80年代以来，经济学的研究成果进一步证明了教育作为经济发展直接推动力量的重大作用。据一些学者的测算，在发达国家，例如美国，国民受教育的期限每增加一年的社会收益率高达5%~15%。在低收入的发展中国家，这个比率更高，小学教育的社会收益率就高达23%。④

现在，世界正在进入知识经济的时代，教育对于社会经济发展更具有空前的重要意义。如果说在知识经济时代，知识成为最重要的生产要素，那么教育就理所当然要成为社会分工体系中最重要的基础性和先导性的生产部门。无论是自然科学、社会科学还是技术科学的知识，其继承、传播、更新和创造，都必须以教育为基础。离开了教育这个基础，科学上的发现和发明是无从设想的。而且，新的科学知识在生产实践中的应用和推广，为广大劳动者所掌握，从而转化为具有现实生产力的人力资本，实际上就是一个教育过程。舒尔兹有一句名言："空间、能源和土地并不能决定人类的前途，人类的前途将由人类的才智的进化来决定。"⑤ 这句话似

① 希恩：《教育经济学》，教育科学出版社1980年版。

② 舒尔兹：《教育的经济价值》，吉林人民出版社中译本，第129页。

③ 谭崇台：《发展经济学》中"增长因素分析"一节，人民出版社出版。

④ Joseph E. Stiglitz, More instrument samd broader goals: Movingto-ward the post-Washington consensus, WIDER Annual lectures, 1998.

⑤ 舒尔兹：《穷国的经济学》，载《世界经济译丛》1980年第12期。

乎还不完整，应当加上：人类的才智要由教育来开发，人类的前途最终要由教育来决定。

现在，“教育是知识经济成功之本”，可以说已经日益成为社会的共识。但是，教育是否具有生产性，教育部门是否像工业、农业一样是生产部门，教育费用是生产性投资还是单纯的消费支出，教育是否像警察、国防一样是非生产性的服务行业，以至于教育是经济基础还是上层建筑等问题，在我国仍然是有争议的。而这些问题归结起来，就是教育是否应当和能够产业化。换句话说，所谓教育的产业化问题，就是能否在国民经济中确立教育的基础性和先导性生产部门地位的问题。无论从理论上还是从实践上，否定教育的生产性，不承认它的基础性生产部门的地位，从而否定教育产业化的观点，都是站不住脚的。

虽然教育部门不生产物质产品，但它生产出来的是具有一定文化和专业知识及技能的劳动者，即具有从事现代生产所必须的知识资本的生产者。在生产过程中，与机器设备、原材料等“死”生产要素相比，作为知识资本承担者的劳动者这个“活”的要素无疑是起决定性作用的因素，因此，株守以产品是否具有物质形态为标准来划分劳动的生产性与非生产性的传统理论，将教育排斥在生产部门之外，是没有道理的。而根据这一理由，显然教育费用是一种生产性投资，尽管教育过程也包含一些消费因素（例如花钱上音乐辅导班以提高自己的鉴赏能力等）。事实上，只是在生产力的缓慢发展主要靠日常经验的积累，受教育只是少数人的特权或奢侈品的传统农业社会，教育才可以说基本上是非生产的消费活动。而随着工业化进程的推进和深化以及知识经济的初露端倪，生产力在系统的科学技术发现和发明的推动下加速发展，通过各种形式的教育机构获得必要的一般文化知识和专业知识，不仅已日益成为一般劳动大众参与社会生产、获取收入、保证自身的生存和发展的必要条件，而且成为社会经济持续发展的一个基本条件。因此，在现代，无论对于个人还是社会来说，教育都不能不具有生产性投资的意义。社会生产力的首要因素是具有必要的文化和专业知识的劳动者，投资于教育就是投资于社会生产发展的首要的基础设施。这种基础设施的建设对社会经济持续发展的推动和保证作用，绝不亚于环境保护、水利工程、交通运输、邮电通讯等物质设施。对于我国这样的发展中国家，教育方面的基础投资对经济发展的推动作用尤其显著。普萨洽罗普罗斯等教育经济学家对 20 世纪 80 年代有关数据的研究表明，发展中国家的教育公共投资和私人的边际收益率（即从原有教育水平向更高教育程度发展所需追加的投资的收益率）一般都很高，通常都高于物质资本投资的边际收益率。①

至于教育属于上层建筑还是经济基础的问题，如果我们采取一种实事求是的态度，显然不能做非此即彼的教条式解释。不错，对于任何社会来说，教育都具有重要的政治和文化功能，因而教育是上层建筑的重要领域。但这与教育同时具有重要的经济功能，因而构成社会经济基础的重要组成部分，又有什么不可克服的冲突呢？教育有两重性，即既具有上层建筑的属性，又具有经济基础的属性，这是一个不争的事实。用它的一重属性否定另一重属性，就如同用钱币的一面否定其另一面，是很滑稽的。换句话说，教育具有上层建筑的功能，并不成其为它不具有经济功能从而不算是一个生产部门的理由。当然，说教育是一个具有重要经济功能的生产部门，也丝毫没有取消和贬低它所固有的意识形态功能的意思。

这里还需要指出的是，在现行的国民收入核算体系中，教育被列在第三产业中，而第三产业的又定义为广义的服务业，是一个对生产性和非生产性的各种行业都兼收并蓄，什么东西都可以往里装的“大筐”。教育作为基础性的生产部门在国民经济体系中的特殊重要性，在这个“大筐”中变得模糊了。从目前世界大多数国家的情况来看，正如吉利斯、罗默等经济学家指出的，“如果将教育视为一种产业，从附加值和就业两个方面我们都会看到，在所有的经济当中，教育都是最大的产业之一。”② 无论从教育产业已经达到的规模，还是从它在国民经济中作为基础性和先导性生产部门的重要性，似乎都有必要将它从第三产业这个“大筐”中拿出来，在国民收入统计体系中形成一个独立的第四产业。当然，也可以将教育与在现行统计体系中同属第三产业的科研开发、信息服务等明显具有基础性生产部门性质的行业合起来，形成一个与传统第三产业相区别的第四产业。这样做对于准确地把握教育部门在整个国民经济中的发展态势，作出关于教育部门的投入和产出的数量和结构的正确决策，落实《振兴教育行动计划》是大有好处的。

① G. Pscharopoulos, Returns to Investment on Education: a global update, World Development, 22. No. 9.

② M. 吉利斯等：《发展经济学》（第四版），中国人民大学出版社中译本，第243、252页。

二

我们在上面的论述中所要说明的是，所谓教育产业化，就是要在国民经济中确立教育的基础性和先导性生产部门的地位。这与目前流行的解说，即认为教育产业化只限于非义务教育范围是不同的。教育产业是由小学、初中、高中、大学等相互衔接的部分构成的整体，将产业化范围限制在高中和大学这两个非义务教育阶段，是对教育产业的肢解，是将对经济发展具有巨大推动作用的初等教育排除在基础性和先导性生产部门范畴之外。战后许多教育学家和经济学家的实证研究表明，在大多数低收入和中等收入国家，在各层次的教育中，社会收益率最高的是使劳动者获得基本的读、写和计算能力的初等教育，在初等教育还没有普及的国家尤其是如此。[①] 目前正在进行的普及 9 年义务教育的工作，是我国教育产业的一项巨大的基本建设工程。80 年代以来我国社会生产力的快速进步，与这项工程的实施有着不容否认的重要因果联系。显然，讲教育产业化，即肯定教育作为国民经济中的基础性和先导性生产部门的地位，就没有任何理由不把小学和初中教育“化”进来。

有些人之所以主张将教育产业化的范围限制在非义务教育，是因为没有把教育产业化理解为确立教育在国民经济中的基础性和先导性生产部门，而是将教育费用是否由受教育者私人承担，教育机构是否能像工商企业一样来经营，作为区分教育是否产业化的界线。由于按照我国现行的教育成本补偿体制，私人在非义务教育阶段要承担较大一部分教育成本，而义务教育阶段的成本基本上由国家承担，有些人又反过来推论出义务教育和非义务教育应当是教育产业化界线的结论，即非义务教育可以产业化，而义务教育不能产业化。我们认为这种看法是错误的，因为它是以两个方面的混乱观念为基础的。

首先，是将教育的产业化混同于“营利化”，持这种看法的人实际上认为，只有营利的经营活动才是生产性的，才能算得上是“产业”，因而只有将学校等教育机构变成像工商企业一样以盈利为目标的经营单位，教育才算产业化了。这是在将生产性与营利性简单等同起来的基础上形成的一种偏狭和过时的产业化概念。事实上，在任何国家的经济中，都存在许

① M. 吉利斯等：《发展经济学》（第四版），中国人民大学出版社中译本，第 243、252 页。

多具有巨大的生产性但难以仅仅以市场微观经济主体的盈利来衡量的经济活动。这类经济活动一般都是社会生产的基础部门，具有很大的外部经济效应，可以带来巨大的社会收益。如果以盈利为目标的商业化机构来组织这类经济活动，必然导致相应产品的供应不足，无法满足社会经济发展的需要。作为经济发展基础和先导的教育，从经济学的观点来看，正是这样一种生产活动。教育的这种外部效应对经济增长的贡献是十分显著的。受教育不仅能提高受教育者本人的生产率，而且能够提高周围其他人的生产能力。教育的外部经济效应还有跨时代的意义，一代人所达到的受教育程度会对后代的人力资本积累状况产生直接的影响。正如美国经济学家卢卡斯所说，"人力资本的积累是一种人类集体的社会活动，这种活动在物质资本积累过程中是不存在的。"① 而这也正是世界上所有国家，包括我国，在教育法中都规定教育单位为非盈利机构的重要原因之一。何况教育除了经济功能之外，还具有重要的政治和文化功能，诸如提高国民的道德和文化素养，培育公民对国家宪法和法律制度的认同和忠诚，以及养成群众对民主政治的参与意识和能力，等等。而教育的这类社会效应都是不能用金钱加以量化的。总之，将教育产业化混同于"营利化"，是与现代教育立法精神相悖的。

其次，是把义务教育和非义务教育的区别当做教育产业化的界限。无论义务教育还是非义务教育，都是作为一个整体的教育产业的不可分割的组成部分。在把义务教育和非义务教育的区别当做产业化界限的人看来，义务教育不能产业化，是因为其成本主要应由国家支付；而非义务教育之所以可以产业化，原因在于其成本主要应由私人支付。但是，义务教育和非义务教育的本质区别，却并不在于教育成本支付主体的不同。二者的本质区别在于：义务教育是由国家法律强制地保证其实施的每个适龄少年儿童的义务和权利，无论是受教育者本人还是他们的监护人都无权拒绝或加以剥夺；非义务教育则不是法律强制的义务，是否接受这种教育取决于人们的自愿选择。显然，义务教育与非义务教育的区分，同教育成本由谁支付，是两个有性质区别的问题，相互间没有必然的因果联系。

不同教育阶段的义务性与非义务性，并不是由谁支付教育成本决定的。在世界上绝大多数国家，义务教育和非义务教育的成本都是由政府、社会、集体和个人分担的。在我国，虽然政府免收义务教育阶段的学费，

① 转引自钟字平等：《人力资本与个体即社会经济发展》，载《高等教育研究》1997年第6期。

但学生家庭仍然承担了一部分教育成本。这部分成本，除了杂费、书本费等由学习过程直接引起的费用之外，按照教育经济学的理论，还应当包括由受教育引起的机会成本，即因上学而放弃的可能获得的经济收益（在农村，尤其是经济发展落后的地区，少年儿童按传统要承担相当数量的生产劳动和其他辅助性劳动，这是可以给家庭带来经济收益的）。至于属于非义务教育阶段的高中和大学的费用，虽然我国改革以来改变了传统计划经济体制下政府全包的做法，加大了由私人分担的比重，而且这个比重今后也确有必要进一步提高，但是政府拨款无论现在还是今后都仍然会占较大比重，不可能也不应当出现全部教育成本都由个人支付的情况。综观世界，虽然在同一国家的不同发展阶段，以及在经济发展阶段和社会文化习俗不同的国家，政府对教育产业的不同组成部分的财政支持是有侧重的，但似乎还没有对高等教育等非义务教育行业放手不管的国家。

平心而论，上面我们批评的关于教育产业化的错误看法，其提出的用心是好的。我国现在还是一个发展中国家，又处在向市场经济转轨的过程中，国民收入分配格局发生了很大变化，国家财政收入在 CNP 中所占比重下降，私人收入所占比重大幅度提高。在沿用教育经费基本上由国家财政全包的旧体制的条件下，这种变化的一个后果，就是国家一段时间内对教育产业的投入不足。同时，目前我国教育发展的重点还不能不是实现“两基”，来自国家财政的教育投入必须向义务教育倾斜。这样，又造成了非义务教育特别是高等教育经费的严重不足。在许多高等学校，政府的财政拨款只够支付全部办学成本的约 1/3，出现了学校靠自己的本行即教育难以正常生存和发展，即所谓“教育自己养活不了自己”的情况。虽然我们强调教育不以营利为目的，但学校通过自己的“正业”即向社会提供教育产品而以收抵支，却是教育产业化的题中应有之义。为了弥补教育经费的短缺而被迫将土地、校舍等宝贵的教育资源出租，或用来办低层次的第三产业，实在是斯文扫地，不务正业。在教育产业化的名义下提出的上述不正确看法，本意也正在于寻求解决教育经费不足的办法。但是，肢解教育产业，将非义务教育变成盈利的商业活动，显然不是解决问题的合理和可行的途径。

三

在我国经济的工业化、现代化任务还未完成，知识经济又叩响了大门的情况下，我们应当充分认识到大力发展教育产业是一项关乎“球籍”的紧迫任务。而要实现教育的产业化，确立其在国民经济中的基础性和先导性产业的地位，切实落实教育优先发展的战略，关键在于转变教育投资观念，动员一切可能的财力，筹集足够的教育经费，大幅度地提高教育投入。在经济体制改革的实践中，我国实际上已经探索出了在“穷国办大教育”条件下合理和有效地筹集教育经费的路子。这就是实行教育成本补偿由一元向多元的转变，即由传统集中计划体制下的政府一家投资，向政府、集体、个人多元投资转变。这不仅适合我国现阶段的实际国情，也符合由现代教育经济学揭示出的教育成本由各受益主体合理分担可以提高教育资源配置效率的原理。

教育产业可以带来巨大的社会收益，因而作为社会代表的政府，在为包括义务教育和非义务教育在内的整个教育产业提供公共投资方面，具有不可推卸的责任。我国党和政府提出“科教兴国”的战略，对增加财政性教育经费是高度重视的。但在实际工作中，近两年颁布的有关法律规定，以及党中央和国务院出台的增加教育投入的不少政策，落实起来仍然举步维艰。例如，《教育法》规定要逐年提高财政性教育经费占GNP的比重，20世纪末达到4%。这只是80年代中期发展中国家已达到的平均水平，应当说在90年代我国经济持续高速增长的背景下，这个目标是应当顺利达成的。但事实是，我们不但没有逼近这一目标，反而离它更远了：1990年财政性教育经费占GNP的比重为3.04%，1992年为2.73%，1993年为2.54%，1996年为2.46%，1997年稍稍回升到2.50%。财政性教育经费比重的下降趋势，是政府预算内财政收入占GNP的比重下降的结果。扭转后者的下降趋势，当然是阻止前者下降的前提。但是，即便政府预算内财政收入占GNP的比重通过税收制度和预算制度的改革提高了，如果不改变目前经费分散管理、财权和事权不统一的教育经费管理体制，4%这个目标能否顺利实现，仍然是大可怀疑的。目前的当务之急，是坚决和完全地落实《教育法》关于“各级人民政府的教育经费支出，按照事权与财权相统一的原则，在财政预算中单独列出”的规定，并将中央政府的预算内的教育经费集中在国家教育部管理，地方政府的教育经费交由地方教育行政部门管理，以防止分散管理造成的挤占、挪用、截留、拖欠，防止各种“跑、冒、滴、漏”。

教育产业不仅带来社会收益，而且带来私人收益。因此，除政府拨款之外，由私人（包括个人和企业）支付部分教育成本，也是顺理成章的事情。根据一些教育经济学家20世纪70年代以来对国际上教育收益率的追踪研究，不同教育阶段的收益率存在着这样的变化趋势：教育投资的社会收益率随着教育阶段的上升而下降，初等教育最高，中等教育次之，高等教育最低，同时各教育阶段的私人收益率都高于社会收益率。① 按照教育资源有效率配置的要求，由私人净收益超过社会净收益的余额引起的成本，应当由受教育者自己承担。显然，接受社会收益率较低的较高层次教育的人，应当承担更多的教育成本。可见，目前我国在高中、大学阶段收取部分学费，是有充分的经济学上的理由的。

改革开放以来，在党和政府的支持下，经过国家教育行政管理部门的艰辛努力，我国较高层次的教育也像基础教育一样，有了很大的发展。问题在于，从现阶段社会对较高层次教育的巨大需求，以及相当多数的居民家庭承担部分教育成本的能力来看，我国的高中和大学教育，在不过分加大政府财政压力的条件下，通过进一步适当提高私人分担的教育经费的比重，同时降低入学考试门槛，是有条件以更快的速度发展的。但是，直到90年代中期，我国中学生占相应年龄组（12～17岁）人口的比例，低于世界上120个国家61%的水平；大学生占相应年龄组（20～24）人口的比例更小，只有4%，低于世界低收入国家的平均水平。而形成这种状况的重要原因之一，是低估居民个人分担教育成本的能力，教育投资过分依赖有限的国家财政拨款而有限的财政拨款又导致了过于紧缩的招生人数配额计划。

我国居民目前已具备更多地分担较高层次教育成本的能力，决不是一句虚话。从居民个人可支配收入来看，现在与改革之初的1978年相比增加了20倍还不止，年均增长速度接近20%。居民储蓄存款目前已达50 000亿元，大约是改革之初的200多倍。除此之外，居民手中还有数量可观的股票、债券等金融资产。另外，由多年来卓有成效的计划生育带来的少年抚养指数（0～14岁人口与15～65岁人口之比）的下降，也提高了家庭承担部分教育成本的能力。目前，这一指数已由80年代初的63.1%减至47.9%，预计2000年将进一步减小为34.7%。② 再者，根据我国学者对国际上有关数据的研究，反映不同经济发展阶段家庭支出结构变化的恩格尔系数与家庭教育支出之间存在显著的负相关关系，前者每降低一个百分点，后者就提高0.11个百分点。据测算，排除了烟、酒、饮

① 转引自钟宇平等：《人力资本与个体即社会经济发展》，载《高等教育研究》1997年第6期。

② 范先佐等：《论教育成本的分担与补偿》，载《华中师范大学学报》1998年第1期。

料的支出之后，90 年代初我国的恩格尔系数应为 51%，家庭教育支出相应地应为 3.8%，而实际上只有 1%。[①] 近些年进行的家计调查表明，支付子女的教育费用在家庭的支出意愿的排序中是很靠前的。这些数据都为进一步适当加大居民私人教育成本分担比例的可行性提供了依据。在目前经济内需不振，刺激个人的投资和消费需求成为宏观经济政策重要内容的条件下，为什么教育这个国民经济中最重要的基础产业，特别是其中具有巨大潜在需求的高层次教育，就不能成为居民家庭投资和消费的一个热点呢？何况通过发展高层次教育，延长青少年在校时间，还可以缓解十分沉重的就业压力。拿城镇高中毕业生来说，如果其中多数人获得接受包括职业教育在内的 2～4 年的高等教育，城镇 15～19 岁人口的就业参与率将会由现在的 60% 减少到 40% 或更少，新增劳动人口会数以百万计地减少。

如果说居民分担教育成本的能力和意愿的增强，已经使高层次教育的有效需求大大增加，那么，经过几十年的建设，可以说在我国教育产业中高层次部门已经形成了相当可观的供应能力，而且增长潜力是很大的。就高等教育而言，如果具备这样两个条件，现有学校的招生规模就有可能较快地增长：一是在国家适当增加拨款的同时，通过进一步加大个人分担成本的份额，使办学成本得到充分的补偿；二是通过学校管理体制的改革，提高办学效率。学校管理体制改革的重点应当是后勤服务。如果实现了后勤社会化，将会腾出大量的经费直接用于教学。试想，如果学校不像现在这样包办宿舍、食堂、澡堂等，将会多建多少教室，实验室和图书馆。对于可以称为“人力资本的资本”的师资队伍，在改革中则不宜照搬企业减员增效的办法，削减其规模，而应在引入竞争和流动机制以提高教师的学术水平和增强其敬业精神的同时，主要通过积极稳步地扩大招生规模、提高师生比来要效率。当然，随着教育规模的扩大，应下大力气强化政府教育行政部门对学校教育质量的监管以及学校的自律，防止将办学校当“商机”，制造假冒伪劣教育产品以谋取私人利润的行为。

---

① 胡晖：《家庭教育投资数量规律的国际比较研究》，载《比较教育研究》1998 年第 7 期。

第四部分

经济学教学研究

关于理论经济学教学改革的几个问题*

政治经济学和西方经济学是我国高校理论经济学教学的两门主要课程。最近十几年，在改革开放尤其是建立社会主义市场经济体制的实践推动下，政治经济学和西方经济学的教学改革都取得了显著成绩。但是，也存在一些应当引起充分重视的问题。本文拟就这些问题谈谈看法，供大家参考。

一、与错误思潮划清界限，树立正确的改革观，在政治经济学改革中坚定不移地依循马克思的理论范式

改革以前，我国的政治经济学一直遵循前苏联政治经济学教科书的框架。作为高度集中的传统计划经济体制的理论反映，苏联政治经济学教科书社会主义部分的一个基本特征，是否定市场机制在社会主义经济中仍然具有资源配置手段的作用。我国经济改革在实践和理论两个方面取得的巨大进展，使得我国政治经济学教学挣脱了苏联教科书的束缚，摒弃了其中许多陈旧的概念、观点和理论，也包括马克思主义经典作家的某些过时的论断。应该看到，我国高校经济学界对苏联教科书规范的批判，以及根据改革实践进行的理论创新，从总体上看，始终是以遵循马克思主义经济学的基本理论范式为前提的，是对马克思经济理论的发展和完善，而决不是对马克思主义的背弃。这可以说是我国政治经济学研究和教学改革的主流。

---

* 原文载于《当代思潮》1996 年第 6 期。

但是，近几年来，由于国际政治格局大变动的影响和西方对我国意识形态渗透活动的加强，出现了一种试图逆转上述主流的倾向。这就是主张在我国实行经济学的“科学革命”，完成所谓“范式转换”，即用西方经济学的理论范式取代马克思主义经济学的理论范式。“范式转换”论认为，马克思主义经济学的基本理论，基本上是过时的，已无法面对经济现实，因此应采取新的范式，也就是运用一套新的概念、术语和分析方法。这就是“由西方人在最近一两百年发展起来的现代经济学”。而在西方经济学中，“对我们有用、最应该学习的，恰恰是那些属于人类共同财富的基础理论，那些‘基本的’内容与方法”。这种基础理论，据说“也像其他科学领域中的基础理论一样”，“具有普遍的、一般的科学意义，是无国界、无‘阶级性’、无‘阶段性’的。”因此，中国经济学界的任务仅仅在于接受和应用西方经济学的基础理论或研究范式，而“不应该有‘有中国特色的基础理论’”。

在主张将西方经济学基本理论当做一般科学真理来接受的同时，“范式转换”论还以批判“苏联范式”为名，从政治经济学的研究对象开始，对马克思主义经济学的理论进行了全面清算。“范式转换”论的鼓吹者认为，政治经济学研究生产的社会方面，也就是研究人的社会生产关系，而把人与物的关系排斥于研究对象之外，这就很自然地决定了政治经济学在现实生活中是“很没用的”。在所有制问题上，他们认为政治经济学虽然强调所有制关系在整个生产关系中的重要作用，但又解决不了公有制与市场兼容的难题，而通过非国有化（私有化）来发展市场经济在逻辑上则没有什么困难，因而出路在于“打破社会主义必须实行生产资料全民所有制或集体所有制的观点”。在价值理论方面，他们认为马克思的理论体系内存在严重的逻辑矛盾，缺少完整的使用价值理论，因而必须接受西方经济学的边际效用价值论和均衡价格论。

目前，“范式转换”论在社会上的影响有增强的趋势，已经在政治经济学的研究和教学中造成一些混乱。对于这个关系到未来中国的经济学向何处去的重大问题，必须从政治经济学领域马克思主义与非马克思主义两种对立的改革观的高度来认识。在坚持马克思主义经济学理论范式的前提下，深入研究现代资本主义和社会主义经济的现实，不懈地进行理论创新，不断丰富和完善马克思主义经济理论，这是在我国高校政治经济学研究和教学中占主流地位的马克思主义的改革观。而企图从根本上否定马克思主义经济理论，主张把西方经济学的基本理论当做超阶级、超时代的普遍真理来接受的“范式转换”论，则是非马克思主义或反马克思主义改革观的典型代表。要使高校的政治经济学教学改革按照正确的方向健康发展，就不能不与后一种改革观划清界限。

作为人文社会科学的一个重要门类的经济学，尤其是经济学的基础理论，与自然科学意义上的“纯”知识体系的一个重要区别，就在于它具有确定的意识形态含义。传授一种经济学理论的过程，同时也就是进行相应的某种政治教化的过程。无论马克思主义经济学，还是西方经济学，概莫能外。所不同的是，马克思主义经济学从其诞生之日起，就公开申明其阶级性，从不隐讳自己是与资本主义制度对立的工人阶级的意识形态；而西方学者则往往对其经济学中包含的意识形态内容持一种尽量加以掩盖的态度，有意造成一种经济学是同自然科学一样的“纯”知识体系的假象。例如，美国经济学界的头面人物保罗·萨缪尔森在其流行教科书最新版的序言中说：“归根结蒂，经济科学不能告诉我们哪一种政治观点是正确还是错误。它使我们具备参加辩论的知识。”① 这就是在误导读者，使他们形成经济学超越意识形态的错觉，目的不外乎是诱使人们将包含着大量为资本主义制度辩护的政治内容的西方主流经济理论。当做像数学、物理学、化学等一样的自然科学知识来接受。事实上，也有一些西方学者是公开承认经济学的意识形态含义的。沃伦·塞缪尔斯就说过：“从总体上说，意识形态的存在在经济思想的广阔领域是得到普遍承认的。”② 作为西方正统经济学异端的英国著名经济学家琼·罗宾逊夫人把话说得更透。她在比较马克思、马歇尔和凯恩斯的经济理论时指出：“马克思是在设法了解这个制度（指资本主义）以加速它的倾覆。马歇尔设法把它说得可爱，使它能为人们接受。凯恩斯是在力求找出这一制度的毛病所在，以便使它不致毁灭自己。”③ 我们当然不能强迫我国的“范式转换”论者接受马克思关于经济学阶级性的论述，但他们至少应该去读一读塞缪尔斯和罗宾逊这样的西方学者的著作，因为他们的理论无疑也属于所谓“由西方人在最近一两百年发展起来的现代经济学”。

按照西方科学哲学家托马斯·库恩的说法，科学研究的范式（Paradigm）是指特定学科的一般研究人员用共同掌握的信念、价值标准、技术手段等的综合体。沃伦·塞缪尔斯在谈到经济理论范式时，认为它是一

① 萨缪尔森等：《经济学》，纽约，1992 年第 14 版。
② 塞缪尔斯：《经济学中的意识形态》，载《现代经济思想》，宾夕法尼亚大学，1980 年。
③ 罗宾逊：《马克思、马歇尔和凯恩斯》，商务印书馆 1963 年版。

种“共同认可的理论结构”，这种理论结构“为人们提供一个思考问题、建立观点、决定态度和判别是非的框架”①。根据这一定义，我们可以将西方经济学理论范式的核心内容概括为：人是有“理性”的即自私的，因而私有制是合乎人类理性的永恒制度；私有制基础上的市场经济可以不断使人类福利得到普遍增进，因而资本主义是最优越的社会制度，它将永世长存。接受了这样一种理论范式，实际就是顺从了资产阶级的意识形态。对资产阶级意识形态的顺从，就西方国家而言，有巩固资本主义私有制和资产阶级经济统治的政治功能；而就我国这样的社会主义国家而言，则有瓦解作为社会主义制度根基的公有制的政治功能。对此，我们应当有清醒的认识，绝不能上“范式转换”论的当。否则，政治经济学研究和教学改革就会走上可能导致极其危险的政治后果的歧途。

适应建立社会主义市场经济体制的需要，对政治经济学的内容、体系和教学方法进行全面改革，不仅早就是高校教师和广大同学的共同要求，而且已经是他们正在努力从事的实践活动。在改革的实践中，对作为原来经济体制理论反映的一些过时的概念、观点和理论，理所当然地要进行批判和清理。同时，也理所当然地要借鉴西方经济学中体现社会化大生产和市场经济一般规律的概念、观点以至于某些理论，以及先进的经济运行分析方法和分析技术。在进行这一切工作的时候，都必须以马克思主义经济学的理论范式为“思考问题、建立观点、决定态度和判别是非的框架”。毁坏这个框架，改革就会变质为背弃。为了防止这种现象发生，有必要对马克思主义经济学的理论范式做一明确的归纳。

对于马克思主义经济学的理论范式，似可做如下尝试性的归纳：

1. 生产关系一定要适应生产力状况、经济基础决定上层建筑的历史唯物主义原理。这是马克思主义经济理论的基本方法论原则。无论对于资本主义现代发展中出现的种种新现象，还是对我国经济体制改革的原因、方式和道路，都应以这一原理为基本依据，做出合理的解释和新的理论概括。当然，这一原理本身还需要进一步加以深化和细化，例如，引入有关生产力与生产关系、经济基础与上层建筑之间矛盾关系中介机制的理论等。但是，这一原理必须作为基本的方法论原则来坚持。

2. 以生产关系为主要研究对象。将对生产关系的研究放在经济分析的首要位置，是马克思主义经济学同以鲁宾逊式的个体为研究出发点的西

① 塞缪尔斯：《经济学中的意识形态》，载《现代经济思想》，宾夕法尼亚大学，1980 年。

方新古典正统经济学相区别的基本特征。就连西方经济学中新制度学派的某些学者，也承认马克思的“制度整体主义”在许多方面优于新古典的“心理个人主义”①。马克思主义经济学以生产关系为研究对象，并不意味着它将经济增长、经济主体行为方式以及资源配置等排除在视野之外。马克思主义经济学认为，经济增长、经济主体行为和资源配置，都是在一定生产关系条件下发生的，生产关系决定着经济增长和资源配置的路径和后果，也决定着经济主体的行为机制和行为方式。离开了对历史地形成的具体生产关系的研究，从抽象的人性出发，是不可能对这些问题做出科学的说明的。这里要指出的是，“范式转换”论关于研究生产关系的政治经济学“无助于许多现实经济问题的解决，无助于经济发展与经济增长的实际需要”的说法，是站不住脚的。经济体制改革无疑是“许多现实经济问题”中最重要的问题之一。而改革本身就是生产关系的重大调整，难道我们能离开生产关系来研究改革？至于马克思主义经济学是否有助于解决经济增长问题，还是让我们来听一听某些著名的西方学者的评论。约瑟夫·熊彼特指出，在马克思的主导思想里，居中心地位的是动态经济问题。② 当代西方经济增长理论的创始人之一的爱德华·多马说：“在各经济学派中，……马克思主义者最接近于发展一种经济增长的重要理论。”③琼·罗宾逊则认为扩大再生产理论是马克思经济学“最有价值的部分”，“它被卡莱茨基所再发现，并用来作为解决凯恩斯的问题的基础，又被哈罗德和多马进一步发展成为长期经济发展理论的基础。”④

3. 劳动价值论和剩余价值学说。这是整个马克思主义经济学大厦的支柱。拆除这一支柱，必然使整个大厦崩坏。坚持劳动价值论，并不像“范式转换”论以为的那样，会阻碍对供求和价格问题的研究。其实，马克思的著作中本来就有关于市场供求和价格的理论，只是过去我们由于受苏联教科书的束缚而未将其引入政治经济学教学和研究。现在，深入地研究并发展马克思的这些理论，是我们创造关于社会主义市场经济运行规律的科学理论的重要条件。至于“范式转换”论要我们接受的效用价值论和市场均衡论，即使在西方经济学的逻辑框架之内，也碰到许多的麻烦。撇开基数和序数两种效用论的老问题（个人间效用的加总、比较，消费

① 参见卡莫斯：《制度变迁与经济理论——一种观点和一个折衷性综合》，载《跨学科经济学杂志》1992 年第 1 期。

② 熊彼特：《经济发展理论》，商务印书馆 1983 年版。

③ 多马：《经济增长理论》，商务印书馆 1985 年版。

④ 罗宾逊：《马克思、马歇尔和凯恩斯》，商务印书馆 1963 年版。

者对无穷多种商品组合排序的能力）不说，最近几年有的西方学者又证明，许多偏好序无法用效用函数来表达。[①] 还有人证明，对个人需求函数的限制，例如连续性、零阶齐次性等，并不构成对总需求函数的限制，因而作为西方微观经济学重要构件的一般均衡理论不能成立。[②] 至于马克思的剩余价值学说，这是将劳动价值论运用于对资本主义雇佣劳动关系的分析所得出的必然结论，是对资本主义现实经济生活中显而易见的资本和劳动之间对立利益关系的实事求是的理论概括。而渊源于让·巴·萨评的三位一体公式的西方经济学的要素报酬说，则是一种违背事实的辩护性理论，马克思在《资本论》和《剩余价值学说史》中早就对其进行了透彻的批判。

4. 社会主义经济制度以公有制和按劳分配为基本特征。社会主义公有制和按劳分配必然取代资本主义私有制和剥削，是马克思通过分析资本主义生产方式固有的矛盾而得出的结论。放弃这一结论，等于否定整个马克思主义，否定中国共产党七十多年的革命实践和我国现存的社会主义经济制度。当然，由于我国社会主义社会还处在初级阶段，还必须适应现实的生产力状况允许多种非公有经济成分和非按劳分配在一定范围内存在和发展；而且公有制和按劳分配的实现形式和实现程度也与经典作家早在上一世纪的粗略勾画有很大差异，但公有制和按劳分配是社会主义经济制度的基本特征，在国民经济中居主体地位，这一点是不能有任何动摇的。对于社会主义公有制和按劳分配成为我国经济制度基础的历史正当性的说明，对公有制和按劳分配的基本性质和实现形式及实现程度的分析，是政治经济学社会主义部分不可或缺的内容。但是，“范式转换”论却要求政治经济学“打破社会主义必须实行生产资料全民所有制或集体所有制的观点”，这无异于要求取消社会主义政治经济学。“范式转换”论提出这种要求的理由是政治经济学无法解决公有制与市场经济的兼容问题，这至少是一种过于武断和匆忙的判断。在这个问题上，被某些“范式转换”论者奉为神明的美国学者诺纳德·科斯的态度，倒是显得比他那些谬托知己的中国门徒客观和沉着得多。他指出：由于西方经济学的整个理论体系是以私有制存在为假定前提的，这就很容易推出私有制是市场经济惟一前提的结论，但历史并没有对公有制基础上的市场经济作出证伪；中国可能会找到某种替代私有制的财产制度，这种制度在公有制的基础上，通过明

① 参见崔之元：《西方经济理论的范式危机》，载《中国书评》，1995 年 9 月。
② 详见崔之元：《再论制度创新与第二次思想解放》，载《二十一世纪》，1995 年 2 月。

晰各产权主体的地位和关系，可以建立起市场交易。[①] 其实，公有制无法与市场经济兼容的论断，不过是以稍微变换了的形式重复了已经为改革实践抛弃的政治经济学的传统命题——公有制绝对地排斥商品货币关系。

5. 实现全体人民的共同富裕和人的全面发展，这是共产党人孜孜以求的目标，也是马克思主义经济学所包含的基本价值标准。通过对马克思主义经济理论的系统传授，使这一价值标准成为学生的自觉人生追求，可以说是政治经济学教学的根本任务。而“范式转换”论要我们接受的西方主流经济学的价值标准，说穿了就是“人为财死、鸟为食亡”的腐朽人生哲学。

二、端正对西方经济学的态度，严格教学规范，提高教学质量，全面完成批判和借鉴两大任务

西方经济学是我国高校经济类专业的核心课程之一。作为与马克思主义和社会主义相对立的意识形态，以新古典理论为基础的西方主流经济学的理论范式，我们是不能接受的。那么，为什么我们又要在高校中比较系统地讲授西方经济学？对于这个问题的回答，直接关系到我们能否摆正西方经济学在经济学教学中的位置，关系到西友经济学教学能否以恰当的方式进行。

西方经济学具有双重性质，它一方面宣扬资本主义的意识形态；另一方面又包含着对社会化大生产和市场经济运行的一般规律的总结。从这两方面来看，我们都有必要在高校中开设西方经济学课程。

从意识形态方面讲。由于实行对外开放的政策，国际经济、政治和文化交流日益扩大，西方的各种思想，包括经济思想，不可避免地会进入我国。在这种情况下，即便我们不设西方经济学这门课程，西方经济思想也会随着对外交流的发展渗透进来并扩散开来，堵是堵不住的。因此，问题不在于我们开不开西方经济学这门课，而在于如何讲授这门课程。换句话说，从抵制资本主义意识形态渗透的角度，开设西方经济学课程也是必需的。我们系统地讲授西方经济学的过程，也就是用马克思主义的立场、观

① 见《美国著名经济学家谈中国经济体制改革》，载《经济研究资料》1995 年第 1 期。

点和方法引导学生对西方经济学整个理论体系中包含的资本主义意识形态进行鉴别和批判的过程。通过这种鉴别和批判，可以提高学生的马克思主义的分析水平和免疫力。借用琼·逻宾逊的话来说，我们学习西方经济学的目的，“不是要得到对经济问题的一套现成的答案，而是学习怎样避免遭受经济学家的欺骗”。[①]

从西方经济学中包含着对社会化大生产和市场经济运行一般规律的总结的角度看，开设西方经济学课程也是很有必要的。实事求是地说，西方经济学虽然包含了大量意识形态内容（尤其是在其基本理论和基本假设中），但并不全然是意识形态，其中也有某些科学成分。马克思主义是一个开放的、不断发展的科学体系，经典作家的著作并没有为这一理论画上句号。这一理论体系在其进一步的发展过程中，应当而且必须将西方经济学中包含的这种科学成分纳入自己的分析框架，使自己更加充实和完善。对西方经济学中包含的科学成分采取盲目排斥、一概否定的态度，事实上是不利于马克思主义经济学自身的发展的。特别是我国正在建立社会主义市场经济体制，西方经济学中的这类科学成分对我们构建社会主义市场经济理论，是具有现实的借鉴意义的。例如弹性概念、投资乘数与加速数原理、货币乘数理论、消费函数概念、洛伦兹曲线和基尼系数等，在经过适当改造之后，都可以纳入马克思主义经济学的分析框架，为我所用。此外，西方经济学中广泛使用的数理分析和计量技术，虽然往往由于基本理论假设的错误而成为所谓科学主义[②]的牺牲品，但为了发展马克思主义经济学的形式化理论证明和实证分析，我们也是应当老老实实、认认真真地学习的。

总之，培养学生鉴别和抵制资本主义意识形态的能力，同时借鉴和吸收对丰富和发展马克思主义经济学有用的科学成分，是我国高校西方经济学教学的两大任务。应当说，在完成这两方面任务时，我国高校的西方经济学教学已取得了不小成绩。但是，相比较而言，近几年，前一方面的任务完成得不如后一方面好。这也是对西方经济学盲目崇拜、全盘肯定的错误思潮滋长的一个原因。有些人甚至对带有鲜明的反共反社会主义色彩的哈耶克、弗里德曼的新自由主义理论也公开膜拜，对萨克斯之流的“改革理论”也大肆吹捧，就是这种错误思潮滋长的典型例证。“范式转换”论显然也是这种错误思潮的产物。

---

① 塞利格曼：《现代经济学的主流》，伦敦，1962 年。
② 参见高鸿业：《西方经济学》下册，中国经济出版社 1996 年版。

应当看到，在最近几年的西方经济学教学中，“述而不批”是一个较普遍的问题。一些人在讲授和介绍西方经济学时，标榜所谓“原汁原味”，不用马克思主义的立场、观点和方法来引导学生进行分析和鉴别。结果造成某些同学“消化不良”，甚至“食物中毒”。这就从根本上违背了我们在高校开设西方经济学的宗旨。当然，与“述而不批”同时存在的，还有“批而不透”的问题。这是指对西方经济学理论进行“穿靴戴帽”式的简单化批判。这种批判缺乏有理有据的深入分析，非但不能使学生信服，反而会造成学生的抵触情绪。无论“述而不批”还是“批而不透”，都不利于西方经济学教学完成其承担的任务，应该尽快加以纠正。

要解决“述而不批”的问题，当务之急是严格西方经济学的教学规范。应当强调，运用马克思主义的立场、观点和方法对西方经济理论进行深入的评析，是西方经济学教学中不可缺少的内容。在我国高等院校中正式使用的西方经济学教科书，绝不应该仅仅是西方国家流行的经济学教科书的中译本，其中必须有足够的章节对西方经济学进行系统的鉴别和批判。西方经济学课程的考试，要着重检验学生的分析和鉴别能力，而不仅是考察他们对西方经济理论的熟悉程度。

要解决“批而不透”的问题，首先需要提高西方经济学教员的马克思主义经济学素养。西方经济学教员必须经过系统的马克思主义经济学的训练，有条件时应兼任政治经济学课程和马克思主义经济思想史课程的讲授。其次，还应当提高教员的西方经济学研究水平。事实上，“批而不透”往往是因为教员对西方经济理论本身吃得不透，抓不住要害，说不到点子上。我们应该下苦工夫对西方经济学作深入和全面的研究，不仅要了解西方流行教科书的内容，而且要了解西方经济学的最新进展和动向；不仅要了解西方经济学的“正统”，而且要了解西方经济学内部的各种“异端”。对西方经济学研究得越全面越深入，就越是能抓住其要害，增强批判的说服力。例如，如果读过前面提到过的有关效用函数重大缺陷的西方文献，并将其运用于教学，我们对边际效用价值论的批判就会更有说服力；如果了解次优理论的研究成果，我们就能更有力地向学生证明一般均衡不过是西方经济学虚构的童话；如果研究过曾在西方经济学界长期持续的“资本论争”，我们就可从新古典生产函数理论的逻辑困难入手，使学生认识到将价值形式的资本放入生产函数并用它来论证要素报酬说是何等荒谬，而这又可以使学生按照马克思主义经济学的方法推论出生产函数这一有用的经济分析工具的正确用法；如果我们注意将《为什么经济学还不是科学》这类西方学者的著作介绍给学生，使他们从中了解到无差异曲线、等产量线、供给曲线、生产要素边际产品曲线这些微观经济学的重要构件，都是从未经过实践验证的假说，我们作出的西方经济学作为一个理论体系是非科学的论断，就会较容易地为学生所接受。

除了上述问题之外，我们在向学生介绍西方经济学中可资借鉴的科学成分时，应注意讲清我国特殊的国情对运用这些成分所形成的限制，使学生了解某些理论和政策主张即便在西方国家行之有效，但由于经济发展阶段、资源条件、市场体系发育程度的差异，在我国却是行不通的。例如，公开市场业务这个西方国家宏观调控的有用工具，在我国目前情况下用起来就未必有多大效果，因为我们还缺少市场化的利率形成机制这样一个必要条件。

三、拓宽研究范围，发展对生产关系的多层次、多侧面的分析，丰富政治经济学的教学内容，完善政治经济学的理论体系

教学效果不理想，“抓不住学生”，是高校政治经济学教学中普遍存在的问题。对此，每个置身教学第一线的教师，都是有切身体验的。这种状况的形成和在相当长时期内的持续，有各种各样的内外部原因。这里不拟全面分析这些原因，只想在政治经济学研究和教学自身范围内作一些检讨。

对政治经济学研究对象或分析范围的过窄限制，可能是政治经济学“抓不住学生”的一个主要原因。政治经济学以生产关系为研究对象，正如我们在前面已经指出的，这是马克思主义经济学的一个基本理论范式，应当坚定不移地依循。但是，生产关系的研究应该是多层次、多侧面的，而不是单调、片面的。对生产关系的完整研究，应当包括两个互相联系的方面，即揭示经济关系本质和分析其具体实现形式。但在一个很长的时期内，我们一直根据《资本论》的研究范围，将政治经济学的研究和教学限定在本质关系研究的范围内。生产关系的具体实现形式，以及在这种具体形式中发生的经济主体的行为机制和行为方式，基本上是被排斥在政治

经济学研究范围之外的。这种限制造成了两个不良后果。一是使经济学界对本质关系的研究脱离实际经济运行的支持，不能根据发展了的经济现实对本质关系自身的变化作出新的理论概括。二是使学生感到从政治经济学中学不到有关现实经济运行的知识，误认为政治经济学只是一些与生动的经济现实关系不大的意识形态条文，没多少用处，提不起学习兴趣。这种误解又妨碍了学生对政治经济学有关生产关系本质的理论的接受和理解，影响了学习效果。我国一些学者曾就此指出："教育界有的同志认为，理论只要说明本质关系就能达到思想政治教育的目的，并由此认定，社会主义政治经济学也应像《资本论》一样，只论述本质关系。然而实践的结果却达不到预期的效果，甚至发生相反的情况，出现了对马克思主义理论的'信任危机'。其原因之一就在于这种指导思想忽视了一个基本事实：理论，只有在它从本质上升到现实的具体，从而能指导现实的运动时，它的科学性才被证实，才能为人们所接受。因此，即使从'政治课'的观点来看，社会主义政治经济学也不能只限于对本质关系的论述。"① 这段话是说得很有道理的。

当然，拓宽政治经济学的研究范围，将其对生产关系的理论阐述由本质拓宽到包括经济主体行为在内的具体实现形式，决不仅仅是提高政治经济学作为思想政治教育课的教学效果的需要。因为政治经济学在具有思想政治教育的重要功能的同时，还是经济类各应用经济分支学科的专业基础课之一。如果不能够向这些学科的学生提供有关经济实际运行的基础理论知识，政治经济学也不能说已经完成了作为应用经济学基础的一般经济理论所应承担的任务。正因为政治经济学未能很好地完成这一任务，才有人认为政治经济学与宏微观经济学、制度经济学、福利经济学和发展经济学一样，属于"一般经济理论"的"派生形态"，试图创造一种超越政治经济学的一般理论②。这显然是在"范式转换"论鼓吹的经济学基础理论"无阶级性"、"无国界"、"超越意识形态"的影响下"派生"出来的糊涂主张。这也从反面提醒我们注意政治经济学研究范围过窄所带来的另一个问题，即将自己作为应用经济学分支的一般理论基础的地位，拱手让给以"一般性"为伪装的西方经济学。

拓宽政治经济学的研究范围不仅有上述理由的支持，而且也是经济体

---

① 汤在新主编：《〈资本论〉续篇探索——关于马克思计划的六册经济学著作》，中国金融出版社1995年版。

② 王明友：《经济学的准确定位》，载《科技日报》，1996年7月7日。

制改革实践赋予政治经济学的使命。改革是社会主义制度的自我完善，而这种自我完善是在保持社会主义经济本质关系不变的前提下，对其具体实现形式的调整以至重构。对这一伟大的实践，政治经济学必须作出理论上的概括和阐述。显然，只有既包括生产关系本质研究，又包括其具体实现形式研究的政治经济学，才是符合改革时代要求的政治经济学。

其实，过去将政治经济学的研究对象限制在本质关系范围内，也未必就符合马克思主义经典作家的原意。我们知道，马克思原来计划的政治经济学体系包括六个分册，即《资本》、《土地所有制》、《雇佣劳动》、《国家》、《对外贸易》和《世界市场》。其中第一分册《资本》，又分为《资本一般》、《竞争》、《信用》和《股份资本》。阐述资本主义本质关系的《资本论》，只是这一庞大写作计划的一部分。而很长时期我们却将《资本论》的研究范围当成了全部政治经济学的研究对象。从马克思主义的六册计划来看，政治经济学显然不只是对生产关系本质的阐述，而且要研究生产关系的具体形式及实际经济运行问题。马克思在制定六册计划之前，还曾有过一个五篇计划。在说明这一计划的名篇《政治经济学批判导言》中，马克思区分了生产关系的层次，认为不仅有第一级的、原生的生产关系，而且有“第二级和第三级的东西”，“派生的、转移来的、非原生的生产关系”。这也是政治经济学的研究不应限于本质关系，还要研究生产关系具体形式的一条佐证。当然，五篇计划和六册计划与《资本论》的关系，在学术界还是有争论的问题。但是，即便马克思没有提出过这两个计划，我们也有充分的理由，根据时代发展的要求，将政治经济学所研究的生产关系的外延，由本质关系拓展到包括生产关系具体形式和实际经济运行。

按照以上思路，可以将政治经济学教科书对生产关系的分析分为如下几个层次：

第一个层次是对社会的本质经济关系的研究。这种研究要联系生产力的状况，说明生产资料所有制结构，说明占主体地位的生产资料所有制的本质规定及内在利益关系，说明与所有制状况相适应的收入分配结构及各种分配方式的性质，说明社会生产的基本目的，从而揭示出由一定社会制度特有的生产力和生产关系的具体矛盾所决定的这个社会制度发展变化的趋势。

第二个层次是对经济关系的各种具体形式的分析。这种分析要研究在一定本质经济关系的约束下可以选择的各种体制形式，包括财产的具体组织形式以及经济主体之间权利关系的具体安排。这种研究对于政治经济学社会主义部分尤其重要。进行这种研究的目的，是探寻有利于经济增长和社会发展的最优体制安排，改善社会主义社会资源利用和配置的效率，使社会主义基本经济制度获得能使其固有优越性充分发挥出来的体制条件。

第三个层次是对经济主体的激励—约束机制和行为方式的分析。这是对经济活动最表层的现象的研究，但也属于经济关系的范畴，因为无论是本质关系还是作为本质关系具体形式的体制安排，它们在决定经济主体行为方式的同时，又是通过经济主体的行为作为生动的经济过程存在的。就政治经济学社会主义部分而言，对经济主体行为机制和行为方式的研究，将引出制定宏观和微观两方面经济政策的原理。

以上三个层次的分析是相互联系的。它们结合在一起，构成一个由抽象上升到具体的讲授程序，可以使政治经济学对社会生产关系的解析的内容更加丰富，一步一步逼近经济生活的现实。从近些年出版的一些教科书来看，不少人正在按照这种思路改革政治经济学的研究和教学。只要我们按照这一方向继续努力，是一定会取得日益明显的成效的。

关于人文社会科学教学改革的三个问题*

由于研究对象和方法的不同，每个科学学科的教学改革都有其特殊性。本文拟依据近几年中国人民大学教学改革的实践，对人文社会科学领域教学改革的三个问题谈一些看法。

一、如何在更新教学内容的过程中坚持正确的联合标准

教学改革的一项基本任务是大力更新陈旧过时的教学内容。在改革开放和社会经济体制转型迅速推进的背景下，教学内容陈旧过时的问题在人文社会科学领域可能比其他学科更为严重。针对这个问题，从20世纪80年代中期开始。中国人民大学对各个学科的教学内容从课程设置到教材进行了全面的更新。在这个过程中，始终面对着一个无法回避的问题，即应当将哪些新的知识或知识体系纳入教学内容，将哪些陈旧的知识或知识体系舍弃掉。这就要求为教学内容更新确立一个正确的取舍标准。而这样一个标准，说到底，也就是人文社会科学领域的学术是非标准，即判断某种理论、观点和研究方法是先进还是落后，是正确还是错误的标准。

与自然科学领域的情况不同，在人文社会科学领域要形成一致公认的学术是非标准往往很困难。这是由人文社会科学自身的性质决定的正常现象。人文社会科学以社会为研究对象，而人们对社会现象的看法，不能不受到他们所生活于其中的一定社会关系，以及他们在这种社会关系中所处的特殊地位和所具有的特殊利益的影响。正因为如此，在人文社会科学的

* 原文载于《中国高等教育》2000年第3期。

同一学科领域不仅往往存在对立的理论体系，而且在同一理论体系中又存在不同的学术派别和观点。这并不是说在人文社会科学领域没有客观的是非标准。从比较抽象的意义上说，人文社会科学的是非，要经过人民群众的社会实践，以是否有利于社会的物质文明和精神文明的进步，是否有利于增进全体人民的福利尤其是占人口大多数的广大基层群众的福利为标准来加以检验。

实践，尤其是改革开放的实践已经证明，在当今中国，要保证物质文明和精神文明的持续发展，要不断增进人民群众的福利，就必须坚持邓小平理论。而邓小平理论包含的两个基本要素，即坚持改革开放和坚持社会主义道路，显然应是我们判断学术是非、在更新教学内容中决定取舍的基本标准。

按照坚持改革开放的标准，在更新教学内容的过程中，首先要对与建立社会主义市场经济体制的改革目标相冲突的陈旧教学内容进行清理，摒弃作为传统计划经济理论概括的陈旧的教学内容和课程设置，包括从教学中剔除马克思主义经典著作中的某些为实践证明已经过时的观点，以及极"左"路线时期形成的硬贴上马克思主义标签的错误观点。其次，要注意将国内学术界比较成熟的新理论和新观点吸纳到教学中来，同时有鉴别地从国外学术界引进反映现代社会发展和运行一般规律的理论、观点以及先进的分析方法和技术。在此基础上，还要进一步对课程体系、课程内容以及某些学科专业的研究对象和分析范式加以调整、改造、整合和重构。要做好这些工作，必须坚持实事求是、解放思想的原则，摆脱与改革开放的时代潮流脱节的传统观念的束缚，形成宽松的学术环境，大胆地进行探索和创新。回顾这些年来中国人民大学的教学改革，可以说更新教学内容的过程是一次人文社会科学教学领域的系统的创新行动。在这个过程中，一些与实际脱节、与改革开放不相适应的课程被取消，开设了数以百计的新课程，对教学大纲进行了全面修订，将国内外前沿性研究成果的系列讲座列入研究生培养计划，先后新编和修订了300多种教材，并结合专业调整对课程体系进行了多次调整和重组。目前学校已基本形成了与改革开放的时代需要相适应的崭新的人文社会科学教学体系的框架。

按照坚持社会主义道路的标准，在更新教学内容时不能搞无原则、无鉴别的所谓"兼容并包"。我们的大学要培养的是社会主义的建设者和接班人，而决不是反对社会主义制度的所谓"持不同政见者"。那些公然和隐蔽地否定我国社会主义的基本宪法制度的理论和观点，无论多么新颖别致，都没有理由将它们“更新”成为社会主义大学的教学内容的主流。在多种经济成分共同发展，利益的多元化导致价值观念多样化，社会主义在世界范围内处于低潮。西方资本主义世界的各种时髦思潮纷纷涌入的情况下，对此掉以轻心，最终会导致社会主义意识形态在我国社会中的主流地位的削弱以致丧失。

然而，有些同志在这个问题上还不能说是很清醒的。这反映到教学内容的更新过程中，就是将社会上流行的某些违背四项基本原则的错误观点，以及西方学术界的某些陈腐的反社会主义观点，不加批判鉴别，“原汁原味”地灌输给学生。之所以会出现这样的问题，是因为在对人文社会科学性质的认识上存在着一个误区，即把社会科学与自然科学等同起来，当成了一种“纯知识体系”，忽视其作为价值体系的属性。这是从极“左”路线时期视人文社会科学为单纯的“阶级斗争工具”的错误极端，走向了另一个方向相反的错误极端。如果这种误区不消除，人文社会科学的教学内容更新是难以沿着正确的轨道进行下去的。在人文社会科学领域里清除极“左”的影响，并不等于要像马克斯·韦伯主张的那样，将价值问题从社会科学中排除干净，实现所谓社会科学的“价值中立”或“道德中立”。用现在流行的话来说，叫做“淡化意识形态”。事实上，这是一种无法实现的虚妄追求。人文社会科学天生就具有价值体系或意识形态的属性，社会主义的意识形态的淡化，就意味着其他意识形态，包括反社会主义的意识形态的强化。

需要强调的是，在纠正这类偏差时，应当采取学术讨论、思想疏导的方法，而不能简单地“戴帽子”、“打棍子”。要知道，在教学内容更新中坚持社会主义价值的主流地位，并不意味着要在学术问题上搞所谓“舆论一律”。在社会主义价值主导下的学术上的多样化，是人文社会科学发展的必不可少的条件，也是人文社会科学教学内容适应社会发展的需要而不断更新的源泉。

二、如何在国际化过程中发扬中国特色和民族风骨

一般说来，一个社会的精神文明进步或文化发展的动力，一方面来自这个社会自身的经济发展和政治变革；另一方面则来自本土文化与外来文

化的交流和碰撞。而在现代的开放社会中，作为一个社会文化发展水平的主要代表的高等教育，特别是高等教育中的人文社会科学学科往往不可避免地处在民族文化与外来文化交流和碰撞的核心地位。这种交流和碰撞，在社会和经济活动的国际化程度日益加深的当今世界，实际上已经成为一国高等教育发展的重要条件。走向开放，无疑是我国高等教育现代化的一个重要标志。闭关锁国办不出高水平的高等教育，这已经成为我国教育界的共识。

所谓高等教育“国际化”的基本目的，就是要通过高等教育的国际交流和合作，借鉴和吸收世界各国高等教育改革与发展的有益经验，促进我国高等教育的改革和发展。我国现代高等教育发展较晚，没有理由不向高等教育较发达的西方国家学习。就教学来说，从灵活的人才培养模式、宽口径的专业划分、规范和连贯的各学位阶段的课程设置、紧紧追随学术研究进展的教学内容更新、注重个性发展和创造性启迪的教学方法以及现代化的教学手段，到有效的教学质量评估和监控，都有许多值得我们认真学习的东西。与国际接轨，也就是要把这些有益的东西弄懂、吃透，拿来为我所用。

但是，与自然科学学科相比，高等人文社会科学教育的国际化又多了一些复杂性。作为知识体系和价值体系的结合体，人文社会科学不仅与前面谈到的政治性的价值标准难分难解，而且还包含着民族性的价值标准。因此，人文社会科学的国际化，不仅有一个抵制反社会主义的西方主流意识形态的问题，还有一个如何继承和发扬本民族的优秀文化传统的问题。

撇开政治性价值不说，即使政治制度和经济发展水平相近，由于存在包括伦理取向、审美情趣、思维方式、生活习惯、语言表达等在内的民族文化传统的差异，不同国家的高等学校的教学内容和课程设置也有明显差别。这种差别在人文社会科学中表现得特别突出，例如德国哲学的重思辨与英美哲学的重经验，西方法律中的普通法系和大陆法系的差异，等等。世界高等教育发展的历史表明，在积极进行国际交流和合作，汲取别国有益经验的同时，坚持在治学和教学中继承和发扬本民族的文化传统，是一国高等教育自立于世界文化之林，成为世界高等教育“俱乐部”中有发言权的成员的一个重要条件。数典忘祖，抛弃传统，对别国的东西生吞活剥，全盘照搬，只能使本国高等教育成为外来文化的推销员。

实事求是地说，无论是在改革开放之前，还是主张与国际接轨的今天，在人文社会科学的不少学科中，发扬民族特色的问题都不能说已经解决得很好。以经济学为例，无论是马克思主义政治经济学还是各种应用经济学的教学，都多少带有点“言必称希腊”的味道。正如经济学界的一位老前辈所说的那样，“……不论学马克思主义，还是学当前市场经济的学问，总感到缺少民族风骨。”其实，在中国的古典文献中包含着不少精彩而深刻的经济思想，例如司马迁对市场机制的概括，管子关于宏观调控的论述等等。认真从本民族的文化中汲取营养，使教师和学生增强传统文化素养，形成学术的民族风骨，才能使我们的经济学具有鲜明的中国特色。对于解放以来的半个世纪，包括走了弯路的计划经济时期和改革开放时期，本国学者在经济学方面所取得的成果，都不能采取虚无主义的态度。这些成果是从中国经济变革和发展的现实土壤中生长出来的，是我国经济学科发展的基础。只有在这个基础上，才能将西方现代经济学中先进的理论和方法化为我们自己的东西，建立起有中国特色的现代经济学，培养出我们自己的世界级的经济学家。

人文社会科学的其他一些学科也不同程度上存在与经济学类似的情况。如果说在对外开放的初期，出现一点“食洋不化”在所难免，那么，在我国的高等教育已深深地介入国际化进程的今天，发扬中国特色和民族风骨，是深化教学改革所必须重视的问题了。

三、如何将专业教育与全面素质教育有机结合起来

现代高等教育是高深的专业教育，其目标是培养从事各种特殊职业的高级人才。但是，在专业教育的过程中，必须加强对学生全面素质的培养。过去，我国高等教育存在着比较严重的重专业知识传授而轻素质培养的倾向。这样，在教学改革中，就有一个如何将专业教育与素质教育有机地结合起来的问题。就人文社会科学而言，在解决这个问题时，似应着重注意以下几个方面。

首先，是要高度重视思想政治素质和道德素质的培养。这对人文社会科学来说尤为重要。它是由人文社会科学作为价值体系和知识体系的结合体的特殊性质决定的。高等人文社会科学教育培养出的人才，不仅是从事特殊职业的专门人才，而且是他们掌握的专业知识所包含的政治观念和道德标准的传播者和倡导者。因此，对人文社会科学专业学生的思想素养，要有更高的要求，不能仅仅满足于使他们成为“守法公民”。事实上，不

仅对于人文社会科学专业的学生，就连对于自然科学专业的学生来说，“守法公民”也是一个太低的标准。难以设想，政治上浑浑噩噩、道德上马马虎虎的“守法公民”，能够担当得起社会主义事业接班人的重任。因此，在人文社会科学领域，要特别注意防止专业教育与思想政治教育“两张皮”的倾向。要将确立正确的政治观念和高尚的道德情操，贯穿于人文社会科学专业训练的始终。

其次，是加强自然科学素质的培养。由于从高中阶段就实行文理分科，进入大学人文社会科学各专业学习的不少学生，自然科学方面的知识基础不够扎实和全面。这同当代人文社会科学研究领域的拓展，研究方法和分析技术的进步很不适应。不仅在社会科学中的经济学、管理学、社会学等学科中，比较高速的数学分析和计量技术以及计算机技术早已运用得十分广泛，而且在历史学这样的传统人文学科中也有“计量史学”这样的新分支出现。数学这种“整理宇宙秩序的工具”，已经成为社会科学工作者整理社会秩序的一个重要工具。计算机的广泛应用也使许多社会科学专业的研究方法和研究环境发生了巨大变化。由于当代人类社会发展所面对的许多问题需要综合地运用人文社会科学和自然科学知识来解决，在人文社会科学领域还产生了许多“文理渗透”的新兴学科和研究领域，如科学技术哲学、环境经济学、生态社会学等，在这种情况下，仅仅在人文社会科学专业的学生中进行“自然科学概论”之类的科普教育（尽管仍有必要），就显得层次太低，不敷需要了。因此，除了进一步加强数学这样的分析方法和计量技术以及计算机应用的训练之外，还有必要开设一些自然科学课程，如物理学、化学和生物学等。

最后，是加强人文素质的培养，这个问题起初是由理工科院校提出的，似乎这在人文社会科学领域是不成问题的，其实不然，理工科院校较严重存在的所谓“有知识没文化”的问题，在人文社会科学专业，尤其是一些应用性专业的学生中，也是存在的，何况较之理工科学生，文科学生的人文素养理应更全面、更厚实。因此，对人文社会科学专业的学生，仍有必要开设以文学艺术、哲学和历史为主的文化素质课。通过系统地学习这些知识，要使学生的性情得到陶冶，境界得到升华，品位得到提高，而不仅是获得一些掉书袋的本钱。

探索马克思主义经济学的现代形式*

一

恩格斯曾经指出，随着自然科学领域中每一个划时代的发现，唯物主义也必然要改变自己的形式①，在日新月异的变化面前，作为历史唯物主义的科学证明的政治经济学，同样要适时地改变自己，获得与新的历史条件相适应的现代形式。问题在于，坚持什么、发展什么，如何实现坚持与发展的统一。而解决这些问题，首先需要准确理解马克思主义经济学的本质和精髓。

那么，什么是马克思主义经济学的本质呢？关于这一点，流行着许多说法，如：马克思主义研究的是经济本质，西方经济学研究的是经济现象；马克思主义研究的是制度，西方经济学研究的是运行；马克思主义研究的是生产关系，西方经济学研究的是资源配置；等等。这些说法都不能准确概括马克思主义经济学的科学本质和独特个性。

马克思主义从根本上来说是一种认识世界的方法论。坚持马克思主义经济学，从根本上来说就是坚持马克思主义经济学的方法论，特别是《资本论》的方法。正如恩格斯指出的那样：马克思的整个世界观不是教义，而是方法。它提供的不是现成的教条，而是进一步研究的出发点和供这种研究使用的方法。② 只有把马克思主义理解成了一种科学的世界观或方法论，我们才能抓住马克思主义的灵魂，在纷繁复杂、急速变化的世界中，体验和发扬马克思主义旺盛的生命力和创造力，发展起适应于新的历

* 原载于《教学与研究》2000 年第 9 期。

① 《马克思恩格斯选集》第 4 卷，人民出版社 1995 年版，第 228 页。

② 同上书，第 742～743 页。

史条件的马克思主义经济学的新形式。而马克思主义经济学的方法论归根结底是历史唯物主义，它的基本原理，马克思在《政治经济学批判〈序言〉》中做过如下经典性的表述：人们在自己生活的社会生产中发生一定的、必然的、不以他们的意志为转移的关系，即同他们的物质生产力的一定发展阶段相适合的生产关系。这些生产关系的总和构成社会的经济结构，即有法律的和政治的上层建筑竖立其上并有一定的社会意识形式与之相适应的现实基础。物质生活的生产方式制约着整个社会生活、政治生活和精神生活的过程。不是人们的意识决定人们的存在，相反，是人们的社会存在决定人们的意识。社会的物质生产力发展到一定阶段，便同它们一直在其中运动的现存生产关系或财产关系（这只是生产关系的法律用语）发生矛盾。于是这些关系便由生产力的发展形式变成生产力的桎梏。那时社会革命的时代就到来了。随着经济基础的变更，全部庞大的上层建筑也或慢或快地发生变革。①

根据这一经典表述以及马克思主义经典作家对历史唯物主义原理的其他有关阐释，可以将马克思主义政治经济学的方法论原则归结为如下五个基本命题：1. 从生产力与生产关系的矛盾运动中解释社会经济制度的变迁；2. 在历史形成的社会经济结构的整体制约中分析个体经济行为；3. 以生产资料所有制为基础确定整个社会经济制度的性质；4. 依据经济关系来理解和说明政治法律制度和伦理规范；5. 通过社会实践实现社会经济发展合规律与合目的的统一。

马克思主义经济学方法论的这五个基本命题不是孤立的，而是具有严密的内在结构的逻辑整体：由生产力决定生产关系这一首要的原则出发，必然会得出只能在由生产力决定的客观经济关系的制约中来解释人们的经济行为及其规律性的结论；而人们的经济行为方式，取决于他们在一定生产关系中所处的地位，而这种地位归根结底又取决于他们与生产资料结合的社会形式即生产资料的所有制。乍看起来完全由人们的主观意志支配的立法和政治活动，以及属于精神活动范围的各种意识形态现象，都是以客观存在的经济关系为基础的，不过是人们的社会存在在他们的意识中或直接或曲折的反映。而将人们对社会发展客观规律性的认识与他们改造自然、改造社会的主观能动性整合起来的社会实践，在推动生产力发展的同时，或迟或早会使社会的经济结构和上层建筑发生与生产力进步相适应的

① 《马克思恩格斯选集》第2卷，人民出版社1995年版，第32~33页。

变革。这五个命题体现了历史唯物主义的精髓，构成了马克思主义经济学理论的“硬核”。如果否定它们，就是拆除马克思主义经济学的基础，就是否定整个马克思主义的经济学。如果坚持、发展和深化了这些基本的命题，并运用它们来解决经济发展实践提出的理论和实际问题，那么，就真正坚持了马克思主义经济学的精髓，实现了坚持和发展的统一。

在目前情况下，强调在经济分析中坚持历史唯物主义的方法论原则，是十分必要和紧迫的。应当看到，近二十多年来，在改革和发展的实践中，我国的经济学研究虽然极大地繁荣起来（这无疑是可喜的现象），但马克思主义经济学基础理论的研究却有被削弱的倾向。而由这种削弱带来的必须加以高度重视的后果，就是在大量应用性或对策性的经济研究中理论基础选择上的混乱，不少反马克思主义的或者与社会主义宪法秩序相冲突的西方经济学流派的观点和方法，大有逐渐取代马克思主义而成为经济分析的主导性理论基础之势。事实上，马克思主义经济学是否能够成为众多应用经济学科的理论基础，在一些人的心目中已经成了问题。形成这种局面的表面原因，是在《资本论》以及其他马克思主义经济学经典著作中，找不到对许许多多新问题的现成答案，于是一些人就转而到现代西方经济学中去寻求答案。马克思不是算命先生，他不可能预见到一百多年后的今天发生的问题，而且他的理论中确实也包含一些已经为实践证明是过时的东西。但是，这丝毫也不能成为放弃马克思的理论体系的理由。这不仅是因为马克思经济学说的基本理论观点和一些重要分析框架至今仍然具有强大的生命力，只要根据新的历史条件加以适当调整，就可以直接运用于今天我们面对的实际问题的分析，更重要的是，马克思给我们留下了历史唯物主义这一永葆青春的经济学方法论，只要认真把握和运用这个方法论，我们就能对不断变化的经济发展实践作出新的理论概括，使马克思主义的经济学说不断获得与其辩证法的（即在自我扬弃中发展的）本性相适应的现代形式。

二

以历史唯物主义为基础的马克思主义经济学深深扎根于现实经济生活的沃土之中，实践是马克思主义经济学发展的客观源泉。马克思主义经济学的现代形式，是对现代经济生活客观运动规律的科学反映，它要说明新现象，回答新问题，揭示新规律，要有新的主题、概念、范畴和理论观点。在马克思主义看来，政治经济学本质上是一门与不断变化的条件相适应的历史性科学，必须根据现实情况的变化而不断发展。对此，恩格斯曾做过这样的说明：人们在生产和交换时所处的条件，各个国家各不相同，而在每一个国家里，各个世代又各不相同。因此，政治经济学不可能对一切国家和一切历史时代都是一样的……谁要想把火地岛的政治经济学和现代英国的政治经济学置于同一规律之下，那么，除了最陈腐的老生常谈以外，他显然不能揭示出任何东西。因此，政治经济学本质上是一门历史的科学。它所涉及的是历史性的即经常变化的材料；它首先研究生产和交换的每个个别发展阶段的特殊规律，而且只有在完成这种研究以后，它才能确立为数不多的、适用于生产一般和交换一般的、完全普遍的规律。① 对于他们所提出的科学社会主义理论，马克思和恩格斯也同样是按照历史的观点加以看待的。恩格斯这样说："我们对未来非资本主义社会区别于现代社会的特征的看法，是从历史事实和发展过程中得出的确切结论；脱离这些事实和过程，就没有任何理论价值和实际价值。"②

创新是马克思主义经济学的生命力所在。马克思主义理论发展的几个重要的历史阶段，如列宁的帝国主义论、毛泽东的新民主主义论、邓小平的有中国特色的社会主义理论，都是以科学回答了实践提出的挑战，从而推进了马克思主义的发展。马克思主义诞生后的一百多年以来特别是第二次世界大战以后，人类社会发生了许多重要而深刻的变化：工业社会开始向信息社会过渡，经济的全球化迅猛发展，生产力、生产关系和社会生活的变化日新月异。在资本主义社会中，生产过程的信息化和自动化、生产集中的巨大发展和分散化趋势的并存、所有权与经营权的分离、金融资本和虚拟资本的膨胀、国家垄断资本主义的发展、经济危机产生的原因和周期的复杂化、跨国公司在全球的扩张以及世界经济的一体化趋势的日益明显，这些现象都极大地影响了资本主义生产方式的运动规律并改变了它的实现形式。在社会主义运动中，落后国家建立社会主义的实践、从计划经济向市场经济的过渡、苏联东欧社会主义的挫折，对传统的社会主义理论提出了严峻的挑战。现代的马克思主义经济学如果不能科学地说明经济生活中出现的这些新的重要变化，不能抓住现代经济生活的本质，那么，即使它拥有科学的方法论、严密的逻辑体系和先进的理论工具，也会由于脱离现实而失去其应有的活力和魅力。

---

① 《马克思恩格斯选集》第 3 卷，人民出版社 1995 年版，第 489～490 页。
② 《马克思恩格斯全集》第 36 卷，人民出版社 1975 年版，第 419～420 页。

应当承认，在说明新现象、回答新问题、揭示新规律方面，马克思主义经济学的发展仍然任重而道远，与这些不断变化的实际和日益丰富的实践提出的要求相比，目前马克思主义经济学的发展还不能令人满意。

比如，近年来，工业社会向信息社会的过渡作为当代社会发展的一种主导性趋势得到了广泛认可，研究经济信息化的文献如雨后春笋，知识经济、信息经济、网络经济、符号经济、虚拟经济、后工业社会、后资本主义社会的提法被广泛采用，所谓新经济问题成为经济学研究的一个热点。显然，深入把握信息化这一经济和社会发展的重大的革命性变化，对于我们理解社会历史发展的趋势和走向，制定正确的改革与发展战略具有重要的意义。但是，总的来看，这方面的研究目前主要还是描述性的，以马克思主义经济理论为基础对经济信息化问题进行系统深入研究的成果目前还不多见。

又如，经济全球化是当代世界经济发展的一个重要趋势，对于经济全球化的研究引起了经济学界的广泛关注。但是，对于如何认识经济全球化的起源、过程和发展前景，经济全球化对世界经济特别是中国经济有什么影响，如何在经济全球化的条件下维护国家的主权和民族的利益，维护我国政治经济制度的社会主义性质，如何在世界经济一体化条件下协调国内与国际经济的关系等这样一些重大问题，目前从政治经济学角度进行的深层次的研究还比较薄弱。

又如，建立社会主义市场经济体制是我国经济体制改革的目标，但是对于社会主义市场经济的实质，经济学界的认识并不一致。一般认为，社会主义市场经济是与社会主义基本经济制度相结合的市场经济，是以特定的制度为基础的。但有的学者认为，市场经济作为资源配置的方式是没有社会属性的，把社会主义市场经济定义为“社会主义的市场经济”或“社会主义属性的市场经济”是一种传统观点；有的学者认为社会主义意味着社会公平，市场经济意味着高的效率，社会主义市场经济就是社会公平加市场效率。这两种认识的分歧显然是深刻的、原则性的，不能不加以澄清。

又如，1978 年以来，中国在向市场经济体制的过渡中，逐步形成了一条具有中国特色的渐进式改革道路，它的独特的逻辑和成功的经验正日益引起国内外经济学界和社会各界人士的广泛关注，对于中国渐进式改革道路和前苏联东欧激进式改革道路的比较研究正在成为具有重大理论和实践意义的世界性课题。但是，目前流行的过渡经济学理论却在很大程度上受西方主流经济学、新制度经济学、进化论自由主义等理论的影响，以马克思主义经济学为基础的经济转型理论在中国目前还比较欠缺。

对于上述种种问题，从马克思主义经典作家的著作中不可能找到现成答案，照抄照搬西方的经济理论不可能得出科学正确的结论，坚持马克思主义的方法，探索和创立与不断变化的现实相适应的新理论，是发展马克思主义经济学的根本途径。

三

马克思主义经济学是在批判资产阶级古典政治经济学和庸俗经济学的过程中产生和发展的，正是在这个意义上，马克思把《资本论》及其手稿称作“政治经济学批判”，深入地研究资产阶级政治经济学，吸收其中合理的成分，摒弃其中的不科学因素，也是发展马克思主义经济学的一个重要途径。

在相当长的一个时期内，我们对西方的经济学理论采取了全盘否定和排斥的态度，这是不正确的、片面的。马克思曾经把19世纪30年代后的资产阶级经济学称作庸俗经济学，因为它是辩护的而不是客观的，它只在表面现象上兜圈子而不揭示事物的本质。马克思对资产阶级庸俗经济学的批判是有根据的，但是，不能由此而否定一百多年来西方经济学发展的成就和意义。发展马克思主义经济学，探索马克思主义经济学的现代形式，一方面要从西方经济学中汲取其反映现代化大生产和市场经济一般规律的科学的成分，在学习和借鉴中丰富、充实和发展马克思主义经济学理论；另一方面要准确科学地辨别其中对社会主义事业有害的意识形态因素，批判其中错误的和不科学的东西。对于西方经济学简单否定或全盘接受的态度都是不正确的。

改革开放以来，对于西方经济学完全否定和极端排斥的片面倾向得到了纠正，西方经济学在教学中得到了广泛普及，在经济研究中得到了广泛应用，对于中国经济学的发展起了积极的推动作用。与此同时，在学习和借鉴西方经济学的问题上，出现了另外一种片面倾向，这种倾向把西方经济学特别是主流经济学当作惟一科学的经济学理论，忽视它所具有的意识形态的成分，并把马克思主义经济学贬低为西方经济学中一个普通的流派（所谓的激进经济学），否定马克思主义经济学的科学意义和对社会主义建设的指导意义。有的学者提出，经济学的基础理论具有普遍的、一般的科学意义，是无国界的、无阶段性、无阶级性的。因此，不存在所谓的“有中国特色的基础理论”，在由西方人在最近一两百年发展起来的现代经济学中，对我们最有用的、最应该认真学习的，恰恰是那些属于人类共同财富的基础理论，那些基本的内容与方法。对于西方经济学这种盲目崇拜、全盘接受的态度，在理论上是不科学的，在实践上是有害的，需要引起高度重视。

科学借鉴西方经济理论是一项十分复杂和艰巨的工作，在这里，口号、标签和道德上的评判，都无助于问题的解决，深入细致的研究是获得科学成就的惟一途径。哪些是科学成分，哪些是错误的因素；哪些需要借鉴，哪些需要抛弃，都只能在深入细致的研究之后才会有正确的结论。以产权理论为例，从表面上看，马克思主义的产权理论和西方目前流行的产权理论存在着许多共同之处，如二者都强调产权的重要性，把产权安排当作影响经济绩效的重要因素；都把商品交易关系看做是不同所有权之间的平等交易的契约关系；都研究了资本的所有权、土地的所有权、股份公司以及所有权与使用权的分离等产权现象，因而，有不少学者比较强调两种范式的相似性，并试图把二者结合起来。但是，这只是一种现象，实际上，马克思的产权理论与现代西方的产权理论是建立在完全不同的世界观和价值观基础上的，具有不同的方法、概念和理论逻辑，它们是两种对立的理论体系。它们之间的根本区别主要表现在以下几个方面，即：研究产权问题是坚持个体主义的方法还是坚持整体主义的方法；是经济关系决定法权关系还是法权关系决定经济关系；产权关系是一种交易关系还是一种生产关系；财产权利是一种自然权利还是一种历史权利，等等，不能把它们混为一谈。另一方面，强调两种范式的根本差异并不意味着我们不能从现代西方的产权理论中吸取有用的东西。现代西方的产权理论虽然存在许多根本缺陷，但它毕竟是现代资本主义经济制度和运行过程的一种反映，有其合理和科学的成分。西方产权经济学提出的一些理论，如交易费用理论、契约理论、委托代理理论等都或多或少地描述和揭示了客观存在的经济现象，为人们提供了一套可以借鉴的思考和分析问题的工具。如果抛弃了西方产权经济学的个人主义、自由主义的基础，把契约关系、委托代理关系、交易费用等制度现象纳入到社会经济的整体结构中，纳入到生产与交易、个体与整体、法律与经济的相互联系中，那么，产权经济学提出的许多概念、理论是可以借鉴的。

四

探索马克思主义经济学的现代形式离不开对马克思主义经济学经典理论的反思，站在新的历史高度上，必然会对马克思主义经济学经典理论产生新的认识。发展马克思主义经济学不应当回避这样一个事实，即马克思主义经济学的经典理论也不能完全摆脱历史的局限，克服这些局限，对于发展马克思主义经济学来说也是至关重要的。可以举两个例子加以说明。

第一个例子是经典作家关于消灭商品生产的理论。未来的共产主义社会不存在商品货币关系，这是马克思和恩格斯的一个基本观点，是他们揭示的未来共产主义社会的一个基本特征，这一观点贯穿于关于未来共产主义社会理论的始终。马克思和恩格斯对商品生产的这种批判尽管有自己的根据和意义，但总的来看是不符合实际的。出现这一理论偏差的原因是多方面的，其中一个重要的理论根源是，他们误把机器生产发展之初的某些现象当成了分工将要消灭的征兆，认为分工的消失在社会化大生产的条件下已不再是什么虔诚的愿望，它已经被大工业变为生产条件本身，只要消除资本主义生产方式所造成的障碍和破坏、产品和生产资料的浪费，就可以做到这一点，从而得出了在当时的生产力发展的条件下就已经具备了消灭社会分工和商品生产、实现个人自由全面发展的结论。[①] 对于分工的这一看法，直接影响了他们对商品生产乃至整个资本主义制度发展前景的判断。实践证明，在机器工业的条件下消除社会分工是不可能的。传统机器生产条件下无法消灭分工的根本原因，在于机器运转离不开人的直接控制和把握与人处理机器运动产生的信息的有限性能力之间存在着矛盾。只有消除了这个矛盾，才能彻底消灭分工。[②]

第二个例子是关于一般利润率下降趋势的理论。在马克思主义经济学中，平均利润率下降趋势的规律是反映资本积累的趋势和资本主义经济运动内在矛盾的一个基本规律，具有十分重要的意义。但是，对于这个规律是否存在，马克思主义学者之间一直是有分歧的，实证检验也没有十分确定的结果。这种情况的出现，一方面是由于现实经济的复杂性，另一方面是由于马克思平均利润率下降规律理论本身具有一定的局限性。马克思在讨论平均利润率下降规律时假定生产部门是既定的，没有充分考虑产品和

---

① 参见《马克思恩格斯选集》第3卷，人民出版社1995年版，第644页。
② 参见林岗：《社会主义全民所有制研究》，求实出版社1987年版，第73页。

部门的创新问题。在这样的条件下，资本有机构成的提高自然会引起一般利润率的下降。但是，问题在于，现实的资本积累是在部门不断创新和分工体系不断扩大的条件下进行的，因而，从部门不变的假定条件下得出的平均利润率下降规律，在直接用来说明资本积累的现实动态时难免会产生局限性。只有把产品的创新纳入到马克思主义资本积累的理论框架中去，才能对资本积累的现实过程作出比较完整的说明。①

在马克思主义经济学的经典理论中，类似的例子还有。明确承认这一点，丝毫不会贬低马克思主义经济学的科学价值，反而为马克思主义经济学的发展和现代化提供了前进的方向。从这个意义上说，卢卡奇对正统的马克思主义者的定义虽然有失偏激，但无疑值得重视。他认为："正统马克思主义并不意味着无批判地接受马克思研究的结果。它不是对这个或那个论点的信仰，也不是对某本'圣'书的注解。恰恰相反，马克思主义问题中的正统仅仅是指方法。它是这样一种科学的信念，即辩证的马克思主义是正确的研究方法，这种方法只能按其创始人奠定的方向发展、扩大和深化。"②

---

① 参见孟捷：《从再生产图式看剩余价值实现危机》，载《当代经济研究》1998 年第 2 期。
② 卢卡奇：《历史与阶级意识》，商务印书馆 1996 年版，第 47 ~ 48 页。

将创新写在马克思主义经济学的旗帜上*

请允许我代表学会常务理事会对此次会议的主题作一简要的说明。这次会议的主题是“马克思主义经济学与21世纪”。确定这样一个主题，目的是要在新的世纪中，提倡发扬马克思主义与时俱进的品格，探索适应新的历史条件的要求的马克思主义的现代形式。

马克思主义政治经济学从本质上是一门历史的科学。正是这一本质，使马克思主义经济学必然具有与时俱进的品格。对于政治经济学的历史性，恩格斯曾做过这样的说明：

“人们在生产和交换时所处的条件，各个国家各不相同，而在每一个国家里，各个世代又各不相同。因此，政治经济学不可能对一切国家和一切历史时代都是一样的……谁要想把火地岛的政治经济学和现代英国的政治经济学置于同一规律之下，那么，除了最陈腐的老生常谈之外，他显然不能揭示出任何东西。因此，政治经济学本质上是一门历史的科学。”①

马克思和恩格斯对于自己提出的科学社会主义理论，同样是用历史的眼光来看待的。恩格斯说过，“我们对未来非资本主义社会区别于现代社会的特征的看法，是从历史事实和发展过程中得出的确切结论；脱离这些事实和过程，就没有任何理论价值和实际价值。”②

作为历史的科学，马克思主义政治经济学应当而且必须是随着历史条件变化而发展的。而发展马克思主义经济学，就是要根据不断变化的社会经济发展的实践，在完善、拓展、修正以至于扬弃某些原理和结论的同时，确定新的主题，提出新的范畴和观点，揭示新的规律，回答和解决新问题，在不断的理论创新中使马克思主义经济学不断获得与其历史的、辩

---

* 这是作者在中国《资本论》研究会第11次学术讨论会上宣读的开幕词。

① 《马克思恩格斯选集》第3卷，人民出版社1995年版，第489～490页。

② 《马克思恩格斯全集》第36卷，人民出版社1975年版，第419～420页。

证法的本性相适应的现代的内容和形式。马克思主义经济学的生命力的源泉在于与时俱进，通过创新不断克服自身特定发展阶段的历史局限性。以“原教旨主义”的态度对待马克思主义，只会扼杀它的生命力，使之成为与生动活泼的历史发展无关的、令人厌倦的苍白教条。

马克思的巨著《资本论》发表130多年来，尤其是20世纪后半叶至今，人类社会经历了并正在经历着一系列巨大而深刻的变化：新技术革命方兴未艾，工业社会开始向信息社会过渡，经济全球化迅猛发展，社会生产关系的具体形式和社会生活方式随着科学技术革命的快速推进而日新月异。

在资本主义的世界体系中，发达国家在新的生产力基础之上资本的新一轮重组和集中，垄断资本和国家干预的发展，跨国公司的全球扩张和世界范围的生产一体化趋势的加强，资本所有权与经营权的进一步分离，虚拟资本的膨胀及其形式的多样化和复杂化，劳资关系和工人阶级生活条件的改变，商业周期表现形式和后果的变动，资本主义世界体系中中心国家和外围国家贫富鸿沟的加深，不发达国家的日益边缘化，南北利益冲突的加剧，等等，都使得资本主义经济的基本矛盾和运行规律改变了它们的表现形式。

在社会主义运动中，落后国家社会主义初级阶段多种经济成分并存的实践，从计划经济向市场经济的过渡，公有制经济与市场关系的接轨，社会主义国家对以发达资本主义国家为主体的经济全球化进程的参与，以及社会主义在前苏联和东欧国家的严重挫折，等等，都使得实践中的社会主义的面貌与传统社会主义经济体制相比发生了深刻的变化。

总之，20世纪后半叶以来资本主义和社会主义两个世界发生的风云激荡的变革，对马克思主义经济学提出了严峻的挑战。进入新世纪，马克思主义经济学应当而且必须对这些新现象作出新的理论概括，对它们进一步发展的趋向做出科学的说明和预测。离开了马克思主义与时俱进品格的发扬光大，离开了马克思主义经济学从内容到形式的创新，我们是无法成功地应对所面临的挑战的。因此，在新的世纪，我们应当将“创新”二字大写在马克思主义经济学的旗帜上。

这里要强调的是，创新绝不等于对马克思主义经典作家开创的伟大传统的背离。我们的创新是以坚持马克思主义经济学的方法论原则为前提的。这个方法论原则，就是马克思提出的历史唯物主义原理。马克思的《资本论》就是将这一原理具体化为分析资本主义经济的科学范式的典范。《资本论》所蕴含和体现的经济学的科学范式，是整个马克思主义经济学理论体系的"硬核"，是马克思留给我们的最为珍贵的遗产。我们坚持马克思主义的传统，归根结底就是要坚持在历史唯物主义方法论基础上形成的研究范式。掌握了这一研究范式，我们就能在新的世纪中，沿着马克思主义经济学创始人开辟的道路，创造出适应变化了的历史条件的马克思主义经济学的现代形式。

20世纪最后10年社会主义运动在前苏联和东欧国家的挫折，给西方主流意识形态的代表们攻击和否定作为这个运动的理论表现的马克思主义经济学提供了口实。同时，社会主义国家经济体制改革实践对马克思主义经典作家的某些结论和预测的超越，对过去相当长的时期以正统自居的"左"倾教条主义的否定，也在一些人中引起了相当严重的误解，从而使怀疑和动摇情绪在一定范围内弥漫开来。马克思主义者中改换门庭，接受西方主流意识形态洗礼的也不乏其人。在这种情况下，捍卫马克思主义确实已经成为马克思主义经济学者无可回避的责任。

这一方面要求我们凭借严格的逻辑和经验检验，在与西方主流经济学流派的比较中，令人信服地证明马克思主义经济学基本原理尤其是它的科学分析范式的正确性，而"打棍子"、"戴帽子"只能是为渊驱鱼、为丛驱雀。另一方面，这要求我们在遵循马克思开创的科学研究范式的前提下，敢于正视马克思主义经典著作中的某些论断、观点以至于理论的不足之处和任何社会科学理论都无法避免的历史局限性，根据变化了的历史条件，大胆进行理论创新。应当看到，不懈的创新不仅是捍卫马克思主义的最有力的手段，也是使中国的社会主义事业在改革中胜利前进，使国际社会主义运动走出低谷，在新的世纪实现伟大复兴的必由之路。

在学会举办的上一次研讨会的发言中，我曾引用了卢卡奇的这样一段话：

"正统的马克思主义并不意味着无批判地接受马克思研究的结果。它不是对这个或那个论点的'信仰'，也不是对某本圣书的注解。恰恰相反，马克思主义问题中的正统仅仅是指方法。它是这样一种信念，即辩证的马克思主义是正确的研究方法，这种方法只能按其创始人奠定的方向发展、扩大和深化。"①

就让我用这段话来结束这篇开幕词。

① 《历史和阶级意识》，商务印书馆中译本，第48页。

在新的形势下深入发展马克思主义经济学*

近几年来，马克思主义经济学在整个经济学中出现了逐渐被边缘化的趋势，为扭转这种现象，我们应抓住中央实施马克思主义基础理论研究和建设的契机，以邓小平理论和“三个代表”的重要思想为指导，密切联系我国经济发展和改革以及世界经济格局的变化，深化对马克思经济学基本原理的认识，完善马克思主义经济学理论体系，澄清对马克思主义经济学的偏见、误解和超越客观历史条件下的某些理论上的局限，以与时俱进的态度来完善马克思主义经济的基本理论，构造为当代政治经济发展，适应中国特色社会主义经济建设需要的新政治经济学理论体系，使它真正成为经济学科各个应用分支的理论基础，真正保持和巩固马克思主义经济学在我国这样一个社会主义国家的主流历史地位。

具体来说，我们似应注意在五个方面进行深入的研究：

1. 马克思经济学的方法论原则和基本分析范式的研究。首先，关于马克思主义经济学的研究方法和分析范式，不能停留在对哲学命题的抽象探讨上面，而是把它变成真正的能够指导我们经济分析的东西。其次，我们要更好的研究马克思关于社会经济制度变迁的理论。这就是历史唯物主义的理论。到目前为止，在解释人类社会历史上已经发生过的制度变革方面，还没有一种理论能超过历史唯物主义。近些年，在西方新制度经济学和新自由主义经济学流行的情况下，历史唯物主义也受到了一定的冲击，我们要继续加强研究，在所有制理论、产权理论以及生产组织的演化等规律的探讨上，遵循历史唯物主义的原理。第三，要对马克思经济学方法论和西方主流经济学方法论进行比较研究。比如说是尊奉方法论个人主义还是坚持在生产关系的整体制约下来探讨个人、组织和集体的行为。应当在

---

* 这是作者为中国《资本论》研究会第 12 次学术讨论会所作的开幕词，原文载于《湘潭大学学报（哲学社会科学版）》2005 年第 3 期。

价值论、生产论和分配论等一系列马克思经济学和西方经济学之间存在原则性区别的领域进行比较研究，用科学的、严密的逻辑检验和经验检验来证明马克思经济学基本理论的正确性。

2. 马克思主义经济学的市场经济一般理论研究。在这方面，马克思的《资本论》和大量手稿中，存在许多宝贵财富，需要我们去消化整理，形成关于市场经济的一般理论。研究这个问题的必要性在于，现在世界上有社会主义市场经济，也有资本主义市场经济，我们要把在两种制度下都通行的一般的东西抽象出来，然后把有区别、特殊的东西讲清楚。包括以下几个问题：首先是在马克思的社会分工理论的基础上，重新阐述商品货币关系和市场经济形成、发展和存续的条件；二是劳动价值论的完善，包括经济学界前两年探讨得比较热烈的价值形成以及劳动的生产性和非生产性、劳动价值论在服务业及知识经济中应用等等前沿问题。还有马克思主义中经典的转型问题。西方国家的马克思主义经济学者对这些问题实际上已经有了一些新的想法，有了一些新的解释，为我们提供了很好的思路，我们要很好地了解这些东西。三是以劳动价值理论为基础，而不是以西方经济学的效用论和生产函数理论为基础，构建区别于西方经济学的关于市场经济和微观经济主体行为的理论。四是以劳动价值论为基础，重新阐述国民核算体系。这不是一个技术性问题，而是一个很重要的理论问题。只有在这个基础上，才能形成一个马克思主义经济学自己的真正的宏观经济分析系统，而这种分析和通行的宏观经济统计指标应当是接轨的，是可以用来指导我们的实际的。

3. 关于中国特色社会主义理论的研究。第一，进一步说清楚社会主义在欠发达国家中取代资本主义的历史合理性和必然性。现在，在这个方面各种各样的怀疑、动摇仍然是大量存在的。实际上我们应该看到，在资本主义全球化的条件下，产生和发展在资本主义世界体系外围的中国的社会主义，本身就是继资本主义社会而起的新的社会制度，能在生产力的发展上、在文化上都全面超越资本主义。中国共产党能够创造这样一种社会制度，我们应该加强这种社会主义在欠发达国家取代资本主义的合理性和必然性的阐述。二是说清楚由分工的生产方式决定的社会主义公有制经济与商品货币关系的内在联系。过去我们都是从市场和计划接轨，公有制和市场经济兼容不兼容这样的角度提出问题。如果我们从马克思主义的历史唯物主义来看马克思主义怎样分析资本主义的生产方式的话，实际上应该从人类现在普遍存在的劳动方式、分工方式这个角度出发，来探讨公有制与市场是在同一生产力的基础上形成的生产方式，或者说经济形态。对这个问题实际上存在着大量的争论，而且影响到我们改革的很多实践。不解决这个问题，不理解市场经济是实践中的社会主义公有制的一种内在的规定，将会出现大量的影响我国改革方向的东西。这也是一个有重大实际意义的理论问题。实际上，社会主义公有制的建立，更有利于解决市场经济中价值生产和价值实现的固有矛盾，因为公有制有一个相对公平的分配，大多数人买得起东西，东西才能卖得出去。三是探讨公有制的实现形式，包括产权结构问题，企业治理结构和经营机制问题，在社会主义市场经济条件下的行为规律的问题等。四是社会主义经济发展阶段以及社会主义初级阶段的制度特征的研究，包括各种经济成分并存的条件下，各经济成分之间的关系和产权的混合性以及因此而产生的分配方式的多样化，等等。五是我国经济体制和经济结构转型的问题。向市场经济的转型，是与我国由农业国向工业国转型同时进行的问题，必须把这个过程中发生的问题、体制的变化和经济结构、产业结构的变化密切结合起来考虑。

4. 关于现代资本主义经济的研究。一是关于资本主义生产方式和生产关系发展和变化的研究。生产技术、生产组织变化，在现代引起了资本主义经济关系，特别是其中最基本的经济关系，也就是雇佣劳动关系的变化。但是，我们对资本主义生产方式（相当于《资本论》第一卷的内容）在当代的变化的研究是比较薄弱的。不光我们是薄弱的，就我所见到的文献，西方马克思主义学界在这方面的研究，也不是很多。二是资本主义收入分配制度的变化、福利制度的变化。现代西方国家的资本主义，已经不是像有些新自由主义鼓吹的那种自由主义——那是 19 世纪的资本主义。现在资本主义社会已经有很大的变化。怎样看待这些变化？这些现象对资本主义所有制有哪些影响？对整个资本主义的运行有哪些影响？三是资本形式的发展和资本运动的规律。四是完善关于资本积累理论和经济周期理论的认识，如怎么把技术创新，尤其是产品创新引入资本主义分析，看对资本主义积累的规律和资本主义经济周期的变动有哪些影响。

5. 马克思主义的国际经济理论。马克思在他的六册计划里，有关于世界经济的设想。但他的《资本论》没有完成，因此这方面的理论，马克思并没有给我们提供一个完整的答案。我们还是要在劳动价值论的基础上，研究国际分工理论与当代国际分工的新发展，要发展出一种作为劳动价值论在国际范围中应用的国际价值理论，而且在这个理论的基础上解释国际贸易和国际金融中的许多现象。这方面的研究也是比较薄弱的，需要加强。在国际经济研究方面，还有一个问题，就是世界体系和国际经济关系的理论，包括南北关系、中心与外围、主导和依附、不平等交换等，还有现在我们说的经济全球化。

我们应该把以上几个方面的研究综合起来，形成马克思主义经济学的现代内容和现代形式，尤其要形成一种现代的阐释体系。这样，才能真正保持马克思主义经济学的主流地位，西方主流经济学中一些错误的东西才不会在我们的学校、学术界形成那么大的影响。

要做好马克思主义经济学创新工作，我觉得应该注意以下几点：

（1）坚持马克思主义基本方法和基本原理。首先是历史唯物主义的方法论原则不能动，问题是我们怎样更好地理解它，把它具体化为经济学的分析范式。其次，是劳动价值论这个马克思经济学的基石不能动。问题是要根据变化了的实际情况对它加以完善和发展，尤其是要注意通过发掘、整理马克思的有关遗产和理论创新，构建以劳动价值论为基础的市场经济运行理论。

（2）坚持作为广大劳动群众根本利益代言人的立场。如果马克思主义研究者没有这种立场或者把立场放到其他方面，而忽略了占人口大多数的劳动群众的利益，我国也是要出大问题的。现在我们还存在着农村的问题、下岗的问题、贫困人口的问题等等，如何让大多数的人分享经济发展的好处，是我们要研究的重大课题。

（3）坚持马克思主义的基本原理，但又不能拘泥于经典作家在具体问题上的一些具体观点，尤其是在具体问题上由于当时的历史条件而形成的一些具体认识，在现在看来是具有一定历史局限性的。我们要大胆创新，提出新的概念和范畴，新的阐述体系。要注意创新，就是在创新的过程中要密切注意现在改革中的重大的实际问题，如“三农”问题、收入分配和贫困问题、国企改革问题、失业和社会保障问题。

（4）批判地借鉴西方经济学，但不能对西方经济学中与马克思主义经济学明显冲突的内容进行所谓的“兼收并蓄”。只能在坚持马克思主义基本框架的前提下，对西方经济学中的一些成分纳入这个框架中进行整理，使它成为我们自己的东西，而不是食洋不化——这样的结果就是我们被西化。我们要反对两种倾向，既反对全盘排斥西方经济学，也反对全盘照搬。目前，尤其要注意反对后一种倾向。在基本的理论问题上，应当通过对西方经济学和马克思主义经济学进行比较，来证明马克思主义经济学的科学性。要注意理论研究的解决现实问题的功能。马克思主义经济学要为应用经济研究提供理论分析的基础。在对马克思主义经济学进行整理、提出自己的阐释体系的时候，要注意运用一些形式化的分析技术。当然不是滥用数学，而是我们在科学论证中间要充分运用适当的数学工具。

责任编辑：吕　萍　于海讯
责任校对：徐领弟
版式设计：代小卫
技术编辑：潘泽新

马克思主义与经济学
林　岗　著
经济科学出版社出版、发行　新华书店经销
社址：北京市海淀区阜成路甲 28 号　邮编：100036
总编室电话：88191217　发行部电话：88191540
网址：www.esp.com.cn
电子邮件：esp@esp.com.cn
汉德鼎印刷厂印刷
永胜装订厂装订
787×1092　16 开　43 印张　720000 字
2007 年 4 月第一版　2007 年 4 月第一次印刷
印数：0001－5000 册
ISBN 978－7－5058－6124－4/F・5385　定价：60.00 元
（图书出现印装问题，本社负责调换）